东华理工大学教材建设基金资助项目

财务管理

主　编　郑小平　邹晓明　王　焱

内容提要

本书以最新修订的《企业会计准则》及《公司法》《证券法》《上市公司证券发行管理办法》等法律法规为依据，融入课程思政内容，按照高等教育财务管理专业教学计划的要求编写。本书全面、系统地介绍了财务管理的理论与方法，财务管理的原则和目标、企业的理财环境、财务管理的价值观念，企业筹资管理、投资管理、流动资金管理、利润分配和财务报表分析等内容。本书可以作为应用型本科院校相关专业的教材，也可以作为企业财务会计人员和管理人员在职培训的教材和自学参考用书。

图书在版编目(CIP)数据

财务管理 / 郑小平，邹晓明，王焱主编. —上海：上海交通大学出版社，2023.8

ISBN 978-7-313-28995-7

Ⅰ.①财… Ⅱ.①郑… ②邹… ③王… Ⅲ.①财务管理 Ⅳ.①F275

中国版本图书馆 CIP 数据核字(2023)第 121594 号

财务管理

CAIWU GUANLI

主　　编:郑小平　邹晓明　王　焱

出版发行:上海交通大学出版社　　地　　址:上海市番禺路 951 号

邮政编码:200030　　电　　话:021－64071208

印　　刷:杭州钱江彩色印务有限公司　　经　　销:全国新华书店

开　　本:787mm×1092mm　1/16　　印　　张:27

字　　数:640 千字

版　　次:2023 年 8 月第 1 版　　印　　次:2023 年 8 月第 1 次印刷

书　　号:ISBN 978-7-313-28995-7

定　　价:78.00 元

编委会成员

主　编

郑小平　邹晓明　王　焱

副主编

马　杰　张　坤　侯志才

参　编

张　玉　何小云　王玲玲
熊芳萍　叶海平

前言

随着资本市场的持续发展和企业管理的不断完善，财务管理的地位日益凸显，甚至在一定程度上决定着企业的生死存亡。尤其是随着我国社会主义市场经济体制的不断完善，企业面临的是一个复杂多变、竞争激烈的市场，竞争成为企业生存和发展的重要机制，建立以财务管理为中心的管理制度已经成为现代企业的普遍共识。

"财务管理"作为高等院校会计学、财务管理、审计学等工商管理类专业的一门主干课程，其教学重点应放在培养学生分析问题和解决问题的专业能力上。因此，本书从结构到内容力求有所突破，尽量做到理论性与实践性的统一。

本书以最新的《企业会计准则》《中华人民共和国公司法》《中华人民共和国证券法》《上市公司证券发行管理办法》等法律法规为依据，融入课程思政内容，按照高等教育财务管理专业教学计划的要求编写。与国内外同类教材相比，本书特色和创新主要体现在以下五个方面：

(1)结构体系合理。本书详细介绍了财务管理的理论和方法，以筹资、投资、营运、分配等理财活动为横线，以预测、决策、预算、控制、分析等理财环节为纵线，合纵连横构成矩阵式系统化的体系结构。各章既相互独立，又有机联系。每章特设"学习目标""本章小结""拓展阅读""复习思考题"等板块，方便学生自主学习。

(2)内容更新及时。本书依据最新的《企业会计准则》《中华人民共和国公司法》《中华人民共和国证券法》《上市公司证券发行管理办法》等法律法规，对财务管理的相关内容进行了调整和更新，确保了内容的准确性。

(3)有机融入课程思政内容。本书通过"拓展阅读"把课程思政内容融入教学，以实现知识传授和素质培养的双重目标。

(4)实现了专业教学与职业资格考试的无缝衔接。本书每章附有大量客观题和计算分析题，这些题主要来自近几年全国会计专业技术资格(中级)考试真题。通过日常对这些题目的训练，学生可以快速熟悉并掌握会计专业技术中级资格考试的题型与答题技巧，以适应未来的考证需求。

(5)增加数字化教学内容。本书将案例及习题等生成二维码，方便学生线上学习与练习。

本书由东华理工大学郑小平、邹晓明、王焱担任主编，郑小平负责全书的总体设计和统稿；马杰、张坤、侯志才担任副主编。具体编写分工如下：第一章由侯志才编写，第二章由叶海平编写，第三章由邹晓明编写，第四章由王玲玲编写，第五章由王焱编写，第六章、附录由郑小平编写，第七章由何小云编写，第八章由熊芳萍编写，第九章由马杰和张玉共同编写，第十章由张坤编写。

本书在编写过程中参考了有关专家、学者编写的教材和专著，在此对所有参考书籍的作者表示衷心的感谢。本书可以作为应用型本科院校相关专业的教材，也可以作为企业财务会计人员和管理人员在职培训的教材和自学参考用书。为了方便教师授课，本书配有多媒体教学课件，可发送邮件至 zxp7890@sina.com 索取。

由于编者水平有限，书中难免存在疏漏和不妥之处，敬请广大读者批评指正，以便今后不断完善。

编　者

2023 年 4 月

目录 CONTENTS

第一章 财务管理总论

学习目标

1. 了解财务管理的概念、原则和理财环境。
2. 理解财务管理的目标和内容。
3. 理解影响财务管理目标实现的五个因素。
4. 理解金融资产的特点及决定利率因素。
5. 理解财务管理的五个环节及其内在的联系。
6. 重点掌握股东、经营者与债权人之间的冲突及协调办法。

第一节 财务管理的概念及原则

一、财务管理的概念

财务管理是基于企业再生产过程中客观存在的财务活动和财务关系而产生的，是企业组织财务活动、处理财务关系的一项价值管理工作。

财务管理是一项价值管理工作。在市场经济条件下，社会产品是使用价值和价值的统一体。企业再生产过程也表现为使用价值的生产和交换过程与价值的形成和实现过程的统一。在这个过程中，劳动者将生产中所消耗的生产资料的价值转移到产品中去，并且创造出新的价值，通过实物商品的出售，转移价值和新创造的价值得以实现。财务管理是一项旨在实现价值增值、股东财富增值而实施的价值管理工作。

在企业再生产过程中，资金的实质是再生产过程中运动着的价值。随着实物商品不断地运动，其价值形态也不断地发生变化，由一种形态转化为另一种形态，周而复始，不断循环，形成了资金运动。因此，企业的生产经营过程，一方面表现为实物商品的运动过程；另一方面表现为资金的运动过程。资金运动不仅以资金循环的形式存在，而且表现为一个周而复始的周转过程。企业的资金运动，构成企业经济活动的一个独立方面，具有自己的运动规律，即企业的财务管理活动。财务管理的一项重要工作内容就是组织财务活动。

企业的资金运动，从表面上看是钱和物的增减变动。其实，钱和物的增减变动都离不开各利益相关者之间的经济利益关系。这种由于资金运动所体现的经济利益关系，称为财务关系。处理财务关系也是财务管理的一项工作内容。

（一）财务活动

企业再生产过程也表现为资金运动的过程，资金运动过程的各阶段总是与一定的财务活动相对应的，或者说，资金运动形式是通过一定的财务活动来实现的。所谓财务活动，是指资金的筹集、投资、资金营运分配等一系列活动。从整体上讲，财务活动包括以下四个方面。

1. 筹资活动

企业组织商品生产，必须以占有或能够支配一定数额的资金为前提。筹资是指企业为了满足投资和用资的需要，筹集所需资金的过程。在筹资过程中，企业一方面要确定筹资的总规模，以保证投资所需要的资金；另一方面要通过筹资渠道、筹资方式或工具的选择，合理确定筹资结构，以降低筹资成本和风险，提高企业价值。

企业通过筹资可以形成两种不同性质的资金来源：一是企业权益资金，企业可以通过向投资者（包括国家、法人、个人等）吸收直接投资、发行股票、用留存收益转增资本等方式取得；二是企业债务资金，企业可以通过借款、发行债券等方式取得。企业筹集资金，表现为企业资金的流入。企业偿还借款，支付利息、股利，以及付出各种筹资费用等，则表现为企业资金的流出。这种因为资金筹集而产生的资金收支，便是由筹资引起的财务活动。

2. 投资活动

企业筹得资金后，必须将资金投入使用，以实现企业价值的最大化；否则，筹资就失去了意义和价值。在投资过程中，企业一方面要确定投资规模，以确保获取最佳投资效益；另一方面要通过投资方向和投资方式的选择，确定合理的投资结构，以提高投资报酬率，降低投资风险。

企业投资可以分为广义的投资和狭义的投资两种。广义的投资是指企业将筹集的资金投入使用的过程，包括企业内部使用资金的过程（购置流动资产、固定资产、无形资产等）和对外投放资金的过程（购买股票、债券、基金等）。狭义的投资仅指对外投放资金。无论是企业购买内部所需资产，还是购买各种证券，都需要支付资金。而当企业变卖其对内投资形成的各种资产或收回其对外投资时，则会产生资金的收入。这种因企业投资而产生的资金收付，便是由投资引起的财务活动。

3. 资金营运活动

企业在日常生产经营过程中，会发生一系列的资金收付。首先，企业需要采购材料或商品，以便从事生产和销售活动，同时还要支付工资和其他营业费用；其次，当企业把产品或商品售出后，便可取得收入，收回资金；最后，如果企业现有资金不能满足企业经营的需要，则要利用商业信用等方式来融通资金。上述各方面都会产生企业资金的收付。这就是因企业经营而引起的财务活动，也称资金营运活动。

企业的营运资金，主要是为满足企业日常经营活动的需要而垫支的资金，营运资金的周转与生产经营周期具有一致性。在一定时期内，资金周转越快，资金的利用效率就越高，就可能生产出更多的产品，取得更多的收入，获得更多的报酬。因此，在资金营运过程中，企业需要考虑加速资金周转，以提高资金利用效益。

4. 分配活动

企业通过投资或资金营运活动可以取得相应的收入，并实现资金的增值。企业取得的各种收入应当依据现行的法规及企业规章制度予以分配。广义地说，分配是指对企业各种收入进行分割与分派的过程，包括税收缴纳、利息支付、租金支付、薪酬分配和利润分配等；而狭义的分配仅指对利润，尤其是净利润的分配。

企业通过生产经营活动取得的收入，如销售收入，首先要用以弥补生产经营耗费，缴纳流转税，其余部分加上公允价值变动收益和投资收益构成企业的营业利润；营业利润和营业外收支净额等构成企业的利润总额。对于利润总额，首先要按国家规定缴纳所得税，即为净利润；净利润要提取公积金，分别用于扩大积累、弥补亏损和改善职工集体福利设施等；其余利润作为投资者的收益分配给投资者或者暂时留存企业或作为投资者的追加投资。另外，在分配过程中，资金退出或者留存企业，都必然会影响企业的资金运动。这不仅表现在资金运动的规模上，而且表现在资金运动的结构上，如筹资结构。这种因企业收益分配而引起的财务活动，称为分配活动。

应该指出的是，上述财务活动的四个方面，不是相互割裂、互不相关的，而是相互联系、相互依存的。正是上述互相联系又有一定区别的四个方面，构成了完整的企业财务活动。对于上述财务活动究竟哪项在前、哪项在后，例如先有筹资还是先有投资的问题，理论界存在争议。其实，在创建一个新企业时，必须先筹集必需的资金，作为企业最初的资本。没有筹资，企业就不能开始运营，所以是先有筹资活动，而后才有投资和资金营运活动。企业建立后，通常是先有投资机会，而后根据投资需求来安排筹资计划和分配计划的。这种情况则属于先有投资活动而后才有筹资活动的。此外，某项具体业务究竟属于哪项财务活动，也不是绝对非此即彼的。比如，向投资者派发股息，既是一项分配活动，也是一种筹资活动；利用商业信用，既是一项资金营运活动，也是一项筹资活动。

（二）财务关系

财务关系是指企业在组织财务活动过程中与利益相关者所发生的经济利益关系。企业的财务关系可概括为以下七个方面。

1. 企业与政府之间的财务关系

中央政府和当地政府作为社会管理者，担负着维持社会正常秩序、保卫国家安全、组织和管理社会活动等任务，行使政府行政职能。政府依据这一身份，无偿参与企业利润分配，构成企业与政府之间的财务关系。企业必须按照税法规定向中央政府和地方政府缴纳各种税费，包括企业所得税、流转税、资源税和行为税等。这种财务关系体现了一种强制和无偿的分配关系。

2. 企业与所有者之间的财务关系

企业与所有者（股东）之间的财务关系主要是指企业的所有者向企业投入资金，企业向其所有者支付投资报酬所形成的经济利益关系。企业的所有者主要包括国家、法人和个人。企业的所有者要按照投资合同、协议、章程的约定履行出资义务，以便及时形成企业的资本。企业利用资本进行营运，获取利润后，应按出资比例或合同、章程的规定，向其所有者支付投资报酬。企业所有者通常与企业具有以下财务关系：所有者可以对企业进行一定程度的控制;所有者可以参与企业利润的分配;所有者对企业的净资产享有分配权;所有者对企业承担一定的经济法律责任。

3. 企业与债权人之间的财务关系

企业与债权人之间的财务关系主要是指企业向债权人借入资金,并按借款合同的规定按时支付利息和归还本金所形成的经济利益关系。企业除了利用自有资本进行经营活动外,还要借入一定数量的资金,以便降低企业资金成本,扩大企业经营规模。企业的债权人主要包括本企业发行的公司债券的持有人、贷款机构、商业信用提供者、其他出借资金给企业的单位和个人。企业利用债权人的资金,要按约定的利息率,及时向债权人支付利息;债务到期时,要合理调度资金,按时向债权人归还本金。企业同其债权人的财务关系在性质上属于债务与债权的关系。

4. 企业与受资者之间的财务关系

企业与受资者之间的财务关系主要是指企业以购买股票或直接投资的形式向其他企业投资所形成的经济利益关系。随着企业经营规模和经营范围不断扩大,这种关系会越来越广泛。企业向其他企业投资,应按照约定履行出资义务,并依据其出资份额参与受资者的经营管理和利润分配。企业与受资者的财务关系是体现所有权性质的投资与受资的关系。

5. 企业与债务人之间的财务关系

企业与债务人之间的财务关系主要是指企业将其资金以购买债券、提供借款或商业信用等形式出借给其他企业所形成的经济利益关系。企业将资金借出后,有权要求其债务人按约定的条件支付利息和归还本金。企业同其债务人的关系体现的是债权与债务关系。

6. 企业内部各单位之间的财务关系

企业内部各部门和各单位之间的财务关系主要是指企业内部各单位在生产经营的各个环节中相互提供产品或劳务所形成的经济利益关系。企业内部各职能部门和生产单位既分工又合作,共同形成一个企业系统。在实行厂内经济核算制和企业内部经营责任制的条件下,企业各个部门以及各个生产单位都有相对独立的经济利益,各个部门以及各个生产单位之间相互提供产品和劳务也要计价结算。这种在企业内部形成的资金结算关系,体现了企业内部各部门和各单位之间的经济利益关系。

7. 企业与职工之间的财务关系

企业与职工之间的财务关系主要是指企业向职工支付劳动报酬过程中所形成的经济利益关系。职工作为企业的劳动者,以自身提供的劳动参加企业的分配。企业根据职工提供的劳动数量和质量,用其收入向职工支付工资、津贴和奖金,并提供各种福利。这种企业与职工之间的财务关系,体现了职工和企业在劳动成果上的分配关系。

二、财务管理的原则

财务管理的原则是企业组织财务活动、选择财务行为所依据的准则。财务管理的原则,是由市场经济的内在要求决定的,同时也体现了财务管理的特点。财务管理的原则一般包括以下四项。

（一）成本效益原则

成本效益原则是通行于世界的一项财务管理基本原则。“效益”是一个包含收入、收益、所得、有用性在内的多方位、多层次概念。“成本”泛指与效益相关的各种耗费和价值牺牲。成本效益原则是投入产出原则的价值体现，是社会再生产活动得以延续和发展的基本要求。成本的耗费是效益取得的前提条件，而取得一定的效益是成本耗费的直接目的，成本与效益相辅相成。成本效益原则的核心是要求耗用一定的成本，取得尽可能大的效益；或是在一定的效益下，尽可能地降低成本。因此，从长期来看，成本必须呈现下降的趋势，效益必须呈现上升的趋势。在市场经济条件下，成本效益原则仍是企业财务管理的首要原则。

（二）风险与收益均衡原则

取得收益是任何社会经济形态下企业经营的基本出发点，而风险则是与之相伴的一种客观经济现象，是由未来情况的不确定性和不可预测性引起的。在市场经济条件下，由于竞争日趋激烈，未来的预期收益的获取会伴随着更大的风险。

企业要想获取收益就必须承担风险，收益越大则风险也越大，收益越小则风险也越小。风险与收益均衡原则的核心是要求企业不能承担超过收益限度的风险，在收益既定的情况下，尽可能降低风险。风险与收益均衡原则要求企业从事生产经营活动时，不能只顾追求收益，而不考虑风险的存在。在财务管理工作中，不仅要有收益观念，更应增强风险意识，以便在进行财务决策时，对风险和收益进行全面预测，做出正确的分析和判断，从而选择最佳的方案，使收益与风险均衡，做到既能降低风险，又能获得较高的收益。同时，还要尽可能分散风险，趋利避害，化风险为机遇，以便获得最大的收益。

（三）资源合理配置原则

资源特指经济资源，即企业所拥有的各项资产。资产的主要功能是给企业带来效益，但并不是意味着只要企业拥有资产就一定会取得效益，更不意味着能够取得最佳效益。资产所带来的效益在很大程度上取决于资产配置的合理与否。例如，劳动手段与劳动对象配置不合理，不管是流动资产超过固定资产，还是固定资产超过流动资产，都将造成资源的浪费，降低效益。虽然经济资源是指企业拥有的各项资产，但资源的合理配置，不仅是指资产的合理配置，而且泛指企业人、财、物各种要素的有效配置与协调。资源合理配置原则要求在财务管理中，企业的各个相关财务项目必须在数额和结构上相互配套与协调，从而保证企业能够获得较为满意的效益。

（四）利益关系协调原则

利益关系协调原则直接体现在企业如何正确处理同其内外部有利害关系的集团和个人之间的关系，包括国家、投资者、债权人、客户、管理机关、内部员工以及同行之间的关系。企业同内外部利益相关者之间的利益冲突如果不能得到及时解决，在表层会导致企业财务状况恶化和财务能力弱化，在深层会对企业效益产生不利影响。因此，在企业财务管理工作中，必须把协调企业内外部利益相关者的利益关系放在重要的位置上。利益关系协调原则的核心是要求企业在收益分配中，包括利息的支付、股利的发放、税金的缴纳、薪酬的计算等方面，既要保证国家利益，也要保证企业和员工的利益；既要保证投资人的利益，也要保证债权人的利益；既要保证所有者的利益，也要保证经营者的利益。以便使企业的财务状况不断改善，财务能力不断增强，为提高效益创造条件。

第二节　财务管理的目标及内容

一、财务管理目标

财务管理目标是指在特定的理财环境中，通过组织财务活动，处理财务关系所要达到的目的。

从根本上说，财务管理目标取决于企业生存的目的或企业目标，取决于特定的社会经济体制和模式。整个社会经济体制、经济模式以及企业所采用的组织制度，在很大程度上决定企业财务管理目标的取向。根据现代企业财务管理理论和实践，最具有代表性的财务管理目标主要有以下三种观点。

（一）利润最大化

利润最大化目标是指假定在企业的投资预期收益确定的情况下，财务管理行为将朝着有利于企业利润最大化的方向发展。将利润最大化作为财务管理的目标，其主要原因有三点：一是人类从事生产经营活动的目的是创造更多的剩余产品，在商品经济条件下，剩余产品的多少可以用利润这个价值指标来衡量；二是在自由竞争的资本市场中，资本的使用权最终属于获利最多的企业；三是只有每个企业都最大限度地获得利润，整个社会的财富才可能实现最大化，从而带来社会的进步和发展。在社会主义市场经济条件下，企业作为自主经营的主体，所获利润是企业在一定期间全部收入和全部费用的差额，是按照收入与费用配比原则加以计算的。它不仅可以直接反映企业创造剩余产品的多少，而且也从一定程度上反映出企业经济效益的高低和对社会贡献的大小。同时，利润也是企业补充资本、扩大经营规模的源泉。

利润最大化目标在实践中存在以下四个方面的问题。

(1)没有考虑利润的取得时间，不能体现资金的时间价值。例如，当年获利 500 万元和下一年获利 500 万元，哪一个更符合企业的目标？若不考虑资金的时间价值，就难以做出正确判断。

(2)没有反映创造的利润与投入的资本之间的关系，因而不利于不同资本规模的企业或同一企业不同期间之间的比较。例如，同样获得 500 万元利润，一个企业投入资本 5 000 万元，另一个企业投入 4 000 万元，哪一个更符合企业的目标？如果不与投入的资本额联系起来，则难以做出正确判断。

(3)没有考虑风险因素，获取高额利润往往要承担过大的风险。例如，同样投入 1 000 万元、获利 500 万元，一个企业获利已全部转化为现金，另一个企业获利则有很多应收账款，并可能发生坏账损失，哪一个更符合企业的目标？若不考虑风险大小，就难以做出正确判断。

(4)片面追求利润最大化，可能导致企业短期行为，如忽视产品开发、人才开发、生产安全、技术装备水平、生活福利设施和履行社会责任等。

（二）资本利润率最大化或每股利润最大化

资本利润率是指利润额与资本额的比率。每股利润是指利润额与普通股股数的比值。这里利润额指净利润。所有者作为企业的投资者，其投资目标是取得资本收益，具体表现为净利润与出资额或股份数（普通股）的对比关系。这个目标把企业实现的利润额同投入的资本或股本数进行对比，能够说明企业的盈利水平，可以在不同资本规模的企业或同一企业不同期间之间进行比较，揭示其盈利水平的差异。但该指标仍然没有考虑资金时间价值和风险因素，也不能避免企业短期行为。

（三）股东财富最大化

股东财富最大化观点认为，增加股东财富是财务管理的目标。股东创办企业的目的是增加财富，如果企业不能为股东创造价值，股东就不会为企业提供资金。因此，企业要为股东创造价值。

股东财富可以用股东权益的市场价值来衡量。股东财富的增加可以用股东权益的市场价值与股东投资资本的差额来衡量，它被称为“权益的市场增加值”。权益的市场增加值是企业为股东创造的价值。

股东财富最大化的财务管理目标有时被表述为股价最大化。在股东投资资本不变的情况下，股价上升可以反映股东财富的增加，股价下跌可以反映股东财富的减损。股价的升降代表了投资者对公司股权价值的客观评价。它以每股的价格表示，反映了资本和获利之间的关系；它受预期每股收益的影响，可以反映每股收益大小和取得的时间；它受企业风险大小的影响，可以反映每股收益的风险。值得注意的是，企业与股东之间的交易也会影响股价，但不影响股东财富。如分派股利时股价下跌，回购股票时股价上升等。因此，假设股东投资资本不变，股价最大化与股东财富最大化具有同等意义。

股东财富最大化的财务管理目标还可表述为企业价值最大化。企业价值的增加，是由于权益价值增加和债务价值增加引起的。债务价值的变动是利率变化引起的，而利率不是企业的可控因素。假设利率不变，则增加企业价值与增加权益价值具有相同意义。假设股东投资资本和利息率不变，则企业价值最大化与股东财富最大化具有相同的意义。

主张股东财富最大化，并非不考虑其他利益相关者的利益。各国公司法都规定，股东权益是剩余权益，只有满足了其他方面的利益之后才会有股东的利益。企业必须交税、给职工发工资、给顾客提供令他们满意的产品和服务，然后才能获得税后收益。其他利益相关者的要求先于股东被满足，因此必须是有限度的。如果对其他利益相关者的要求不加限制，股东就不会有“剩余”了。除非股东确信投资会带来满意的回报，否则股东不会出资，其他利益相关者的要求也无法实现。不可否认，股东和其他利益相关者之间既有共同利益，也有利益冲突。股东可能为自己的利益伤害其他利益相关者的利益，其他利益相关者也可能伤害股东利益。因此，要通过立法调节他们之间的关系，保障双方的利益。企业守法经营可基本满足其他利益相关者的要求，在此基础上追求自身利益最大化，也会有利于社会。当然，仅有法律是不够的，还需要有道德规范的约束以及增强企业的社会责任感。

二、影响财务管理目标实现的因素

财务管理的目标是企业价值或股东财富的最大化，股票价格代表了股东财富，因此，股价的高低反映了财务管理目标的实现程度。

企业股价受外部环境和管理决策两方面因素的影响。外部环境的影响在本章第三节论述，本节先说明企业管理当局可以控制的因素。

从企业管理当局可控制的因素看，股价的高低取决于企业的投资报酬率和风险，而企业的投资报酬率和风险又是由企业的投资项目、资本结构和股利政策决定的。因此，投资报酬率、风险、投资项目、资本结构、股利政策这五个因素影响财务管理目标的实现。

（一）投资报酬率

在风险相同的情况下，提高投资报酬率可以增加股东财富。

公司的盈利总额不能反映股东财富。例如，某公司有 1 万股普通股，税后净利 2 万元，每股盈余为 2 元。假设股东持有该公司股票 1 000 股，因而分享到 2 000 元利润。如果企业为增加利润拟扩大规模，再发行 1 万股普通股，预计增加盈利 1 万元。对此项财务决策，股东会赞成吗？股东的财富会增加吗？由于总股数增加到 2 万股，利润增加到 3 万元，每股盈余反而降低到 1.5 元，股东分享的利润将减少到 1 500 元，由此可见，股东财富的大小要看投资报酬率，而不是盈利总额。

（二）风险

任何决策都是面向未来的，并且会有或多或少的风险。决策时需要权衡风险和报酬，才能获得较好的结果。

企业不能仅考虑每股盈余，不考虑风险。例如，股东持股的公司有两个投资方案：第一个方案可使每股盈余增加 1 元，其风险极低，几乎可以忽略不计；第二个方案可使每股盈余增加 2 元，但是有一定风险，若方案失败则每股盈余不会增加。股东应该赞成哪一个方案呢？这要看第二个方案的风险有多大，如果成功的概率大于 50%，则它是可取的，反之则不可取。由此可见，财务决策不能不考虑风险，风险与得到的额外报酬相称时，方案才是可取的。

（三）投资项目

投资项目是决定企业投资报酬率和风险的首要因素。

一般来说，被企业采纳的投资项目都会增加企业的报酬，否则企业就没有必要为它投资。与此同时，任何项目都有风险，区别只在于风险的大小不同。因此，企业的投资项目会改变其投资报酬率和风险，并影响股票的价格。

（四）资本结构

资本结构会影响企业的投资报酬率和风险。

资本结构是指所有者权益与负债的比例关系。一般情况下，企业借债的利息率低于其投资的预期报酬率，可以通过借债提高企业的预期每股盈余，但也会同时扩大预期每股盈余的风险。因为一旦情况发生变化，如销售萎缩等，实际的投资报酬率低于利率，则负债不但没有提高每股盈余，反而使每股盈余减少，企业甚至可能因不能按期支付本息而破产。资本结构不当是企业破产的一个重要原因。

（五）股利政策

股利政策也是影响企业投资报酬率和风险的重要因素。

股利政策是指企业赚得的盈余中，有多少作为股利发放给股东，有多少保留下来准备再投资用，以便使未来的盈余源泉可以继续保持。股东既希望分红，又希望每股盈余在未来不断增长。两者有矛盾，前者是当前利益，后者是长远利益。加大保留盈余，会提高未来的报酬率，但再投资的风险比立即分红要大。因此，股利政策会影响企业的投资报酬率和风险。

三、财务管理目标的矛盾与协调

现代公司是一个法人实体，是广大的股东出资并投资，按照事先约定的公司章程独立运作的营利性组织。对于公司法人而言，股东是出资人，但他们中间的绝大多数人并不直接参与经营，只是依法享有企业经营成果的收益权、剩余财产索取权和重大经营活动知情权。公司的经营活动由职业经理班子即经营者组织进行，有关经营活动的细节，经营者没有事前征求股东意见的必要。企业是股东的企业，财务管理的目标也就是股东的目标。股东委托经营者代表他们管理企业，为实现他们的目标而努力，但经营者与股东的目标并不完全一致。

企业的资金除了股东投资外，还包括借入资金。换句话说，股东和债权人都为企业提供了财务资源。但债权人将资金借给企业，并不是为了股东财富最大化，与股东的目标也不一致。此外，企业目标与社会目标也不一致。因此，确定财务管理目标，必须协调股东与经营者之间、股东与债权人之间、企业目标与社会目标之间的矛盾。

（一）股东与经营者的矛盾与协调

股东财富最大化直接反映了股东的利益，与企业经营者没有直接的利益关系。对股东来讲，其所放弃的利益也就是经营者所得的利益。这种被放弃的利益也被称为股东支付给经营者的享受成本。但问题的关键不是享受成本的多少，而是在增加享受成本的同时，是否更多地增加了股东财富。因此，经营者和股东的主要矛盾就是经营者希望在增加股东财富的同时，能更多地增加享受成本；而股东则希望以较小的享受成本支出带来更多的股东财富。

为了防止经营者背离股东的目标，一般有以下两种方式。

1. 监督

经营者背离股东的目标，其主要原因是双方存在信息不对称和利益冲突。由于经营者掌握的信息比股东多，经营者基于自身的利益，可能出现“道德风险”和“逆向选择”。解决这一问题的主要途径就是让股东获取更多的信息，并对经营者进行监督，在经营者背离股东目标时，减少其各种形式的报酬，甚至采取解雇措施。在实际经济生活中，股东是分散的或者远离经营者的，股东也并非都是财务、会计的行家，而且股东亲自监督经营者的代价高昂，很可能超过这样做所带来的收益。因此，股东选择支付审计费聘请注册会计师进行审计鉴证。但注册会计师的审计鉴证往往限于审计财务报表，而不是全面审查所有管理行为。股东对于情况的了解和对经营者的监督总是必要的，但受到监督成本的限制，不可能事事都监督。监督可以减少经营者违背股东意愿的行为，但不能解决全部问题。

2. 激励

防止经营者背离股东利益的另一种方式是采用激励计划，与经营者分享企业增加的财富，鼓励他们采取符合股东利益最大化的行动。例如，企业盈利率或股票价格提高后，给经营者以现金、股票期权奖励。支付报酬的方式和数量大小，有多种选择。报酬过低，不足以激励经营者，股东不能获得最大利益；报酬过高，股东付出的激励成本过大，也不能实现自己的最大利益。因此，激励计划可以减少经营者违背股东意愿的行为，但也不能解决全部问题。

通常，股东同时采取监督和激励两种方式来协调自己和经营者的目标。尽管如此，仍不可能使经营者完全按股东的意愿行动，经营者仍然可能采取一些对自己有利而不符合股东最大利益的决策，并因此给股东带来一定的损失。监督成本、激励成本和偏离股东目标的损失之间此消彼长，相互制约。股东要权衡轻重，力求找出能使三项之和最小的解决办法，即为最佳的解决办法。

（二）股东与债权人的矛盾与协调

股东的财务目标可能与债权人期望实现的目标发生矛盾。首先，股东可能要求经营者改变举债资金的原定用途，将其用于风险更高的项目，这会增大偿债的风险，债权人的实际负债价值也必然会降低。若高风险的项目一旦成功，额外的利润就会被股东独享；但若失败，债权人却要与股东共同负担由此而造成的损失。这对债权人来说，风险与收益是不对称的。其次，股东可能未征得现有债权人同意而要求经营者发行新债券或举借新债，致使旧债券或旧债的价值降低（因为相应的偿债风险增加）。

为协调股东与债权人的上述矛盾，通常可采用以下方式。

(1)限制性借债，即在借款合同中加入某些限制性条款，如规定借款的用途、借款的担保条款和借款的信用条件等。

(2)收回借款或不再借款，即当债权人发现公司有侵蚀其债权价值的意图时，采取收回债权和不给予公司增加放款等措施，从而保护自身的权益。

（三）企业目标与社会目标的矛盾与协调

在全球商业格局下，市场经济中竞争的主体不再是单独个体，而是各种利益相关者的投入或参与，比如股东、政府、债权人、员工、消费者、供应商，甚至是社区居民。均衡考虑所有利益相关者的利益诉求，对企业的长期生存和发展至关重要。

企业的目标和社会的目标在许多方面是一致的。企业在追求自己的目标时，自然会使社会受益。例如，企业为了生存，必须要生产出符合消费者需要的产品，满足社会的需求；企业为了发展，要扩大规模，自然会增加员工人数，解决社会的就业问题；企业为了获利，必须提高劳动生产率，改进产品质量，改善服务，从而提高社会生产效率和公众的生活质量。

企业的目标和社会的目标也有不一致的地方。例如，企业为了获利，可能生产伪劣产品，可能不顾员工的健康和利益，可能造成环境污染，可能损害其他企业的利益等。

股东只是社会的一部分人，他们在谋求自己利益时，不应当损害他人的利益。为此，国家颁布了一系列保护公众利益的法律，如《中华人民共和国公司法》（以下简称《公司法》）、《中华人民共和国反不正当竞争法》、《中华人民共和国环境保护法》、《中华人民共和国合同

法》、《中华人民共和国消费者权益保护法》、《中华人民共和国产品质量法》等，通过这些法律调节企业和社会公众的利益。

一般来说，企业只要依法经营，在谋求自己利益的同时就会使公众受益。但是，法律不可能解决所有问题，企业有可能在合法的情况下从事不利于社会的活动。因此，企业还应受到商业道德的约束，应接受政府有关部门的行政监督以及社会公众的舆论监督，进一步协调企业目标和社会目标的矛盾。

四、财务管理的内容

企业的财务管理目标之一是股东财富最大化。股东财富最大化的途径是提高投资报酬率和减少风险，企业的投资报酬率高低和风险大小又取决于投资项目、资本结构和股利政策。因此，财务管理的主要内容是投资决策、筹资决策和股利分配决策三个方面。

（一）投资决策

投资是指以收回现金并取得收益为目的而发生的现金流出。例如，购买政府公债、购买其他公司股票和债券、购置设备、建造厂房、研发新产品等，企业都要发生现金流出，并期望取得更多的现金流入。

企业的投资决策，按不同的标准可以分为以下类型。

1．项目投资和证券投资

项目投资是指把资金直接投放于生产经营性资产，以便获取营业利润的投资。如购置设备、建造厂房等。

证券投资，是指把资金投放于金融性资产，以便获取股利或者利息收入的投资。如购买政府公债、购买公司债券和公司股票等。

这两种投资决策所使用的一般性概念虽然相同，但决策的具体方法却很不一样。项目投资要事先准备一个或几个备选方案，通过对这些方案的分析和评价，从中选择一个足够满意的行动方案；证券投资只能通过证券分析与评价，从证券市场中选择企业需要的股票和债券，并组成投资组合。作为行动方案的投资组合，不是事先创造的，而是通过证券分析得出的。

2．长期投资和短期投资

长期投资是指影响所及超过一年的投资，如购买设备、建造厂房等。长期投资又称资本性投资。用于股票和债券的长期投资，在必要时可以出售变现，而较难以改变的是生产经营性的固定资产投资。长期投资有时专指固定资产投资。

短期投资是指影响所及不超过一年的投资，如对应收账款、存货、短期有价证券的投资。短期投资又称流动资产投资或营运资产投资。

长期投资和短期投资的决策方法有所区别。由于长期投资涉及的时间长、风险大，所以决策分析时更重视货币时间价值和投资风险价值的计量。

（二）筹资决策

筹资是指筹集资金。如企业发行股票、发行债券、取得借款、赊购、租赁等都属于筹资。

筹资决策要解决的问题是如何取得企业所需要的资金，包括向谁、在什么时候、筹集多少资金。筹资决策和投资、股利分配有密切关系，筹资的数量多少要考虑投资需要，在利润分配时加大保留盈余可减少从外部筹资。筹资决策的关键是决定各种资金来源在总资金中所占的比重，即确定资本结构，以使筹资风险和筹资成本相配合。

可供企业选择的资金来源有许多，这些资金来源一般称为“资金渠道”。按不同的标志可分为以下类型。

1. 权益资金和借入资金

权益资金是指企业股东提供的资金。它不需要归还，筹资的风险小，但其期望的报酬率高。

借入资金是指债权人提供的资金。它需要按期归还，有一定的风险，但其要求的报酬率比权益资金低。

所谓资本结构，主要是指权益资金和借入资金的比例关系。一般来说，完全通过权益资金筹资是不明智的，不能得到负债经营的好处；但负债比例大则风险也大，企业随时可能陷入财务危机。筹资决策的一个重要内容就是确定最佳资本结构。

2. 长期资金和短期资金

长期资金是指企业可长期使用的资金，包括权益资金和长期负债。权益资金不需要归还。此外，长期借款也属于长期资金。有时，习惯上把 1 年以上至 5 年以内的借款称为中期资金，而把 5 年以上的借款称为长期资金。

短期资金一般是指 1 年内要归还的短期借款。一般来说，短期资金的筹集应主要解决临时的资金需要。例如，在生产经营旺季需要的资金比较多，企业可借入短期借款，度过生产经营旺季后归还。

长期资金和短期资金的筹资速度、筹资成本、筹资风险以及借款时企业所受的限制均有所不同。如何安排长期筹资和短期筹资的相对比重，是筹资决策要解决的另一个重要问题。

（三）股利分配决策

股利分配是指在公司赚得的利润中，有多少作为股利发放给股东，有多少留在公司作为再投资。过高的股利支付率，影响企业再投资的能力，会使未来收益减少，造成股价下跌；过低的股利支付率，可能引起股东不满，股价也会下跌。

股利分配决策受多种因素的影响，包括税法对股利和出售股票收益的不同处理、未来公司的投资机会、各种资金来源及其成本、股东对当期收入和未来收入的相对偏好等。公司根据具体情况确定最佳的股利政策，是财务决策的一项重要内容。

股利分配决策，从另一个角度看也是保留盈余决策，是企业内部筹资问题。因此，有人认为股利分配决策属筹资的范畴，而并非一项独立的财务管理内容。

第三节　财务管理的环境

财务管理环境又称理财环境，是指对企业组织财务活动和处理财务关系产生影响的企业内外部各种条件的统称。企业财务管理在相当大程度上受理财环境制约，如生产、技术、供销、市场、物价、金融、税收等因素，对企业组织财务活动和处理财务关系都有重大的影响。

只有在理财环境的各种因素作用下实现财务活动的协调平衡，企业才能生存和发展。研究理财环境，有助于正确地制定理财策略。

理财环境包括内部环境和外部环境两个方面。内部环境是指企业的内部条件，如企业组织形式、公司治理结构、生产技术水平、企业人员素质等；外部环境是指企业的外部条件、因素和状况，如经济环境、法律环境、金融环境、政治环境、社会文化环境等。

本书主要讨论对企业财务管理影响较大的经济环境、法律环境和金融环境等外部环境。

一、经济环境

影响财务管理的经济环境因素主要有经济周期、经济发展水平、通货膨胀、经济政策和竞争等。

（一）经济周期

经济周期也称商业周期、商业循环、景气循环，它是指经济运行中周期性出现的经济扩张与经济紧缩交替更迭、循环往复的一种现象，是国民总产出、总收入和总就业的波动。经济周期发生在实际GDP（国内生产总值）相对于潜在GDP上升（扩张）或下降（收缩或衰退）的时候。每一个经济周期都可以分为上升和下降两个阶段。上升阶段也称为“繁荣”，最高点称为“顶峰”。然而，顶峰也是经济由盛转衰的转折点，此后经济进入下降阶段，即“衰退”。衰退严重，则经济进入萧条，衰退的最低点称为“谷底”。谷底也是经济由衰转盛的转折点，此后经济进入上升阶段。经济从一个顶峰到另一个顶峰，或者从一个谷底到另一个谷底，就是一个完整的经济周期。经济周期波动的扩张阶段，是宏观经济环境和市场环境日益活跃的时期。此时，市场需求旺盛，商品畅销，资金周转顺畅。企业的供、产、销和人、财、物等方面都比较好安排，企业理财自然也处于较为宽松有利的外部环境中。经济周期波动的收缩阶段，是宏观经济环境和市场环境日趋紧缩的时期。此时，市场需求疲软，商品滞销，生产下降，资金周转不畅。企业在供、产、销和人、财、物等方面都会遇到很多困难，企业处于较恶劣的外部环境中。

我国的经济发展曾经历若干次从投资膨胀、生产高涨到控制投资、紧缩银根和正常发展的过程，呈现出周期性特征。企业的筹资、投资和资产运营等理财活动都会受到这种经济周期的影响，比如在治理紧缩时期，社会资金十分短缺，利率上涨，会使企业的筹资非常困难，甚至影响到企业的正常生产经营活动。相应地，企业的投资方向会因为市场利率的上涨而转向本币的存款或贷款。企业财务人员必须认识到经济周期对企业理财的影响，有针对性地协调企业财务管理活动。

（二）经济发展水平

经济发展水平主要是指投入水平、产出水平、人均收入水平等。经济发展水平对企业的理财有重大影响。改革开放以来，我国经济增长速度较快。企业为了跟上经济发展并在行业中维持其地位，至少要有同样的增长速度，企业要相应增加厂房、机器、存货、工人、专业人员等。同时，需要大规模地筹集资金，借入巨额贷款或增发股票。

经济发展水平对企业理财有着极大影响，最先影响的是市场需求。市场对企业产品的需求减少，会导致企业销售额下降。销售额下降会阻碍企业现金的流转，例如，产成品积压不能变现，需要筹资以维持运营。同样，市场对企业产品的需求增加，会导致企业销售额增加，需筹资以扩大经营规模。财务人员要提前做好准备，筹措并分配足够的资金。

（三）通货膨胀

通货膨胀是指投入流通中的货币过多，大大超过流通实际需要的数量，因而引起物价上涨、货币贬值的现象。通货膨胀不仅对消费者不利，而且也会给企业理财带来很大困难，如使企业遭遇资金短缺的困难。由于原材料价格上升，保持存货所需的资金增加，人工和其他费用增加，售价提高使应收账款占用资金也增加。企业唯一的希望是利润同样会增加，否则资金会越来越紧张。提高利润，不外乎是增收节支。增加收入，受到市场竞争的限制。企业若不降低成本，就难以应对通货膨胀造成的财务困难。通货膨胀造成的现金流转不平衡，不能靠短期借款解决，因其不是季节性临时现金短缺，而是现金购买力被永久地“蚕食”了。企业面对通货膨胀，为了实现期望的报酬率，必须加强成本管理。同时，可使用套期保值等办法减少损失，如提前购买设备和存货、买进现货卖出期货等。

（四）经济政策

经济政策是指由政府指导和影响经济活动所规定并付诸实施的准则和措施。经济政策主要包括财税政策、金融政策、外汇政策、外贸政策、价格政策、投资政策等。所有这些政策，都深刻地影响着我国的经济生活，也深刻地影响着我国企业的财务活动。如金融政策中货币的发行量、信贷规模都能影响企业投资的资金来源和投资的预期收益；财税政策会影响企业的资金结构和投资项目的选择等；价格政策会影响资金的投向、投资的回收期及预期收益等。可见，经济政策对企业财务管理的影响是非常大的。这就要求企业财务人员必须了解和把握经济政策，更好地做好企业的经营理财工作。

（五）竞争

竞争是指经济主体在市场上为实现自身的经济利益和既定目标而不断进行的角逐过程。竞争广泛存在于市场经济之中，任何企业都不能回避。企业之间、各产品之间、现有产品和新产品之间的竞争，涉及设备、技术、人才、营销、管理等各个方面。竞争能促使企业用更好的方法来生产更好的产品，对经济发展起推动作用。但对企业来说，竞争既是机会，也是威胁。

价格竞争会使企业减少现金流入。在竞争中获胜的一方会通过多卖产品挽回其损失，但实际是靠牺牲其他企业的利益加快自己的现金流转。失败的一方，不但蒙受价格下降的损失，还受到销量减少的打击，现金流转更加严重失衡。广告竞争会增加企业的现金流出。最好的结果是通过广告促进销售，加速现金流回。但若竞争对手也做推销努力，企业广告也只能制止其销售额的下降。有时，广告竞争并不能完全阻止销售额下降，只能使销售额下降得少一些。采取增加新产品或售后服务项目等竞争办法，也会使企业的现金流出增加。为了改善竞争地位，企业往往需要进行大规模投资，成功之后企业盈利增加，但若投资失败，则

企业的竞争地位更为不利。

竞争是“商业战争”,它检验了企业的综合实力。经济增长、通货膨胀和利率波动等带来的财务问题,以及企业的相应对策都会在竞争中体现出来。

二、法律环境

市场经济的重要特征就在于,它是以法律规范和市场规则为特征的经济制度。法律为企业经营活动规定了活动空间,也为企业在相应空间内自由经营提供了法律上的保护。影响财务管理的主要法律环境因素有企业组织形式的法律规范和税收法律规范等。

(一)企业组织形式的法律规范

企业是市场经济的主体,不同类型的企业所适用的法律有所不同。涉及企业组织形式方面的法律规范包括《公司法》《中华人民共和国外商投资法》《中华人民共和国个人独资企业法》《中华人民共和国合伙企业法》等。这些法律规范既是企业的组织法,又是企业的行为法。

例如,《公司法》对公司制企业的设立条件、设立程序、组织机构、组织变更和终止的条件与程序等都做了规定,包括股东人数、公司章程、资本的筹集方式等。只有按其规定的条件和程序设立的企业,才能称为“公司”。《公司法》还对公司生产经营的主要方面做出了规定,包括股票的发行和交易、债券的发行和转让、利润的分配等。公司一旦成立,其主要的活动,包括财务管理活动,都要按照《公司法》的规定来进行。因此,《公司法》是公司制企业财务管理最重要的强制性规范,公司的理财活动不能违反该法律,公司的自主权不能超出该法律的限制。其他企业也要按照相应的企业法来进行其理财活动。

从财务管理的角度来看,非公司制企业与公司制企业有很大不同。非公司制企业的所有者,包括独资企业的业主和合伙企业的普通合伙人,他们享有企业的盈利(或承担企业的损失),还要承担无限责任,一旦经营失败必须用其个人的财产偿还债权人的债务。公司企业的股东承担有限责任,经营失败时其经济责任以出资额为限,无论是股份有限公司还是有限责任公司都是如此。

(二)税收法律规范

税收是国家为了实现其职能,按照法律预先规定的标准,凭借政治权力,强制、无偿地征收货币或实物的一种经济活动,也是国家参与国民收入分配和再分配的一种方法。税收是国家参与经济管理,实行宏观调控的重要手段之一。税收具有强制性、无偿性和固定性三个显著特征。

任何企业都有法定的纳税义务。有关税收的法律规范分为三类:所得税的法规、流转税的法规和其他地方税的法规。

纳税会使企业发生现金流出,对企业理财有重要影响。企业无不希望在不违反税法的前提下减少税务负担。但税负的减少,只能靠精心安排和筹划投资、筹资和利润分配等财务决策,绝不允许在纳税行为已经发生时偷税漏税。因此,财务人员应当熟悉国家税收法律的规定，不仅要了解各税种的计征范围、计征依据和税率，而且要了解差别税率的制定精神，以及减税、免税的原则规定，自觉按照税收法律规范进行经营活动和财务活动。

除上述法律规范外，与企业财务管理有关的其他经济法律规范还有许多，包括各种证券法律规范、结算法律规范和合同法律规范等。财务人员要熟悉这些法律规范，在守法的前提下履行财务管理的职能，实现企业的财务目标。

三、金融环境

企业总是需要资金从事投资和经营活动。而资金的取得，除了自有资金外，主要从金融机构和金融市场取得。金融环境的变化必然影响企业的筹资、投资和资金运营活动。所以，金融环境是企业财务管理最主要的环境因素之一。影响财务管理的金融环境因素主要包括金融机构、金融市场和利息率等。

（一）金融机构

社会资金从资金供应者手中转移到资金需求者手中，大多要通过金融机构。金融机构主要包括以下两种。

1. 银行

银行是指经营存款、放款、汇兑和储蓄等金融业务，承担信用中介的金融机构。银行的主要职能是充当信用中介、充当企业之间的支付中介、提供信用工具、充当投资手段和充当国民经济的宏观调控手段。我国银行主要包括以下三类。

(1)中央银行，即中国人民银行，它代表政府管理全国的金融机构和金融活动，管理国库。其主要职责是制定和实施货币政策，保持货币币值稳定；维护支付和清算系统的正常运行；持有、管理、经营国家外汇储备和黄金储备；代理国库和其他与政府有关的金融业务；代表政府从事有关的国际金融活动。

(2)商业银行，是以经营存款、放款、办理转账结算为主要业务，以营利为主要经营目标的金融企业。商业银行的建立和运行，受《中华人民共和国商业银行法》规范。我国的商业银行可以分成两类。一是由国家专业银行演变而来的国有独资商业银行。过去它们分别在工商业、农业、外汇业务和固定资产贷款领域中提供服务，近些年来，其业务交叉进行，传统分工已经淡化。二是股份制商业银行。自 1987 年发展起来后，这些银行的股权结构各异，以企业法人股和财政入股为主，个别银行有个人股权。股份制商业银行完全按商业银行的模式运作，服务比较灵活，业务发展很快。

(3)政策性银行，是指由政府设立，以贯彻国家产业政策、区域发展政策为目的，不以营利为目的的金融机构。政策性银行与商业银行相比，其特点在于：

①不面向公众吸收存款，而以财政拨款和发行政策性金融债券为主要资金来源。

②其资本主要由政府拨付。

③不以营利为目的，经营时主要考虑国家的整体利益和社会效益。

④其服务领域主要是对国民经济发展和社会稳定有重要意义而商业银行出于营利目的不愿介入的领域。

⑤一般不普遍设立分支机构，其业务由商业银行代理。

但是，政策性银行的资金并非财政资金，也必须有偿使用，对贷款也要进行严格审查，并要求还本付息、周转使用。我国目前有三家政策性银行：国家开发银行、中国进出口银行和中国农业发展银行。

2. 非银行金融机构

目前，我国主要的非银行金融机构包括以下五种。

(1)保险公司，主要经营保险业务，包括财产保险、责任保险、保证保险和人身保险。目前，我国保险公司的资金运用被严格限制在银行存款、政府债券、金融债券和投资基金范围内。

(2)信托投资公司，主要是以受托人的身份代人理财。其主要业务有经营资金和财产委托、代理资产保管、金融租赁、经济咨询，以及投资等。

(3)证券机构，是指从事证券业务的机构，包括证券公司、证券交易所和登记结算公司。其中，证券公司的主要业务是推销政府债券、企业债券和股票，代理买卖和自营买卖已上市流通的各类有价证券，参与企业收购、兼并，充当企业财务顾问等；证券交易所提供证券交易的场所和设施，制定证券交易的业务规则，接受上市申请并安排上市，组织、监督证券交易，对会员和上市公司进行监管等；登记结算公司主要办理股票交易中所有权转移时的过户和资金的结算。

(4)财务公司，是指由企业集团内部各成员单位入股，向社会募集中长期资金，为企业技术进步服务的金融股份有限公司。其业务被限定在本集团内，不得从企业集团之外吸收存款，也不得对非集团单位和个人贷款。

(5)金融租赁公司，是指办理融资租赁业务的金融机构。其主要业务有动产和不动产的租赁、转租赁、回租租赁。

从企业财务管理的角度来看，金融机构是企业获得资金的主要来源，也是企业资金往来的中介者，还是企业筹资与投资的重要支持者。财务管理人员必须熟悉金融机构的各种类型及其经营规则，有效利用金融机构开展企业财务管理活动。

(二)金融市场

1. 金融市场的概念、功能与要素

金融市场是指资金供应者和资金需求者双方通过金融工具进行交易的场所。资金供应者直接或通过中介把资金让渡给资金需求者，并取得一定的金融工具。广义金融市场的交易范围包括货币借贷、票据承兑和贴现、有价证券的买卖、黄金和外汇买卖、办理国内外保险、生产资料的产权交易等。狭义金融市场是指有价证券市场，其交易对象包括股票和债券。金融市场可以是有形的市场，如银行、证券交易所等；也可以是无形的市场，如利用电脑、电传、电话等设施通过经纪人进行资金融通活动。

金融市场的主要功能有五项：

(1)转化储蓄为投资。

(2)改善社会经济福利。

(3)提供多种金融工具并加速流动,使中短期资金凝结为长期资金。

(4)提高金融体系竞争性和效率。

(5)引导资金流向。

金融市场的要素主要有:

(1)市场主体,即参与金融市场交易活动而形成的买卖双方的各经济单位。

(2)金融工具,即借以进行金融交易的工具,一般包括债权债务凭证和所有权凭证。金融工具对于持有者来说是金融性资产,而对于发行者来说则是其负债。

(3)交易价格,反映的是在一定时期内转让货币资金使用权的报酬。

(4)组织方式,即金融市场的交易采用的方式。

2. 金融市场的种类

金融市场可按以下不同标准进行分类。

(1)按期限可划分为短期金融市场和长期金融市场。

短期金融市场又称货币市场,是指以期限在1年以内的金融工具为媒介进行短期资金融通的市场。其主要特点:①交易期限短;②交易的目的是满足短期资金周转的需要;③所交易的金融工具有较强的货币性。

长期金融市场又称资本市场,是指以期限在1年以上的金融工具为媒介进行长期性资金交易活动的市场。其主要特点:①交易的主要目的是满足长期投资性资金的供求需要;②收益较高而流动性较差;③资金借贷量大;④价格变动幅度大。

(2)按交割的时间可划分为现货市场和期货市场。

现货市场是指买卖双方成交后,当场或几天之内买方付款、卖方交付证券的交易市场。

期货市场是指买卖双方成交后,在双方约定的未来某一特定的时日才交割的交易市场。

(3)按证券交易的方式和次数可划分为初级市场和次级市场。

初级市场,也称一级市场或发行市场,是指新发行证券的市场,这类市场使预先存在的资产交易成为可能。

次级市场,也称二级市场或交易市场,是指现有金融资产的交易场所。初级市场可以理解为“新货市场”,次级市场可以理解为“旧货市场”。

除上述分类外,金融市场还可以按成交与定价的方式划分为公开市场、店头市场、第三市场和第四市场;按金融工具的属性划分为基础性金融市场和金融衍生品市场;按交易的直接对象划分为同业拆借市场、国债市场、企业债券市场、股票市场、金融期货市场、外汇市场、黄金市场等;按交易双方在地理上的距离划分为地方性的、区域性的、全国性的金融市场,以及国际金融市场。

从企业财务管理角度来看,金融市场作为企业投资和筹资的场所,是企业实现长短期资金互相转化的必不可少的条件,也是企业获得有益于理财的信息的重要渠道。财务管理人员必须熟悉金融市场的各种类型和管理规则,有效地利用金融市场来组织资金的筹措和进行资本的投资等活动。

（三）利息率

利息率简称利率，是利息占本金的百分比指标。从资金的借贷关系看，利率是指在一定时期运用资金资源的交易价格。资金作为一种特殊商品，以利率为价格标准进行融通，实质上是资源通过利率实行的再分配。因此，利率在资金分配及企业财务决策中起着重要作用。

1．利率的类型

利率可按照以下不同的标准进行分类。

（1）按利率之间的变动关系划分为基准利率和套算利率。

基准利率又称基本利率，是指在多种利率并存的条件下起决定作用的利率。只要这种利率变动，其他利率也相应变动。因此，了解了基准利率水平的变化趋势，就可了解全部利率的变化趋势。基准利率在西方通常是中央银行的再贴现率，在我国是中国人民银行对商业银行贷款的利率。

套算利率是指在基准利率确定后，各金融机构根据基准利率和借贷款项的特点而换算出的利率。例如，某金融机构规定，贷款AAA级、AA级、A级企业的利率，应分别在基准利率的基础上加0.5％、1％、1.5％，加总计算所得的利率便是套算利率。

（2）按利率与市场资金供求情况的关系划分为固定利率和浮动利率。

固定利率是指在借贷期内固定不变的利率。受通货膨胀的影响，实行固定利率会使债权人利益受到损害。

浮动利率是指在借贷期内可以调整的利率。面对通货膨胀采用浮动利率，可使债权人减少损失。

（3）按利率形成机制不同划分为市场利率和法定利率。

市场利率是指根据金融市场上的供求关系，随着市场而自由变动的利率。

法定利率是指由政府金融管理部门或者中央银行确定的利率。

2．金融市场上利率的决定因素

正如任何商品的价格均由供应和需求两方面来决定一样，资金这种特殊商品的价格——利率，也主要由供给与需求来决定。但除这两个因素外，经济周期、通货膨胀、国家货币政策和财政政策、国际经济政治关系、国家利率管制程度等，对利率的变动均有不同程度的影响。因此，利率通常由纯利率、通货膨胀补偿率和风险回报率三部分组成，其计算公式如下：

利率＝纯利率＋通货膨胀补偿率＋风险回报率

（1）纯利率。纯利率是指无通货膨胀、无风险情况下的平均利率。例如，在没有通货膨胀时，国库券的利率可以视为纯利率。纯利率的高低，受平均利润率、资金供求关系和国家宏观调控的影响。

（2）通货膨胀补偿率。通货膨胀使货币贬值，投资者的真实报酬下降。因此，投资者将资金交给借款人时，会在纯利率的基础上再加上通货膨胀补偿率，以弥补通货膨胀造成的购买力损失。例如，每次发行国库券的利率随预期的通货膨胀补偿率变化，它近似等于纯利率加预期通货膨胀补偿率。

(3)风险回报率。投资者除了关心通货膨胀补偿率以外,还关心资金使用者能否保证投资者收回本金并取得一定的收益。风险越大,投资者要求的收益率越高。例如,公司长期债券的风险大于国库券,要求的收益率也高于国库券;普通股票的风险大于公司债券,要求的收益率也高于公司债券;小公司普通股票的风险大于大公司普通股票,要求的收益率也高于大公司普通股票。风险回报率是投资者要求的除纯利率和通货膨胀补偿率之外的风险补偿。

从企业财务管理角度来看,利息率与企业经营的成本与收益息息相关,财务管理人员必须时刻关注利息率的变动,灵活调整财务决策。例如,当利率提高时,可以适当加大留存收益;预计利率下降时,提前偿还长期借款等。

第四节　财务管理的环节

财务管理的环节是指财务管理的工作步骤与一般程序。一般来说,企业财务管理的环节包括财务预测、财务决策、财务预算、财务控制、财务分析,如图 1-1 所示。

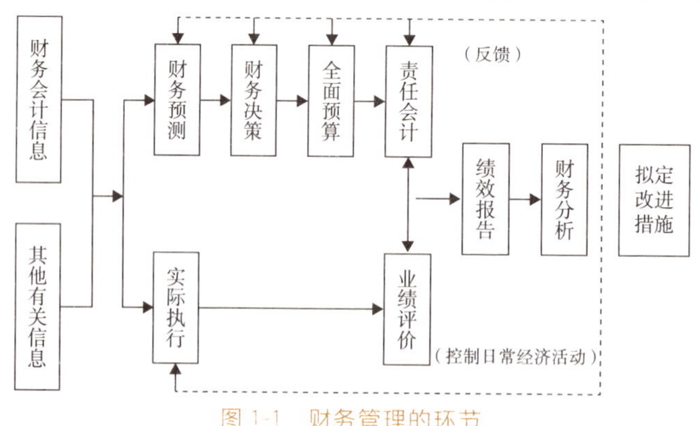

图 1-1　财务管理的环节

一、财务预测

财务预测是指财务人员根据财务活动的历史资料,考虑现实的要求和条件,对企业未来的财务活动和财务成果做出科学的预计和测算。财务预测的主要任务是:测算各项生产经营方案的经济效益,为决策提供可靠的依据;预计财务收支的发展变化情况,以确定经营目标;测定各项定额和标准,为编制计划和分解计划指标服务。

财务预测的起点是销售预测。一般情况下,在进行财务预测时,把销售预测数据视为已知数,作为财务预测的起点。销售预测本身虽然不是财务管理的职能,但它是财务预测的基础,销售预测完成后才能开始财务预测。

财务预测的主要内容包括资产预测、成本费用和留存收益预测,以及资金需要量预测等。

财务预测主要包括以下四个步骤:①明确预测目标;②搜集相关资料;③建立预测模型;④确定预测结果。

财务预测的主要方法和手段通常包括销售百分比法、回归分析法和计算机辅助技术等。

二、财务决策

财务决策是指财务人员按照财务目标的总体要求，利用专门方法对各种备选方案进行比较分析，并从中选出最佳方案的过程。在市场经济条件下，财务管理的核心是财务决策，财务预测是为财务决策服务的，财务决策的成功与否直接关系到企业的兴衰成败。

一个财务决策系统由决策者、决策对象、信息、决策理论与方法，以及决策结果五个要素构成。其中，决策者是决策的主体。它可以是一个人，也可以是一个集团，即决策机构。决策对象是决策的客体，即决策想要解决的问题。信息包括企业内部的信息、企业外部环境的状态和发展变化的信息。决策理论与方法包括决策的一般模式、预测方法、定量分析和定性分析技术、决策方法论以及计算机辅助技术等。决策结果是指通过财务决策过程形成的、指导企业财务活动的行动方案。财务决策结果通常要采用语言、文字、图表等形式来表达。

财务决策主要包括以下三个步骤：①确定决策目标；②提出备选方案；③选择最优方案。

三、财务预算

财务预算是指财务人员运用科学的技术手段和数量方法，对未来财务活动的内容及指标所进行的具体规划。财务预算是以财务预测提供的信息和财务决策确立的方案为基础编制的，是财务预测和财务决策的具体化，也是控制财务活动的依据。

财务预算作为企业全面预算的一部分，它和其他预算体系是联系在一起的。全面预算体系是一个数字相互衔接的整体，包括销售预算、生产预算和财务预算。销售预算和生产预算统称为业务预算，用于计划企业的基本经济业务；财务预算是关于资金筹措和使用的预算，包括短期的现金收支预算和信贷预算，以及长期的资本支出预算和长期资金筹措预算。

财务预算包括以下三个步骤：①分析财务环境，确定预算指标；②协调财务能力，组织综合平衡；③选择预算方法，编制财务预算。

四、财务控制

财务控制是指财务人员利用有关信息和特定手段，对企业财务活动所施加的影响或进行的调节。实行财务控制是落实预算任务、保证预算目标实现的有效措施。

财务控制是企业内部控制和风险管理的一个重要方面，依据内部控制和风险管理的基本原理，财务控制包括控制环境、目标设定、事项识别、风险评估、风险应对、控制活动、信息和沟通，以及监控八个基本要素。

财务控制的方法和手段通常包括授权批准控制、职务分离控制、全面预算控制、财产保全控制、标准成本控制、责任会计控制、业绩评价控制等。

财务控制一般包括以下三个步骤：①制定控制标准，分解落实责任；②实施追踪控制，及时纠正误差；③分析执行情况，搞好考核奖惩。

五、财务分析

财务分析是指财务人员根据核算资料，运用特定方法，对企业财务活动过程及其结果进行分析和评价的一项工作。通过财务分析，可以掌握各项财务计划的完成情况，评价财务状况，研究和掌握企业财务活动的规律性，改善财务预测、决策、预算和控制工作，提高企业管理水平和经济效益。

财务分析包括财务指标分析和综合分析。财务分析指标主要包括偿债能力指标、营运能力指标、盈利能力指标和发展能力指标。

拓展阅读

财务分析的方法主要包括趋势分析法、比率分析法和因素分析法。

财务分析包括以下四个步骤：①收集资料，掌握信息；②指标对比，揭露矛盾；③分析原因，明确责任；④提出措施，改进工作。

本章小结

本章主要介绍了财务管理的概念、原则、目标、内容、环境和环节。

财务管理是企业组织企业财务活动、处理财务关系的一项价值管理工作。企业财务活动包括企业筹资、投资、资金营运、分配等一系列活动。

企业的财务关系可概括为：企业与政府之间的财务关系；企业同其所有者之间的财务关系；企业同其债权人之间的财务关系；企业同其受资者之间的财务关系；企业同其债务人之间的财务关系；企业内部各单位之间的财务关系；企业与职工之间的财务关系。

财务管理的原则：成本效益原则、风险与收益均衡原则、资源合理配置原则和利益关系协调原则。

财务管理的目标是企业理财活动所希望实现的结果，是评价企业理财活动是否合理的基本标准。企业财务管理目标包括利润最大化、每股利润最大化、股东财富最大化等基本观点。影响财务管理目标实现的因素包括投资报酬率、风险、投资项目、资本结构、股利政策等。财务管理中还要注意股东、经营者和债权人的冲突与协调，以及企业目标与社会目标之间的协调。

财务管理的主要内容包括投资决策、筹资决策和股利分配决策三个方面。财务管理的环节是指财务管理的工作步骤与一般程序，包括财务预测、财务决策、财务预算、财务控制和财务分析。

财务管理的环境主要包括经济环境、法律环境、金融环境。其中，金融市场是企业投资和筹资的场所，企业通过金融市场使长短期资金互相转化，金融市场为企业理财提供有价值的信息。企业财务管理在经济环境中受经济周期、经济发展水平、通货膨胀、政府的经济政策、竞争等因素影响。

复习思考题

一、简答题

1. 如何理解财务管理的概念？

2. 如何处理企业财务关系？股东、经营者和债权人之间存在哪些矛盾，如何协调？

3. 如何理解企业目标及其对财务管理的要求？请对各种财务管理目标的优缺点进行

对比。

4. 如何理解财务管理原则？请举例说明。

5. 如何理解金融市场与财务管理的关系？

6. 金融市场的分类及金融市场上决定利率高低的因素有哪些？

二、单选题

1. 若上市公司以股东财富最大化作为财务管理目标，则衡量股东财富大小的最直观的指标是（　　）。

A. 净利润　　B. 净资产收益率　　C. 每股收益　　D. 股价

2. 在下列各项中，从甲公司的角度看，能够形成“本企业与债务人之间财务关系”的业务的是（　　）。

A. 甲公司购买乙公司发行的债券　　B. 甲公司归还所欠丙公司的货款

C. 甲公司从丁公司赊购产品　　D. 甲公司向戊公司支付利息

3. 与企业价值最大化财务管理目标相比，股东财富最大化目标的局限性是（　　）。

A. 对债权人的利益重视不够　　B. 容易导致企业的短期行为

C. 没有考虑风险因素　　D. 没有考虑货币时间价值

4. 已知银行存款利率为 3%，通货膨胀为 1%，则实际利率为（　　）。

A. 1.98%　　B. 3%　　C. 2.97%　　D. 2%

5. 若激励对象没有实现约定目标，公司有权将免费赠与的股票收回，这种股权激励是（　　）。

A. 股票股权模式　　B. 业绩股票模式

C. 股票增值权模式　　D. 限制性股票模式

6. 下列各项中，不能协调所有者与债权人之间矛盾的方式是（　　）。

A. 市场对公司强行接收或吞并　　B. 债权人通过合同实施限制性借款

C. 债权人停止借款　　D. 债权人收回借款

7. 某上市公司职业经理人在任职期间不断提高在职消费，损害股东利益。这一现象主要揭示公司制企业的缺点是（　　）。

A. 产权问题　　B. 激励问题　　C. 代理问题　　D. 责权分配问题

8. 根据相关者利益最大化的财务管理目标理论，承担最大风险并可能获得最大报酬的是（　　）。

A. 股东　　B. 债权人　　C. 经营者　　D. 供应商

9. 下列各项中，既能够考虑资金的时间价值和投资风险，又有利于克服管理上的片面性和短期行为的财务管理目标是（　　）。

A. 利润最大化　　B. 企业价值最大化

C. 每股收益最大化　　D. 资本利润率最大化

10. 下列各项中，符合企业相关者利益最大化财务管理目标要求的是（　　）。

A. 强调股东的首要地位　　B. 强调债权人的首要地位

C. 强调员工的首要地位　　D. 强调经营者的首要地位

11. 某上市公司针对经常出现中小股东质询管理层的情况，拟采取措施协调所有者与经营者的矛盾。下列各项中，不能实现上述目的的是(　　)。

A. 强化内部人控制　　B. 解聘总经理

C. 加强对经营者的监督　　D. 将经营者的报酬与其绩效挂钩

12. 某公司董事会召开公司战略发展讨论会，拟将企业价值最大化作为财务管理目标，下列理由中，难以成立的是(　　)。

A. 有利于规避企业短期行为　　B. 有利于量化考核和评价

C. 有利于持续提升企业获利能力　　D. 有利于均衡风险与报酬的关系

13. 根据财务管理理论，按照资金来源渠道不同，可将筹资分为(　　)。

A. 直接筹资和间接筹资　　B. 内源筹资和外源筹资

C. 权益筹资和负债筹资　　D. 短期筹资和长期筹资

14. 下列各项中，能够用于协调企业所有者与企业债权人矛盾的方法是(　　)。

A. 解聘　　B. 接收　　C. 激励　　D. 停止借款

15. 作为企业财务目标，每股利润最大化较之利润最大化的优点在于(　　)。

A. 考虑了资金时间价值因素　　B. 反映了创造利润与投入资本的关系

C. 考虑了风险因素　　D. 能够避免企业的短期行为

三、多选题

1. 公司制企业可能存在经营者和股东之间的利益冲突，解决这一冲突的方式有(　　)。

A. 解聘　　B. 接收　　C. 收回借款　　D. 授予股票期权

2. 与资本性金融工具相比，下列各项中，属于货币性金融工具特点的有(　　)。

A. 期限较长　　B. 流动性强　　C. 风险较小　　D. 价格平稳

3. 下列经济行为中，属于企业财务活动的有(　　)。

A. 资金营运活动　　B. 利润分配活动

C. 筹集资金活动　　D. 投资活动

4. 在某公司财务目标研讨会上，张经理主张“贯彻合作共赢的价值理念，做大企业的财富蛋糕”；李经理认为“既然企业的绩效按年度考核，财务目标就应当集中体现当年利润指标”；王经理提出“应将企业长期稳定的发展放在首位，以便创造更多的价值”。上述观点涉及的财务管理目标有(　　)。

A. 利润最大化　　B. 企业规模最大化

C. 企业价值最大化　　D. 相关者利益最大化

5. 在不存在任何关联方交易的前提下，下列各项中，无法直接由企业资金营运活动形成的财务关系有(　　)。

A. 企业与投资者之间的关系　　B. 企业与受资者之间的关系

C. 企业与政府之间的关系　　D. 企业与职工之间的关系

6. 以“企业价值最大化”作为财务管理目标的优点有（　　）。

A. 有利于社会资源的合理配置

B. 有助于精确估算非上市公司价值

C. 反映了对企业资产保值增值的要求

D. 有利于克服管理上的片面性和短期行为

7. 在下列各项中，属于财务管理经济环境构成要素的有（　　）。

A. 经济周期　　B. 经济发展水平

C. 宏观经济政策　　D. 公司治理结构

8. 在下列各项中，属于企业财务管理的金融环境内容的有（　　）。

A. 利息率　　B. 公司法　　C. 金融工具　　D. 税收法规

9. 在不存在通货膨胀的情况下，利率的组成因素包括（　　）。

A. 纯利率　　B. 违约风险报酬率

C. 流动性风险报酬率　　D. 期限风险报酬率

10. 为确保企业财务目标的实现，下列各项中，可用于协调所有者与经营者矛盾的措施有（　　）。

A. 所有者解聘经营者　　B. 所有者向企业派遣财务总监

C. 公司被其他公司接收或吞并　　D. 所有者给经营者以“股票选择权”

11. 下列各项中，属于企业筹资引起的财务活动有（　　）。

A. 偿还借款　　B. 购买国库券　　C. 支付股票股利　　D. 利用商业信用

12. 下列各项中，属于企业资金营运活动的有（　　）。

A. 采购原材料　　B. 销售商品　　C. 购买国库券　　D. 支付利息

13. 下列各项中，可用来协调公司债权人与所有者矛盾的方法有（　　）。

A. 规定借款用途　　B. 规定借款的信用条件

C. 要求提供借款担保　　D. 收回借款或不再借款

14. 影响纯利率的高低的主要因素是（　　）。

A. 平均利润率　　B. 资金供求关系　　C. 通货膨胀　　D. 国家调节

15. 股东通过经营者伤害债权人利益的常用方式是（　　）。

A. 不经债权人同意，投资于比债权人预期风险要高的新项目

B. 不顾工人的健康和利益

C. 不征得债权人同意而发行新债券

D. 不尽最大努力去实现企业财务目标

四、判断题

1. 对于以相关利益最大化为财务管理目标的公司来说最为重要的利益相关者应当是公司员工。（　　）

2. 不考虑其他因素的影响，通货膨胀一般导致市场利率下降，从而降低了企业的筹资难度。（　　）

3. 以企业价值最大化作为财务管理目标，有利于社会资源的合理配置。 (　　)

4. 相关者利益最大化作为财务管理目标，体现了合作共赢的价值理念。 (　　)

5. 企业财务管理的目标理论包括利润最大化、股东财富最大化、公司价值最大化和相关者利益最大化等理论。其中，公司价值最大化、股东财富最大化和相关者利益最大化都是以利润最大化为基础的。 (　　)

6. 长期借款的例行性保护条款、一般性保护条款、特殊性保护条款可结合使用，有利于全面保护债权人的权益。 (　　)

7. 就上市公司而言，将股东财富最大化作为财务管理目标的缺点之一是不容易被量化的。 (　　)

8. 当通货膨胀补偿率大于名义利率时，实际利率为负值。 (　　)

9. 购买国债虽然违约风险小，也几乎没有破产风险，但仍会面临利息率风险和购买力风险。 (　　)

10. 民营企业与政府之间的财务关系体现为一种投资与受资关系。 (　　)

五、案例分析题

紫金矿业集团股份有限公司是一家在全球范围内从事铜、金、锌等金属与新能源矿产资源勘查和开发及工程技术应用研究的大型跨国矿业集团，在香港H股(HKEX:2899)和上海A股(SSE:601899)整体上市。

公司在中国15个省(区)和海外13个国家拥有重要矿业投资项目，包括境内的西藏巨龙铜矿、黑龙江多宝山铜矿、福建紫金山铜金矿、新疆阿舍勒铜矿、山西紫金、贵州紫金、陇南紫金等，境外的塞尔维亚丘卡卢-佩吉铜金矿、塞尔维亚博尔铜矿、刚果(金)卡莫阿铜矿、刚果(金)科卢韦齐铜矿、哥伦比亚武里蒂卡金矿等。公司铜资源量达6 277万吨，其中储量2 033万吨；黄金资源量达2 373吨，其中储量792吨；锌资源量达961.8万吨，其中储量455.4万吨。公司正加速进军新能源新材料领域，拥有阿根廷3Q高品位锂盐湖项目，新增碳酸锂763万吨。公司海外铜、金矿产资源储量及产量、利润均超过集团总量的一半。

公司2021年主要经济指标再创历史新高，全年实现营业收入2 251.02亿元，同比增长31.25%；实现利润总额247.94亿元，同比增长128.60%，其中归属上市公司股东净利润156.73亿元，同比增长140.80%；截至报告期末，公司资产总额2 085.95亿元，同比增长14.42%。主要矿产品资源量/储量和产量继续领跑中国金属矿业行业，全年矿产铜58.4万吨，同比增长28.83%；矿产金47.5吨，同比增长17.16%；矿产锌(铅)43.4万吨，同比增长14.86%；矿产银309吨，同比增长3.38%；铁精矿425万吨，同比增长9.82%；拥有资源量铜6 277万吨、金2 373吨、锌962万吨，新增碳酸锂763万吨。公司行业地位大幅提升，位居2021年《福布斯》全球上市公司2 000强第398位，以及其中上榜的全球黄金企业第3位、全球金属矿业企业第9位，位居2021《财富》世界500强第486位、2021《财富》中国500强第67位。

公司坚持以创新尤其是科技创新为核心竞争力，在地质勘查、湿法冶金、低品位与难选冶矿产资源综合回收利用及大规模工程化开发等方面具有丰富的实践经验。公司创立“矿石流五环归一”矿业工程管理模式，创建“低品位难处理黄金资源综合利用国家重点实验

室”，建立完整的地、采、选、冶、环科技体系，形成全环节的自主技术和工程能力，在全球有大量的矿业开发成功案例，基本形成矿业企业全球竞争力。

公司坚持遵循国际标准构建具有紫金特色的环境、社会和管治（ESG）体系，全面推进绿色高质量生态矿山发展。公司坚持“开发矿业、造福社会”的共同发展理念，坚持“和谐创造财富，企业、员工、社会协调发展”为企业价值观，努力让更多人因紫金矿业的存在而获益，先后三次荣获“中华慈善奖”。

公司作为全球矿业市场的重要参与者，致力于打造“绿色高技术超一流国际矿业集团”，以优质矿物原料为全球经济增长助力。

截至 2021 年末，公司总资产 2 085.95 亿元，净资产 928.97 亿元，其合并资产负债表见表 1-1。2021 年度实现营业收入 2 251.02 亿元，实现净利润 195.99 亿元。

表 1-1　2021 年 12 月 31 日合并资产负债表

单位：元

资产	金额	负债及所有者权益	金额
流动资产：		流动负债：	
货币资金	14 221 780 252	短期借款	18 229 100 791
交易性金融资产	2 935 224 582	交易性金融负债	156 812 356
其中：衍生金融资产	2 644 244	其中：衍生金融负债	156 812 356
应收账款	2 445 223 101	应付票据	394 380 588
应收款项融资	1 958 255 180	应付账款	7 442 318 423
预付款项	1 782 420 666	合同负债	671 955 151
其他应收款	1 385 716 898	应付职工薪酬	1 604 671 386
存货	19 308 800 678	应交税费	4 040 386 486
一年内到期的非流动资产	8 923 967	其他应付款	7 614 396 670
其他流动资产	3 017 948 117	一年内到期的非流动负债	9 470 350 520
流动资产合计	47 064 293 441	其他流动负债	678 088 310
非流动资产：		流动负债合计	50 302 460 681
债权投资	468 136 162	非流动负债：	
长期股权投资	9 628 231 895	长期借款	36 126 816 893
其他权益工具投资	9 415 646 061	应付债券	14 247 474 590
其他非流动金融资产	62 500 000	其中：优先股	956 355 139
投资性房地产	117 472 940	租赁负债	184 195 155
固定资产	55 597 154 905	长期应付款	2 359 167 215
在建工程	18 548 053 400	长期应付职工薪酬	79 059 540

续表

资产	金额	负债及所有者权益	金额
使用权资产	217 034 588	预计负债	3 696 917 863
无形资产	47 531 349 824	递延收益	397 491 581
商誉	314 149 588	递延所得税负债	6 342 164 459
长期待摊费用	1 724 516 259	其他非流动负债	1 961 759 602
递延所得税资产	1 325 642 796	非流动负债合计	65 395 046 898
其他非流动资产	16 580 496 264	负债合计	115 697 507 579
非流动资产合计	161 530 384 682	股东权益：	
		股本	2 633 011 224
		其他权益工具	—
		其中：可续期公司债	—
		资本公积	25 205 642 523
		减：库存股	475 709 598
		其他综合收益	2 209 428 323
		盈余公积	1 367 003 719
		未分配利润	39 981 710 325
		归属于母公司股东权益合计	71 034 368 061
		少数股东权益	21 862 802 483
		股东权益合计	92 897 170 544
资产总计	208 594 678 123	负债和股东权益总计	208 594 678 123

要求：

(1)从资产负债表项目来看，紫金矿业2021年末的筹资来源如何构成？有何特点？

(2)从资产负债表项目来看，紫金矿业2021年末的资金投向何处？有何特点？

(3)结合网络其他资料分析该公司的财务管理目标是什么？

(4)当前哪些环境因素变化会对公司财务管理产生直接影响？

扫一扫，看答案

第二章

财务管理的基础观念

学习目标

1. 了解货币时间价值观念和风险价值观念。
2. 理解时间价值的概念、表现形式、意义。
3. 熟练掌握一次性收付款、系列收付款和年金的现值、终值的计算，并能结合有关问题熟练地运用。
4. 理解风险的含义与种类。
5. 掌握风险的衡量方法。
6. 熟练掌握风险价值的计算。

第一节　货币时间价值

一、货币时间价值概述

要运用货币时间价值，首先必须了解其含义、实质、表现形式、实践意义等。

（一）货币时间价值的含义

货币时间价值，是指货币经过一定时间的投资和再投资所增加的价值，也称为资金的时间价值。

一定量的货币资金在不同时点上具有不同的价值。年初的 1 万元，经过投资以后，到年终其价值要高于 1 万元，即使不存在通货膨胀也是如此。例如，2021 年 8 月 1 日，居住在甲市的张先生想出售他 100 平方米的两居室住房，当前该地段市价每平方米 9 800 元。此时有一位买主愿意购买，张先生提出两种付款方式：一是 2021 年 8 月 1 日一次性支付 98 万元；二是一年以后支付 99 万元。当年一年期的存款利率为 1.50%。问：买主愿意接受哪种付款方式？要回答上述问题，就要利用货币时间价值的原理。按单利计算，98 万元一年后的价值为 98×(1+1.50%)=99.47 万元，高于 99 万元。同 2021 年 8 月 1 日一次性支付 98 万元比较，买主可得到 0.47 万元的利益。如果买主没有其他投资渠道可选择，一年以后支付 99 万元比现付 98 万元更有利。上例中，98 万元一年后的价值变为 99.47 万元，其增加的价值

1.47万元就是98万元一年的时间价值。当然，产生1.47万元时间价值的前提是买主要把98万元存入银行，并且是1年定期存款。

又如，某企业拟购买一台设备，采用现付方式，其价款为400万元，如果延期至5年后付款，则价款为450万元。假设5年期存款年利率为2.75%，问：现付同延期付款比较，哪个对企业有利？假定该企业目前已筹集到400万元，暂不付款，在银行5年定期存款，按单利计算，5年后本利和为400×(1+2.75%×5)=455万元，同450万元比较，企业尚可得到5万元的利益。可见，延期付款450万元比现付400万元更为有利。这就说明，采用现付方式的400万元，5年以后价值就提高到455万元。随着时间的推移，周转使用中的资金价值发生了增值。

如上所述，货币（资金）在周转使用中由于时间因素而形成的差额价值，即资金在生产经营中带来的增值额，就是资金的时间价值。资金循环和周转以及因此实现的货币增值，需要或多或少的时间，每完成一次循环，货币就增加一定数额，周转次数越多，增值额也就越大。因此，随着时间的延续，货币总量在循环和周转中不断增长，使得货币具有时间价值。它所揭示的是在一定时空条件下运动中的货币具有增值性的规律。这一规律普遍适用于商品经济社会。

（二）货币时间价值的实质

马克思主义剩余价值原理揭示出：时间价值不可能由“时间”创造，也不可能由“耐心”创造，而只能由工人的劳动创造，即时间价值的真正来源是工人创造的剩余价值。马克思认为，货币只有当作资本投入生产和流通后才能增值。因此，只有把货币作为资金投入生产经营才能产生时间价值，确切地讲，时间价值是指资金的时间价值，而不是货币的时间价值。

一笔货币如果作为储藏手段保存起来，在不存在通货膨胀因素的条件下经过一段时间后，其价值不会有什么改变。但同样一笔货币，若作为社会生产的资金来运用，经过一段时间之后就会带来利润，使自身价值增值。也就是说，货币的自行增值是在其被当作投资资本的运用过程中实现的，不能当作资本利用的货币是不具备自行增值属性的，推迟消费未必就能获得报酬。所以，货币时间价值是指作为资本（或资金）使用的货币在其被运用的过程中随时间推移而带来的那部分增值价值，其实质是货币所有者让渡其使用权而参与社会财富分配的一种形式。

（三）货币时间价值的表现形式

从量的规定来看，资金在运用过程中所增加的价值并不完全是资金的时间价值，其中还包括投资者因承担投资风险和通货膨胀而获得的补偿。资金作为一种生产要素，可以投资于不同的行业，而不同的行业由于其对资金的需求程度、利用效率等存在差异，所获得的收益也会不同。但是，资金总会追逐尽可能高的收益，会从收益低的部门转入收益高的部门，最终市场中各部门的投资收益率会趋于平均化。每个企业投资时，至少要获得社会平均收益率。因此，货币的时间价值是指在没有风险和没有通货膨胀条件下的社会平均资金收益率。没有风险，意味着不考虑投资损失的情况；没有通货膨胀，货币不会发生由于通货膨胀造成的贬值损失。

货币时间价值有两种表现形式：一种是用绝对数表示，就是资金在生产经营过程中带来

的真实增值额，即资金价值的绝对增加额；另一种是用相对数来表示，也就是在没有风险和没有通货膨胀条件下的社会平均资金收益率，即资金的利润率。

由于货币时间价值的计算与利息的计算非常接近，在实务中，通常以相对量（利息率，或称贴现率）代表货币的时间价值。例如，人们常常将政府债券利息率视为资金时间价值。

（四）运用货币时间价值的实践意义

货币时间价值是评价各种财务方案的基本标准。由于不同时间的单位货币资金的价值不相等，所以，不同时间的货币收入不宜直接进行比较，需要把它们换算到处于相同的时间基础上，然后才能进行大小的比较和比率的计算。货币时间价值在财务管理中的实践意义，主要是在资金的筹集、投放、使用和收回等问题的决策方面，运用时间价值原理从量上进行分析，以便找出适用于分析方案的数学模型，改善财务决策的质量。

1. 货币时间价值是进行投资、筹资、收益分配决策的重要条件

货币时间价值揭示了不同时点上所收付资金的换算关系，这是进行财务决策的必要前提。在投资决策中，根据货币时间价值原理，把不同时点上的投资额和不同时点上的投资收益折算成某一时点上的现值，可以正确评价其投入与产出的经济效益，以做出科学的可行性分析。在筹资决策中，根据货币时间价值原理，可以比较各种筹资方案的综合资本成本，选择最优的资本结构。在收益分配决策中，根据各项现金流出和现金流入的时间确定现金的运转情况，可以合理选择现金股利、股票股利、股票配售等股利分配方式。由此可见，进行各项财务决策是离不开货币时间价值的应用的。

2. 货币时间价值是衡量企业经济效益、考核经营成果的重要依据

根据前述，货币时间价值代表着在没有风险和没有通货膨胀条件下的社会平均资金收益率水平，社会平均资金收益率是企业资金利润率的最低限度，而企业资金利润率正是反映企业资金利用效果的综合指标，在一定程度上也是企业经济效益的集中表现。没有货币时间价值观念，就缺乏衡量企业资金利用效果的标准。而且，企业的各项财务收支都是在一定的时点发生的，离开了货币时间价值的观念和具体的计算，就无法正确估量不同时期的财务收支，也就无法正确评价企业的盈亏。

货币时间价值要求必须合理节约使用资金，不断加速资金周转，实现更多的资金增值。在进行财务决策时，只有将货币时间价值作为决策的一项重要因素加以考虑，才有可能选择出最优方案。

二、货币时间价值的计算

（一）终值与现值的概念

货币时间价值的计算，涉及两个重要的概念：终值和现值。由于货币时间价值的存在，在金融活动中必然要进行货币资金价值的跨期比较。这就需要借助于利率将不同时点的货币资金放在同一个时点来比较。不同时点货币资金的价值比较一般通过终值和现值的计算来实现。

终值（future value）又称将来值或本利和，是指现在一定量的现金在将来某一时点上的

价值。以银行存款为例，开始存入的本钱叫本金，它是计算利息的基础，利息是按照事先确定的利率和存款期的长短，通过一定方法计算出来的存款报酬，一定时期后的本金与利息的合计数就是本利和，显然，本利和＝本金＋利息。

现值(present value)又称本金，是指未来某一时点上的一定量现金折算到现在的价值。现值与终值是相对的，现值可以由终值扣除货币时间价值的因素后求得，这种由终值求得现值的方法称为贴现法。在现实经济生活中，有时需要根据终值来确定现值。例如，在使用未到期的期票向银行融通资金时，银行按一定利率从票据的到期值中，扣除自借款日至票据到期日的应计利息，将余额付给持票人，该票据则转归银行所有。这种融通资金的办法称为“贴息取现”，或简称“贴现”。贴现时使用的利率称为“贴现率”，计算出来的利息称为“贴现息”，扣除贴现息后的余额称为“现值”。

终值和现值的计算有两种模式：单利模式和复利模式。

1. 单利

单利是计算利息的一种方法，是指对借贷的原始金额或本金计算利息，而不将以前计息期产生的利息累加到本金中再次计算利息的一种计息方式，即利息不再生息的一种计算方法。这里所说的“本金”是指贷给别人以收取利息的原本金额，也称为母金。“利息”是指借款人付给贷款人超过本金部分的金额。在单利制下，每年计算利息的本金始终是原始本金，因此每年的利息额不变。

2. 复利

复利是计算利息的另一种方法。按照这种方法，每经过一个计息期，要将所生利息加入本金再计利息，逐期滚算，即通常所说的“利滚利”。这里所说的计息期，是指相邻两次计息的时间间隔，如年、月、日等，除非特别说明，计息期为 1 年。在复利制下，不仅原始本金要生利息，而且各年的利息本身也具有获取利息的能力，相当于在单利制下每年年末将本期利息取出重新存入银行。

在扩大再生产的条件下，企业运用资本(资金)所取得的收益往往要再投入经营周转中去(至少要存入银行，参加社会资金周转)，不使之闲置。这一过程与复利制的原理一致。按复利制计算和评价企业货币时间价值比使用单利制要相对准确一些。复利这种计息方式在财务管理的价值分析中非常重要。财务管理中的投资、筹资等决策都建立在复利的基础上，其原因就在于企业所进行的投资、筹资决策都是在连续不断进行的，其前期所产生的现金流量要重新投入到企业后续经营活动中进行循环运动。因此，在进行财务决策时，一般都考虑用复利模式。

(二)一次性收付款的终值和现值的计算

一次性收付款是指在某一特定时间上一次性支付(或收取)，经过一段时间后再相应地收取(或支付)款项的行为。例如，存入银行一笔现金 1 000 元，年利率为 10%，单利计算，经过 5 年后一次性取出本利和 1 500 元，就属于一次性收付款。这里若将存款当时的本金称作一次性收付款的现值，简记作 $P=1\ 000$ 元，则 n 期后的本利和就是一次性收付款的终值，简记作 $F=1\ 500$ 元。在考虑货币时间价值的情况下，现值与终值在价值上是等价的，它们与实际的货币收付并没有必然的联系。

1. 单利的计算

在时间价值计算中，经常使用以下符号。

P：本金，又称期初金额或现值。

i：利率，通常指每年利息与本金之比。

I：利息。

F：本金与利息之和，又称本利和或终值。

n：时间，通常以年为单位。

（1）单利利息的计算。公式为：

$$I = P \times i \times n \qquad (2-1)$$

在计算利息时，如无特别说明，给出的利率是指年利率，计息期一般以年为单位，对于不足 1 年的利息，以 1 年等于 360 天来折算。

（2）单利终值的计算。单利终值是指一定量资金按单利计算的未来价值，或者说一定量资金按单利计算的本利和。公式为：

$$F = P + P \times i \times n = P \times (1 + i \times n) \qquad (2-2)$$

（3）单利现值的计算。单利现值是指未来一定量资金按单利计算的现在的价值。公式为：

$$P = \frac{F}{1 + i \times n} \qquad (2-3)$$

注：单利现值和单利终值互为逆运算。

【例 2-1】假设现将一笔 10 000 元的现金存入银行，银行 3 年期定期利率为 5%。按单利计算，存满 3 年后的利息和本利和（终值）各是多少？

$$\begin{aligned} I &= P \times i \times n \\ &= 10\ 000 \times 5\% \times 3 \\ &= 1\ 500(\text{元}) \end{aligned}$$

$$\begin{aligned} F &= P \times (1 + i \times n) \\ &= 10\ 000 \times (1 + 5\% \times 3) \\ &= 11\ 500(\text{元}) \end{aligned}$$

【例 2-2】假设想在 5 年后获得本利和 10 000 元，银行 5 年期利率为 5%，按单利计算，现在需存入银行多少资金？

$$\begin{aligned} P &= \frac{F}{1 + i \times n} \\ &= \frac{100\ 000}{1 + 5\% \times 5} \\ &= 8\ 000(\text{元}) \end{aligned}$$

【例 2-3】某企业有一张带息期票，面额为 1 200 元，票面利率为 4%，出票日期为 6 月 15 日，8 月 14 日到期（共 60 天）。计算到期利息、票据终值。

票据到期利息为：

$$\begin{aligned} I &= P \times i \times n \\ &= 1\ 200 \times 4\% \times 60/360 \end{aligned}$$

$= 8$(元)

票据到期,出票人应付的本利和即票据终值为:

$$F = P \times (1 + i \times n)$$
$$= 1\,200 \times (1 + 4\% \times 60/360)$$
$$\approx 1\,208\text{(元)}$$

【例 2-4】假设【例 2-3】企业因急需用款,凭该期票于 6 月 27 日到银行办理贴现,银行规定的贴现率为 6%。因该票据 8 月 14 日到期,贴现期为 48 天。计算银行付给企业的金额即现值。

$$P = 1\,208 \times (1 - 6\% \times 48/360)$$
$$= 1\,208 \times 0.992$$
$$= 1\,198.34\text{(元)}$$

银行付给企业的金额为 1 198.34 元。

2. 复利的计算

(1) 复利终值。复利终值是指一定量资金按复利计算的未来的价值(未来值)。或者说一定量资金按复利计算的本利和。

【例 2-5】某人将 10 000 元投资于一个项目,年报酬率为 6%,第 1 年的期终金额为:

$$F = P + P \times i$$
$$= P \times (1 + i)$$
$$= 10\,000 \times (1 + 6\%)$$
$$= 10\,600\text{(元)}$$

第 2 年的终值为:

$$F = [P \times (1 + i)] \times (1 + i)$$
$$= P \times (1 + i)^2$$
$$= 10\,000 \times (1 + 6\%)^2$$
$$= 11\,236\text{(元)}$$

第 3 年的终值为:

$$F = P \times (1 + i)^3$$
$$= 10\,000 \times (1 + 6\%)^3$$
$$\approx 11\,910\text{(元)}$$

因此,第 n 年的终值计算公式为:

$$F = P \times (1 + i)^n \tag{2-4}$$

式(2-4)中,$(1+i)^n$称为复利终值系数或 1 元的复利终值,用$(F/P,i,n)$表示。对于复利终值系数可以查“复利终值系数表”(见本书附录附表一)得到。“复利终值系数表”的第一行是利率 i,第一列是计息期数 n,相应$(1+i)^n$的值在其纵横相交处。例如,$(F/P,10\%,3) = 1.331\,0$。

【例 2-6】某人拟购房,开发商提出两种方案:方案一是现在一次性支付 80 万元;方案二是 5 年后支付 100 万元。如果目前的银行贷款利率为 7%,问:应该选择何种方案?

现在一次性支付 80 万元，复利计算，5 年后的终值为：

$$
\begin{aligned}
F &= P\times(1+i)^5\\
&= P\times(F/P,i,n)\\
&= 80\times(F/P,7\%,5)\\
&= 80\times1.4026\\
&= 112.208(\text{万元})
\end{aligned}
$$

分析：由于方案一的终值 112.208 万元大于方案二的终值 100 万元。故应选择方案二。

注：事实上，通过 1 元的复利终值系数表，只要知道复利终值、时间、利率中任意两个量，都可以得到与之对应的第三个量。

【例 2－7】某人有 1 200 元，拟投资报酬率为 8% 的投资项目，经过多少年才可使现有货币增加 1 倍？

$$F = 1\ 200\times2 = 2\ 400$$

$$F = 1\ 200\times(1+8\%)^n$$

$$2\ 400 = 1\ 200\times(1+8\%)^n$$

$$(1+8\%)^n = 2$$

$$(F/P,8\%,n) = 2$$

查"复利终值系数表"，在 $i = 8\%$ 的行中寻找 2，最接近的值为：

$$(F/P,8\%,9) = 1.999$$

所以 $n = 9$，即 9 年后可使现有货币增加 1 倍。

【例 2－8】现有 1 200 元，欲在 19 年后使其达到原来的 3 倍，选择投资机会时最低可接受的报酬率为多少？

$$F = 1\ 200\times3 = 3\ 600$$

$$F = 1\ 200\times(1+i)^{19}$$

$$3\ 600 = 1\ 200\times(1+i)^{19}$$

$$(1+i)^{19} = 3$$

$$(F/P,i,19) = 3$$

查"复利终值系数表"，在 $n = 19$ 的行中寻找 3，最接近 3 时对应的 i 值为 6%，即：

$$(F/P,6\%,19) = 3.025\ 6$$

所以 $i = 6\%$，投资机会的最低报酬率为 6%，才可使现有货币在 19 年后达到 3 倍。

(2) 复利现值。复利现值是复利终值的对称概念，指未来一定时间的特定资金按复利计算的现在价值，或者说是为取得将来一定本利和现在所需要的本金。

复利现值的计算，是指已知 F、i、n 时，求 P。

根据复利终值计算，因为：

$$F = P\times(1+i)^n$$

所以：

$$P = \frac{F}{(1+i)^n} = F\times(1+i)^{-n} \tag{2-5}$$

式(2－5)中，$(1+i)^{-n}$ 是把终值折算为现值的系数，称复利现值系数，或称 1 元的复利现值，用符号$(P/F,i,n)$来表示，该系数可以通过查“复利现值系数表”(见本书附录附表二)得到。

例如，$(P/F,10\%,10)=0.3855$。

注：复利终值与复利现值互为逆运算；复利终值系数$(1+i)^n$与复利现值系数$(1+i)^{-n}$互为倒数。

【例 2-9】某企业计划投资 5 年后取得本利和 200 万元，假设投资报酬率为 10%，按复利计算，该企业现在应投入多少资金？

$$\begin{aligned}P&=F\times(1+i)^{-n}\\&=F\times(P/F,i,n)\\&=200\times(P/F,10\%,5)\\&=200\times0.6209\\&=124.18(\text{万元})\end{aligned}$$

因此，该企业为在 5 年后取得本利和 200 万元，现在应投入 124.18 万元。

(3) 复利息。本金 P 的 n 期复利息为：

$$I=F-P \tag{2-6}$$

【例 2-10】本金 1 000 元，投资 5 年，利率 8%，每年复利一次，求其本利和与复利息。

$$\begin{aligned}F&=1000\times(1+8\%)^5\\&\approx1000\times1.469\\&\approx1469(\text{元})\end{aligned}$$

$$\begin{aligned}I&=1469-1000\\&=469(\text{元})\end{aligned}$$

（三）系列收付款的终值与现值的计算

所谓系列收付款，是指 n 期内多次发生收款(或付款)业务而形成的多时点收(付)款数列。

1. 系列收付款终值的计算

计算系列收付款的终值，实际上就是将多时点资金数列逐一换算为未来某一时点的终值再求和的过程。如在 n 年内，已知每年末存款 $R_t(t=1,2,\cdots,n)$，求第 n 年年末一次性取出的本利和一共是多少，这类问题就属于求系列收款终值的问题。

当系列收付款为 $R_1,R_2,R_3,\cdots,R_t(R_t\geqslant0)$，它们相应的终值分别为 $F_1,F_2,F_3,\cdots,F_t$ 时，该系列收付款的终值 F_R 的计算公式为：

$$\begin{aligned}F_R&=\sum_{t=1}^{n}F_t\\&=F_1+F_2+\cdots+F_{n-1}+F_n\\&=R_1(1+i)^{n-1}+R_2(1+i)^{n-2}+\cdots+R_{n-1}(1+i)^1+R_n(1+i)^0\\&=\sum_{t=1}^{n}[R_t(1+i)^{n-1}]\end{aligned} \tag{2-7}$$

如果系列收付款不是在每年年末发生，而是在年初发生，则相应的系列收付款终值计算公式应为：

$$F'_R = \sum_{t=0}^{n-1}[R_t(1+i)^{n-1}] \qquad (2-8)$$

式(2-7)和(2-8)中，$(1+i)^{n-t}$ 均为一次性收付款终值系数，所不同的是每当 t 有一个确定值，便有一个 $(n-t)$ 与之对应，可通过多次查复利终值系数表得到这些数值，故式(2-7)和式(2-8)又可以分别写作：

$$F_R = \sum_{t=1}^{n}[R_t(F/P,i,n-t)] \qquad (2-9)$$

$$F'_R = \sum_{t=0}^{n-1}[R_t(F/P,i,n-t)] \qquad (2-10)$$

【例 2-11】某人准备 2018—2022 年每年年初各存入 1 000 元、2 000 元、3 000 元、4 000 元、5 000 元，年利率 10%，复利计算。计算到 2022 年年末的本利和(终值)是多少？

$$\begin{aligned}F'_R &= \sum_{t=0}^{n-1}[R_t(F/P,i,n-t)]\\ &= 1\,000\times(F/P,10\%,5)+2\,000\times(F/P,10\%,4)+3\,000\times(F/P,10\%,3)\\ &\quad +4\,000\times(F/P,10\%,2)+5\,000\times(F/P,10\%,1)\\ &= 1\,000\times1.610\,5+2\,000\times1.464\,1+3\,000\times1.331\,0+4\,000\times1.210\,0\\ &\quad +5\,000\times1.100\,0\\ &= 18\,871.70(\text{元})\end{aligned}$$

到 2022 年年末的本利和(终值)为 18 871.70 元。

2. 系列收付款现值的计算

系列收付款现值的计算实际上是将多时点的终值统一换算为事前某一时点的现值再求其合计数的过程。如在 n 年内每年年末取款 $R_t(t=1,2,\cdots,n)$，第 n 年取完，问事先应一次性存入银行多少钱才行(一次存入，分次取出)?这实际上是由一次性取款终值换算为现值问题的发展，只需要将各期取款额分别折算为期初的现值，那么这些现值的合计数就是所求的系列收入款项的现值。

当系列收付款额为 $R_1,R_2,R_3,\cdots,R_t(R_t\geqslant0)$，它们相应的现值分别为 $P_1,P_2,P_3,\cdots,P_t$ 时，该系列收付款的现值 P_R 的计算公式为：

$$\begin{aligned}P_R &= \sum_{t=1}^{n}P_t\\ &= P_1+P_2+\cdots+P_{n-1}+P_n\\ &= R_1(1+i)^{-1}+R_2(1+i)^{-2}+\cdots+R_{n-1}(1+i)^{-(n-1)}+R_n(1+i)^{-n}\\ &= \sum_{t=1}^{n}[R_t(1+i)^{-t}] \qquad (2-11)\end{aligned}$$

同理，上式也可以写成：

$$P_R = \sum_{t=1}^{n}[R_t(P/F,i,t)] \qquad (2-12)$$

【例 2-12】某公司未来 5 年内每年年末的现金流量见表 2-1。

表 2-1　5 年的不等额系列付款

单位：元

年(t)	现金流量(R_t)
1	1 000
2	2 000
3	3 000
4	2 000
5	1 000

若贴现率为 10%，则此项不等额系列付款的现值为：

$$\begin{aligned}P_R &= \sum_{t=1}^{n}[R_t(P/F,i,t)]\\ &= 1\ 000\times(P/F,10\%,1)+2\ 000\times(P/F,10\%,2)+3\ 000\times(P/F,10\%,3)+\\ &\quad 2\ 000\times(P/F,10\%,4)+1\ 000\times(P/F,10\%,5)\\ &= 1\ 000\times0.909\ 1+2\ 000\times0.826\ 4+3\ 000\times0.751\ 3+2\ 000\times0.683\ 0+\\ &\quad 1\ 000\times0.620\ 9\\ &= 6\ 802.70(元)\end{aligned}$$

此项不等额系列付款的现值为 6 802.70 元。

（四）年金的终值和现值的计算

1. 年金的定义与种类

(1) 年金的定义。年金是系列收付款项的特殊形式，它是指一定时期内，每隔相同的时间等额收付的系列款项，通常记为 A(*Annuity*)。年金在日常生活中十分常见，例如，保险费、折旧费、租金、税金、养老金、等额分期收款或付款、零存整取或整存零取储蓄等，都可以是年金现金流量的形式。年金现金流量具有四个特点：等额，即现金流量大小相等；定期，即现金流量时间间隔相同；同向，即现金流量方向相同；利率相同，即现金流量持续期内利率保持不变。只有这四个特点同时具备，才能称其为年金。

注：相等的时间间隔并不一定都是以“年”为单位。

(2) 年金种类。按照现金流量发生的时间起点的不同，年金可分为普通年金、先付年金、递延年金。如果年金是永续发生的，则称为永续年金。普通年金是年金的基础形式，其他各种形式的年金都可以看作是它的转化形式。

2. 普通年金

普通年金是指在每期期末发生的等额收付款项(现金流量)，又称后付年金。

(1) 普通年金终值。普通年金终值是指一定时期内每期期末收付款项的复利终值之和。

假设现在银行的存款利率为 10%，如果每年年末存入银行 A 元，则 n 年以后将得到的本息和(终值)是多少？普通年金终值计算原理如图 2-1 所示。

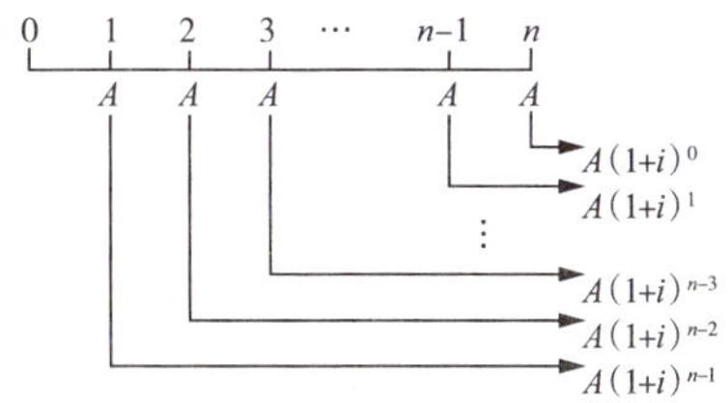

图 2-1　普通年金终值计算原理

由图 2-1 可得普通年金终值 F 为：

$$F = A(1+i)^0 + A(1+i) + A(1+i)^2 + \cdots\cdots + A(1+i)^{n-1}$$

整理可得：

$$F = A \times \left[\frac{(1+i)^n - 1}{i}\right] \tag{2-13}$$

式(2-13)中，方括号内的部分"$\frac{(1+i)^n - 1}{i}$"被称为普通年金终值系数，表示普通年金为 1 元、利率为 i、经过 n 期的年金终值，记为$(F/A, i, n)$。该系数可通过查"年金终值系数表"(见本书附录附表三)得到。

【例 2-13】假设每年年末等额存入银行 10 000 元，存款按复利利率 8% 计息，6 年后得到本利和是多少？

根据普通年金终值计算公式，得：

$$\begin{aligned} F &= A \times (F/A, 8\%, 6) \\ &= 10\,000 \times 7.335\,9 \\ &= 73\,359(\text{元}) \end{aligned}$$

6 年后本利和为 73 359 元。

(2) 偿债基金(年金求终值的逆运算)。偿债基金是指为了使年金终值达到既定金额，每年年末应支付或收到的等额数值，即已知终值 F 反算年金 A。偿债基金的计算实际上是年金终值的逆运算。

其计算公式为：

$$A = F \times \left[\frac{i}{(1+i)^n - 1}\right] \tag{2-14}$$

式(2-14)中，"$\frac{i}{(1+i)^n - 1}$"是普通年金终值系数的倒数，称为"偿债基金系数"，记作$(A/F, i, n)$。它可以把年金终值折算为每年需要支付的金额。偿债基金系数可以通过"年金终值系数表"中数值的倒数得到。

【例 2-14】某企业 5 年后有一笔 100 万元的债务需要偿还，为此设置偿债基金，从现在起每年等额存入银行一笔款项，银行存款利率 10%，复利计算。企业每年年末需要存入银行多少钱，才能到期用本利和偿清债务？

$$\begin{aligned} A &= F \times [1/(F/A, i, n)] \\ &= 100 \times [1/(F/A, 10\%, 5)] \\ &= 100 \times (1/6.105\,1) \\ &= 100 \times 0.163\,8 \end{aligned}$$

$= 16.38$(万元)

因此,在复利利率10%时,每年需要存入16.38万元,5年后才可以还清债务。

有一种折旧方法,称为"偿债基金法",其理论依据:折旧的目的是保持简单再生产。为在若干年后购置设备,并不需要每年提存设备原值与使用年限的算术平均数,由于利息不断增加,每年只需提存较少的数额即按偿债基金提取折旧,即可在使用期满时得到设备原值。偿债基金法的年折旧额,就是根据偿债基金系数乘以固定资产投资原值计算出来的。

(3) 普通年金现值。普通年金现值是指为在每期期末取得相等金额的款项,现在需要投入的金额。普通年金现值计算原理如图2-2所示。

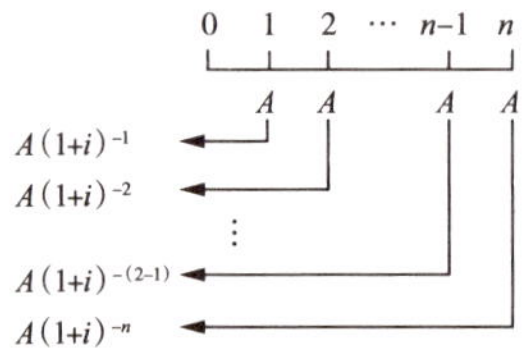

图2-2 普通年金现值计算原理

由图2-2可得:

$$P = A(1+i)^{-1} + A(1+i)^{-2} + \cdots + A(1+i)^{-(n-1)} + A(1+i)^{-n} \quad ①$$

等式两边同乘$(1+i)$:

$$(1+i)P = A + A(1+i)^{-1} + \cdots + A(1+i)^{-(n-1)} \quad ②$$

② − ① 得:

$$(1+i)P - P = A - A(1+i)^{-n}$$

整理得:

$$P = \frac{A - A(1+i)^{-n}}{(1+i) - 1}$$

其一般公式为:

$$P = A \times \frac{1-(1+i)^{-n}}{i} \quad (2-15)$$

式(2-15)中,"$\frac{1-(1+i)^{-n}}{i}$"被称为是普通年金为1元、利率为i、经过n期的年金现值系数,记作$(P/A,i,n)$,可查阅"年金现值系数表"(见本书附录附表四)得到相应值。

【例2-15】假设今后3年每年年末需要支付1 000元,按复利利率10%计算,则相当于现在需要一次性存入多少钱?

根据已知年金求现值的计算公式,得:

$$\begin{aligned} P &= A \times (P/A,i,n) \\ &= 1\,000 \times (P/A,10\%,3) \\ &= 1\,000 \times 2.486\,9 \\ &= 2\,486.9\ (\text{元}) \end{aligned}$$

现在需要一次性存入2 486.9元。

【例2-16】某企业拟购置一台柴油机,更新目前使用的汽油机,每月可节约燃料费用60元,但柴油机价格较汽油机高出1 500元,问柴油机应使用多长时间才合算(假设利率12%,每月复利一次)?

$P = 1\,500$

$P = 60 \times (P/A, 1\%, n)$

$1\,500 = 60 \times (P/A, 1\%, n)$

$(P/A, 1\%, n) = 25$

查“年金现值系数表”可知 $n = 29$。

因此，柴油机应至少使用 29 个月，否则不如购置价格较低的汽油机。

(4) 年回收额。年回收额是指为使累计年金现值达到既定金额，每年年末应收付的年金数额，即已知现值反算年金。它是年金现值的逆运算。其计算公式为：

$$A = P \times \frac{i}{1-(1+i)^{-n}} \tag{2-16}$$

式(2-16)中，“$\frac{i}{1-(1+i)^{-n}}$”被称为投资回收系数，记作$(A / P, i, n)$，其数值可通过“年金现值系数表”中的数值的倒数得到。

【例 2-17】某企业拟投资 100 万元建设一个预计寿命期为 10 年的更新改造项目。若企业期望的资金报酬率为 12%。问该企业每年年末至少要从这个项目获得多少报酬才是合算的？

根据已知现值求年金的计算公式，得：

$$\begin{aligned} A &= P \times (A / P, i, n) \\ &= 100 \times (A/P, 12\%, 10) \\ &= 100 \times (1/5.650\,2) \\ &\approx 100 \times 0.176\,985 \\ &\approx 17.698\,5(\text{万元}) \end{aligned}$$

因此，该企业每年年末至少要从这个项目获得 17.698 5 万元报酬才是合算的。

3. 先付年金

先付年金是指在每期期初发生的等额收付款项(现金流量)，又称预付年金或即付年金。

(1) 先付年金终值的计算。先付年金与普通年金的区别在于付款时间不同。由于年金终值系数表和年金现值系数表是按常见的普通年金编制的，在利用这种普通年金系数表计算先付年金的终值和现值时，可在计算普通年金的基础上加以适当调整。先付年金终值计算原理如图 2-3 所示。

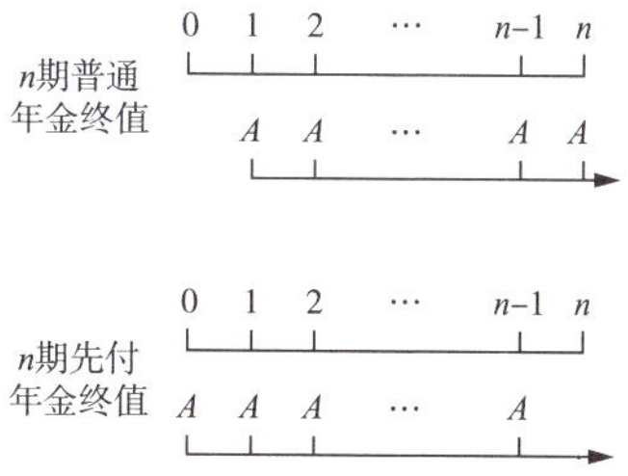

图 2-3 先付年金终值计算原理

由图 2-3 可知，由于付款时间不同，n 期先付年金终值比 n 期普通年金终值多计算一期利息。因此，在 n 期普通年金终值的基础乘以$(1+i)$，就是 n 期先付年金终值。因此，其终值计算公式为：

$$F = A(1+i) + A(1+i)^2 + A(1+i)^3 + \cdots + A(1+i)^n$$
$$= A \times \frac{(1+i)^n - 1}{i} \times (1+i)$$

通过整理可得：

$$F = A \times \left[\frac{(1+i)^n - 1}{i}\right](1+i)$$
$$= A \times \left[\frac{(1+i)^{n+1} - 1}{i} - 1\right] \qquad (2-17)$$
$$F = A \times [(F/A, i, n+1) - 1] \qquad (2-18)$$

式(2-17)中，“$\frac{(1+i)^{n+1} - 1}{i} - 1$”称作“先付年金终值系数”，记作$[(F/A, i, n+1) - 1]$，与$n$期普通年金终值系数$(F/A, i, n)$相比，它是“期数加1，而系数减1”所得的结果。同样可通过查“年金终值系数表”来获得其数值。不过查表前要把期数先加1，得到$(n+1)$期的值，然后减去1后就得出1元先付年金终值。

【例2-18】假设每年年初等额存入银行10 000元，存款按复利利率10%计息，8年后得到本利和是多少？

根据先付年金终值的计算公式为：

$$F = A \times [(F/A, i, n+1) - 1]$$
$$= 10\,000 \times [(F/A, 10\%, 9) - 1]$$
$$= 10\,000 \times (13.580 - 1)$$
$$= 125\,800(\text{元})$$

8年后得到的本利和是125 800元。

(2) 先付年金现值的计算。先付年金现值计算原理如图2-4所示。

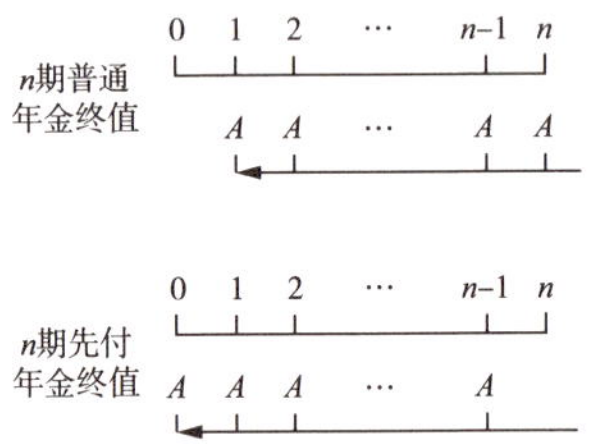

0 1 2 … n-1 n
n期普通年金终值
A A … A A

0 1 2 … n-1 n
n期先付年金终值
A A A … A

图2-4 先付年金现值计算原理

由图2-4可知，n期先付年金现值与n期普通年金现值的期数相同，但由于付款时间的不同，n期先付年金现值比n期普通年金现值少折现一期。因此，在n期普通年金现值的基础上乘以$(1+i)$，便可求出n期先付年金的现值。其计算公式为：

$$P = A \times \left[\frac{1-(1+i)^{-n}}{i}\right](1+i)$$
$$= A \times \left[\frac{1-(1+i)^{-(n-1)}}{i} + 1\right] \qquad (2-19)$$
$$P = A \times [(P/A, i, n-1) + 1] \qquad (2-20)$$

式(2-19)中，“$\frac{1-(1+i)^{-(n-1)}}{i} + 1$”称作“先付年金现值系数”，记作$[(P/A, i, n-1) + 1]$，与$n$期普通年金现值系数$(P/A, i, n)$相比，是“期数减1，而系数加1”所得的结果，可利用

"年金现值系数表"查得$(n-1)$期的数值，再加 1 得到 1 元先付年金的现值系数。

【例 2-19】张某采用分期付款方式购入一辆汽车，每年年初付款 3 万元，分 4 年付清，假定银行复利率为 10%，该付款方式相当于一次性付款的价款是多少？

根据先付年金现值的计算公式，得：

$$\begin{aligned} P &= A \times [(P/A, i, n-1) + 1] \\ &= 3 \times [(P/A, 10\%, 3) + 1] \\ &= 3 \times (2.4869 + 1) \\ &= 10.4607(\text{万元}) \end{aligned}$$

该付款方式相当于一次性付款的价款是 10.460 7 万元。

4. 递延年金

递延年金是指第一次支付发生在第二期或第二期以后的年金，一般用 m 表示递延期数，表示 m 期没有发生过支付，第一次支付在 $m+1$ 期期末，n 表示实际发生年金的期数。递延年金原理如图 2-5 所示。

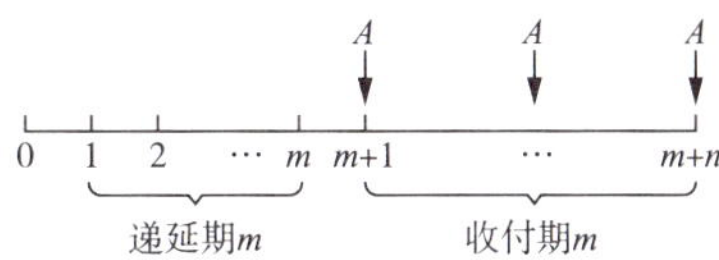

图 2-5　递延年金原理

(1) 递延年金终值的计算。递延年金的终值大小与递延期无关，故计算方法和普通年金终值类似，即：

$$F = A \times \left[\frac{(1+i)^n - 1}{i}\right] \tag{2-21}$$

式(2-21)中的 n 为实际发生年金的期数。

(2) 递延年金现值的计算。

第一种方法：把递延年金视为其普通年金，求出递延期末的现值，然后再将此现值再次贴现到第一期期初。

计算公式为：

$$P = A \times (P/A, i, n) \times (P/F, i, m) \tag{2-22}$$

第二种方法：假设递延期也进行支付，先求出$(m+n)$期的年金现值，然后，扣除实际并未支付的递延期(m)的年金现值，即可得出最终结果。

计算公式为：

$$P = A \times [P/A, i, (m+n)] - A \times (P/A, i, m) \tag{2-23}$$

【例 2-20】某企业年初存入一笔资金，从第 4 年年末起每年取出 100 000 元，至第 10 年年末取完，年复利率为 10%。该企业最初一次性存入的款项是多少？

$$A = 100\,000, n = 7, m = 3, i = 10\%$$

第一种方法：

$$\begin{aligned} P &= A \times (P/A, i, n) \times (P/F, i, m) \\ &= 100\,000 \times (P/A, 10\%, 7) \times (P/F, 10\%, 3) \\ &= 100\,000 \times 4.86842 \times 0.7513 \end{aligned}$$

$\approx 365\ 762.892$(元)

第二种方法：

$$P = A \times [P/A, i, (m+n)] - A \times (P/A, i, m)$$
$$= 100\ 000 \times (P/A, 10\%, 10) - 100\ 000 \times (P/A, 10\%, 3)$$
$$= 100\ 000 \times 6.144\ 6 - 100\ 000 \times 2.486\ 9$$
$$= 365\ 770(元)$$

注：系数误差造成两种方法计算结果形成误差 7.108 元。

5. 永续年金

永续年金是指无限期的收入或支出相等金额的年金，也称永久年金，是普通年金的特殊形式，即当期限 $n \to \infty$ 时的普通年金。在实际生活中，无期限债券利息、优先股股息、奖励基金等都可视为永续年金。

永续年金由于是一系列没有终止时间的现金流，因此没有终值，只有现值。

永续年金现值可根据普通年金现值的计算公式推导出来：

$$P = A \times \left[\frac{1-(1+i)^{-n}}{i}\right] \qquad (2-24)$$

当 $n \to \infty$ 时，$(1+i)^{-n}$ 的极限值为零，故式(2－24)可改写成：

$$P = \frac{A}{i} \qquad (2-25)$$

【例 2－21】张三打算捐赠一笔款项给自己的母校，设立一项可以永久发放的奖学金，每年年末奖学金的发放金额为 10 000 元，如果利息率为 10%，则张三现在应捐款多少？

$$P = \frac{A}{i}$$
$$= 10\ 000/10\%$$
$$= 100\ 000(元)$$

所以张三现在应捐款 100 000 元。

三、货币时间价值的其他问题

（一）货币时间价值各种表现形式之间的关系

(1) 复利终值和现值之间互为逆运算。

(2) 偿债基金和年回收额都是普通年金的表现形式。

(3) 年金终值和偿债基金互为逆运算，年金现值和年回收额互为逆运算。

(4) 计算某个指标，就需要利用该指标的货币时间价值系数。

(5) 无论哪种系数，都必须以事先已知计算期间 n 和利息率或折现率 i 为前提；在其系数表达式中，斜线前的字母是所要求的指标，斜线后的字母是已知的指标。

(6) 无论对哪种货币时间价值的表现形式，都与其收付形式无关；但各期发生的年金必须在一定时期内保持相同的收支方向。

（二）名义利率与实际利率转换

终值和现值通常是按年来进行计算的，但在很多时候会遇到复利的计息期短于一年的情况，如计息期是季度、月度或日。当利息在一年内要复利几次时，给出的年利率称为名义年利率。根据名义年利率计算出来的计息期利率和每年实际计息期数计算出来的年利息全额除以年初的本金，此时得到的利率为实际年利率。

显然，当计息期短于一年时，实际年利率高于名义年利率。

设一年内复利 m 次，名义利率为 r，则实际利率 i 的公式为：

$$i=\left(1+\frac{r}{m}\right)^{m}-1 \tag{2-26}$$

【例 2-22】资本金为 10 000 元，投资 4 年，年利率为 8%，每季度复利一次，则 4 年后所得的利息为多少？实际年利率为多少？

每季度复利率 $=8\%\div 4=2\%$，复利次数 $=4\times 4=16$

4 年后的终值为：

$$\begin{aligned}F&=P\times(F/P,i,n)\\&=10\ 000\times(F/P,2\%,16)\\&=10\ 000\times 1.372\ 8\\&=13\ 728\end{aligned}$$

4 年后的利息为：

$$I=F-P=13\ 728-10\ 000=3\ 728(\text{元})$$

实际年利率为：

$$i=\left(1+\frac{8\%}{4}\right)^{4}-1\approx 1.082\ 4-1=8.24\%$$

显然，实际年利率高于名义年利率。

【例 2-23】某人现存入银行 10 万元，年利率 5%，每季度复利一次，计算 10 年后能取得多少本利和。

先根据名义利率与实际利率的关系，将名义利率折算成实际利率。

$$\begin{aligned}i&=\left(1+\frac{r}{m}\right)^{m}-1\\&=\left(1+\frac{5\%}{4}\right)^{4}-1\\&\approx 5.09\%\end{aligned}$$

再按实际利率计算资金的时间价值。

$$\begin{aligned}F&=P\times(1+i)^{n}\\&=10\times(1+5.09\%)^{10}\\&\approx 16.43(\text{万元})\end{aligned}$$

10 年后能取出的本利和为 16.43 万元。

（三）利率的计算

对于一次性收付款项来说，若已知 P、F、n，可不用查表而直接按下式计算 i：

$$i=\left(\frac{F}{P}\right)^{-n}-1 \tag{2-27}$$

对永续年金的利率也不必查表。

但对于普通年金问题，则无法直接套用公式，必须利用有关的系数表，或应用插值法求 i。

如已知 P、A、n，求 i，可按下列程序进行。

(1) 求出换算系数 $\frac{P}{A}$，设 $\frac{P}{A}=\alpha$。

(2) 根据 α 和 $(P/A,i,n)$ 数值的关系，查1元年金现值系数表。沿着已知 n 所在的列纵向查找，若恰好能找到某一数值等于 α，则该数值所在的行数所对应的利率即为所求的 i。

(3) 若无法找到等于 α 的值，则应在普通年金现值系数表中 n 列上找到最为接近 α 的两个上下临界系数值，设为 m_1 和 m_2，它们满足下列关系：$m_1>\alpha>m_2$。读出 m_1 和 m_2 所对应的临界利率：i_1 和 i_2，它们满足下列关系：$i_1<i_2$，然后进一步应用插值法。

(4) 插值法的原理是假设利率 i 与相关的系数在较小的范围内呈线性联系，因此所求出的 i 可根据两组临界系数 m_1、m_2 和临界利率 i_1、i_2 的关系计算出来。其公式为：

$$i=i_1+\frac{m_1-\alpha}{m_1-m_2}\times(i_2-i_1) \tag{2-28}$$

【例 2-24】现在向银行存入 20 000 元，计算银行利息为多少时，才可以保证以后 9 年每年从银行取出 4 000 元。

年金现值系数 = 20 000/4 000 = 5，即 $(P/A,i,9)=5$

查年金现值系数表，可知：

$$(P/A,12\%,9)=5.328\,2>5$$

$$(P/A,14\%,9)=4.946\,4<5$$

故

$$i=12\%+\frac{5.328\,2-5}{5.328\,2-4.946\,4}\times(14\%-12\%)$$

解得：

$$i=13.72\%$$

插值法在财务管理中运用得非常广泛，除了在本节介绍的利率计算外，还可以用来计算期数。

(四) 期数 n 的计算

假定已知 P、A 和 i，求 n，程序如下。

(1) 计算 $\frac{P}{A}$，设 $\frac{P}{A}=\alpha$。

(2) 查1元年金现值系数表，沿着已知 i 所在的列纵向查找，若能找到等于 α 的值，则可读出该值所对应的 n。

(3) 否则，确定 i 行接近 α 值的左右临界系数(设为 T_1 和 T_2)，它们满足下列关系：$T_1<\alpha<T_2$。读出 T_1 和 T_2 所对应的临界利率(n_1 和 n_2)，它们满足下列关系：$n_1<n_2$。然后进一步应用插值法。

(4) 插值法的原理是假设利率 i 与相关的系数在较小的范围内呈线性联系，因此所求出的 i 可根据两组临界系数 m_1、m_2 和临界利率 i_1、i_2 的关系计算出来。其公式为：

$$n = n_1 + \frac{\alpha - T_1}{T_2 - T_1} \times (n_2 - n_1) \tag{2-29}$$

【例 2-25】企业于第一年年初向银行借款 10 000 元，每年年末还本付息额均为 2 000 元，年利率 10%。计算连续多少年才能还清？

依题意，$P = 10\ 000, A = 2\ 000, i = 10\%$，则有：

$$(P/A, 10\%, n) = \frac{P}{A} = 10\ 000/2\ 000 = 5 = \alpha$$

查 $i = 10\%$ 的 1 元年金现值系数表。在 $i = 10\%$ 一列上无法找到 $\alpha = 5$，但可以找到大于和小于 5 的临界系数值：$T_1 = 4.868\ 4 < 5, T_2 = 5.334\ 9 > 5$。

相应的临界期数 n 为：

$$n_1 = 7, n_2 = 8$$

$$n = n_1 + \frac{\alpha - T_1}{T_2 - T_1} \times (n_2 - n_1)$$

$$= 7 + \frac{5 - 4.868\ 4}{5.334\ 9 - 4.868\ 4} \times (8 - 7)$$

解得：

$$n \approx 7.28$$

所以要连续 7.28 年才能还清。

第二节　风险和收益

上节所讨论的货币时间价值反映的是没有风险和通货膨胀情况下的投资收益率，不涉及风险问题。但在财务活动中，风险是客观存在的，财务活动经常是在有风险的情况下进行的。任何冒风险行为都期望获得与所承担风险对等的额外收益，否则就不值得去冒风险。投资者由于冒风险进行投资而获得的超过货币时间价值的额外收益，称为投资的风险价值，或风险收益、风险报酬。因此，风险是一个非常重要的财务概念，风险观念在理财中具有普遍的意义。企业理财时，必须研究风险、计量风险，并设法控制风险，以实现企业收益最大化目标。本节主要讨论风险的定义、风险的衡量、风险价值的计算，以及风险与收益之间的关系等几个重要的问题。

一、风险概述

风险是一个比较难掌握的概念，其定义和计量也有很多争议。但是，风险广泛存在于重要的财务活动中，并且对企业实现其财务目标有重要影响，人们无法回避和忽视。

（一）风险的概念

如果企业的一项行为有多种可能的结果，则其将来的财务后果是不确定的，则称这项行为有风险。如果这项行为只有一种后果，则称为没有风险。例如，现在将一笔款项存入银行，可以确知一年以后将得到的本利和，几乎没有风险。这种情况在企业投资中是很罕见的，因为它的风险固然很小，但是报酬也很低，很难称之为真正意义上的投资。

财务管理中的风险通常是指在一定条件下和一定时期内可能发生的各种结果的变动程度。例如，在预计一个投资项目的报酬时，不可能十分精确，也没有百分之百的把握。有些事情的未来发展情况事先不能确知，价格、销量、成本等都可能发生预想不到并且无法控制的变化。

风险是事件本身的不确定性，具有客观性。例如，投资国库券时，其收益的不确定性较小；如果投资于股票，则收益的不确定性要大得多。这种风险是“一定条件下”的风险，在什么时间买、买哪种或哪几种股票、买多少，风险是不一样的。这些问题一旦决定下来，风险大小就无法改变了。也就是说，特定财务行为的风险大小是客观的，是否去冒风险及冒多大风险，是可以选择的，即由主观决定的。

风险的大小随时间延续而变化，是“一定时期内”的风险。例如，对一个投资项目的成本，事先的预计可能不是很准确，但项目越接近完工，预计越准确。随着时间延续，事件的不确定性在缩小，项目完成，其结果也就完全肯定了。因此，风险总是“一定时期内”的风险。

但风险和不确定性严格来说是有区别的。风险是指事前可以知道所有可能的后果，以及每种后果的概率；不确定性是指事前不知道所有可能后果，或者虽然知道可能后果，但不知道它们出现的概率。但是，在面对实际问题时，两者很难区分，风险问题的概率往往不能准确知道，不确定性问题也可以估计出一个概率，因此，在实务中对风险和不确定性不做区分，都视为风险问题对待，把风险理解为可测定概率的不确定性。概率的测定有两种：一种是客观概率，是指根据大量历史的实际数据推算出来的概率；另一种是主观概率，是在没有大量实际资料的情况下，人们根据有限资料和经验合理估计的。

对于风险的定义，需要注意的是，不能简单地按日常生活中使用的普通概念来理解，认为风险就是发生损失的可能性。对于一个未发生的事件，其结果可能是好的，也可能是不好的。风险不仅包括负面效应的不确定性，还包括正面效应的不确定性。它可能给投资人带来超出预期的收益，也可能带来超出预期的损失。因此，要客观对待风险，不能片面地说风险不好，要意识到风险有好与坏两个方面。因此，人们研究风险时侧重减少损失，主要从不利的方面来考察风险，经常把风险看成不利事件发生的可能性。从财务的角度来说，风险主要是指无法达到预期报酬的可能性。

（二）风险的特点

1．风险具有客观性

对于特定的决策方案，风险的大小是客观的，是不可更改的；但决策主体是否愿意去冒风险以及冒多大风险，是可以选择的。

例如，在做一个投资项目的决策时，投资者只能预测未来收益的几种可能性，而不能知道最终能够获得多少实际收益。因为在整个过程中，与投资客体相关的宏观环境及微观环境都有可能发生令投资者意想不到且无法控制的变化。

2．风险具有时间性

风险的大小随时间延续而变化，是“一定时期内”的风险。

3．风险具有双向性

风险可能给投资者带来超出预想的损失，也可能带来意外的惊喜。

（三）风险的类别

1. 从个别投资主体的角度看，风险分为系统风险和非系统风险

（1）系统风险。系统风险是指对所有的公司产生影响的因素引起的风险，如战争、经济衰退、通货膨胀、高利率等。系统风险是由整个经济系统的运行状况决定的，是经济系统中各项资产相互影响、共同运动的总体结果，无法通过多角化投资来分散，因此又称为不可分散风险或市场风险。例如，某人进行股票投资，不论买哪一种股票，他（她）都要承担市场风险，因为经济衰退时各种股票的价格都会有不同程度的下跌。

（2）非系统风险。非系统风险是指发生于个别公司的特有事件造成的风险，是一种个别风险。如高举债、新产品开发失败、没有争取到重要合同、诉讼失败等随机事件的发生给公司带来的风险。从投资者的角度看，这类风险只发生在个别公司的内部，可以通过多角化投资来分散，因而又称为可分散风险。例如，个人购买股票时，在不考虑系统风险的情况下，买几种不同的股票，比只买一种的风险更小。又如，在企业的经营中，在资源允许的前提下，同时经营不同的投资项目，比只经营一种投资项目的风险小。

2. 从公司本身来看，风险分为经营风险和财务风险

（1）经营风险。经营风险是指由于企业生产经营的不确定性所造成的企业盈利的不确定性，是任何商业活动都有的风险，也叫商业风险或投资风险。

经营风险主要来自以下几方面：① 市场销售。市场需求、市场价格、企业可能生产的数量等不确定性，尤其是竞争使供产销不稳定，加大了风险。② 生产成本。原料的供应和价格、工人和机器的生产率、工人的人工成本等都是不确定因素，因而产生风险。③ 生产技术。设备故障、产品发生质量问题、新技术的出现等都会产生风险。④ 其他。外部环境的变化，如天灾、经济不景气、通货膨胀等，企业自己不能左右，因而产生风险。

经营风险使企业的报酬变得不确定。

（2）财务风险。财务风险是指企业利用负债筹资取得财务杠杆利益所引起的所有者收益变动的风险，是筹资决策带来的风险，也称为筹资风险。产生财务风险的根源在于举债后，如果企业经营状况良好，使得企业投资收益率大于负债利息率，则能够增加归属于股东的剩余收益，净资产收益率或每股收益就会相应提高；如果企业经营状况不佳，使得企业投资收益率小于负债利息率，则意味着股东资本部分的资产报酬率要补偿一部分利息，净资产收益率或每股收益就会相应降低。这种债务可能提高也可能降低净资产收益率或每股收益的作用，称为财务杠杆，其不确定性称为财务风险。

举债加大了企业的风险。运气好时赚得更多，运气不好时赔得更惨。如果不借钱，企业全部使用股东的资本，那么该企业没有财务风险，只有经营风险。如果经营是肯定的，例如，肯定能赚 10%，那么，只要利率低于 10%，增加负债可以增加股东权益。财务风险加大了经营风险。

那么，应不应当举债经营？如果举债经营，举债多少更为合适？这还要看风险有多大，冒风险预期得到的报酬有多少，以及企业愿不愿意冒风险。

二、风险的衡量

对风险的衡量必须从收益的概率分布开始分析，需要用到概率和数理统计的知识，衡量

指标主要有方差、标准差、标准离差率等。

（一）概率及其分布

在经济活动中，某一事件在相同的条件下可能发生也可能不发生，这类事件称为随机事件。概率就是用来表示随机事件发生可能性大小的数值。通常，把必然发生的事件的概率定为1，把不可能发生的事件的概率定为0，而一般随机事件的概率是介于0与1之间的一个数。概率越大就表示该事件发生的可能性越大。

概率分布指所有可能的结果及其概率。如果把某一事件所有可能的结果都列示出来，对每一结果给予一定概率，便可构成概率分布。在预期收益相同的情况下，风险程度同收益的概率分布有密切的联系。概率分布越集中，实际可能的结果就会越接近预期收益，实际收益率低于预期收益率的可能性就越小，风险程度也就越小；反之，概率分布越分散，风险程度也就越大。

概率分布有两种类型。一种是离散型分布，是指分布中的概率是有限的，并且不连续。例如，对市场情况的预测结果分为繁荣、一般、较差三种情况，概率依次为20%、50%、30%，即离散型分布。另一种是连续型分布，是指分布中的概率是不可数的，并且各种情况下出现的概率是连续的。

（二）计算报酬率的预期值

由于经济活动的不确定性，未来的收益会出现多种可能。报酬率的预期值是由各种可能的收益率按其相应的概率进行加权平均得到的报酬率，它反映的是一种集中趋势。

报酬率的预期值的计算公式为：

$$\bar{K} = \sum_{i=1}^{N}(P_iK_i) \tag{2-30}$$

式中，P_i—— 第 i 种结果出现的概率；

K_i—— 第 i 种结果出现后的预期报酬率；

N —— 所有可能结果的数目。

报酬率的预期值反映预期的收益，不反映风险的大小。

【例2-26】甲公司有两个投资机会，一个投资机会是一个高科技项目A，该领域竞争很激烈，如果经济发展迅速并且该项目搞得好，取得较大市场占有率，利润会很大。否则，利润很小甚至亏本。B项目是一个老产品并且是必需品，销售前景可以准确预测出来。假设未来的经济情况只有三种：繁荣、正常、衰退，甲公司未来经济情况见表2-2。

表2-2　甲公司未来经济情况

经济情况	发生概率	A项目预期报酬率/%	B项目预期报酬率/%
繁荣	0.3	90	20
正常	0.4	15	15
衰退	0.3	−60	10
合计	1.0		

A项目的报酬率的预期值 $= 0.3 \times 90\% + 0.4 \times 15\% + 0.3 \times (-60\%) = 15\%$

B 项目的报酬率的预期值 = 0.3 × 20% + 0.4 × 15% + 0.3 × 10% = 15%

两者的报酬率的预期值相同，但其概率分布不同。A 项目的报酬率的离散程度大，变动范围为 −60% ～ 90%；B 项目的报酬率的离散程度小，变动范围为 10% ～ 20%。说明这两个项目的报酬率的预期值相同，但风险不同。为了定量地衡量风险大小，还要使用统计学中衡量概率分布离散程度的指标。

（三）计算标准差

表示随机变量离散程度的指标包括平均差、方差、标准差和全距等，最常用的是方差和标准差。

方差是用来表示随机变量与期望值之间离散程度的一个量。公式为：

$$\sigma^2 = \sum_{i=1}^{N}(K_i - \bar{K})^2 P_i \tag{2-31}$$

标准差也称为均方差，是方差的平方根。公式为：

$$\sigma = \sqrt{\sum_{i=1}^{N}(K_i - \bar{K})^2 \cdot P_i} \tag{2-32}$$

【例 2-27】接上例，A 项目标准差计算和 B 项目标准差计算分别见表 2-3、表 2-4。

表 2-3 A 项目标准差计算

$K_i - \bar{K}$	$(K_i - \bar{K})^2$	$(K_i - \bar{K})^2 \cdot P_i$
0.9 − 0.15	$(0.9 - 0.15)^2$	$(0.9 - 0.15)^2 \times 0.3$
0.15 − 0.15	$(0.15 - 0.15)^2$	$(0.15 - 0.15)^2 \times 0.4$
−0.6 − 0.15	$(-0.6 - 0.15)^2$	$(-0.6 - 0.15)^2 \times 0.3$
方差		0.337 5
标准差		58.09%

表 2-4 B 项目标准差计算

$K_i - \bar{K}$	$(K_i - \bar{K})^2$	$(K_i - \bar{K})^2 \cdot P_i$
0.2 − 0.15	$(0.2 - 0.15)^2$	$(0.2 - 0.15)^2 \times 0.3$
0.15 − 0.15	$(0.15 - 0.15)^2$	$(0.15 - 0.15)^2 \times 0.4$
0.1 − 0.15	$(0.1 - 0.15)^2$	$(0.1 - 0.15)^2 \times 0.3$
方差		0.001 5
标准差		3.87%

由于 A、B 项目的报酬率的预期值都是 15%，而 A 项目的标准差是 58.09%，B 项目的标准差是 3.87%，从而定量地说明 A 项目的风险比 B 项目大。

对于两个或两个以上的决策方案，标准差的大小并不能直接说明风险的大小。要按以下标准进行判断：

(1) 若两个方案的期望值相等，标准差越大，风险越大；反之，标准差越小，风险越小。

(2) 若两个方案的期望值不等，应根据标准离差率（标准差系数）来确定风险程度。

（四）计算标准离差率

标准离差率(标准差系数)是标准差与期望值的比值。它是用相对数表示的离散程度，即风险大小。

其计算公式为：

$$V_\sigma = \frac{\sigma}{\bar{K}} \times 100\% \tag{2-33}$$

式中，V_σ—— 标准离差率；

σ —— 标准差；

$\bar{K}$ —— 报酬率的预期值。

标准离差率是从相对数角度来衡量资产全部风险的大小，它表示每单位预期收益所承担风险的大小。一般情况下，标准离差率越大，资产的相对风险就越大；相反，标准离差率越小，资产的相对风险就越小。

【例 2-28】若存在两个投资机会 A 和 B，其投资方案的预期收益见表 2-5。

表 2-5　A、B 投资方案的预期收益

	A 方案	B 方案
预期收益率	8%	24%
标准差	6%	8%

因为两个方案的预期收益率不等，所以不能以标准差作为衡量风险的标准，应根据标准离差率来确定风险程度。

$$\begin{aligned} V_\sigma(A) &= \frac{\sigma_A}{\bar{K}_A} \times 100\% \\ &= 6\%/8\% \times 100\% \\ &= 75\% \end{aligned}$$

$$\begin{aligned} V_\sigma(B) &= \frac{\sigma_B}{\bar{K}_B} \times 100\% \\ &= 8\%/24\% \times 100\% \\ &\approx 33\% \end{aligned}$$

由于 A 方案的标准离差率大于 B 方案的标准离差率，所以 A 方案的风险比 B 方案的大。

三、对待风险的态度

人们对待风险的态度是有差别的。对于【例 2-26】中的两个项目，愿意回避风险的人，会选择 B 项目；愿意冒风险的人，会选择 A 项目；有人持中庸之道，没有偏好，认为 A 和 B 没有差别。

一般的投资者都在回避风险，他们不愿意做只有一半成功机会的赌博。尤其是作为不分享利润的经营管理者，在冒险成功时，报酬大多归于股东；冒险失败时，他们的声望会下降，职业的前景受威胁。在一般情况下，报酬率相同时，人们会选择风险小的项目；风险相同时，

人们会选择报酬率高的项目。问题在于，有时风险大，报酬率也高，那么如何决策呢？这就要看报酬率是否高到值得去投资，以及投资人对风险的态度。

四、风险价值

（一）风险价值的含义

投资者由于冒风险进行投资而获得的超过资金时间价值的额外收益，称为投资的风险价值，或风险收益、风险报酬。

（二）风险价值的表示方式

风险价值的表示方式有绝对数形式和相对数形式。绝对数形式如风险报酬额，相对数形式如风险报酬率。风险报酬额是指投资者冒风险投资而超过时间价值的那部分额外报酬。风险报酬率则是指投资者冒风险投资而获得的超过时间价值率的那部分额外报酬率。其中，风险报酬率是风险价值常用的一种表现形式。

假设风险和风险报酬率成正比，则有：

风险报酬率 = 风险报酬系数 × 标准离差率

即：

$$R_r = \beta \times V \tag{2-34}$$

式中，R_r—— 风险报酬率；

β —— 风险报酬系数或风险报酬斜率；

V —— 标准离差率(代表风险程度)。

风险报酬系数的大小取决于全体投资者对风险的偏好：如果投资者都偏好于风险，即愿意冒险，则说明其对风险的承受能力强，那么要求得到的风险补偿就相对低一些，因此风险报酬系数就小；如果投资者对风险采取回避的态度，即都不愿意冒险，那么要求的风险收益率就大，则风险报酬系数就越大。风险报酬率、风险报酬系数、风险程度关系如图 2-6 所示。

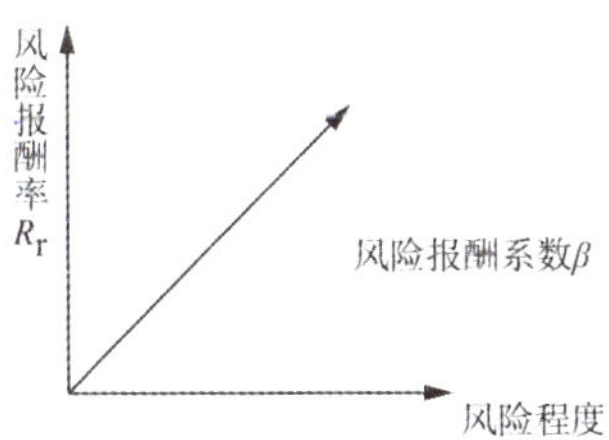

图 2-6　风险报酬率、风险报酬系数、风险程度关系

风险报酬系数可以由投资者根据主观经验加以确定，也可以根据以往同类投资项目的投资收益率、无风险收益率和标准离差率等历史数据运用统计方法来测定。

根据要求报酬率计算公式 $K = R_F + \beta \times V$，其中 R_F 为无风险报酬率，推导出风险报酬系数的计算公式为：

$$\beta = \frac{K - R_F}{V} \tag{2-35}$$

（三）风险和报酬的关系

风险和报酬的基本关系是风险越大，要求的报酬率越高。如前所述，各投资项目的风险大小是不同的，在投资报酬率相同的情况下，投资者会选择风险小的投资，结果竞争使其风险增加，报酬率下降。最终，高风险的项目必须有高报酬，否则就没有人投资；低报酬率的项目必须风险很低，否则也没有人投资。风险和报酬的这种联系，是市场竞争的结果。

要求报酬率包括两部分（图 2-7）。一部分是货币时间价值，它是不经受风险而得到的价值，即无风险报酬率，如购买国家发行的公债，到期连本带息肯定可以收回。这个无风险报酬率是最低的社会平均报酬率。另一部分就是风险报酬率，它与风险大小有关，风险越大则要求的报酬率越高，是风险的函数。

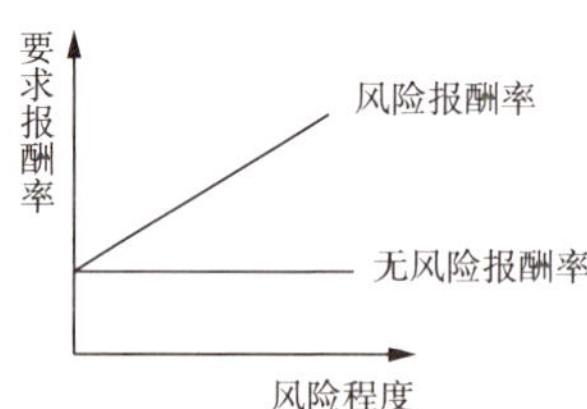

图 2-7　要求报酬率的构成

用公式来体现风险和要求报酬率的关系为：

要求报酬率 ＝ 无风险报酬率 ＋ 风险报酬率

即：

$$K = R_F + R_r = R_F + \beta \times V \tag{2-36}$$

式中，K —— 要求报酬率；

R_F —— 无风险报酬率；

R_r —— 风险报酬率。

【例 2-29】沿用【例 2-28】，假设无风险报酬率为 6%，风险报酬系数为 2%，那么 A、B 两个方案的风险报酬率和要求报酬率分别为：

A 方案：

风险报酬率$(R_r) = \beta \times V_\sigma(\text{A})$
$= 2\% \times 75\%$
$= 1.5\%$

要求报酬率$(K_A) = R_F + R_r$
$= 6\% + 1.5\%$
$= 7.5\%$

B 方案：

风险报酬率$(R_r) = \beta \times V_\sigma(\text{B})$
$= 2\% \times 33\%$
$= 0.66\%$

要求报酬率$(K_B) = R_F + R_r$
$= 6\% + 0.66\%$
$= 6.66\%$

风险越大，要求报酬率就越高，风险越小，要求报酬率就会越低。上例中，A 方案的风险高于 B 方案，所以 A 方案的要求报酬率也高于 B 方案。

财务管理人员在进行财务决策时，必须极其慎重地在风险和报酬之间进行权衡，既不能害怕风险，错失有利的投资机会，又不能不顾风险、盲目决策而给企业和社会造成巨大的损失。

（四）风险控制的方法

拓展阅读

风险控制的方法主要有多角经营和多角筹资。

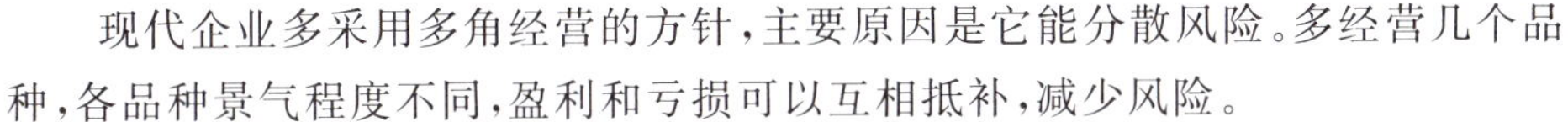

现代企业多采用多角经营的方针，主要原因是它能分散风险。多经营几个品种，各品种景气程度不同，盈利和亏损可以互相抵补，减少风险。

本章小结

货币时间价值是资金在周转使用中产生的，是资金的所有者让渡资金的使用权而参与社会财富分配的一种形式。在市场经济条件下，资金具有时间价值是一个客观存在的经济现象，是现代财务管理的一个重要基础，是在财务管理活动中必须考虑的重要因素。

风险广泛存在于企业的财务活动中，是人们在财务管理中不容回避和忽视的。冒风险就要求得到额外的报酬。所以，树立风险价值观念，并运用风险价值计量方法衡量风险报酬，是现代财务管理又一个不可忽视的重要基础。

货币时间价值和风险价值是现代财务管理的两大基本理念，是筹资决策、投资决策、收益分配决策和经营决策必须考虑的重要因素，对成本管理、利润管理也有重要的影响，在企业财务管理中的应用极为广泛，具有普遍适用性。在进行财务决策时，只有将资金时间价值和风险价值作为决策的重要因素加以考虑，才有可能选择出最优方案。因此，熟练掌握资金时间价值和风险价值的基本理论和计算方法是学习其他财务管理理论方法的前提和基础。

复习思考题

一、简答题

1. 什么是货币的时间价值？
2. 简述货币时间价值的表现形式。
3. 货币时间价值的实质是什么？
4. 简述运用货币时间价值的必要性。
5. 什么是年金？简述年金的特点与种类。生活中有哪些收付形式属于年金形式？
6. 预付年金和普通年金在计算终值和现值时有何联系？
7. 什么是风险？风险的种类有哪些？风险程度如何衡量？
8. 怎样理解财务风险与经营风险的关系？

二、单选题

1. 某年金在两年前无现金流入，从第三年开始连续 5 年每年年初现金流入 300 万，则该年金按 10% 的年利率折现的现值为（　　）。

A. $300\times(P/A,10\%,5)\times(P/F,10\%,1)$

B. $300\times(P/A,10\%,5)\times(P/F,10\%,2)$

C. $300\times(P/F,10\%,5)\times(P/A,10\%,1)$

D. $300\times(P/F,10\%,5)\times(P/A,10\%,2)$

2. 当一年内复利 m 次时，其名义利率 r 与实际利率 i 之间的关系是(　　)。

A. $i=\left(1+\frac{r}{m}\right)^{m}-1$　　B. $i=\left(1+\frac{r}{m}\right)-1$

C. $i=\left(1+\frac{r}{m}\right)^{-m}-1$　　D. $i=\left(1+\frac{r}{m}\right)^{-m}$

3. 某公司购买一批贵金属材料，为避免资产被盗而造成的损失，向财产保险公司进行了投保，则该公司采取的风险对策是(　　)。

A. 规避风险　　B. 接受风险　　C. 转移风险　　D. 减少风险

4. 在普通年金现值系数的基础上，期数加 1、系数减 1 所得的结果，在数值上等于(　　)。

A. 普通年金现值系数　　B. 先付年金现值系数

C. 普通年金终值系数　　D. 先付年金终值系数

5. 某企业向金融机构借款，年名义利率为 8%，按季度付息，则年实际利率为(　　)。

A. 9.60%　　B. 8.32%　　C. 8.00%　　D. 8.24%

6. 甲某拟存入一笔资金以备三年后使用。假定银行三年期存款年利率为 5%，甲某三年后需用的资金总额为 34 500 元，则在单利计息情况下，目前需存入的资金为(　　)元。

A. 30 000　　B. 29 803.04　　C. 32 857.14　　D. 31 500

7. 已知 $(P/A,8\%,5)=3.992\,7$，$(P/A,8\%,6)=4.622\,9$，$(P/A,8\%,7)=5.206\,4$，则 6 年期、折现率为 8% 的预付年金现值系数是(　　)。

A. 2.992 7　　B. 4.206 4　　C. 4.992 7　　D. 6.206 4

8. 某企业年初借得 50 000 元贷款，10 年期，年利率 12%，每年末等额偿还。已知年金现值系数 $(P/A,12\%,10)=5.650\,2$，则每年应付金额为(　　)元。

A. 8 849　　B. 5 000　　C. 6 000　　D. 28 251

9. 已知甲、乙两个方案投资收益率的期望值分别为 10% 和 12%，两个方案都存在投资风险，在比较甲、乙两方案风险大小时应使用的指标是(　　)。

A. 标准离差率　　B. 标准差　　C. 协方差　　D. 方差

10. 企业进行多元化投资，其目的之一是(　　)。

A. 追求风险　　B. 消除风险　　C. 减少风险　　D. 接受风险

11. 某公司拟于 5 年后一次还清所欠债务 100 000 元，假定银行利息率为 10%，5 年 10% 的年金终值系数为 6.105 1，5 年 10% 的年金现值系数为 3.790 8，则应从现在起每年年末等额存入银行的偿债基金为(　　)。

A. 16 379.75　　B. 26 379.66　　C. 379 080　　D. 610 510

12. 某投资者选择资产的唯一标准是预期收益的大小，而不管风险状况如何，则该投资者属于(　　)。

A. 风险爱好者　　B. 风险回避者　　C. 风险追求者　　D. 风险中立者

13. 下列各项年金中，只有现值没有终值的年金是(　　)。

A. 普通年金　　B. 先付年金　　C. 永续年金　　D. 即付年金

14. 某企业拟进行一项存在一定风险的完整工业项目投资，有甲、乙两个方案可供选择。已知甲方案净现值的期望值为 1 000 万元，标准离差为 300 万元；乙方案净现值的期望值为 1 200 万元，标准离差为 330 万元。下列结论中正确的是(　　)。

A. 甲方案优于乙方案　　B. 甲方案的风险大于乙方案

C. 甲方案的风险小于乙方案　　D. 无法评价甲乙方案的风险大小

15. 在下列各项中，无法计算出确切结果的是(　　)。

A. 后付年金终值　B. 先付年金终值　C. 递延年金终值　D. 永续年金终值

16. 根据财务管理的理论，特定风险通常是(　　)。

A. 不可分散风险　B. 非系统风险　　C. 基本风险　　D. 系统风险

17. 如果两个投资项目预期收益的标准离差相同，而期望值不同，则这两个项目(　　)。

A. 预期收益相同　　B. 标准离差率相同

C. 预期收益不同　　D. 未来风险报酬相同

18. 在投资收益不确定的情况下，按估计的各种可能收益水平及其发生概率计算的加权平均数是(　　)。

A. 实际投资收益(率)　　B. 期望投资收益(率)

C. 必要投资收益(率)　　D. 无风险收益(率)

19. 某种股票的期望收益率为 10%，其标准离差为 0.04，风险价值系数为 30%，则该股票的风险收益率为(　　)。

A. 40%　　B. 12%　　C. 6%　　D. 3%

20. 在下列各项资金时间价值系数中，与资本回收系数互为倒数关系的是(　　)

A. $(P/F,i,n)$　　B. $(P/A,i,n)$

C. $(F/P,i,n)$　　D. $(F/A,i,n)$

三、多选题

1. 递延年金具有如下特点：(　　　)。

A. 年金的第一次支付发生在若干期以后　　B. 没有终值

C. 年金的现值与递延期无关　　D. 年金的终值与递延期无关

E. 现值系数是普通年金现值的倒数

2. 某公司向银行借入一笔款项，年利率为 10%，分 6 次还清，从第 5 年至第 10 年每年年末偿还本息 5 000 元。下列计算该笔借款现值的算式中，正确的有(　　)。

A. $5\,000\times(P/A,10\%,6)\times(P/F,10\%,3)$

B. $5\,000\times(P/A,10\%,6)\times(P/F,10\%,4)$

C. $5\,000\times[(P/A,10\%,9)-(P/A,10\%,3)]$

D. $5\,000\times[(P/A,10\%,10)-(P/A,10\%,4)]$

3. 证券投资的风险分为可分散风险和不可分散风险两大类，下列各项中，属于可分散风险的有(　　)。

A. 研发失败风险　　B. 生产事故风险

C. 通货膨胀风险　　　　D. 利率变动风险

4. 下列风险中，属于非系统风险的有(　　)。

A. 经营风险　　B. 利率风险　　C. 政治风险　　D. 财务风险

5. 下列各项中，其数值等于先付年金终值系数的有(　　)。

A. $(P/A,i,n)(1+i)$　　　　B. $[(P/A,i,n-1)+1]$

C. $(F/A,i,n)(1+i)$　　　　D. $[(F/A,i,n+1)-1]$

6. 下列各项中，能够衡量风险的指标有(　　)。

A. 方差　　B. 标准差　　C. 期望值　　D. 标准离差率

7. 在下列各项中，可以直接或间接利用普通年金终值系数计算出确切结果的项目有(　　)。

A. 偿债基金　　B. 先付年金终值　　C. 永续年金现值　　D. 永续年金终值

8. 下列各项中，属于普通年金形式的项目有(　　)。

A. 零存整取储蓄存款的整取额　　　　B. 定期定额支付的养老金

C. 年资本回收额　　　　D. 偿债基金

9. 下列表述中，正确的有(　　)。

A. 复利终值系数和复利现值系数互为倒数

B. 普通年金终值系数和普通年金现值系数互为倒数

C. 普通年金终值系数和偿债基金系数互为倒数

D. 普通年金现值系数和资本回收系数互为倒数

10. 在下列各项中，属于财务管理风险对策的有(　　)。

A. 规避风险　　B. 减少风险　　C. 转移风险　　D. 接受风险

四、判断题

1. 企业投资于某公司证券可能因该公司破产而引发无法收回其本金的风险，这种风险属于非系统风险。(　　)

2. 标准离差率可用于收益率期望值不同的情况下的风险比较，标准离差率越大，表明风险越大。(　　)

3. 公司年初借入资金 100 万元。第 3 年年末一次性偿还本息 130 万元，则该笔借款的实际利率小于 10%。(　　)

4. 必要收益率与投资者认识到的风险有关。如果某项资产的风险较低，那么投资者对该项资产要求的必要收益率就较高。(　　)

5. 某期先付年金现值系数等于$(1+i)$乘以同期普通年金现值系数。(　　)

6. 随着折现率的提高，未来某一款项的现值将逐渐增加。(　　)

7. 在有关资金时间价值指标的计算过程中，普通年金现值与普通年金终值是互为逆运算的关系。(　　)

8. 根据财务管理的理论，必要投资收益等于期望投资收益、无风险收益和风险收益之和。(　　)

9. 人们在进行财务决策时，之所以选择低风险的方案，是因为低风险会带来高收益，而高风险的方案则往往收益偏低。(　　)

10. 对于多个投资方案而言，无论各方案的期望值是否相同. 标准离差率最大的方案一定是风险最大的方案。　（　）

五、计算分析题

1. 某人希望5年后获得10 000元本利和，银行利率为5%，银行存款按单利计息，要求计算他现在需存入银行多少资金?

2. 某人决定分别在2018年、2019年、2020年和2021年各年的1月1日分别存入5 000元，按10%利率，每年复利一次，要求计算2022年12月31日的余额是多少。

3. 某企业在10年内每年年末在银行借款200万元，借款年复利率为5%，则该公司在第10年末应付银行本息为多少?

4. 某企业于第6年初开始每年等额支付一笔设备款项2万元，连续支付5年，在利率为10%的情况下，若现在一次性支付应付多少?该设备在第10年末的总价又为多少?

5. 某公司扩大生产，需租赁一套设备，租期4年，每年租金10 000元，设银行存款利率为10%，问该公司现在应当在银行存入多少钱才能保证租金按时支付?

6. 某企业向银行借入一笔款项，银行贷款利率为10%，每年复利一次。银行规定前10年不用还本付息，第11年至第20年年末偿还本息5 000元，要求计算这笔借款的现值。

7. 2021年11月1日，居住在甲市某小区的王先生想出售他100平方米的两居室住房，当前该地段市价每平方米6 500元，有一位买主愿意一年以后以70万元的价格买入，假设2021年11月1日一年期存款基准利率为2.50%，那么王先生愿意出售给他吗?

8. 某企业拟采用融资租赁方式于2021年1月1日从租赁公司租入一台设备，设备款为50 000元，租期为5年，到期后设备归企业所有。双方商定，如果采取后付等额租金方式付款，则折现率为16%；如果采取先付等额租金方式付款，则折现率为14%，企业的资金成本率为10%。

要求：

(1) 计算后付等额租金方式下的每年等额租金额。

(2) 计算后付等额租金方式下的5年租金终值。

(3) 计算先付等额租金方式下的每年等额租金额。

(4) 计算先付等额租金方式下的5年租金终值。

(5) 比较上述两种租金支付方式下的终值大小，说明哪种租金支付方式对企业更为有利。

9. 甲公司于2021年1月1日购置一条生产线，有四种付款方案可供选择。

方案一：2023年初支付100万元。

方案二：2021年至2023年每年年初支付30万元。

方案三：2022年至2025年每年年初支付24万元。

方案四：2023年至2027年每年年初支付21万元。

公司选定的折现率为10%。

要求：

(1) 计算方案一的现值。

(2) 计算方案二的现值。

(3) 计算方案三的现值。

(4) 计算方案四的现值。

(5) 判断甲公司应选择哪种付款方案。

10. 郭先生准备购买商品房，开发商提出 A、B、C 三种付款方式。A：每年年初支付购房款 80 000 元，连续支付 8 年。B：从第三年开始，在每年的年末支付房款 132 000 元，连续支付 5 年。C：现在支付房款 100 000 元，以后在每年年末支付房款 90 000 元，连续支付 6 年。在市场资金收益率为 14% 的条件下，郭先生应该选择何种付款方式？

11. 某企业有 A、B 两个投资项目，计划投资额均为 1 000 万元，其收益(净现值)的概率分布见表 2-6。

表 2-6 收益（净现值）的概率分布

市场情况概率	概率	A 项目净现值	B 项目净现值
好	0.2	200	300
一般	0.6	100	100
差	0.2	50	−50

要求：

(1) 分别计算 A、B 两个项目净现值的期望值。

(2) 分别计算 A、B 两个项目期望值的标准离差。

(3) 判断 A、B 两个投资项目的优劣。

六、案例分析题

一个保险推销员向刚刚参加工作的张先生推销养老保险。张先生现在刚过完 20 周岁的生日。保险推销员介绍的保险计划如下：从张先生 21 周岁生日开始到 40 周岁，每年交 1 000 元的保费，交费期为 20 年。从 61 周岁生日开始每年可领取 5 000 元的养老金直至身故。

资料：2020 年，北京市男性人均期望寿命为 78.46 岁，女性为 82.15 岁。目前，5 年期银行存款利率为 3.12%，5 年以上银行存款利率为 4.9%。

要求：

扫一扫，看答案

(1) 张先生缴的保费总额是多少？

(2) 如何确定张先生领取养老金的年限？

(3) 预计张先生可以领取养老金的总额是多少？

(4) 该项保险是否合算？

(5) 保险公司为什么要给张先生比保费多出许多的养老金呢？

第三章
财务预测与计划

学习目标

1. 了解财务预测的目的及步骤、销售增长与外部融资的关系，以及财务预算的内涵及其分类。

2. 掌握财务预测的销售百分比法及其他预测方法。

3. 理解内含增长率和可持续增长率的计算方法。

4. 熟悉财务预算的编制方法。

第一节　财务预测

一、财务预测的意义与目的

财务预测是融资计划的前提。企业要对外提供产品和服务，必须要有一定的资产。销售增加时，要相应增加流动资产，甚至还需要增加固定资产。为取得扩大销售所需增加的资产，企业要筹措资金。这些资金，一部分来自保留盈余，另一部分通过外部融资取得。通常，销售增长率较高时保留盈余不能满足资金需要，即使获利良好的企业也需要外部融资。对外融资，需要寻找提供资金方，向其做出还本付息的承诺或提供盈利前景，并使之相信其投资是安全的并且可以获利，这个过程往往需要较长时间。因此，企业需要预先知道自己的财务需求，提前安排融资计划，否则就可能发生资金周转问题。

财务预测有助于改善投资决策。根据销售前景估计出的融资需要不一定总能满足，因此，就需要根据可能筹措到的资金来安排销售增长以及有关的投资项目，使投资决策建立在可行的基础上。

预测的真正目的是有助于应变。财务预测与其他预测一样，都不可能很准确。从表面上看，不准确的预测只能导致不准确的计划，从而使预测和计划失去意义。其实并非如此，预测展现了未来的各种可能的前景，促使企业制订出相应的应急计划。预测和计划是超前思考的过程，其结果并非仅仅是一个表示资金需要量的数字，还包括对未来各种可能前景的认识和思考。预测可以提高企业对不确定事件的反应能力，从而减少不利事件出现带来的损失，增加利用有利机会带来的收益。

二、财务预测的步骤

（一）销售预测

财务预测的起点是销售预测。一般情况下，财务预测把销售预测数据视为已知数，作为财务预测的起点。销售预测本身不是财务管理的职能，但它是财务预测的基础，销售预测完成后才能开始财务预测。

销售预测对财务预测的质量有重大影响。如果销售的实际状况超出预测很多，企业没有准备足够的资金添置设备或储备存货，则无法满足顾客需要，不仅会失去盈利机会，并且会丧失原有的市场份额。相反，销售预测过高，筹集大量资金购买设备并储备存货，则会造成设备闲置和存货积压，使资产周转率下降，导致权益收益率降低，股价下跌。

（二）估计需要的资产

通常，资产是销售收入的函数，根据历史数据可以分析出该函数关系。根据预计销售收入以及资产与销售收入的函数，可以预测所需资产的数额。大部分经营负债也是销售收入的函数，也应预测负债的自发增长，这种增长可以减少企业外部融资的数额。

（三）估计各项费用和保留盈余

假设各项费用也是销售收入的函数，可以根据预计销售收入估计费用和损失，并在此基础上确定净利润。再根据净利润和股利支付率估计保留盈余。

（四）估计所需融资

根据预计资产总量，减去已有的资产、负债的自发增长和内部提供的资金来源便可得出外部融资的需求。

三、财务预测的方法

（一）销售百分比法

销售百分比法是用来预测企业未来外部融资需求的一种方法，其基本要求：首先假设收入、费用、资产、负债与销售收入之间存在着稳定的百分比关系，然后根据预计的销售额和相应的百分比预计资产、负债和所有者权益，最后利用会计等式确定融资需求。

具体的计算有两种方法：一种是根据销售总额预计资产、负债和所有者权益总额，然后确定融资需求；另一种是根据销售的增加额预计资产、负债和所有者权益的增加额，然后确定融资需求。

1. 根据销售总额确定融资需求

根据销售总额确定融资需求，其预测程序如下。

（1）确定销售百分比。销售额与资产负债表有关项目的百分比可以根据上年有关数据确定。在确定时要注意区分哪些资产、负债项目直接随销售额的变动而变动，哪些资产、负债项目不随销售额变动而变动。

(2) 计算预计销售额下的资产和负债：

资产(负债) = 预计销售额 × 各项目销售百分比 (3-1)

(3) 预计留存收益增加额：

留存收益增加额 = 预计销售额 × 销售净利率 × (1 - 股利支付率) (3-2)

(4) 计算外部融资需求：

外部融资需求 = 预计总资产 - 预计总负债 - 预计股东权益 (3-3)

2. 根据销售增加额确定融资需求

融资需求 = 资产增加 - 负债自然增加 - 留存收益增加额 (3-4)

或融资需求 = (资产销售百分比 × 新增销售额) - (负债销售百分比 × 新增销售额) - [预计销售净利率 × 销售额 × (1 - 股利支付率)] (3-5)

【例 3-1】某公司 2021 年 12 月 31 日资产负债表见表 3-1。

表 3-1 2021 年 12 月 31 日资产负债表

单位：万元

资产		负债及所有者权益	
现金	5 000	应付费用	10 000
应收账款	15 000	应付账款	5 000
存货	30 000	短期借款	25 000
固定资产净值	30 000	公司债券	10 000
		实收资本	20 000
		留存收益	10 000
资产合计	80 000	负债及所有者权益合计	80 000

假定该公司 2021 年的销售收入为 100 000 万元，销售净利率为 10%，股利支付率为 60%，公司现有生产能力尚未饱和，增加销售无需增加固定资产投资，经预测，2022 年公司销售收入将提高到 120 000 万元，企业销售净利率和利润分配政策不变。

现就销售百分比法的预测程序说明如下。

(1) 预计销售额增长率：

销售额增长率 = (120 000 - 100 000)/100 000 × 100% = 20%

(2) 确定随销售额变动而变动的资产和负债项目。该资产负债表中，资产方除固定资产外都将随销售量的增加而增加，因为较多的销售量需要占用较多的存货，发生较多的应收账款，导致现金需求增加。在负债与所有者权益一方，应付账款和应付费用也会随销售量的增加而增加，但实收资本、公司债券、短期借款等不会自动增加。公司的利润如果不全部分配出去，留存收益也会有适当增加。

现金占销售收入的 5%，应收账款占销售收入的 15%，存货占销售收入的 30%，应付费用占销售收入的 10%，应付账款占销售收入的 5%，其他项目属于不随销售量变动而变动的项目。

(3) 确定需要增加的资金数额。从上述可以看出，销售收入每增加 100 万元，必须增加 50 万元的资金占用，但同时增加 15 万元的资金来源。从 50% 的资金需求中减去 15% 自动产生的资金来源，还有35％的资金需求。因此，每增加100万元的销售收入，该公司必须取得35万元的资金来源。本例中，销售收入从100 000万元增加到120 000万元，增加了20 000万元，按照35％的比率可预测将增加7 000万元的资金需求。

(4) 根据有关财务指标的约束条件，确定对外筹资数额。上述7 000万元的资金需求有些可通过企业内部来筹划。依题意，该公司2022年净利润为12 000万元(120 000×10％)，公司股利支付率为60％，则将有40％的利润即4 800万元留下来，从7 000万元中减去4 800万元的留存收益，则还有2 200万元的资金必须向外界来融资。

根据上述资料，可求得2022年该公司对外筹资数额为：

$$50\% \times 20\,000 - 15\% \times 20\,000 - 10\% \times 40\% \times 120\,000 = 2\,200(\text{万元})$$

销售百分比法是一种比较简单、粗略的预测方法。首先，该方法假设各项经营资产和经营负债与销售额保持稳定的百分比关系，可能与事实不符。其次，该方法假设计划销售利润率可以涵盖借款利息的增加，也不一定合理。

（二）资金习性预测法

资金习性预测法是指根据资金习性预测未来资金需要量的一种方法。资金习性是指资金的变动同产销量变动之间的依存关系。按照资金习性，可以把资金分为不变资金、变动资金和半变动资金。

不变资金是指在一定的产销量范围内，不受产销量变动的影响而保持固定不变的那部分资金。

变动资金是指随产销量的变动而同比例变动的那部分资金。它一般包括直接构成产品实体的原材料、外购件等占用的资金。

半变动资金是指虽然受产销量的变化影响，但不同比例变动的资金。半变动资金可采用一定的方法划分为不变资金和变动资金两部分。

资金习性预测法有两种形式：一种是根据资金占用总额同销量的关系来预测资金需要量；另一种是采用先分项后汇总的方式预测资金需要量。

假设产销量为自变量 x，资金占用量为因变量 y，它们之间的关系可用下列方程式表示：

$$y = a + bx$$

式中，a 为不变资金；b 为单位产销量所需变动资金，其数值可采用高低点法或回归直线法求得。

1. 高低点法

资金预测的高低点法是指根据企业一定期间资金占用的历史资料，按照资金习性原理和 $y = a + bx$ 的直线方程式，选用最高收入期和最低收入期的资金占用量之差，同这两个收入期的销售额之差进行对比，先计算出 b 的值，然后再代入原直线方程，计算出 a 的值，从而估计推测出资金发展趋势。其计算公式为：

$$b = \frac{\text{最高收入期资金占用量} - \text{最低收入期资金占用量}}{\text{最高销售收入} - \text{最低销售收入}} \tag{3-6}$$

$$a = \text{最高收入期资金占用量} - b \times \text{最高销售收入}$$

$$\text{或} = \text{最低收入期资金占用量} - b \times \text{最低销售收入} \tag{3-7}$$

【例 3-2】某企业历史上现金占用与销售收入之间的关系见表 3-2。试计算 2022 年的资金需要量。

表 3-2 现金占用与销售收入变化情况表

单位：元

年度	销售收入 / x	现金占用 / y
2017	2 000 000	1 100 000
2018	2 400 000	1 300 000
2019	2 600 000	1 400 000
2020	2 800 000	1 500 000
2021	3 000 000	1 600 000

根据以上资料，采用高低点法来计算如下：

$$b = \frac{\text{最高收入期资金占用量} - \text{最低收入期资金占用量}}{\text{最高销售收入} - \text{最低销售收入}}$$

$$= \frac{1\ 600\ 000 - 1\ 100\ 000}{3\ 000\ 000 - 2\ 000\ 000}$$

$$= 0.5$$

$$a = 1\ 600\ 000 - 0.5 \times 3\ 000\ 000 = 100\ 000(\text{元})$$

存货、应收账款、流动负债、固定资产等也可根据历史资料做同样划分，然后汇总，见表 3-3。

表 3-3 资金需要量预测表（分项预测）

单位：元

	年度不变资金（a）	每一元销售收入所需变动资金（b）
流动资产：		
现金	10 000	0.05
应收账款	60 000	0.14
存货	10 0000	0.22
小计	170 000	0.41
减：流动负债		
应付账款及应付费用	80 000	0.11
净资金占用	90 000	0.30
固定资产		
厂房、设备	510 000	0
所需资金合计	600 000	0.30

根据表 3-3 的资料得出预测模型为：

$$y = 600\ 000 + 0.30x$$

如果 2022 年的预计销售收入为 3 500 000 元，则：

$$2022\text{ 年的资金需要量} = 600\ 000 + 0.3 \times 3\ 500\ 000 = 1\ 650\ 000(\text{元})$$

高低点法简便易行，在企业资金变动趋势比较稳定的情况下较为适用。

2. 回归直线法

回归直线法是根据若干期业务量和资金占用量的历史资料，运用最小平方法原理计算不变资金和单位销售额变动资金的一种资金习性分析方法，其计算公式为：

$$a = \frac{\sum x^2 \sum y - \sum x \sum xy}{n\sum x^2 - (\sum x)^2} \tag{3-8}$$

$$b = \frac{n\sum xy - \sum x \sum y}{n\sum x^2 - (\sum x)^2} \tag{3-9}$$

式中，y 为资金占用量；x 为产销量。

【例 3－3】某企业产销量与资金变化情况见表 3-4。2022 年预计销售量为 150 万件，试计算 2022 年的资金需要量。

表 3-4　产销量与资金变化情况表

年度	产销量 / 万件	资金占用 / 万元
2016	120	100
2017	110	95
2018	100	90
2019	120	100
2020	130	105
2021	140	110

假设产销量为自变量 x，资金占用为因变量 y，它们之间关系可表示为：$y = a + bx$，式中，a 为不变资金，b 为单位产销量所需变动资金。

可见，只要求出 a 和 b，并知道预测期的产销量，就可以用上述公式测算资金需求情况。a 和 b 可用回归直线方程求出。其步骤如下。

(1) 根据表 3-4 整理出资金需要量预测表，见表 3-5。

表 3-5　资金需要量预测表（按总额预测）

年度	产销量（x）/ 万件	资金占用（y）/ 万件	xy	x^2
2016	120	100	12 000	14 400
2017	110	95	10 450	12 100
2018	100	90	9 000	10 000

续表

年度	产销量（x）/万件	资金占用（y）/万件	xy	x^2
2019	120	100	12 000	14 400
2020	130	105	13 650	16 900
2021	140	110	15 400	19 600
合计 $n=6$	$\sum x = 720$	$\sum y = 600$	$\sum xy = 72\ 500$	$\sum x^2 = 87\ 400$

（2）把表3-5中的n，$\sum x$，$\sum y$，$\sum xy$，$\sum x^2$代入下式：

$$a = \frac{\sum x^2 \sum y - \sum x \sum xy}{n\sum x^2 - (\sum x)^2}$$

$$b = \frac{n\sum xy - \sum x \sum y}{n\sum x^2 - (\sum x)^2}$$

解得$a = 40$，$b = 0.5$。

（3）把$a = 40$，$b = 0.5$代入$y = a + bx$求得：

$$y = 40 + 0.5x$$

（4）把2022年预计销售量150万件代入上式，得出2022年资金需要量为：

$$40 + 0.5 \times 150 = 115(\text{万元})$$

从理论上讲，回归直线法是一种计算结果最为精确的方法。

（三）财务预测的其他方法

1. 通过编制现金预算预测财务需求

现金预算是对未来现金流量进行详尽的描述，它不仅是计划的工具，也是预测的工具。本章第三节将具体介绍这种方法。

2. 使用计算机进行财务预测

对于大型企业来说，无论是销售百分比法还是资金习性预测法都显得过于简化。实际上，影响融资需求的变量很多，如产品的组合、信用政策、价格政策等。把这些变量纳入预测模型后，计算量大增，手工处理已经很难胜任，使用计算机是不可避免的。

最简单的计算机财务预测，是使用电子表格软件，如Lotus 1-2-3或Excel。使用电子表格软件时，计算过程和手工预测几乎没有差别。相比之下，其主要好处是预测期间是几年或者要分月预测时，计算机要比手工快得多；如果要改变一个输入参数，软件能自动重新计算所有预测数据。

比较复杂的预测是使用交互式财务规划模型，它比电子表格软件功能更强，其主要好处是能通过"人机对话"进行"反向操作"。这种方法不但可以根据既定销售额预测融资需求，还可以根据既定资金限制预测可达到的销售额。

最复杂的预测是使用综合数据库财务计划系统。该系统建有公司的历史资料库和模型库，用以选择适用的模型并预测各项财务数据。它通常是一个联机实时系统，随时更新数据；可以使用概率技术，分析预测的可靠性；它还是一个综合的规划系统，不仅用于资金的预测和规划，而且包括需求、价格、成本及各项资源的预测和规划；该系统通常也是规划和预测结合的系统，能快速生成预计的财务报表，从而支持财务决策。

第二节　增长率与资金需求

由于企业要以发展求生存，销售增长是任何企业都无法回避的问题。企业销售增长的财务意义是资金增长。在销售增长时，企业往往需要补充资金，这主要是因为销售增加通常会引起存货和应收账款等资产的增加。销售增长得越多，需要的资金越多。

从资金来源上看，企业销售增长的实现方式有三种。

一是完全依靠内部资金增长。有些小企业无法取得借款，有些大企业不愿意借款，主要是靠内部积累实现增长。内部的财务资源是有限的，往往会限制企业的发展，无法充分利用扩大企业财富的机会。

二是主要依靠外部资金增长。从外部筹资，包括增加债务和股东投资，也可以提高增长率。主要依靠外部资金实现增长是不能持久的。增加负债会使企业的财务风险增加，筹资能力下降，最终会使借款能力完全丧失；增加股东投入资本，不仅会分散控制权，而且会稀释每股盈余，除非追加投资有更高的回报率，否则不能增加股东财富。

三是平衡增长。平衡增长，就是保持目前的财务结构和与此有关的财务风险，按照股东权益的增长比例增加借款，以此支持销售增长。这种增长，一般不会消耗企业的财务资源，是一种可持续的增长方式。

一、销售增长率与外部融资的关系

（一）外部融资销售增长比

既然销售增长会带来资金需求的增加，那么销售增长和融资需求之间就会有函数关系，根据这种关系，就可以直接计算特定增长下的融资需求。假设它们成正比例，两者之间有稳定的百分比，即销售额每增长 1 元需要追加的外部融资额，可将其称为外部融资额占销售增长的百分比，简称外部融资销售增长比。其计算方法如下。

假设可动用的金融资产为零，则有：

外部融资额＝（经营资产销售百分比 × 新增销售额）
－（经营负债销售百分比 × 新增销售额）
－［计划销售净利率 × 计划销售额 ×（1 － 股利支付率）］

其中，新增销售额 ＝ 销售增长率 × 基期销售额

所以有：

外部融资额＝（基期销售额 × 增长率 × 经营资产销售百分比）
－（基期销售额 × 增长率 × 经营负债销售百分比）
－［计划销售净利率×基期销售额×（1＋增长率）×（1－股利支付率）］

两边同时除以“基期销售额 × 增长率”，则有：

外部融资销售增长比 ＝ 经营资产销售百分比 － 经营负债销售百分比
－ 计划销售净利率 ×［（1 ＋ 增长率）/ 增长率］×（1 － 股利支付率）　（3－10）

【例 3-4】某公司上年销售收入为 3 000 万元，本年计划销售收入为 4 000 万元，销售增长率为 33.33%。假设经营资产销售百分比为 66.67%，经营负债销售百分比为 6.17%，计划销售净利率为 4.5%，股利支付率为 30%。

$$\begin{aligned}外部融资销售增长比 &= 0.6667 - 0.0617 - 4.5\% \times (1.3333 \div 0.3333) \times (1 - 30\%) \\ &\approx 0.605 - 0.126 = 0.479\end{aligned}$$

$$\begin{aligned}外部融资额 &= 外部融资销售增长比 \times 销售增长额 \\ &= 0.479 \times 1000 \\ &= 479(万元)\end{aligned}$$

如果销售增长 500 万元（增长 16.7%），则：

$$\begin{aligned}外部融资额 &= 500 \times [0.6667 - 0.0617 - 4.5\% \times (1.167 \div 0.167) \times (1 - 0.3)] \\ &\approx 500 \times 0.3849 \\ &= 192.45(万元)\end{aligned}$$

外部融资销售增长比不仅可以预计融资需求量，而且对于调整股利政策和预计通货膨胀对融资的影响等都十分有用。

例如，该公司预计销售增长 5%，则：

$$\begin{aligned}外部融资销售增长比 &= [0.605 - 4.5\% \times (1.05 \div 0.05) \times 0.7] \times 100\% \\ &= [0.605 - 0.6615] \times 100\% = -5.65\%\end{aligned}$$

这说明企业有剩余资金 3 000×5%×5.65% = 8.475（万元）可用于增加股利或进行短期投资。

又如，预计下一年通货膨胀率为 10%，公司销量增长 5%，则销售额的名义增长率为 15.5%[(1+10%)×(1+5%)−1]，得出：

$$\begin{aligned}外部融资销售增长比 &= 0.605 - 4.5\% \times (1.155 \div 0.155) \times 0.7 \\ &\approx 0.605 - 0.2347 \\ &= 37.03\%\end{aligned}$$

企业要按销售名义增长额的 37.03% 补充资金，才能满足需要。

即使实际增长为零，也需要补充资金，以弥补通货膨胀造成的货币贬值损失：

$$\begin{aligned}外部融资销售增长比 &= 0.605 - 4.5\% \times (1.1 \div 0.1) \times 0.7 \\ &= 0.605 - 0.3465 \\ &= 25.85\%\end{aligned}$$

销售的实物量不变，因通货膨胀造成的名义增长率为 10%，每年需补充资金：

$$外部融资额 = 3000 \times 10\% \times 25.85\% = 77.55(万元)$$

（二）外部融资需求的敏感分析

外部融资需求的多少，不仅取决于销售额的增长，还要看股利支付率和销售净利率。股利支付率越高，外部融资需求越大；销售净利率越大，外部融资需求越少（图 3-1）。

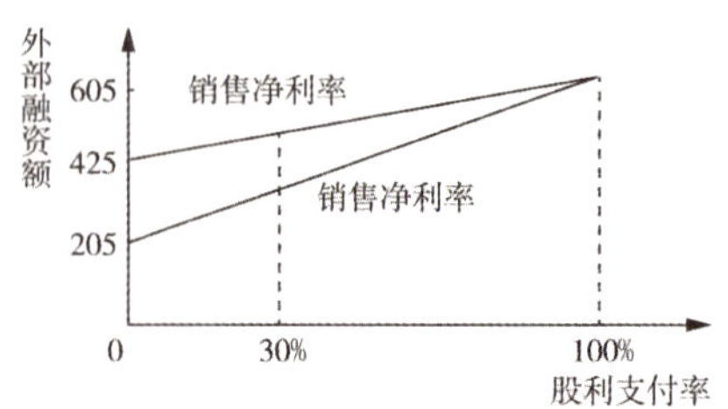

图 3-1　股利支付率、销售净利率与外部融资需求

【例 3-4】中，企业股利支付率是 30%，外部融资额为 479 万元。若预计销售额仍为4 000 万元，股利支付率改为 100%，则：

外部融资额 ＝ 666.7－61.7－4.5%×4 000×(1－100%) ＝ 605(万元)

若股利支付率为零，则：

外部融资额 ＝ 666.7－61.7－4.5%×4 000×(1－0) ＝ 605－180 ＝ 425(万元)

【例 3-4】中，企业的销售净利率是 4.5%，外部融资需求为 479 万元，若销售净利率为 10%，则：

外部融资额 ＝ 605－10%×4 000×(1－30%) ＝ 605－280 ＝ 325(万元)

二、内含增长率

销售额增加引起的资金需求增长，有两种途径来满足：一是内部保留盈余的增加；二是外部融资(包括借款和股权融资，不包括经营负债的自然增长)。如果不能或不打算从外部融资，则只能靠内部积累，从而限制了销售的增长。此时的销售增长率，称为“内含增长率”。

【例 3-5】沿用【例 3-4】，假设外部融资额等于 0：

0 ＝ 资产销售百分比－负债销售百分比－计划销售净利率×[(1＋增长率)÷增长率]×(1－股利支付率)

0 ＝ 0.666 7－0.061 7－4.5%×[(1＋增长率)÷增长率]×0.7

19.206 ＝ [1÷增长率＋1]

18.206 ＝ 1÷增长率

增长率 ≈ 5.493%

验算：

新增销售额 ＝ 3 000×5.493% ＝ 164.79(万元)

外部融资额＝(资产销售百分比×新增销售额)－(负债销售百分比×新增销售额)－[销售利润率×计划销售额×(1－股利支付率)]

＝(0.666 7×164.79)－(0.061 7×164.79)－(4.5%×3 164.79×0.7)

≈ 109.9－10.2－99.7

＝ 0(万元)

三、可持续增长率

(一) 可持续增长率的概念

可持续增长率是指不增发新股并保持目前经营效率和财务政策条件下公司销售所能增长的最大比率。

可持续增长率的假设条件如下。

(1) 公司目前的资本结构是个目标结构,并且打算继续维持下去。

(2) 公司目前的股利支付率是一个目标支付率,并且打算继续维持下去。

(3) 不愿意或者不打算发售新股,增加债务是其唯一的外部筹资来源。

(4) 公司的销售净利率将维持当前水平,并且可以涵盖负债的利息。

(5) 公司的资产周转率将维持当前的水平。

在上述假设条件成立时,销售的实际增长率与可持续增长率相等。

虽然企业各年的财务比率总会有些变化,但上述假设基本上符合大多数公司的情况。大多数公司不能随时增发新股。据有关统计资料显示,上市公司平均 20 年发行一次新股。我国上市公司增发新股也有严格的审批程序,并且至少要间隔一定年限。改变经营效率(改变资产周转率和销售净利率)和财务政策(增发股份或改变资产负债率和收益留存率),对于一个公司来说是件非常重大的事情。

可持续增长的资产、负债和股东权益的关系见表 3-6。

可持续增长的思想,并非说企业的增长不可以高于或低于可持续增长率。问题在于管理人员必须事先预计并且解决在公司超过可持续增长率之上的增长所导致的财务问题。如果不增发新股,超出部分的资金只有两个解决办法:提高资产收益率,或者改变财务政策。提高资产收益率并非总是可行的,改变财务政策是有风险和极限的,因此超常增长只能是短期的。尽管企业的增长速度时快时慢,但从长期来看总是受到可持续增长率的制约。

表 3-6　可持续增长的资产、负债和股东权益的关系

单位:万元

<table>
<tr><td rowspan="2">年初资产 100</td><td>年初负债 40</td></tr>
<tr><td>年初股东权益 60</td></tr>
<tr><td rowspan="2">新增资产 10</td><td>新增负债 4</td></tr>
<tr><td>新增股东权益 6</td></tr>
</table>

(二) 可持续增长率的计算

1. 根据期初股东权益计算可持续增长率

限制销售增长的是资产,限制资产增长的是资金来源(包括负债和股东权益)。在不改变经营效率和财务政策的情况下(即企业可持续增长),限制资产增长的是股东权益的增长率。因此,可持续增长率的计算公式可推导如下:

$$\begin{aligned}
\text{可持续增长率} &= \text{股东权益增长率} \\
&= \frac{\text{股东权益本期增加}}{\text{期初股东权益}} \\
&= \frac{\text{本期净利} \times \text{本期收益留存率}}{\text{期初股东权益}} \\
&= \text{期初权益资本净利率} \times \text{本期收益留存率} \\
&= \frac{\text{本期净利}}{\text{本期销售}} \times \frac{\text{本期销售}}{\text{期末总资产}} \times \frac{\text{期末总资产}}{\text{期初股东权益}} \times \text{本期收益留存率} \\
&= \text{销售净利率} \times \text{总资产周转率(次数)} \times \text{收益留存率} \times \\
&\quad \text{期初权益期末总资产乘数}
\end{aligned} \tag{3-11}$$

注意:这里的"权益乘数"是用"期初权益"计算的,而不要用"期末权益"计算。

【例 3－6】A 公司 2017—2021 年根据期初股东权益计算的可持续增长率见表 3-7。试计算 2018 年的可持续增长率。

表 3-7　根据期初股东权益计算的可持续增长率

单位：万元

项目	2017 年	2018 年	2019 年	2020 年	2021 年
收入	1 000.00	1 100.00	1 650.00	1 375.00	1 512.50
税后利润	50.00	55.00	82.50	68.75	75.63
股利	20.00	22.00	33.00	27.50	30.25
留存利润	30.00	33.00	49.50	41.25	45.38
股东权益	330.00	363.00	412.50	453.75	499.13
负债	60.00	66.00	231.00	82.50	90.75
总资产	390.00	429.00	643.50	536.25	589.88
可持续增长率的计算：					
销售净利率	5.00%	5.00%	5.00%	5.00%	5.00%
销售 / 总资产	2.564 1	2.564 1	2.564 1	2.564 1	2.564 1
总资产 / 期初股东权益	1.300 0	1.300 0	1.772 7	1.300 0	1.300 0
收益留存率	0.6	0.6	0.6	0.6	0.6
可持续增长率	10.00%	10.00%	13.64%	10.00%	10.00%
实际增长率		10.00%	50.00%	−16.67%	10.00%

根据可持续增长率公式(期初股东权益)计算如下：

可持续增长率(2018 年) ＝ 销售净利率 × 资产周转率 × 期初权益乘数 × 收益留存率

＝ 5% × 2.564 1 × 1.3 × 0.6 ≈ 10%

实际增长率(2018 年) ＝ (本年销售 － 上年销售)/ 上年销售

＝ (1 100 － 1 000)/1 000 ＝ 10%

其他年份的计算方法与此相同。

2．根据期末股东权益计算的可持续增长率

可持续增长率也可以全部用期末数和本期发生额计算，而不使用期初数。其推导过程如下：

由于：企业增长所需资金的来源有增加负债和增加股东权益两个来源

所以：资产增加 ＝ 股东权益增加 ＋ 负债增加　①

假设：资产周转率不变即资产随销售正比例增加

则有：资产增加 / 本期资产总额 ＝ 销售增加 / 本期销售额

资产增加 ＝ (销售增加 / 本期销售额) × 本期资产总额　②

假设：不增发新股，销售净利率不变

则有：股东权益增加＝ 收益留存率 ×(净利率 / 销售额) ×

(基期销售额 ＋ 销售增加额)　③

假设:财务结构不变即负债和股东权益同比例增加

则有:负债的增加额 = 股东权益增加×(负债/股东权益) = [收益留存率×(净利率/销售额)]×(基期销售额 + 销售增加额)]×(负债/股东权益) ④

将②、③、④代入①得:

(销售增加/本期销售额)×本期资产总额 = 收益留存率×(净利率/销售额)×(基期销售额 + 销售增加额) + 收益留存率×(净利率/销售额)×(基期销售额 + 销售增加额)×(负债/股东权益)

整理后得:

$$可持续增长率 = \frac{销售增加}{基期销售}$$

$$= \frac{收益留存率 \times 销售净利率 \times (1 + 负债/股东权益)}{资产/销售额 - [收益留存率 \times 销售净利率 \times (1 - 负债/股东权益)]}$$

如果分子和分母同时乘以(销售/资产),得:

$$可持续增长率 = \frac{收益留存率 \times (净利/销售) \times (资产/权益) \times (销售/资产)}{1 - 收益留存率 \times (净利/销售) \times (资产/权益) \times (销售/资产)} \quad (3-12)$$

使用表 3-7 的数据,根据式(3-12)计算的可持续增长率见表 3-8。

表 3-8 根据期末股东权益计算的可持续增长率

单位:万元

年度	2017 年	2018 年	2019 年	2020 年	2021 年
收入	1 000.00	11 000.00	1 650.00	1 375.00	1 512.50
税后利润	50.00	55.00	82.50	68.75	75.63
股利	20.00	22.00	33.00	27.50	30.25
留存利润	30.00	33.00	49.50	41.25	45.38
股东权益	330.00	363.00	412.50	453.75	499.13
负债	60.00	66.00	231.00	82.50	90.75
总资产	390.00	429.00	643.50	536.25	589.88
可持续增长率的计算:					
销售净利率	5.00%	5.00%	5.00%	5.00%	5.00%
销售 / 总资产	2.564 1	2.564 1	2.564 1	2.564 1	2.564 1
总资产 / 期末股东权益	1.181 8	1.181 8	1.560 0	1.181 8	1.181 8
收益留存率	0.6	0.6	0.6	0.6	0.6
可持续增长率	10.00%	10.00%	13.64%	10.00%	10.00%
实际增长率		10.00%	50.00%	−16.67%	10.00%

根据可持续增长率(期末股东权益)公式计算如下:

$$可持续增长率(2018 年) = \frac{5\% \times 2.564\,1 \times 1.181\,8 \times 0.6}{1 - 5\% \times 2.564\,1 \times 1.181\,8 \times 0.6} \approx 10\%$$

其他各年的可持续增长率的计算方法与此相同。

通过比较表 3-7 和表 3-8 可以看出，两个公式计算的可持续增长率是一致的。

（三）可持续增长率与实际增长率

实际增长率和可持续增长率经常不一致。通过分析两者的差异，可以了解企业的经营业绩和财务政策有何变化，高速增长所需的资金从哪里来，能否持续下去。

沿用【例 3-6】来说明。

1. 公司经营业绩和财务政策有何变化

(1)2018 年的经营效率和财务政策与 2017 年相同。2018 年的实际增长率、2017 年和 2018 年的可持续增长率均为 10%。

(2)2019 年权益乘数提高，另外三个财务比率没有变化。实际增长率上升为 50%，可持续增长率上升为 13.64%，上年的可持续增长率为 10%。提高财务杠杆，提供了高速增长所需要的资金。

(3)2020 年权益乘数下降，另外三个财务比率没有变化。实际增长率下降为 −16.67%，上年的可持续增长率为 13.64%，本年的可持续增长率为 10%。为了归还借款，使财务杠杆恢复到历史正常水平，降低了销售增长速度。

(4)2021 年的经营效率和财务政策与 2020 年相同。实际增长率、上年和本年的可持续增长率均为 10%。

2. 高速增长所需的资金从哪里来

该公司 2019 年的实际增长率为 50%，大大超过上年的可持续增长率 10%。

(1) 计算超常增长的销售额。

按可持续增长率计算的销售额 = 上年销售 ×(1 + 可持续增长率)
= 1 100 ×(1 + 10%)
= 1 210(万元)

超常增长的销售额 = 实际销售 − 可持续增长销售
= 1 650 − 1 210
= 440(万元)

(2) 计算超常增长所需资金。

实际增长需要资金 = 实际销售 ÷ 本年资产周转率
= 1 650 ÷ 2.564 1
≈ 643.5(万元)

可持续增长需要资金 = 可持续增长销售 ÷ 上年资产周转率
= [1 100 ×(1 + 10%)] ÷ 2.564 1
≈ 471.90(万元)

超常部分销售所需资金 = 实际增长需要资金 − 可持续增长需要资金
= 643.5 − 471.9
= 171.6(万元)

(3) 分析超常增长的资金来源。

留存收益提供资金 = 49.5(万元)

按可持续增长率增长提供留存收益 = 33 ×(1 + 10%) = 36.3(万元)

超常增长产生的留存收益＝留存收益提供资金－按可持续增长率增长提供留存收益
＝49.5－36.3
＝13.2(万元)

负债提供资金＝231－66＝165(万元)

按可持续增长率增长需要增加负债＝66×10%＝6.6(万元)

超常增长额外负债＝165－6.6＝158.4(万元)

超常增长的资金来源见表3-9。

表3-9 超常增长的资金来源

单位：万元

项目	年度			假设增长10%	差额
	2017年	2018年	2019年		
收入	1 000.00	1 100.00	1 650.00	1 210.00	440.00
税后利润	50.00	55.00	82.50	60.50	22.00
股利	20.00	22.00	33.00	24.20	8.80
留存利润	30.00	33.00	49.50	36.30	13.20
所有者权益	330.00	363.00	412.50	399.30	13.20
负债	60.00	66.00	231.00	72.60	158.40
总资产	390.00	429.00	643.50	471.90	171.60
可持续增长率的计算：					
销售净利率	5.00%	5.00%	5.00%	5.00%	
销售／总资产	2.564 1	2.564 1	2.564 1	2.564 1	
总资产／期末股东权益	1.181 8	1.181 8	1.560 0	1.181 8	
收益留存率	0.6	0.6	0.6	0.6	
可持续增长率	10.00%	10.00%	13.64%	10.00%	
实际增长率		10.00%	50.00%	10.00%	

因此，超常增长所需的171.6万元资金，有13.2万元来自超常增长本身引起的留存收益增加，另外的158.4万元来自额外增加的负债。正是这一增量权益资金和增量借款的比例不同于原来的资本结构，使得权益乘数提高到1.56。

3. 增长潜力分析

2018年的经营业绩和财务政策决定的可持续增长率是10%，而2019年的实际增长率是50%。通过以上分析可知，这种高增长主要是依靠外部注入资金取得的。这种高增长率是否能继续下去呢？

2020年如果想继续保持50%的增长率，企业必须进一步增加负债或进行权益筹资。根据2019年数据计算的可持续增长率是13.64%，这就是说，2020年维持2019年的四项财务比率，也只能取得13.64%的增长率。超常增长不是维持财务比率的结果，而是“提高”财务比率的结果。

如果想要维持50%的增长率，2020年需要额外补充多少资金呢？

$$
\begin{aligned}
\text{需要资金总额} &= \text{计划销售} \div \text{计划资产周转率} \\
&= [1\,650 \times (1+50\%)] \div 2.564\,1 \\
&= 2\,475 \div 2.564\,1 \approx 965.25(\text{万元})
\end{aligned}
$$

$$
\text{留存收益提供资金} = 2\,475 \times 5\% \times 0.6 = 74.25(\text{万元})
$$

假设除留存收益外，全部使用负债补充资金，则财务杠杆为：

$$
\begin{aligned}
\text{权益乘数} &= \text{总资产} \div \text{期末权益} \\
&= 965.25 \div (412.5 + 74.25) \\
&= 965.25 \div 486.75 = 1.983\,1
\end{aligned}
$$

2020年该公司通过提高财务杠杆维持了50%的增长率。如果今后要继续维持50%的增长率，还需要进一步提高财务杠杆。财务杠杆的高低是重要的财务政策，不可能随便提高，更不可能无限提高。既然公司的财务杠杆不能持续提高，则50%的增长率就是不可持续的。销售净利率、资产周转率和股利分配率，如同财务杠杆一样，都不可能无限提高，从而限制了企业的增长率。因此，超常增长是不可能持续的。

提高财务杠杆支持高增长见表3-10。

表3-10　提高财务杠杆支持高增长

单位：万元

项目	2017年	2018年	2019年	2020年
收入	1 000.00	1 100.00	1 650.00	2 475.00
税后利润	50.00	55.00	82.50	123.75
股利	20.00	22.00	33.00	49.50
留存利润	30.00	33.00	49.50	74.25
股东权益	330.00	363.00	412.50	486.75
负债	60.00	66.00	231.00	478.50
总资产	390.00	429.00	643.50	965.25
可持续增长率的计算：				
销售净利率	5.00%	5.00%	5.00%	5.00%
销售 / 总资产	2.564 1	2.564 1	2.564 1	2.564 1
总资产 / 期末股东权益	1.181 8	1.181 8	1.560 0	1.983 1
收益留存率	0.6	0.6	0.6	0.6
可持续增长率	10.00%	10.00%	13.64%	18.00%
实际增长率		10.00%	50.00%	50.00%

企业的增长潜力来源于上述四个财务比率的可持续水平。如果通过技术和管理创新，使销售净利率和资产周转率提高到一个新水平，则企业增长率可以相应提高。财务杠杆和收益留存率受到资本市场的制约，通过提高这两个比率支持高增长，只能是一次性的临时解决办

法，不可能持续使用。

那么，通过筹集权益资金支持高增长是否可行？

假设 2022 年该公司计划增长 50%，由于四个财务比率已经不能再提高，因此只能在保持资本结构的前提下，同时筹集权益资本和增加负债。其结果是销售增长了 50%，净利润也增长了 50%，但是权益净利率没有任何提高，仍然是 15.15%（表 3-11）。这就是说，如果新增投资的报酬率不能超过要求报酬率（资本成本），单纯的销售增长不会增加股东财富，是无效的增长。

表 3-11　无效的增长

单位：万元

项目	2017 年	2018 年	2019 年	2020 年	2021 年	2022 年
收入	1 000.00	1 100.00	1 650.00	1 375.00	1 512.50	2 268.75
税后利润	50.00	55.00	82.50	68.75	75.63	113.45
股利	20.00	22.00	33.00	27.50	30.25	45.38
留存利润	30.00	33.00	49.50	41.25	45.38	68.07
筹集权益资本						181.50
股东权益	330.00	363.00	412.50	453.75	499.13	748.69
负债	60.00	66.00	231.00	82.50	90.75	136.13
总资产	390.00	429.00	643.50	536.25	589.88	884.82
可持续增长率的计算：						
销售净利率	5.00%	5.00%	5.00%	5.00%	5.00%	5.00%
销售/总资产	2.564 1	2.564 1	2.564 1	2.564 1	2.564 1	2.564 1
总资产/期末股东权益	1.181 8	1.181 8	1.560 0	1.181 8	1.181 8	1.181 8
收益留存率	0.6	0.6	0.6	0.6	0.6	0.6
可持续增长率	10.00%	10.00%	13.64%	10.00%	10.00%	10.00%
实际增长率		10.00%	50.00%	−16.67%	10.00%	50.00%
权益净利率	15.15%	15.15%	20.00%	15.15%	15.15%	15.15%

因此，如无特殊原因，该公司今后的增长应当在 10% 左右波动，不应当追求无效的增长，任何过快的增长都会引发后续的低增长。

通过上面的举例可以看出，可持续增长率是企业当前经营效率和财务政策决定的内在增长能力，实际增长率是本年销售额比上年销售额的增长百分比。在不增发新股的情况下，它们之间有如下联系。

（1）如果某一年的经营效率和财务政策与上年相同，则实际增长率、上年的可持续增长率以及本年的可持续增长率三者相等。这种增长状态，在资金上可以永远持续发展下去，可称之为可持续增长。当然，外部条件是公司不断增加的产品能为市场所接受。

(2) 如果某一年的公司四个财务比率有一个或多个数值增长，则实际增长率就会超过上年的可持续增长率，本年的可持续增长率也会超过上年的可持续增长率。由此可见，超常增长是"改变"财务比率的结果，而不是持续当前状态的结果。企业不可能每年提高这四个财务比率，也就不可能使超常增长继续下去。

(3) 如果某一年的公式中的四个财务比率有一个或多个数值比上年下降，则实际销售增长就会低于上年的可持续增长率，本年的可持续增长率也会低于上年的可持续增长率。这是超常增长之后的必然结果，公司对此应有所准备。如果不愿意接受这种现实，继续勉强冲刺，现金周转的危机很快就会来临。

(4) 如果公司四个财务比率已经达到极限水平，单纯的销售增长就无助于增加股东财富。销售净利率和资产周转率的乘积是资产净利率，它体现了企业运用资产获取收益的能力，取决于企业的综合效率。至于采用"薄利多销"还是"厚利少销"的方针，则是经营政策选择的问题。收益留存率和权益乘数的高低是财务政策选择问题，取决于决策者对收益与风险的权衡。因此，企业的综合效率和承担风险的能力决定了企业的增长速度。

实际上，企业在增长率问题上并没有很大的回旋余地，尤其是从长期来看更是如此。一些企业由于发展过快陷入危机甚至破产，另一些企业由于增长太慢遇到困难甚至被其他企业收购，这说明，不当的增长速度足以毁掉一个企业。

第三节　财务预算

财务预算是企业全面预算的一部分，它和其他预算是联系在一起的，全面预算是一个数字相互衔接的整体。

一、全面预算体系

预算是计划工作的成果，它既是决策的具体化，又是控制生产经营活动的依据。

预算在传统上被看成是控制支出的工具，但新的观念是将其看成"使企业的资源获得最佳生产率和获利率的一种方法"。

（一）全面预算的内容

全面预算是由一系列预算构成的体系，各项预算之间相互联系，关系较为复杂，很难用一个简单的办法准确描述。全面预算如图 3-2 所示，该图反映了各预算之间的主要联系。

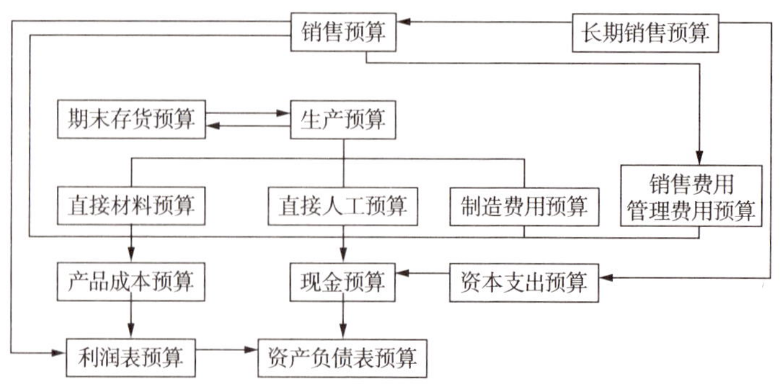

图 3-2　全面预算

企业应根据长期市场预测和生产能力，编制长期销售预算，以此为基础，确定本年度的

销售预算，并根据企业财力确定资本支出预算。销售预算是年度预算的编制起点，根据“以销定产”的原则确定生产预算，同时确定所需要的销售费用。生产预算的编制，除了考虑计划销售量外，还要考虑现有存货和年末存货。根据生产预算来确定直接材料预算、直接人工预算和制造费用预算。产品成本预算和现金预算是有关预算的汇总。利润表预算和资产负债表预算是全部预算的综合。

全面预算按其涉及的预算期分为长期预算和短期预算。长期预算包括长期销售预算和资本支出预算，有时还包括长期资金筹措预算和研究与开发预算。短期预算是指年度预算，或者时间更短的季度或月度预算，如直接材料预算、现金预算等。通常长期和短期的划分以1年为界限，有时把2～3年期的预算称为中期预算。

全面预算按其涉及的内容分为总预算和专门预算。总预算是指利润表预算和资产负债表预算，它们反映企业的总体状况，是各种专门预算的综合。专门预算是指其他反映企业某一方面经济活动的预算。

全面预算按其涉及的业务活动领域分为销售预算、生产预算和财务预算。前两个预算统称为业务预算，用于计划企业的基本经济业务。财务预算是关于资金筹措和使用的预算，包括短期的现金收支预算和信贷预算，以及长期的资本支出预算和长期资金筹措预算。

（二）全面预算的作用

全面预算是各级各部门工作的奋斗目标、协调工具、控制标准、考核依据，在经营管理中发挥着重大作用。

企业的目标是多重的，不能用唯一的数量指标来表达。企业的主要目标是盈利，但也要考虑社会的其他限制条件。因此，需要通过全面预算分门别类、有层次地表达企业的各种目标。企业的总目标，通过全面预算被分解成各级各部门的具体目标。它们根据全面预算安排各自的工作，如果各级各部门都完成了自己的具体目标，企业的总目标也就有了保障。全面预算中通过规定企业一定时期的总目标以及各级各部门的子目标，可以动员全体职工为此而奋斗。

企业内部各级各部门必须协调一致，才能最大限度地实现企业的总目标。各级各部门因其职责不同，往往会出现互相冲突的现象。例如，企业的销售、生产、财务等各部门可以分别制订出对自己来说是最好的计划，而该计划在其他部门不一定能行得通。销售部门根据市场预测，提出一个庞大的销售计划，生产部门可能没有那么大的生产能力；生产部门可以编制一个充分发挥生产能力的计划，但销售部门却可能无力将这些产品推销出去；销售和生产部门都认为应当扩大生产能力，财务部门可能认为无法筹集到必要的资金。企业全面预算运用货币度量来表达，具有高度的综合性，经过综合平衡以后可以找出解决各级各部门冲突的最佳办法，可以使各级各部门的工作在此基础上协调起来。

计划一经确定，就进入了实施阶段，管理工作的重心转入控制过程，即设法使经济活动按计划进行。控制过程包括经济活动的状态的计量、实际状态和标准的比较、两者差异的确定和分析，以及采取措施调整经济活动等。全面预算是控制经济活动的依据和衡量其合理性的标准，当实际状态和预算有了较大差异时，企业要查明原因并采取措施。

为使全面预算发挥上述作用，企业除了要编制一个高质量的全面预算外，还应制定合理的预算管理制度，包括编制程序、预算执行情况的分析方法、调查和奖惩办法等。

（三）全面预算的编制程序

全面预算的编制，涉及经营管理的各个部门，只有执行人参与全面预算的编制，才能使预算成为他们自愿努力完成的目标，而不是外界强加于他们的枷锁。

全面预算的编制程序如下：

(1) 企业决策机构根据长期规划，利用本量利分析等工具，提出企业一定时期的总目标，并下达规划指标。

(2) 最基层成本控制人员自行草编预算，使预算能较为可靠、较为符合实际。

(3) 各部门汇总部门预算，并初步协调本部门预算，编制销售、生产、财务等预算。

(4) 预算委员会审查、平衡各预算，汇总公司的总预算。

(5) 经过总经理批准，审议机构通过或者驳回修改预算。

(6) 主要预算指标报告给董事会或上级主管单位，讨论通过或者驳回修改。

(7) 批准后的预算下达给各部门执行。

二、全面预算的分类

下面分别介绍各项预算，以及它们如何为编制现金预算准备数据。

（一）销售预算

销售预算是整个预算的编制起点，其他预算的编制都以销售预算作为基础。例如，M 公司的销售预算见表 3-12。

表 3-12　M 公司的销售预算

项目	季度				
	一季度	二季度	三季度	四季度	全年季度
预计销售量 / 件	100	150	200	180	630
预计单位售价 / 元	200	200	200	200	200
销售收入 / 元	20 000	30 000	40 000	36 000	126 000
预计现金收入					
上年应收账款 / 元	6 200				6 200
第一季度（销货 20 000）/ 元	12 000	8 000			20 000
第二季度（销货 30 000）/ 元		18 000	12 000		30 000
第三季度（销货 40 000）/ 元			24 000	16 000	40 000
第四季度（销货 36 000）/ 元				21 600	21 600
现金收入合计 / 元	18 200	26 000	36 000	37 600	117 800

销售预算的主要内容包括销量、单价和销售收入。销量是根据市场预测或销货合同并结合企业生产能力确定的。单价是通过价格决策确定的。销售收入是上述两项的乘积，在销售预算中计算得出。

销售预算通常要分品种、分月份、分销售区域、分销售人员来编制。本例只简化划分了季度销售数据。

销售预算中通常还包括预计现金收入的计算，其目的是为编制现金预算提供必要的资料。第一季度的现金收入包括两部分，即上年应收账款在本年第一季度收到的货款，以及本季度销售中可能收到的货款部分。本例中，假设每季度销售收入中，本季度收到现金 60%，另外的 40% 现金要到下季度才能收到。

（二）生产预算

生产预算是在销售预算的基础上编制的，其主要内容包括预计销售量、期初和期末存货、生产量。例如，M 公司的生产预算见表 3-13。

表 3-13 M 公司的生产预算

单位：件

项目	一季度	二季度	三季度	四季度	全年季度
预计销售量	100	150	200	180	630
加：预计期末存货	15	20	18	20	20
合计	115	170	218	200	650
减：预计期初存货	10	15	20	18	10
预计生产量	105	155	198	182	640

通常，企业的生产和销售不能做到“同步同量”，需要设置一定的存货，以保证能在发生意外需求时按时供货，并可均衡生产，节省赶工的额外支出。存货数量通常按下期销售量的一定百分比确定，本例按 10% 安排期末存货。年初存货是编制预算时预计的，年末存货根据长期销售趋势来确定，本例假设年初有存货 10 件，年末留存 20 件。存货预算也可单独编制。

生产预算的“预计销售量”来自销售预算，其他数据在表 3-13 中计算得出：

预计期末存货 = 下季度销售量 × 10%

预计期初存货 = 上季度期末存货

预计生产量 =（预计销售量 + 预计期末存货）− 预计期初存货

生产预算在实际编制时是比较复杂的，产量受到生产能力的限制，存货数量受到仓库容量的限制，只能在此范围内安排存货数量和各期生产量。此外，有的季度可能销量很大，可以用赶工方法增产，为此要多付加班费。如果提前在淡季生产，会因增加存货而多付资金利息。因此，要权衡两者得失，选择成本最低的方案。

（三）直接材料预算

直接材料预算是以生产预算为基础编制的，同时要考虑原材料存货水平。

例如，M 公司的直接材料预算见表 3-14。其主要内容包括直接材料的单位产品用量、生产需用量、期初和期末存量等。“预计生产量”的数据来自生产预算，“单位产品材料用量”的数据来自标准成本资料或消耗定额资料，“生产需用量”是上述两项的乘积。年初和年末的材料存货量，是根据当前情况和长期销售预测估计的。各季度“预计期末存量”根据下季度生产量的一定百分比确定，本例按 20% 计算。各季度“预计期初存量”是上季度的期末存货。预计各季度“预计材料采购量”根据下式计算确定：

预计材料采购量 = 生产需用量 + 预计期末存量 − 预计期初存量

为了便于以后编制现金预算，通常要预计各季度材料采购的现金支出。每个季度的现金支出包括偿还上期应付账款和本期应支付的采购货款。本例假设材料采购的货款有 50% 在本季度内付清，另外 50% 在下季度付清。这个百分比是根据经验确定的。如果材料品种很多，需要单独编制材料存货预算。

表 3-14　M 公司的直接材料预算

项目	一季度	二季度	三季度	四季度	全年季度
预计生产量 / 件	105	155	198	182	640
单位产品材料用量 /（千克 / 件）	10	10	10	10	10
生产需用量 / 千克	1 050	1 550	1 980	1 820	6 400
加：预计期末存量 / 千克	310	396	364	400	400
合计 / 千克	1 360	1 946	2 344	2 220	6 800
减：预计期初存量 / 千克	300	310	396	364	300
预计材料采购量 / 千克	1 060	1 636	1 948	1 856	6 500
单价 /（元 / 千克）	5	5	5	5	5
预计采购金额 / 元	5 300	8 180	9 740	9 280	32 500
预计现金支出					
上年应付账款 / 元	2 350				2 350
第一季度（采购 5 300 元）/ 元	2 650	2 650			5 300
第二季度（采购 8 180 元）/ 元		4 090	4 090		8 180
第三季度（采购 9 740 元）/ 元			4 870	4 870	9 740
第四季度（采购 9 280 元）/ 元				4 640	4 640
合计 / 元	5 000	6 740	8 960	9 510	30 210

（四）直接人工预算

直接人工预算也是以生产预算为基础编制的。其主要内容包括预计产量、单位产品工时、人工总工时、每小时人工成本和人工总成本。“预计产量”数据来自生产预算。“单位产品工时”和“每小时人工成本”来自标准成本资料。“人工总工时”和“人工总成本”是在直接人工预算中计算出来的。例如，M 公司的直接人工预算见表 3-15。由于人工工资都需要使用现金支付，所以，不需另外预计现金支出，可直接参加现金预算的汇总。

表 3-15　M 公司的直接人工预算

项目	一季度	二季度	三季度	四季度	全年季度
预计产量 / 件	105	155	198	182	640
单位产品工时 /（小时 / 件）	10	10	10	10	10
人工总工时 / 小时	1 050	1 550	1 980	1 820	6 400

续表

项目	一季度	二季度	三季度	四季度	全年季度
每小时人工成本/（元/小时）	2	2	2	2	2
人工总成本/元	2 100	3 100	3 960	3 640	12 800

（五）制造费用预算

制造费用预算通常分为变动制造费用和固定制造费用两部分。变动制造费用以生产预算为基础编制。如果有完善的标准成本资料，用单位产品的标准成本与产量相乘，即可得到相应的预算金额。如果没有标准成本资料，就需要逐项预计计划产量需要的各项制造费用。固定制造费用，需要逐项进行预计，通常与本期产量无关，按每季度实际需要的支付额预计，然后求出全年数。例如，M 公司的制造费用预算见表 3-16。

表 3-16　M 公司的制造费用预算

单位：元

项目	一季度	二季度	三季度	四季度	全年季度
变动制造费用：					
间接人工	105	155	198	182	640
间接材料	105	155	198	182	640
修理费	210	310	396	364	1 280
水电费	105	155	198	182	640
小计	525	775	990	910	3 200
固定制造费用：					
修理费	1 000	1 140	900	900	3 940
折旧	1 000	1 000	1 000	1 000	4 000
管理人员工资	200	200	200	200	800
保险费	75	85	110	190	460
财产税	100	100	100	100	400
小计	2 375	2 525	2 310	2 390	9 600
合计	2 900	3 300	3 300	3 300	12 800
减：折旧	1 000	1 000	1 000	1 000	4 000
现金支出的费用	1 900	2 300	2 300	2 300	8 800

为了便于以后编制产品成本预算，需要计算费用分配率。

$$\text{变动制造费用分配率}=\frac{3\ 200}{6\ 400}=0.5(\text{元}/\text{小时})$$

$$\text{固定制造费用分配率}=\frac{9\ 600}{6\ 400}=1.5(\text{元}/\text{小时})$$

为了便于以后编制现金预算，需要预计现金支出。制造费用中，除折旧费外都须支付现金，所以，根据每个季度制造费用数额扣除折旧费后，即可得出"现金支出的费用"。

（六）产品成本预算

产品成本预算，是生产预算、直接材料预算、直接人工预算、制造费用预算的汇总。其主要内容包括产品的单位成本和总成本。单位产品成本的有关数据，来自前述三项预算。生产量、期末存货量来自生产预算，销售量来自销售预算。生产成本、存货成本和销售成本等数据，根据单位成本和有关数据计算得出。例如，M公司的产品成本预算见表3-17。

表3-17 M公司的产品成本预算

项目	单位价格/元	单位投入量	单位成本/元	生产成本/元	期末存货/元	销售成本/元
直接材料	5	10千克	50	32 000	1 000	31 500
直接人工	2	10小时	20	12 800	400	12 600
变动制造费用	0.5	10小时	5	3 200	100	3 150
固定制造费用	1.5	10小时	15	9 600	300	9 450
数量				640件	20件	630件
合计			90	57 600	1 800	56 700

（七）销售及管理费用预算

销售费用预算是指为了实现销售预算所需支付的费用预算。它以销售预算为基础，分析销售收入、销售利润和销售费用的关系，力求实现销售费用的最有效使用。在安排销售费用时，要利用本量利分析方法，费用的支出应能获取更多的收益。在草拟销售费用预算时，要对过去的销售费用进行分析，考察过去销售费用支出的必要性和效果。销售费用预算应和销售预算相配合，应有按品种、按地区、按用途的具体预算数额。

管理费用是做好管理业务所必要的费用。随着企业规模的扩大，一般管理职能日益重要，其费用也相应增加。在编制管理费用预算时，要分析企业的业务成绩和一般经济状况，务必做到费用合理化。管理费用多属于固定成本，所以，一般是以过去的实际开支为基础，按预算期的可预见变化来调整。重要的是，必须充分考察每种费用是否必要，以便提高费用效率。

例如，M公司的销售及管理费用预算见表3-18。

表3-18 M公司的销售及管理费用预算

单位：万元

销售费用：	
销售人员工资	2 000
广告费	5 500
包装、运输费	3 000
保管费	2 700
管理费用：	
管理人员薪金	4 000

续表

福利费	800
保险费	600
办公费	1 400
合计	20 000
每季度支付现金	5 000

（八）现金预算

现金预算的内容，包括现金收入、现金支出、现金多余或不足的计算，以及不足部分的筹措方案和多余部分的利用方案等。它可以分开编成短期现金收支预算和短期信贷预算两个预算，也可以合在一起编成一个预算。

现金预算实际上是其他预算有关现金收支部分的汇总，以及收支差额平衡措施的具体计划。现金预算的编制，要以其他各项预算为基础，或者说其他预算在编制时要为现金预算做好数据准备。

例如，M 公司的现金预算见表 3-19。

表 3-19　M 公司的现金预算

单位：元

项目	一季度	二季度	三季度	四季度	全年季度
期初现金余额	8 000	8 200	6 000	6 290	8 000
加：销货现金收入（表 3-12）	18 200	26 000	36 000	37 600	117 800
可供使用现金	26 200	34 200	42 060	43 890	125 800
减各项支出：					
直接材料（表 3-14）	5 000	6 740	8 960	9 510	30 210
直接人工（表 3-15）	2 100	3 100	3 960	3 640	12 800
制造费用（表 3-16）	1 900	2 300	2 300	2 300	8 800
销售及管理费用（表 3-18）	5 000	5 000	5 000	5 000	20 000
所得税费用	4 000	4 000	4 000	4 000	16 000
购置设备		10 000			10 000
股利分配		8 000		8 000	16 000
支出合计	18 000	39 140	24 220	32 450	113 810
现金多余或不足	8 200	－4 940	17 840	11 440	11 990
向银行借款		11 000			11 000
还银行借款			11 000		11 000

续表

项目	一季度	二季度	三季度	四季度	全年季度
短期借款利息（年利10%）			550		550
长期借款利息（年利12%）				1 080	1 080
期末现金余额	8 200	6 060	6 290	10 360	10 360

“现金收入”部分包括期初现金余额和预算期现金收入，销货现金收入是其主要来源。“期初现金余额”是在编制预算时预计的，“销货现金收入”的数据来自销售预算，“可供使用现金”是期初现金余额与本期现金收入之和。

“现金支出”部分包括预算期的各项现金支出。“直接材料”“直接人工”“制造费用”“销售及管理费用”的数据分别来自前述有关预算。此外，还包括所得税费用、购置设备、股利分配等现金支出，有关的数据分别来自另行编制的专门预算。

“现金多余或不足”部分列示现金收入合计与现金支出合计的差额。差额为正，说明收大于支，现金有多余，可用于偿还过去向银行取得的借款，或者用于短期投资。差额为负，说明支大于收，现金不足，要向银行取得新的借款。本例中，该企业需要保留的现金余额为 6 000 元，不足此数时需要向银行借款。假设银行借款的金额要求是 1 000 元的倍数，那么，第二季度借款额为：

$$
\begin{aligned}
\text{借款额} &= \text{最低现金余额} + \text{现金不足额} \\
&= 6\ 000 + 4\ 940 \\
&= 10\ 940 \\
&\approx 11\ 000(\text{元})
\end{aligned}
$$

第三季度现金多余，可用于偿还借款。一般按“每期期初借入，每期期末归还”预计利息，故本例借款期为 6 个月。假设利率为 10%，则应计利息为 550 元。

$$
\begin{aligned}
\text{利息} &= 11\ 000 \times 10\% \times \frac{6}{12} \\
&= 550(\text{元})
\end{aligned}
$$

此外，还应将长期借款利息纳入预算。本例中，长期借款余额为 9 000 元，利率为 12%，预计在第四季度支付利息 1 080 元。

还款后，仍须保持最低现金余额，否则，只能部分归还借款。

现金预算的编制反映了各预算期的收入款项和支出款项，并做对比说明。其目的在于资金不足时筹措资金，资金多余时及时处理现金余额，并且提供现金收支的控制限额，发挥现金管理的作用。

三、利润表和资产负债表预算的编制

利润表和资产负债表预算是财务管理的重要工具，包括利润表预算和资产负债表预算。

财务报表预算的作用与实际的财务报表不同。所有企业都要在年终编制实际的财务报表，这是有关法规的强制性规定，其主要目的是向外部报表使用人提供财务信息。当然，这并不表明实际的财务报表对企业经理人员没有价值。财务报表预算主要为企业财务管理服务，是控制企业资金、成本和利润总量的重要手段。因其可以从总体上反映一定期间企业经营的全局情况，通常称为企业的“总预算”。

（一）利润表预算的编制

M 公司的利润表预算见表 3-20，它是根据上述各有关预算编制的。

表 3-20 M 公司的利润表预算

单位：元

项目	金额
销售收入（表 3-12）	126 000
销货成本（表 3-17）	56 700
毛利	69 300
销售及管理费用（表 3-18）	20 000
利息（表 3-19）	1 630
利润总额	47 670
所得税费用（估计）	16 000
税后净收益	31 670

其中，“销售收入”项目的数据，来自销售预算；“销货成本”项目的数据，来自产品成本预算；“毛利”项目的数据是上述两项的差额；“销售及管理费用”项目的数据，来自销售及管理费用预算；“利息”项目的数据，来自现金预算。

另外，“所得税费用”项目是在利润规划时估计的，并已列入现金预算。它通常不是根据“利润”和所得税税率计算出来的，因为有诸多纳税调整的事项存在。此外，从预算编制程序上看，如果根据“本年利润”和税率重新计算所得税，就需要修改“现金预算”，引起信贷计划修订，进而改变“利息”，最终又要修改“本年利润”，从而陷入数据的循环修改。

利润表预算与实际利润表的内容、格式相同，只不过数据是面向预算期的。它是在汇总销售、成本、销售及管理费用、营业外收支、资本支出等预算的基础上加以编制的。通过编制利润表预算，可以了解企业预期的盈利水平。如果预算利润与最初编制方针中的目标利润有较大的不一致，就需要调整部门预算，设法达到目标，或者经企业领导同意后修改目标利润。

（二）资产负债表预算的编制

资产负债表预算与实际的资产负债表内容、格式相同，只不过数据是反映预算期末的财务状况。该表是利用本期期初资产负债表，根据销售、生产、资本等预算的有关数据加以调整编制的。

M 公司的资产负债表预算见表 3-21。大部分项目的数据来源已注明在表中。普通股、长期借款两项指标本年度没有变化。年末“未分配利润”的计算为：

年末未分配利润＝年初未分配利润＋本期利润－本期股利

＝16 250＋31 670－16 000

＝31 920（元）

“应收账款”是根据表 3-12 中的第四季度销售额和本期收现率计算的：

年末应收账款＝本期销售额×（1－本期收现率）

＝36 000×（1－60％）

＝14 400（元）

“应付账款”是根据表3-14中的第四季度采购金额和付现率计算的。

年末应付账款＝本期采购金额×(1－本期付现率)
＝9 280×(1－50%)
＝4 640(元)

表3-21 M公司的资产负债表预算

单位：元

资产			权益		
项目	年初	年末	项目	年初	年末
现金（表3-19）	8 000	10 360	应付账款（表3-14）	2 350	4 640
应收账款（表3-12）	6 200	14 400	长期借款	9 000	9 000
直接材料（表3-14）	1 500	2 000	普通股	20 000	20 000
产成品（表3-17）	900	1 800	未分配利润	16 250	31 920
固定资产	35 000	45 000			
累计折旧（表3-16）	4 000	8 000			
资产总额	47 600	65 560	权益总额	47 600	65 560

编制资产负债表预算的目的在于判断预算反映的财务状况的稳定性和流动性。如果通过资产负债表预算的分析，发现某些财务比率不佳，必要时可修改有关预算，以改善财务状况。

因为已经编制了现金预算，通常无需再编制现金流量表预算。

第四节　弹性预算

所谓弹性预算，是指企业在不能准确预测业务量的情况下，根据本、量、利之间有规律的数量关系，按照一系列业务量水平编制的有伸缩性的预算。只要这些数量关系不变，弹性预算可以持续使用较长时期，不必每月重复编制。弹性预算主要用于各种间接费用预算，有些企业也用于利润预算。

一、弹性预算的特点

一个生产制造部门制造费用的弹性预算(多水平法)见表3-22。

表3-22 制造费用的弹性预算（多水平法）

业务量（直接人工工时）	420	480	540	600	660
占正常生产能力百分比/%	70	80	90	100	110
变动成本：					
运输（$b=0.2$）	84	96	108	120	132
电力（$b=1.0$）	420	480	540	600	660

续表

消耗材料（$b=0.1$）	42	48	54	60	66
合计	546	624	702	780	858
混合成本：					
修理费	440	490	544	600	746
油料	180	220	220	220	240
合计	620	710	764	820	986
固定成本：					
折旧费	300	300	300	300	300
管理人员工资	100	100	100	100	100
合计	400	400	400	400	400
总计	1 566	1 734	1 866	2 000	2 244

它和按特定业务量水平编制的固定预算相比，有以下两个显著特点。

一是弹性预算是按一系列业务量水平编制的，从而扩大了预算的适用范围。就表 3-22 提供的资料来说，如若仅按 600 小时直接人工工时编制，就成为固定预算，其总额为 2 000 元。这种预算只有在实际业务量接近 600 小时的情况下，才能发挥作用。如果实际业务量与作为预算基础的 600 小时相差很多，而仍用 2 000 元去控制和评价成本，显然是不合适的。在表 3-22 中，分别列示了 5 种业务量水平的成本预算数据。根据企业情况，也可以按更多的业务量水平来列示。这样，无论实际业务量达到何种水平，都有适用的一套成本数据发挥控制作用。

二是弹性预算是按成本的不同形态分类列示的，便于在计划期终了时计算"实际业务量的预算成本"（应当达到的成本水平），使预算执行情况的评价和考核建立在更加现实和可比的基础上。

如果固定预算是按 600 小时编制的，成本总额为 2 000 元。在实际业务量为 500 小时的情况下，不能用 2 000 元去评价实际成本的高低，也不能按业务量变动的比例调整后的预算成本 1 666 元去考核实际成本，因为并不是所有的成本都一定同业务量呈正比例关系。

如果采用弹性预算，就可以根据各项成本同业务量的不同关系，采用不同方法确定"实际业务量的预算成本"，评价和考核实际成本。例如，实际业务量为 500 小时，运输费等各项变动成本可用实际工时数乘以单位业务量变动成本来计算，即变动总成本为 650 元。固定总成本不随业务量变动，仍为 400 元。混合成本可用内插法逐项计算：500 小时处在 480 小时和 540 小时两个水平之间，修理费应该在 490 ～ 544 元之间，假设实际业务的预算修理费为 x 元，则有：

$$\frac{500-480}{540-480}=\frac{x-490}{544-490}$$

$$x=508(元)$$

油料费用在 480 小时和 540 小时的水平时均为 220 元，500 小时当然也应为 220 元。可得：

$$500\ 小时预算成本=(0.2+1+0.1)\times 500+508+220+400=1\ 778(元)$$

这样计算出来的预算成本，比较符合成本的变动规律，用以评价和考核实际成本，比较确切并容易为被考核人所接受。

二、弹性预算的编制

编制弹性预算的基本步骤：选择业务量的计量单位；确定适用的业务量范围；逐项研究并确定各项成本和业务量之间的数量关系；计算各项预算成本，并用一定的方式来表达。

编制弹性预算，要选用一个最能代表本部门生产经营活动水平的业务量计量单位。例如，以手工操作为主的车间，就应选用人工工时；制造单一产品或零件的部门，可以选用实物数量；制造多种产品或零部件的部门，可以选用人工工时或机器工时；修理部门可以选用直接修理工时等。

弹性预算的业务量范围，视企业或部门的业务量变化情况而定，务必使实际业务量不至于超出确定的范围。一般来说，可定在正常生产能力的 70% ～ 110%，或以历史上最高业务量和最低业务量为其上下限。

弹性预算的质量高低，在很大程度上取决于成本性态分析的水平。

弹性预算的表达方式，主要有多水平法（列表法）和公式法两种。

（一）多水平法（列表法）

采用多水平法（列表法），首先要在确定的业务量范围内，划分出若干个不同水平，然后分别计算各项预算成本，汇总列入一个预算表格。表 3-22 就是一个用多水平法表达的弹性预算。在这个预算中，业务量的间隔为 10%，这个间隔可以更大些，也可以更小些。间隔较大，水平级别就少一些，可简化编制工作，但过大就会失去弹性预算的优点；间隔较小，用以控制成本较为准确，但会增加编制的工作量。

多水平法的优点：不管实际业务量是多少，不必经过计算即可找到与业务量相近的预算成本，用以控制成本比较方便；混合成本中的阶梯成本和曲线成本，可按其性态计算填列，不必用数学方法修正为近似的直线成本。但是，运用多水平法弹性预算评价和考核实际成本时，往往需要使用插补法来计算“实际业务量的预算成本”，比较麻烦。

（二）公式法

因为任何成本都可用公式“$y=a+bx$”来近似地表示，所以只要在预算中列示 a（固定成本）和 b（单位变动成本），便可随时利用公式计算任一业务量（x）的预算成本（y）。弹性预算（公式法）见表 3-23，其数据资料与前述多水平法一样，只是表达方式不同。

表 3-23　弹性预算（公式法）

项目	业务量范围（人工工时）：420 ～ 660	
	固定成本（每月）	单位变动成本（每人工工时）
运输费		0.20
电力		1.00
消耗材料		0.10
修理费	85	0.85
油料	108	0.20

续表

项目	业务量范围（人工工时）:420 ~ 660	
	固定成本（每月）	单位变动成本（每人工工时）
折旧费	300	
管理人员工资	100	
合计	593	2.35
备注	当业务量超过 600 工时后，修理费的固定部分上升为 185 元	

公式法的优点是便于计算任何业务量的预算成本。但是，阶梯成本和曲线成本只能用数学方法修正为直线，以便用“$y=a+bx$”公式来表示。必要时，还需要在“备注”中说明不同的业务量范围内，应该采用的不同的固定成本金额和单位变动成本金额。

三、弹性预算的运用

弹性预算的主要用途是作为控制成本支出的工具。在计划期开始时，提供控制成本所需要的数据；在计划期结束后，可用于评价和考核实际成本。

（一）控制支出

由于成本一旦支出就不可挽回，只有事先提出成本的限额，使有关人员在限额内花钱用物，才能有效地控制支出。根据弹性预算和每月的生产计划，可以确定各月的成本控制限额。由于这个事先确定的限额并不要求十分精确，所以，采用多水平法时，可选用与计划业务量水平最接近的一套成本数据，作为控制成本的限额。采用公式法时，可根据计划业务量逐项计算成本数额，编制成本限额表，作为当月控制成本的依据。

（二）评价和考核成本控制业绩

每个计划期结束后，需要编制成本控制情况的报告，对各部门成本预算执行情况进行评价和考核。部门成本控制报告的格式之一见表 3-24。

表 3-24　部门成本控制报告的格式之一

××××年××月　　实际业务量：580 小时　　单位：元

项目	实际成本	预算成本	差异	
			差异额	差异率/%
变动成本:				
运输费	108	116	−8	−7
电力	616	580	36	6
消耗材料	68	58	10	17
合计	792	754	38	5
混合成本:				
修理费	560	581	−18	−3

续表

项目	实际成本	预算成本	差异	
			差异额	差异率/%
油料	230	220	10	5
合计	790	798	－8	－1
固定成本:				
折旧费	300	300	0	0
管理人员工资	110	100	10	10
合计	410	400	10	3
总计	1 992	1 952	40	2

在该报告中,“实际成本”是根据实际产品成本核算资料填制的;“预算成本”是根据实际业务量和弹性预算(表3-23)逐项计算填列的;“差异额”是实际成本减去预算成本的差额,负数表示节约额,正数表示超支额;“差异率”是差异额占预算成本的百分比,表示节约或超支的相对幅度。这样计算出来的差异额和差异率,已将业务量变动的因素排除在外,用以评价实际成本比较有说服力。

拓展阅读

本章小结

财务预测是融资计划的前提;财务预测有助于改善投资决策;预测的真正目的是有助于应变。

财务预测的方法有销售百分比法、资金习性预测法以及编制现金预算法和使用计算机进行财务预测等方法。

销售增长与外部融资的关系:外部融资额＝(经营资产销售百分比×新增销售额)－(经营负债销售百分比×新增销售额)－[计划销售净利率×计划销售额×(1－股利支付率)]。

外部融资需求的敏感分析:外部融资需求的多少,不仅取决于销售的增长,还要看股利支付率和销售净利率。股利支付率越高,外部融资需求越大;销售净利率越大,外部融资需求越少。

当资产销售百分比－负债销售百分比－计划销售净利率×[(1＋增长率)÷增长率]×(1－股利支付率)＝0时,此时的增长率为内部增长率。

可持续增长率是指不增发新股并保持目前经营效率和财务政策条件下公司销售所能增长的最大比率。但它需要符合五个假设条件;当五个假设条件成立时,销售的实际增长率与可持续增长率相等。可持续增长率可以根据期初股东权益或期末股东权益计算。

财务预算的工作步骤为:销售预算;生产预算;直接材料、直接人工、制造费用预算;产品成本预算;期间费用预算;利润表预算;现金预算;资产负债表预算。掌握各种预算表的填制是本章学习的一个重点。

财务预算的改进方法有:弹性预算、零基预算、滚动预算、概率预算。本章重点介绍了弹性预算。

复习思考题

一、简答题

1. 预测融资需求的方法有哪些？

2. 什么是财务预算，试用图形表示各预算之间的关系。

3. 什么是弹性预算，它的特点是什么？

4. 试述可持续增长率与实际增长率的关系。

二、单选题

1. 某公司在编制生产预算时，2021 年第四季度期末存货量为 13 万件，2022 年四个季度的预计销售量依次为 100 万件、130 万件、160 万件和 210 万件，每季度末预计产品存货量占下季度销售量的 10%，则 2022 年第三季度预计生产量为（　　）万件。

A. 210　　B. 133　　C. 100　　D. 165

2. 下列关于内含增长的说法中，不正确的是（　　）。

A. 在内含增长的情况下，外部融资额为 0

B. 在内含增长的情况下，存在经营负债的自发增长

C. 在内含增长的情况下，资产负债率不变

D. 当实际增长率等于内含增长率时，外部融资需求为 0

3. 某公司 2018—2021 年度销售收入和资金占用的历史数据分别为(800,18)，(760,19)，(1 000,22)，(1 100,21)，运用高低点法分离资金占用中的不变资金与变动资金时，应采用的两组数据是（　　）。

A. (760,19) 和(1 000,22)　　B. (760,19) 和(1 100,21)

C. (800,18) 和(1 000,22)　　D. (800,18) 和(1 100,21)

4. 根据资金需要量预测的销售百分比法，下列负债项目中，通常会随销售额变动而呈正比例变动的是（　　）。

A. 应付票据　　B. 长期负债　　C. 短期借款　　D. 短期融资券

5. 采用销售百分比法预测资金需求量时，下列各项中，属于非敏感性项目的是（　　）。

A. 现金　　B. 存货　　C. 长期借款　　D. 应付账款

6. 制造业企业在编制利润表预算时，“销售成本”项目数据的来源是（　　）。

A. 产品成本预算　　B. 生产预算　　C. 销售预算　　D. 直接材料预算

7. 某公司 2021 年预计营业收入为 50 000 万元，预计销售净利率为 10%，股利支付率为 60%。据此可以测算出该公司 2022 年内部资金来源的金额为（　　）。

A. 2 000 万元　　B. 3 000 万元　　C. 5 000 万元　　D. 8 000 万元

8. 在财务管理中，将资金划分为变动资金与不变资金两部分，并据以预测企业未来资金需要量的方法称为（　　）。

A. 定性预测法　　B. 比率预测法

C. 资金习性预测法　　D. 成本习性预测法

9. 下列有关增长率的说法中，正确的是（　　）。

A. 可持续增长率是当前经营效率和财务政策决定的内在增长能力

B. 如果经营效率和财务政策指标已达到极限，则不能提高销售增长率

C. 如果经营效率和财务政策指标与上年相同，本年实际增长率、上年的可持续增长率及本年的可持续增长率三者相等

D. 在不发新股、经营效率保持不变时，企业的增长率即为可持续增长率

10. 下列各项中，不属于销售预算编制内容的是（　　）。

A. 销售收入　　B. 单价　　C. 销售费用　　D. 销售量

11. 一般来说，编制年度预算、制定公司战略与安排年度经营计划三者之间应当遵循的先后顺序是（　　）。

A. 制定公司战略—安排年度经营计划—编制年度预算

B. 编制年度预算—制定公司战略—安排年度经营计划

C. 编制年度预算—安排年度经营计划—制定公司战略

D. 安排年度经营计划—编制年度预算—制定公司战略

12. 某企业当年实际销售费用为6 000万元，占销售额的30%，企业预计下一年销售额增加5 000万元，于是就将下一年销售费用预算简单地确定为7 500万元（6 000＋5 000×30%）。从中可以看出，该企业采用的预算编制方法为（　　）。

A. 弹性预算法　　B. 零基预算法　　C. 滚动预算法　　D. 增量预算法

13. 某公司2021年第四季度预算生产量为100万件，单位变动制造费用为3元/件，固定制造费用总额为10万元（含折旧费2万元），除折旧费外，其余均为付现费用。则2022年第四季度制造费用的现金支出预算为（　　）万元。

A. 292　　B. 308　　C. 312　　D. 288

14. 关于资产负债表预算，下列表述正确的是（　　）。

A. 资本支出预算的结果不会影响到资产负债表预算的编制

B. 编制资产负债表预算的目的在于了解企业预算期的经营成果

C. 利润表预算编制应当先于资产负债表预算编制而成

D. 资产负债表预算是现金预算编制的起点和基础

15. 公司的经营资产销售百分比为50%，经营负债销售百分比为10%。设该公司的外部融资销售增长比大于0，但不超过20%，营业净利率为10%，股利支付率为30%，其他条件不变，计算该公司销售增长率的可能区间为（　　）。

A. 0～20%　　B. 21.21%～53.85%

C. 20%～53.85%　　D. 0～21.21%

16. 某公司在编制成本费用预算时，利用成本性态模型（$y=a+bx$），测算预算期内各种可能的业务量水平下的成本费用，这种预算编制方法是（　　）。

A. 零基预算法　　B. 固定预算法　　C. 弹性预算法　　D. 滚动预算法

17. 根据企业2021年的现金预算，第一季度至第四季度期初现金余额分别为1万元、2万元、1.7万元、1.5万元，第四季度现金收入为20万元，现金支出为19万元，不考虑其他因素，则该企业2021年年末的预计资产负债表中，货币资金年末数为（　　）万元。

A. 2.7　　B. 7.2　　C. 4.2　　D. 2.5

18. 下列预算中，一般不作为现金预算编制依据的是（　　）。

A. 管理费用预算　　B. 直接人工预算

C. 生产预算　　D. 直接材料预算

19. 下列各项中，不属于零基预算法优点的是(　　)。

A. 不受现有费用项目的限制　　B. 有利于促使预算单位合理利用资金

C. 不受现有预算的约束　　D. 编制预算的工作量小

20. 下列预算编制方法中，不受现行预算的束缚，有助于保证各项预算开支合理性的是(　　)。

A. 零基预算法　　B. 滚动预算法　　C. 弹性预算法　　D. 增量预算法

21. 随着预算执行不断补充预算，始终保持一个固定预算期长度的预算编制方法是(　　)。

A. 滚动预算法　　B. 弱性预算法　　C. 零基预算法　　D. 定期预算法

22. 在企业有盈利的情况下，下列有关外部融资需求的表述正确的是(　　)。

A. 销售增加，必然引起外部融资需求的增加

B. 营业净利率的提高必然引起外部融资的减少

C. 股利支付率的提高必然会引起外部融资额增加

D. 资产周转率的提高必然引起外部融资额增加

23. 假设企业可动用金融资产为0，且企业只能靠内部积累来满足资金需要。在其他因素不变的情况下，下列说法中不正确的是(　　)。

A. 净经营资产销售百分比越低，内含增长率越高

B. 预计股利支付率越高，内含增长率越高

C. 预计营业净利率与内含增长率同向变动

D. 经营负债销售百分比越高，内含增长率越高

24. 由于通货紧缩，A公司不打算从外部融资，而主要靠调整股利分配政策，扩大留存收益来满足销售增长的资本需求。历史资料表明，该公司经营资产、经营负债与营业收入之间存在着稳定的百分比关系，且不存在可动用金融资产。现已知经营资产销售百分比为65%，经营负债销售百分比为20%，预计下一年营业净利率为8%，不进行股利分配。据此，可以预计下一年销售增长率为(　　)。

A. 21.62%　　B. 15.38%　　C. 22.65%　　D. 12.5%

25. 某公司2021年营业收入为100万元，税后净利4万元，发放了股利2万元，净经营资产为70万元，年末金融资产为10万元(均为可动用金融资产)，预计2022年营业收入为150万元，计划营业净利率和股利支付率与2021年保持一致，若该净经营资产周转率预计保持2021年水平，则2022年外部融资需求量为(　　)万元。

A. 32　　B. 28　　C. 25　　D. 22

三、多选题

1. 在全面预算体系中，编制产品成本预算的依据有(　　)。

A. 制造费用预算　　B. 生产预算

C. 直接人工预算　　D. 直接材料预算

2. 下列预算中，需要以生产预算为基础编制的有(　　)。

A. 销售费用预算　　B. 制造费用预算

C. 直接人工预算　　　　D. 管理费用预算

3. 编制现金预算时，如果现金余缺大于最佳现金持有量，则企业可采取的措施有（　　）。

A. 销售短期有价证券　　　　B. 偿还部分借款利息

C. 购入短期有价证券　　　　D. 偿还部分借款本金

4. 下列各项中，能够成为预计资产负债表中存货项目金额来源的有（　　）。

A. 销售费用预算　　　　B. 直接人工预算

C. 直接材料预算　　　　D. 产品成本预算

5. 下列预算中，直接涉及现金收支的是（　　）。

A. 销售预算　　　　B. 产品成本预算

C. 直接材料预算　　　　D. 销售与管理费用预算

6. 下列各项预算中，与编制利润表预算直接相关的有（　　）。

A. 销售预算　　　　B. 生产预算

C. 产品成本预算　　　　D. 销售及管理费用预算

7. 下列关于财务预算的表述中，正确的有（　　）。

A. 财务预算多为长期预算

B. 财务预算又被称作总预算

C. 财务预算是全面预算体系的最后环节

D. 财务预算主要包括现金预算和预计财务报表

8. 下列各项中，属于业务预算的有（　　）。

A. 资本支出预算　　　　B. 生产预算

C. 管理费用预算　　　　D. 销售预算

9. 运用公式“$y = a + bx$”编制弹性预算，字母 x 所代表的业务量可能有（　　）。

A. 生产量　　B. 销售量　　C. 库存量　　D. 材料消耗量

10. 下列关于可持续增长率与其影响因素之间关系的叙述中，正确的有（　　）。

A. 股利支付率提高，可持续增长率提高

B. 产权比率提高，可持续增长率提高

C. 营业净利率提高，可持续增长率提高

D. 资产销售百分比提高，可持续增长率提高

11. 假如公司要实现实际增长率高于上年可持续增长率，则可以采取的手段有（　　）。

A. 增发新股　　　　B. 提高营业净利率

C. 提高资产负债率　　　　D. 提高资产周转率

12. 某公司采用销售百分比法预测外部融资额，假设存在可动用金融资产，下列关于外部融资额的公式正确的有（　　）。

A. 外部融资额 = 增加金融负债 + 增加股本

B. 外部融资额 = 经营资产增加 − 经营负债增加 − 可动用金融资产 − 增加的留存收益

C. 外部融资额 = 可动用金融资产 + 增加金融负债 + 增加股本

D. 外部融资额 = 融资总需求 − 可动用金融资产 − 增加的留存收益

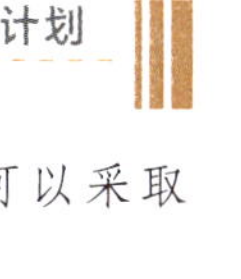

13. 企业若想提高增长率，需要解决超过可持续增长所带来的财务问题，具体可以采取的措施包括(　　)。

A. 提高营业净利率　　B. 提高资产周转率

C. 提高股利支付率　　D. 利用增发新股

14. 企业销售增长时需要补充资本。假设每元销售所需资本不变，以下关于外部融资需求的说法中，正确的有(　　)。

A. 营业净利率大于0时，股利支付率越高，外部融资需求越大

B. 营业净利率越高，外部融资需求越小

C. 如果外部融资销售增长比为负数，说明企业有剩余资本，可用于增加股利或短期投资

D. 当企业的实际增长率低于本年的内含增长率时，企业不需要从外部融资

15. 作为控制工具的弹性预算(　　)。

A. 以成本性态分析为理论前提

B. 既可以用于成本费用预算，也可以用于利润预算

C. 在预算期末需要计算"实际业务量的预算成本"

D. 只要本量利数量关系不发生变化，则无须每期重新编制

四、判断题

1. 企业按照销售百分比法预测出来的资金需要量，是企业在未来一定时期资金需要量的增量。(　　)

2. 增量预算有利于调动各个方面节约预算的积极性，并促使各基层单位合理使用资金。(　　)

3. 编制弹性预算时，以手工操作为主的车间，可以选用人工工时作为业务量的计量单位。(　　)

4. 业务预算是全面预算编制的起点，因此专门决策预算应当以业务预算为依据。(　　)

5. 在产品成本预算中，产品成本总预算金额是将直接材料、直接人工、制造费用以及销售与管理费用的预算金额汇总相加而得到的。(　　)

6. 企业正式下达执行的预算，执行部门一般不能调整。但是，市场环境、政策法规等发生重大变化，导致预算执行结果产生重大偏差时，可经逐级审批后调整。(　　)

7. 采用弹性预算法编制成本费用预算时，业务量计量单位的选择非常关键，自动化生产车间适合用机器工时作为业务量的计量单位。(　　)

8. 专门决策预算主要反映项目投资与筹资计划，是编制现金预算和预计资产负债表的依据之一。(　　)

9. 财务预算能够综合反映各项业务预算和各项专门决策预算，因此称为总预算。(　　)

10. 企业财务管理部门负责企业预算的编制、执行、分析和考核工作，并对预算执行结果承担直接责任。(　　)

11. 零基预算是为克服固定预算的缺点而设计的一种先进预算方法。(　　)

12. "现金预算"中的"所得税金支出"项目要与"预计利润表"中的"所得税"项目的金额一致。它是根据预算的"利润总额"和预计所得税率计算出来的，一般不必考虑纳税调整事项。(　　)

13. 生产预算应根据销售预算编制，其内容包括销售量、期初和期末存货、生产量，是编制直接材料、直接人工和变动制造费用预算的基础。（　　）

14. 当发生通货膨胀时，如果销售没有增长，则无需对外融资。（　　）

15. 外部融资需求与股利支付率成正比，与销售净利率成反比。（　　）

五、计算分析题

1. 四方公司 2021 年的销售收入为 4 000 万元，其销售百分比情况见表 3-25。

表 3-25　公司销售百分比情况

资产	占销售收入 /%	负债	占销售收入 /%
现金	5	应付费用	5
应收账款	15	应付账款	10
存货	30		
其他项目	不变动	其他项目	不变动

预计明年销量将增长 8%，已知其销售净利率为 5%，股利支付率为 60%。

要求：

(1) 若明年售价保持不变，试计算四方公司明年需对外融资的数量。

(2) 若明年通货膨胀率为 10% 且将引起售价同幅增长，试计算四方公司明年需对外融资的数量。

2. 甲公司 2021 年实现销售收入为 100 000 万元，净利润为 5 000 万元，利润留存率为 20%。2021 年 12 月 31 日资产负债表（简表）见表 3-26。

表 3-26　2021 年 12 月 31 日资产负债表（简表）

单位：万元

资产	期末余额	负债与所有者权益	期末余额
货币资金	1 500	应付账款	3 000
应收账款	3 500	长期借款	4 000
存货	5 000	实收资本	8 000
固定资产	11 000	留存收益	6 000
资产合计	21 000	负债与所有者权益合计	21 000

公司预计 2022 年销售收入比上年增长 20%，假定经营性资产和经营性负债与销售收入保持稳定的百分比关系，其他项目不随销售收入的变化而变化，同时假设销售净利率与利润留存率保持不变，公司采用销售百分比法预测资金需要量。

要求：

(1) 计算 2022 年预计经营性资产增加额。

(2) 计算 2022 年预计经营性负债增加额。

(3) 计算 2022 年预计留存收益增加额。

(4) 计算 2022 年预计外部融资需求量。

3. ABC 公司 2021 年有关财务数据见表 3-27。

表 3-27　ABC 公司 2021 年有关财务数据

单位：万元

项目	金额	占销售额的百分比 /%
流动资产	1 400	35
长期资产	2 600	65
资产合计	4 000	
短期借款	6 00	无稳定关系
应付账款	400	10
长期负债	1 000	无稳定关系
实收资本	1 200	无稳定关系
留存收益	800	无稳定关系
负债及权益合计	4 000	
销售额	4 000	100
净利	200	5
现金股利	60	

假设该公司实收资本一直保持不变。

要求：

(1) 假设 2022 年计划销售收入为 5 000 万元，需补充多少外部融资(保持目前股利支付率、销售净利率和资产周转率不变)？

(2) 假设 2022 年不能增加借款，也不能发行新股，预计其可实现的销售增长率(保持其他比率不变)。

(3) 保持目前的全部财务比率，明年可实现的销售额是多少？

(4) 若股利支付率为 0，销售净利率提高到 6%，目标销售额为 4 500 万元，需筹集补充多少外部融资(保持其他财务比率不变)？

4. A 公司 2021 年度主要财务数据见表 3-28。

表 3-28　A 公司 2021 年度主要财务数据

单位：万元

销售收入	10 000
营业利润	750
利息支出	125
税前利润	625
所得税(税率 20%)	125
税后利润	500

续表

分出股利(股利支付率 50%)	250
留存收益	250
期末股东权益(1 000 万股)	1 250
期末负债	1 250
期末总资产	2 500

要求:

(1) 假设 A 公司在今后可以维持 2021 年的经营效率和财务政策,不断增长的产品能为市场所接受,不变的销售净利率可以涵盖不断增加的利息,请依次回答下列问题。

① 2022 年的预期销售增长率是多少?

② 今后的预期股利增长率是多少?

③ 假设 A 公司 2021 年年末的股价是 30 元,股东预期的报酬率是多少?

④ 假设 A 公司可以按 2021 年的平均利率水平在需要时取得借款,其加权平均资本成本是多少(资本结构权数以账面价值为基础)?

(2) 假设 A 公司 2022 年的计划销售增长率为 35%,请回答下列互不关联的问题。

① 如果不打算从外部筹集权益资金,并保持 2021 年的财务政策和资产周转率,销售净利率应达到多少?

② 如果想保持 2021 年的经营效率和财务政策不变,需要从外部筹集多少股权资金?

5. E 公司 2021 年度财务报表主要数据见表 3-29。

表 3-29　E 公司 2021 年度财务报表主要数据

单位:万元

收入	1 000
税后利润	100
股利	40
留存收益	60
负债	1 000
股东权位置(200 万股,每股面值 1 元)	1 000
负债及所有者权益总计	2 000

要求:

(1) 计算该公司的可持续增长率。

(2) 假设该公司 2022 年度计划销售增长率是 10%。公司拟通过提高销售净利率或提高资产负债率来解决资金不足问题。请分别计算销售净利率、资产负债率达到多少时可以满足销售增长所需资金。计算分析时假设除正在考察的财务比率之外其他财务比率不变,销售不受市场限制,销售净利率涵盖了负债的利率,并且公司不打算发行新的股份。

(3) 如果公司计划2022年销售增长率为15%,应当筹集多少股权资本?计算时假设不变的销售净利率可以涵盖负债的利息,销售不受市场限制,并且不打算改变当前的资本结构、收益留存率和经营效率。

(4) 假设公司为了扩大业务,需要增加资金200万元。这些资金有两种筹集方式:一是全部通过增加借款取得,二是全部通过增发股份取得。如果通过借款补充资金,由于资产负债率提高,新增借款的利息率为6.5%,而2021年负债的平均利息率是5%;如果通过增发股份补充资金,预计发行价格为10元/股。假设公司的所得税率为20%,固定的成本和费用(包括管理费用和营业费用)可以维持在2021年125万元/年的水平,变动成本率也可以维持2020年的水平,请计算两种筹资方式的每股收益无差别点(销售额)。

6. 某企业年有关预算资料如下。

(1) 该企业3—7月的销售收入分别为40 000元、50 000元、60 000元、70 000元、80 000元,每月销售收入中,当月收到现金30%,下月收到现金70%。

(2) 各月直接材料采购成本按下一个月销售收入的60%计算,所购材料款于当月支付现金50%,下月支付现金50%。

(3) 该企业4—6月的制造费用分别为4 000元、4 500元、4 200元,每月制造费用中包括折旧费1 000元。

(4) 该企业4月购置固定资产,需要现金15 000元。

(5) 该企业在现金不足时,向银行借款(为1 000元倍数);现金有多余时,归还银行借款(为1 000元的倍数),借款在期初,还款在期末,借款年利率12%。

(6) 该企业期末余现金余额最低为6 000元,其他资料见现金预算表(详见表3-30)。

要求:根据以上资料,完成该企业4—6月现金预算的编制工作。

表3-30 现金预算表

单位:元

项目	4月	5月	6月
期初现金余额	7 000		
经营现金收入			
直接材料采购支出			
直接工资支出	2 000	3 500	2 800
制造费用支出			
其他付现费用	800	900	750
预交所得税			8 000
购置固定资产			
现金余缺			
向银行借款			
归还银行借款			

续表

支付借款利息			
期末现金余额			

7. ABC 公司是一家零售业上市公司，请协助该公司完成 2022 年盈利预测工作。2021 年度利润表和 2021 年 12 月 31 日资产负债表分别见表 3-31、表 3-32。

表 3-31　2021 年度利润表

单位：万元

项目	金额
销售收入	1 260
销货成本(80%)	1 008
毛利	252
经营和管理费用	0
变动费用(付现)	63
固定费用(付现)	63
折旧	26
营业利润	100
利息支出	10
利润总额	90
所得税	27
税后利润	63

表 3-32　2021 年 12 月 31 日资产负债表

单位：万元

资产	金额	负债及所有者权益	金额
货币资金	14	短期借款	200
应收账款	144	应付账款	246
存货	280	股本(500 万股，面值 1 元)	500
固定资产原值	760		
减：折旧	80	保留盈余	172
固定资产净值	680		
资产总额	1 118	负债及所有者权益合计	1 118

其他财务信息如下：

(1) 下一年度销售收入预计为 1 512 万元。

(2) 预计毛利率上升 5 个百分点。

(3) 预计经营和管理费与变动部分及销售收入的百分比不变。

(4) 预计经营和管理费的固定部分增加 20 万元。

(5) 购置固定资产支出 220 万元，并因此使公司折旧额达到 30 万元。

(6) 应收账款周转率(按年末余额计算)预计不变，上年应收账款均可在下年收回。

(7) 年末应付账款余额与当年进货金额的比率不变。

(8) 期末存货金额不变。

(9) 现金短缺时用短期借款补充，借款的平均利息率不变，借款必须是 5 万元的倍数，假设新增借款需年初借入，所有借款全年计算，年末不归还，年末现金余额不少于 10 万元。

(10) 预计所得税 30 万元。

(11) 假设年度内现金流动是均衡的，无季节性变化。

要求：

(1) 确定下年度现金流入、现金流出和新增借款数额。

(2) 预测下一年度税后利润。

(3) 预测下年度每股盈利。

六、案例分析题

章源钨业的实际增长与可持续增长案例

章源钨业是一家集钨的采选、冶炼、制粉与硬质合金生产和深加工、贸易为一体的集团型企业。公司主要从事以钨为原料的钨精矿、仲钨酸铵、氧化钨、钨粉、碳化钨粉、热喷涂粉、硬质合金的生产及销售。目前公司拥有 5 座采矿权矿山、6 个探矿权矿区、4 个钨冶炼及精深加工厂、4 家全资子公司、1 家控股子公司及 2 家参股公司，建立了从钨上游采矿、选矿，中游冶炼至下游精深加工的完整一体化生产体系，是国内钨行业产业链完整的厂商之一。下面是该公司近四年的数据(详见表 3-33 ～ 表 3-35)。

表 3-33 章源钨业 2018—2021 年合并资产负债表

单位：万元

项目	2018 年	2019 年	2020 年	2021 年
流动资产：				
货币资金	57 923.88	38 470.43	53 988.56	73 034.84
以公允价值计量且其变动计入当期损益的金融资产		2 355.72		
应收票据	13 210.11			69.59
应收账款	25 590.70	20 203.94	15 601.44	17 613.21
应收款项融资:		31 399.27	15 117.20	31 338.11
预付款项	2 210.94	1 693.14	2 216.69	2 580.76
其他应收款	400.64	407.94	390.29	526.94
存货	106 313.50	81 207.35	86 161.45	116 676.05

续表

项目	2018 年	2019 年	2020 年	2021 年
其他流动资产	3 310.91	4 243.84	2 576.36	1 528.64
流动资产合计	208 960.68	179 981.63	176 051.99	243 368.14
非流动资产：				
可供出售金融资产	461.76			
长期股权投资	8 840.82	8 601.48	9 576.18	9 895.84
其他权益工具投资:		381.91	381.79	381.79
投资性房地产	79.30	69.36		1 158.64
固定资产	122 956.35	128 973.50	124 727.83	113 917.24
在建工程	11 907.83	5 062.58	3 754.73	13 644.81
使用权资产:				222.91
无形资产	17 137.63	16 409.30	50 767.56	47 167.58
开发支出	1 260.90	1 311.19	1 276.28	1 602.78
商誉	2 021.10	283.30	283.30	283.30
长期待摊费用	3 192.07	3 282.19	3 023.29	3 435.87
递延所得税资产	610.13	1 180.44	1 229.57	1 310.04
其他非流动资产	23 051.22	23 345.14	19 358.20	21 068.73
非流动资产合计	191 519.11	188 900.39	214 378.73	214 089.53
资产总计	400 479.79	368 882.02	390 430.72	457 457.67
流动负债：				
短期借款	112 683.89	95 502.42	71 568.59	85 262.06
应付票据	12 664.20	25 786.94	33 328.66	65 141.80
应付账款	14 468.75	8 413.76	26 083.31	20 649.58
预收款项	373.29	598.26		
合同负债:			1 331.34	2 929.21
应付职工薪酬	5 378.86	5 547.36	6 602.36	7 643.66
应交税费	3 486.89	482.73	535.38	2 065.74
应付利息	162.79			
其他应付款	4 649.44	1 098.07	2 573.55	1 864.84
一年内到期的非流动负债	32.36	104.95	9 552.99	28 157.09
其他流动负债			173.07	266.24

续表

项目	2018 年	2019 年	2020 年	2021 年
流动负债合计	153 900.47	137 534.49	151 749.25	213 980.22
非流动负债:				
长期借款	708.69	43 743.07	30 136.33	2 467.36
租赁负债:				61.28
长期应付款	36 359.89	8 170.02	30 143.80	13 624.08
预计负债		8.54	120.73	234.16
递延收益		9 854.78	8 935.87	13 819.92
递延所得税负债	220.95	431.91	162.01	385.80
非流动负债合计	46 520.64	62 208.32	69 498.74	55 592.60
负债合计	20 0421.11	199 742.81	221 247.99	269 572.82
所有者权益(或股东权益):				
实收资本(或股本)	92 416.74	92 416.74	92 416.74	92 416.74
资本公积	57 651.43	57 657.91	57 851.70	58 388.00
减:库存股			3 990.92	2 079.49
其他综合收益		75.89	84.95	53.15
盈余公积	19 749.21	19 749.21	21 001.34	22 692.92
未分配利润	28 641.68	-2 015.87	449.59	15 255.68
专项储备	655.34	596.78	727.42	719.55
归属母公司股东权益合计	199 250.85	168 480.66	168 540.82	187 446.55
少数股东权益	807.84	658.55	641.91	438.30
所有者权益(或股东权益)合计	200 058.68	169 139.21	169 182.73	187 884.85
负债和所有者权益(或股东权益)总计	400 479.79	368 882.02	390 430.72	457 457.67

表 3-34 章源钨业 2018—2021 年合并利润表

单位：万元

项目	2018 年	2019 年	2020 年	2021 年
一、营业总收入	186 925.60	182 779.97	193 122.52	266 443.23
其中：营业收入	186 925.60	182 779.97	193 122.52	266 443.23

续表

项目	2018 年	2019 年	2020 年	2021 年
二、营业总成本	179 037.56	202 387.22	192 773.72	254 118.72
其中：营业成本	152 797.00	170 468.73	166 226.93	226 202.51
税金及附加	1 266.68	1 476.21	913.32	1 015.13
销售费用	3 201.86	4 300.06	2 833.86	3 261.06
管理费用	9 879.12	12 204.44	10 219.55	12 125.05
研发费用	4 402.53	5 070.66	3 896.81	3 747.23
财务费用	7 490.36	8 867.12	8 683.24	7 767.74
加：其他收益	2 904.80	5 794.00	6 472.85	4 168.96
投资收益（损失以“—”号填列）	1 045.79	366.20	－4.58	1 060.53
公允价值变动收益（损失以“—”号填列）		355.72	－355.72	
信用减值损失（损失以“—”号填列）		－1 454.25	－35.94	－397.54
资产减值损失（损失以“—”号填列）	－3 932.76	－14 407.21	－2 086.92	2 058.79
资产处置收益（损失以“—”号填列）	－246.15	－321.20	40.88	－27.58
三、营业利润	7 659.72	－29 273.99	4 379.37	19 187.67
加：营业外收入	55.43	29.90	196.09	99.69
减：营业外支出	72.16	559.77	938.77	930.22
四、利润总额（亏损总额以“—”号填列）	7 642.99	－29 803.86	3 636.69	18 357.14
减：所得税费用	2 842.21	－383.07	－117.58	2 004.77
五、净利润（净亏损以“—”号填列）	4 800.78	－29 420.79	3 754.27	16 352.37
归属于母公司所有者的净利润	4 628.29	－28 842.09	3 717.59	16 500.08
少数股东损益	172.49	－578.70	36.68	－147.71
六、每股收益：				
（一）基本每股收益	0.05	－0.31	0.04	0.18
（二）稀释每股收益	0.05	－0.31	0.04	0.18

表 3-35　章源钨业 2018—2021 年所有者权益变动表（部分）

单位：万元

项目	2018 年	2019 年	2020 年	2021 年
调整前上期末未分配利润	27 649.76	28 641.68	−2 015.87	449.59
调整后期初未分配利润	27 649.76	28 641.68	−2 015.87	447.18
加：本期归属于母公司所有者的净利润	4 628.29	−28 842.09	3 717.59	16 500.08
其他		32.88		
减：提取法定盈余公积	1 788.03		1 252.13	1 691.58
应付普通股股利	1 848.34			
转作股本的普通股股利				
其他		1 848.34		
期末未分配利润	28 641.68	−2 015.87	449.59	15 255.68

章源钨业 2018—2021 年二级市场股票价格行情：2018 年 1 月 2 日开盘价 10.15 元，2018 年 12 月 28 日收盘价 4.72 元；2019 年 1 月 2 日开盘价 4.74 元，2019 年 12 月 31 日收盘价 5.28 元；2020 年 1 月 2 日开盘价 5.3 元，2020 年 12 月 31 日收盘价 5.80 元；2021 年 1 月 4 日开盘价 5.75 元，2021 年 12 月 31 日收盘价 8.32 元。

其他资料：题目中的所有指标都采用期末数值计算。

要求：

(1) 根据资料信息，计算该公司各年的实际增长速度，结合行业特征，分析该公司的增长速度对该公司盈利及风险的影响。

(2) 根据资料信息，计算该公司各年的可持续增长率，结合公司的盈利、偿债、运营能力的分析，思考为什么公司各年实际增长率与可持续增长率存在差异。

(3) 结合案例，分析高于公司可持续增长率的超常高速增长如何实现？为什么说这种超常高速增长无法长远持续？

(4) 在当前经济新常态的环境下，公司应该如何设定其增长速度，安全地发展？

扫一扫，看答案

第四章 筹资管理

1. 了解企业资金筹集的主要方式及其原理。
2. 了解普通股股东的权利。
3. 了解股票发行的规定与条件。
4. 了解股票上市的利弊与条件。
5. 了解股票退市与风险警示。
6. 了解企业取得长期借款的条件和有关保护性条款。
7. 了解债券发行价格的计算。
8. 了解融资租赁与经营租赁的区别。
9. 了解短期负债筹资的主要形式及各种筹资方式的优缺点等。
10. 重点理解和掌握企业如何利用现金折扣的决策以及如何确定营运资金的持有政策和筹集政策。

第一节 企业筹资概述

企业筹集资金是指企业根据其生产经营、对外投资和调整资本结构的需要，通过筹资渠道，选择适当的筹资方式，向外部有关单位和个人，以及从企业内部筹措和集中生产经营所需资金的财务活动。筹集资金是企业资金运动的起点，是企业的一项基本财务活动，同时也是财务管理的一项重要内容。

一、企业筹资的动机

企业筹资的基本动机是为了企业自身的正常生产经营与发展。但在不同时期或不同阶段，由于其具体的财务目标不同，企业为实现其财务目标而进行的筹资动机也不尽相同。主要可概括为以下几类。

（一）创建新的企业

资金是企业设立的前提条件，根据我国有关法规的规定，设立企业必须拥有法定的、不

得低于规定限额的资本金，否则国家市场监督管理部门不允许企业设立登记。企业在建立时，要根据生产经营规模核定固定资金需要量和流动资金需要量，同时筹措相应数额的资金。资本金是企业设立时筹集资金最主要的方式，资本金不足部分可以通过债务筹资的方式获得。资本金为企业在市场监督管理部门登记的注册资本。

（二）扩张经营规模

企业必须通过不断扩大生产经营规模或增加对外投资等途径发展壮大，才能求得长期生存，这就需要资金的不断投入。一方面，企业需要不断扩大生产经营规模、更新设备和改进技术，合理调整生产结构，大力提高产品的数量和质量，积极开发新产品，从而增加销量和扩大收入，这些都是以资金的不断投放作为保证的；另一方面，扩大对外投资规模，开拓有发展前途的对外投资领域，从而获得更高的投资收益，同样需要以资金的不断投放来保证。

（三）偿还到期债务

企业为了获得财务杠杆收益，解决自有资金的不足，会进行举债经营。而为了偿还到期债务进行的筹资一般有两个原因：一是因企业财务状况恶化，当已有债务到期时，不得已只能重新筹资，即财务恶化性偿债筹资；二是虽然企业有能力偿还债务，但如果直接用企业自有资金偿还，就会改变原有的资本结构，因此继续以负债筹资的方式偿还，使原有的资本结构不会发生变化，即资本结构性偿债筹资。

（四）调整资本结构

资本结构是指企业各种资本的构成及其比例关系。当企业的资本结构不合理时，企业可以通过采用不同的筹资方式筹集资金，人为地调整资本结构，使其资本结构趋于合理。例如，当企业发现其负债率偏高时，可发行股票筹集一部分资金偿还债务；当权益资本比重过大时，可以适当举债，从而使资本结构达到企业所期望的目标。

二、企业筹资的原则

企业筹资是一项重要而复杂的工作。为了有效地筹集企业所需资金，在遵守国家有关法规和维护各方合法权益的前提下，还必须遵循以下基本原则。

（一）合理确定筹资规模

筹资规模即为企业筹集资金的总额。企业财务人员要认真分析企业生产、经营状况，采用科学的方法，预测不同时期的资金需要量，合理确定筹资规模。因为资金筹集不足会影响生产经营的正常进行和贻误投资良机，也会因再筹资而增加费用支出；资金筹集过多，会造成资金闲置浪费，影响资金使用效果，增加不必要的筹资费用支出。

（二）恰当安排筹资时间

企业财务人员在筹集资金时，必须熟知资金时间价值的原理和计算方法，以便根据资金需求的具体情况，制订筹资计划，恰当安排资金的筹集时间，适时获取所需资金，使资金的筹集和运用在时间上互相衔接。这样既能避免过早筹集资金，造成资金投放前的闲置浪费，又能防止滞后筹资而错过资金投放的最佳时机，从而提高资金使用效果。

（三）选择最佳筹资方式

资金的来源渠道和资本市场为企业提供了资金的源泉和筹资场所，反映了资金的分布状况和供求关系，决定着筹资的难易程度。不同来源的资金，其筹资风险和成本也不相同。因此，企业应认真研究资金来源渠道和资本市场，合理确定筹资方式，以降低资金成本。

（四）保持最佳资本结构

在确定筹资数量、筹资时间、资金来源的基础上，企业在筹资时还必须认真研究各种筹资方式的风险和效益。企业筹集资金必然要付出一定的代价，并且存在一定的风险。不同筹资方式下的资金成本有高有低，风险有大有小，企业应保持最佳资本结构，使综合资金成本达到最低。因此，企业需要对各种筹资方式进行分析、对比，选择经济可行、风险适度的筹资方式，确定合理的资本结构。既要通过负债经营获取较高效益，又要通过各种途径加强筹资风险控制，确保财务安全和稳定，达到风险与效益的统一。

三、企业筹资的类型

企业筹集的资本由于其具体的属性、期限、范围和机制的不同形成不同的类型。不同类型资本的结合，就构成具体不同的筹资组合。认识和了解筹资类型有利于帮助企业掌握不同种类的筹资对企业筹资成本与筹资风险的影响，进而有利于做出正确的筹资组合决策。企业筹资从不同的角度，主要有以下四种分类方式。

（一）按筹集资金的权益性质划分

1. 权益性筹资

权益性筹资所筹资金为权益资本。权益资本由企业成立时各种投资者投入的资金以及企业在生产经营过程中形成的资本公积、盈余公积和未分配利润组成。权益资本的筹资方式主要包括吸收直接投资、发行股票和内部积累等。由于权益资本在企业存续期间不需要偿还，属于企业永久性资本金，因而又称为企业的自有资金、股权资本或主权资金。投资者将资金投入企业是期望获得较高的投资收益，加上投资人的利润分配是在企业支付各种税费之后对企业净利润的分配，所以，股权资本对于企业来讲，具有财务风险小、筹资成本相对较高的特点。

2. 债务性筹资

债务性筹资所筹资金为企业负债。负债是企业所承担的能以货币计量、需以资产或劳务偿付的债务。企业通过发行债券、向银行借款、融资租赁等方式筹集的资金属于企业的负债。对于债务资金，企业负有到期要归还本金和利息的法定责任，同时，其有固定的债务利息且需要在所得税税前支付，因此，债务资金对于企业来讲具有财务风险大、筹资成本较低的特点。

负债资本与股权资本的主要差异见表 4-1。

表 4-1 负债资本与股权资本的差异

负债资本	股权资本
固定索取权	剩余索取权
可抵免税收	不可抵免税收
在财务困难或破产时具有优先清偿权	在财务困难或破产时只有最后清偿权
固定期限	无期限性
无管理控制权	有管理控制权
债权债务关系	所有者具有经营权和分享权
主要表现为银行借款、公司债券、商业票据等	主要表现为所有者股权、风险资本、普通股、认股权等

在财务上，将股权资本和负债资本的组合称为财务结构或资本结构。

（二）按筹集资金的使用期限划分

1. 短期筹资

短期筹资是为企业筹集短期资金的筹资方式。短期资金一般是指使用期限在一年以内的资金，它是由企业在生产经营过程中短期性的资金周转需要而引起的。短期资金主要用于满足现金、应收账款、存货等流动资产的资金需要，一般通过商业信用和银行短期借款以及发行融资券等方式来筹集。

2. 长期筹资

长期筹资是为企业筹集长期资金的筹资方式。长期资金一般是指使用期限在一年以上的资金，又称为资本。长期资金按权益性质分为权益资本和债务资本两种。长期资金主要投资于新产品的开发和推广、生产规模的扩大、厂房和设备的更新等，一般需几年甚至十几年才能收回。长期筹资方式主要有吸收直接投资、发行股票、发行公司债券、取得长期借款、融资租赁和利用留存收益等。

（三）按筹集资金的取得方式划分

1. 内部筹资

内部筹资是指资金直接来源于企业内部，又称为内源性筹资。内部筹资主要是通过计提折旧和留存收益而形成的资金，一般不会发生筹资费用。从多数企业筹资实践上看，内部筹资是企业筹资的首选。只有当企业内部筹资不能满足经营需要时，方可进行外部筹资。

2. 外部筹资

外部筹资是指资金来源于企业外部，又称为外源性筹资。外部筹资是企业资金最主要的来源形式。企业通过发行股票、发行债券、银行借款等方式获得所需资金。

（四）按筹集资金是否以金融机构为媒介划分

1. 直接筹资

直接筹资是指不通过银行等金融机构，直接向资金供应者借入或通过发行股票、债券等方式筹集资金。直接筹资以各种证券为载体,可利用多种筹资渠道和筹资方式,广泛吸收社会资金,筹资的数额一般较多。但直接筹资的手续较为烦琐,筹资效率较低,筹资费用较高。

2. 间接筹资

间接筹资是指借助于银行等金融机构筹集资金。其主要形式有银行借款、非银行金融机构借款、融资租赁等。间接筹资的手续较为简便,筹资效率较高,筹资费用较低。但间接筹资的渠道和筹资方式比较单一,筹资范围较窄,筹资的数额有限。间接筹资是目前我国企业最为重要的筹资方式。从社会交易成本角度看,间接筹资被证明是相对节约的筹资方式。

四、企业筹资渠道和方式

企业筹资活动需要通过一定的渠道并采用一定的方式来完成。

(一)筹资渠道

筹资渠道是指筹集资金来源的方向和通道。认识各种资金来源渠道的性质,有利于提高融资效果和降低资金成本。我国企业目前的筹资渠道主要有以下几种。

1. 国家财政资金

国家财政资金是国有企业资金的主要来源。现有国有企业的资产大部分是过去国家以财政拨款的方式投资形成的。随着我国经济体制改革的深化,越来越多的国有企业被推向市场,但对于一些重点行业、基础性产业等影响国民经济长远发展的国有企业来说,国家财政资金仍然是其筹资的主要来源。

2. 银行信贷资金

银行信贷资金是银行以居民、企事业单位储蓄为资金来源向企业发放的各种贷款。银行信贷资金来源稳定,贷款方式灵活,能适应各种企业的资金需要,是企业的重要筹资渠道。银行信贷资金分为商业性银行贷款和政策性银行贷款。商业性银行贷款是指由商业银行提供的、以营利为目的的信贷资金。政策性银行贷款是指经国家有关部门批准的、由国家政策性银行提供的,属于国家重点扶持项目的信贷资金。一般情况下,商业性银行贷款利率高于政策性银行贷款利率。

3. 非银行金融机构资金

非银行金融机构是指除商业性银行、政策性银行以外的,从事信贷以及其他金融业务的金融机构,如保险公司、信托投资公司、证券公司、租赁公司、企业集团所属财务公司等。它们可以直接为企业提供资金或为企业筹资提供服务。非银行金融机构资金供应灵活,且服务形式多样,在我国有广阔的发展前景。

4. 其他企业资金

企业在生产经营过程中会形成部分暂时闲置的资金,这部分资金可以委托金融机构在企业间调剂使用,形成委托信贷资金。企业间通过商业信用形成的应收、应付款项,属于结算过程中的信贷资金。企业间相互投资的委托信贷资金和商业信用中形成的结算信贷资金的存在,使其他企业资金成为企业资金的重要来源渠道之一。

5. 居民个人资金

企业为了获得资金可能采用发行股票、债券的形式进行筹资。企业发行股票、债券等方

式筹资的对象是企事业单位、社会集团和社会公众。当居民个人以社会公众身份购入企业股票或企业债券时，居民个人资金成为企业资金的重要来源渠道之一。

6. 企业自留资金

企业自留资金又称为企业内部资金来源，主要包括企业在经营过程中形成的留存收益和计提固定资产折旧形成的折旧基金。留存收益是企业经营过程中形成的利润扣除应缴所得税和股利之后，留存在企业的盈余公积金和未分配利润，属于企业自我资金积累；折旧基金是根据固定资产的损耗程度，采用一定的计算方法计算的应计折旧额，以折旧费用的形式计入各期成本或费用，在当期销售收入中得到补偿的那部分资金，属于企业的现金沉淀，是用来对固定资产进行更新改造的准备金。留存收益和折旧基金形成企业重要的资金来源渠道。

7. 外商资金

外商资金又称为境外资金，是指由境外人士和组织向我国企业投入的资金，是外商投资企业的重要资金来源。我国自实行对外开放政策以来，外商向我国投资的规模逐步扩大。吸收外商直接投资是我国利用外资的传统方式。我国引入外资的新途径之一为“合格的境外机构投资者”(Qualified Foreign Institutional Investor，QFII) 制度。QFII 制度是指外国专业投资机构到境内投资的资格认定制度，是允许合格的境外机构投资者在一定的规定和限制下汇入一定额度的外汇资金，并转换为当地货币，通过严格监管的专门账户投资当地证券市场，其资本利得、股息等经批准后可转为外汇汇出的一种市场开放模式。从 2002 年 12 月 1 日起，我国正式开始实施《合格境外机构投资者境内证券投资管理暂行办法》(已废止)，这标志着我国引进和利用外资的历程翻开了新的篇章。作为一种过渡性制度安排，QFII 制度是在资本项目尚未完全开放的国家和地区，实现有序、稳妥、有限度开放证券市场的特殊通道。通过引进 QFII 制度，吸引境外合格的机构投资者参与到我国的证券市场，有助于进一步壮大我国证券市场的机构投资者队伍；有助于我国投资者借鉴国外成熟的投资理念，促进资源的有效配置；还有助于促进我国上市公司改善公司治理结构，加速向现代企业制度靠拢。2023 年 8 月 13 日，国务院印发的《国务院关于进一步优化外商投资环境 加大吸引外商投资力度的意见》，为外国投资者营造更加优化的投资环境，提振外商投资信心，也进一步的推进高水平对外开放、构建开放型经济新体制。

（二）筹资方式

筹资方式是指企业筹集资金所采用的具体形式或手段。正确认识筹资方式及其特点，有利于选择合适的筹资方式，实现最佳筹资组合，从而降低资金使用成本。我国企业常用的筹资方式包括以下几种。

1. 吸收直接投资

吸收直接投资是指企业根据协议等形式吸收国家、其他企业或者个人直接投入资金而形成的一种筹资方式。出资人即为企业的所有者，具有所有者应享有的权利和义务。直接吸收投资取得的资金属于企业的股权资本，企业具有永久的使用权，会计上记为企业的“实收资本”，在资产负债表上列为所有者权益，属于企业的永久性资金。

2. 发行股票

股票是股份有限公司签发的证明股东拥有股份的书面凭证，股份有限公司可以通过发行股票成为上市公司，直接从资本市场上融资。股票的购买者即为公司的股东，具有股东的权利和义务。股东可以是国家、法人、个人或外商，所以股份公司的股票一般分为国家股、法人股、个人股和外商股。公司发行股票取得的资金属于企业的股权资本，会计账户上记为"股本"和"资本公积"，在资产负债表上列为所有者权益，属于企业的永久性资金。

3. 金融机构贷款

金融机构贷款是企业从银行或非银行金融机构取得的借款，金融机构属于债权人，企业属于债务人。企业取得的金融机构借款属于企业的债务资金，需按规定的时间偿还本金和利息。

4. 商业信用

商业信用是指商品交易中延期付款和延期交货而形成的借贷关系，是企业间由于商品交易而形成的结算信贷资金。由于商业信用资金是由交易结算中自然形成的资金来源，所以，也称为"自发性负债"。

5. 发行公司债券

公司债券是指企业向社会公众筹集资金而向出资者出具的债务凭证。凭证持有者凭借该凭证以约定的方式和时间要求发行者偿还本金和支付利息。企业通过发行债券或可转换债券从资本市场上筹集的资金一般属于长期债务资金的来源方式。

6. 融资租赁

租赁是出租人以收取租金为条件，在合同规定的期限内，将资产租借给承租人使用的一种经济行为。租赁包括经营租赁和融资租赁两种。经营租赁属于短期营业性租赁，不属于融资性质。融资租赁是指由出租人（租赁公司）按照承租人（承租企业）的要求出资购买设备，并在契约或合同规定的较长时间（设备寿命期大部分时间）内提供给承租人使用的借贷业务。融资租赁直接涉及的是物，不是钱，但其实质具有资金借贷性质，是现代企业筹集债务资金的一种特殊方式。

7. 利用留存收益

留存收益是指企业按规定从税后利润中提取的盈余公积金和根据投资人意愿及企业具体情况留存的应分配给投资者的未分配利润。企业通过内部积累的方式筹集资金，手续简便易行，既有利于满足企业扩大生产经营规模的资金需要，又能够减少企业的财务风险。内部积累是各企业长期采用的筹资方式。

8. 其他筹资方式

随着金融市场的发展，出现了更多的筹资方式，如认股权证筹资、可转换债券筹资等，既便于企业筹资，又能满足企业的需要。

（三）筹资渠道与筹资方式的对应关系

筹资渠道说明资金从哪里来，解决资金来源的方向问题；筹资方式说明资金怎样来，解决筹资的手段和资金的性质问题。筹资渠道和筹资方式存在着内在的对应关系，一定的筹资方式筹集某一特定属性的资金，但不一定来自同一筹资渠道；同理，同一渠道的资金也可以通过不同筹资方式取得，形成企业不同性质的资金。筹资渠道与筹资方式对应关系见表 4-2。

表 4-2 筹资渠道与筹资方式对应关系表

渠道	方式						
	吸收直接投资	发行股票	利用留存收益	向银行借款	发行公司债券	利用商业信用	融资租赁
国家财政资金	√	√					
银行信贷资金				√			
非银行金融机构资金	√	√		√	√		√
其他企业资金	√	√			√	√	√
居民个人资金	√	√			√		
企业自留资金			√				
境外资金	√	√			√	√	√

第二节 普通股筹资

股票是股份公司为筹集股权资本而发行的，表示其股东按其持有的股份享有权益和承担义务的可转让的书面凭证。股票持有人即为公司股东。股东作为出资人按投入公司的资本额享有资产收益、公司重大决策和选择管理者等权利，并以其所持股份为限对公司承担责任。股票筹资是股份公司筹集资本的主要方法，其中发行普通股是股份有限公司筹集权益资本最常见的方式。

一、股票的定义

股票(stock)是一种有价证券，它是股份有限公司公开发行的、用以证明投资者的股东身份和权益、并据以获得股息或红利的凭证。它代表了股东对股份公司的所有权。股票一经发行，持有者即为发行股票公司的股东，有权参与公司的决策、分享公司的利益；同时也要承担公司的责任和分担经营风险。

二、股票的性质

股票以法律形式确定了股份有限公司的自有资本以及公司与股东之间的经济关系，具有特定的法律意义。股票持有者凭股票从股份公司取得的收入是股息和红利。股票只是代表股份资本所有权的证书，也是股东借以取得收益的一种有价证券。它本身并没有任何价值，不是真实的资本，而是一种独立于现实资本之外的虚拟资本。股票发行后，企业并不需要偿还本金，股利的支付根据企业的利润状况和企业发展的需求确定。股票可以依法进行买卖、转让和作为向银行申请贷款的抵押品，但股票持有者一般不能退股。

股票具有以下几种性质。

1. 法定性

股票是经过国家主管部门核准发行的，具有法定性。股票的法律性质表现为股票是反映财产权的有价证券;股票是证明股东权益的法律凭证;股票是投资行为的法律凭证。

2. 收益性

投资者凭所持有的股票,有权按公司章程从公司领取股息和分享公司的经营红利,股票持有者还可以利用股票获取差价和保值。

3. 风险性

认购股票必须承担一定的风险,因为股票的盈利要随着股份公司的经营状况和盈利水平上下浮动,并且受到股票交易市场的行情影响。

4. 参与性

股东有权出席股东大会,选举公司的董事会,参与公司的经营决策,其权利的大小取决于自身持有的股票份额的多少。

5. 无期限性

股票没有固定期限,除非公司终止,否则将一直存在。

6. 可转让性

股票是流通性很高的证券,可以在股票市场上自由流通,依法定的方式在法定的场所进行交易。

7. 价格波动性

股票价格的波动性是指股票在证券市场上交易,价格受供求关系影响而发生的变动,通常价格与股票票面价值不一致。

三、股票的分类

股份有限公司为了满足自身经营的需要,根据投资者的投资心理发行各种股票,这些股票所代表的股东地位和股东权利各不相同,按照不同的标准产生不同的分类。

(一) 按股东的权利和义务划分

股票按股东的权利和义务划分为普通股股票和优先股股票。普通股是指股份公司依法发行的,在经营管理、盈利及财产分配上享有普通权利的股份。它是股票的一种基本形式,也是发行量最大、最为重要的股票形式。我国股份公司通常只发行普通股股票。依照我国《公司法》的规定,普通股股东主要有如下权利。

(1) 出席或委托代理人出席股东大会,并依据公司章程规定行使表决权。这是普通股股东参与公司经营管理的基本方式。

(2) 股份转让权。股东持有的股份可以自由转让,但必须符合《公司法》、其他法规和公司章程规定的条件和程序。

(3) 股利分配请求权。分享盈余也是普通股股东的一项基本权利。盈余的分配方案由股东大会决定,每一个会计年度由董事会根据企业的盈利数额和财务状况决定分发股利的多少,并经股东大会批准通过。

(4) 对公司账目和股东大会决议的审查权和对公司事务的质询权。

(5) 分配公司剩余财产的权利。当公司解散清算时,普通股股东有分配公司剩余财产的权利。但是,当公司破产清算时,财产的变价收入首先要用来清偿债务然后支付给优先股股

东，最后才能分配给普通股股东。所以，在破产清算时，普通股股东实际上很少能分到剩余财产。

(6) 公司章程规定的其他权利。同时，普通股股东也基于其资格，对公司负有义务。我国《公司法》中规定了股东具有遵守公司章程、缴纳股款、对公司负有有限责任、不得退股等义务。

优先股是相对于普通股而言的，主要指在利润分红及剩余财产分配的权利方面优先于普通股的股票。这种优先权主要包括两个方面：一是股息分配权优先，不论企业经营业绩如何，优先股股东通常享有固定的股息；二是公司破产清算时，优先股股东对剩余财产的分配权优先于普通股股东。但是该种股票股东的某些权益与普通股股东相比要受到一定的限制（比如通常没有投票权）。

（二）按股票是否记名划分

股票根据是否记载股东姓名划分为记名股票和不记名股票。记名股票，是指在股票上记载股东的姓名，如果转让必须经公司办理过户手续；不记名股票，是指在股票上不记载股东的姓名，如果转让，则仅需通过交付而生效。

（三）按股票是否有面值划分

股票根据是否记明每股金额划分为有面值股票和无面值股票。票面上记载每股金额的股票为有面值股票；无面值股票是票面无金额记载的股票，这类股票只是记明股票和公司的资本总额，或每股占公司资本总额的比例。由于股票并不需要还本，一般的股票也没有固定的股利支付约束，因此对于普通股股东而言，有意义的是股东所占权益的份额，而不是票面所显示的价值，即使是有面值股票通常也仅仅代表的是资本份额。

（四）按股票上表示的份数划分

股票根据股票上表示的份数划分为单一股票和复数股票。单一股票是指每张股票表示一股；复数股票是指每张股票表示数股。

（五）按投资主体划分

股票按投资主体可划分为国家股、法人股、个人股和外资股。

国家股是指有权代表国家投资的政府部门或机构以国有资产投入公司所形成的股份。国家股的股权所有者是国家，由国有资产管理机构或其授权单位行使国有资产的所有权职能。国家股股权也包含国有企业向股份有限公司形式改制变更时，现有国有资产折成的股份。

法人股是指企业法人或具有法人资格的事业单位和社会团体，以其依法可经营的资产向公司投资所形成的股份。根据认购对象的不同，法人股可进一步细分为境内发起法人股、外资法人股和募集法人股三类。在股权分置改革之前，法人股与国家股都是不能上市交易的“非流通股”。但股权分置改革之后，这部分“非流通股”会陆续变成可以在二级市场自由交易的流通股。

个人股是指以个人合法财产向公司投资形成的股份。在中国有两种：一种是股份制企业内部职工认购本企业的股份，称为“职工股”；另一种是股份制企业向社会公众招募的个人股，这种个人股又称为“私人股”。

外资股是指股份公司向国外和我国香港、澳门、台湾地区投资者发行的股票。它是我国股份公司吸收外资的一种方式。外资股根据上市地域的不同可以分为境内上市外资股和境外上市外资股。

（六）根据发行对象和上市地点划分

股票根据发行对象和上市地点可划分为 A 股、B 股、H 股、N 股和 S 股等。

A 股的正式名称为“人民币普通股票”。它是由我国境内的公司发行，供境内机构、组织或个人（不含港、澳、台投资者）以人民币认购和交易的普通股股票。A 股不是实物股票，以无纸化电子记账，实行“T＋1”交割制度，有涨跌幅（科创板和创业板 20％，一般股票 10％，ST 类股票 5％）限制，参与投资者为中国大陆机构或个人。

B 股是指用人民币标值但只能用外币交易且在中国境内上市针对外国人或者我国港澳台地区投资人的股票。经国务院批准，中国证监会允许境内居民以合法持有的外汇开立 B 股账户，交易 B 股股票。自从 B 股市场对境内投资者开放之后（2001 年 2 月起开放），境内投资者逐渐取代境外投资者成为投资主体，B 股产生了由“外资股”演变为“内资股”的趋向。

H 股是指注册地在内地、上市地在香港的外资股。H 股为实物股票，实行“T＋0”交割制度，无涨跌幅限制。中国地区机构投资者可以投资于 H 股，大陆地区个人目前尚不能直接投资于 H 股。以此类推，N 股是指在中国大陆注册、在纽约上市的外资股。S 股是指在中国大陆注册、在新加坡上市的外资股。

四、股票的发行与上市

股票的发行是指股份有限公司出售股票以筹集资本的过程。世界上最早的股份有限公司诞生于 1602 年，即在荷兰成立的东印度公司。伴随着股份公司的诞生和发展，以股票形式集资入股的方式也得到发展，并且产生了买卖交易转让股票的需求。早在 1611 年就曾有一些商人在荷兰的阿姆斯特丹进行荷兰东印度公司的股票买卖交易，形成了世界上第一个股票市场，即股票交易所。我国《公司法》明确规定只有股份有限公司才能发行股票，而有限责任公司不能发行股票。股份有限公司发行股票必须符合一定的条件，还要经过一定的程序。同时，在股票发行工作开始前，还要确定股票的发行价格，选择一定的发行方式。2019 年修订后的《中华人民共和国证券法》（以下简称证券法）对股票发行问题做了重大修改。《证券法》对公开发行及公开发行的条件做出明确规定。《证券法》第九条指出，公开发行证券，必须符合法律、行政法规规定的条件，并依法报经国务院证券监督管理机构或者国务院授权的部门注册。未经依法注册，任何单位和个人不得公开发行证券。

（一）股票发行的目的

公司发行股票的总目的是为了筹措资本，具体包括以下几个方面。

（1）为组建新公司而发行股票。组建新的公司或者是并购其他公司，首先需要的就是资金，因此，为了筹措资本，公司发行股票。

（2）为扩大经营而发行股票。企业在经营过程中需要不断扩大生产经营规模或增加对外投资来发展壮大，这就需要资金的不断投入，为筹集资金，因而发行股票。

（3）为改善资本结构而发行股票。公司为了筹集资金可能会大量举债，致使公司的资产负债率过高，因此，为了改善资本机构，公司需要发行股票筹集资金来偿还债务，降低资产负

债率。

(4) 为将可转换的公司债券转化为股份而发行股票。公司为了将可转换债券转化为股份,需要筹集资金,因而发行股票。

(5) 为支付股利或无偿配股而发行股票。通过发行股票筹集公司支付股利或无偿配股所需要的资金。

(二) 股票发行的规定与条件

按照我国《公司法》《证券法》《上市公司证券发行管理办法》的有关规定,股份有限公司发行股票,应符合以下规定与条件。

(1) 股份有限公司的资本划分为股份,每一股的金额相等。

(2) 公司的股份采取股票的形式。股票是公司签发的证明股东所持股份的凭证。

(3) 股份的发行,实行公平、公正的原则,同种类的每一股份应当具有同等权利。

(4) 同次发行的同种类股票,每股的发行条件和价格应当相同;任何单位或者个人所认购的股份,每股应当支付相同价额。

(5) 股票发行价格可以按票面金额确定,也可以按超过票面金额的价格确定,但不得低于票面金额。

(6) 股票应当载明:公司名称、公司成立日期、股票种类、票面金额及代表的股份数、股票编号等主要事项。股票由法定代表人签名,公司盖章。发起人的股票,应当标明发起人股票字样。

(7) 公司向发起人、法人发行的股票,应当为记名股票,并应当记载该发起人、法人的名称或者姓名,不得另立户名或者以代表人姓名记名;对社会公众发行的股票,可以为记名股票,也可以为不记名股票。

(8) 公司发行记名股票的,应当置备股东名册,记载股东的姓名或者名称及住所、各股东所持股份、各股东所持股票编号、各股东取得其股份的日期;发行不记名股票的,公司应当记载其股票数量、编号及发行日期。

(9) 依据《上市公司证券发行管理办法》规定,公司公开发行新股,必须具备下列条件。

① 公司的组织机构健全、运行良好,符合下列规定:a. 公司章程合法有效,股东大会、董事会、监事会和独立董事制度健全,能够依法有效履行职责。b. 公司内部控制制度健全,能够有效保证公司运行的效率、合法合规性和财务报告的可靠性,内部控制制度的完整性、合理性、有效性不存在重大缺陷。c. 现任董事、监事和高级管理人员具备任职资格,能够忠实和勤勉地履行职务,不存在违反公司法第一百四十七条、第一百四十八条规定的行为,且最近三十六个月内未受到过中国证监会的行政处罚、最近十二个月内未受到过证券交易所的公开谴责。d. 上市公司与控股股东或实际控制人的人员、资产、财务分开,机构、业务独立,能够自主经营管理。e. 最近十二个月内不存在违规对外提供担保的行为。

② 上市公司的盈利能力具有可持续性,符合下列规定:a. 最近三个会计年度连续盈利。b. 业务和盈利来源相对稳定,不存在严重依赖于控股股东、实际控制人的情形。c. 现有主营业务或投资方向能够可持续发展,经营模式和投资计划稳健,主要产品或服务的市场前景良好,行业经营环境和市场需求不存在现实或可预见的重大不利变化。d. 高级管理人员和核心技术人员稳定,最近十二个月内未发生重大不利变化。e. 公司重要资产、核心技术或其他重大权益的取得合法,能够持续使用,不存在现实或可预见的重大不利变化。f. 不存在可能严

重影响公司持续经营的担保、诉讼、仲裁或其他重大事项。g. 最近二十四个月内曾公开发行证券的，不存在发行当年营业利润比上年下降百分之五十以上的情形。

③ 上市公司的财务状况良好，符合下列规定：a. 会计基础工作规范，严格遵循国家统一会计制度的规定。b. 最近三年及一期财务报表未被注册会计师出具保留意见、否定意见或无法表示意见的审计报告，被注册会计师出具带强调事项段的无保留意见审计报告的，所涉及的事项对发行人无重大不利影响或者在发行前重大不利影响已经消除。c. 资产质量良好。不良资产不足以对公司财务状况造成重大不利影响。d. 经营成果真实，现金流量正常。营业收入和成本费用的确认严格遵循国家有关企业会计准则的规定，最近三年资产减值准备计提充分合理，不存在操纵经营业绩的情形。e. 最近三年以现金方式累计分配的利润不少于最近三年实现的年均可分配利润的百分之三十。

④ 上市公司最近三十六个月内财务会计文件无虚假记载，且不存在下列重大违法行为：a. 违反证券法律、行政法规或规章，受到中国证监会的行政处罚，或者受到刑事处罚。b. 违反工商、税收、土地、环保、海关法律、行政法规或规章，受到行政处罚且情节严重，或者受到刑事处罚。c. 违反国家其他法律、行政法规且情节严重的行为。

⑤ 上市公司募集资金的数额和使用应当符合下列规定：a. 募集资金数额不超过项目需要量。b. 募集资金用途符合国家产业政策和有关环境保护、土地管理等法律和行政法规的规定等。c. 除金融类企业外，本次募集资金使用项目不得为持有交易性金融资产和以公允价值计量且其变动计入其他综合收益的金融资产、借予他人、委托理财等财务性投资，不得直接或间接投资于以买卖有价证券为主要业务的公司。d. 投资项目实施后，不会与控股股东或实际控制人产生同业竞争或影响公司生产经营的独立性。e. 建立募集资金专项存储制度，募集资金必须存放于公司董事会决定的专项账户。

⑥ 经国务院批准的国务院证券监督管理机构规定的其他条件。公司对公开发行股票所募集的资金，必须按照招股说明书或者其他公开发行募集文件所列资金用途使用。改变资金用途，必须经股东大会作出决议。擅自改变用途，未作纠正的，或者未经股东大会认可的，不得公开发行新股。

我国股市 A 股主板、创业板、科创板的具体发行条件有所不同，这里不一一列举。

（三）股票发行的程序

各国对股票的发行程序都有严格的法律规定，未经法定程序发行的股票无效。根据我国《上市公司证券发行管理办法》的规定，上市公司应当按照下列程序申请发行股票。

(1) 董事会应当依法就下列事项作出决议，并提请股东大会批准：① 本次证券发行的方案；② 本次募集资金使用的可行性报告；③ 前次募集资金使用的报告；④ 其他必须明确的事项。

(2) 股东大会就发行股票作出的决定，至少应当包括下列事项：① 本次发行证券的种类和数量；② 发行方式、发行对象及向原股东配售的安排；③ 定价方式或价格区间；④ 募集资金用途；⑤ 决议的有效期；⑥ 对董事会办理本次发行具体事宜的授权；⑦ 其他必须明确的事项。

(3) 上市公司申请公开发行股票或者非公开发行新股，应当由保荐人保荐，并向中国证监会申报。保荐人应当按照中国证监会的有关规定编制和报送发行申请文件。

(4) 中国证监会依照下列程序审核发行证券的申请：① 收到申请文件后，五个工作日内

决定是否受理；② 中国证监会受理后，对申请文件进行初审；③ 发行审核委员会审核申请文件；④ 中国证监会作出核准或者不予核准的决定。

(5) 自中国证监会核准发行之日起，上市公司应在十二个月内发行证券；超过十二个月未发行的，核准文件失效，须重新经中国证监会核准后方可发行。

(6) 上市公司发行证券前发生重大事项的，应暂缓发行，并及时报告中国证监会。该事项对本次发行条件构成重大影响的，发行证券的申请应重新经过中国证监会核准。

(7) 证券发行申请未获核准的上市公司，自中国证监会作出不予核准的决定之日起六个月后，可再次提出证券发行申请。

(四) 股票发行方式和销售方式

公司发行股票筹资，应当选择适宜的股票发行方式和销售方式，并恰当地制订发行价格，以便及时募足资本。

1. 股票发行方式

股票发行方式是指公司通过何种途径发行股票。总的来讲，股票的发行方式可分为以下两类。

(1) 公开间接发行，是指通过中介机构，公开向社会公众发行股票。我国股份有限公司采用募集设立方式向社会发行新股时，须由证券经营机构承销的做法，就属于股票的公开间接发行。这种发行方式的发行范围广、发行对象多，易于足额募集资本；股票的变现性强，流通性好；股票的公开发行还有助于提高发行公司的知名度和扩大其影响力。但这种发行方式也有不足，主要是手续繁杂，发行成本高。

公开间接发行由于发行范围广、发行对象多，对社会影响大，需要对其进行限定。我国《证券法》规定有下列情形之一者属于公开发行：向不特定对象发行证券；向累计超过 200 人的特定对象发行证券，但依法实施员工持股计划的员工人数不计算在内；法律、行政法规规定的其他发行行为。非公开发行证券，不得采用广告、公开劝诱和变相公开方式。

(2) 不公开直接发行，是指不公开对外发行股票，只向少数特定的对象直接发行股票，因而不需经中介机构承销。我国股份有限公司采用发起设立方式和以不向社会公开募集的方式发行新股的做法，即属于股票的不公开直接发行。这种发行方式弹性较大，发行成本低，但发行范围小，股票变现性差。

2. 股票销售方式

股票的销售方式，指的是股份有限公司向社会公开发行股票时所采取的股票销售方法。股票销售方式有两类：自行销售和委托中介机构销售(承销)。根据我国《上市公司证券发行管理办法》规定，上市公司公开发行股票，应当由证券公司承销；非公开发行股票，发行对象均属于原前十名股东的，可以由上市公司自行销售。

(1) 自行销售方式。股票发行的自行销售方式是指发行公司自己直接将股票销售给认购股东。这种销售方式可由发行公司直接控制发行过程，实现发行意图，并可以节省发行费用；缺点是筹资时间长，发行公司要承担全部发行风险，并需要发行公司有较高的知名度、信誉和实力。

(2) 委托中介机构销售方式。股票发行的委托中介机构销售方式是指发行公司将股票销售业务委托给证券经营机构代理。这种销售方式是发行股票所普遍采用的。委托中介机构销售又分为包销和代销两种具体办法。

所谓包销，是指证券公司将发行人的股票按照协议全部购入或者在承销期结束时将售后剩余股票全部自行购入的承销方式。对发行公司来说，包销的办法可及时筹足资本，免于承担发行风险（股款未募足的风险由承销商承担），但股票以略低的价格出售给承销商会损失部分溢价。

所谓代销，是证券公司代发行人发售股票，在承销期结束时，将未售出的股票全部退还给发行人的承销方式。代销方式下，发行风险由发行公司自己承担。股票发行采用代销方式，代销期限届满，向投资者出售的股票数量未达到拟公开发行股票数量百分之七十的，为发行失败。发行人应当按照发行价并加算银行同期存款利息返还股票认购人。

（五）股票上市的利弊及条件

1．股票上市的利弊

股票上市，指的是股份有限公司公开发行的股票经批准在证券交易所进行挂牌交易。经批准在交易所上市交易的股票则称为上市股票。按照国际通行的做法，非公开募集发行的股票或未向证券交易所申请上市的非上市证券，应在证券交易所外的店头市场（Over the Counter market，简称“OTC market”）上流通转让；只有公开募集发行并经批准上市的股票才能进入证券交易所转让。

股份有限公司股票上市有以下好处。

（1）资本大众化，分散风险。股票上市后，会有更多的投资者认购公司股份，公司则可将部分股份转售给这些投资者，再将得到的资金用于其他方面，从而分散了公司的风险。

（2）提高股票的变现力。股票上市后便于投资者购买，自然提高了股票的流动性和变现力。

（3）便于筹措新资金。股票上市必须经有关机构审查批准并接受相应的管理，执行各种信息披露和股票上市的规定，这就大大增强了社会公众对公司的信赖，使之乐于购买公司的股票。同时，由于一般人认为上市公司实力雄厚，也便于公司采用其他方式（如负债）筹措资金。

（4）提高公司知名度，吸引更多顾客。上市公司为社会所知，并被认为经营优良，会带来良好声誉，吸引更多的顾客，从而扩大销售量。

（5）便于确定公司价值。股票上市后，公司股价有市价可循，便于确定公司的价值，有利于促进公司财富最大化。

拓展阅读

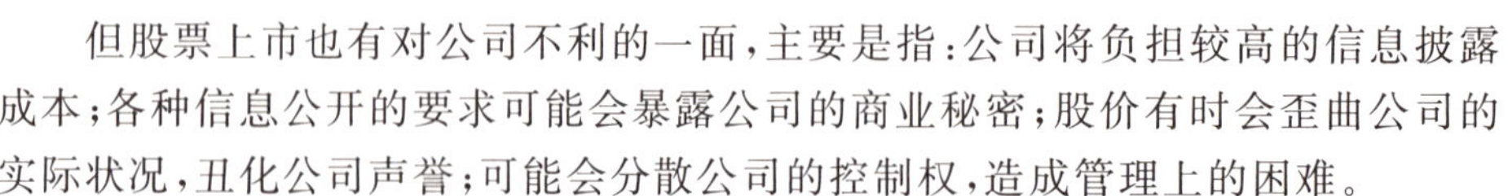
但股票上市也有对公司不利的一面，主要是指：公司将负担较高的信息披露成本；各种信息公开的要求可能会暴露公司的商业秘密；股价有时会歪曲公司的实际状况，丑化公司声誉；可能会分散公司的控制权，造成管理上的困难。

2．股票上市的条件

股票上市条件，也称股票上市标准，是对申请上市公司所作的规定或要求。《上海证券交易所股票上市规则》规定，发行人首次公开发行股票后申请其股票在本所上市，应当符合下列条件：

（1）股票已公开发行。

（2）具备健全且运行良好的组织机构。

(3) 具有持续经营能力。

(4) 公司股本总额不少于人民币 5 000 万元。

(5) 公开发行的股份达到公司股份总数的 25% 以上；公司股本总额超过人民币 4 亿元的，公开发行股份的比例达到 10% 以上。

(6) 公司及其控股股东、实际控制人最近三年不存在贪污、贿赂、侵占财产、挪用财产或者破坏社会主义市场经济秩序的刑事犯罪。

(7) 最近三个会计年度财务会计报告均被出具无保留意见审计报告。

(8) 本所要求的其他条件。

我国股市存在 A 股主板、创业板、科创板，其中创业板、科创板的具体上市条件与 A 股主板有所不同，这里不做赘述。

(六) 退市与风险警示

退市包括强制终止上市(简称“强制退市”) 和主动终止上市(简称“主动退市”)。强制退市分为交易类强制退市、财务类强制退市、规范类强制退市和重大违法类强制退市等四类情形(本部分内容全部参照《上海证券交易所股票上市规则》的相关规定)。

上市公司出现财务状况异常情况或者其他异常情况，导致其股票存在被强制终止上市的风险，或者投资者难以判断公司前景，投资者权益可能受到损害，存在其他重大风险的，证券交易所将对该公司股票实施风险警示。风险警示分为警示存在强制终止上市风险的风险警示(以下简称“退市风险警示”) 和警示存在其他重大风险的其他风险警示。上市公司股票被实施退市风险警示的，在公司股票简称前冠以“ * ST” 字样；上市公司股票被实施其他风险警示的，在公司股票简称前冠以“ST” 字样，但证券交易所另有规定的除外。公司股票同时被实施退市风险警示和其他风险警示的，在公司股票简称前冠以“ * ST” 字样。

1. 交易类强制退市

上市公司出现以下情形之一的，证券交易所决定终止其股票上市：① 仅发行 A 股股票的上市公司，连续 120 个交易日通过本所交易系统实现的累计股票成交量低于 500 万股，或者连续 20 个交易日的每日股票收盘价均低于人民币 1 元；② 仅发行 B 股股票的上市公司，连续 120 个交易日通过本所交易系统实现的累计股票成交量低于 100 万股，或者连续 20 个交易日的每日股票收盘价均低于人民币 1 元；③ 既发行 A 股股票又发行 B 股股票的上市公司，其 A、B 股股票的成交量或者收盘价同时触及本条第 ① 项和第 ② 项规定的标准；④ 上市公司股东数量连续 20 个交易日(不含公司首次公开发行股票上市之日起 20 个交易日) 每日均低于 2 000 人；⑤ 上市公司连续 20 个交易日在本所的每日股票收盘总市值均低于人民币 3 亿元；⑥ 证券交易所所认定的其他情形。

前款规定的交易日，不包含公司股票全天停牌日。

2. 财务类强制退市

上市公司最近一个会计年度经审计的财务会计报告相关财务指标触及本节规定的财务类强制退市情形的，证券交易所对其股票实施退市风险警示。上市公司最近连续两个会计年度经审计的财务会计报告相关财务指标触及本节规定的财务类强制退市情形的，证券交易所决定终止其股票上市。

上市公司出现下列情形之一的，证券交易所对其股票实施退市风险警示：① 最近一个会计年度经审计的净利润为负值且营业收入低于人民币 1 亿元，或追溯重述后最近一个会计年度净利润为负值且营业收入低于人民币 1 亿元；② 最近一个会计年度经审计的期末净资产为负值，或追溯重述后最近一个会计年度期末净资产为负值；③ 最近一个会计年度的财务会计报告被出具无法表示意见或否定意见的审计报告；④ 中国证监会行政处罚决定书表明公司已披露的最近一个会计年度经审计的年度报告存在虚假记载、误导性陈述或者重大遗漏，导致该年度相关财务指标实际已触及第 ① 项、第 ② 项情形的；⑤ 证券交易所所认定的其他情形。

前款第 ① 项所述"净利润"以扣除非经常性损益前后孰低为准，所述"营业收入"应当扣除与主营业务无关的业务收入和不具备商业实质的收入。公司最近一个会计年度经审计的扣除非经常性损益前后的净利润孰低者为负值的，公司应当在年度报告或者更正公告中披露营业收入扣除情况及扣除后的营业收入金额；负责审计的会计师事务所应当就公司营业收入扣除事项是否符合前述规定及扣除后的营业收入金额出具专项核查意见。

3. 规范类强制退市

上市公司出现下列情形之一的，证券交易所对其股票实施退市风险警示：① 因财务会计报告存在重大会计差错或者虚假记载，被中国证监会责令改正但公司未在规定期限内改正，公司股票及其衍生品种自前述期限届满的下一交易日起停牌，此后公司在股票及其衍生品种停牌 2 个月内仍未改正；② 未在法定期限内披露半年度报告或者经审计的年度报告，公司股票及其衍生品种自前述期限届满的下一交易日起停牌，此后公司在股票及其衍生品种停牌 2 个月内仍未披露；③ 因半数以上董事无法保证公司所披露半年度报告或年度报告的真实性、准确性和完整性，且未在法定期限内改正，公司股票及其衍生品种自前述期限届满的下一交易日起停牌，此后公司在股票及其衍生品种停牌 2 个月内仍未改正；④ 因信息披露或者规范运作等方面存在重大缺陷，证券交易所要求限期改正但公司未在规定期限内改正，公司股票及其衍生品种自前述期限届满的下一交易日起停牌，此后公司在股票及其衍生品种停牌 2 个月内仍未改正；⑤ 因公司股本总额或股权分布发生变化，导致连续 20 个交易日不再具备上市条件，公司股票及其衍生品种自前述期限届满的下一交易日起停牌，此后公司在股票及其衍生品种停牌 1 个月内仍未解决；⑥ 公司可能被依法强制解散；⑦ 法院依法受理公司重整、和解和破产清算申请；⑧ 证券交易所所认定的其他情形。

前款第 ④ 项规定的信息披露或者规范运作等方面存在重大缺陷，具体包括以下情形：① 证券交易所失去公司有效信息来源；② 公司拒不披露应当披露的重大信息；③ 公司严重扰乱信息披露秩序，并造成恶劣影响；④ 证券交易所认为公司存在信息披露或者规范运作重大缺陷的其他情形。

4. 重大违法类强制退市

重大违法类强制退市，包括下列情形：

(1) 上市公司存在欺诈发行、重大信息披露违法或者其他严重损害证券市场秩序的重大违法行为，且严重影响上市地位，其股票应当被终止上市的情形。

(2) 上市公司存在涉及国家安全、公共安全、生态安全、生产安全和公众健康安全等领域的违法行为，情节恶劣，严重损害国家利益、社会公共利益，或者严重影响上市地位，其股票应当被终止上市的情形。

前款第(1) 项规定的重大违法行为，存在下列情形之一的，由证券交易所决定终止其股

票上市：① 公司首次公开发行股票申请或者披露文件存在虚假记载、误导性陈述或重大遗漏，被中国证监会依据《证券法》第一百八十一条作出行政处罚决定，或者被人民法院依据《中华人民共和国刑法》第一百六十条作出有罪生效判决；② 公司发行股份购买资产并构成重组上市，申请或者披露文件存在虚假记载、误导性陈述或者重大遗漏，被中国证监会依据《证券法》第一百八十一条作出行政处罚决定，或者被人民法院依据《中华人民共和国刑法》第一百六十条作出有罪生效判决；③ 公司披露的年度报告存在虚假记载、误导性陈述或者重大遗漏，根据中国证监会行政处罚决定认定的事实，导致连续会计年度财务类指标已实际触及本节规定的终止上市情形；④ 根据中国证监会行政处罚决定认定的事实，公司披露的营业收入连续两年均存在虚假记载，虚假记载的营业收入金额合计达到5亿元以上，且超过该两年披露的年度营业收入合计金额的50%；或者公司披露的净利润连续两年均存在虚假记载，虚假记载的净利润金额合计达到5亿元以上，且超过该两年披露的年度净利润合计金额的50%；或者公司披露的利润总额连续两年均存在虚假记载，虚假记载的利润总额金额合计达到5亿元以上，且超过该两年披露的年度利润总额合计金额的50%；或者公司披露的资产负债表连续两年均存在虚假记载，资产负债表虚假记载金额合计达到5亿元以上，且超过该两年披露的年度期末净资产合计金额的50%（计算前述合计数时，相关财务数据为负值的，则先取其绝对值再合计计算）；⑤ 证券交易所根据上市公司违法行为的事实、性质、情节及社会影响等因素认定的其他严重损害证券市场秩序的情形。

前款第①项、第②项统称为欺诈发行强制退市情形，第③项至第⑤项统称为重大信息披露违法强制退市情形。

前款第(2)项规定的重大违法行为，存在下列情形之一的，由证券交易所决定终止其股票上市：① 上市公司或其主要子公司被依法吊销营业执照、责令关闭或者被撤销；② 上市公司或其主要子公司被依法吊销主营业务生产经营许可证，或者存在丧失继续生产经营法律资格的其他情形；③ 证券交易所根据上市公司重大违法行为损害国家利益、社会公共利益的严重程度，结合公司承担法律责任类型、对公司生产经营和上市地位的影响程度等情形，认为公司股票应当终止上市的。

5. 主动退市

上市公司出现下列情形之一的，可以向证券交易所申请主动终止上市：① 公司股东大会决议主动撤回其股票在证券交易所的交易，并决定不再在证券交易所交易；② 公司股东大会决议主动撤回其股票在证券交易所的交易，并转而申请在其他交易场所交易或转让；③ 公司向所有股东发出回购全部股份或部分股份的要约，导致公司股本总额、股权分布等发生变化不再具备上市条件；④ 公司股东向所有其他股东发出收购全部股份或部分股份的要约，导致公司股本总额、股权分布等发生变化不再具备上市条件；⑤ 除公司股东外的其他收购人向所有股东发出收购全部股份或部分股份的要约，导致公司股本总额、股权分布等发生变化不再具备上市条件；⑥ 公司因新设合并或者吸收合并，不再具有独立主体资格并被注销；⑦ 公司股东大会决议公司解散；⑧ 中国证监会和证券交易所认可的其他主动终止上市情形。

已在证券交易所发行A股和B股股票的上市公司，根据前款规定申请主动终止上市的，应当申请其A、B股股票同时终止上市，但存在特殊情况的除外。

6. 其他风险警示

上市公司出现以下情形之一的，证券交易所对其股票实施其他风险警示：① 公司被控股股东(无控股股东的,则为第一大股东)及其关联方非经营性占用资金,余额达到最近一期经审计净资产绝对值5%以上,或金额超过1 000万元,未能在1个月内完成清偿或整改;或公司违反规定决策程序对外提供担保(担保对象为上市公司合并报表范围内子公司的除外),余额达到最近一期经审计净资产绝对值5%以上,或金额超过1 000万元,未能在1个月内完成清偿或整改;② 董事会、股东大会无法正常召开会议并形成有效决议;③ 最近一个会计年度内部控制被出具无法表示意见或否定意见审计报告,或未按照规定披露内部控制审计报告;④ 公司生产经营活动受到严重影响且预计在3个月内不能恢复正常;⑤ 主要银行账户被冻结;⑥ 最近连续三个会计年度扣除非经常性损益前后净利润孰低者均为负值,且最近一个会计年度财务会计报告的审计报告显示公司持续经营能力存在不确定性;⑦ 公司存在严重失信,或持续经营能力明显存在重大不确定性等投资者难以判断公司前景,导致投资者权益可能受到损害的其他情形。

在上市公司的股票交易被实行风险警示期间,其股票交易遵循下列规则:① 股票报价日涨跌幅限制为5%;② 上市公司的中期报告必须经过审计。

(七) 股票的发行价格

股份有限公司发行的股票,在经有关部门批准后,就可以在股票市场(证券交易所)公开挂牌进行上市交易活动。股票本身没有价值,但它可以当作商品出卖.并且有一定的价格。股票发行价格是指股份有限公司出售新股票的价格。当股票发行公司计划发行股票时,就需要根据不同情况,确定一个发行价格以推销股票。

1. 股票发行价格的种类

(1) 面值发行,又称为平价发行,即按股票的票面金额作为发行价格。

(2) 时价发行,又称为市价发行,即不是以面额,而是以流通市场上的股票价格(即时价)为基础确定发行价格。时价通常高于票面额,二者的差价称为溢价,溢价带来的收益归该股份有限公司所有,超过票面金额发行股票所得溢价款列入公司资本公积金,体现为公司股东的权益。时价发行股票,以同样的股份可以筹集到比按票面金额计算得更多的资金。

(3) 中间价发行,即股票的发行价格取票面额和市场价格的中间值。中间价格发行对象一般为原股东,在时价和面额之间采取一个折中的价格发行,实际上是将差价收益一部分归原股东所有,一部分归公司所有用于扩大经营。

(4) 折价发行,即发行价格低于票面额,是打了折扣的,折价不足票面额的部分由公司的公积金抵补。折价发行有两种情况:一种是优惠性的,通过折价使认购者分享权益。通常对现有股东搭配增资时采用,现有股东所享受的优先购买和价格优惠的权利就叫作优先购股权。若股东自己不享用此权,他可以将优先购股权转让销售。另一种情况是该股票行情不佳,发行有一定困难时采用。由于各国通常都规定发行价格不得低于票面额,因此,这种折扣发行需经过许可方能实行。我国不允许折价发行股票,因为这种发行价格会使公司实有资本少于公司应有的资本,致使公司资本中存在着虚数,不符合公司资本充实原则。

2. 股票发行价格的确定

股票发行定价决策是公司上市发行所面临的最重要的财务决策。从规范的市场运作看,股票定价首先需要测定股票的内在投资价值及价格底线,其次才是根据供求关系来决定其发行价格。从定价管理看,有两种基本模式:一是审批制下的定价管理,它以行政管理为主要特征，如我国 2000 年 3 月份以前的发行定价模式；二是核准制下的市场化管理，它以市场供求决定价格为主要特征，是普遍采用的模式。

在核准制下，完全由市场供求关系确定的价格必须以股票内在价值为定价基础，并通过市场发行价格来体现其内在价值。

(1) 必须明确定价基础，即股票内在投资价值。反映股票内在投资价值的方法通常有未来收益现值法、每股净资产法、清算价值法和市盈率法。

① 未来收益现值法，也称现金流量贴现法。股东购买股票是因为凭此可以得到股息，因此，股票价值等于预期未来可收到的全部现金股息的现值之和。用公式表示为：

$$P=\frac{D_1}{(1+K)}+\frac{D_2}{(1+K)^2}+\frac{D_3}{(1+K)^3}+\cdots+\frac{D_n}{(1+K)^n}(n\text{ 趋于 }+\infty) \qquad (4-1)$$

式中，P—— 普通股的内在投资现值；

D_n—— 年底预期得到的每股股息；

K—— 预期普通股收益率，或定义为股票投资者应得到的必要报酬率。

在对公司未来收益能做出准确判断的条件下，股票的投资价值即可确定为其发行价格，按此确定的价格是能反映市值的均衡价格。

② 每股净资产法。每股净资产是所有资产按准确的账面价值，在支付了全部债务（含优先股）后，每股公司所有权的价值。用公式表示为：

$$\text{每股所有权价值}=\frac{\text{账面总资产额}-\text{账面总负债额}}{\text{发行在外平均股数}} \qquad (4-2)$$

由于这一价值假定资产是按账面价值确定的，因此它不是每股股票的最低价值，从而可作为新股发行价格确定的基本依据。

③ 清算价值法。每股清算价值与每股净资产不同，它是公司资产被出售以清偿公司债务，在支付了债权人和优先股股东之后，每一普通股股东期望得到的实际价值额。用公式表示为：

$$\text{每股清算价值}=\frac{\text{总资产的实际清算价值}-\text{全部债务}}{\text{发行在外平均股数}} \qquad (4-3)$$

应该说，每股清算价值是每股股票的最低价值，是公司股票发行的底价。

④ 市盈率法。它是根据同行业的参考市盈率，结合公司的盈利预测所确定的股票投资价值的方法。用公式表示为：

$$\text{股票价值}=\text{参考市盈率}\times\text{预测每股收益} \qquad (4-4)$$

市盈率法所依据的变量有行业参考市盈率和公司盈利预测。这两个变量在预测及质量保证上都有一定的难度。

(2) 必须确定股票发行实际定价方式。如何在综合各种定价的基础上，通过市场反映股票内在价值，这是发行定价所涉及的主要问题。市场化取向为这一定价问题提供了解决的方式。主要包括以下三种定价方法。

① 固定价格定价法。固定价格定价方式是由发行人和主承销商在新股公开发行前商定一个固定价格，然后根据这个价格进行公开发售。固定价格发行定价方式的优点就在于筹资金额确定、定价过程相对简单、时间周期较短，但定价的准确性、灵活度不高。

② 市场询价法。当新股销售采用包销方式时，一般采用市场询价方式。这种方式目前已得到普遍应用，一般包括两个步骤：第一，根据新股的价值（一般用现金流量贴现法等方法确

定)、股票发行时的大盘走势、流通盘大小、公司所处行业股票的市场表现等因素确定新股发行的价格区间;第二,主承销商协同发行人向投资者介绍和推介该股票,并向投资者发送预订邀请文件,征集在各个价位上的需求量,通过对反馈回来的投资者的预订股份单进行统计,再由主承销商和发行人对最初的发行价格进行修正,最后确定新股发行价格。

③ 竞价发行。竞价发行方式是指由各股票承销商或者投资者以投标方式相互竞争确定股票发行价格。由于竞价法是一种“直接”的市场化定价方式,因此其更能够直接地反映出投资主体对新股价格的接受程度,最终确定的价格更接近于新股未来上市后的市场价格。

我国上市公司股票的发行定价方式经历了行政定价向市场化定价演变的过程。最初采用固定价格方式,随后改为固定市盈率和控制市盈率的方式,后来采用询价方式(2005 年 1 月 1 日起施行)。询价方式实质上属于累计订单定价方式,其分为两个阶段:第一阶段为发行公司及其保荐人向专业机构投资者初步询价,征询发行价格区间;第二阶段是发行公司和主承销商在确定的发行价格区间内向机构投资者征询发行价格,最终确定股票发行价格。

我国《证券法》规定,股票发行采取溢价发行的,其发行价格由发行人与承销的证券公司协商确定。我国《上市公司证券发行管理办法》规定,公开增发股票的发行价格应不低于公告招股意向书前 20 个交易日公司股票均价或前 1 个交易日的均价;非公开发行股票的发行价格不低于定价基准日前 20 个交易日公司股票均价的 80%。

五、股权再融资

上市公司利用证券市场进行再融资是国际证券市场的通行做法,是其能够持续发展的重要动力源泉之一,也是发挥证券市场资源配置功能的基本方式。再融资包含股权再融资、债权再融资和混合证券再融资等几种形式,其中股权再融资的方式包括向现有股东配股和增发新股融资。

配股是指向原普通股股东按其持股比例、以低于市价的某一特定价格配售一定数量新发行股票的融资行为。增发新股是指上市公司为了筹集权益资本而再次发行股票的融资行为,包括面向不特定对象的公开增发和面向特定对象的非公开增发,也称定向增发。其中,配股和公开增发属于公开发行,非公开增发属于非公开发行。

(一) 股权再融资的一般规定

1. 配股和公开增发股票

上市公司配股或公开增发股票除了要满足《证券法》规定的股份有限公司公开发行股票的基本条件外,还必须满足《上市公司证券发行管理办法》中的一般规定和其中具体条件,包括以下几点。

(1) 上市公司的组织机构健全、运行良好。

(2) 上市公司的盈利能力具有可持续性,如:最近 3 个会计年度连续盈利;最近 24 个月内曾公开发行证券的,不存在发行当年营业利润比上年下降 50% 以上的情形。

(3) 财务状态良好,如:最近 3 年及一期的财务报表未被注册会计师出具保留意见。否定意见或无法表示意见的审计报告;最近 3 年以现金方式累计分配的利润不少于最近 3 年实现的平均可分配利润的 30%。

(4) 最近 36 个月财务会计文件无虚假记载,无其他重大违法行为。

(5) 募集资金的数额和使用符合证监会的相关规定。

2. 非公开增发

非公开发行股票的特定对象应当符合以下规定：

(1) 特定对象符合股东大会决议规定的条件。

(2) 发行对象不超过 35 名。发行对象为境外战略投资者的，应当遵守国家的相关规定。

(二) 配股

按照惯例，公司配股时新股的认购权按照原有股权比例在原股东之间分配。配股赋予企业现有股东配股权，使得现有股东拥有合法的优先购买新发股票的权利。

1. 配股权

配股权一般是指当股份公司为增加公司资本而决定增加发行新的股票时，原普通股股东享有的按其持股比例、以低于市价的某一特定价格优先认购一定数量新发行股票的权利。配股权是普通股股东的优惠权，实际上是一种短期的看涨期权。配股权通常在某一股权登记日前颁发。在此之前购买的股东享有配股权，即此时股票的市场价格中含有配股权的价值。

这样做的目的有：① 不改变老股东对公司的控制权和享有的各种权利；② 因发行新股将导致短期内每股收益稀释，通过折价配售的方式可以给老股东一定的补偿；③ 鼓励老股东认购新股，以增加发行量。配股权与公司公开发行的、期限很长的认股权证不同，后者是混合筹资的一种形式。

2. 配股价格

配股一般采取网上定价发行的方式。配股价格由主承销商和发行人协商确定。

3. 配股条件

上市公司向原股东配股的，除了要符合公开发行股票的一般规定外，还应当符合下列规定：① 拟配售股份数量不超过本次配售股份前股本总额的 30%；② 控股股东应当在股东大会召开前公开承诺认配股份的数量；③ 采用证券法规定的代销方式发行。

控股股东不履行认配股份的承诺，或者代销期限届满，原股东认购股票的数量未达到拟配售数量 70% 的，发行人应当按照发行价并加算银行同期存款利息返还已经认购的股东。

4. 除权价格

通常配股股权登记日后要对股票进行除权处理。除权后股票的理论除权基准价格为：

$$\begin{aligned}\text{配股除权价格} &= \frac{\text{配股前股票市值} + \text{配股价格} \times \text{配股数量}}{\text{配股前股数} + \text{配股数量}} \\ &= \frac{\text{配股前每股价格} + \text{配股价格} \times \text{股份变动比例}}{1 + \text{股份变动比例}}\end{aligned} \qquad (4-5)$$

当所有股东都参与配股时，此时股份变动比例(也即实际配售比例) 等于拟配售比例。

除权价只是作为计算除权日股价涨跌幅度的基准，提供的只是一个基准参考价。如果除权后股票交易市价高于该除权基准价格，这种情形使得参与配股的股东财富较配股前有所增加，一般称之为"填权"；反之股价低于除权基准价格则会减少参与配股股东的财富，一般称之为"贴权"。

5. 配股权价值

一般来说，老股东可以以低于配股前股票市价的价格购买所配发的股票，即配股权的执行价格低于当前股票价格，此时配股权是实值期权，因此配股权具有价值。利用除权后股票的价值可以估计配股权价值。配股权的价值为：

$$配股权价值=\frac{配股后股票价格-配股价格}{购买一股新股所需的认购权数} \tag{4-6}$$

（三）增发新股

公开增发与首次公开发行相同，没有特定的发行对象，股票市场上的投资者均可以认购。而非公开增发主要针对三种机构投资者：第一类是财务投资者，一般是指以获利为目的，通过短期持有上市公司股票适时套现，实现获利的法人，他们一般不参与公司的重大战略决策。第二类是战略投资者，一般是指与发行人具有合作关系或合作意向和潜力并愿意按照发行人配售要求与发行人签署战略投资配售协议的法人，其资产与发行公司业务联系紧密且欲长期持有发行公司股票。上市公司通过非公开增发引入战略投资者不仅获得战略投资者的资金，还有助于引入其管理理念与经验，改善公司治理。第三类是上市公司的控股股东或关联方。一般来说，采取非公开增发的形式向控股股东认购资产，有助于上市公司与控股股东进行股份与资产置换，进行股权和业务的整合，同时也进一步提高了控股股东对上市公司的所有权。

1．增发新股的特别规定

（1）公开增发。公开增发除满足上市公司公开发行的一般规定外，还应当符合以下规定：① 最近3个会计年度加权平均净资产收益率平均不低于6%，扣除非经常性损益后的净利润与扣除前的净利润相比，以低者作为加权平均净资产收益率的计算依据；② 除金融企业外，最近一期期末不存在持有金额较大的交易性金融资产和可供出售的金融资产、借予他人款项、委托理财等财务性投资的情形；③ 发行价格应不低于公告招股意向书前20个交易日公司股票均价或前1个交易日的均价。

（2）非公开增发。相对于公开增发新股、配股而言，上市公司非公开增发新股的要求偏低。非公开增发没有过多发行条件上的限制，一般只要发行对象符合要求，并且不存在一些严重损害投资者合法权益和社会公共利益的情形均可申请非公开发行股票。具体来说，上市公司非公开发行股票，应当符合下列规定：① 发行价格不低于定价基准日前20个交易日公司股票均价的80%；② 本次发行的股份自发行结束之日起，6个月内不得转让；控股股东、实际控制人及其控制的企业认购的股份，18个月内不得转让；③ 募集资金使用符合《上市公司证券发行管理办法》第十条的规定；④ 本次发行将导致上市公司控制权发生变化的，还应当符合中国证监会的其他规定。对于一些以往盈利记录未能满足公开融资条件，但又面临重大发展机遇的公司而言，非公开增发提供了一个关键性的融资渠道。

2．增发新股的发行程序

（1）公开增发。上市公司发行新股的程序包括：① 聘请保荐人（主承销商），公开发行股票的应由证券公司承销，并由保荐人保荐；② 董事会就新股发行方案、募集资金使用的可行性报告、前次募集资金使用报告等事项做出决议，股东大会就发行证券事项做出决议；③ 编制和提交申请文件；④ 由保荐人进行内核、出具发行保荐书，对承销商备案材料进行合规性审核；⑤ 证监会受理申请文件、初审，发行审核委员会审核、核准发行；⑥ 发行股票。

（2）非公开增发。非公开增发新股融资相对来说操作较简便，不需要履行刊登招股说明书、公开询价等程序。另外，如果发行对象属于前十名股东的，可以由上市公司自行销售。从而在操作时间上要比公开增发少很多，发生的筹资费用也较低。

3．增发新股的定价

(1) 公开增发。上市公司公开增发新股的定价通常按照“发行价格应不低于公告招股意向书前20个交易日公司股票均价或前一个交易日的均价”的原则确定增发价格。相对于非公开增发，公开增发新股的发行价没有折价，定价基准日也固定。

(2) 非公开增发。非公开发行股票的发行价格应不低于定价基准日前20个交易日公司股票均价的80%。定价基准日则可以是董事会决议公告日，也可以是股东大会决议公告日或发行期的首日。对于通过非公开发行进行重大资产重组或者以引进长期战略投资为目的的，可以在董事会、股东大会阶段事先确定发行价格；对于以筹集现金为目的的发行，应当在取得发行核准批文后采取竞价方式定价。

4．增发新股的认购方式

(1) 公开增发。公开增发新股的认购方式通常为现金认购。

(2) 非公开增发。非公开增发新股的认购方式不限于现金，还包括权益、债权、无形资产、固定资产等非现金资产。通过非现金资产认购的非公开增发往往是以重大资产重组或者引进长期战略投资为目的。因此非公开增发除了能为上市公司带来资金外，往往还能带来具有盈利能力的资产，提升公司治理水平，优化上下游业务等。但需要注意的是，使用非现金资产认购股份有可能会滋生通过不公平资产定价等手段侵害中小股东利益的现象。

(四) 股权再融资对企业的影响

一般来说，股权再融资对企业产生的影响主要包括对公司资本结构、企业财务状况和控制权的影响。

1. 对公司资本结构的影响

一般来说，权益资本成本高于债务资本成本，采用股权再融资会降低资产负债率，并可能会使资本成本增大；但如果股权再融资有助于企业目标资本结构的实现，增强企业的财务稳健性，降低债务的违约风险，就会在一定程度上降低企业的加权平均资本成本，增加企业的整体价值。

2. 对企业财务状况的影响

在企业运营及盈利状况不变的情况下，采用股权再融资的形式筹集资金会降低企业的财务杠杆水平，并降低净资产收益率。但企业如果能够将股权再融资筹集的资金投资于具有良好发展前景的项目，获得真正的投资活动净现值，或者能够改善企业的资本结构，降低资本成本，有利于增加企业的价值。

3. 对控制权的影响

就配股而言，由于全体股东具有相同的认购权利，控股股东只要不放弃认购的权利，就不会削弱控制权。公开增发会引入新的股东，股东的控制权受到增发认购数量的影响；非公开增发相对复杂，若对财务投资者和战略投资者增发，则会降低控股股东的控股比例，但财务投资者和战略投资者大多与控股股东有良好的合作关系，一般不会对控股股东的控制权形成威胁；若面向控股股东的增发是为了收购其优质资产或实现集团整体上市，则会提高控股股东的控股比例，增强控股股东对上市公司的控制权。

六、普通股筹资

（一）普通股筹资的优点

发行普通股股票是公司筹集资金的一种基本方式，其优点主要有以下几点。

(1) 能提高公司的信誉。发行股票筹集的是权益资金，因而这部分资金就成为借入资金的基础，因为权益资金多了，就可为债权人提供较大的损失保障。

(2) 筹资风险小。由于股票筹资没有固定的到期日，普通股不用支付固定的利息，因此通常不存在不能还本付息的风险。

(3) 没有固定利息负担。公司有盈余，并认为适合分配股利时，就可以分配股利；公司盈余较少，或虽有盈余但资金短缺或有更有利的投资机会时，就可少支付或不支付股利。

(4) 没有固定到期日，不用偿还。利用普通股筹集的资金是永久性资金，只有公司清算时才偿还。公司可以长期使用。

(5) 筹资限制少。由于普通股筹资获得的是自有资金，相对于负债资金而言，在使用上有较大的灵活性，限制较少。

另外，由于普通股的预期收益较高并可在一定程度上抵消通货膨胀的影响(通常在通货膨胀期间，不动产升值时普通股也随之升值)，因此普通股筹资容易吸收资金。

（二）普通股筹资的缺点

发行普通股筹资的缺点主要有以下几点。

(1) 资本成本较高。对投资者而言，投资于股票风险较大，因而要求有较高的报酬。此外，股利要从税后利润中支付，而债务资金的利息可在税前扣除。另外，普通股的发行费用也较高。因此股票筹资的成本通常要大于债务资金的成本。

(2) 容易分散控制权。当企业发行新股时，出售新股票，引进新股东，会导致公司控制权的分散。

(3) 有可能稀释公司的留存收益，从而引起股价的下跌。新股东分享公司未发行新股前积累的盈余，会降低普通股的净收益，从而可能引起股价的下跌。

七、优先股

我国现行的《公司法》没有涉及优先股。根据党的十八届三中全会关于全面推进金融改革、完善金融市场体系的精神，国务院于 2013 年 1 月 30 日发布《国务院关于开展优先股试点的指导意见》，证监会于 2014 年 3 月 21 日发布《优先股试点管理办法》，银保监会证监会于 2014 年 4 月 3 日印发《中国银保监会 中国证监会关于商业银行发行优先股补充一级资本的指导意见》，对公司发行优先股作出规范。按照证监会的《优先股试点管理办法》，上市公司可以公开发行优先股，非上市公司可以非公开发行优先股。

（一）优先股的特点

优先股是相对普通股而言的，是较普通股具有某些优先权利，同时也受到一定限制的股票。优先股的含义主要体现在“优先权利”上，包括优先分配股利和优先分配公司剩余财产。

具体的优先条件须由公司章程予以明确规定。

优先股与普通股具有某些共性，如优先股也无到期日，公司运用优先股所筹资本亦属于股权资本。但是，它又具有公司债券的某些特征。因此，优先股被视为一种混合性证券。

与普通股相比，优先股主要具有如下特点。

(1) 优先分配固定的股利。优先股股东通常优先于普通股股东分配股利，且其股利一般是固定的，受公司经营状况和盈利水平的影响较小。所以，优先股类似固定利息的债券。

(2) 优先分配公司的剩余财产。当公司因解散、破产等进行清算时，优先股股东将优先于普通股股东分配公司的剩余财产。

(3) 优先股股东一般无表决权。在公司股东大会上，优先股股东一般没有表决权，通常也无权参与公司的经营管理，仅在涉及优先股股东权益问题时享有表决权。

(4) 优先股可由公司赎回。发行优先股的公司，按照公司章程的有关规定，根据公司的需要，可以一定的方式将所发行的优先股购回，以调整公司的资本结构。

(二) 优先股的类型

优先股按其具体的权利不同，还可进一步分类。

(1) 优先股按股利是否累积支付，可划分为累积优先股和非累积优先股。累积优先股是指公司过去年度未支付股利可以累积计算，由以后年度的利润补足付清。非累积优先股则没有这种需求补付的权利。累积优先股比非累积优先股具有更大的吸引力，其发行也较为广泛。

(2) 优先股按股利是否分配额外股利，可划分为参与优先股和非参与优先股。当公司利润在按规定分配给优先股和普通股后仍有剩余利润可供分配股利时，能够与普通股一起参与分配额外股利的优先股，即为参与优先股；否则为非参与优先股。参与优先股的持有人可按规定的条件和比例将其转换为公司的普通股或公司债券。这种参与优先股能够增加筹资和投资双方的灵活性，而不具有这种转换权利的优先股，则属于非参与优先股。

(3) 优先股按公司可否赎回，可分为可赎回优先股和不可赎回优先股。可赎回优先股是指股份有限公司出于减轻股利负担的目的，可按规定以原价购回的优先股。公司不能购回的优先股，则属于不可赎回的优先股。

(三) 公开发行优先股的条件

1. 上市公司公开发行优先股的基本条件

最近 3 个会计年度实现的年均可分配利润应当不少于优先股 1 年的股息；最近 3 年现金分红情况应当符合公司章程及中国证监会的有关监管规定；报告期不存在重大会计违规事项；最近 3 年财务报表被注册会计师出具的审计报告应当为标准审计报告或带强调事项段的无保留意见的审计报告；已发行的优先股不得超过公司普通股股份总数的 50%，且筹资金额不得超过发行前净资产的 50%(已回购、转换的优先股不纳入计算)。

2. 上市公司公开发行优先股的特别规定

上市公司公开发行优先股，应当符合以下情形之一：其普通股为上证 50 指数成分股；以公开发行优先股作为支付手段收购或吸收合并其他上市公司；以减少注册资本为目的的回购普通股的，可以公开发行优先股作为支付手段，或者在回购方案实施完毕后，可公开发行不超过回购减资总额的优先股；最近3个会计年度应当连续盈利，扣除非经常性损益后的净利润与扣除前的净利润相比，以孰低者作为计算依据；最近36个月内因违反工商、税收、土地、环保、海关法律、行政法规或规章，受到行政处罚且情节严重的，不得公开发行优先股；公司及其控股股东或实际控制人最近12个月内应当不存在违反向投资者作出的公开承诺的行为。

3. 商业银行发行优先股的特定要求

商业银行发行优先股补充一级资本，应向银监会提出发行申请，申请文件包括：优先股发行申请；优先股发行方案；根据《优先股试点管理办法》修改的公司章程（草案）；股东大会决议；资本规划；最近3个年度经审计的财务报表及附注；发行人律师出具的合规性法律意见书；银监会要求的其他文件。

（四）优先股的发行定价

优先股每股票面金额为100元。发行价格和票面股息率应当公允、合理，不得损害股东或其他利益相关方的合法利益，发行价格不得低于优先股票面金额，即不得折价发行。

公开发行优先股的价格或票面股息率以市场询价或证监会认可的其他公开方式确定。非公开发行优先股的票面股息率不得高于最近2个会计年度的年均加权平均净资产收益率。

（五）优先股筹资的优缺点

公司利用优先股筹集长期资本，与普通股和其他筹资方式相比有其优点，也有一定的缺点。

1. 优先股筹资的优点

（1）优先股一般没有固定的到期日，不用偿还本金。发行优先股筹集资本，实际上相当于得到一笔无限期的长期贷款，公司不承担还本义务，也无须再做筹资计划。对可赎回优先股，公司可在需要时按一定价格购回，这就使得利用这部分资本更具有弹性。在财务状况较差时发行优先股，又在财务状况转好时购回，有利于结合资本需求加以调剂，同时也便于掌握公司的资本结构。

（2）优先股的股利既有固定性，又有一定的灵活性。一般而言，优先股都采用固定股利，但对固定股利的支付并不构成公司的法定义务。如果公司财务状况不佳，可以暂时不支付优先股股利，即使如此，优先股持有者也不能像公司债权人那样迫使公司破产。

（3）保持普通股股东对公司的控制权。当公司既想向社会增加筹集股权资本，又想保持原有普通股股东的控制权时，利用优先股筹资尤为恰当。

（4）从法律上讲，优先股股本属于股权资本，发行优先股筹资能够增强公司的股权资本基础，提高公司的举债能力。

2. 优先股筹资的缺点

（1）优先股的资本成本虽低于普通股，但一般高于债券。

（2）优先股筹资的制约因素较多。例如，为了保证优先股的固定股利，当企业盈利不多时，普通股就可能分不到股利。

（3）可能形成较重的财务负担。优先股要求支付固定股利，但不能在税前扣除，当盈利下降时，优先股的股利可能会成为公司一项较重的财务负担，有时不得不延期支付，从而影响公司的形象。

第三节　长期负债筹资

长期负债是指偿还期在一年或超过一年的一个经营周期的债务，是企业向债权人筹措的，可供长期使用的资金，其目的是扩大经营规模，如新建或扩建厂房、建筑物，购建大型机械设备、地产等。筹措长期负债资金，可以解决企业长期资金的不足，对企业的长远发展具有重要意义。长期负债筹资主要有长期借款筹资、债券筹资、融资租赁等形式。

一、长期借款筹资

长期借款是指企业向金融机构或其他单位借入的偿还期限在一年以上或一个营业周期以上的借款，主要用于构建固定资产和满足长期流动资金占用的需要。

（一）长期借款的类型

（1）按照付息方式与本金的偿还方式划分为分期付息到期还本长期借款、到期一次性还本付息长期借款和分期偿还本息长期借款。

（2）按所借币种划分为人民币长期借款和外币长期借款。

（3）按有无抵押品划分为信用贷款和抵押贷款。信用贷款是指仅凭企业的信用而发放的贷款；抵押贷款是指企业以抵押品作为担保的贷款。长期贷款的抵押品可以是房屋、建筑物、机器设备等实物资产，也可以是股票、债券等有价证券。

（4）按照借款用途的不同划分为基本建设借款、技术改造借款和生产经营借款。

（5）按照来源的不同划分为从银行借入的长期借款和从其他金融机构借入的长期借款。

（二）长期借款的程序

长期借款通常按照以下步骤进行。

1. 提出申请

企业向银行借入资金，必须向银行提出申请，填写包括借款金额、借款用途、偿还能力以及还款方式等主要内容的“借款申请书”，并按银行要求提供有关借款的相应资料。

2. 履行审批手续

银行审查借款申请并决定是否对企业提供贷款。银行要对借款人的信用等级进行评估以及对借款的合法性、安全性和盈利性等情况进行调查，核实抵押物、保证人情况，测定贷款的风险，并决定贷款审批。

3. 签订借款合同

银行经审查同意向企业提供贷款之后，为了维护借贷双方的合法权益，保证资金的合理使用，企业和银行须签订借款合同，以约束银、企双方的权利和义务。

4. 企业取得借款

双方签订借款合同后，贷款银行要按合同的规定按期发放贷款，企业便可取得相应的资金。按借款合同的规定，贷款人不按合同约定按期发放贷款的，应偿付违约金。借款人不按合同的约定用款的，也应偿付违约金。

5. 企业还本付息

企业应按借款合同的规定按时足额归还借款本息。一般而言，贷款银行会在长期贷款到期一个月之前，向借款的企业发送还本付息通知单。企业在接到还本付息通知单后，要及时筹备资金，按期还本付息。如果企业不能按期归还借款，应在借款到期之前，向银行申请贷款展期，但是否展期，由贷款银行根据具体情况决定。

（三）取得长期借款的条件

金融机构对企业发放贷款的原则为：按计划发放；择优扶持；有物资保证；按期归还。

企业申请贷款一般应具备的条件：

（1）独立核算、自负盈亏、有法人资格。

（2）经营方向和业务范围符合国家产业政策，借款用途属于银行贷款办法规定的范围。

（3）借款企业具有一定的物资和财产保证，担保单位具有相应的经济实力。

（4）具有偿还贷款的能力。

（5）财务管理和经济核算制度健全，资金使用效益及企业经济效益良好。

（6）在银行设有账户办理结算。

（四）长期借款的保护性条款

由于长期借款的期限长、风险大，银行通常会对借款企业提出一些有助于保证贷款按时足额偿还的条件。这些条件写入贷款合同中，形成了合同的保护性条款。归纳起来，大致有如下三类。

1. 一般性保护条款

一般性保护条款应用于大多数借款合同，但根据具体情况会有不同内容，主要包括：

（1）对借款企业流动资金保持量的规定，其目的在于保持借款企业资金的流动性和偿债能力。

（2）支付现金股利和再购入股票的限制，其目的在于限制现金外流。

（3）资本支出规模的限制，其目的在于减少企业日后不得不变卖固定资产以偿还贷款的可能性，仍着眼于保持借款企业资金的流动性。

（4）限制其他长期债务，其目的在于防止其他贷款人取得对企业资产的优先求偿权。

2. 例行性保护条款

例行性保护条款作为例行常规，在大多数借款合同中都会出现，主要包括：

（1）借款企业定期向银行提交财务报表，其目的在于及时掌握企业的财务情况。

（2）不准在正常情况下出售较多资产，以保持企业正常的生产经营能力。

（3）如期清偿缴纳的税金和其他到期债务，以防被罚款而造成现金流失。

（4）不准以任何资产作为其他承诺的担保或抵押，以避免企业过重的负担。

（5）不准贴现应收票据或出售应收账款，以避免或有负债。

（6）限制租赁固定资产的规模，其目的在于防止企业负担巨额租金以致削弱其偿债能力，还在于防止企业以租赁固定资产的办法摆脱对其资本支出和负债的约束。

3. 特殊性保护条款

特殊性保护条款是针对某些特殊情况而出现在部分借款合同中的，主要包括：

(1) 贷款专款专用。

(2) 不准企业投资于短期内不能收回资金的项目。

(3) 限制企业高级职员的薪金和奖金总额。

(4) 要求企业主要领导人在合同有效期间担任领导职务。

(5) 要求企业主要领导人购买人身保险等。

此外，短期借款筹资中的周转信贷协定、补偿性余额等条件也适用于长期借款筹资，也属于特殊保护性条款。

(五) 长期借款筹资的优缺点

1. 长期借款筹资的优点

(1) 筹资速度快。长期借款的手续比发行债券简单得多，得到借款所花费的时间较短，可迅速地获取资金。贷款人通常是商业银行和保险公司，借款企业直接向少数的几个贷款人获得资金，避免了向证券管理部门登记、由其进行审核的步骤，手续简便，所定的主要条款较具有弹性，协商速度快。长期借款由借贷双方直接协商确定，在贷款期间，如果出现新的经济情况，借款人只要取得贷款机构的同意，即可修改负债契约中的有关条款，如申请展期或延期、调整利率等。此外，长期借款并不向社会公众公开发行，发行成本低于公开发行的证券。

(2) 借款弹性较大，保密性强。借款时企业与银行直接交涉，有关条件可直接谈判；在适当情况下可进行贷款展期。借款人不一定必须是大企业，中小企业也可通过签订不同的贷款条件而取得贷款。相比之下，中小企业发行债券，可能因得不到投资机构的债券评级而难以吸引投资者。借款人不需要公开财务报表，不必担心企业内部信息的对外扩散。

(3) 借款成本较低以发挥财务杠杆的作用。就我国目前情况来看，利用银行借款所支付的利息比发行债券所支付的利息低。另外，也无须支付大量的发行费用。

2. 长期借款筹资的缺点

(1) 筹资风险较高。企业举借长期借款，必须定期还本付息，在经营不利的情况下，可能会产生不能偿付的风险，甚至会导致破产。

(2) 限制性条款比较多。企业与银行签订的借款合同中，包括一些限制性条款，制约着借款的使用及企业的相关经营活动。

(3) 筹资数量有限。银行一般不会借出巨额的长期借款。因此，利用银行借款筹资都有一定的上限。

二、债券筹资

债券是一种有价证券，是政府机构、金融机构、工商企业等直接向社会借债筹措资金时向投资者发行的，承诺按一定利率支付利息并按约定条件偿还本金的债权债务凭证。债券的本质是债务的证明书，具有法律效力。

(一) 债券的特点

债券与股票都属于有价证券，对于发行公司来说都是一种筹资手段，而对于购买者来说都是投资手段。与股票相比，债券主要有以下特点。

(1) 债券是债务凭证，是对债权的证明；股票是所有权凭证，是对所有权的证明。债券持有人是债权人，股票持有人是所有者。债券持有者与发行公司只是一种借贷关系，而股票持有者则是发行公司经营的参与者。

(2) 债券的收入为利息，利息的多少一般与发行公司的经营状况无关，是固定的；股票的收入是股息，股息的多少是由公司的盈利水平决定的，一般是不固定的。如果公司经营不善，发生亏损或者破产，股票的投资者就得不到任何股息，甚至失去本金。

(3) 债券的风险较小，因为其利息收入基本是稳定的；股票的风险则较大。

(4) 债券是有期限的，到期必还本付息；股票除非公司停业，一般不退还股本。

(5) 债券属于公司的债务，它在公司停业进行财产分配时受偿权优于股票。

(二) 债券的票面要素

债券作为证明债权债务关系的凭证，一般用具有一定格式的票面形式来表现。通常，债券票面上基本标明的内容要素有以下几点。

1. 债券面值

债券的面值是指债券的票面价值，是发行人对债券持有人在债券到期后应偿还的本金数额，也是企业向债券持有人按期支付利息的计算依据。债券的面值与债券实际的发行价格不一定是一致的，发行价格大于面值称为溢价发行，小于面值称为折价发行，等于面值称为平价发行。

2. 票面利率

债券的票面利率是指债券利息与债券面值的比率，是发行人承诺以后一定时期支付给债券持有人报酬的计算标准。债券票面利率的确定主要受到银行利率、发行者的资信状况、偿还期限和利息计算方法以及当时资金市场上资金供求情况等因素的影响。

3. 付息期

债券的付息期是指企业发行债券后的利息支付时间。它可以是到期一次支付，也可以是分期支付。在考虑货币时间价值和通货膨胀因素的情况下，付息期对债券投资者的实际收益有很大影响。到期一次付息的债券，其利息通常是按单利计算的；而年内分期付息的债券，其利息是按复利计算的。

4. 偿还期

债券偿还期是指企业债券上载明的偿还债券本金的期限，即债券发行日至到期日之间的时间间隔。公司要结合自身资金周转状况及外部资本市场的各种影响因素来确定公司债券的偿还期。

上述四个要素是债券票面的基本要素，但在发行时并不一定全部在票面上印制出来，例如，在很多情况下，债券发行者是以公告或条例形式向社会公布债券的期限和利率。

(三) 债券的种类

(1) 按是否有财产担保，债券可以划分为抵押债券和信用债券。发行公司以特定财产作为抵押品的债券为抵押债券；没有特定财产作为抵押，凭信用发行的债券称为信用债券。抵押债券又分为四类：一般抵押债券，即以公司产业的全部作为抵押品而发行的债券；不动产

抵押债券,即以公司的不动产为抵押而发行的债券;设备抵押债券,即以公司的机器设备为抵押而发行的债券;证券信托债券,即以公司持有的股票证券以及其他担保证书交付给信托公司作为抵押而发行的债券。

(2) 按是否能转换为公司股票,债券可以划分为可转换债券和不可转换债券。可转换债券是指在特定时期内可以按某一固定的比例转换成普通股的债券,它具有债务股东的权利,因此其利率通常低于不可转换债券。不可转换债券是指不能转换为普通股的债券,又称为普通债券。

(3) 按利率是否固定,债券可以划分为固定利率债券和浮动利率债券。固定利率债券是将利率印在票面上并据此向债券持有人支付利息的债券;浮动利率债券是指债券利率随市场利率变动而调整的债券。

(4) 按是否能够提前偿还,债券可以划分为可赎回债券和不可赎回债券。可赎回债券是指在债券到期前,发行人可以以事先约定的赎回价格收回的债券;不可赎回债券是指不能在债券到期前收回的债券。

(5) 按偿还方式不同,债券可以划分为一次性到期债券和分期到期债券。一次性到期债券是指发行公司于债券到期日一次性偿还全部债券本金的债券;分期到期债券是指在债券发行的当时就规定有不同到期日的债券,即分批偿还本金的债券。分期到期债券可以减轻发行公司集中还本的财务负担。

(四) 债券的发行条件

根据《公司债券发行与交易管理办法》的规定,公司公开发行债券,应当符合下列条件。

(1) 具备健全且运行良好的组织机构。

(2) 最近三年平均可分配利润足以支付公司债券一年的利息。

(3) 具有合理的资产负债结构和正常的现金流量。

(4) 国务院规定的其他条件。

公开发行公司债券,由证券交易所负责受理、审核,并报中国证监会注册。

公开发行公司债券筹集的资金,必须按照公司债券募集办法所列资金用途使用;改变资金用途,必须经债券持有人会议做出决议。公开发行公司债券筹集的资金,不得用于弥补亏损和非生产性支出。

上市公司发行可转换为股票的公司债券,除应当符合上述规定的条件外,还应当符合本法关于公开发行股票的条件。但是,按照公司债券募集办法,上市公司通过收购本公司股份的方式进行公司债券转换的除外。

有下列情形之一的,不得再次公开发行公司债券。

(1) 对已公开发行的公司债券或者其他债务有违约或者延迟支付本息的事实,仍处于继续状态。

(2) 违反《证券法》规定,改变公开发行公司债券所募资金的用途。

资信状况符合以下标准的公开发行公司债券,专业投资者和普通投资者可以参与认购。

(1) 发行人最近 3 年无债务违约或者延迟支付本息的事实。

(2) 发行人最近 3 年平均可分配利润不少于债券一年利息的 1.5 倍。

(3) 发行人最近一期末净资产规模不少于 250 亿元。

(4) 发行人最近 36 个月内累计公开发行债券不少于 3 期,发行规模不少于 100 亿元。

(5) 中国证监会根据投资者保护的需要规定的其他条件。

未达到前款规定标准的公开发行公司债券,仅限于专业投资者参与认购。

(五) 债券的发行价格

债券发行价格的高低取决于以下四个因素。

(1) 票面利息率。票面利息率是债券名义利率,一般为年利率。票面利率越高,债券的价格越高;反之,票面利率越低,债券价格越低。

(2) 债券面值。债券面值是债券到期时的票面价值。债券面值加上到期时利息的价值之和为到期值。债券价格是债券到期值的现值。债券面值越高,债券发行价格越高;反之,债券面值越低,债券发行价格越低。

(3) 债券期限。在债券面值和票面利率确定的情况下,债券期限决定投资风险。债券期限越长,投资风险越大,从而要求的投资报酬率也越高,债券发行价格越低;反之,期限越短,投资风险越小,从而要求的投资报酬率也越低,债券发行价格可能越高。

(4) 市场利率。债券发行时的市场利率是债券现值的折现率,市场利率的高低与债券现值成反向变动关系。在其他因素不变时,市场利率越高,债券发行价格越低;反之,市场利率越低,债券发行价格越高。

影响债券发行价格的决定性因素是票面利率与市场利率之间的关系。因为资金市场上的利息率是经常变化的,而企业债券一经发行,就不能调整其票面利息率。从债券的开印到正式发行,往往需要经过一段时间。在这段时间内如果资金市场上的利率发生变化,就要靠调整发行价格的方法保证债券顺利发行,所以债券发行价格存在溢价、平价、折价三种情况。当债券票面利率等于市场利率时,债券发行价格等于债券面值,此时为平价发行;当债券票面利率高于市场利率时,债券发行价格大于债券面值,此时为溢价发行;当债券票面利率低于市场利率时,债券发行价格低于债券面值,此时为折价发行。

债券发行价格的计算公式为:

$$\text{债券发行价格} = \frac{\text{票面金额}}{(1+\text{市场利率})^n} + \sum_{t=1}^{n} \frac{\text{票面金额} \times \text{票面利率}}{(1+\text{市场利率})^t} \qquad (4-7)$$

式中,n—— 债券期限;

t—— 付息期数。

【例 4-1】某公司发行面额为 100 元,票面利率为 8%,期限 5 年的公司债券。每年末付息一次,发行时的市场利率为 8%,其发行价格为:

$$\begin{aligned}\text{发行价格} &= \frac{100}{(1+8\%)^5} + \sum_{t=1}^{5} \frac{100 \times 8\%}{(1+8\%)^t} \\ &\approx 100 \times 0.681 + 8 \times 3.993 \\ &\approx 100(\text{元})\end{aligned}$$

若发行时市场利率为 6%,其发行价格为:

$$\begin{aligned}\text{发行价格} &= \frac{100}{(1+6\%)^5} + \sum_{t=1}^{5} \frac{100 \times 8\%}{(1+6\%)^t} \\ &\approx 100 \times 0.747 + 8 \times 4.212 \\ &\approx 108.4(\text{元})\end{aligned}$$

若发行时市场利率为 10%,其发行价格为:

$$发行价格=\frac{100}{(1+10\%)^5}+\sum_{t=1}^{5}\frac{100\times8\%}{(1+10\%)^t}$$
$$\approx 100\times0.621+8\times3.791$$
$$\approx 92.4(元)$$

（六）债券的信用等级

债券的信用等级是证券评级机构根据对债券发行人的基本经营状况分析，从本利支付可靠度和信用度两个方面对发行者的债券评定等级。债券信用等级是投资者衡量债券投资风险的重要指标，也是债券管理机构对债券进行管理的重要依据。债券的信用等级对于发行公司和购买人都有重要影响。

国际上流行的债券等级是3等9级。AAA级为最高级，AA级为高级，A级为上中级，BBB级为中级，BB级为中下级，B级为投机级，CCC级为完全投机级，CC级为最大投机级，C级为最低级。

（七）债券筹资的优缺点

1. 债券筹资的优点

（1）资本成本相对较低。债券的利息可以税前列支，具有抵税作用，另外债券投资人比股票投资人的投资风险低，因此其要求的报酬率也比股票的低。故公司债券的资本成本要低于普通股。

（2）具有财务杠杆作用。债券的利息是固定的费用，与企业的经营收入无关。当企业的息税前利润率高于债务的利率时，将有更多的收益留给股东，企业每股收益会随着负债比例的增加而上升。

（3）所筹集资金属于长期资金。发行债券所筹集的资金一般属于长期资金，可供企业在一年以上的时间内使用，这为企业安排投资项目提供了有力的资金支持。

（4）债券筹资的范围广、金额大。债券筹资的对象十分广泛，它既可以向各类银行或非银行金融机构筹资，也可以向其他法人单位、个人筹资，因此比较容易筹集到较大金额的资金。

2. 债券筹资的缺点

（1）财务风险大。债券有固定的到期日和固定的利息支出，当企业资金周转出现困难时，可能使企业陷入财务困境，甚至破产清算。

（2）限制性条款多，资金使用缺乏灵活性。因为债权人没有参与企业管理的权利，为了保障债权人债权的安全，通常会在债券合同中附加各种限制性条款。这些限制性条款会影响企业资金使用的灵活性。

三、融资租赁

租赁是指资产的所有者（出租人）授予另一方（承租人）使用资产的专用权并获取租金报酬的一种合约，是一种以一定费用借贷实物的经济行为。在这种经济行为中，出租人将自己所拥有的某种物品交与承租人使用，承租人由此获得在一段时期内使用该物品的权利。承租人为其所获得的使用权需向出租人支付一定的费用（租金）。

（一）租赁要素

1. 租赁当事人

租赁合约的当事人至少包括出租人和承租人两方。出租人是租赁资产的所有者，而承租人是租赁资产的使用者。

2. 租赁标的

租赁标的指用于租赁的具体物件。

3. 租赁期限

租赁期限即租期，指租赁开始日至终止日的时间。根据租赁期的长短可分为短期租赁和长期租赁。短期租赁的时间明显少于租赁资产的经济寿命，而长期租赁的时间则接近租赁资产的经济寿命。

4. 租赁费用

租赁费用即租金，是承租人在租期内获得租赁物品的使用权而支付的代价。

（二）租赁的主要形式

1. 融资租赁

融资租赁又称金融租赁。它是指由租赁的当事人约定，由出租人根据承租人提供的规格，与第三方（供货商）订立一项供货合同。根据此合同，出租人按照承租人在与其利益有关的范围内所同意的条款取得工厂、资本货物或设备。并且，出租人与承租人（用户）订立一项租赁合同，以承租人支付租金为条件授予承租人使用设备的权利，并在一个不间断的长期租赁期间内，通过收取租金的方式，收回全部或大部分投资。融资租赁一般具有以下特征。

（1）出租方实质上已经将租赁资产有关的全部风险和报酬转移。承租人负责检查验收制造商所提供的设备，对该设备的质量与技术条件出租人不向承租人做出担保。并且，承租方还需要承担租赁资产的折旧、修理以及其他费用。

（2）租赁期限较长，大多为设备耐用年限的一半以上。

（3）租赁合同一经签订，在租赁期间任何一方均无权单方面撤销合同。只有设备毁坏或被证明为已丧失使用价值的情况下方能中止执行合同，无故毁约则要支付相当重的罚金。

（4）租期结束后，承租人可以对设备有留购、续租和退租三种选择，若要留购，购买价格可在签订租赁合同时由租赁双方协商确定。若合同上对租赁物的归属没有约定或者约定不明确的，租赁物的所有权归出租人所有。

2. 经营性租赁

经营性租赁又称营运租赁、服务租赁。它是一种短期租赁形式，是指出租人向承租人短期出租设备，并提供设备保养服务，租赁合同可中途解约，主要是为了满足经营上的临时需要，或季节性的需要而发生的资产租赁。这种租赁形式有如下主要特征。

（1）与所有权有关的风险和报酬，实质上并未转移。租赁资产的所有权仍然归出租方所有，出租方保留了租赁资产的大部分风险与报酬，其租赁资产的折旧、修理费用等均由出租方承担。

（2）出租人一般需要经过多次出租，才能收回对租赁资产的投资。

（3）经营租赁期限相对较短，一般不延至租赁资产的全部耐用期限。

（4）租赁期满后，承租人将设备退还给出租人，也可以根据一方的要求解除租约。经营租赁一般没有续租或优先购买选择权。

（三）融资租赁的分类

1. 直接租赁

直接租赁是融资租赁的典型形式，指购进租出的做法。出租人根据承租人的申请，以自有或筹措的资金向国内外厂商购进用户所需设备，租给承租人使用。直接租赁一般由两个合同组成：一是出租人与承租人签订的租赁合同；二是出租人按承租人订货要求，与厂商签订的购货合同。

2. 售后回租

售后回租是指企业因缺乏资金，将自有资产中较新的固定资产，卖给能够办理融资租赁业务的机构，再以承租人的身份，向这些机构租回使用。在这种方式下，承租人一方面通过出售资产获得了现金；另一方面又通过租赁满足了对资产的需要，而租金却可以分期支付。

3. 杠杆租赁

杠杆租赁是当出租人不能单独承担资金密集项目（如飞机、船舶）的巨额投资时，以待购设备作为贷款抵押，以转让收取租金的权利作为贷款的保证，从银行、保险公司、信托公司等金融机构获得购买设备的 60% ～ 80% 的贷款，其余部分由出租人自筹解决，出租人购进设备给承租人使用，以收取的租金偿还贷款。这样，出租人利用自己的少量资金就推动了大额的租赁业务，故称为杠杆租赁。对承租人（企业）来说，杠杆租赁和直接租赁没有区别，都是向出租人租入资产；而对出租人而言，身份则有了变化，既是资产的出租者，同时又是款项的借入人。因此杠杆租赁是一种涉及三方面关系人的租赁形式。

（四）融资租赁的流程

融资租赁是集融资与融物、贸易与技术更新于一体的新型金融工具，是一种通过低成本和特定程序，把资金与设备紧密结合起来的资金融通方式。其操作程序如下。

（1）选择租赁公司和供货方。在确定采用融资租赁方式取得设备使用权的前提下，承租人应通过市场调查来选择适合自己的租赁公司和租赁标的物。然后，承租人向选定的租赁公司提出书面申请，填写“设备租赁申请书”。租赁公司收到申请后，应向企业介绍有关手续的办理程序、租金的计算方式、税金的支付期间与支付方式等。

（2）出租人对承租人的信用状况审查。在开展融资租赁以前，出租人应对承租人的信用状况进行审查，审查通过后方可进一步开展工作。

（3）租赁公司租赁项目的审查。融资租赁前租赁公司还需对租赁项目进行审查，以确保出租方的利益。审查的内容包括：租赁项目的可行性、租赁设备的先进性等。

（4）签订购货合同。购货合同应由承租人、出租人和供货商三方参加签订。在委托租赁的情况下，由租赁公司向供货商订购，并签订订货合同，同时由承租人副签。

（5）签订租赁合同。承租人与出租人经谈判若能达成共识，则签订租赁合同。

（6）设备的交接及贷款支付。供货商应根据合同规定的日期将设备直接交给承租人，企业负责验货、办理交接手续，租赁公司负责向供货商支付设备价款。

（7）支付租金。承租人按合同规定的租金数额、支付方式等，向租赁公司支付租金。

（8）租赁期满租赁资产的处置。融资租赁合同期满时，承租人应按租赁合同的规定，实行退租、续租或留购。租赁期满的设备通常都以低价卖给承租人或无偿赠送给承租人。

（五）融资租赁租金的计算

1. 融资租赁租金的构成要素

（1）购置成本。购置成本包括设备价款、运杂费和途中保险费等。

（2）利息费用。利息费用又称融资成本，是指出租人为购买租赁设备所筹资金的利息。

（3）租赁手续费。租赁手续费包括出租人承办租赁设备的营业费用和一定的利润。目前我国租赁公司收取的手续费一般为购进设备成本的 1% ～ 3%（即手续费率）。

2. 融资租赁租金的支付形式

融资租赁的租金通常采用分次支付的方式，具体类型有以下几种。

（1）按支付间隔期的长短，可以分为年付、半年付、季付和月付等方式。

（2）按支付时期先后，可以分为先付租金和后付租金两种。

（3）按每期支付金额，可以分为等额支付和不等额支付两种。

实务中大多采用后付租金支付方式。

3. 融资租赁租金的计算方法

（1）平均分摊法。平均分摊法是指承租人将应付的租金（包括设备购置成本、利息费用、手续费）在租赁期限内按支付次数平均计算的一种方式。这种方法计算简单，但没有考虑资金的时间价值。其计算公式如下：

每期租金 =（购置成本 − 预计残值 + 利息费用 + 手续费）/ 租金支付次数

（2）等额年金法。等额年金法是将利息率和手续费率综合而成的综合费用率作为贴现率，利用年资本回收额的计算公式计算每期支付租金的方法。承租人与租赁公司商定的租金支付方式，大多为后付等额租金，多数情况下设备残值归承租人所有。

① 后付租金的计算。根据年资本回收额的计算公式，可以得出后付租金方式下每年年末支付租金数额的计算公式为：

$$A = \frac{P}{(P/A, i, n)} \tag{4-8}$$

② 先付租金的计算。根据即付年金的现值公式，可以得出先付等额租金的计算公式为：

$$A = \frac{P}{(P/A, i, n-1) + 1} \tag{4-9}$$

【例 4-2】某企业采用融资租赁方式，于 2021 年 1 月 1 日从一租赁公司租入一设备，设备价款为 100 万元，租期为 5 年，到期后设备预计残值为 20 万元，年利率为 10%，租赁手续费为设备价值的 5%。租金每年年末支付一次。要求计算：

（1）如果企业租期满后，设备残值归还给租赁公司，按平均分摊法计算每年年末支付的租金。

（2）如果企业租期满后，设备残值归承租企业所有，按等额年金法计算每年年末支付的租金。

（1）每年年末支付的租金为：

$$\begin{aligned}
\text{每期租金} &= (100 - 20)/5 + [100 \times (1 + 10\%) - 100] + 100 \times 5\%/5 \\
&= 16 + 10 + 1 \\
&= 27(\text{万元})
\end{aligned}$$

(2) 贴现率为 10% + 5% = 15%，每年年末支付的租金为：

$$A = 100/(P/A, 15\%, 5)$$
$$= 100/3.352$$
$$\approx 29.83（万元）$$

（六）融资租赁筹资的优缺点

融资租赁可提供一种新的资金来源，它的优缺点主要表现在以下几个方面。

1. 融资租赁的优点

（1）筹资速度快。租赁往往比借款购置设备更迅速、更灵活，因为租赁是筹资与购置设备同时进行，可以缩短设备的购进、安装时间，使企业尽快形成生产能力，有利于企业尽快占领市场，打开销路。

（2）限制条款较少。如前所述，债券和长期借款都制定有相当多的限制条款，虽然类似的限制在租赁公司中也有，但一般较少。

（3）减少设备陈旧过时遭淘汰的风险。当今科学技术发展迅速，固定资产更新周期日趋缩短。企业设备陈旧过时的风险很大，利用租赁融资可减少这一风险。这是因为融资租赁的期限一般为租赁资产使用年限的一定比例，不会像自己购买设备那样整个期间都要承担风险，且多数租赁协议都规定由出租人承担设备陈旧过时的风险。

（4）财务风险小。租金在整个租期内分摊，不用到期归还大量本金。许多借款都在到期日一次偿还本金，这会给财务基础较弱的公司造成相当大的困难，有时会造成不能偿付的风险。而租赁则把这种风险在整个租期内分摊，可适当减少不能偿付的风险。

（5）租金可在所得税前扣除，税收负担轻。

2. 融资租赁的缺点

（1）租金高。包含租赁物的原价、利润、利息和手续费等，其隐含报酬率通常高于债券利率。在企业财务困难时，固定的租金也会构成一项较沉重的负担。

（2）租赁期满，资产残值一般归出租人所有，除非购买资产，否则承租人丧失资产残值。

（3）难以改良资产，即未经过出租人同意，承租人不得擅自对租赁财产加以改良。

第四节　短期负债筹资与营运资金管理政策

一、短期负债筹资

（一）短期负债筹资的特点

短期负债筹资所筹资金的可使用时间较短，一般不超过一年。短期负债筹资特点如下。

1. 筹资速度快，容易取得

长期负债的债权人为了保护自身利益，往往要对债务人进行全面的财务调查，因而筹资所需时间一般较长且不易取得。短期负债在较短时间内即可归还，故债权人顾虑较少，容易取得。

2. 筹资富有弹性

举借长期负债，债权人或有关方面经常会向债务人提出很多限定性条件或管理性规定；

而短期负债的限制则相对宽松些，使筹资企业的资金使用较为灵活、富有弹性。

3. 筹资成本较低

一般而言，短期负债的利率低于长期负债，短期负债筹资的成本也就较低。

4. 筹资风险高

短期负债需在短期内偿还，因而要求筹资企业在短期内拿出足够的资金偿还债务，若企业届时资金安排不当，就会陷入财务危机。此外，短期负债利率的波动比较大，一时高于长期负债的水平也是可能的。

（二）短期负债筹资的主要形式

短期负债筹资的最主要形式是商业信用和短期借款。

1. 商业信用

商业信用是指在商品交易中由于延期付款或预收账款所形成的企业之间的借贷关系，是一种直接信用关系。商业信用产生于商品交换之中，是所谓的“自发性筹资”。它运用广泛，在短期负债筹资中占有相当大的比重。

(1) 商业信用的类型。

① 应付账款。应付账款是企业购买货物延期付款形成的信用形式，信用期限一般不超 2 个月。卖方利用这种方式促销，而对买方来说，延期付款则等于借用资金购入货物，可以缓解短期的资金不足。应付账款是一种最典型、最常见的商业信用形式，尤其是小企业对商业信用的依赖更大。

② 预收货款。预收货款是另外一种典型的商业信用形式。预收货款是卖方企业在交付货物之前要向买方预先收取部分或全部货款的信用形式。对于卖方来说，预收货款等于向买方借入一笔资金，然后用货物抵偿。通常，购买单位对于紧俏商品多采用这种形式，以便顺利获得所需商品。另外，生产周期长、售价高的商品，如轮船、飞机等，生产企业也经常向订货者分次预收款，以缓解资金占用过多的矛盾。

③ 应付票据。应付票据是企业进行延期付款商品交易时的反映债权债务关系的票据。对于买方来说，它是一种短期融资方式。商业汇票是一种期票，是反映应付账款和应收账款的书面证明，一般最长付款期限不超过 6 个月。应付票据可以带息，也可以不带息。

此外，企业在生产经营活动中往往还形成一些应付费用，如应付工资、应付福利费、应付利息、应交税费等。这些费用发生在前，支付在后，前清后欠，始终不断，也属于商业信用的范畴。值得说明的是，企业商业信用筹资属于企业短期筹资方式，但由于这些项目在企业经营过程中不断偿还的同时仍不断发生，在企业持续经营期间始终保持一个稳定的数量，所以这些流动负债形成了企业一项长期稳定的资金来源，称为“视同自有资金”或“自发性负债”，按企业的长期资金来源对待。

(2) 应付账款的信用条件。所谓信用条件是指债权人对付款期限（或称为信用期限）、现金折扣和折扣期限所做的具体规定。其中付款期限是指债务人使用商业信用资金的最长期限；现金折扣是指债务人在折扣期限内付款可享受的价格优惠；折扣期限是指可享受现金折扣的付款时间。如信用条件“2/10，n/30”，表示 10 天内付款优惠 2%，最长付款期限为 30 天。

在商品交易中，根据货款支付时间的不同，信用条件主要有以下几种形式。

① 货到付款。不提供商业信用。

② 预收货款。买方在卖方发出货物之前支付货款的情形。

③ 延期付款，但不涉及现金折扣。卖方允许企业在交易发生后一定时期内按发票金额支付货款的情形，如"$n/45$"，是指在45天内按发票金额付款。

④ 延期付款，但可享受现金折扣。买方若提前付款，卖方可给予一定的现金折扣，如买方不享受现金折扣，则必须在一定时期内付款。如"$2/10, n/30$"便属于此种信用条件。

(3) 应付账款的信用形式。应付账款筹资额的大小取决于以下四个因素。

① 信用额度，是指销货方提供赊销信用的总金额。

② 信用期，是指允许按发票面额付款的最迟期限。

③ 折扣期，是指享有现金折扣的最迟付款期。

④ 折扣率，是指享有现金折扣的比率。

从筹资角度看，购货方通过应付账款获得的信用有以下三种。

① 免费信用。如果购货方购买了货物以后，在销货方规定的折扣期内付款，便可以享受到销货方提供的现金折扣。购货方因为享受现金折扣获得的信用属于免费信用，没有任何资金成本。免费信用的资金使用期为折扣期，筹资额为应付账款总额扣除现金折扣后的余额。免费信用筹资额计算公式为：

$$\text{免费信用筹资额} = \text{应付账款额} \times (1 - \text{现金折扣率}) \tag{4-10}$$

【例4-3】某公司按"$2/10, n/30$"条件赊购一批货物，赊购总金额为80万元。要求：指出信用额度、信用期、折扣期、折扣率；如果10天内付款，免费筹资额为多少？

信用额度为80万元；信用期为30天；折扣期为10天；折扣率为2%。

免费筹资额为：$800\,000 \times (1 - 2\%) = 784\,000$(元)

② 有代价信用。如果购货方购买了货物以后，在卖方规定的折扣期内不想付款或没有能力付款，就只能享受有代价信用，这种代价表现为使用该信用必须承担因放弃现金折扣而发生的机会成本。放弃现金折扣机会成本的计算公式为：

$$\text{放弃现金折扣机会成本} = \frac{\text{折扣百分比}}{1 - \text{折扣百分比}} \times \frac{360}{\text{信用期} - \text{折扣期}} \tag{4-11}$$

从式(4-11)可以看出，放弃现金折扣机会成本与折扣率、折扣期成正比，与信用期成反比。当加大现金折扣率、延长现金折扣期时，会加大放弃现金折扣的成本；当延长信用期时，会缩小放弃现金折扣的资金成本。

【例4-4】按【例4-3】的资料，计算购货方企业放弃现金折扣的筹资额和资金成本，并做出是否放弃现金折扣的决定。

依题中资料，如果企业放弃现金折扣应在第11天至第30天内按全额付款，此时的筹资额为80万元。放弃现金折扣的机会成本为：

$$\frac{2\%}{1 - 2\%} \times \frac{360}{30 - 10} \times 100\% = 36.73\%$$

企业使用有代价信用决策时，应将其他可能的筹资方式的资金成本与放弃现金折扣的机会成本相比较。当其他筹资方式的资金成本低于放弃现金折扣的机会成本时，企业应在折扣期内付款，享受现金折扣；当企业需要资金时，应按其他资金成本较低的筹资方式筹集资金，以降低资金使用成本。

③ 展期信用。展期信用是购货方在购买了货物以后，在卖方规定的信用期内没有付款，而是在超过信用期以后的某一时间付款，称为展期信用。展期信用是购货方强制销货方延长信用期得到的信用，这种信用有得也有失。一方面，付款期延长，可以降低放弃现金折扣的机会成本，降低企业机会损失；另一方面，购货方延期付款属于失信，在市场经济逐渐规范化的今天，失信将给企业带来更大的信用损失。

展期信用资金成本计算公式如下：

$$\text{展期信用资金成本} = \frac{\text{折扣率}}{1-\text{折扣率}} \times \frac{360}{\text{展期信用期}-\text{折扣期}} \times 100\% \qquad (4-12)$$

由上面的计算结果可以看出，展期信用可以降低商业信用的资金成本，但由于失信而增加的信誉损失却是难以计量的。

(4) 应付账款的决策原则。根据上面的讨论，应付账款的决策原则总结如下。

① 如果能以低于放弃现金折扣机会成本的利息率借入资金，则应在现金折扣期借入资金支付货款，享受现金折扣，以降低资金成本。

② 如果折扣期内将应付账款用于短期投资，所得的投资收益率高于放弃现金折扣的机会成本率时，则应放弃现金折扣去追求更高的收益。

③ 如果企业因资金短缺而欲展延付款期，则需在降低了的放弃现金折扣机会成本与展延付款所带来的信用损失之间做出选择。

④ 如果有两家以上提供不同信用条件的供货方，在其他条件相同时，应通过对比放弃现金折扣成本的大小，选择信用成本最小(或所获利益最大) 的供货方。

(5) 商业信用筹资的评价。商业信用筹资最大的优越性在于：① 筹资便利。利用商业信用筹措资金非常方便，限制条件少，无须担保和抵押，不需要办理筹资手续，也无附加条件，而且市场经济越发达，商业信用越普遍；② 筹资成本低。如果没有现金折扣或企业不放弃现金折扣或使用不带息票据，则利用商业信用筹资成本为零。其缺陷在于：① 商业信用的期限一般较短，如果企业取得现金折扣，则时间会更短。应付账款的付款期一般短于 2 个月，应付票据的付款期限不超过 6 个月；② 如果放弃现金折扣，则要付出较高的资金成本。

2. 短期借款

短期借款是指企业向银行和其他非银行金融机构借入的期限在一年以内的借款。企业的短期借款主要有：经营周转借款、临时借款、结算借款、票据贴现借款、卖方信贷、预购定金借款和专项储备借款等。

(1) 短期借款的信用条件。按照国际惯例，银行发放短期贷款时，往往涉及以下信用条件。

① 信贷限额。信贷限额即贷款限额，是借款人与银行在协议中规定的允许借款人无担保借款的最高限额。信贷限额的有效期限通常为一年，但也可延期一年。企业在信贷额度内随时可以取得借款，不必另外审批，超过规定限额，银行则停止办理。如果企业信誉恶化，即使银行曾经同意按信贷限额提供贷款，企业也可能得不到借款。这时，银行不会承担法律责任。

② 周转信贷协定。周转信贷协定是银行具有法律义务地承诺提供不超过某一最高限额的贷款协定。在协定的有效期内，只要企业的借款总额未超过最高限额，银行必须满足企业任何时候提出的借款要求。企业享用周转信贷协定，通常要对贷款限额的未使用部分付给银行一笔承诺费。

【例 4－5】某企业取得银行为期一年的周转信贷额 100 万元，借款企业年度内使用了 60 万元，平均使用期只有 6 个月，借款利率为 12%，年承诺费率为 0.5%，要求计算年终借款企业需要支付的利息和承诺费总计是多少？

$$需支付的利息 = 60 \times (12\% \div 12) \times 6 = 3.6(万元)$$

$$需支付的承诺费 = (100 - 60) \times 0.5\% + 60 \times (0.5\% \div 12) \times 6 \approx 0.35(万元)$$

$$总计支付额 = 3.95(万元)$$

③ 补偿性余额。补偿性余额是银行要求借款人在银行中保持按贷款限额或实际借用额一定百分比(一般为 10% ～ 20%) 计算的最低存款余额。补偿性余额有助于银行降低贷款风险，补偿其可能遭受的风险；对借款企业来说，补偿性余额则提高了借款的实际利率，加重了企业的利息负担。补偿性余额贷款实际利率计算公式如下：

$$补偿性余额贷款实际利率 = \frac{名义利率}{1 - 补偿性余额} \tag{4-13}$$

【例 4－6】某企业按年利率 5% 向银行借款 200 万元，银行要求保留 10% 的补偿性余额，则该项贷款的实际利率为多少？

$$实际利率 = 5\% \div (1 - 10\%) \times 100\% = 5.6\%$$

④ 借款抵押。银行向财务风险较大的企业或对信誉难以确定的企业发放贷款，有时需要有抵押品担保，以减少自己蒙受损失的风险。抵押贷款的利率要高于非抵押贷款的利率，其原因在于银行将抵押贷款视为风险贷款，所以当借款企业的信誉不是很好时，需要收取较高的利息；而银行一般愿意为信誉较好的企业提供贷款，且利率相对会较低。

⑤ 偿还条件。贷款的偿还条件有到期一次性偿还和在贷款期内分期(月、季) 等额偿还两种方式。一般来说企业不希望采用分期等额偿还方式借款，而是愿意在贷款到期日一次性偿还，因为分期偿还会加大贷款的实际利率。但是银行不希望采用到期一次性偿还方式，因为到期一次性偿还借款本金会增加企业的财务负担，加大企业拒付风险，同时会降低借款的实际利率。

⑥ 以实际交易为贷款条件。当企业发生经营性临时资金需求，向银行申请贷款以求解决时，银行则以企业将要进行的实际交易为贷款基础，单独立项，单独审批，最后做出决定并确定贷款的相应条件和信用保证。

(2) 借款利息的支付方式。借款利息的支付方式有如下几种。

① 利随本清法(又称收款法)。利随本清法是指借款到期时向银行支付利息的方法。采用这种方法，借款的名义利率等于实际利率。

② 贴现法。贴现法是指银行向企业发放贷款时，先从本金中扣除利息部分，而到期时借款企业再偿还全部本金的计息方法。这种方法是在借款时即把利息扣除，这将导致实际利率高于名义利率。

$$\begin{aligned}贴现法贷款实际利率 &= \frac{本金 \times 名义利率}{实际借款额} \times 100\% \\ &= \frac{本金 \times 名义利率}{本金 - 利息} \times 100\% \\ &= \frac{名义利率}{1 - 名义利率} \times 100\% \end{aligned} \tag{4-14}$$

【例 4－7】某企业从银行取得借款 400 万元，期限为 1 年，名义利率为 5%，利息为 20 万元。按照贴现法付息，企业实际可动用的贷款为 380 万元，该项贷款的实际利率为：

$$\text{实际利率} = \frac{\text{实际利息}}{\text{实际贷款额}} = \frac{20}{400-20} \times 100\% \approx 5.26\%$$

③ 加息法。加息法是银行发放分期等额偿还贷款时采用的收取利息方法。具体做法是，银行将依据名义利率计算的利息加到本金上，计算出贷款的本利和，并要求贷款企业在贷款期内分期等额偿还本金和利息之和。由于贷款本息在贷款期内分期等额偿还，借款企业实际上只使用了半数资金，却支付了全部利息。这样，企业借款的实际利息率便高于名义利息率大约一倍。加息法贷款实际利率计算公式如下：

$$\text{加息法贷款实际利率} = \frac{\text{利息额}}{\text{贷款额}/2} = \text{贷款额} \times \frac{\text{名义利率}}{\text{贷款额}/2} = \text{名义利率} \times 2 \tag{4-15}$$

【例 4－8】某公司向银行借款 100 000 元，期限 1 年，利率 6%，银行按加息法收取本息。该企业平均使用的借款额和实际利息率各是多少？

该企业实际平均使用的借款额：100 000 ÷ 2 ＝ 50 000(元)

该企业实际支付的利息额：100 000 × 6% ＝ 6 000(元)

该企业实际借款利息率：6 000 ÷ 50 000 × 100% ＝ 12%

二、营运资金管理政策

营运资金管理政策包括营运资金持有政策和营运资金筹集政策，它们分别研究如何确定营运资金持有量和如何筹集营运资金两个方面的问题。

（一）营运资金持有政策

流动资产随企业业务量的变化而变化，业务量越大，其所需的流动资产越多。但它们之间并非线性的关系。由于规模经济、使用效率等的作用，流动资产以递减的比率随业务量增长，这就产生了如何把握流动资产投资量的问题。

营运资金持有量的高低，影响着企业的收益和风险。较高的营运资金持有量使企业有较大把握按时支付到期债务，能及时供应生产用材料和准时向客户提供产品，从而保证经营活动平稳地进行，风险性较小。但是，由于流动资产的收益性一般低于固定资产，较高的营运资金持有量会降低企业的收益性；而较低的营运资金持有量带来的后果正好相反，企业的收益率较高。但较少的现金、有价证券量和较低的存货保险储备量也会降低企业的偿债能力和采购的支付能力，有可能造成信用损失、材料供应中断和生产阻塞，会加大企业的风险。

通过以上分析可以看到，营运资金持有量的确定就是在收益和风险之间进行权衡。一般将持有较高的营运资金称为宽松的营运资金政策，而将持有较低的营运资金称为紧缩的营运资金政策，前者的收益、风险均较低；后者的收益、风险均较高。介于两者之间的，是适中的营运资金政策。在适中的营运资金政策下，营运资金的持有量不过高也不过低，恰好现金足够支付之需，存货满足生产和销售所用，除非利息高于资本成本，一般企业不保留有价证券。也就是说，适中的营运资金政策对于投资者财富最大化来讲理论上是最佳的。

然而实际上却难以量化地描述适中政策的营运资金持有量。这是因为这一营运资金水

平是多种因素共同作用的结果，包括销售水平、存货和应收账款的周转速度等。所以，各企业应当根据自身的具体情况和环境条件，按照适中营运资金政策的原则，确定适当的营运资金持有量。

（二）营运资金筹集政策

营运资金筹集政策是营运资金政策的研究重点。研究营运资金的筹资政策，需要先对构成营运资金的两要素——流动资产和流动负债做进一步的分析，然后再考虑两者间的匹配。

1. 流动资产和流动负债分析

一般来说，企业经常按照周转时间的长短对企业的资金进行分类，即周转时间在一年以下的为流动资产，包括货币资金、短期投资、应收账款、应收票据、存货等；周转时间在一年以上的为长期资产，包括长期投资、固定资产、无形资产等。对于流动资产，如果按照用途再做区分，则可以分为临时性流动资产和永久性流动资产。临时性流动资产指那些受季节性、周期性影响的流动资产，如季节性存货、销售和经营旺季（如零售业的销售旺季在春节期间等）的应收账款；永久性流动资产则指那些即使企业处于经营低谷也仍然需要保留的、用于满足企业长期稳定需要的流动资产。

企业的负债则按照债务时间的长短，以一年为界限，分为短期负债和长期负债。短期负债包括短期借款、应付账款、应付票据等；长期负债包括长期借款、长期债券等。短期负债的特点主要是成本低、风险大。与流动资产按照用途划分的方法相对应，流动负债也可以分为临时性负债和自发性负债。临时性负债是指为了满足临时性流动资金需要所发生的负债，如商业零售企业春节前为满足节日销售需要，超量购入货物而举借的债务；食品制造企业为赶制季节性食品，大量购入某原料而发生的借款；等等。自发性负债是指直接产生于企业持续经营中的负债，如商业信用筹资和日常运营中产生的其他应付款，以及应付职工薪酬、应付利息、加付税费等。

2. 流动资产和流动负债的配合

营运资金筹集政策，主要是就如何安排临时性流动资产和永久性流动资产的资金来源而言的，一般可以划分为三种，即配合型筹资政策、激进型筹资政策和稳健型筹资政策。

(1) 配合型筹资政策。配合型筹资政策的特点是，对于临时性流动资产，运用临时性负债筹集资金满足其资金需要；对于永久性流动资产和固定资产（统称为永久性资产，下同），运用长期负债、自发性负债和权益资本筹集资金满足其资金需要。配合型筹资政策如图 4-1 所示。

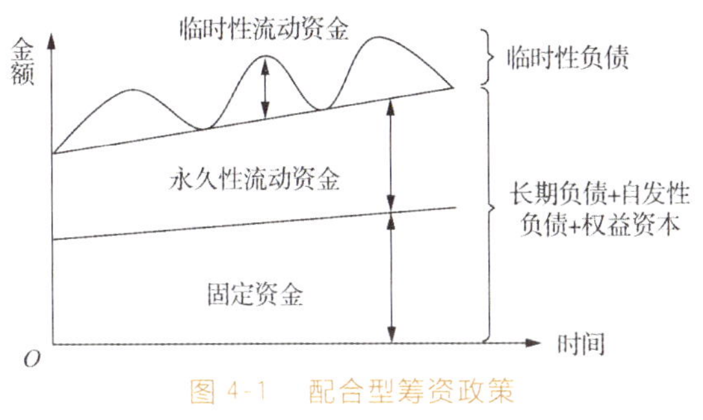

图 4-1 配合型筹资政策

配合型筹资政策要求企业临时负债筹资计划严密，实现现金流动与预期安排相一致。在季节性低谷时，企业应当除了自发性负债外没有其他流动负债，只有在临时性流动资产的需求高峰期，企业才举借各种临时性债务。

例如，某企业在生产经营的淡季，需占用300万元的流动资产和500万元的固定资产；在生产经营的高峰期，会额外增加200万元的季节性存货需求。配合型筹资政策的做法是：企业只在生产经营的高峰期才借入200万元的短期借款；不论何时，800万元永久性资产（即300万元永久性流动资产和500万元固定资产之和）均由长期负债、自发性负债和权益资本解决其资金需要。

这种筹资政策的基本思想是将资产与负债的期间相配合，以降低企业不能偿还到期债务的风险和尽可能降低债务的资本成本。但是，事实上由于资产使用寿命的不确定性，往往达不到资产与负债的完全配合。如上述案例，一旦企业生产经营高峰期内的销售不理想，未能取得销售现金收入，便会出现偿还临时性负债的困难。因此，配合型筹资政策是一种理想的、对企业有着较高资金使用要求的营运资金筹集政策。

（2）激进型筹资政策。激进型筹资政策的特点是，临时性负债不仅融通临时性流动资产的资金需要，还解决部分永久性资产的资金需要。该筹资政策如图4-2所示。

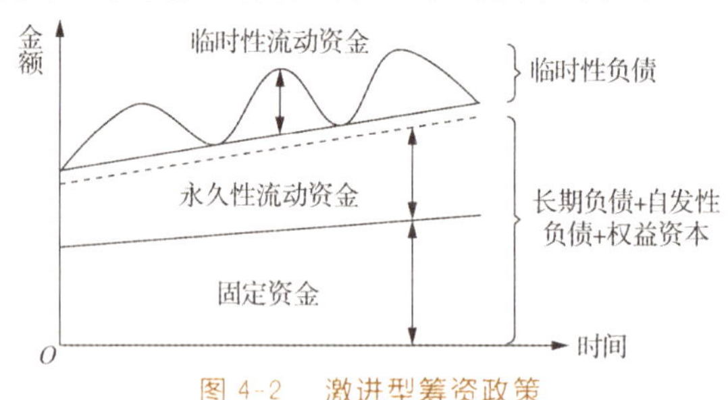

图4-2 激进型筹资政策

从图4-2可以看到，激进型筹资政策下临时性负债在企业全部资金来源中所占比重大于配合型筹资政策。沿用上例，企业生产经营淡季占用300万元的流动资产和500万元的固定资产，在生产经营的高峰期，额外增加200万元的季节性存货需求。如果企业的权益资本、长期负债和自发性负债的筹资额低于800万元（即低于正常经营期的流动资产占用与固定资产占用之和），比如只有700万元甚至更少，那么就会有100万元或者更多的永久性资产和200万元的临时性流动资产（在经营高峰期内）由临时性负债筹资解决。这种情况，表明企业实行的是激进型筹资政策。由于临时性负债（如短期银行借款）的资本成本一般低于长期负债和权益资本的资本成本，而激进型筹资政策下临时性负债所占比重较大，所以该政策下企业的资本成本较低。但是另一方面，为了满足永久性资产的长期资金需要，企业必然要在临时性负债到期后重新举债或申请债务展期，这样企业便会更为经常地举债和还债，从而加大筹资困难和风险，还可能面临由于短期负债利率的变动而增加企业资本成本的风险。所以激进型筹资政策是一种收益性和风险性均较高的营运资金筹资政策。

（3）稳健型筹资政策。稳健型筹资政策的特点是，临时性负债融通部分临时性流动资产的资金需要，另一部分临时性流动资产和永久性资产，则由长期负债、自发性负债和权益资本作为资金来源，稳健型筹资政策如图4-3所示。

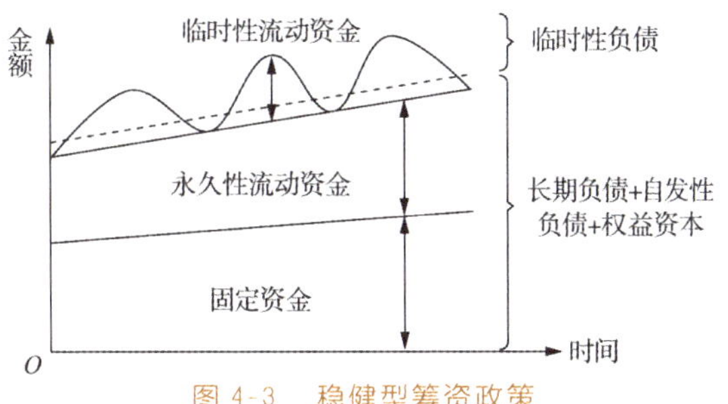

图 4-3　稳健型筹资政策

从图 4-3 可以看到，与配合型筹资政策相比，稳健型筹资政策下临时性负债占企业全部资金来源的比例较小。沿用上例，如果企业只是在生产经营的旺季借入资金低于 200 万元，比如 100 万元的短期借款，而无论何时的长期负债、自发性负债和权益资本之和总是高于 800 万元，比如达到 900 万元，那么旺季季节性存货的资金需要只有一部分(100 万元) 靠当时的短期借款解决，其余部分的季分性存货和全部永久性资金需要则由长期负债、自发件负债利权益资本提供。而在生产经营的淡季，企业则可将闲置的资金(100 万元) 投资于短期有价证券，这种做法下由于临时性负债所占比重较小，所以企业无法偿还到期债务的风险较低，同时蒙受短期利率变动风险也较低。然而，另一方面，企业却会因长期负债资本成本高于临时性负债的资本成本，以及经营淡季时仍需负担长期负债利息，从而降低企业的收益。所以，稳健型筹资政策是一种风险性和收益性均较低的营运资金筹集政策。

拓展阅读

一般来说，如果企业能够驾驭资金的使用，采用收益和风险配合得较为适中的配合型筹资政策是有利的。

本章小结

筹资是财务活动的起点和基础。我国企业目前筹资渠道主要有国家财政资金、银行信贷资金、非银行金融机构资金、其他企业资金、居民个人资金、企业自留资金、外商资金。目前的筹资方式主要有吸收直接投资、发行股票、金融机构贷款、商业信用、发行公司债券、融资租赁、利用留存收益等。熟悉企业主要的筹资渠道和各种筹资方式的优缺点，并掌握各筹资方式的筹资成本计算方法，根据企业的内外部经营环境，选择有利于企业发展的筹资渠道和方式，及时筹措生产经营所得资金，并尽可能节省筹资成本。

复习思考题

一、简答题

1. 什么是企业筹资？企业筹资的动机有哪些？企业筹资的原则是什么？
2. 企业筹资的渠道和方式有哪些？它们的对应关系是什么？
3. 简述股票的发行条件、发行程序以及股票如何定价。
4. 长期借款的保护性条款有哪些？
5. 简述债券的发行条件和程序，以及债券如何定价。

6. 简述融资租赁中租金计算方法。

7. 商业信用有哪些类型?现金折扣如何计算?

8. 短期借款的信用条件是什么?简述周转信贷协定和补偿性余额的定义。

9. 筹资组合策略有哪些?

10. 综合比较各种筹资方式的优缺点。

二、单选题

1. 关于直接筹资和间接筹资,下列表述错误的是(　　)。

A. 直接筹资仅可以筹集股权资金　　B. 直接筹资的筹资费用较高

C. 发行股票属于直接筹资　　D. 融资租赁属于间接筹资

2. 与普通股筹资相比,下列属于优先股筹资优点的是(　　)。

A. 有利于降低公司财务风险　　B. 优先股股息可以抵减所得税

C. 有利于保障普通股股东的控制权　　D. 有利于减轻公司现金支付的财务压力

3. 下列筹资方式中,筹资速度较快,但在资金使用方面往往具有较多限制条款的是(　　)。

A. 发行债券　　B. 融资租赁　　C. 发行股票　　D. 银行借款

4. 下列各项中,属于资本成本中筹资费用的是(　　)。

A. 优先股的股利支出　　B. 银行借款的手续费

C. 融资租赁的资金利息　　D. 债券的利息费用

5. 关于可转换债券,下列表述正确的是(　　)。

A. 可转换债券的赎回条款有利于降低投资者的持券风险

B. 可转换债券的转换权是授予持有者的一种买入期权

C. 可转换债券的转换比率为标的股票市值与转换价格之比

D. 可转换债券的回售条款有助于可转换债券顺利转换成股票

6. 下列各项中不属于普通股股东权利的是(　　)。

A. 剩余财产要求权　　B. 固定收益权

C. 转让股份权　　D. 参与决策权

7. 某企业向银行借款500万元,利率为5.4%,银行要求10%的补偿性余额,则该借款的实际利率是(　　)。

A. 6%　　B. 5.4%　　C. 4.86%　　D. 4.91%

8. 与配股相比,定向增发的优势是(　　)。

A. 有利于社会公众参与　　B. 有利于保持原有的股权结构

C. 有利于促进股权的流通转让　　D. 有利于引入战略投资者和机构投资者

9. 下列筹资方式中,能给企业带来财务杠杆效应的是(　　)。

A. 发行普通股　　B. 认股权证　　C. 融资租赁　　D. 留存收益

10. 某航空公司为开通一条国际航线,需增加两架空客飞机,为尽快形成航运能力,下列筹资方式中,该公司通常会优先考虑(　　)。

A. 普通股筹资　　B. 债券筹资　　C. 优先股筹资　　D. 融资租赁筹资

11. 下列各项中，不属于债务筹资优点的是(　　)。

A. 可形成企业稳定的资本基础　　B. 筹资弹性较大

C. 筹资速度较快　　D. 筹资成本负担较轻

12. 某企业获得100万元的周转信贷额度，约定年利率为10%，承诺费率为0.5%，年度内企业实际动用贷款60万元，使用了12个月，则该笔业务在当年实际的借款成本为(　　)万元。

A. 10　　B. 10.2　　C. 6.2　　D. 6

13. 某公司资产总额为9 000万元，其中永久性流动资产为2 400万元，波动性流动资产为1 600万元，该公司长期资金来源金额为8 100万元，不考虑其他情形，可以判断该公司的融资政策属于(　　)。

A. 期限配合融资政策　　B. 稳健融资政策

C. 激进融资政策　　D. 风险配合融资政策

14. 下列各项中，不计入融资租赁租金的是(　　)。

A. 租赁手续费　　B. 承租公司的财产保险费

C. 租赁公司垫付资金的利息　　D. 设备的买价

15. 与发行债务筹资相比，发行普通股股票筹资的优点是(　　)。

A. 可以稳定公司的控制权　　B. 可以降低资本成本

C. 可以利用财务杠杆　　D. 可以形成稳定的资本基础

16. 下列流动资产融资政策中，收益和风险均较低的是(　　)。

A. 稳健融资政策　　B. 激进融资政策

C. 产权配合融资政策　　D. 期限配合融资政策

17. 与发行股票筹资相比，吸收直接投资的优点是(　　)。

A. 筹资费用较低　　B. 资本成本较低

C. 易于进行产权交易　　D. 有利于提高公司声誉

18. 下列筹资方式中，既可以筹集长期资金，也可以融通短期资金的是(　　)。

A. 发行股票　　B. 利用商业信用

C. 吸收直接投资　　D. 向金融机构借款

19. 企业为了优化资本结构而筹集资金，这种筹资的动机是(　　)。

A. 创立性筹资动机　　B. 支付性筹资动机

C. 扩张性筹资动机　　D. 调整性筹资动机

20. 下列各种筹资方式中，最有利于降低公司财务风险的是(　　)。

A. 发行普通股　　B. 发行优先股

C. 发行公司债券　　D. 发行可转换债券

21. 下列各种筹资方式中，筹资限制条件相对最少的是(　　)。

A. 融资租赁　　B. 发行股票

C. 发行债券　　D. 发行短期融资券

22. 下列各项中，与留存筹资相比，属于吸收直接投资特点的是(　　)。

A. 资本成本较低　　B. 筹资速度较快

C. 筹资规模有限　　D. 形成生产能力较快

23. 某公司用长期资金来源满足非流动资产和部分永久性流动资产的需要，而用短期资金来源满足剩余部分永久性流动资产和全部波动性资产的需要，则该公司的流动资产融资政策是(　　)。

A. 激进融资政策　　B. 保守融资政策

C. 折中融资政策　　D. 期限匹配融资政策

24. 公司在创立时首先选择的筹资方式是(　　)。

A. 融资租赁　　B. 向银行借款

C. 吸收直接投资　　D. 发行企业债券

25. 当一些债务即将到期时，企业虽然有足够的偿债能力，但为了保持现有的资本结构，仍然举新债还旧债。这种筹资的动机是(　　)。

A. 扩张性筹资动机　　B. 支付性筹资动机

C. 调整性筹资动机　　D. 创立性筹资动机

26. 某公司在营运资金管理中，为了降低流动资产的持有成本、提高资产的收益性，决定保持一个低水平的流动资产与销售收入比率，据此判断，该公司采取的流动资产投资政策是(　　)。

A. 激进的流动资产投资政策　　B. 宽松的流动资产投资政策

C. 配合的流动资产投资政策　　D. 稳健的流动资产投资政策

27. 下列各项中，不属于普通股股东拥有的权利是(　　)。

A. 优先认股权　　B. 优先分配收益权

C. 股份转让权　　D. 剩余财产要求权

28. 与股票筹资相比，下列各项中，属于债务筹资缺点的是(　　)。

A. 财务风险较大　　B. 资本成本较高

C. 稀释股东控制权　　D. 筹资灵活性小

29. 下列关于短期融资券的表述中，错误的是(　　)。

A. 短期融资券不向社会公众发行

B. 必须具备一定信用等级的企业才能发行短期融资券

C. 相对于发行公司债券而言，短期融资券的筹资成本较高

D. 相对于银行借款筹资而言，短期融资券的一次性筹资数额较大

30. 与股票筹资相比，下列各项中，属于留存收益筹资特点的是(　　)。

A. 资本成本较高　　B. 筹资费用较高

C. 稀释原有股东控制权　　D. 筹资数额有限

三、多选题

1. 关于银行借款筹资的资本成本，下列说法错误的有(　　)。

A. 银行借款手续费会影响银行借款的资本成本

B. 银行借款的资本成本仅包括银行借款利息支出

C. 银行借款的资本成本率一般等于无风险利率
D. 银行借款的资本成本与还本付息方式无关
2. 下列筹资方式中,可以降低财务风险的有( )。
A. 银行借款筹资　　B. 留存收益筹资
C. 普通股筹资　　D. 融资租赁筹资
3. 与银行借款筹资相比,公开发行股票筹资的优点有( )。
A. 提升企业知名度　　B. 不受金融监管政策约束
C. 资本成本较低　　D. 筹资对象广泛
4. 与增发新股筹资相比,留存收益筹资的优点有( )。
A. 筹资成本低　　B. 有助于增强公司的社会声誉
C. 有助于维持公司的控制权分布　　D. 筹资规模大
5. 一般而言,与发行普通股相比,发行优先股的特点有( )。
A. 可以降低公司的资本成本　　B. 可以增加公司的财务杠杆效应
C. 可以保障普通股股东的控制权　　D. 可以降低公司的财务风险
6. 股票上市对公司可能的不利影响有( )。
A. 商业机密容易泄露　　B. 公司价值不易确定
C. 资本结构容易恶化　　D. 信息披露成本较高
7. 与发行股票筹资相比,融资租赁筹资的特点有( )。
A. 财务风险较小　　B. 筹资限制条件较小
C. 资本成本负担较低　　D. 形成生产能力较快
8. 下列可转换债券筹款中,有利于保护债券发行者利益的有( )。
A. 回售条款　　B. 赎回条款
C. 转换比率条款　　D. 强制性转换条款
9. 一般而言,与短期筹资和短期借款相比,商业信用融资的优点是( )。
A. 融资数额较大　　B. 融资条件宽松
C. 融资机动权大　　D. 不需提供担保
10. 下列各项中,属于认股权证筹资特点的有( )。
A. 认股权证是一种融资促进工具　　B. 认股权证是一种高风险融资工具
C. 有助于改善上市公司的治理结构　　D. 有利于推进上市公司的股权激励机制
11. 与银行借款相比,下列各项中,属于发行债券筹资特点的有( )。
A. 资本成本较高　　B. 一次筹资数额较大
C. 扩大公司的社会影响　　D. 募集资金使用限制较多
12. 下列各项中,属于企业筹资管理应当遵循的原则有( )。
A. 依法筹资原则　　B. 负债最低原则
C. 规模适度原则　　D. 结构合理原则
13. 在确定因放弃现金折扣而发生的信用成本时,需要考虑的因素有( )。
A. 数量折扣百分比　　B. 现金折扣百分比

C. 折扣期　　D. 信用期

14. 留存收益是企业内源性股权筹资的主要方式，下列各项中，属于该种筹资方式特点的有（　　）。

A. 筹资数额有限　　B. 不存在资本成本

C. 不发生筹资费用　　D. 改变控制权结构

15. 普通股股东所拥有的权利包括（　　）。

A. 分享盈余权　　B. 优先认股权

C. 转让股份权　　D. 优先分配剩余资产权

16. 对于股权融资而言，长期银行借款筹资的优点有（　　）。

A. 筹资风险小　　B. 筹资速度快

C. 资本成本低　　D. 筹资数额大

17. 在计算下列各项资金的筹资成本时，需要考虑筹资费用的有（　　）。

A. 普通股　　B. 债券　　C. 长期借款　　D. 留存收益

18. 在下列各项中，属于企业筹资动机的有（　　）。

A. 设立企业　　B. 企业扩张　　C. 企业收缩　　D. 偿还债务

19. 企业在负债筹资决策中，除了考虑资金成本因素外，还需要考虑的因素有（　　）。

A. 财务风险　　B. 偿还期限　　C. 偿还方式　　D. 限制条件

20. 以公开、间接方式发行股票的特点是（　　）。

A. 发行范围广，易募足资本　　B. 股票变现性强，流通性好

C. 有利于提高公司知名度　　D. 发行成本低

四、判断题

1. 补偿性余额的约束有助于降低银行贷款风险，但同时也减少了企业实际可动用借款额，提高了借款的实际利率。（　　）

2. 在激进型流动资产投资政策下，企业一般会维持较高水平的流动资产与销售收入比率，因此财务风险与经营风险较小。（　　）

3. 应付账款是供应商给企业的一种商业信用，采用这种融资方式是没有成本的。（　　）

4. 因为公司债务必须付息，而普通股不一定支付股利，所以普通股资本成本小于债务资本成本。（　　）

5. 直接筹资是企业直接从社会取得资金的一种筹资方式，一般只能用来筹资股权资金。（　　）

6. 企业在初创期通常采用外部筹资，而在成长期通常采用内部筹资。（　　）

7. 筹资渠道解决的是资金来源问题，筹资方式解决的是通过何方式取得资金的问题，它们之间不存在对应关系。（　　）

8. 营运资金具有多样性、波动性、短期性、变动性和不易变现性等特点。（　　）

9. 可转换债券的持有人具有在未来按一定的价格购买普通股股票的权利，因为可转换债券具有买入期权的性质。（　　）

10. 企业在发行可转换债券时，可通过赎回条款来避免市场利率大幅下降后仍需支付较高利息的损失。 ( )

11. 如果销售额不稳定且难以预测，则企业应保持较高的流动资产水平。 ( )

12. 拥有“不参加优先股”股权的股东只能获得固定股利，不能参与剩余利润的分配。 ( )

13. 发行优先股的上市公司如不能按规定支付优先股股利，优先股股东有权要求公司破产。 ( )

14. 从出租人的角度来看，杠杆租赁与售后租回或直接租赁并无区别。 ( )

15. 企业采取分期等额归还借款的方式，既可以减轻借款本金到期一次偿还所造成的现金短缺压力，又可以降低借款的实际利率。 ( )

五、计算分析题

1. 某国有企业拟在明年初改制为独家发起的股份有限公司。现有净资产经评价价值6 000万元，全部投入新公司，折股比率为1。按其计划经营规模需要总资产3亿元，合理的资产负债率为30%。预计明年税后利润为4 500万元。请回答下列互不关联的问题：

(1) 通过发行股票应筹集多少股权资金？

(2) 如果市盈率不超过15倍，每股盈利按0.40元规划，最高发行价格是多少？

(3) 若按每股5元发行，至少要发行多少社会公众股？发行后，每股盈余是多少？市盈率是多少？

(4) 不考虑资本结构要求，按公司法规定，至少要发行多少社会公众股？

2. A公司需要筹集990万元资金，使用期5年，有以下两个筹资方案。

甲方案：委托××证券公司公开发行债券，债券面值为1 000元，承销差价（留给证券公司的发行费用）每张票据是51.60元，票面利率14%，每年付息一次，5年到期一次还本。发行价格根据当时的预期市场利率确定。

乙方案：向××银行借款，名义利率是10%，补偿性余额为10%，5年后到期时一次还本并付息（单利计息）。

假设当时的预期市场利率（资金的机会成本）为10%，不考虑所得税的影响。

要求：

(1) 甲方案的债券发行价格应该是多少？

(2) 根据得出的价格发行债券，假设不考虑时间价值，哪个筹资方案的成本（指总的现金流出）较低？

(3) 如果考虑时间价值，哪个筹资方案的成本较低？

3. 某周转信贷额为600万元，承诺费率为0.5%，借款企业年度内使用了100万元，余额500万元，借款企业该年度应向银行支付多少承诺费？

4. A企业按年利率6%向银行借入500万元，银行要求企业按借款额的20%保持补偿性余额。求该企业借款的实际利率。

5. 丙商场季节性采购一批商品，供应商报价为1 000万元，付款条件为“3/10，2.5/30，

$n/90$”，目前丙商场资金紧张，预计到第90天才有资金用于支付，若要在90天内支付只能通过银行借款解决，银行借款年利率为6%，假设一年按360天计算。有关情况见表4-3：

表4-3　应付账款折扣分析表

单位：万元

付款日	折扣率	付款额	折扣额	放弃折扣的信用成本率	银行借款利息	享受折扣的净收益
第10天	3%	×	30	×	(A)	(B)
第30天	2.5%	×	(C)	(D)	×	15.25
第90天	×	×	×	×	×	×

注：表中“×”表示省略的数据。

要求：

(1) 确定表4-3中字母代表的数值(不需要列式计算过程)。

(2) 计算出丙商场应选择哪一天付款，并说明理由。

6. 中南整体橱柜公司是一家上市公司，专业生产、销售整体橱柜。近年来，我国经济快速发展，居民掀起购房和装修热，对公司生产的不同类型的整体橱柜需求旺盛，其销售收入增长迅速。公司预计在北京及其周边地区的市场潜力较为广阔，销售收入预计每年将增长50%～100%。为此，公司决定在2021年底前在北京郊区建成一座新厂。公司为此需要筹措资金5亿元，其中2 000万元可以通过公司自有资金解决，剩余的4.8亿元需要从外部筹措。2020年8月31日，公司总经理周建召开总经理办公会议研究筹资方案，并要求财务经理陆华提出具体计划，以提交董事会会议讨论。

公司在2021年8月31日的有关财务数据如下。

(1) 资产总额为27亿元，资产负债率为50%。

(2) 公司有长期借款2.4亿元，年利率为5%，每年年末支付一次利息。其中6 000万元将在2年内到期，其他借款的期限尚余5年。借款合同规定公司资产负债率不得超过60%。

(3) 公司发行在外普通股3亿股。

另外，公司2021年完成净利润2亿元。2022年预计全年可完成净利润2.3亿元。公司适用的所得税税率为25%。

假定公司一直采用固定股利分配政策，年股利为每股0.6元。

随后，公司财务经理陆华根据总经理办公会议的意见设计了两套筹资方案，具体如下。

方案一：以增发股票的方式筹资4.8亿元。

公司目前的普通股每股市价为10元。拟增发股票每股定价为8.3元，扣除发行费用后，预计净价为8元。为此，公司需要增发6 000万股股票以筹集4.8亿元资金。为了给公司股东以稳定的回报，维护其良好的市场形象，公司仍将维持其设定的每股0.6元的固定股利分配政策。

方案二：以发行公司债券的方式筹资4.8亿元。

鉴于目前银行存款利率较低，公司拟发行公司债券。设定债券年利率为4%，期限为10

年，每年付息一次，到期一次还本，发行总额为 4.9 亿元，其中预计发行费用为 1 000 万元。

要求：

分析上述两种筹资方案的优缺点，并从中选出较佳的筹资方案。

7. 丙公司是一家汽车配件制造企业，近期的销售量迅速增加。为满足生产和销售的需求，丙公司需要筹集资金 495 000 元用于增加存货，占用期限为 30 天。现有三个可满足资金需求的筹资方案。

方案 1：利用供应商提供的商业信用，选择放弃现金折扣，信用条件为“2/10，n/40”。

方案 2：向银行贷款，借款期限为 30 天，年利率为 8%。银行要求的补偿性金额为借款额的 20%。

方案 3：以贴现法向银行借款，借款期限为 30 天，月利率为 1%。

要求：

(1) 如果丙公司选择方案 1，计算其放弃现金折扣的机会成本。

(2) 如果丙公司选择方案 2，为获得 495 000 元的实际用款额，计算该公司应借款总额和该笔借款的实际年利率。

(3) 如果丙公司选择方案 3，为获得 495 000 元的实际用款额，计算该公司应借款总额和该笔借款的实际年利率。

(4) 根据以上各方案的计算结果，为丙公司选择最优筹资方案。

六、案例分析题

1. 互联网助力，“瑞幸咖啡”创下全球最快 IPO 速度

我国已进入“万物互联”的时代。互联网的发展，给人们的生活和工作带来巨大改变，各种与大数据、人工智能相关的新兴商业模式层出不穷。自 2016 年 10 月马云提出新零售概念以来，零售行业加速变革，阿里巴巴的盒马生鲜、无人值守超市、京东的超市百城行等新兴模式相继出现，一时风起云涌。据统计，在 2018 年 1 月 1 日至 5 月 7 日试营业期间，瑞幸咖啡在北京、上海等 13 个城市开设了 525 家门店，销售咖啡近 500 万杯，积累客户 130 万，已成为新零售“网红”，引起了众多业内人士的关注。

瑞幸咖啡采用“线上＋线下＋配送”的销售模式。瑞幸咖啡在 APP 中，设计了咖啡钱包、企业账户、优惠券、发票管理等诸多项目，通过高效的线上支付，给消费者带来使用便利，能免去在收银台排队的时间。在线下业务上，门店主要布局在写字楼或商业中心大堂，提供周边 2 公里内快捷的顺丰快递，承诺 30 分钟送达，满 35 元免费配送，通过自提、外卖等方式，满足消费者在各种场景的需求。瑞幸咖啡创始人兼 CEO 钱治亚是原神州优车集团首席运营官，具有丰富的互联网市场营销经验。在营销手段上，瑞幸咖啡主要采取社交拉新、广告拉新等创新模式。社交拉新指以“免费送咖啡”“咖啡请客”等通过分享微信链接、朋友圈或其他方式迅速告知店面周边人群，并产生辐射效应。广告拉新，主要是指门店所在写字楼的电梯广告，请明星代言的广告既提升了品牌形象，又可以根据地理位置定位客户，搜集客户数据和消费偏好，这也与其目标客户主要为办公室白领高度一致。

瑞幸咖啡的定位是回归咖啡本身，原材料采用阿拉比卡咖啡豆，价格比行业平均高出

20%～30%；使用Schaerer和Franke两款全球顶级咖啡机；签约世界咖啡师大赛冠军。和星巴克咖啡相比，瑞幸咖啡去掉了宽敞店面、品牌包装、文化设计等外物，确保给消费者提供一杯高品质的咖啡。在价格方面，瑞幸咖啡每杯饮品21～27元，远低于星巴克的同类产品，而且活动期间买2赠1，买5赠5。

2019年5月17日，总部设立在厦门的瑞幸咖啡，在美国纳斯达克正式挂牌上市。发行价格为17美元，共发行3 300万份ADS，共募集资金5.95亿美元。上市首日，瑞幸咖啡开盘价为25美元/股，5分钟内涨近53%，最终收涨至20.38美元/股，涨幅为19.88%，市值为47.4亿美元（约328亿元人民币）。瑞幸咖啡上市，也造就了一批亿万富翁。招股书显示，IPO（Initila Public Offerings，首次公开发行股票）完成前，公司董事长陆正耀持股30.53%、CEO钱治亚持股19.68%。大钲资本则是瑞幸咖啡最早和最大的外部机构投资者，总投资额近1.8亿美元。

瑞幸咖啡的上市更是创下了创造全球最快IPO公司的纪录。瑞幸咖啡创办于2018年1月，从创立到本次IPO，仅仅花了17个月时间，刷新全球最快IPO纪录。资料显示，2018年7月，拼多多成功登陆纳斯达克，从成立算起用时3年，刷新了中企赴美上市速度。2018年9月，趣头条成功登陆纳斯达克，用2年再次刷新了拼多多速度。瑞幸咖啡，再一次打破这个纪录。纳斯达克亚太区董事长BobMcCooey称："瑞幸咖啡的业务核心注入了移动互联网技术，其新零售模式能够打破传统咖啡店的现状，作为今年IPO募资规模最大的亚洲公司，瑞幸咖啡建立在差异化战略和强劲增长之上，我们很高兴看到其加入纳斯达克家族全球最具创新力公司行列。"

瑞幸咖啡公司利用移动互联网和大数据技术的新零售模式，致力于解决中国咖啡消费市场价格高和购买不方便两大痛点。公司计划，到2019年底建成总门店数超过4 500家，成为中国最大的咖啡连锁品牌。在成功登陆纳斯达克之后，瑞幸咖啡创始人、CEO钱治亚表示："IPO是公司发展的重要里程碑，瑞幸咖啡今后会在产品研发、技术创新、门店拓展，以及品牌建设和市场培育方面进行持续的大规模投入，在很长一段时间内都将坚持高速扩张战略，坚守品质，推进咖啡消费平权。"在5月29日举行的瑞幸咖啡全球合作伙伴大会暨全球咖啡产业发展论坛上，瑞幸咖啡发布了"到2021年底建成10 000家门店"的战略目标。瑞幸咖啡创始人、CEO钱治亚表示，瑞幸咖啡的快速发展，是建立在先进技术系统、强大团队能力和充分资源准备的基础之上，通过技术实现对每一个订单和每一个产品流向的管控，以确保服务的质量。目前，瑞幸咖啡的客户满意度达到了99.7%。按照瑞幸咖啡的发展速度，成为中国最大的咖啡连锁品牌指日可待。

要求：

（1）结合本案例，你认为瑞幸咖啡为什么能够迅速在美国纳斯达克市场完成IPO?

（2）现代信息技术的发展对企业发展战略以及企业目标产生了怎样的影响?

（3）面对新的信息环境变化，企业在发展模式及风险应对方面应该采取哪些措施?

2.营运资本管理案例

赣锋锂业和天齐锂业是两家锂行业的上市公司。江西赣锋锂业股份有限公司是专业从事锂及衍生物系列产品研发生产的高新技术企业，是全球最大的金属锂生产供应商之一，其总部位于江西省新余市经济开发区。公司前身为赣锋有限，成立于2000年3月2日。赣锋有限以截至2007年6月30日经审计并利润分配后的净资产9 749.56万元按1∶0.769 265的比例折股，整体变更为江西赣锋锂业股份有限公司。2007年12月18日，经新余市工商行政管理局核准登记，公司股本总额为7 500万股。2010年8月10日公司在深圳股票交易所中小企业板正式挂牌上市（股票简称“赣锋锂业”，股票代码“002460”），成为中国锂行业首家上市公司。2018年于香港联交所上市（H股代码:01772），成为锂行业第一家“A＋H”同步上市公司。

天齐锂业股份有限公司是国内锂行业中技术领先、综合竞争力较强的龙头企业，为国内最大的锂电新能源核心材料供应商和全球最大的矿石提锂生产商，是一个新能源新材料的科技公司。天齐锂业股份有限公司成立于1995年10月16日，注册地位于四川省遂宁市射洪县太和镇城北。2004年天齐锂业创始人、董事长蒋卫平先生通过天齐集团收购射洪锂业，正式组建天齐锂业。2010年8月31日，公司在深圳证券交易所中小板成功上市（股票代码:002466，股票简称:天齐锂业）。2021年9月13日，天齐锂业股份有限公司董事会审议通过了包括《关于公司发行H股股票并在香港联合交易所有限公司主板上市的议案》等在内的多项议案，宣布启动发行H股股票并在香港联合交易所主板上市的工作计划。2022年1月28日，天齐锂业向香港联交所递交了本次发行上市的申请，并在香港联交所网站刊登了本次发行上市的申请资料。

两家上市公司虽然处于同一行业，但采用的营运资本管理政策存在极大差别（表4-4）。

表4-4　赣锋锂业和天齐锂业部分财务信息

单位：万元

项目	2019/12/31	2020/12/31	2021/12/31
赣锋锂业			
货币资金	169 993	217 559	63 221
交易性金融资产	1 285	8 712	28 136
应收票据			
应收账款	91 541	135 881	249 863
预付款项	23 023	54 452	21 777
应收股利			
其他应收款	2 424	3 283	3 015
存货	233 384	221 482	328 331
其他流动资产	28 217	195 197	115 997
流动资产合计	571 703	877 483	1 462 674
资产总计	1 421 303	2 202 037	3 905 665
短期借款	113 099	163 134	196 971

续表

项目	2019/12/31	2020/12/31	2021/12/31
赣锋锂业			
交易性金融负债			1 116
应付票据	13 082	23 032	134 646
应付账款	91 418	121 200	161 081
应付职工薪酬	5 026	7 905	11 010
应交税费	11 522	13 160	126 958
其他应付款	3 517	8 275	98 904
一年内到期的非流动负债	84 317	66 969	75 176
流动负债合计	325 886	407 778	820 911
负债合计	580 275	860 197	1 288 995
营业收入	534 172	552 399	1 116 221
天齐锂业			
货币资金	443 901	99 415	198 708
交易性金融资产	4 786		410
应收票据		44 358	44 822
应收账款	35 171	23 274	64 802
预付款项	1 372	1 090	1 988
应收股利	12 069	737	4 191
其他应收款	3 124	2 482	13 873
存货	91 705	85 104	87 176
其他流动资产	7 686	15 924	29 634
流动资产合计	644 303	285 438	647 044
资产总计	4 659 685	4 203 556	4 416 533
短期借款	319 099	273 678	217 475
交易性金融负债	14 049	56 143	39 250
应付票据	57 284	20 560	12 353
应付账款	119 879	81 785	90 993
预收账款	17 703		

续表

项目	2019/12/31	2020/12/31	2021/12/31
天齐锂业			
应付职工薪酬	7 939	9 170	9 193
应交税费	54 913	24 707	87 915
其他应付款	2 471	69 269	118 037
一年内到期的非流动负债	1 640 317	2 095 752	763 829
其他流动负债		34 384	20 530
流动负债合计	2 233 654	2 681 254	1 376 023
负债合计	3 768 741	3 460 304	2 601 364
营业收入	484 062	323 945	766 332

请结合表 4-4 中提供的财务信息，讨论：

(1) 哪家上市公司的营运资金持有政策相对更加激进，哪家相对更加稳健？判断依据何在？

(2) 稳健、配合与激进型营运资金持有政策的效果有何差异？请结合产权性质或大股东持股比例等差异，推测两家上市公司为何选择这样的营运资金投资政策？

扫一扫，看答案

第五章
资本成本和资本结构

学习目标

1. 了解资本成本的概念及其计算。
2. 了解经营风险的概念及其影响因素。
3. 了解资本结构原理。
4. 掌握经营杠杆系数、财务杠杆系数和综合杠杆系数的计算及其应用。
5. 理解和掌握边际资本成本的计算及其应用。
6. 重点掌握和理解资本结构的决策方法，尤其是融资的每股收益分析法。

第一节　资本成本

一、资本成本概述

（一）资本成本的概念

资本成本是指企业为筹集和使用资金而付出的代价。资本成本可以用绝对额表示，也可以用相对比率表示。但在财务管理中一般用相对比率表示，即年筹资代价与实际筹得资本的百分比。这是因为百分比更加适宜于不同筹资方式或不同企业间的横向比较，故而资本成本多数情况下是指百分比率而不是资本成本总额。资本成本包括筹资费用和用资费用两部分。

1. 筹资费用

筹资费用是指在资金筹集过程中支付的各项费用，如发行股票、债券支付的印刷费、发行手续费、律师费、资信评估费、公证费、担保费、广告费等。筹资费用通常在筹资时一次性支付，在获得资金后的使用过程中则不发生，因而可以视作筹资额的一部分进行扣除。

2. 用资费用

用资费用是指企业为了使用资金而付出的代价，如股票的股息、银行借款、发行债券的利息等。用资费用在使用资金期间会反复发生，并随着使用资金金额的大小和期限的长短而变动。

（二）资本成本的分类

1. 个别资本成本

个别资本成本是指各种单项长期资金的成本，如长期借款资本成本、债券资本成本、优先股资本成本、普通股资本成本、留存收益资本成本。企业在比较各种筹资方式时，需要使用个别资本成本。

2. 综合资本成本

综合资本成本是指企业全部长期资本的成本。企业在进行长期资本结构决策时，可以利用综合资本成本。

3. 边际资本成本

边际资本成本是指企业追加长期资本的成本。企业在追加筹资决策方案的选择中，需要运用边际资本成本。

（三）资本成本的作用

资本成本是企业筹资管理的主要依据，也是企业投资管理的重要标准，甚至是企业整个财务管理和经营管理的重要工具。具体来说，资本成本有如下作用。

1. 资本成本是选择筹资方式、进行资本结构决策、确定追加筹资方案的依据

各种长期资金的个别资本成本的高低是比较选择各种筹资方式的重要依据。企业全部资金的综合资本成本的高低是进行筹资组合、优化资本结构的重要依据，而各种追加筹资方案的边际资本成本是比较选择追加筹资方案的重要依据。

2. 资本成本是评价投资项目、比较投资方案、进行投资决策的标准

一般而言，对于一个投资项目，只有当其投资报酬率高于资本成本率时，在经济上才是合理的。因此，企业通常将资本成本率作为投资项目必须赚得的最低报酬率，即必要报酬率。资本成本既可用作评价投资方案内部报酬率的“取舍率”，也可用作计算投资方案净现值和获利指数的“贴现率”，从而成为企业投资决策中的重要标准。

3. 资本成本可以作为考核企业整个经营业绩的基准

企业的整个经营业绩可以通过企业全部资金的报酬率来衡量。只有当这个报酬率高于企业资本成本时，经营才是有利的，才能增加企业价值；否则，经营就是不利的，就需要提高资金报酬率、降低资本成本。

（四）决定资本成本高低的因素

在市场经济环境中，多方面因素的综合作用决定着企业资本成本的高低。主要因素有：总体经济环境、证券市场条件、企业内部的经营和融资状况、融资规模。

1. 总体经济环境

总体经济环境决定了整个经济中资本的供给和需求，以及预期通货膨胀的水平。总体经济环境的变化，反映在无风险报酬率上。如果整个社会经济中的资金需求和供给发生变动，或者通货膨胀水平发生变化，投资者也会相应改变其所要求的报酬率。具体来说，如果货币

需求增加，而供给没有相应增加，投资人便会提高其投资报酬率，企业的资本成本就会上升；反之，则会降低其要求的投资报酬率，使资本成本下降。如果预期通货膨胀水平上升，货币购买力下降，投资者也会提出更高的报酬率来补偿预期的投资损失，导致企业资本成本上升。

2. 证券市场条件

证券市场条件包括证券的市场流通难易程度和价格波动程度。如果流动性不高，投资者想买进或卖出证券相当困难，变现风险大，要求的报酬率就会提高，或者虽然存在对某证券的需求，但其价格波动较大，投资的风险大，要求的报酬率也会提高。

3. 企业内部的经营和融资状况

企业内部的经营和融资状况是指经营风险和财务风险的大小。经营风险是企业投资决策的结果，表现在资产报酬率的变动上；财务风险是企业筹资决策的结果，表现在普通股报酬率的变动上。如果企业的经营风险和财务风险大，投资者便会有较高的报酬率要求。

4. 融资规模

融资规模是影响企业资本成本的另一个因素。企业的融资规模大，资本成本较高。比如，企业发行的证券金额很大，资金筹集费和资金占用费都会上升，而且证券发行规模的增大还会降低其发行价格，由此也会增加企业的资本成本。

二、个别资本成本

个别资本成本是指使用各种长期资金的成本。这又分为长期借款资本成本、债券资本成本、优先股资本成本、普通股资本成本和留存收益资本成本。前两种为债务资本成本、后三种为权益资本成本。

（一）长期借款资本成本

长期借款资本成本包括借款利息及借款手续费两部分。其中，利息在税前支付，具有减税效应。长期借款资本成本是指借款利息和筹资费用。在不考虑资金时间价值的情况下，一次还本、分期付息借款的成本为：

$$K_l = \frac{l_i(1-T)}{l(1-F)} \tag{5-1}$$

式中，K_l—— 长期借款资本成本；

l_i—— 长期借款年利息；

T—— 所得税率；

l—— 长期借款筹资额(借款本金)；

F—— 筹资费用率。

上述公式也可以改为以下形式：

$$K_l = \frac{R_l(1-T)}{1-F} \tag{5-2}$$

式中，R_l—— 长期借款的利率。

当长期借款的筹资费(主要是借款的手续费) 很小时，可忽略不计。

【例 5 - 1】某企业取得 5 年期银行借款 200 万元，年利率为 11%，每年付息一次，到期一次

还本，筹资费用率为0.5%，企业所得税率为25%。该项长期借款的资本成本为：

$$K_l = \frac{200 \times 11\% \times (1-25\%)}{200 \times (1-0.5\%)} \approx 8.29\%$$

或

$$K_l = \frac{11\% \times (1-25\%)}{1-0.5\%} \approx 8.29\%$$

上述方法比较简单，但缺点在于没有考虑货币的时间价值。若考虑货币的时间价值，根据现金流量计算长期借款成本的公式为：

$$L(1-F) = \sum_{t=1}^{n} \frac{l_i}{(1+K)^t} + \frac{P}{(1+K)^n} \tag{5-3}$$

$$K_l = K(1-T) \tag{5-4}$$

式中，P—— 第 n 年末应偿还的本金；

K—— 所得税前的长期借款资本成本；

K_l—— 所得税后的长期借款资本成本。

式(5-3)中，等号左边是借款的实际现金流入；等号右边为借款引起的未来现金流出的现值总额，由各年利息支出的年金现值之和加上到期本金的复利现值而得。

按照这种办法，实际上是将长期借款的资本成本看作是使这一借款的现金流入等于其现金流出现值的贴现率。运用时，先通过式(5-3)，采用插值法求长期借款的税前资本成本，再通过式(5-4)将长期借款的税前资本成本调整为税后的资本成本。

【例5-2】沿用【例5-1】的资料，根据考虑货币时间价值的方法，该项借款的资本成本计算如下。

第一步，计算税前借款资本成本：

$$200 \times (1-0.5\%) = \sum_{t=1}^{5} \frac{200 \times 11\%}{(1+K)^t} + \frac{200}{(1+K)^5}$$

$$0 = \sum_{t=1}^{5} \frac{200 \times 11\%}{(1+K)^t} + \frac{200}{(1+K)^5} - 199$$

查表，$K = 10\%$，$n = 5$ 年期的年金现值系数为3.791(见本书附录附表四)；$K = 10\%$，$n = 5$ 年期的复利现值系数为0.621(见本书附录附表二)。代入上式：

$$\begin{aligned} \text{等式右边} &= 200 \times 11\% \times 3.791 + 200 \times 0.621 - 199 \\ &= 8.602(\text{万元}) \end{aligned}$$

8.602万元大于零，应提高贴现率再试。

查表，$K = 12\%$，$n = 5$ 年期的年金现值系数为3.605(见本书附录附表四)；$K = 12\%$，$n = 5$ 年期的复利现值系数为0.567(见本书附录附表二)。代入上式有：

$$\begin{aligned} \text{等式右边} &= 200 \times 11\% \times 3.605 + 200 \times 0.567 - 199 \\ &= -6.29(\text{万元}) \end{aligned}$$

运用插值法求税前借款资本成本：

$$K = 10\% + \frac{8.602}{8.602 + 6.29} \times (12\% - 10\%) \approx 11.16\%$$

第二步，计算税后借款资本成本：

$$K_1 = K(1-T) = 11.16\% \times (1-25\%) = 8.37\%$$

（二）债券资本成本

由于债券和银行借款同属于企业的债务，因此两者的资本成本计算公式基本相同。但由于发行债券的筹资费用大，不可在计算资本成本时省略，所以其资本成本通常高于长期借款资本成本。以按年付息、到期一次还本的债券为例，债券资本成本的计算公式为：

$$K_b = \frac{I_b(1-T)}{B(1-F)} \tag{5-5}$$

式中，K_b—— 债券资本成本；

I_b—— 债券年利息；

T—— 所得税率；

B—— 债券筹资额。

【例 5-3】某公司发行总面额为500万元的10年期债券，票面利率为12%，发行费用率为5%，公司所得税率为25%。该债券的成本为：

$$K_b = \frac{500 \times 12\% \times (1-25\%)}{500 \times (1-5\%)} \approx 9.47\%$$

若债券溢价或折价发行，为更精确地计算资本成本，应以实际发行价格作为债券筹资额。

【例 5-4】假定上述公司发行面额为500万元的10年期债券，票面利率为12%，发行费用率为5%，发行价格为600万元，公司所得税率为25%。该债券成本为：

$$K_b = \frac{500 \times 12\% \times (1-25\%)}{600 \times (1-5\%)} \approx 7.89\%$$

【例 5-5】假定上述公司发行面额为500万元的10年期债券，票面利率为12%，发行费用率为5%，发行价格为400万元，公司所得税率为25%。该债券的成本为：

$$K_b = \frac{500 \times 12\% \times (1-25\%)}{400 \times (1-5\%)} \approx 11.84\%$$

上述计算债券成本的方式，同样没有考虑货币的时间价值。如果将货币时间价值考虑在内，债券成本的计算与长期借款成本的计算一样，公式为：

$$B(1-F_b) = \sum_{t=1}^{n} \frac{I_b}{(1+K)^t} + \frac{P}{(1+K)^n} \tag{5-6}$$

$$K_b = K(1-T) \tag{5-7}$$

式中，K—— 所得税前的债券成本；

K_b—— 所得税后的债券成本。

【例 5-6】沿用【例 5-3】资料，用考虑货币时间价值的办法，计算该债券的成本如下。

第一步，计算税前债券成本：

$$500 \times (1-5\%) = \sum_{t=1}^{10} \frac{500 \times 12\%}{(1+K)^t} + \frac{500}{(1+K)^{10}}$$

$$0 = \sum_{t=1}^{5} \frac{500 \times 12\%}{(1+K)^t} + \frac{500}{(1+K)^5} - 475$$

查表，$K=12\%$，$n=10$年期的年金现值系数为5.65（见本书附录附表四）；$K=12\%$，n

= 10 年期的复利现值系数为 0.322(见本书附录附表二)。代入上式:

$$\text{等式右边} = 500 \times 12\% \times 5.65 + 500 \times 0.322 - 475 = 25(\text{万元})$$

25 万元大于零,提高贴现率再试。

查表,$K = 14\%$,$n = 10$ 年期的年金现值系数为 5.216(见本书附录附表四);$K = 14\%$,$n = 10$ 年期的复利现值系数为 0.27(见本书附录附表二)。代入上式:

$$\text{等式右边} = 500 \times 12\% \times 5.216 + 500 \times 0.27 - 475 = -27.04(\text{万元})$$

运用插值法求得税前债券成本:

$$K = 12\% + \frac{25}{25 + 27.04} \times (14\% - 12\%) \approx 12.96\%$$

第二步,计算税后债券成本:

$$K_b = K(1 - T) = 12.96\% \times (1 - 25\%) = 9.72\%$$

(三) 优先股资本成本

企业利用优先股筹资,不仅要支付筹资费用,而且要按期支付固定的股息,但其与债券不同之处在于优先股股息在税后支付,不具有抵税作用。这是其资本成本往往高于债券资本成本的原因之一。优先股的资本成本的计算公式为:

$$K_p = \frac{D_p}{P(1 - F)} \tag{5-8}$$

式中,K_p—— 优先股资本成本;

D_p—— 优先股股利;

P—— 优先股筹资额。

【例 5-7】某公司准备发行一批优先股,每股发行价格 5 元,发行费用 0.2 元,预计年股利 0.5 元,计算其资本成本。

$$K_p = \frac{0.5}{5 - 0.2} = 10.42\%$$

(四) 普通股资本成本

普通股和优先股同属股权性资金,股利均不能抵税。但与优先股不同的是,普通股各年股利不一定相等。因此,普通股资本成本不能照搬优先股资本成本的计算公式。普通股资本成本常见的计算思路有如下三种。

1. 股利贴现模型

股利贴现模型的基本公式为:

$$P_c(1 - f) = \sum_{t=1}^{\infty} \frac{D_t}{(1 + K_c)^t} \tag{5-9}$$

式中,P_c—— 普通股筹资额;

f—— 普通股筹资费率;

D_t—— 普通股第 t 年的股利;

K_c—— 普通股资本成本。

运用股利贴现模型计算普通股资本成本，因具体的股利政策而有所不同。其中，比较典型的是固定股利政策和固定增长股利政策。

(1) 固定股利政策下的股利贴现模型。如果公司采用固定股利政策，即每年都分派等额的现金股利，则普通股和优先股类似，股利相当于永续年金。这种情况下，普通股资本成本的计算公式与优先股一样：

$$K_c = \frac{D_c}{P_c(1-f)} \tag{5-10}$$

式中，D_c—— 普通股每年股利额。

(2) 固定增长股利政策下的股利贴现模型。如果公司采用固定增长股利政策，即每年股利与上年相比的增长率相等，则普通股资本成本的计算公式为：

$$K_c = \frac{D_1}{P_c(1-f)} + g \tag{5-11}$$

式中，D_1—— 普通股未来第一年分派的现金股利额；

g—— 每年股利增长率。

该公式的推导过程如下。

由基本的股利贴现模型可知：

$$P_c(1-f) = \frac{D_1}{1+K_c} + \frac{D_1(1+g)}{(1+K_c)^2} + \frac{D_1(1+g)^2}{(1+K_c)^3} + \cdots + \frac{D_1(1+g)^{n-1}}{(1+K_c)^n} \quad ①$$

① 式两端同时乘以$\frac{1+K_c}{1+g}$得：

$$P_c(1-f)\frac{1+K_c}{1+g} = \frac{D_1}{1+g} + \frac{D_1}{1+K_c} + \frac{D_1(1+g)}{(1+K_c)^2} + \cdots + \frac{D_1(1+g)^{n-2}}{(1+K_c)^{n-1}} \quad ②$$

② 式减 ① 式得：

$$P_c(1-f)\frac{K_c-g}{1+g} = \frac{D_1}{1+g} - \frac{D_1(1+g)^{n-1}}{(1+K_c)^n}$$

由于股利增长率 g 通常都会小于普通股资本成本 K_c，因此当年限 n 趋于无穷大时，$\frac{(1+g)^n}{(1+K_c)^n}$的极限为零，于是有：

$$P_c(1-f)\frac{K_c-g}{1+g} = \frac{D_1}{1+g}$$

$$K_c = \frac{D_1}{P_c(1-f)} + g \tag{5-12}$$

【例 5-8】某公司发行一批普通股，发行价格 8 元，筹资费率 5%。公司有两套股利方案：一是每年都分派现金股利 0.8 元；二是第一年分派 0.4 元，以后每年增长 6%。试计算每种股利方案下的普通股资本成本。

(1) 如果采用第一套方案，则普通股资本成本为：

$$K_c = \frac{0.8}{8\times(1-5\%)} \approx 10.53\%$$

(2) 如果采用第二套方案，则普通股资本成本为：

$$K_c = \frac{0.4}{8 \times (1 - 5\%)} + 6\% \approx 11.26\%$$

2. 资本资产定价模型

由于筹资者的资本成本实际上就是投资者的必要报酬率，因此可以借用计算投资报酬率的资本资产定价模型来计算筹资的资本成本。

其计算公式如下：

$$K_c = R_F + \beta(R_M - R_F) \tag{5-13}$$

式中，R_F—— 无风险报酬率；

β—— 股票的贝塔系数；

R_M—— 市场报酬率。

【例 5-9】某公司普通股的β值为 1.2。市场报酬率为 10%，无风险报酬率为 4%。试计算公司普通股的资本成本。

公司普通股的资本成本为：

$$K_c = 4\% + 1.2 \times (10\% - 4\%) = 11.2\%$$

3. 债券投资报酬率加股票投资额外风险报酬率

一般而言，普通股投资的风险高于债券投资，因此普通股投资的必要报酬率通常高于债券投资的必要报酬率。于是，普通股投资必要报酬率可以在债券投资必要报酬率的基础上加上普通股投资高于债券投资的额外风险报酬率。相应地，普通股资本成本就等于债券资本成本加上普通股额外风险报酬率。这种方法的不足之处是比较主观，但计算比较简便。

【例 5-10】某公司已发行债券的资本成本为 7.5%，现增发一批普通股。经分析，该股票高于债券的额外风险报酬率为 4%。试计算该批普通股的资本成本。

该批普通股的资金成本为：

$$K_c = 7.5\% + 4\% = 11.5\%$$

（五）留存收益资本成本

留存收益是企业缴纳所得税后形成的，它们与优先股和普通股一样属于股权性资金。从表面上看，留存收益并不需要企业专门的成本。但是实际上，留存收益从最终归属上看属于普通股股东，可以理解为是普通股股东对企业的再投资。因此，普通股股东要求留存收益应该与普通股具有相同的报酬率。于是，留存收益的资本成本与普通股基本相同，唯一不同的是不存在筹资费用。

【例 5-11】某公司普通股市场价格为 8 元，第 1 年分派股利 0.4 元，以后每年增长 6%。试计算公司留存收益的资本成本。

公司留存收益的资本成本为：

$$K_c = \frac{0.4}{8} + 6\% = 11\%$$

三、综合资本成本

企业通过不同的方式从不同的来源取得的资金，其成本各不相同。要进行正确的筹资和投资决策，不仅需要计算个别资本成本，还需要确定全部长期资金的加权平均资本成本。综合资本成本又称加权平均资本成本，它是以各种资本占全部资本的比重为权数，对个别资本成本进行加权平均确定的。其计算公式为：

$$K_w = \sum_{j=1}^{n} K_j W_j \tag{5-14}$$

式中，K_w—— 综合资本成本；

K_j—— 第 j 种个别资本成本；

W_j—— 第 j 种个别资本占全部资本的比重(权数)。

由综合资本成本的计算公式可知，综合资本成本由两个因素决定：一是各种长期资金的个别资本成本；二是各种长期资金所占比例，即权数。各种长期资金权数的确定，则需要选择一定的价值基础。常见的价值基础主要有如下三种。

(一) 账面价值基础

账面价值基础是指根据各种长期资金的账面金额来确定各自所占的比例。这种基础的优点是数据可以从会计资料中直接获得。其主要缺陷是账面价值反映的是过去的情况，当资金的市场价值脱离账面价值较多时，选择账面价值作为基础会影响各种资金比例的客观性，进而影响综合资本成本的合理性。

(二) 市场价值基础

市场价值基础是指股票、债券等有市场价格的资金根据其市场价格来确定所占比例。这种基础的优点是真实客观；不足之处是证券的市场价格经常波动，不易选定。另外，市场价值基础反映的是现在的情况，未必适用于未来的筹资决策。

(三) 目标价值基础

目标价值基础是指股票、债券等根据预计的未来目标市场价值确定所占比例。这种基础体现了期望的目标资本结构的要求，能适用于筹措新资金的需要，弥补了账面价值基础和市场价值基础的不足。但是，资金的目标价值很难客观地确定。

【例 5-12】某公司各种长期资金的账面价值、市场价值和目标价值以及个别资本成本见表 5-1。分别按账面价值基础、市场价值基础和目标价值基础计算该公司的综合资本成本。

表 5-1 公司各种长期资金的账面价值、市场价值和目标价值以及个别资本成本表

单位：万元

资金种类	账面价值	市场价值	目标价值	个别资本成本 /%
长期借款	800	800	2 000	5.0
长期债券	1 500	2 000	4 000	6.5
优先股	500	750	1 000	10.0
普通股	2 000	4 000	4 000	12.0
留存收益	1 800	3 600*	4 000	11.5
合计	6 600	11 150	15 000	

注：* 表示留存收益的市场价值与账面价值之比等于普通股的市场价值与账面价值之比。

(1) 按账面价值基础计算的资本成本为：

$$
\begin{aligned}
K_w &= 5.0\% \times \frac{800}{6\ 600} + 6.5\% \times \frac{1\ 500}{6\ 600} + 10.0\% \times \frac{500}{6\ 600} + 12.0\% \times \frac{2\ 000}{6\ 600} + \\
&\quad 11.5\% \times \frac{1\ 800}{6\ 600} \\
&\approx 5.0\% \times 12.12\% + 6.5\% \times 22.73\% + 10.0\% \times 7.58\% + 12.0\% \times 30.3\% + \\
&\quad 11.5\% \times 27.27\% \\
&\approx 0.606\% + 1.477\% + 0.758\% + 3.636\% + 3.136\% \\
&= 9.61\%
\end{aligned}
$$

(2) 按市场价值基础计算的综合资本成本为：

$$
\begin{aligned}
K_w &= 5.0\% \times \frac{800}{11\ 150} + 6.5\% \times \frac{2\ 000}{11\ 150} + 10.0\% \times \frac{750}{11\ 150} + 12.0\% \times \frac{4\ 000}{11\ 150} + \\
&\quad 11.5\% \times \frac{3\ 600}{11\ 150} \\
&\approx 5.0\% \times 7.17\% + 6.5\% \times 17.94\% + 10.0\% \times 6.73\% + 12.0\% \times 35.87\% + \\
&\quad 11.5\% \times 32.29\% \\
&\approx 0.359\% + 1.166\% + 0.673\% + 4.304\% + 3.713\% \\
&= 10.22\%
\end{aligned}
$$

(3) 按目标价值基础计算的综合资本成本为：

$$
\begin{aligned}
K_w &= 5.0\% \times \frac{2\ 000}{15\ 000} + 6.5\% \times \frac{4\ 000}{15\ 000} + 10.0\% \times \frac{1\ 000}{15\ 000} + 12.0\% \times \frac{4\ 000}{15\ 000} + \\
&\quad 11.5\% \times \frac{4\ 000}{15\ 000} \\
&= 5.0\% \times \frac{2}{15} + 6.5\% \times \frac{4}{15} + 10.0\% \times \frac{1}{15} + 12.0\% \times \frac{4}{15} + 11.5\% \times \frac{4}{15} \\
&\approx 9.33\%
\end{aligned}
$$

四、边际资本成本

企业无法以某一固定的资本成本来筹措无限的资金，当其筹集的资金超过一定限度时，原来的资本成本就会增加。在企业追加筹资时，需要知道筹资额在什么数额上便会引起资本成本产生怎样的变化。这就要用到边际资本成本。

边际资本成本是指资金每增加一个单位而增加的成本。边际资本成本也是按加权平均法计算的，是追加筹资时所使用的加权平均成本。

下面举例说明边际资本成本的计算和应用。

【例 5－13】某公司拥有长期资金 400 万元，其中：长期借款 60 万元，长期债券 100 万元，普通股 240 万元。由于扩大规模，拟筹集新资金。经分析应保持现有资本结构，即长期借款 15%，长期债券 25%，普通股 60%，并测算出随筹资增加各种资本成本的变化(表 5-2)。

表 5-2　公司追加筹资测算资料表

资金种类	目标资本结构 /%	新筹资额 / 元	资本成本 /%
长期借款	15	＜45 000 45 000～90 000 ＞90 000	3 5 7
长期债券	25	＜200 000 200 000～400 000 ＞400 000	10 11 12
普通股	60	＜300 000 300 000～600 000 ＞600 000	13 14 15

（一）计算筹资总额突破点

在保持某资本成本率的条件下，可以筹集到的资金总限度称为现有资本成本下的筹资总额突破点。用公式表示为：

$$\text{筹资总额突破点} = \frac{\text{可用某一特定成本率筹集到的某种资金额}}{\text{该种资金在资本结构中所占的比例}} \tag{5-15}$$

一旦超过筹资总额突破点，即使维持现有的资本结构，其成本率也会增加。公司追加筹资总额范围的测算结果见表 5-3。

表 5-3　公司筹资总额突破点测算表

单位：元

资金种类	资本成本 /%	新筹资额	筹资突破点	筹资总额范围
长期借款	3 5 7	＜45 000 45 000～90 000 ＞90 000	＝45 000/15%＝300 000 ＝90 000/15%＝600 000	＜300 000 300 000～600 000 ＞600 000
长期债券	10 11 12	＜200 000 200 000～400 000 ＞400 000	＝200 000/25%＝800 000 ＝400 000/25%＝1 600 000	＜800 000 800 000～1 600 000 ＞1 600 000
普通股	13 14 15	＜300 000 300 000～600 000 ＞600 000	＝300 000/60%＝500 000 ＝600 000/60%＝1 000 000	＜500 000 500 000～1 000 000 ＞1 000 000

（二）计算边际资本成本

上述 6 个筹资总额突破点，可得到 7 组筹资总额范围。对 7 组筹资总额范围分别计算加权平均资本成本，即可得到各种筹资范围的加权平均资本成本（表 5-4）。

表 5-4　公司各筹资范围内的边际资本成本规划表

单位：元

筹资总额范围	资金种类	资本结构/%	资本成本/%	加权平均资本成本
< 300 000	长期借款	15	3	= 3% × 15% = 0.45%
	长期债券	25	10	= 10% × 25% = 2.5%
	普通股	60	13	= 13% × 60% = 7.8%
	合计			0.45% + 2.5% + 7.8% = 10.75%
300 000 ~ 500 000	长期借款	15	5	= 5% × 15% = 0.75%
	长期债券	25	10	= 10% × 25% = 2.5%
	普通股	60	13	= 13% × 60% = 7.8%
	合计			0.75% + 2.5% + 7.8% = 11.05%
500 000 ~ 600 000	长期借款	15	5	= 5% × 15% = 0.75%
	长期债券	25	10	= 10% × 25% = 2.5%
	普通股	60	14	= 14% × 60% = 8.4%
	合计			0.75% + 2.5% + 8.4% = 11.65%
600 000 ~ 800 000	长期借款	15	7	= 7% × 15% = 1.05%
	长期债券	25	10	= 10% × 25% = 2.5%
	普通股	60	14	= 14% × 60% = 8.4%
	合计			1.05% + 2.5% + 8.4% = 11.95%
800 000 ~ 1 000 000	长期借款	15	7	= 7% × 15% = 1.05%
	长期债券	25	11	= 11% × 25% = 2.75%
	普通股	60	14	= 14% × 60% = 8.4%
	合计			1.05% + 2.75% + 8.4% = 12.2%
1 000 000 ~ 1 600 000	长期借款	15	7	= 7% × 15% = 1.05%
	长期债券	25	11	= 11% × 25% = 2.75%
	普通股	60	15	= 15% × 60% = 9%
	合计			1.05% + 2.75% + 9% = 12.8%
> 1 600 000	长期借款	15	7	= 7% × 15% = 1.05%
	长期债券	25	12	= 12% × 25% = 3%
	普通股	60	15	= 15% × 60% = 9%
	合计			1.05% + 3% + 9% = 13.05%

由表 5-4 可知，公司的边际资本成本随着追加筹资金额的增加而逐渐上升。一般而言，边际投资报酬率会随着投资规模的上升而逐渐下降。只有当边际资本成本低于边际投资报酬率时，筹资才是合理的，投资也才是有利的。因此，公司可以将不同筹资范围内的边际资本成本与不同投资规模内的边际投资报酬率相比较，以选择有利的投资机会和合理的筹资金额。

第二节　杠杆分析

一、杠杆效应的含义

杠杆是物理学用语，意指在支点的作用下，力的放大效应。经济学中所说的“杠杆”是无形的，反映两个相互作用的经济变量之间的放大效应。经济学中常见的杠杆有经营杠杆、财务杠杆和综合杠杆。其中财务杠杆是资本结构决策中的重要工具。利用财务杠杆决策可以判断不同筹资备选项目的风险与收益，进而选出满意方案。

二、成本习性、边际贡献和息税前利润

（一）成本习性及分类

1. 成本习性

所谓成本习性，是指成本总额与业务量之间在数量上的依存关系。按照成本习性对成本进行分类，对于正确地进行财务决策，有十分重要的意义。

2. 成本按习性分类

按成本习性可把全部成本划分为固定成本、变动成本和混合成本三类。

（1）固定成本。所谓固定成本是指其总额在一定期间和一定营业规模内，不受营业规模变动的影响，保持固定不变的成本。属于固定成本的主要有保险费、按直线法计提的折旧费、管理人员的工资、办公费等，这些费用每年支出水平相同，即使产销业务量在一定范围内变动，它们也保持不变。正是由于这些成本是固定不变的，因此，随着产量的增加，意味着它将分配给更多数量的产品，也就是说，单位固定成本将随产量的增加而逐渐变小。

固定成本还可进一步区分为约束性固定成本和酌量性固定成本两类。

① 约束性固定成本。约束性固定成本属于企业“经营能力”成本，是企业为维持一定的业务量必须负担的最低成本。厂房、机器设备折旧费、长期租赁费等都属于这类成本。企业的经营能力一经形成，在短期内很难有重大改变，因而这部分成本具有很大的约束性，管理当局的决策行动不能轻易改变其数额。要想降低约束性固定成本，只能从合理利用经营能力入手。

② 酌量性固定成本。酌量性固定成本属于企业“经营方针”成本，即企业根据自身经营方针确定的一定时期的成本。广告费、研究与开发费、职工培训费等都属于这类成本。这些成本的支出，是可以随企业经营方针的变化而变化的。一般在一个预算年度开始，管理部门要根据企业经营方针和财务状况，酌量这部分成本的开支情况。因此，要降低酌量性固定成本，就要在预算时精打细算，合理确定这部分成本的数额。

应当指出的是，固定成本总额只是一定时期和业务量范围内保持不变。这里所说的一定范围，通常为相关范围。超过了相关范围，固定成本也会发生变动。因此，固定成本必须和一定时期、一定业务量联系起来进行分析。从较长的时间来看，所有的成本都在变化，没有绝对不变的固定成本。

(2) 变动成本。变动成本是指其总额随着业务量成正比例变动的那部分成本。直接材料、直接人工等都属于变动成本，但从产品的单位成本来看，则恰好相反，产品单位成本中的直接材料、直接人工将保持不变。

与固定成本相同，变动成本也存在相关范围，即只有在一定范围内，产量和成本才能完全成同比例变化，即完全的线性关系；超过了一定的范围，这种关系就不存在了。例如，当一种新产品还是小批量生产时，由于处于生产不熟练阶段，直接材料和直接人工耗费可能较多，随着产量的增加，工人对生产过程逐渐熟练，可使单位产品的材料和人工费用降低。在这一阶段，变动成本不一定与产量完全成同比例变化，而是变为小于产量增减幅度。在这以后，生产过程比较稳定，变动成本与产量成同比例变动，这一阶段的产量便是变动成本的相关范围。然而，当产量达到一定程度以后，再大幅度增长可能会出现一些新的不利因素，使成本的增长幅度大于产量的增长幅度。

(3) 混合成本。有些成本虽然也随业务量的变动而变动，但不成同比例变动，不能简单地归入变动成本或固定成本，这类成本称为混合成本。混合成本按其与业务量的关系又可分为半变动成本和半固定成本。

① 半变动成本。这是混合成本的基本类型，它通常有一个初始量，类似于固定成本，在这个初始量的基础上随产量的增长而增长，又类似于变动成本。例如，在租用机器设备时，有的租约规定租金同时按如下两种标准计算：其一是每年支付一定租金数额(固定部分)；其二是每运转一小时支付一定租金数额(变动部分)。

② 半固定成本。这类成本随产量的变化而呈阶梯形增长，产量在一定限度内，这种成本不变，当产量增长到一定限度后，这种成本就跳跃到一个新水平，化验员、质量检查人员的工资都属于这类成本。

(4) 总成本习性模型。从以上分析我们知道，成本按习性可分为变动成本、固定成本和混合成本三类，但混合成本又可以按一定方法分解成变动成本和固定成本，那么，总成本习性模型可以表示为：

$$Y = F + VQ \tag{5-16}$$

式中，Y—— 总成本；

F—— 固定成本；

V—— 单位变动成本；

Q—— 业务量(如产销量，这里假定产量与销量相等，下同)。

显然，若能知道公式中 F 和 V 的值，就可以利用这个直线方程来进行成本预测、成本决策和其他短期决策，所以，总成本习性模型是一个非常重要的模型。

(二) 边际贡献及其计算

边际贡献是指销售收入减去变动成本以后的差额。其计算公式为：

边际贡献 = 销售收入 − 变动成本

= (销售单价 − 单位变动成本) × 产销量

= 单位边际贡献 × 产销量　　(5-17)

若以 M 表示边际贡献，P 表示销售单价，V 表示单位变动成本，Q 表示产销量，m 表示单位边际贡献，则上式可表示为：

$$M = PQ - VQ = (P - V)Q = mQ \quad (5-18)$$

（三）息税前利润及其计算

息税前利润是指企业支付利息和交纳所得税前的利润。其计算公式为

息税前利润＝销售收入－变动成本－固定成本

＝（销售单价－单位变动成本）×产销量－固定成本

＝边际贡献－固定成本　　(5-19)

若以 $EBIT$ 表示息税前利润，F 表示固定成本，则上式可表示为：

$$EBIT = PQ - VQ - F = (P - V)Q - F = M - F \quad (5-20)$$

显然，不论利息费用的习性如何，它不会出现在计算息税前利润公式之中，即上式的固定成本和变动成本不应包括利息费用因素。息税前利润也可以用利润总额加上利息费用求得。

三、经营杠杆

（一）经营杠杆利益与风险

经营杠杆（Operating Leverage）也称为营业杠杆，是企业在生产经营过程或提供劳务过程中由于固定性成本的存在，当销售收入变动时所带来的息税前利润更大变动的经济现象。营业杠杆是一把双刃剑，它的存在既会给企业带来经营杠杆利益，也会给企业带来经营杠杆风险。

1. 经营杠杆利益

经营杠杆效应存在的前提条件是企业维持现有生产能力和生产规模，即企业经营成本中的固定性成本不变。在该前提条件下，经营杠杆利益是指随着企业销售业绩的提高，即营业收入的增加，单位产品上所负担的固定性成本会相对减少，从而为企业带来额外的息税前利润，即规模经济带来的收益。

【例 5-14】假设超越公司营业总额为 300～400 万元以内，固定成本总额为 65 万元，变动成本率为 60%。公司 2019—2021 年的营业总额分别为 300 万元、330 万元和 400 万元。现以表 5-5 测算经营杠杆利益。

表 5-5　超越公司经营杠杆利益测算表

年份	营业总额	营业总额增长率/%	变动成本	固定成本	息税前利润	利润增长率/%
2019	300		180	65	55	
2020	330	10.00	198	65	67	21.82
2021	400	21.21	240	65	95	41.79

由表 5-5 可以看出，超越公司在营业总额为 300～400 万元的范围内，固定成本总额每年都是 65 万元，即保持不变；随着营业总额的增长，息税前利润以更快的速度增长。例中具体

数据表明，2020 年与 2019 年相比较，营业总额增加了 10%，而同期息税前利润增加了 21.82%；2021 年的销售业绩比 2020 年的销售业绩增加了 21.21%，而同期息税前利润增加了 41.79%。由此可知，由于超越公司有效地利用了经营杠杆，通过提高销售业绩，放大息税前利润的增长幅度。

下面再对拥有不同经营杠杆的两家公司进行分析比较。其中甲公司的固定成本总额大于变动成本，乙公司的变动成本大于固定成本，现以表 5-6 测算甲、乙两个公司的经营杠杆利益。

表 5-6　甲乙公司经营杠杆利益测算表

单位：万元

营业总额变动前：	甲公司	乙公司
营业总额	350	450
营业成本：		
固定成本	200	100
变动成本	100	270
息税前利润	50	80
下年度营业总额增长 50% 后：		
营业总额	525	675
营业成本：		
固定成本	200	100
变动成本	150	405
息税前利润	175	170
息税前利润增长率 /%	250.00	112.50

由表 5-6 可知，尽管下年度营业总额的增长率相同，均为 50%，但由于甲、乙两家公司的具体情况不同，尤其两家公司的固定性成本的规模不同，使得它们的营业利润增长率不相等。虽然甲公司的销售业绩低于乙公司，但由于甲公司的固定性成本规模比乙公司大，其经营杠杆利益高，因此甲公司的营业利润增长率高达 250%，且营业利润超过乙公司。

2. 经营杠杆风险

经营杠杆风险也称为营业风险，是指未来息税前利润的不确定性。对于风险的研究，财务人员更关注风险带来的损失，经营风险也不例外，更为关注未来息税前利润的减少，尤其是经营杠杆带来的负面效应。具体可描述为：经营风险是指因销售业绩下滑导致息税前利润以更大倍数缩水。

【例 5－15】假设超越公司 2019—2021 年的营业总额分别为 400 万元、330 万元和 330 万元。现以表 5-7 测算经营杠杆风险。

表 5-7　超越公司经营杠杆风险测算表

单位：万元

年份	营业总额	营业总额增长率 /%	变动成本	固定成本	息税前利润	利润增长率 /%
2019	400		240	65	95	
2020	330	−17.05	198	65	67	−29.47
2021	300	−9.09	180	65	55	−17.91

由表5-7的测算可见，超越公司在营业总额为400～300万元的范围内，固定性成本规模保持不变，均为65万元。随着销售业绩的下降，息税前利润以更快的速度下降。由此可见，该公司没有有效地利用经营杠杆，从而导致经营风险，即息税前利润的降低幅度高于营业总额的降低幅度。

影响企业经营风险的因素有很多，包括企业的产品市场的稳定性、成本结构、产品需求特性和行业内部的竞争地位等。其中主要因素有：① 产品需求。市场对企业产品的需求越稳定，经营风险就越小；反之，经营风险则越大。② 产品售价。产品售价变动不大，经营风险则小；否则经营风险就大。③ 产品成本。产品成本是收入的抵减，成本不稳定，会导致利润不稳定，因此产品成本变动大的，经营风险就大；反之，经营风险则小。④ 成本结构。在企业全部成本中，固定成本所占比重较大时，单位产品分摊的固定成本额就多，若产品量发生变动，单位产品分摊的固定成本随之变动，最后导致利润更大幅度地变动，经营风险就大；反之，经营风险就小。⑤ 调整价格的能力。当产品成本变动时，若企业具有较强的调整价格的能力，经营风险就小；反之，经营风险则大。

企业欲获得营业杠杆利益，需要承担由此带来的经营杠杆风险，因此必须在这种杠杆利益与杠杆风险之间做出选择。

（二）经营杠杆系数

经营杠杆系数（Degree of Operating Leverage，DOL）是指企业息税前利润的变动率相当于销售量变动率的倍数。该指标是为了反映经营杠杆的作用程度，即销售量与息税前利润之间的放大倍数。若以物理学中的杠杆形象地来说，经营杠杆系数就是杠杆中支点的位置，其取决于企业固定性成本的规模。企业经营规模越大，固定性成本就越高，经营杠杆系数越大，放大倍数越高；反之，企业经营规模越小，固定性成本就越低，经营杠杆系数越小，放大倍数越小。经营杠杆系数的测算公式如下：

$$DOL = \frac{\Delta EBIT/EBIT}{\Delta Q/Q} \tag{5-21}$$

式中，DOL—— 经营杠杆系数；

$EBIT$ —— 息税前利润；

$\Delta EBIT$—— 息税前利润变动额；

Q—— 销售量；

ΔQ—— 销售量的变动额。

为了便于计算，可将上列公式变换如下：

$$\because EBIT = Q(P - V) - F$$

$$\Delta EBIT = \Delta Q(P - V)$$

$$S = QP$$

$$\therefore DOL_Q = \frac{Q(P - V)}{Q(P - V) - F} \tag{5-22}$$

$$\text{或 } DOL_S = \frac{S - VC}{S - VC - F} \tag{5-23}$$

式中，DOL_Q—— 按销售数量确定的经营杠杆系数；

Q—— 产销量；

P—— 销售单价；

V—— 单位变动成本；

F—— 固定成本；

DOL_S—— 按销售金额确定的经营杠杆系数；

S—— 销售额；

VC—— 变动成本总额。

【例 5-16】超越公司的产品销量为 30 000 件，单位产品售价 110 元，销售总额 330 万元。固定成本总额为 45 万元，单位产品变动成本为 66 元，变动成本率为 60%。其经营杠杆系数测算如下：

$$DOL_Q = \frac{Q(P - V)}{Q(P - V) - F}$$

$$= \frac{30\,000 \times (110 - 66)}{30\,000 \times (110 - 66) - 450\,000} = 1.52$$

$$DOL_S = \frac{S - VC}{S - VC - F}$$

$$= \frac{3\,300\,000 - 1\,980\,000}{3\,300\,000 - 1\,980\,000 - 450\,000} = 1.52$$

在本例中，经营杠杆系数为 1.52，其基本含义是：当企业销售收入增加 1 倍时，息税前利润将以 1.52 倍的速度增长。同理，当企业销售业绩下滑 1 倍时，息税前利润以 1.52 倍的速度快速下滑。前者是经营杠杆利益的体现，且杠杆系数越大，这种放大效应给企业带来的效益越高。后者是经营杠杆风险的体现，杠杆系数越大，这种放大效应给企业带来的经济损失越高。

研究经营杠杆的意义在于：① 对经营杠杆的深入把握，全面分析与之相关的因素，有利于及时调整企业资产结构，保持适合企业自身的经营杠杆系数。② 通过估算经营杠杆系数，可以反映企业经营风险的大小。经营杠杆系数反映企业经营风险中的重要部分，它的有效控制有利于更好地实现企业的财务目标，降低企业风险。

四、财务杠杆

（一）财务杠杆利益与风险

财务杠杆（Financial Leverage）又称融资杠杆，是指由于资本结构中债务资金的存在而导致普通股每股收益变动幅度大于息税前利润变动幅度的杠杆效应。因此，财务杠杆是在融资活动中，由于固定性融资成本的存在，当息税前利润变动时所带来的股东财富更大变动的经济现象。财务杠杆也是一把双刃剑，它的存在既会给企业带来财务杠杆利益，也会给企业带来财务杠杆风险。

1. 财务杠杆利益

财务杠杆利益是指企业在既定的资本结构下，随着企业息税前利润的提高，即企业经营获利能力的提高，从而为企业的股东带来额外的财富增值的现象。产生这一现象的根本原因在于，在资本结构一定的条件下，企业从息税前利润中支付的固定性资金成本（债务利息、优先股股利）是相对固定的。当企业获利能力提高，即息税前利润增长时，每一元利润所负担的固定性资金成本会减少，进而使得普通股的每股收益（Earnings per share，EPS）以更快的速度增长，产生股东财富放大效应。还有一种解释是：企业生产经营所运用的资金按性质分为债务资金和权益资金。当企业的投资收益率大于固定性的债务资金成本时，抵扣债务资金成本后的投资收益率归股东享有，企业进而实现利用债务资金增加所有者财富的目的。

【例 5－17】超越公司 2019—2021 年的息税前利润分别为 200 万元、260 万元和 380 万元。这三年保持稳定的资金规模和资本结构，每年的债务利息为 180 万元，公司所得税率为 25％。该公司的财务杠杆利益的测算见表 5-8。

表 5-8　超越公司财务杠杆利益测算表

单位：万元

年份	息税前利润／元	息税前利润增长率／%	债务利息／万元	所得税（25％）	税后利润／万元	税后利润增长率／%
2019	200		180	5	15	
2020	260	30	180	20	60	300
2021	380	46.15	180	50	150	150

由表 5-8 可知，在资本结构一定、债务利息保持固定不变的条件下，随着企业获利能力（息税前利润）的不断提高，其所有者的财富（税后利润）将以更大的倍数增加。在上例中，2020 年与 2019 年相比较，息税前利润增长率为 30％，税后利润的增长率高达 300％；2021 年与 2020 年相比较，息税前利润增长率为 46.15％，而税后利润的增长率高达 150％。因此，在维持原有资金规模和资本结构的基础上，该企业充分利用财务杠杆，放大所有者的财富增长率。

2. 财务杠杆风险

财务风险（Financial Risk）也称融资风险或筹资风险，是指企业在筹资活动中，因固定性资金成本的影响，使未来所有者收益产生不确定性。具体而言就是，在一定资金规模和资本结构的条件下，如果企业经营获利能力有所下降，所有者的财富将以更大倍数缩水。产生财务风险的根本原因是企业资本结构中债务资金规模配置过高，随着企业获利能力不断下降，使得其投资收益率小于债务资金成本率。由于债务资金成本的刚性特质，企业所有者必须使用自有资金偿付债务资金成本，进而使所有者财富缩水，引发财务风险。

【例 5－18】超越公司 2019—2021 年的息税前利润分别为 380 万元、260 万元和 200 万元。这三年保持稳定的资金规模和资本结构，每年的债务利息为 180 万元，公司所得税率为

25%。该公司财务杠杆风险的测算见表5-9。

表5-9 超越公司财务杠杆风险测算表

单位：万元

年份	息税前利润	息税前利润增长率/%	债务利息	所得税(25%)	税后利润	税后利润增长率/%
2019	380		180	50	150	
2020	260	−31.58	180	20	60	−60
2021	200	−23.00	180	5	15	−75

由表5-9的测算可知，超越公司的息税前利润范围为380～200万元，固定性资金成本保持不变，均为180万元。随着企业经营获利水平的下降，税后利润以更快的速度下降。由此可见，该公司没有有效地利用财务杠杆，从而导致财务风险，即税后利润的降低幅度高于息税前利润的降低幅度。在上例中，2020年与2019年相比较，息税前利润降低了31.58%，税后利润降低了60%；2021年与2020年相比较，息税前利润降低了23%，而税后利润降低了75%。因此，在维持原有资金规模和资本结构的基础上，因财务杠杆的负效应，使企业的税后利润以更大的倍数减少。

（二）财务杠杆系数

财务杠杆系数(Degree of Financial Leverage，DFL)是指企业税后利润的变动率，相当于息税前利润变动率的倍数。财务杠杆系数可用于反映财务杠杆作用程度、估计财务杠杆利益的大小、评价财务风险的高低。形象地说，财务杠杆系数是杠杆的支点位置，其大小取决于企业资本结构中资金成本固定的资金规模，这里主要指债务资金。若企业的债务规模越高，财务杠杆系数越大，则放大倍数越高；反之，若企业债务规模越低，财务杠杆系数越小，则放大倍数越小。若企业资金全部由自有资金满足，则财务杠杆系数为1，即不存在放大效应。根据定义，财务杠杆系数的表达公式为：

$$DFL = \frac{\Delta EPS/EPS}{\Delta EBIT/EBIT} \tag{5-24}$$

式中，DFL—— 财务杠杆系数；

$\Delta EBIT$—— 息税前利润变动额；

$EBIT$—— 基期息税前利润；

ΔEPS—— 普通股每股盈余变动额；

EPS—— 基期普通股每股盈余。

为了便于计算，可将上述公式变化如下：

$$\because EPS = \frac{(EBIT - I)(1 - T) - D_p}{N}$$

$$\Delta EPS = \Delta EBIT \frac{(1 - T)}{N}$$

$$\therefore DFL = \frac{EBIT}{EBIT - I - \frac{D_p}{1 - T}} \tag{5-25}$$

式中，I—— 债务年利息；

T—— 公司所得税；

N—— 流通在外的普通股股数；

D_p—— 优先股年股利额。

【例 5－19】超越公司全部长期资本为 600 万元，债券资本比例为 50%，债务年利率为 16%，公司所得税率为 25%。2021 年的息税前利润为 360 万元时，其财务杠杆系数测算如下：

$$DFL = \frac{EBIT}{EBIT - I - \frac{D_p}{1-T}}$$

$$= \frac{360}{360 - 600 \times 50\% \times 16\%} \approx 1.15$$

本例中财务杠杆系数 1.15 倍表示：当息税前利润增长 1 倍时，普通股每股收益将增长 1.15 倍，此时财务杠杆利益起作用；反之，当息税前利润下降 1 倍时，普通股每股收益以 1.15 倍缩水，此时表现为财务杠杆风险。一般而言，财务杠杆系数越大，企业的财务杠杆利益和财务杠杆风险就越高。

五、综合杠杆

（一）综合杠杆效应

由于存在固定的生产经营成本，所以企业会产生经营杠杆效应，即销售量的增长会引起息税前利润以更大的幅度增长。由于存在固定的财务成本（债务利息和优先股股利），所以企业会产生财务杠杆效应，即息税前利润的增长会引起普通股每股利润以更大的幅度增长。一个企业会同时存在固定的生产经营成本和固定的财务成本，那么两种杠杆效应会共同发生，产生连锁作用，形成销售量的变动，使普通股每股利润以更大幅度变动。综合杠杆效应即经营杠杆和财务杠杆的综合效应。

（二）综合杠杆系数及其计算

综合杠杆系数（Degree of Total Leverage，DTL），也称复合杠杆系数或总杠杆系数，是指普通股每股利润的变动率相对于销售量变动率的倍数。其定义公式为：

$$DTL = \frac{\Delta EPS/EPS}{\Delta Q/Q} \tag{5-26}$$

将上式分子分母同乘以息税前利润变动率，则公式可变形为：

$$DTL = DOL \times DFL \tag{5-27}$$

【例 5—20】若某公司的经营杠杆系数为 3，同时财务杠杆系数为 2.5。该公司的综合杠杆系数为：

$$DTL = DOL \times DFL$$

$$= 3 \times 2.5 = 7.5(\text{倍})$$

此例中，综合杠杆系数为 7.5 倍表示：当公司营业业绩（营业收入）增加 1 倍时，每股盈余将以 7.5 倍的速度增加。同理，当公司营业业绩下降 1 倍时，每股盈余将以 7.5 倍的速度下滑。

研究综合杠杆是具有现实意义的。综合杠杆反映公司受经营风险和财务风险联合作用的总风险状态，而综合杠杆系数反映公司总风险大小。实际工作中，在保证总风险适度的情况下，公司通过对经营杠杆和财务杠杆的控制和运用，根据实际需要组成不同的风险组合。经营杠杆系数较高的公司可以在较低的程度上使用财务杠杆；经营杠杆系数较低的公司可以在较高程度上使用财务杠杆。例如，当公司正在进行固定资产投资，激增的固定性成本会使公司经营风险增加，这时候可以适当减少债务规模，使财务风险降低，使综合风险适中。

拓展阅读

第三节　资本结构

资本结构是企业筹资决策的核心问题，企业应综合考虑有关影响因素，运用适当的方法确定最佳的资本结构，本节主要论述资本结构理论和最佳资本结构的确定方法。

一、资本结构的含义

资本结构是指企业长期资本的构成及其比例关系。长期资本包括长期债务资本和权益资本。长期债务资本和权益资本在总资本中所占的比重不同，形成了不同的资本结构。当企业投资报酬率较高时，适当提高债务资本的比例，不仅可降低企业的综合资本成本，而且可以使企业获得财务杠杆利益，但同时也给企业带来了一定的财务风险。鉴于债务资本的作用和特点，可以认为，资本结构问题就是确定债务资本在总资本中的比例问题。

二、资本结构理论

企业财务管理的总目标是实现企业价值最大化。关于资本结构与企业价值之间的关系问题形成了多种观点。现介绍几种典型的理论。

（一）净收益理论

净收益理论认为，公司利用债务，加大财务杠杆作用程度，可降低资本成本，从而提高企业价值。该理论假设负债资本成本 K_d 与权益资本成本 K_s 均不变。由前节知识可知 $K_d < K_s$，因此随着企业负债比率的增大，加权平均资本成本 K_w 将呈下降趋势，企业价值 V 则会随着负债的增加而上升，所以最优的资本结构应是负债比率趋于 100%。净收益理论分析示意图如图 5-1 所示。

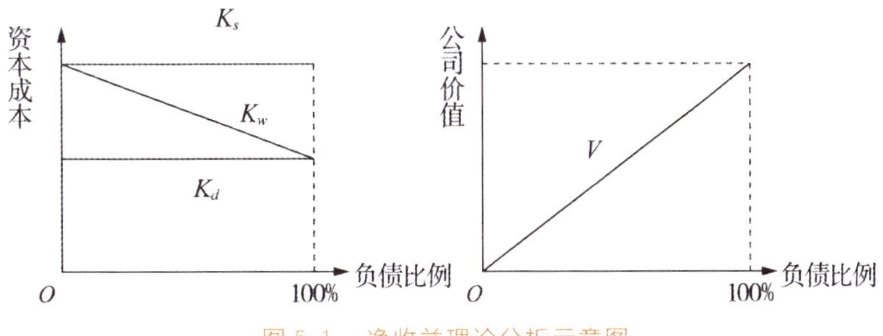

图 5-1　净收益理论分析示意图

（二）净营业收益理论

净营业收益理论认为，不论财务杠杆如何变化，企业加权平均资本成本都是固定的，因而企业的总价值也是固定不变的。这是因为企业利用财务杠杆时，即使债务成本本身不变，但由于加大了权益的风险，也会使权益成本上升，于是加权平均资本成本不会因负债比率的提高而降低，而是维持不变，企业的总价值也就固定不变。按这种理论推理，不存在最佳资本结构，筹资决策也就无关紧要。可见净营业收益理论和净收益理论是完全相反的两种理论。净营业收益理论分析示意图如图 5-2 所示。

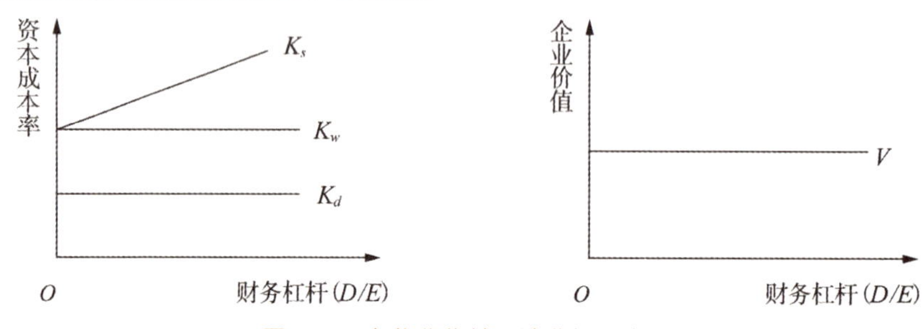

图 5-2　净营业收益理论分析示意图

（三）传统理论

传统理论是介于上述两种理论之间的理论。传统理论认为，企业利用财务杠杆尽管会导致权益成本的上升，但在一定程度内却不能完全抵消利用成本率低的债务所获得的好处，因此会使资本成本下降，企业的总价值上升。但超过一定程度地利用财务杠杆，权益成本的上升就不能为成本率低的债务所抵消，加权平均资本成本便会上升。以后，债务成本也会上升，它和权益成本的上升共同作用，使加权平均资本成本上升更快。加权平均资本成本从下降变为上升的转折点，是加权平均资本成本的最低点，这时的负债结构是最佳的资本结构。传统理论分析示意图如图 5-3 所示。

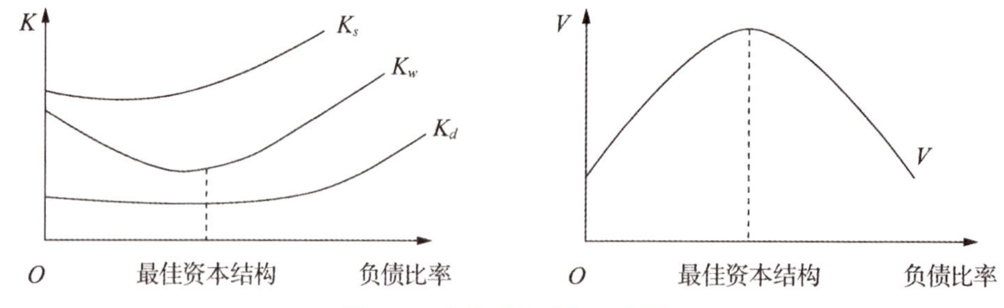

图 5-3　传统理论分析示意图

（四）权衡理论

权衡理论（MM 理论）是由美国学者莫迪格利安尼（Franco Modigliani）和默顿·米勒（Mertor Miller）提出的学说。最初的 MM 理论认为，由于所得税法允许债务利息在税前扣除，在某些严格的假设下，负债越多，企业的价值越大。但有些假设不符合实际情况，此后 MM 理论有所发展，提出了“税负利益 — 破产成本”的权衡理论。该理论的最新思想表达如图 5-4 所示。

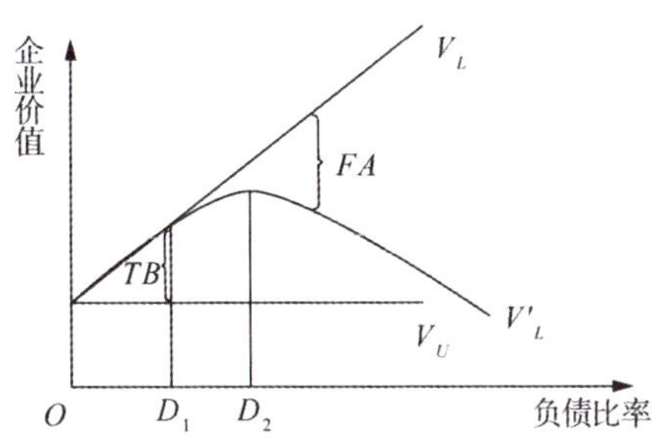

图 5-4 权衡理论分析示意图

图中各符号含义：

V_L—— 只有负债抵税利益而没有财务危机成本和代理成本的企业价值；

V_U—— 无负债时的企业价值；

V'_L—— 同时存在负债抵税利益、财务危机成本和代理成本的企业价值；

TB—— 负债抵税利益的现值；

FA—— 财务危机成本和代理成本；

D_1—— 财务危机成本和代理成本变得重要时的负债水平；

D_2—— 最优资本结构。

图 5-4 说明如下：

(1)V_U 为无负债公司的价值，在坐标图上表示为一条直线，与企业的负债水平无关。

(2) 由于债务利息税前支付的抵税效应增加了企业的税后现金流量，公司的价值会随着负债比率的提高而增加，即负债公司价值 V_L 等于相同等级的无负债公司价值再加上赋税节余的价值。

(3) 实际上，随着负债比率的增大，财务危机成本和代理成本都会上升。财务危机是指公司无力支付到期债务或费用的一种经济现象。财务危机成本主要是由于面临偿债压力，使企业无法进行正常的投资和经营决策，从而丧失收益，以及企业破产清算所必须支付的费用和无形资产损失。代理成本是指债权人为维护自身的权益，在预计企业将投资高风险项目或提高资产负债水平时，通过提高贷款利息率或者事前限定企业的投资方向(这些举措会增大企业的资本成本、阻碍企业的发展)给企业带来的增量成本。V'_L 才是真实的公司价值。

(4) 当负债比率未超过 D_1 点时，财务危机成本和代理成本不明显，当负债比率达到 D_1 点时，财务危机成本和代理成本开始变得重要，负债的抵税效应开始被财务危机成本和代理成本所抵消。

(5) 当负债比率达到 D_2 点时，负债抵税效应与增加的成本现值相等，企业价值最大。在 D_2 点左边，减税收益超过成本现值上升，公司价值呈上升趋势；在 D_2 点右边，随着负债比率的增大，增加的成本现值超过减税收益，使公司价值呈下降趋势。因此，D_2 点所对应的资产负债率即为最优资本结构。

资本结构理论为企业融资决策提供了有价值的参考，可以指导决策行为。但由于融资活动本身和外部环境的复杂性，目前仍难以准确地显示出存在于财务杠杆、每股收益、资本成本及企业价值之间的关系，所以在一定程度上融资决策还依赖于有关人员的经验和主观判断。

三、最佳资本结构的确定方法

最佳资本结构是指企业在一定时期最适宜的条件下使企业综合资本成本最低，且企业价值最大的资本结构。根据现代资本结构理论，最佳资本结构是存在的。在资本结构的最佳点上，企业的综合资本成本达到最低，同时企业的价值达到最大。但事实上这一点是很难确定的，最优只是理论上的结果。实际工作中，必须将定性分析与定量分析结合起来，使企业的资本结构接近最优。常见的资本结构决策方法有：比较资本成本法、每股收益分析法和公司价值比较法。

（一）比较资本成本法

企业在做出筹资决策之前，先拟定若干个备选方案，分别计算各方案加权平均的资本成本，并根据加权平均资本成本的高低来确定资本结构的方法，称为比较资本成本法。现举例说明如下。

【例 5－21】某企业原资本结构和拟增资备选方案见表 5-10。

表 5-10　企业筹资组合方案

筹资方式	原资本结构		增资方案 *A*		增资方案 *B*	
	筹资额 / 万元	资本成本 /%	筹资额 / 万元	资本成本 /%	筹资额 / 万元	资本成本 /%
长期借款	600	6.5	200	7	250	7.5
债券	1 400	8	200	8	350	10
优先股	500	12	200	12.5	200	12.5
普通股	2 500	15	400	15.5	200	15.5
合计	5 000		1 000		1 000	

计算如下。

A 方案的加权平均资本成本为：

$$\frac{600+200}{6\ 000}\times\frac{600\times6.5\%+200\times7\%}{800}+\frac{1\ 400+200}{6\ 000}\times8\%+$$

$$\frac{500+200}{6\ 000}\times\frac{500\times12\%+200\times12.5\%}{700}+\frac{2\ 500+400}{6\ 000}\times$$

$$\frac{2\ 500\times15\%+400\times15.5\%}{2\ 900}\approx11.72\%$$

B 方案的加权平均资本成本为：

$$\frac{600+250}{6\ 000}\times\frac{600\times6.5\%+200\times7.5\%}{800}+\frac{1\ 400+350}{6\ 000}\times\frac{1\ 400\times8\%}{1\ 750}+$$

$$\frac{500+200}{6\ 000}\times\frac{500\times12\%+200\times12.5\%}{700}+\frac{2\ 500+200}{6\ 000}\times$$

$$\frac{2\ 500\times15\%+200\times15.5\%}{2\ 700}\approx11.60\%$$

比较两个方案的加权平均资本成本，可以看出，应选择 B 方案。

也可以直接比较两个备选方案的追加筹资的边际资本成本，同样得出 B 方案较好。

这种方法通俗易懂，计算过程也不是十分复杂，是确定资本结构的一种常用方法。但因为拟定的方案数量有限，有把最优方案漏掉的可能性。

（二）每股收益分析法

企业的偿债能力是建立在未来盈利能力基础上的，研究资本结构不能脱离企业的盈利能力。企业的盈利能力，一般用息税前利润表示。

债务筹资是通过它的杠杆作用来增加股东财富的。确定资本结构不能不考虑它对股东财富的影响，股东财富用每股收益表示。

每股收益分析法也称为每股收益无差异点法，是将息税前利润和每股收益联系起来，分析资本结构与每股收益之间的关系，利用每股收益无差别点来进行资本结构决策的方法。每股收益无差别点，又叫每股盈余无差别点、每股利润无差别点，是指普通股每股税后收益在不受筹资方式影响的销售水平或息税前利润。根据每股收益无差别点，可以判断在什么情况下可利用债务筹资方式来安排和调整资本结构。

每股收益的计算公式如下：

$$EPS = \frac{(EBIT - I)(1 - T) - D}{N} = \frac{(S - VC - F - I)(1 - T) - D}{N} \tag{5-28}$$

每股收益无差别点可通过下式计算得出：

$$\frac{(S - VC_1 - F_1 - I_1)(1 - T) - D_1}{N_1} = \frac{(S - VC_2 - F_2 - I_2)(1 - T) - D_2}{N_2}$$

或

$$\frac{(EBIT - I_1)(1 - T) - D_1}{N_1} = \frac{(EBIT - I_2)(1 - T) - D_2}{N_2}$$

式中，S—— 无差别点的销售额；

$EBIT$—— 无差别点的息税前利润；

VC_1、VC_2 —— 变动成本总额；

F_1、F_2—— 总固定成本；

I_1、I_2—— 两种筹资方式下的利息；

D_1、D_2—— 两种筹资方式下的优先股股利；

T—— 所得税税率；

N_1、N_2—— 两种筹资方式下的普通股股数。

【例 5-22】某股份公司原资本总额为 1 000 万元，其中，债务资本 400 万元，利率为 10%，其余为普通股，发行在外的股数为 20 万股。拟追加投资 300 万元，采用发行股票或发行债券的方式筹集。一是全部发行股票，每股 30 元的价格增发 10 万股；二是全部发行债券，债务利率增至 12%。

公司的变动成本率为 60%，固定成本为 100 万元，所得税率为 25%。若增资后销售收入为 600 万元，应采用何种筹资方案？

若发行债券，则其利息 $I_1 = 400 \times 10\% + 300 \times 12\% = 76$（万元）。

若发行股票，则其利息 $I_2 = 400 \times 10\% = 40$（万元）。

$$\frac{(S-0.6S-100-76)(1-25\%)}{20}=\frac{(S-0.6S-100-40)(1-25\%)}{30}$$

$S = 620$（万元）

每股收益的无差别点的分析结果如图 5-5 所示。

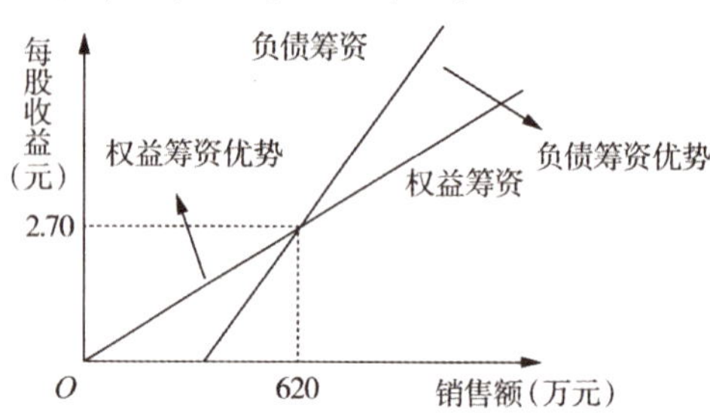

图 5-5　每股收益无差别点分析

图 5-5 表示销售收入在无差别点 620 万元时，采用权益资本或债务资本的每股收益均为 2.70 元；若企业销售收入大于 620 万元，则采用债务资本比采用权益资本获得的每股收益更多，说明这时应采用债务资本融资；若企业销售收入小于 620 万元，则采用权益资本比采用债务资本获得的每股收益更多，这时应采用权益资本融资。

依据题意，增资后销售收入为 600 万元时，小于无差别点的销售收入，故应采用股权方式融资。

这种分析方法只考虑了资本结构对每股收益的影响，并假定每股收益最大，股票价格也最高，但把资本结构对风险的影响置于视野之外。其实随着负债的增加，投资者的风险加大，股票价格和公司价值也会有下降的趋势。

（三）公司价值比较法

公司价值比较法是在充分反映财务风险的前提下，以公司价值最大化为标准，确定公司最优资本结构的方法。与前两种方法相比，公司价值比较法充分考虑了公司的财务风险和资本成本等因素，更符合公司价值最大化的财务目标，但是其测算原理及过程较为复杂，通常用于资本规模较大的上市公司。

公司价值等于长期债务和股票的折现价值之和。公式为：

$$V = B + S \tag{5-29}$$

式中，V—— 公司的总价值，即公司总的折现价值；

B—— 公司长期债务的折现价值；

S—— 公司股票的折现价值。

为简化起见，假设长期债务（含长期债券和长期借款）的现值等于其面值（或本金）；股票的现值按公司未来净收益的折现值测算，公式为

$$S = \frac{(EBIT - I)(1 - T)}{K_S}\text{（不存在优先股）} \tag{5-30}$$

$$S = \frac{(EBIT - I)(1 - T) - D}{K_S}\text{（存在优先股）} \tag{5-31}$$

式中，S——公司股票的折现价值；

$EBIT$——息税前利润；

I——利息；

T——所得税率；

K_S——公司股票资本成本率；

D——优先股股利。

普通股资本成本率 K_S 可用资本资产定价模型来计算：

$$K_S = R_F + \beta(R_M - R_F) \tag{5-32}$$

式中，K_S——公司普通股的资本成本率，即普通股投资的必要报酬率；

R_F——无风险报酬率；

R_M——所有股票的市场报酬率；

β——公司股票的 β 系数。

公司的综合资本成本，即加权平均资本成本，计算如下：

$$K_W = K_B\left(\frac{B}{V}\right)(1-T) + K_S\left(\frac{S}{V}\right) \tag{5-33}$$

式中，K_W——公司资本成本率；

K_B——公司长期债务税前资本成本率。

【例 5-23】某公司现有的全部长期资本为普通股股本，账面价值 20 000 万元，公司认为这种资本结构不合理，准备发行债券回购普通股予以调整。公司预计息税前利润为 5 000 万元，所得税率为 25%，经调查，目前的长期债务和普通股的资本成本率见表 5-11。

表 5-11　不同长期债务水平债务和普通股资本成本率

B/万元	K_B/%	β	R_F/%	R_M/%	K_S/%
0		1.2	10	14	14.8
2 000	10	1.25	10	14	15.0
4 000	10	1.30	10	14	15.2
6 000	12	1.40	10	14	15.6
8 000	14	1.55	10	14	16.2
10 000	16	2.10	10	14	18.4

根据资料，运用公式，可算出不同债务水平下的公司价值和资本成本，见表 5-12。

表 5-12　不同债务水平下的公司价值和资本成本

B/万元	S	V	K_B/%	K_S/%	K_W/%
0	25 338	25 338		14.8	14.80
2 000	24 000	26 000	10	15.0	14.42
4 000	22 697	26 697	10	15.2	14.05

续表

B/万元	S	V	K_B/%	K_S/%	K_W/%
6 000	20 577	26 577	12	15.6	14.11
8 000	17 963	25 963	14	16.2	14.44
10 000	13 859	23 859	16	18.4	15.72

当 $B=2\ 000$ 万元，$K_B=10\%$，$K_S=15.0\%$，以及 $EBIT=5\ 000$ 万元时，

$$S=\frac{(5\ 000-2\ 000\times 10\%)(1-25\%)}{15\%}=24\ 000(\text{万元})$$

$$V=2\ 000+24\ 000=26\ 000(\text{万元})$$

$$K_W=15\%\times\frac{24\ 000}{26\ 000}+10\%\times(1-25\%)\times\frac{2\ 000}{26\ 000}\approx 14.42\%$$

其余计算同理。

在没有长期债务的情况下，该公司的价值是其原普通股资本的价值。当发行债券回购股票时，公司价值上升，同时综合资本成本下降，直到长期债务达到4 000万元时，公司价值最大，同时综合资本成本最低；当公司债务继续增长，公司价值开始下降，公司综合资本成本同时上升。因此，该公司在长期债务水平为4 000万元时的资本结构为最优的资本结构。此时，公司的长期资本价值总额为26 697万元，普通股与长期债务资本价值比为85∶15。

拓展阅读

本章小结

本章介绍了个别资本成本、综合资本成本和边际资本成本的计算，在成本性态分析的基础上，阐述了经营杠杆与经营风险、财务杠杆与财务风险，以及综合杠杆与综合风险的基本原理。资本结构始终是筹资管理中的一个核心问题。实现并保持最佳资本结构是企业筹资管理的一个重要目标，企业应综合权衡，做出适当的资本结构决策。

三种重要的资本结构决策方法为资本成本比较法、每股收益分析法和公司价值比较法。资本成本比较法在适度风险的条件下，以综合资本成本作为判断不同资本结构优劣的标准。每股收益分析法以每股收益的高低作为权衡不同资本结构的依据，在具体操作中，可以利用每股收益无差别点来帮助判断。公司价值比较法以公司价值辅以综合资本成本作为选择不同资本结构的标准。

复习思考题

一、简答题

1. 筹资费用在资本成本的计算中如何处理？

2. 计算个别资本成本时，是否应考虑所得税的影响？所得税会对哪些资金的成本造成影响？

3. 长期借款与长期债券的资本成本计算有何联系与区别？普通股和留存收益的资本成

本计算又有何联系与区别？

4. 在计算综合资本成本和边际资本成本时，你个人认为采用哪种价值基础最为合理？

5. 为什么权益资金的资本成本要比债务资金的资本成本高？

6. 何谓杠杆？简述经营杠杆和财务杠杆的原理和影响因素。二者谁更容易调节？

7. 何谓综合杠杆？简述综合杠杆的作用。

8. 什么是每股收益无差别点？债券筹资和优先股筹资存在每股收益无差别点吗？为什么？

9. 什么是最佳资本结构？公司价值是否考虑了风险因素？

二、单选题

1. 有一种资本结构理论认为，有负债企业的价值等于无负债企业价值加上税赋节约现值，再减去财务困境成本的现值，这种理论是（　　）。

A. 代理理论　　B. 权衡理论　　C. MM 理论　　D. 优序融资理论

2. 下列各项中，通常会引起资本成本上升的情形是（　　）。

A. 预期通货膨胀率呈下降趋势　　B. 投资者要求的预期报酬率下降

C. 证券市场流动性呈恶化趋势　　D. 企业总体风险水平得到改善

3. 计算下列筹资方式的资本成本时需要考虑企业所得税因素影响的是（　　）。

A. 留存收益资本成本　　B. 债务资本成本

C. 普通股资本成本　　D. 优先股资本成本

4. 某公司基期息税前利润为 1 000 万元，基期利息费用为 400 万元，假设与财务杠杆相关的其他因素保持不变，则该公司计划期的财务杠杆系数为（　　）。

A. 2.5　　B. 1.67　　C. 1.25　　D. 1.88

5. 下列各项中，属于资金使用费的是（　　）。

A. 借款手续费　　B. 债券利息费　　C. 借款公证费　　D. 债券发行费

6. 某企业生产某一产品，年销售收入为 100 万元，变动成本总额为 60 万元，固定成本总额为 16 万元，则该产品的边际贡献率为（　　）。

A. 40%　　B. 76%　　C. 24%　　D. 60%

7. 下列各种筹资方式中，企业无须支付资金占用费的是（　　）。

A. 发行债券　　B. 发行优先股　　C. 发行短期票据　　D. 发行认股权证

8. 某公司向银行借款 2 000 万元，年利率为 8%，筹资费率为 0.5%，该公司适用的所得税税率为 25%，则该笔借款的资本成本是（　　）。

A. 6.00%　　B. 6.03%　　C. 8.00%　　D. 8.04%

9. 下列各种财务决策方法中，可以用于确定最优资本结构且考虑了市场反应和风险因素的是（　　）。

A. 现值指数法　　B. 每股收益分析法

C. 公司价值分析法　　D. 平均资本成本比较法

10. 下列关于最佳资本结构的表述中，错误的是（　　）。

A. 最佳资本结构在理论上是存在的

B. 资本结构优化的目标是提高企业价值

C. 企业平均资本成本最低时资本结构最佳

D. 企业的最佳资本结构应当长期固定不变

11. 某企业发行了期限5年的长期债券10 000万元，年利率为8%，每年年末付息一次，到期一次还本，债券发行费率为1.5%，企业所得税税率为25%，该债券的资本成本率为(　　)。

A. 6%　　B. 6.09%　　C. 8%　　D. 8.12%

12. 下列关于留存收益筹资的表述中，错误的是(　　)。

A. 留存收益筹资可以维持公司的控制权结构

B. 留存收益筹资不会发生筹资费用，因此没有资本成本

C. 留存收益来源于提取的盈余公积金和留存于企业的利润

D. 留存收益筹资有企业的主动选择，也有法律的强制要求

13. 为反映现时资本成本水平，计算平均资本成本最适宜采用的价值权数是(　　)。

A. 账面价值权数　　B. 目标价值权数

C. 市场价值权数　　D. 历史价值权数

14. 下列各项中，将会导致经营杠杆效应最大的情况是(　　)。

A. 实际销售额等于目标销售额　　B. 实际销售额大于目标销售额

C. 实际销售额等于盈亏临界点销售额　　D. 实际销售额大于盈亏临界点销售额

15. 某产品预计单位售价12元，单位变动成本8元，固定成本总额120万元，适用的企业所得税税率为25%。要实现750万元的净利润，企业完成的销售量至少应为(　　)万件。

A. 105　　B. 157.5　　C. 217.5　　D. 280

16. 某公司经营风险较大，准备采取系列措施降低杠杆程度，下列措施中，无法达到这一目的的是(　　)。

A. 降低利息费用　　B. 降低固定成本水平

C. 降低变动成本　　D. 提高产品销售单价

17. 某公司所有者权益和长期负债比例为5∶4，当长期负债增加量在100万元以内时，资金成本为8%；当长期负债增加量超过100万元时，资金成本为10%，假定资本结构保持不变，则筹资总额分界点为(　　)万元。

A. 200　　B. 225　　C. 385　　D. 400

18. “当负债达到100%时，价值最大”，持有这种观点的资本结构理论是(　　)。

A. 代理理论　　B. 净收益理论　　C. 净营业收益理论　　D. 等级筹资理论

19. 某企业某年的财务杠杆系数为2.5，息税前利润(*EBIT*)的计划增长率为10%，假定其他因素不变，则该年普通股每股收益(*EPS*)的增长率为(　　)。

A. 4%　　B. 5%　　C. 20%　　D. 25%

20. 在下列各项中，不能用于综合平均资金成本计算的是(　　)。

A. 市场价值权数　　B. 目标价值权数

C. 账面价值权数　　D. 边际价值权数

21. 假定某企业的权益资金与负债资金的比例为 60∶40，据此可断定该企业（　　）。

A. 只存在经营风险　　B. 经营风险大于财务风险

C. 经营风险小于财务风险　　D. 同时存在经营风险和财务风险

22. 下列各项中，运用普通股每股利润（每股收益）无差别点确定最佳资金结构时，需计算的指标是（　　）。

A. 息税前利润　　B. 营业利润　　C. 净利润　　D. 利润总额

23. 在计算优先股成本时，下列各因素中，不需要考虑的是（　　）。

A. 发行优先股总额　　B. 优先股筹资费率

C. 优先股的优先权　　D. 优先股每年的股利

24. 如果企业一定期间内的固定生产成本和固定财务费用均不为零，则由上述因素共同作用而导致的杠杆效应属于（　　）。

A. 经营杠杆效应　　B. 财务杠杆效应

C. 综合杠杆效应　　D. 风险杠杆效应

25. 企业在选择筹资渠道时，下列各项中需要优先考虑的因素是（　　）。

A. 资金成本　　B. 企业类型　　C. 融资期限　　D. 偿还方式

26. 下列各项中，不影响经营杠杆系数的是（　　）。

A. 产品销售数量　　B. 产品销售价格

C. 固定成本　　D. 利息费用

27. 如果企业的资金来源全部为自有资金，且没有优先股存在，则企业财务杠杆系数（　　）。

A. 等于 0　　B. 等于 1　　C. 大于 1　　D. 小于 1

28. 当财务杠杆系数为 1 时，下列表述正确的是（　　）。

A. 税前利润增长率为零　　B. 息税前利润为零

C. 利息与优先股股息为零　　D. 固定成本为零

29. 当边际贡献超过固定成本后，下列措施有利于降低综合杠杆系数，从而降低企业综合风险的是（　　）。

A. 降低产品销售单价　　B. 提高资产负债率

C. 节约固定成本支出　　D. 减少产品销售量

30. 下列筹资活动不会加大财务杠杆作用的是（　　）。

A. 增发普通股　　B. 增发优先股

C. 增发公司债券　　D. 增加银行借款

三、多选题

1. 加权平均资本成本计算涉及对个别资本的权重选择问题，对于有关价值权数，下列说法正确的有（　　）。

A. 账面价值权数不适合评价现时的资本结构合理性

B. 目标价值权数一般以历史账面价值为依据

C. 目标价值权数更适用于企业未来的筹资决策

D. 市场价值权数能够反映现时的资本成本水平

2. 下列各项中，影响经营杠杆效应的因素有（　　）。

A. 利息　　B. 固定成本　　C. 单价　　D. 销售量

3. 下列财务决策方法中，可用于资本结构优化决策的有（　　）。

A. 公司价值分析法　　B. 安全边际分析法

C. 每股收益分析法　　D. 平均资本成本比较法

4. 下列各项因素中，影响企业资本结构决策的有（　　）。

A. 企业的经营状况　　B. 企业的信用等级

C. 国家的货币供应量　　D. 管理者的风险偏好

5. 下列各项因素中，影响经营杠杆系数计算结果的有（　　）。

A. 销售单价　　B. 销售数量　　C. 资本成本　　D. 所得税税率

6. 下列各项因素中，能够影响公司资本成本水平的有（　　）。

A. 通货膨胀　　B. 筹资规模　　C. 经营风险　　D. 资本市场效率

7. 下列各项中，属于企业特有风险的有（　　）。

A. 经营风险　　B. 利率风险　　C. 财务风险　　D. 汇率风险

8. 在边际贡献大于固定成本的情况下，下列措施中有利于降低企业综合风险的有（　　）。

A. 增加产品销量　　B. 提高产品单价

C. 提高资产负债率　　D. 节约固定成本支出

9. 在下列各种情况下，会给企业带来经营风险的有（　　）。

A. 企业举债过度　　B. 原材料价格发生变动

C. 企业产品更新换代周期过长　　D. 企业产品的生产质量不稳定

10. 在事先确定企业资金规模的前提下，吸收一定比例的负债资金，可能产生的结果有（　　）。

A. 降低企业资金成本　　B. 降低企业财务风险

C. 加大企业财务风险　　D. 提高企业经营能力

11. 下列各项中，影响财务杠杆系数的因素有（　　）。

A. 产品边际贡献总额　　B. 所得税税率

C. 固定成本　　D. 财务费用

12. 下列各项中，影响综合杠杆系数变动的因素有（　　）。

A. 固定成本　　B. 单位边际贡献　　C. 产销量　　D. 固定利息

13. 影响企业边际贡献大小的因素有（　　）。

A. 固定成本　　B. 销售单价　　C. 单位变动成本　　D. 产销量

14. 在计算个别资金成本时，需要考虑所得税抵减作用的筹资方式有（　　）。

A. 银行借款　　B. 长期债券　　C. 优先股　　D. 普通股

15. 融资决策中的综合杠杆具有如下性质（　　）。

A. 综合杠杆能够起到财务杠杆和经营杠杆的综合作用

B. 综合杠杆能够表达边际贡献与税前利润的比率

C. 综合杠杆能够估计出销售额变动对每股收益的影响

D. 综合杠杆系数越大，企业经营风险越大

E. 综合杠杆系数越大，企业财务风险越大

四、判断题

1. 留存收益在实质上属于股东对企业的追加投资，因此留存收益资金成本的计算也应像普通股筹资一样考虑筹资费用。（　）

2. 留存收益是企业利润所形成的，所以留存收益没有资金成本。（　）

3. 在计算加权平均资本成本时，采用市场价值权数能够反映企业期望的资本结构，但不能反映筹资的现时资本成本。（　）

4. 变动成本是指在特定的业务量范围内，其总额会随业务量的变动而成正比例变动的成本。（　）

5. 资本成本率是企业用以确定项目要求达到的投资报酬率的最低标准。（　）

6. 由于内部筹集一般不产生筹资费用，所以内部筹资的资本成本最低。（　）

7. 在企业承担总风险能力一定且利率相同的情况下，对于经营杠杆水平较高的企业，应当保持较低的负债水平，而对于经营杠杆水平较低的企业，则可以保持较高的负债水平。（　）

8. 经济危机时期，由于企业经营环境恶化、销售下降，企业应当逐步降低债务水平，以减少破产风险。（　）

9. 企业最优资金结构是指在一定条件下使企业自有资金成本最低的资金结构。（　）

10. 其他条件不变动的情况下，企业财务风险大，投资者要求的预期报酬率就高，企业筹资的资本成本相应就大。（　）

11. 负债比率越高，则权益乘数越低，财务风险越大。（　）

12. 经营杠杆能够扩大市场和生产等不确定性因素对利润变动的影响。（　）

13. 在其他因素不变的情况下，固定成本越小，经营杠杆系数也就越小，而经营风险则越大。（　）

14. 资金成本是投资人对投入资金所要求的最低收益率，也可作为判断投资项目是否可行的取舍标准。（　）

15. 无论是经营杠杆系数变大，还是财务杠杆系数变大，都可能导致企业的综合杠杆系数变大。（　）

五、计算分析题

1. 某公司目前的资产总额为 1 000 万元，资产负债率为 60%，负债平均成本为 4%，股权的平均资本成本为 7%。企业现准备筹集新资金以扩大经营规模。财务经理分析后认为目前的资本结构为最优结构，筹集新资金后仍不改变目前的资本结构。经调查，企业可采取的筹资方式、每种方式追加筹资金额及其资本成本的变动情况见表 5-13。

表 5-13 公司追加筹资测算资料表

筹资方式	新筹资额	资本成本/%
长期借款	150 万元以内	3
	150 万元及以上	5
普通股	180 万元以内	6
	180 万元及以上	9

要求：

(1) 计算目前的加权平均资本成本。

(2) 计算筹资突破点和边际资本成本。

(3) 如果企业要求增资不改变加权平均资本成本，则最多可筹集多少资金？其中借款为多少？(计算过程可列式或列表)

2. 甲公司 2021 年年末长期资本为 5 000 万元，其中长期银行借款为 1 000 万元，年利率为 6%；所有者权益(包括普通股股本和留存收益)为 4 000 万元。公司计划在 2022 年追加筹集资金 5 000 万元，其中按面值发行债券 2 000 万元，票面年利率为 6.86%，期限 5 年，每年付息一次，到期一次还本，筹资费用率为 2%；发行优先股筹资 3 000 万元，固定股息率为 7.76%，筹集费用率为 3%。公司普通股 β 系数为 2，一年期国债利率为 4%，市场平均报酬率为 9%。公司适用的所得税税率为 25%。假设不考虑筹资费用对资本结构的影响，发行债券和优先股不影响借款利率和普通股股价。

要求：

(1) 计算甲公司长期银行借款的资本成本。

(2) 假设不考虑货币时间价值，计算甲公司发行债券的资本成本。

(3) 计算甲公司发行优先股的资本成本。

(4) 利用资本资产定价模型计算甲公司留存收益的资本成本。

(5) 计算甲公司 2022 年完成筹资后的加权平均资本成本。

3. 某公司 2021 年的财务杠杆系数为 1.5，净利润为 600 万，所得税率为 25%，该公司全年固定成本总额为 1 500 万。公司当年发行一种债券，数量为 1 万张，每张面值为 1 000 元，发行价格为 1 050 元，债券年利息为当年利息总额的 20%，发行费占发行价格的 2%。

要求计算：

(1)2021 年利润总额。

(2)2021 年息税前利润总额。

(3)2021 年利息总额。

(4)2021 年经营杠杆系数。

(5)2021 年债券资本成本。

4. 某公司拟筹资 500 万元，现有甲、乙两个备选方案。有关资料见表 5-14。

表 5-14 公司筹资方案测算资料

筹资方式	甲筹资方案		乙筹资方案	
	筹资额 / 万元	资本成本 / %	筹资额 / 万元	资本成本 / %
长期借款	80	7.0	110	7.5
公司债券	120	8.5	40	8.0
普通股	300	14.0	350	14.0
合计	500		500	

要求：

试比较两个方案的综合资本成本，并据以选择筹资方案。

5. 乙公司是一家上市公司，适用的企业所得税税率为 25%，当年息税前利润为 900 万元，预计未来年度保持不变。为简化计算，假定净利润全部分配，债务资本的市场价值等于其账面价值，确定债务资本成本时不考虑筹资费用。证券市场平均收益率为 12%，无风险收益率为 4%，两种不同的债务水平下的税前利率和 β 系数见表 5-15。公司价值和平均资本成本见表 5-16。

表 5-15 不同债务水平下的税前利率和 β 系数

债务账面价值 / 万元	税前利率 / %	β 系数
1 000	6	1.25
1 500	8	1.50

表 5-16 公司价值和平均资本成本

债务市场价值 / 万元	股票市场价值 / 万元	公司总价值 / 万元	税后债务资本成本 / 万元	权益资本成本 / %	平均资本成本 / %
1 000	4 500	5 500	(A)	(B)	(C)
1 500	(D)	(E)	×	16	13.09

注：表中的“×”表示省略的数据。

要求：

(1) 确定表 5-16 中英文字母代表的数值(不需要列示计算过程)。

(2) 依据公司价值分析法，确定上述两种债务水平的资本结构哪种更优，并说明理由。

6. A 公司是一个生产和销售通信器材的股份公司。假设该公司适用的所得税税率为 25%。对于明年的预算有以下三种方案。

第一方案：维持目前的生产和财务政策。预计销售 45 000 件，售价为 240 元 / 件，单位变动成本为 200 元，固定成本为 120 万元。公司的资本结构为 400 万元负债(利息率为 5%)，普通股 20 万股。

第二方案：更新设备并用负债筹资。预计更新设备需投资 600 万元，生产和销售量不会变化，但单位变动成本将降至 180 元 / 件，固定成本将增加到 150 万元。借款筹资 600 万元，预计新增借款的利率为6.25%。

第三方案：更新设备并用股权筹资。更新设备的情况与第二方案相同，区别为用发行新的普通股筹资。预计新股发行价为每股30元，需要发行20万股，以筹集600万元资金。

要求：

(1) 分别计算三个方案下的 EPS、DOL、DFL、DTL。

(2) 计算第二方案和第三方案每股收益相等时的销售量。

(3) 分别计算三个方案下，每股收益为零的销售量。

(4) 根据上述结果分析，哪个方案的风险最大？哪个方案的报酬更高？如果公司销售量下降至30 000件，第二方案和第三方案哪一个更好些？请分别说明原因。

7. 某公司目前发行在外普通股100万股(每股1元)，已发行10%利率的债券400万元。该公司打算为一个新的投资项目融资500万元，新项目投产后公司每年息税前利润增加到200万元。现有两个方案可供选择。

方案一：按12%的利率发行债券；

方案二：按每股20元发行新股。

公司适用所得税率为25%。

要求：

(1) 计算两个方案的每股收益。

(2) 计算两个方案的每股盈余无差别点息税前利润。

(3) 计算两个方案的财务杠杆系数。

(4) 判断哪个方案更好。

8. 某公司目前的资本来源包括每股面值1元的普通股800万股和平均利率为10%的3 000万元债务。该公司现在拟投产一个新产品，该项目需要投资4 000万元，预期投产后每年可增加营业利润(息税前利润)400万元。该项目备选的筹资方案有三个：

(1) 按11%的利率发行债券；

(2) 按面值发行股利率为12%的优先股；

(3) 按20元/股的价格增发普通股。

该公司目前的息税前利润为1 600万元；公司适用的所得税率为25%；证券发行费用可忽略不计。

要求：

(1) 计算按不同方案筹资后的普通股每股收益。

(2) 计算增发普通股和债券筹资的每股收益无差别点，以及增发普通股和优先股筹资的每股收益无差别点。

(3) 计算筹资前的财务杠杆和按三个方案筹资后的财务杠杆。

(4) 根据以上计算结果分析，该公司应当选择哪一种筹资方式？理由是什么？

(5) 如果新产品可提供1 000万元或4 000万元的新增营业利润，在不考虑财务风险的情况下，公司应选择哪一种筹资方式？

9. 已知某公司当前资本结构见表 5-17。

表 5-17　公司资本结构

单位：万元

筹资方式	筹资额
长期债券(年利率 8%)	1 000
普通股(4 500 万股)	4 500
留存收益	2 000
合计	7 500

因生产发展需要，公司年初准备增加资金 2 500 万元，现有两个筹资方案可供选择：甲方案为增加发行 1 000 万股普通股，每股市价 2.5 元；乙方案为按面值发行每年年末付息、票面利率为 10% 的公司债券 2 500 万元。假定股票与债券的发行费用均可忽略不计，适用的企业所得税税率为 25%。

要求：

(1) 计算两种筹资方案下每股收益无差别点的息税前利润。

(2) 计算处于每股收益无差别点时乙方案的财务杠杆系数。

(3) 如果公司预计息税前利润为 1 200 万元，指出该公司应采用的筹资方案。

(4) 如果公司预计息税前利润为 1 600 万元，指出该公司应采用的筹资方案。

(5) 若公司预计息税前利润在每股收益无差别点增长 10%，计算采用乙方案时该公司每股利润的增长幅度。

10. 天泽公司现全部资本均为股票资本，账面价值 1 000 万元。该公司打算举债回购部分股本以调整资本结构。目前的债务利率和股权资本成本见表 5-18。

表 5-18　公司债务利率和股权资本成本

B/ 万元	K_B/%	β	R_F/%	R_M/%	K_S/%
0	—	1.20	10	15	16
100	8	1.40	10	15	17
200	10	1.60	10	15	18
300	12	1.80	10	15	19
400	14	2.00	10	15	20
500	16	2.20	10	15	21

公司预计年息税前利润为 300 万元，所得税率假定为 25%。试测算不同债务规模下的公司价值，据以判断公司的最优资本结构。

六、案例分析题

财务杠杆与资本结构分析案例

ABC 公司是一家成立于2018年初的铜矿公司，公司注册资本10亿元，由甲、乙、丙、丁四位股东自出资2.5亿元。在公司经营中，甲主管销售，乙主管财务，丙主管生产和技术，丁主管人事和日常事务。经过四年的经营，到2021年年末，公司留存收益为6亿元，权益金额增加到16亿元。公司产品打开了销路，市场前景广阔，于是公司决定扩大经营规模。扩大经营规模需要投入资金，于是四人召开会议，讨论增加资金事宜。

甲首先汇报了销售预测情况。如果扩大经营规模，来年铜加工产品的销售收入将达到5亿元，以后每年还将以10%的速度增长。

丙提出，扩大经营规模需要增加一条生产线。增加生产线后，变动经营成本占销售收入的比率不变，仍然为50%，每年的固定经营成本将由7 000万元增加到10 000万元。

丁提出，增加生产线后，需要增加生产和销售人员。

四人根据上述情况，进行了简单的资金测算，测算出公司大约需要增加资金4亿元。

甲建议四人各增资1亿元，出资比例保持不变。丙和丁提出出资有困难，建议吸纳新股东，新股东出资4亿元，权益总额变为20亿元，五人各占1/5的权益份额。乙提出可以考虑向银行借款，他曾与开户行协商过，借款利率大约为6%。甲和丙认为借款有风险，而且需要向银行支付利息，从而会损失一部分收益。

要求：

假设你是乙，你决定说服甲、丙和丁通过向银行借款来增加资金。

1. 解释负债经营的概念，说明“用他人的钱为自己赚钱”的道理。

2. 提出财务杠杆原理，解释财务杠杆利益与财务杠杆风险。

3. 如果公司采纳了借款方案，利用2021年的相关预测数据测算公司2022年的财务杠杆系数。

4. 假设公司所得税税率为25%，试利用2021年和2022年的预测数据测算2022年的财务杠杆系数。测算结果与第3步中的测算结果是否相同？

5. 解释资本结构的概念。说明合理的资本结构的重要性。

6. 根据对公司扩大经营规模后2022年相关数据的预测，测算吸收新股东和向银行借款两种筹资方式下，平均每个股东所能获得的净利润，以此判断哪种筹资方式更优。

7. 假设将每个股东的出资视为1股，试计算两种筹资方式下的每股收益无差别点。进一步解释在预测情况下两种筹资方式的优劣。

扫一扫，看答案

第六章
项目投资管理

学习目标

1. 了解项目投资的相关概念。

2. 了解现金流量的概念及其构成。

3. 理解利润与现金流量的关系。

4. 掌握现金流量的估算方法。

5. 重点理解和掌握净现值法、净现值率法、获利指数法和内含报酬率法的计算原理及其应用，尤其是差额净现值法、差额内含报酬率法和平均年成本法的实际应用。

6. 理解项目投资风险分析的风险调整贴现率法和肯定当量法的基本原理及其应用。

第一节　项目投资概述

一、项目投资的含义与特点

投资是指经济主体为了获取经济效益而投入资金或资源用以转化为实物资产或金融资产的行为和过程。主要包括项目投资和证券投资，其中项目投资是指以扩大生产能力和改善生产条件为目的的资本性支出。它包括用于机器、设备、厂房的更新改造与构建等生产性资产的投资。与其他形式的投资相比，项目投资具有以下几种主要特点。

（一）投资金额大

项目投资，特别是战略性地扩大生产能力投资一般都需要较多的资金，其投资额往往是企业及其投资人多年的资金积累，在企业总资产中占有相当大的比重。因此，项目投资对企业未来现金流量和财务状况都将产生深远的影响。

（二）影响时间长

项目投资的投资期及发挥作用的时间均较长，对企业未来的生产经营活动和长期经营活动都将产生重大的影响。

(三) 变现能力差

项目投资一般不准备在一年或大于一年的一个营业周期内能变现,而且即使在短期内能变现,其变现能力也较差。因此,项目投资一旦完成,要想改变是相当困难的,不是无法实现,就是代价太大。

(四) 投资风险大

影响项目投资未来收益的因素较多,加上投资额大,影响的时间长和变现能力差,必然造成其投资风险比其他投资风险大,会对企业未来命运产生决定性影响。无数事例证明,一旦项目投资决策失败,会给企业带来无法逆转的损失。

二、项目投资的程序

项目投资的程序主要包括以下环节。

(一) 项目提出

投资项目的提出是项目投资程序的第一步,是根据企业的长远发展战略、中长期投资计划和投资环境的变化,在把握良好投资机会的情况下提出的。投资项目既可由企业管理当局或企业高层管理人员提出,也可由企业的各级管理部门和相关部门领导提出。

(二) 项目评价

投资项目的评价主要涉及如下几项工作。

(1) 对提出的投资项目进行适当分类,为分析评价做好准备。

(2) 计算有关项目的建设周期,测算有关项目投产后的收入、费用和经济效益,预测有关项目的现金流入和现金流出。

(3) 运用各种投资评价指标,把各项投资按可行程度进行排序。

(4) 写出详细的评价报告。

(三) 项目决策

投资项目评价后,应按分权管理的决策权限由企业高层管理人员或相关部门经理做最后决策。对于投资额较大的项目,应由董事会或股东大会投票表决;对于投资额较小的项目,则可以由相关部门经理做出决策。

(四) 项目执行

决定对某项目进行投资后,企业应积极筹措资金,实施项目投资。在投资项目的执行过程中,要对工程进度、工程质量、施工成本和工程概算进行监督、控制和审核,防止工程建设中的舞弊行为,确保工程质量,保证按时完成。

（五）项目再评价

在投资项目的执行过程中，应注意原来做出的投资决策是否合理、正确。一旦出现新的情况，就要随时根据变化的情况做出新的评价。如果情况发生重大变化，原来的投资决策变得不合理，就要进行是否终止投资或怎样终止投资的决策，以避免更大的损失。

三、项目投资计算期

项目投资计算期是指投资项目从投资建设开始到最终清理结束整个过程所需要的时间，一般以年为计量单位。由于项目投资的规模大，需要较长建设时间，所以常常将投资项目的整个时期分为建设期和生产经营期。其中，建设期（记作 $s, s \geqslant 0$）的第一年年初称为建设起点，建设期的最后一年年末称为投产日；生产经营期（记作 $p, p > 0$）是指从投产日到清理结束之间的时间间隔。显然，如果用 n 表示项目投资计算期，则有：

$$n = s + p$$

项目投资计算期对评价结果将产生重大影响，所以必须力求准确。

四、项目投资资金构成

（一）原始总投资

原始总投资是反映项目所需要现实资金的价值指标，是指为使项目完全达到设计生产能力、开展正常经营而投入的全部现实资金，包括建设投资和流动资金投资两项内容。用公式表示为：

$$\text{原始总投资} = \text{建设投资} + \text{流动资金投资} \tag{6-1}$$

$$\text{建设投资} = \text{固定资产投资} + \text{无形资产投资} + \text{其他资产投资(生产准备和开办费用)} \tag{6-2}$$

（二）投资总额

投资总额是反映项目投资总体规模的价值指标，它等于原始总投资与建设期资本化利息之和。其中，建设期资本化利息是指在建设期发生的与构建项目所需的固定资产、无形资产等长期投资有关的借款利息。用公式表示为：

$$\text{投资总额} = \text{原始总投资} + \text{建设期资本化利息} \tag{6-3}$$

五、项目投资资金的投入方式

资金投入方式是指投资主体将原始总投资注入具体项目的投入方式。从时间特征上来看，它包括一次投入和分次投入两种形式。一次投入方式是指投资行为集中一次发生在项目计算期第一个年度的年初或年末。如果投资行为涉及两个或两个以上年度，或虽然只涉及一个年度但同时在该年的年初和年末发生，则都属于分次投入方式。

第二节　项目投资的现金流量分析

一、现金流量的概念

投资项目的现金流量是指投资项目从筹建、设计、施工、正式投产使用到报废为止的整个期间引起的现金流入和现金流出的数量，是评价项目投资经济效益的基础数据。这里的"现金"是指广义上的现金，不仅包括各种货币资金，还包括项目需要投入企业所拥有的非货币资源的变现价值。比如，一个投资项目需要使用原有的厂房、设备、材料等，则相关的现金流量是指它们的变现价值，而不是其账面价值。

二、现金流量假设

由于项目投资的现金流量的确是一项很复杂的工作，为了便于确定现金流量的具体内容，简化现金流量的计算过程，本节特作如下假设。

（一）全投资假设

全投资假设，即假设在确定项目的现金流量时，站在企业投资者的立场上，考虑全部投资的运动情况，不论是自有资金还是借入资金等具体形式的现金流量，都将其视为自有资金（但在计算固定资产原值和总投资时，还是需要考虑借款利息因素）。

（二）建设期投入全部资金假设

建设期投入全部资金假设，即项目的原始总投资不论是一次投入还是分次投入，均假设它们是在建设期内投入的。

（三）项目投资的经营期与折旧年限一致假设

项目投资的经营期与折旧年限一致假设，即假设项目主要固定资产的折旧年限或使用年限与其经营期相同。

（四）时点指标假设

时点指标假设，即现金流量的具体内容所涉及的价值指标，不论是时点指标还是时期指标，均假设按照年初或年末的时点处理。其中，建设投资在建设期内有关年度的年初发生；垫支的流动资金在建设期的最后一年年末即经营期的第一年年初发生；经营期内各年的营业收入、付现成本、折旧（摊销等）、利润、所得税等项目的确认均在年末发生；项目最终报废或清理（中途出售项目除外），回收流动资金均发生在经营期最后一年年末。

（五）确定性假设

确定性假设，即假设与项目现金流量估算有关的价格、产销量、成本水平、所得税税率等因素均为已知常数。

（六）产销平衡假设

产销平衡假设，即在项目投资决策中，假定经营期同一年的产量等于该年的销售量。只

有在这个假设下，假定按成本项目计算的当年成本费用才会等于按要素计算的成本费用。

三、现金流量的构成

在投资决策中，无论是把资金投在公司内部形成各种资产，还是投向公司外部形成联营投资，都需要用特定指标对投资的可行性进行分析，这些指标的计算都是以投资项目的现金流量为基础的。因此，现金流量是评价投资方案是否可行时必须事先计算的一个基础性数据。

按照现金流动的方向，可以将项目投资的现金流量分为现金流入量、现金流出量和净现金流量。一个方案的现金流入量是指该方案引起的企业现金收入的增加额；现金流出量是指该方案引起的企业现金支出的增加额；净现金流量是指一定时间内现金流入量与现金流出量的差额。流入量大于流出量，净流量为正值；反之，净流量为负值。

按照现金流量发生的时间，项目投资的现金流量又可以分为初始现金流量、营业现金流量和终结现金流量。因为使用该分类方法计算现金流量比较方便，所以下面将详细分析这三种现金流量所包括的主要内容。

（一）初始现金流量

初始现金流量一般包括如下几个部分。

1. 投资前费用

投资前费用是指在正式投资之前为做好各项准备工作而花费的费用。主要包括勘查设计费、技术资料费、土地购入费和其他费用。投资前费用的总额要在综合考虑以上费用的基础上，合理加以预测。

2. 设备购置费用

设备购置费用是指为购买投资项目所需各项设备而花费的费用。企业财务人员要根据所需设备的数量、规格、型号、性能、价格水平、运输费用等预测设备购置费的数目。

3. 设备安装费用

设备安装费用是指为安装各种设备所需的费用。这部分费用主要根据安装设备的多少、安装的难度、安装的工作量、当地安装的收费标准等因素进行预测。

4. 建筑工程费

建筑工程费是指进行土建工程所花费的费用。这部分费用要根据建筑类型、建筑面积的大小、建筑质量的要求、当地的建筑造价标准进行预测。

5. 营运资金的垫支

投资项目建成后，必须垫支一定的营运资金才能投入运营。这部分营运资金的垫支一般要到项目结束时才能收回。所以，这种投资应看作是长期投资，而不属于短期投资。

6. 原有固定资产的变价收入扣除相关税金后的净收益

变价收入主要是指固定资产更新时变卖原有固定资产所得的现金收入。

7. 不可预见费

不可预见费是指在投资项目正式建设之前无法预估，但又很可能发生的一系列费用，如设备价格的上涨、出现自然灾害等。这些因素也要合理预测，以便为现金流量预测留有余地。

（二）营业现金流量

营业现金流量一般以年为单位进行计算。此处现金流入一般是指营业现金收入；现金流出是指营业现金支出和缴纳的税金。如果一个投资项目的每年销售收入等于现金收入，付现成本（不包括折旧成本）等于营业现金支出（注：在现金流量估算中以营业收入替代经营性现金流入基于的假定是在正常经营年度内每期发生的赊销额与回收的应收账款大体相同），那么每年营业现金净流量（NCF）可用下列公式表示：

$$NCF = \text{营业收入（销售收入）} - \text{付现成本} - \text{所得税} \tag{6-4}$$

或 $$NCF = \text{营业收入} - \text{营业成本} - \text{所得税} + \text{折旧} = \text{税后净利} + \text{年折旧} \tag{6-5}$$

或 $$\begin{aligned} NCF &= \text{税后收入} - \text{税后付现成本} + \text{折旧抵税} \\ &= \text{收入}(1-T) - \text{付现成本}(1-T) + \text{折旧} \times T \end{aligned} \tag{6-6}$$

式中，T—— 企业所得税税率。

上述三个公式中，最常用的是式（6－6），因为企业的所得税是根据企业总利润计算的。在决定某个项目是否投资时，企业往往使用差额分析法确定现金流量，但并不知道整个企业的利润及与此相关的所得税，这就妨碍了式（6－4）和式（6－5）的使用。式（6－6）并不需要知道企业的利润是多少，使用起来比较方便。

（三）终结现金流量

终结现金流量主要包括：① 固定资产的残值收入或变价收入（指扣除了所需要上缴的税金等支出后的净收入）；② 原有垫支在各种流动资产上的资金的收回；③ 停止使用的土地的变价收入等。

四、现金流量的计算

在介绍了投资项目现金流量的构成后，下面通过实例介绍投资项目全部现金流量的计算。

【例 6－1】大华公司准备购入一设备以扩大生产能力，现有甲、乙两个方案可供选择：甲方案需投资 10 000 元，使用寿命为 5 年，采用直线法计提折旧，5 年后无残值，5 年中每年销售收入为 6 000 元，每年付现成本为 2 000 元。乙方案需投资 12 000 元，采用直线法计提折旧，使用寿命为 5 年，5 年后有残值收入 2 000 元，5 年中每年销售收入为 8 000 元，付现成本第一年为 3 000 元，以后随着设备陈旧，每年付现成本将逐年增加修理费 400 元，另需垫支流动资金 3 000 元，假设企业所得税率为 25%，试计算两个方案的现金流量。

为计算现金流量，必须先计算两个方案每年的折旧额。

甲方案每年折旧额 ＝ 1 000/5 ＝ 2 000（元）

乙方案每年折旧额 ＝（12 000 － 2 000）/5 ＝ 2 000（元）

下面先计算甲、乙两个方案的营业现金流量，两个方案的营业现金流量分别见表 6-1 和表 6-2，然后结合初始现金流量和终结现金流量编制两个方案的全部现金流量表，其全部现金流量见表 6-3。

表 6-1　甲方案营业现金流量计算表

单位：元

	t = 1	t = 2	t = 3	t = 4	t = 5
销售收入（1）	6 000	6 000	6 000	6 000	6 000
付现成本（2）	2 000	2 000	2 000	2 000	2 000
折旧（3）	2 000	2 000	2 000	2 000	2 000
税前净利（4）	2 000	2 000	2 000	2 000	2 000
所得税（5）	500	500	500	500	500
税后净利（6）	1 500	1 500	1 500	1 500	1 500
现金流量（7）	3 500	3 500	3 500	3 500	3 500

表 6-2　乙方案营业现金流量计算表

单位：元

	t = 1	t = 2	t = 3	t = 4	t = 5
销售收入（1）	8 000	8 000	8 000	8 000	8 000
付现成本（2）	3 000	3 400	3 800	4 200	4 600
折旧（3）	2 000	2 000	2 000	2 000	2 000
税前净利（4）	3 000	2 600	2 200	1 800	1 400
所得税（5）	750	650	550	450	350
税后净利（6）	2 250	1 950	1 650	1 350	1 050
现金流量（7）	4 250	3 950	3 650	3 350	3 050

表 6-3　投资项目现金流量计算表

单位：元

	t = 0	t = 1	t = 2	t = 3	t = 4	t = 5
甲方案						
固定资产投资	－10 000					
营业现金流量		3 500	3 500	3 500	3 500	3 500
现金流量合计	－10 000	3 500	3 500	3 500	3 500	3 500
乙方案						
固定资产投资	－12 000					
营运资金垫支	－3 000					
营业现金流量		4 250	3 950	3 650	3 350	3 050

续表

	t = 0	t = 1	t = 2	t = 3	t = 4	t = 5
固定资产残值						2 000
营运资金回收						3 000
现金流量合计	-15 000	4 250	3 950	3 650	3 350	8 050

在表 6-1、表 6-2 和表 6-3 中，$t=0$ 代表第一年年初，$t=1$ 代表第一年年末，$t=2$ 代表第二年年末……在现金流量的计算中，为了简化计算，一般假定各年投资在年初一次进行，各年营业现金流量在各年年末一次进行，并假定终结现金流量是最后一年年末发生的。

五、估算现金流量应注意的几个问题

在确定投资方案相关的现金流量时，应遵循的最基本原则是：只有增量现金流量才是与项目相关的现金流量。所谓增量现金流量，是指接受或拒绝某个投资方案后，企业总现金流量因此而发生的变动。只有那些由于采纳某个项目引起的现金支出增加额，才是该项目的现金流出；只有那些由于采纳某个项目引起的现金流入增加额，才是该项目的现金流入。

为了正确计算投资方案的增量现金流量，需要正确判断哪些支出会引起企业总现金流量的变动，哪些支出不会引起企业总现金流量的变动。在进行这种判断时，要注意以下几个问题。

（一）区分相关成本和非相关成本

相关成本是指与特定决策有关的、在分析评价时必须加以考虑的成本，如差额成本、未来成本、重置成本、机会成本等都属于相关成本，与此相反，与特定决策无关的、在分析评价时不必加以考虑的成本是非相关成本，如沉没成本、账面成本等往往是非相关成本。

例如，新世纪能源总公司在 2018 年曾经打算新建一个新能源项目，并请一家会计公司做过可行性分析，支付咨询费 850 万元。后来由于该公司有了更好的投资机会，该项目被搁置下来，该笔咨询费作为费用已经入账。2021 年该公司旧事重提，在进行投资分析时，这笔咨询费是否仍是相关成本呢？答案应当是否定的。该笔支出已经发生，不管该公司是否采纳新建这个新能源项目的方案，它都已无法收回，与公司未来的总现金流量无关。

如果将非相关成本纳入投资方案的总成本，则一个有利的方案可能因此变得不利，一个较好的方案可能变为较差的方案，从而造成决策错误。

（二）不要忽视机会成本

在投资方案的选择中，如果选择了一个投资方案，则必须放弃投资其他项目的机会。其他投资机会可能取得的收益是实行本方案的一种代价，被称为这项投资方案的机会成本。

例如，上述公司新建新能源项目的投资方案需要使用公司拥有的一块土地。在进行投资分析时，因为公司不必动用资金去购置土地，可否不将此土地的成本考虑在内呢？答案是否定的。因为该公司若不利用这块土地来进行新能源项目，则可将这块土地移作他用，并取得一定的收入。只是由于在这块土地上进行新能源项目才放弃了这笔收入，而这笔收入代表投资新能源项目使用土地的机会成本，假设这块土地出售可净得 8.5 亿元，它就是投资新能源

项目的一项机会成本。值得注意的是，不管该公司当初是以1亿元还是20亿元购进这块土地，都应以现行市价作为这块土地的机会成本。

机会成本不是通常意义上的"成本"，它不是一种支出或费用，而是失去的收益。这种收益不是实际发生的，而是潜在的。机会成本总是针对具体方案的，离开被放弃的方案就无从计量确定。

机会成本在决策中的意义在于，它有助于全面考虑可能采取的各种方案，以便为既定资源寻求最为有利的使用途径。

（三）要考虑投资方案对公司其他项目的影响

当公司采纳一个新的项目后，该项目可能对公司的其他项目造成有利或不利的影响。

例如，若上述公司新能源项目的产品上市后，原有其他产品的销售量可能减少，甚至整个公司的销售额也许不增加反而减少。因此，公司在进行投资分析时，不应将新能源项目的销售收入作为增量收入来处理，而应扣除其他项目因此减少的销售收入。当然也可能发生相反的情况，新产品上市后将促使其他产品销售增长。这要看新项目和原有项目是竞争关系还是互补关系。

当然，诸如此类的交互影响，事实上很难准确计量。但决策者在进行投资分析时仍要将其考虑在内。

（四）要考虑投资方案对净营运资金的影响

在一般情况下，当公司开办一个新业务并使销售额扩大后，一方面对于存货和应收账款等经营性流动资产的需求也会增加，公司必须筹措新的资金以满足这种额外需求；另一方面，公司扩充后，应付账款与一些应付费用等经营性流动负债也会同时增加，从而降低公司流动资金的实际需要。

当投资方案的寿命周期快要结束时，公司将与项目有关的存货出售，应收账款变成现金，应付款也随之偿付，净营运资金恢复到原有水平。通常，在进行投资分析时，假定开始投资时筹措的净营运资金在项目结束时收回。

六、项目投资决策中使用现金流量的原因

传统的财务会计按照权责发生制计算企业的收入和成本，并以收入减去成本后的利润作为收益，用来评价企业的经济效益。在项目投资决策中则不能以按照这种方法计算的收入和支出作为评价项目经济效益高低的基础，而应以现金流入作为项目的收入，以现金流出作为项目的支出，以净现金流量作为项目的净收益，并在此基础上评价投资项目的经济效益。项目投资决策之所以要以收付实现制计算的现金流量作为评价项目经济效益的基础，主要有以下两方面原因。

（一）采用现金流量有利于科学地考虑资金的时间价值因素

科学的投资决策必须认真考虑资金的时间价值，这就要求在决策时一定要弄清楚每笔预期收入款项和支出款项的具体时间，因为不同时间的资金具有不同的价值。因此，在衡量投资方案优劣时，应根据各投资项目寿命周期内各年的现金流量，按照资本成本，结合资金

的时间价值来确定。而利润的计算并不考虑资金收付的时间，它是以权责发生制为基础的。

利润与现金流量的差异具体表现在以下几个方面：① 购置固定资产付出大量现金时不计入成本；② 将固定资产的价值以折旧或损耗的形式逐期计入成本，却又不需要付出现金时；③ 计算利润时不考虑垫支的流动资金的数量和回收的时间；④ 只要销售行为已经确定，就计算为当期的销售收入，尽管其中有一部分并未于当期收到现金；⑤ 项目寿命终了时，以现金的形式回收的固定资产残值和垫支的流动资金在计算利润时也得不到反映。

可见，要在项目投资决策中考虑时间价值的因素，就不能用利润来衡量投资项目的优劣，而必须采用现金流量衡量。

（二）采用现金流量才能使项目投资决策更符合客观实际情况

在项目投资决策中，应用现金流量能更科学、更客观地评价投资方案的优劣。而利润评价则明显地存在不科学、不客观的成分。这是因为：① 利润的计算没有一个统一的标准，在一定程度上要受存货估价、费用摊配和不同折旧计提方法的影响。因此，利润的计算比现金流量的计算有更大的主观随意性，以此作为决策的主要依据不太可靠。② 利润反映的是某一会计期间"应计"的现金流量，而不是实际的现金流量。若以未实际收到现金的收入作为收益，具有较大的风险，容易高估投资项目的经济效益，存在不科学、不合理的成分。

第三节　项目投资决策评价指标及其计算

一、折现现金流量指标及其计算

考虑资金时间因素的指标称为折现现金流量指标，也称为动态指标，主要有净现值、净现值率、获利指数、内含报酬率等。对于这类指标的使用，体现了折现现金流量的思想，即把未来现金流量折现，使用现金流量的现值计算各种指标，并据以进行决策。

（一）净现值

投资项目投入使用后的净现金流量，按资本成本或企业要求达到的报酬率折算为现值，减去初始投资以后的余额。如果投资期超过 1 年，则应是减去初始投资的现值以后的余额，称为净现值(Net Present Value，NPV)。其计算公式为：

$$净现值(NPV)=\sum_{t=1}^{n}\frac{NCF_t}{(1+i)^t}-C \tag{6-7}$$

式中，NPV—— 净现值；

NCF_t—— 第 t 年的净现金流量；

i—— 折现率(资本成本或公司要求的报酬率)；

n—— 项目预计使用年限；

C—— 初始投资额。

如果投资是多期完成的，则计算公式为：

$$净现值(NPV)=\sum_{t=1}^{n_1}\frac{NCF_t}{(1+i)^t}-\sum_{t=0}^{n_2}\frac{C_t}{(1+i)^t} \tag{6-8}$$

式中，n_1—— 项目经营期限；

n_2—— 项目建设期限；

NCF_t—— 经营期第 t 年的净现金流量；

C_t—— 建设期第 t 年的原始投资额。

净现值还可以使用另外一种表述方式，即从投资开始至项目寿命终结时所有现金流量（包括现金流入和现金流出）的现值之和。其计算公式为：

$$净现值(NPV) = \sum_{t=0}^{n} \frac{CFAT_t}{(1+i)^t} \tag{6-9}$$

式中，n—— 开始投资至项目寿命终结时的年数，第一期投资发生在 $t=0$ 的时刻；

$CFAT_t$——t 期的现金流量；

i—— 折现率。

净现值法所依据的原理是：假设预计的现金流入在年末肯定可以实现，并把原始投资看成是按预定贴现率借入的，因此，当净现值为正数时偿还本息后该项目仍有剩余的收益；当净现值为零时偿还本息后一无所获；当净现值为负数时该项目收益不足以偿还本息。

1. 净现值的计算步骤

净现值的计算可按下列步骤进行。

（1）计算每年的营业现金净流量。

（2）计算未来现金流量的总现值。这又可分成三步：① 将每年的营业现金净流量折算成现值。如果每年的 NCF 相等，则按年金法折算成现值；如果每年的 NCF 不相等，则先对每年的 NCF 进行折现，然后加以合计。② 将终结现金流量折算成现值。③ 计算未来现金流量的总现值。

（3）计算净现值。其计算公式为：

$$净现值 = 未来现金流量的总现值 - 初始投资 \tag{6-10}$$

【例 6-2】以【例 6-1】大华公司的资料为例（详见表 6-1、表 6-2 和表 6-3）来说明净现值的计算。假设资本成本为 10%。甲方案每年的 NCF 相等，故甲方案的 $NPV(NPV_{甲})$ 计算如下：

$$\begin{aligned} NPV_{甲} &= NCF \times (P/A, i, n) - C \\ &= 3\,500 \times (P/A, 10\%, 5) - 10\,000 \\ &= 3\,500 \times 3.791 - 10\,000 \\ &= 3\,268.5(元) \end{aligned}$$

乙方案每年的 NCF 不相等，故列表计算乙方案的 $NPV(NPV_{乙})$，见表 6-4。

表 6-4　乙方案的 NPV 计算表

年份 t	各年的 NCF (1)	现值系数$(P/F,10\%,n)$ (2)	现值 (3) = (1) × (2)
1	4 250	0.909	3 863.25
2	3 950	0.826	3 262.70

续表

年份 t	各年的 NCF（1）	现值系数$(P/F,10\%,n)$（2）	现值（3）＝（1）×（2）
3	3 650	0.751	2 741.15
4	3 350	0.683	2 288.05
5	8 050	0.621	4 999.05
未来现金流量的总现值			17 154.2
减：初始投资			－15 000
净现值			$NPV_{乙}=2\ 154.2$

2. 净现值法的决策规则

净现值法的决策规则是：在只有一个备选方案时，净现值大于或等于0，则采纳；净现值小于0，则不采纳。在有多个备选方案的互斥项目选择决策中，应选用净现值超过0最多的投资项目。从上面计算中可以看出，甲方案的净现值大于乙方案的净现值，故大华公司应选用甲方案。

3. 净现值法的优缺点

净现值法的优点是考虑了时间价值；考虑项目计算期全部的现金流量；考虑了投资风险性。净现值法的缺点是不能从动态角度直接反映项目的实际收益率水平；不适宜于投资额不等的项目间比较。

净现值法具有广泛的适用性，其应用的主要问题是如何确定折现率，一种办法是根据资金成本来确定，另一种办法是根据企业要求的最低资金利润率来确定。前一种办法，由于计算资金成本比较困难，故限制了其应用范围。后一种办法根据资金的机会成本，即一般情况下可以获得的报酬来确定，比较容易解决。

（二）净现值率

净现值率(Net Present Value Ratio，NPVR)是项目净现值与初始投资额的现值之比。其计算公式为：

$$净现值率(NPVR)=\frac{NPV}{C} \tag{6-11}$$

如果投资是多期完成的，则计算公式为：

$$净现值率(NPVR)=\frac{NPV}{\sum_{t=0}^{n}\frac{C_t}{(1+i)^t}} \tag{6-12}$$

【例 6－3】以【例 6－1】大华公司的资料为例(表 6-1、表 6-2 和表 6-3)，来说明净现值率的计算。

$$NPVR_{甲}=\frac{3\ 268.5}{10\ 000}\approx 0.33$$

$$NPVR_{乙}=\frac{2\ 154.2}{15\ 000}=0.14$$

1. 净现值率法的决策规则

净现值率法的决策规则:在只有一个备选方案的采纳与否决策中,净现值率大于或等于0,则采纳;否则就拒绝。在有多个方案的互斥选择决策中,应采用净现值率超过0最多的投资项目。

【例6-3】中,甲、乙两方案的净现值率均大于0,故两个方案均可以进行投资,但是由于甲方案的净现值率更高,故应采用甲方案。

2. 净现值率法的优缺点

净现值率法的优点是考虑了时间价值;是一个相对数,可以从动态的角度反映项目投资的资金投入与净产出之间的关系,可用于不同投资规模的方案比较。净现值率法的缺点是与净现值指标相似,同样无法直接反映投资项目的实际收益水平。

(三) 获利指数

获利指数(Profitability Index,PI)是指投资项目未来报酬的总现值与初始投资额的现值之比,又称利润指数、现值指数等。其计算公式为:

$$获利指数(PI)=\sum_{t=1}^{n}\frac{NCF_t}{(1+i)^t}/C \tag{6-13}$$

如果投资是多期完成的,则计算公式为:

$$获利指数(PI)=\frac{\sum_{t=1}^{n_1}\frac{NCF_t}{(1+i)^t}}{\sum_{t=0}^{n_2}\frac{C_t}{(1+i)^t}} \tag{6-14}$$

1. 获利指数的计算步骤

(1) 计算未来现金流量的总现值。这与计算净现值时所采用的方法相同。

(2) 计算获利指数,即根据未来现金流量的总现值和初始投资额之比计算获利指数。

【例6-4】以【例6-1】大华公司的资料为例(表6-1、表6-2和表6-3),来说明获利指数的计算。

$$PI_{甲}=\frac{13\ 268.5}{10\ 000}=1.33$$

$$PI_{乙}=\frac{17\ 154.2}{15\ 000}=1.14$$

2. 获利指数法的决策规则

获利指数法的决策规则:在只有一个备选方案的采纳与否决策中,获利指数大于或等于1,则采纳;否则就拒绝。在有多个方案的互斥选择决策中,应采用获利指数超过1最多的投资项目。

【例6-4】中,甲、乙两方案的获利指数均大于1,故两个方案均可以进行投资,但是由于甲方案的获利指数更高,故应采用甲方案。

3. 获利指数法的优缺点

获利指数可以看作是1元的原始投资渴望获得的现值净收益。获利指数法的优点是,考虑了资金的时间价值，能够真实地反映投资项目的盈利能力；由于获利指数是用相对数来表示，所以有利于在初始投资额不同的投资方案之间进行对比。获利指数法的缺点是，获利指数只代表获得收益的能力而不代表实际可能获得的财富，它忽略了互斥项目之间投资规模上的差异，所以在多个互斥项目的选择中，可能会得到错误的答案。

（四）内含报酬率

内含报酬率（Internal Rate of Return，IRR）又称内部报酬率，是指能够使未来现金流入量现值等于未来现金流出量现值的折现率，或者说是使投资方案净现值为零的折现率。内含报酬率实际上反映了投资项目的真实报酬率，目前越来越多的企业使用该指标对投资项目进行评价。内含报酬率的计算公式为：

$$NPV = \sum_{t=1}^{n} \frac{NCF_t}{(1+i)^t} - C = 0 \tag{6-15}$$

如果投资是多期完成的，则计算公式为：

$$NPV = \sum_{t=1}^{n_1} \frac{NCF_t}{(1+i)^t} - \sum_{t=0}^{n_2} \frac{C_t}{(1+i)^t} = 0 \tag{6-16}$$

1. 内含报酬率的计算步骤

（1）每年的 NCF 相等时，则按下列步骤计算：① 计算年金现值系数；② 查年金现值系数表，在相同的期数内，找出与上述年金现值系数相邻近的较大和较小的两个折现率；③ 根据上述两个邻近的折现率和已求得的年金现值系数，采用插值法计算出该投资方案的内含报酬率。

（2）如果每年的 NCF 不相等，则需要按下列步骤计算：① 先预估一个折现率，并按此折现率计算净现值。如果计算出的净现值为正数，则表示预估的折现率小于该项目的实际内含报酬率，应提高折现率，再进行测算；如果计算出的净现值为负数，则表明预估的折现率大于该方案的实际内含报酬率，应降低折现率，再进行测算。经过如此反复测算，找到净现值由正到负并且比较接近于零的两个折现率。② 根据上述两个邻近的折现率用插值法计算出投资方案的实际内含报酬率。

【例 6－5】以【例 6－1】大华公司的资料为例（表 6-1、表 6-2 和表 6-3），来说明内含报酬率的计算方法。由于甲方案的每年 NCF 相等，因而可采用如下方法计算内含报酬率。

年金现值系数 $= 10\ 000 \div 3\ 500 \approx 2.857$

查年金现值系数表有：$(P/A, 22\%, 5) = 2.864$

$(P/A, 23\%, 5) = 2.804$

根据插值法原理可得：

$$\frac{22\% - i}{2.864 - 2.857} = \frac{22\% - 23\%}{2.864 - 2.804}$$

计算出：$i \approx 22.12\%$

对于乙方案，依题意有：

$$\begin{aligned} NPV_{乙} = {} & 4\ 250 \times (P/F, i, 1) + 3\ 950 \times (P/F, i, 2) + 3\ 650 \times (P/F, i, 3) \\ & + 3\ 350 \times (P/F, i, 4) + 8\ 050 \times (P/F, i, 5) - 15\ 000 = 0 \end{aligned}$$

因为经营期每年的 NCF 不相等，因此需要进行逐次测试。测试结果为：

当 $i = 15\%$，等式左边（NPV）$= 2.45$

$i=16\%$，等式左边$(NPV)=-381$

根据插值法的原理可得：

$$\frac{16\%-15\%}{-381-2.45}=\frac{15\%-i}{2.45-0}$$

计算出：$i\approx15.01\%$

2. 内含报酬率法的决策规则

内含报酬率法的决策规则是：在只有一个备选方案的采纳与否决策中，如果计算出的内含报酬率大于或等于公司的资本成本或必要报酬率，就采纳；反之则拒绝。在有多个备选方案的互斥选择决策中，选择内含报酬率超过资本成本或必要报酬率最多的投资项目。

【例6-5】中，甲方案的内含报酬率较高，故甲方案效益比乙方案好。

3. 内含报酬率法的优缺点

内含报酬率法的优点是考虑了资金的时间价值，反映了投资项目的真实报酬率，概念也易于理解。内含报酬率法的缺点是计算过程比较复杂，特别是对于每年 NCF 不相等的投资项目，一般要经过多次测算才能算出。

二、非折现现金流量指标及其计算

没有考虑资金时间因素的指标称为非折现现金流量指标，也称为静态指标，主要有投资回收期和平均报酬率。

（一）投资回收期

1. 投资回收期的计算

投资回收期(Payback Period，PP)代表收回投资所需的年限。回收期越短，方案越有利。在初始投资一次支出，且每年的净现金流量(NCF)相等时，投资回收期可按下列公式计算：

$$\text{投资回收期}(PP)=\frac{\text{原始投资额}}{\text{每年 }NCF}\qquad(6-17)$$

如果经营期每年现金流入量不等或原始投资是分几年投入的，则可使下式成立的 n_1 为不包含建设期的回收期：

$$\sum_{t=1}^{n_1}NCF_t=\sum_{t=0}^{n_2}C_t\qquad(6-18)$$

【例6-6】以【例6-1】大华公司资料为例，来说明回收期法的应用。

甲方案的回收期 $=10\,000\div3\,500\approx2.86$(年)

乙方案的回收期 $=3+(15\,000-4\,250-3\,950-3\,650)\div3\,350\approx3.94$(年)

【例6-6】中，甲方案的回收期较短，故甲方案比乙方案更好。

2. 投资回收期法的优缺点

投资回收期法的优点是概念容易理解，计算也比较简单，其缺点在于它不仅忽视了货币的时间价值，而且没有考虑回收期满后的现金流量状况。事实上，有战略意义的长期投资往往早期收益较低，而中后期收益较高。投资回收期法总是优先考虑急功近利的项目，它是过去评价投资方案最常用的方法，目前仅作为辅助方法使用，主要用来测定投资方案的流动性而非盈利性。现举例说明投资回期法的缺点。

【例6-7】假设有A、B两个方案的预计现金流量见表6-5，试计算回收期，并比较两个方案的优劣。

表6-5　两个方案的预计现金流量

单位：元

	$t=0$	$t=1$	$t=2$	$t=3$	$t=4$	$t=5$
A方案现金流量	−10 000	4 000	6 000	6 000	6 000	6 000
B方案现金流量	−10 000	4 000	6 000	8 000	8 000	8 000

由表6-5可知，两个方案的回收期相同，都是2年，如果用回收期进行评价，两者的投资回收期相等，但实际上B方案明显优于A方案。

（二）平均报酬率

1. 平均报酬率的计算

平均报酬率(Average Rate of Return，ARR)是指投资项目寿命周期内平均的年投资报酬率，也称为平均投资报酬率。平均报酬率有多种计算方法，其中最常见的计算公式为：

$$\text{平均报酬率}(ARR)=\frac{\text{平均现金流量}}{\text{原始投资额}}\times 100\% \tag{6-19}$$

【例6-8】以【例6-1】大华公司的资料(表6-1、6-2和表6-3)举例，来说明平均报酬率的计算。

$$ARR_{甲}=\frac{3\ 500}{10\ 000}\times 100\%=35\%$$

$$ARR_{乙}=\frac{(4\ 250+3\ 950+3\ 650+3\ 350+8\ 050}{15\ 000}\times 100\%=31\%$$

在采用平均报酬率这一指标时，应事先确定一个企业要求达到的平均报酬率，或称为必要平均报酬率。在进行决策时，只有高于必要平均报酬率的方案才能入选。而在有多个互斥方案的选择中，则选用平均报酬率最高的方案。

2. 平均报酬率法的优缺点

平均报酬率的优点是简明、易算、易懂。其主要缺点是：没有考虑资金的时间价值，第一年的现金流量与最后一年的现金流量被看作具有相同的价值，所以有时会做出错误的决策；必要平均报酬率的确定具有很大的主观性。

三、指标的对比分析

（一）折现现金流量指标与非折现现金流量指标的优势的对比分析

20世纪50年代以前，世界各国企业在进行投资决策时多采用非折现现金流量指标。20世纪50年代以后，折现现金流量指标得到越来越广泛的运用。从20世纪70年代开始，折现现金流量指标已占据主要地位。折现现金流量指标相对于非折现现金流量指标的优势之所以越来越明显，主要是基于如下两个原因。

(1) 非折现指标不考虑资金的时间价值，将不同时点上的现金流量同等看待，从而夸大了远期现金流量的影响。折现现金流量指标考虑了资金的时间价值，将不同时点的现金流量按照一定的贴现率折算到同一时点上，这样更具可比性，因而更加科学。

(2) 由于电子计算机的广泛运用，使过去折现指标相对复杂的计算过程变得非常容易，从而使得过去计算相对简单的非折现指标的优势不复存在。

(二) 不同折现现金流量指标之间的对比分析

1. 净现值与获利指数（净现值率）的对比分析

由净现值的计算公式和获利指数的计算公式可知：净现值为正，说明投资项目投入使用后的现金流量现值大于初始投资，则获利指数大于1(净现值率大于0)；净现值为负，说明投资项目投入使用后的现金流量现值小于初始投资，则获利指数小于1(净现值率小于0)；因此，在对一个备选方案的采纳与否决策中，二者的结论总是一致的。但是，在多个备选方案的互斥选择决策中，二者则可能出现分歧。当不同投资方案的初始投资规模不同时，由于净现值是绝对值指标，获利指数(净现值率)是相对值指标，因而二者得出的结论可能会不一致。

【例6-9】两个互斥投资项目C和D的现金流量情况见表6-6。企业的资金成本为10%。要求分别采用净现值和获利指数测试应选择的项目。

表6-6 项目C、D的现金流量表

单位：元

	$t=0$	$t=1$	$t=2$	$t=3$	$t=4$	$t=5$
C项目	−20 000	6 000	6 000	6 000	6 000	6 000
D项目	−100 000	28 000	28 000	28 000	28 000	28 000

$$
\begin{aligned}
NPV_C &= 6\,000 \times (P/A, 10\%, 5) - 20\,000 \\
&= 6\,000 \times 3.791 - 20\,000 \\
&= 22\,746 - 20\,000 \\
&= 2\,746(\text{元})
\end{aligned}
$$

$$
\begin{aligned}
NPV_D &= 28\,000 \times (P/A, 10\%, 5) - 100\,000 \\
&= 28\,000 \times 3.791 - 100\,000 \\
&= 106\,148 - 100\,000 \\
&= 6\,148(\text{元})
\end{aligned}
$$

$$PI_C = 22\,746/20\,000 \approx 1.14$$

$$PI_D = 106\,148/100\,000 \approx 1.06$$

因此，采用净现值，应选择D项目；而采用获利指数，应选择C项目。

2. 净现值与内含报酬率的对比分析

由净现值和内含报酬率的概念可知，如果利用企业资金成本或必要报酬率作为贴现率计算出的净现值为正，那么使净现值为零所采用的贴现率即为内含报酬率，就应大于资金成本或必要报酬率；相反，如果利用企业资金成本或必要报酬率作为贴现率计算出的净现值为负，那么使净现值为零时采用的贴现率即内含报酬率，就应小于资金成本或必要报酬率。因此，在一个备选方案的采纳与否决策中，二者得出的结论总是一致的。但是，在多个备选方案的互斥选择决策中，二者的结论则可能有所不同。对于常规项目来说，在如下两种情况下，二者得出的结论可能出现差异。

(1) 各方案的初始投资规模不同。和净现值与获利指数的差异类似，净现值是绝对值指标，内含报酬率是相对值指标，因而在投资规模不同时，二者的结论可能会不一致。

【例 6－10】利用【例 6－9】的资料，计算 C、D 两个投资项目的内含报酬率。

首先，计算 C 项目的内含报酬率 i_C。

$$(P/A,i,5)=\frac{20\ 000}{6\ 000}\approx 3.333$$

查找年金现值系数表(见本书附录附表四)，在 $n=5$ 的栏中，找到与 3.333 邻近的两个值，分别为 3.352 和 3.274，它们对应的贴现率分别为 15% 和 16%。根据插值法原理可得：

$$\frac{16\%-i}{3.274-3.333}=\frac{16\%-15\%}{3.274-3.352}$$

C 项目的内含报酬率 $i_C\approx 15.24\%$

然后，计算 D 项目的内含报酬率 i_D。

$$(P/A,i,5)=\frac{100\ 000}{28\ 000}\approx 3.571$$

查找年金现值系数表(见本书附录附表四)，在 $n=5$ 的栏中，找到与 3.571 邻近的两个值，分别为 3.605 和 3.517，它们对应的贴现率分别为 12% 和 13%。根据插值法原理可得：

$$\frac{13\%-i}{3.517-3.571}=\frac{13\%-12\%}{3.517-3.605}$$

C 项目的内部报酬率 $i_D\approx 12.39\%$

采用内含报酬率，应选择 C 项目；而根据【例 6－9】，采用净现值，应选择 D 项目。

(2) 各方案现金流量发生的时间不一致。净现值和内含报酬率对投资项目使用过程中产生的现金净流量的再投资报酬率持有不同的假定：净现值假定再投资报酬率为企业的资金成本或必要报酬率，内含报酬率则假定再投资报酬率为内含报酬率。这种差异可能导致两种方法对现金流入时间不同的投资项目做出不同的判断。

【例 6-11】两个互斥投资项目 E 和 F 的现金流量情况见表 6-7。企业的资金成本为 14%，分别计算它们的净现值和内含报酬率。

表 6-7　项目 E、F 的现金流量表

单位：元

	$t=0$	$t=1$	$t=2$	$t=3$	$t=4$	$t=5$
E 项目	－10 000	5 000	5 000	5 000	0	0
F 项目	－10 000	0	0	6 502	6 502	6 502

首先，计算 E 项目的净现值。

$$\begin{aligned}NPV_E&=5\ 000\times(P/A,14\%,3)-10\ 000\\&=5\ 000\times 2.322-10\ 000\\&=11\ 610-10\ 000\end{aligned}$$

$= 1\ 610$(元)

其次,计算 F 项目的净现值。

$$NPV_F = 6\ 502 \times (P/A,14\%,3) \times (P/F,14\%,2) - 10\ 000$$
$$= 6\ 502 \times 2.322 \times 0.769 - 10\ 000$$
$$\approx 11\ 610 - 1\ 0000$$
$$= 1\ 610(\text{元})$$

最后,计算 E 项目的内部报酬率 i_E。

$$(P/A,i,3) = \frac{10\ 000}{5\ 000} = 2$$

查找年金现值系数表(见本书附录附表四),在 $n = 3$ 的栏中,找到与 2 临近的两个值,分别为 2.106 和 1.952,它们对应的贴现率分别为 20% 和 25%。根据插值法原理可得:

$$\frac{25\% - i}{1.952 - 2} = \frac{25\% - 20\%}{1.952 - 2.106}$$

E 项目的内部报酬率 $i_E \approx 23.44\%$

最后,计算 F 项目的内部报酬率 i_F.

依题意有:$NPV_F = 6\ 502 \times (P/A,i,3) \times (P/F,i,2) - 10\ 000$

因为经营期每年的 NCF 不相等(前两年为 0),因此需要进行逐次测试。测试结果为

当 $i = 18\%$,等式左边(NPV) $= 149.18$

$i = 19\%$,等式左边(NPV) $=- 176.52$

根据插值法的原理可得:

$$\frac{19\% - 18\%}{-176.52 - 149.18} = \frac{18\% - i}{149.18 - 0}$$

计算出:$i_F \approx 18.46\%$

E、F 两个项目的净现值相等,因而,采用净现值,可以任选其中一个项目;而采用内含报酬率,则应选择 E 项目。究其原因,就是由于 E 项目的现金流入较早,而 F 项目的现金流入较晚,因而根据内含报酬率的假定,E 项目可以先行获得相当于其内含报酬率的再投资收益,故倾向于选择现金流入较早的项目 E。

下面计算不同贴现率下 E、F 两个项目的净现值,计算结果见表 6-8。

表 6-8　不同贴现率下项目 E、F 的净现值表

单位:元

贴现率 /%	NPV_E	NPV_F
0	5 000	9 506
5	3 615	6 058
10	2 435	3 357
15	1 415	1 222
20	530	−497
25	−240	−1 877

将不同贴现率下两个项目的净现值绘成净现值曲线图,如图 6-1 所示。

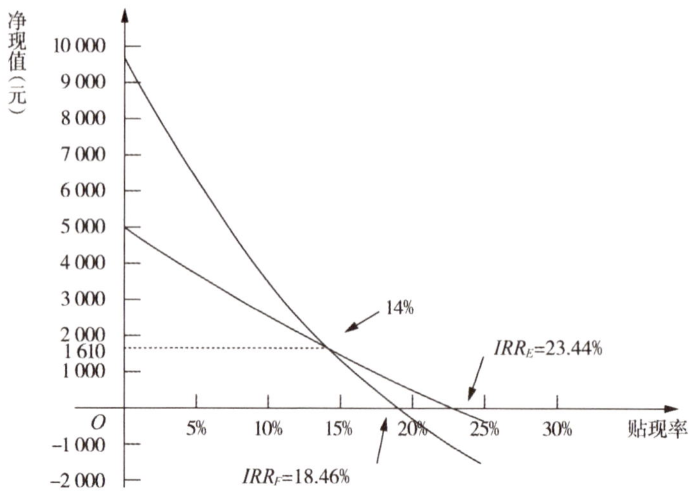

图 6-1　不同贴现率下项目 E、F 的净现值曲线图

图 6-1 对净现值和内含报酬率进行了比较。从图中可见，当资金成本高于 14%(交叉点)时，E 项目的净现值大于 F 项目；当资金成本等于 14% 时，两个项目的净现值相等，均为 1 610 元；当资金成本低于 14% 时，F 项目的净现值大于 E 项目。因此，只要利用净现值曲线图知道企业资金成本是高于、等于还是低于 14%，就可以正确地做出选择。从图 6-1 中还可以看出，F 项目的净现值曲线比 E 项目的净现值曲线要陡，这是因为越晚发生的未来现金流量对贴现率越敏感。

由此可见，净现值会受到资金成本的影响，内含报酬率则与资金成本无关。这是内含报酬率得到广泛应用的一个重要原因，因为采用内含报酬率可以避开资金成本的计算。同时，这也是内含报酬率的一个重大缺陷，因为在互斥项目的选择决策中，资金成本的高低有着重大影响，但内含报酬率却忽略了这一因素。上面的净现值曲线图是投资决策中一个非常重要的工具，不论是独立项目的采纳与否决策，还是互斥项目的选择决策，都可以利用这个工具来分析。

3. 获利指数（净现值率）与内含报酬率的对比分析

由以上两个问题的分析可知：当净现值为正时，获利指数大于 1(净现值率大于 0)，内含报酬率高于资金成本或必要报酬率；当净现值为负时，获利指数小于 1(净现值率小于 0)，内含报酬率低于资金成本或必要报酬率。因此，在一个备选方案的采纳与否决策中，获利指数与内含报酬率也会得出相同的结论。在多个备选方案的互斥选择决策中，二者则有可能出现差异。获利指数和内含报酬率都是相对值指标，因此投资规模对二者的结论没有影响，这一点从【例 6-9】和【例 6-10】中也可以得到验证。所以，二者的结论可能出现差异的情况就只有一种，即现金流量发生的时间不一致，其差异原因同样是由于二者对再投资报酬率的假定不同。

【例 6-12】利用【例 6-11】的资料，计算 E 和 F 两个投资项目的获利指数。

$$PI_E = PI_F = \frac{11\ 610}{10\ 000} \approx 1.16$$

因此，采用获利指数，E 和 F 两个投资项目没有区别，可以任选一个。而由【例 6-11】可知，如采用内含报酬率，则应选择现金流入较早的 E 项目。

4. 折现现金流量指标的选择

由上面的对比分析可知，在一个备选方案的采纳与否决策中，净现值、获利指数（净现值率）和内含报酬率总会得出相同的结论，因此采用哪个指标都可以。但是，在多个备选方案的互斥选择决策中，四个指标可能做出不同的判断，此时就存在指标选用的问题。从以下两方面可以说明净现值指标的优势。

（1）投资规模。如果项目的投资规模不同，则净现值这个绝对值指标和获利指数（净现值率）、内含报酬率这两个相对值指标就可能得出不同的结论。如果资金是无限量的，也就是说，企业总有足够的资金或能筹集到足够的资金用于所有有利的投资机会，那么投资项目只要能给企业带来更多的净现值，就能增加企业的价值，而不用考虑其相对的收益程度。因此，在资金无限量的情况下，不同投资规模的互斥投资项目的选择采用净现值指标更优。至于资金有限情况下如何进行投资决策的问题，在本书不做阐述。

（2）现金流入时间不一致。当不同投资项目现金流入的时间不一致时，净现值和获利指数（净现值率）对再投资报酬率的假定与内含报酬率不同。在实际的经济活动中，投资项目带来的现金流入进行再投资所能获得的报酬率要受经济形势、市场状况等诸多因素的影响，因而不可能是一成不变的，既不可能总是等于资金成本和必要报酬率，也不可能总是等于投资项目的内含报酬率。因此，这两种假定都缺乏一定的客观性。此外，假定再投资报酬率等于项目的内含报酬率，将会导致对不同的投资项目赋予不同的再投资报酬率；内含报酬率高，则再投资报酬率也高；内含报酬率低，则再投资报酬率也低。这显然是不符合实际情况的，因为不管是哪个投资项目，只要是在同一时间带来的现金流入，进行再投资时所面临的投资环境和投资机会都应该是一样的，不会出现截然不同的再投资报酬率。而假定再投资报酬率等于资金成本或必要报酬率，就克服了这一主观性，因为它假定的再投资报酬率对每个投资项目都相同，不会人为地对不同的项目赋予不同的再投资报酬率。因此，相比而言，净现值和获利指数的假定相对要合理一些。

总之，在没有资金量限制的情况下，利用净现值指标在所有的投资评价中都能做出正确的决策，而利用获利指数（净现值率）和内含报酬率指标在采纳与否决策中虽然也能做出正确的决策，但在互斥选择决策中有时会得到错误的结论。因此，在四种评价指标中，净现值指标仍然是最好的评价指标。

第四节　项目投资决策评价指标的运用

计算评价指标的目的，是为了进行项目投资方案的对比与选优，在方案的对比与选优中正确地发挥作用，为项目投资方案提供决策的定量依据。但投资方案对比与选优的方法会因项目投资方案的不同而有所区别。

一、独立方案的对比与选优

独立方案是指方案之间存在着相互信赖的关系，但又不能相互取代的方案。在只有一个投资项目可供选择的条件下，只需评价其财务上是否可行。

常用的评价指标有净现值、净现值率、现值指数和内含报酬率，如果评价指标同时满足以下条件：$NPV \geqslant 0$，$NPVR \geqslant 0$，$PI \geqslant 1$，$IRR \geqslant i$，则项目具有财务可行性；反之，则不具备财务可行性。而投资回收期与平均报酬率可作为辅助指标评价投资项目，但需要注意的是，当辅助指标与主要指标（净现值等）的评价结论发生矛盾时，应当以主要指标的结论为准。

【例 6-13】某企业拟引进一条流水线，投资额为 110 万元，分两年投入。第一年投入 70 万元，第二年初投入 40 万元，建设期为 2 年，净残值 10 万元，折旧采用直线法。在投产初期投入流动资金 20 万元，项目使用期满仍可全部回收。该项目使用 10 年，每年销售收入为 70 万元，总成本 45 万元。企业所得税税率为 25%。假定企业期望的投资报酬率为 10%。要求：计算该项目的净现值、内含报酬率，并判断该项目是否可行。

$$NCF_0 = -70(\text{万元})$$

$$NCF_1 = -40(\text{万元})$$

$$NCF_2 = -20(\text{万元})$$

$$\text{年折旧额} = \frac{110-10}{10} = 10(\text{万元})$$

$$NCF_{3-11} = (70-45)\times(1-25\%)+10 = 28.75(\text{万元})$$

$$NCF_{12} = 28.75+(10+20) = 58.75(\text{万元})$$

$$\begin{aligned} NPV &= 28.75\times[(P/A,10\%,11)-(P/A,10\%,2)]+58.75 \\ &\quad \times(P/F,10\%,12)-[70+40\times(P/F,10\%,1)+20\times(P/F,10\%,2)] \\ &= 28.75\times(6.495\ 1-1.735\ 5)+58.75\times0.318\ 6- \\ &\quad (70+40\times0.909\ 1+20\times0.826\ 4) \\ &\approx 32.66(\text{万元}) \end{aligned}$$

因为经营期每年的 NCF 不相等，因此计算内含报酬率需要进行逐次测试。测试结果为：

$$\begin{aligned} \text{当 } i = 14\% \text{ 时}, NPV &= 28.75\times(5.452\ 7-1.646\ 7)+58.75\times0.207\ 6- \\ &\quad (70+40\times0.877\ 2+20\times0.769\ 5) \\ &\approx 1.14(\text{万元}) \end{aligned}$$

$$\begin{aligned} \text{当 } i = 15\% \text{ 时}, NPV &= 28.75\times(5.233\ 7-1.625\ 7)+58.75\times0.186\ 9- \\ &\quad (70+40\times0.869\ 6+20\times0.756\ 1) \\ &\approx -5.20(\text{万元}) \end{aligned}$$

用插值法计算 IRR：

$$IRR = 14\% + \frac{1.14-0}{1.14-(-5.20)}\times(15\%-14\%) \approx 14.18\% > \text{贴现率 } 10\%$$

以上计算结果表明，净现值为 32.66 万元，大于零，内含报酬率 14.18%，大于贴现率 10%，所以该项目在财务上是可行的。一般来说，用净现值和内含报酬率对独立方案进行评价，不会出现相互矛盾的结论。

二、互斥方案的对比与选优

项目投资决策中的互斥方案是指在决策时涉及的多个相互排斥，不能同时实施的投资方案。互斥方案决策过程就是在每一个入选方案已具备项目可行性的前提下，利用具体决策方法比较各个方案的优劣，利用评价指标从各个备选方案中最终选出一个最优方案的过程。

由于各个备选方案的投资额、项目计算期不相一致，因此要根据各个方案的使用期、投资额相等与否，采用不同的方法做出选择。

（一）互斥方案的投资额、项目计算期均相等

当互斥方案的投资额、项目计算期均相等时可采用净现值法或内含报酬率法。所谓净现值法，是指通过比较互斥方案的净现值指标的大小来选择最优方案的方法。所谓内含报酬率法，是指通过比较互斥方案的内含报酬率指标的大小来选择最优方案的方法。净现值或内含报酬率最大的方案为优。

【例 6－14】某企业现有资金 100 万元可用于固定资产项目投资，有 A、B、C、D 四个互相排斥的备选方案可供选择，这四个方案投资总额均为 100 万元，项目计算期都为 6 年，折现率为 10%，现经计算：

$NPV_A = 8.13$（万元）　　$IRR_A = 13.3\%$

$NPV_B = 12.25$（万元）　　$IRR_B = 16.87\%$

$NPV_C = -2.12$（万元）　　$IRR_C = 8.96\%$

$NPV_D = 10.36$（万元）　　$IRR_D = 15.02\%$

要求：决策哪一个投资方案为最优。

因为 C 方案净现值为 －2.12 万元，小于零，内含报酬率为 8.96%，小于折现率，不符合财务可行的必要条件，应舍去。

又因为 A、B、D 三个备选方案的净现值均大于零，且内含报酬率均大于贴现率。所以 A、B、D 三个方案均符合财务可行的必要条件。

且 $NPV_B > NPV_D > NPV_A$，$IRR_B > IRR_D > IRR_A$

12.25 万元 $>$ 10.36 万元 $>$ 8.13 万元，16.87% $>$ 15.02% $>$ 13.3%

所以 B 方案最优，D 方案为其次，最差为 A 方案，应采用 B 方案。

（二）互斥方案的投资额不相等，但项目计算期相等

当互斥方案的投资额不相等，但项目计算期相等时可采用差额法。所谓差额法，是指在两个投资额不同的方案的差额现金净流量（记作 $\triangle NCF$）的基础上，计算出差额净现值（记作 $\triangle NPV$）或差额内含报酬率（记作 $\triangle IRR$），并据以判断方案孰优孰劣的方法。

在此方法下，一般以投资额大的方案减投资额小的方案，当 $\triangle NPV \geqslant 0$ 或 $\triangle IRR \geqslant i$ 时，投资额大的方案较优；反之，则投资额小的方案为优。

差额净现值（$\triangle NPV$）或差额内含报酬率（$\triangle IRR$）的计算过程和计算技巧同净现值 NPV 或内含报酬率 IRR 完全一样，只是依据的是 $\triangle NCF$。

【例 6－15】某企业有甲、乙两个投资方案可供选择，甲方案的投资额为 100 000 元，每年现金净流量均为 30 000 元，可使用 5 年；乙方案的投资额为 70 000 元，每年现金净流量分别为 10 000 元、15 000 元、20 000 元、25 000 元、30 000 元，使用年限也为 5 年。甲、乙两方案建设期均为零年，如果折现率为 10%，要求：对甲、乙方案做出选择。

因为两方案的项目计算期相同，但投资额不相等，所以可采用差额法来评判。

$\triangle NCF_0 = -100\ 000 - (-70\ 000) = -30\ 000$（元）

$\triangle NCF_1 = 30\ 000 - 10\ 000 = 20\ 000$（元）

$\triangle NCF_2 = 30\ 000 - 15\ 000 = 15\ 000$（元）

$$\triangle NCF_3 = 30\ 000 - 20\ 000 = 10\ 000(\text{元})$$

$$\triangle NCF_4 = 30\ 000 - 25\ 000 = 5\ 000(\text{元})$$

$$\triangle NCF_5 = 30\ 000 - 30\ 000 = 0(\text{元})$$

$$\begin{aligned}\triangle NPV_{\text{甲-乙}} &= 20\ 000 \times (P/F,10\%,1) + 15\ 000 \times (P/F,10\%,2) + \\ &\quad 10\ 000 \times (P/F,10\%,3) + 5\ 000 \times (P/F,10\%,4) - 30\ 000 \\ &= 20\ 000 \times 0.909\ 1 + 15\ 000 \times 0.826\ 4 + 10\ 000 \times 0.751\ 3 + \\ &\quad 5\ 000 \times 0.683\ 0 - 30\ 000 \\ &= 11\ 506(\text{元}) > 0\end{aligned}$$

因为经营期每年的 $\triangle NCF$ 不相等，因此计算 $\triangle IRR$ 需要进行逐次测试。

用 $i = 28\%$ 测算 $\triangle NPV$：

$$\begin{aligned}\triangle NPV &= 20\ 000 \times (P/F,28\%,1) + 15\ 000 \times (P/F,28\%,2) + \\ &\quad 10\ 000 \times (P/F,28\%,3) + 5\ 000 \times (P/F,28\%,4) - 30\ 000 \\ &= 20\ 000 \times 0.781\ 3 + 15\ 000 \times 0.610\ 4 + 10\ 000 \times 0.476\ 8 + 5\ 000 \times \\ &\quad 0.372\ 5 - 30\ 000 \\ &= 1\ 412.5(\text{元}) > 0\end{aligned}$$

用 $i = 32\%$ 测算 $\triangle NPV$：

$$\begin{aligned}\triangle NPV &= 20\ 000 \times (P/F,32\%,1) + 15\ 000 \times (P/F,32\%,2) + \\ &\quad 10\ 000 \times (P/F,32\%,3) + 5\ 000 \times (P/F,32\%,4) - 30\ 000 \\ &= 20\ 000 \times 0.757\ 6 + 15\ 000 \times 0.573\ 9 + 10\ 000 \times 0.434\ 8 + \\ &\quad 5\ 000 \times 0.329\ 4 - 30\ 000 \\ &= -244.5(\text{元}) < 0\end{aligned}$$

用插值法计算 $\triangle IRR$：

$$\begin{aligned}\triangle IRR &= 28\% + \frac{1\ 412.5 - 0}{1\ 412.5 - (-244.5)} \times (32\% - 28\%) \\ &= 31.41\% > 10\%\end{aligned}$$

由以上计算表明，差额净现值为 11 506 元，大于零，差额内含报酬率为 31.40%，大于折现率 10%，应选择甲方案。

（三）互斥方案的投资额不相等，项目计算期也不相同

当互斥方案的投资额不相等，项目计算期也不相同时可采用年回收额法。所谓年回收额法，是指通过比较所有投资方案的年等额净现值指标的大小来选择最优方案的决策方法。在此方法下，年等额净现值最大的方案为优。

年回收额法的计算步骤如下。

(1) 计算各方案的净现值 NPV；

(2) 计算各方案的年等额净现值，若贴现率为 i，项目计算期为 n，则

$$\text{年等额净现值}(A) = \frac{\text{净现值}}{\text{年金现值系数}} = \frac{NPV}{(P/A,i,n)} \tag{6-20}$$

【例 6－16】某企业有两项投资方案，其现金净流量见表 6-9。

表 6-9　现金净流量表

单位：元

项目计算期	甲方案		乙方案	
	净收益	现金净流量	净收益	现金净流量
0		－200 000		－120 000
1	20 000	120 000	16 000	56 000
2	32 000	132 000	16 000	56 000
3			16 000	56 000

要求：如果该企业期望达到最低报酬率为 12%，请做出决策。

(1) 计算甲、乙方案的 NPV。

$$\begin{aligned} NPV_{甲} &= 120\ 000\times(P/F,12\%,1)+132\ 000\times(P/F,12\%,2)-20\ 0000 \\ &= 120\ 000\times0.892\ 9+132\ 000\times0.797\ 2-200\ 000 \\ &= 12\ 378.4(元) \end{aligned}$$

$$\begin{aligned} NPV_{乙} &= 56\ 000\times(P/A,12\%,3)-120\ 000 \\ &= 56\ 000\times2.401\ 8-120\ 000 \\ &= 14\ 500.8(元) \end{aligned}$$

(2) 计算甲、乙方案的年等额净现值。

$$\begin{aligned} 甲方案年等额净现值 &= \frac{12\ 378.4}{(P/A,12\%,2)} \\ &= \frac{12\ 378.4}{1.690\ 1} \\ &\approx 7\ 324.06(元) \end{aligned}$$

$$\begin{aligned} 乙方案年等额净现值 &= \frac{14\ 500.8}{(P/A,12\%,3)} \\ &= \frac{14\ 500.8}{2.401\ 8} \\ &\approx 6\ 037.47(元) \end{aligned}$$

(3) 做出决策。

因为甲方案年等额净现值大于乙方案年等额净现值：

$$7\ 324.06>6\ 037.47$$

所以应选择甲方案。

根据上述计算结果可知，乙方案的净现值大于甲方案的净现值，但乙方案的项目计算期为 3 年，而甲方案仅为 2 年，所以，乙方案的净现值高并不能说明该方案优，因此，需通过年回收额法计算年等额净现值得出此结论，甲方案的年等额净现值高于乙方案，即甲方案为最优方案。

三、固定资产更新决策

在实际工作中，有些投资方案不能单独计算盈亏，或者投资方案的收入相同或收入基本相同且难以具体计算，如固定资产更新决策。固定资产更新是指对技术上或经济上不宜继续使用的旧资产，用新的资产更换，或用先进的技术对原有设备进行局部改造。固定资产更新决策主要研究两个问题：一个是决定是否更新；另一个是决定选择什么样的资产来更新。

（一）更新决策的现金流量分析

更新决策不同于一般的投资决策，通常，设备更换并不改变企业的生产能力，不增加企业的现金流入，主要是现金流出，这就给采用贴现现金流量分析带来了困难。因此，较好的分析方法是比较继续使用和更新的年成本，以较低的作为优选方案。

（二）固定资产的平均年成本

固定资产的平均年成本是指该资产引起的现金流出的年平均值。如果不考虑资金的时间价值，它是未来使用年限内的现金流出总额与使用年限的比值。如果考虑资金的时间价值，它是未来使用年限内现金流出总现值与年金现值系数的比值，即平均每年的现金流出。因为固定资产的更新决策是一项投资决策，涉及的时间较长，在评价方案优劣时必须考虑资金的时间价值因素，所以在对固定资产的更新决策进行评价时使用的平均年成本，通常是指考虑了时间价值的平均年成本。

在使用平均年成本法时要注意以下两点：① 平均年成本法是把继续使用旧设备和购置新设备看成是两个互斥的方案，而不是一个更换设备的特定方案。因此不能将旧设备的变现价值作为购置新设备的一项现金流入。② 平均年成本法的假设前提是将来设备再更换时，可以按原来的平均年成本找到可代替的设备。

【例 6－17】某公司拟用新设备取代已使用 3 年的旧设备。旧设备原价 14 950 元，当前估计尚可使用 5 年，每年操作成本为 2 150 元，预计最终残值为 1 750 元，目前变现价值为 8 500 元；购置新设备需花费 13 750 元，预计可使用 6 年，每年操作成本为 850 元，预计最终残值为 2 500 元。该公司预期报酬率为 12%，所得税率为 25%。税法规定该类设备应采用直线法折旧，折旧年限 6 年，残值为原价的 10%。问公司是否应该更换设备？

因新、旧设备使用年限不同，应运用考虑货币时间价值的平均年成本，比较二者的优劣。具体计算过程如下。

(1) 继续使用旧设备的平均年成本：

旧设备年折旧 $= 14\ 950 \times (1-10\%)/6 = 2\ 242.5$(元)

每年付现操作成本的现值 $= 2\ 150 \times (1-25\%) \times (P/A, 12\%, 5)$
$= 1\ 612.5 \times 3.604\ 8$
$= 5\ 812.74$(元)

每年折旧抵税的现值 $= 2\ 242.50 \times 25\% \times (P/A, 12\%, 3)$
$= 560.625 \times 2.401\ 8$
$\approx 1\ 346.51$(元)

残值收益的现值 $= [1\ 750 - (1\ 750 - 14\ 950 \times 10\%) \times 25\%] \times (P/F, 12\%, 5)$
$= 1\ 686.25 \times 0.567\ 4$
≈ 956.78(元)

旧设备变现收益 $= 8\ 500 - [8\ 500 - (14\ 950 - 2\ 242.5 \times 3)] \times 25\%$

$\approx 8\,430.63$(元)

继续使用旧设备的现金流出总现值 $= 5\,812.74 + 8\,430.63 - 1\,346.51 - 956.78$

$= 11\,940.08$(元)

继续使用旧设备的平均年成本 $= 11\,940.08 \div (P/A, 12\%, 5)$

$= 11\,940.08 \div 3.604\,8$

$\approx 3\,312.27$(元)

(2) 更换新设备的平均年成本:

购置成本 $= 13\,750$(元)

新设备年折旧 $= 13\,750 \times (1 - 10\%) \div 6 = 2\,062.5$(元)

每年付现操作成本现值 $= 850 \times (1 - 25\%) \times (P/A, 12\%, 6)$

$= 637.5 \times 4.111\,4$

$\approx 2\,621.02$(元)

每年折旧抵税的现值 $= 2\,062.50 \times 25\% \times (P/A, 12\%, 6)$

$= 515.625 \times 4.111\,4$

$\approx 2\,119.94$(元)

残值收益的现值 $= [2\,500 - (2\,500 - 13\,750 \times 10\%) \times 25\%] \times (P/F, 12\%, 6)$

$= 2\,218.75 \times 0.506\,6$

$\approx 1\,124.02$(元)

更换新设备的现金流出总现值 $= 13\,750 + 2\,621.02 - 2\,119.94 - 1\,124.02$

$= 13\,127.06$(元)

更换新设备的平均年成本 $= 13\,127.06 \div (P/A, 12\%, 6)$

$= 13\,127.06 \div 4.111\,4$

$\approx 3\,192.84$(元)

因为更换新设备的平均年成本为 3 192.84 元,低于继续使用旧设备的平均年成本 3 312.27 元,故应更换新设备。

第五节　项目投资的风险分析

前面在讨论项目的投资决策时,曾假定现金流量是确定的,即可以确知现金收支的金额及发生的时间。实际上,投资活动充满了不确定性。如果决策面临的不确定性和风险比较小,一般可忽略其影响。如果决策面临的不确定性和风险比较大,足以影响方案的选择,那么就应对其进行计量并在决策时加以考虑。

项目投资风险分析常用的方法是风险调整贴现率法和肯定当量法。

一、风险调整贴现率法

风险调整贴现率法是根据项目的风险程度来调整贴现率,然后再根据调整后的贴现率来计算项目的净现值,根据计算的净现值来进行投资决策的方法。这种方法的基本思想是对高风险的项目,应当采用较高的贴现率计算净现值。

风险调整贴现率法的最大问题是风险调整贴现率的确定。其确定的方法有多种，比较有代表性的是用风险报酬率来调整贴现率。其计算公式如下：

$$K = i + bQ \tag{6-21}$$

式中，K——风险调整贴现率；

i——无风险贴现率；

b——风险报酬斜率；

Q——风险程度。

假设 i 为已知，为了确定 K，需要先确定 Q 和 b。

下面通过一个例子来说明如何计算风险程度、风险报酬斜率，以及根据风险调整贴现率来选择方案。

【例 6-18】某公司的最低报酬率为 6%，现有三个投资机会，有关资料见表 6-10。

表 6-10 投资方案现金流量分布表

单位：万元

t 年	A 方案		B 方案		C 方案	
	CFAT	P_i	*CFAT*	P_i	*CFAT*	P_i
0	(5 000)	1	(2 000)	1	(2 000)	1
1	3 000	0.25				
	2 000	0.50				
	1 000	0.25				
3	4 000	0.20				
	3 000	0.60				
	2 000	0.20				
3	2 500	0.30	1 500	0.20	3 000	0.10
	2 000	0.40	4 000	0.60	4 000	0.80
	1 500	0.30	6 500	0.20	5 000	0.10

试分析评价三个风险投资方案的优先顺序。

具体计算分析步骤如下。

1. 风险程度的计算

先看 A 方案，初始投资 5 000 元是确定的，各年现金流入的金额有三种可能，并且已知概率。本例的风险因素全部在现金流入之中，但这并不认为现金流出没有风险，而只是为了简化。

现金流入的集中趋势可以用期望值来描述：

$$E_1 = 3\,000 \times 0.25 + 2\,000 \times 0.5 + 1\,000 \times 0.25 = 2\,000\text{(万元)}$$

$$E_2 = 4\,000 \times 0.2 + 3\,000 \times 0.6 + 2\,000 \times 0.2 = 3\,000\text{(万元)}$$

$$E_3 = 2\,500 \times 0.3 + 2\,000 \times 0.4 + 1\,500 \times 0.3 = 2\,000\text{(万元)}$$

现金流入的离散趋势可以用标准差来描述：

$$d_1=\sqrt{(3\,000-2\,000)^2\times0.25+(2\,000-2\,000)^2\times0.5+(1\,000-2\,000)^2\times0.25}$$
$$\approx 707.11(\text{万元})$$

$$d_2=\sqrt{(4\,000-3\,000)^2\times0.2+(3\,000-3\,000)^2\times0.6+(2\,000-3\,000)^2\times0.2}$$
$$\approx 632.46(\text{万元})$$

$$d_3=\sqrt{(2\,500-2\,000)^2\times0.3+(2\,000-2\,000)^2\times0.4+(1\,500-2\,000)^2\times0.3}$$
$$\approx 387.30(\text{万元})$$

三年现金流入总的离散程度即综合标准差：

$$D=\sqrt{\sum_{t=1}^{n}\frac{d_t^2}{(1+t)^{2t}}}=\sqrt{\frac{(707.11)^2}{(1.06)^2}+\frac{(632.46)^2}{(1.06)^4}+\frac{(387.30)^2}{(1.06)^6}}\approx 931.44(\text{万元})$$

现金流入的离散程度，可以反映其不确定性的大小。但是，标准差是一个绝对数，不便于比较不同规模项目的风险大小。为了解决这个问题，引入变化系数概念：

$$q=\frac{d}{E} \tag{6-22}$$

变化系数是标准差与期望值的比值，是使用相对数表示的离散程度，即风险的大小。为了综合各年的风险，对其有一系列现金流入的方案用综合变化系数描述：

$$Q=\frac{\text{综合标准差}}{\text{现金流入预期现值}}=\frac{D}{EPV} \tag{6-23}$$

$$EPV_{(A)}=\frac{2\,000}{1.06}+\frac{3\,000}{1.06^2}+\frac{2\,000}{1.06^3}\approx 6\,236(\text{万元})$$

$$D_{(A)}=931.44(\text{万元})$$

$$Q_{(A)}=\frac{931.44}{6\,236}\approx 0.15$$

2. 确定风险报酬斜率

风险报酬斜率是直线方程 $K=i+bQ$ 的系数 b，它的高低反映风险程度变化对风险调整最低报酬率影响的大小。b 值是经验数据，可根据历史资料用高低点法或直线回归法求出。

假设中等风险程度的项目系数为 0.5，通常要求的含有风险报酬的最低报酬率为 11%，无风险的最低报酬率 i 为 6%，则：

$$b=\frac{11\%-6\%}{0.5}=0.1$$

前面已计算出 A 方案的综合变化系数 $Q_{(A)}=0.15$，适用于 A 方案的风险调整贴现率为：

$$K_{(A)}=6\%+0.1\times0.15=7.5\%$$

根据同样方法可知：

$$E_{(B)}=4\,000(\text{万元})$$

$$E_{(C)}=4\,000(\text{万元})$$

$$D_{(B)}=\sqrt{(1\,500-4\,000)^2\times0.2+(4\,000-4\,000)^2\times0.6+(6\,500-4\,000)^2\times0.2}$$
$$\approx 1\,581(\text{万元})$$

$$D_{(C)}=\sqrt{(3\,000-4\,000)^2\times0.1+(4\,000-4\,000)^2\times0.8+(5\,000-4\,000)^2\times0.1}$$

$$\approx 447(\text{万元})$$

$$Q_{(B)} = \frac{1\ 581}{4\ 000} \approx 0.40$$

$$Q_{(C)} = \frac{447}{4\ 000} \approx 0.11$$

B 方案和 C 方案只有第三年有现金流入，该年的变换系数就是全部流入的变化系数。无须进行贴现然后计算变化系数，分子和分母同时贴现其比值仍然不变：

$$K_{(B)} = 6\% + 0.1 \times 0.40 = 10\%$$

$$K_{(C)} = 6\% + 0.1 \times 0.11 = 7.1\%$$

根据不同的风险调整贴现率计算净现值：

$$NPV_{(A)} = \frac{2\ 000}{1.075} + \frac{3\ 000}{1.075^2} + \frac{2\ 000}{1.075^3} - 5\ 000$$

$$\approx 1\ 860 + 2\ 596 + 1\ 610 - 5\ 000 = 1\ 066(\text{万元})$$

$$NPV_{(B)} = \frac{4\ 000}{1.100^3} - 2\ 000$$

$$\approx 3\ 005 - 2\ 000 = 1\ 005(\text{万元})$$

$$NPV_{(C)} = \frac{4\ 000}{1.071^3} - 2\ 000$$

$$\approx 3\ 256 - 2\ 000 = 1\ 256(\text{万元})$$

三个方案的优先顺序为 C > A > B。如果不考虑风险因素，以概率最大的现金流量作为肯定的现金流量，其顺序为 B = C > A：

$$NPV_{(A)} = \frac{2\ 000}{1.06} + \frac{3\ 000}{1.06^2} + \frac{2\ 000}{1.06^3} - 5\ 000$$

$$\approx 6\ 236 - 5\ 000 = 1\ 236(\text{万元})$$

$$NPV_{(B)} = \frac{4\ 000}{1.06^3} - 2\ 000 \approx 3\ 358 - 2\ 000 = 1\ 358(\text{万元})$$

$$NPV_{(C)} = \frac{4\ 000}{1.06^3} - 2\ 000 \approx 3\ 358 - 2\ 000 = 1\ 358(\text{万元})$$

不考虑风险价值时，无法区分 B 方案和 C 方案的优劣；加入风险因素后，B 方案风险大（变化系数为 0.40）。

风险调整贴现率法的优点是比较符合逻辑，使用广泛。但是，把时间价值和风险价值混在一起，并据此对现金流量进行贴现，意味着风险随着时间的推移而加大，有时会与事实不符。某些行业的投资，前几年的现金流量难以预料，越往后反而更有把握，如果园、饭店等。

二、肯定当量法

肯定当量法是指将不确定的期望现金净流量按肯定当量系数折算为相当的肯定现金流量，然后用无风险贴现率计算风险投资项目的净现值，最后根据净现值进行投资决策的分析方法。

这种方法的基本思路是先用一个系数把有风险的现金收支调整为无风险的现金收支，然后用无风险的贴现率去计算净现值，以便用净现值法的规则判断投资机会的可取程度。

$$NPV = \sum_{t=0}^{n} \frac{a_t CFAT_t}{(1+i)_t} \tag{6-24}$$

式中，a_t——t 年现金流量的肯定当量系数，它在 0 ～ 1 之间；

i—— 无风险的贴现率；

$CFATt$—— 第 t 年税后现金流量。

肯定当量系数是指不肯定的 1 元现金流量期望值相当于使投资者满意的肯定的金额的系数，它可以把各年不肯定的现金流量换算成肯定的现金流量。

$$a_t = \frac{\text{肯定的现金流量}}{\text{不肯定的现金流量期望值}} \tag{6-25}$$

我们知道，肯定的 1 元比不肯定的 1 元更受欢迎。不肯定的 1 元，只相当于不足 1 元的金额，两者的差额与不确定性程度的高低有关。如果仍以变化系数表示现金流量的不确定性程度，则变化系数与肯定当量系数的经验关系见表 6-11。

表 6-11　变化系数与肯定当量系数的经验关系

变化系数（风险程度）	肯定当量系数
0.00 ～ 0.07	1
0.08 ～ 0.15	0.9
0.16 ～ 0.23	0.8
0.24 ～ 0.32	0.7
0.33 ～ 0.42	0.6
0.43 ～ 0.54	0.5
0.55 ～ 0.70	0.4

依前例资料计算 A 方案各年现金流入的变化系数：

$$q_1 = \frac{d_1}{E_1} = \frac{707.1}{2\ 000} \approx 0.35$$

$$q_2 = \frac{d_2}{E_2} = \frac{632.1}{3\ 000} \approx 0.21$$

$$q_3 = \frac{d_3}{E_3} = \frac{387.3}{2\ 000} \approx 0.19$$

查表 6-11 知：$a_1 = 0.6$

$a_2 = 0.8$

$a_3 = 0.8$

计算 A 方案的净现值：

$$NPV_{(A)} = \frac{0.6 \times 2\ 000}{1.06} + \frac{0.8 \times 3\ 000}{1.06^2} + \frac{0.8 \times 2\ 000}{1.06^3} - 5\ 000$$

$$\approx 1\ 132 + 2\ 136 + 1\ 343 - 5\ 000$$

$$= 4\ 611 - 5\ 000$$

$$= -389(\text{万元})$$

用同样方法可知：

$$q_E = \frac{d_E}{E_E} = \frac{1\ 581}{4\ 000} \approx 0.40$$

$$q_C = \frac{d_C}{E_C} = \frac{447}{4\ 000} \approx 0.11$$

$$a_E = 0.6$$

$$a_C = 0.9$$

$$NPV_{(E)} = \frac{0.6 \times 4\ 000}{1.06^3} - 2\ 000 \approx 15(\text{万元})$$

$$NPV_{(C)} = \frac{0.9 \times 4\ 000}{1.06^3} - 2\ 000 \approx 1\ 022(\text{万元})$$

方案的优先次序为 C > B > A，与风险调整贴现率法不同(C > A > B)。主要差别是 A 方案和 B 方案互换了位置。其原因是风险调整贴现率法对远期现金流入予以较大的调整，使远期现金流入量大的 B 方案受到较大的影响。

肯定当量法也可以与内含报酬率法结合使用。先用肯定当量系数调整各年的现金流量，然后计算其内含报酬率，最后以无风险的最低报酬率作为方案取舍标准。

肯定当量法的主要困难是确定合理的当量系数。肯定当量系数可以由经验丰富的分析人员凭主观判断确定，也可以像本例那样为每一档变化系数规定相应的肯定当量系数。变化系数与肯定当量系数之间的数量关系，并没有公认的客观标准。因此，变化系数如何分档，各档肯定当量系数如何确定，均取决于公司管理当局对风险所持有的态度。

如果有风险的报酬率和无风险最低报酬率之间的函数关系已知，例如，知道有风险的报酬率 $K = 7.5\%$，相当于无风险的报酬率 $i = 6\%$，则可以据此计算出各年的肯定当量系数。换算的方法如下。

因为：

$$NPV = \sum_{t=0}^{n} \frac{a_t A_t}{(1+i)^t}$$

$$NPV = \sum_{t=0}^{n} \frac{A_t}{(1+K)^t}$$

所以：

$$\frac{a_t A_t}{(1+i)^t} = \frac{A_t}{(1+K)^t}$$

$$a_t = \frac{(1+i)^t}{(1+K)^t}$$

A 方案各年的肯定当量系数：

$$a_1 = \frac{1+6\%}{1+7.5\%} \approx 0.986\ 0$$

$$a_2 = \frac{(1+6\%)^2}{(1+7.5\%)^2} \approx 0.972\ 2$$

$$a_3 = \frac{(1+6\%)^3}{(1+7.5\%)^3} \approx 0.958\ 7$$

据此计算：

$$NPV_{(A)} = \frac{0.9860 \times 2000}{1.06} + \frac{0.9722 \times 3000}{1.06^2} + \frac{0.9577 \times 2000}{1.06^3} - 5000$$

$$\approx 1066(\text{万元})$$

与前面风险调整贴现率法计算的A方案净现值(1 066万元)相同。

肯定当量法是用调整净现值公式中的分子的办法来考虑风险，风险调整贴现率法是用调整净现值公式中的分母的办法来考虑风险，这是两者的重要区别。肯定当量法克服了风险调整贴现率法夸大远期风险的缺点，可以根据各年不同的风险程度，分别采用不同的肯定当量系数，但如何确定当量系数是个困难的问题。

本章小结

一个投资项目的好坏主要取决于现金流量的多少和折现率的高低。现金流量分析是进行项目投资决策分析的基础，为投资决策提供重要的价值信息。

加强项目投资管理就是将企业的资金投向最有发展潜力、产生最好经济效益的项目。正确的投资决策对于提高企业的经济效益和核心竞争力具有重要意义。在项目投资决策的分析评价中，为了客观、准确、科学地分析评价各种投资方案是否可行，应根据具体情况，采用适当的方式来确定投资方案的各项指标。其中考虑时间价值等因素的指标为折现现金流量指标，也称为动态指标，主要包括净现值、净现值率、获利指数和内含报酬率等；没有考虑资金时间因素的指标称为非折现指标，也称为静态指标，主要包括投资回收期、平均报酬率等。通过对投资项目经济效益的指标分析与评价，为确定投资项目是否可行提供参考依据。当投资项目面临的风险较大时，通常可用风险调整贴现率法和肯定当量法进行决策分析。

复习思考题

一、简答题

1. 什么是现金流量？公司现金流量由哪几部分构成？如何计算？

2. 简述利润与现金流量的关系。

3. 项目投资评价的指标包括哪些？如何计算？

4. 项目投资的年等额净现值、年平均成本如何计算？

5. 分析所得税与折旧对投资决策的影响。

二、单选题

1. 某投资项目只有第一年年初产生现金净流出，随后各年均产生现金净流入，且其动态回收期短于项目的寿命期，则投资项目的净现值为(　　)。

A. 大于0　　B. 无法判断　　C. 等于0　　D. 小于0

2. 如果某投资项目在建设起点一次性投入资金，随后每年都有正的现金净流量，在采用内含报酬率对该项目进行财务可行性评价时，下列说法正确的是(　　)。

A. 如果内含报酬率大于折现率，则项目净现值大于1

B. 如果内含报酬率大于折现率，则项目现值指数大于1

C. 如果内含报酬率小于折现率,则项目现值指数小于0

D. 如果内含报酬率等于折现率,则项目动态回收期小于项目寿命期

3. 一般而言,营运资金指的是(　　)。

A. 流动资产减去存货的余额　　B. 流动资产减去流动负债的余额

C. 流动资产减去速动资产后的余额　　D. 流动资产减去货币资金后的余额

4. 在对某独立投资项目进行财务评价时,下列各项中,并不能据以判断该项目具有财务可行性的是(　　)。

A. 以必要报酬率作为折现率计算的项目,现值指数大于1

B. 以必要报酬率作为折现率计算的项目,净现值大于0

C. 项目静态投资回收期小于项目寿命期

D. 以必要报酬率作为折现率,计算的年金净流量大于0

5. 包括建设期的静态投资回收期是(　　)。

A. 净现值为0的年限　　B. 净现金流量为0的年限

C. 累计净现值为0的年限　　D. 累计净现金流量为0的年限

6. 某公司计划投资建设一条新生产线,投资总额为60万元,预计新生产线投产后每年可为公司新增净利润4万元,生产线的年折旧额为6万元,则该投资的静态回收期为(　　)年。

A. 5　　B. 6　　C. 10　　D. 15

7. 某公司预计M设备报废时的净残值为3 500元,税法规定净残值为5 000元,该公司适用的所得税税率为25%,则该设备报废引起的预计现金净流量为(　　)元。

A. 3 125　　B. 3 875　　C. 4 625　　D. 5 375

8. 下列各项因素,不会对投资项目内含报酬率指标计算结果产生影响的是(　　)。

A. 原始投资额　　B. 资本成本　　C. 项目计算期　　D. 现金净流量

9. 已知某投资项目的原始投资额现值为100万元,净现值为25万元,则该项目的现值指数为(　　)。

A. 0.25　　B. 0.75　　C. 1.05　　D. 1.25

10. 某新建设投资项目,建设期为2年,试产期为1年,达产期为8年,则该项目的运营期是(　　)。

A. 2年　　B. 3年　　C. 8年　　D. 9年

11. 下列项目投资决策评价指标中,一般作为辅助性指标的是(　　)。

A. 净现值　　B. 内部收益率　　C. 净现值率　　D. 总投资收益率

12. 某公司新建一条生产线,预计投产后第一年、第二年流动资产需用额分别为40万元和50万元,流动负债需要额分别为15万元和20万元,则第二年新增的流动资金额是(　　)。

A. 5万元　　B. 15万元　　C. 20万元　　D. 30万元

13. 对项目计算期相同而原始投资不同的两个互斥投资项目进行决策时,适宜单独采用的方法是(　　)。

A. 回收期法　　B. 净现值率法

C. 总投资收益率法　　　　　　　　D. 差额投资内部收益率法

14. 下列各项中，其计算结果等于项目投资方案年等额净回收额的是(　　)。

A. 该方案净现值×年金现值系数

B. 该方案净现值×年金现值系数的倒数

C. 该方案每年相等的净现金流量×年金现值系数

D. 该方案每年相关的净现金流量×年金现值系数的倒数

15. 某投资项目各年的预计净现金流量分别为：NCF_0 =－200 万元，$NCF_{1=}$ －50 万元，NCF_{2-3} = 100 万元，NCF_{4-11} = 250 万元，NCF_{12} = 150 万元，则该项目包括建设期的静态投资回收期为(　　)。

A. 2.0 年　　B. 2.5 年　　C. 3.2 年　　D. 4.0 年

16. 某公司拟进行一项固定资产投资决策，设定折现率为 10%，有四个方案可供选择。其中甲方案的净现值率为 －12%；乙方案的内部收益率为 9%；丙方案的项目计算期为 10 年，净现值为 960 万元，$(P/A,10\%,10)=6.144\,6$；丁方案的项目计算期为 11 年，年等额净回收额为 136.23 万元。最优的投资方案是(　　)。

A. 甲方案　　B. 乙方案　　C. 丙方案　　D. 丁方案

17. 下列各项中，不属于静态投资回收期优点的是(　　)。

A. 计算简便　　　　　　　　B. 便于理解

C. 直观反映返本期限　　　　D. 正确反映项目总回报

18. 假定某项目的原始投资在建设期初全部投入，其预计的净现值率为 15%，则该项目的获利指数是(　　)

A. 6.67　　B. 1.15　　C. 1.5　　D. 1.125

19. 某投资项目原始投资额为 100 万元，使用寿命为 10 年，已知该项目第 10 年的经营净现金流量为 25 万元，期满处置固定资产残值收入及回收流动资金共 8 万元，则该投资项目第 10 年的净现金流量为(　　)万元。

A. 8　　B. 25　　C. 33　　D. 43

20. 将投资区分为实物投资和金融投资所依据的分类标志是(　　)。

A. 投资行为的介入程度　　　　B. 投资的对象

C. 投资的方向　　　　　　　　D. 投资的目标

21. 已知某完整工业投资项目的固定资产投资为 2 000 万元，无形资产投资为 200 万元，开办费投资为 100 万元。预计投产后第二年的总成本费用为 1 000 万元，同年的折旧额为 200 万元，无形资产摊销额为 40 万元，计入财务费用的利息支出为 60 万元，则投产后第二年用于计算净现金流量的经营成本为(　　)万元。

A. 1 300　　B. 760　　C. 700　　D. 300

22. 若某投资项目的建设期为零，则直接利用年金现值系数计算该项目内部收益率指标所要求的前提条件是(　　)。

A. 投产后净现金流量为普通年金形式　B. 投产后净现金流量为递延年金形式

C. 投产后各年的净现金流量不相等　　D. 在建设起点没有发生任何投资

23. 如果某投资项目的相关评价指标满足以下关系：$NPV>0$，$NPVR>0$，$PI>1$，$IRR>ic$，$PP>n/2$，则可以得出的结论是(　　)。

A. 该项目基本具备财务可行性　　B. 该项目完全具备财务可行性

C. 该项目基本不具备财务可行性　　D. 该项目完全不具备财务可行性

24. 下列各项中，不属于投资项目现金流出量内容的是(　　)。

A. 固定资产投资　　B. 折旧与摊销

C. 无形资产投资　　D. 新增经营成本

25. 某投资项目的项目计算期为5年，净现值为10 000万元，行业基准折现率为10%，5年期、折现率为10%的年金现值系数为3.791，则该项目的年等额净回收额约为(　　)万元。

A. 2 000　　B. 2 638　　C. 37 910　　D. 50 000

26. 某企业拟按15%的期望投资报酬率进行一项固定资产投资决策，所计算的净现值指标为100万元，资金时间价值为8%。假定不考虑通货膨胀因素，则下列表述中正确的是(　　)。

A. 该项目的获利指数小于1　　B. 该项目内部收益率小于8%

C. 该项目风险报酬率为7%　　D. 该企业不应进行此项投资

27. 已知某投资项目按14%折现率计算的净现值大于0，按16%折现率计算的净现值小于0，则该项目的内部收益率肯定(　　)。

A. 大于14%，小于16%　　B. 小于14%

C. 等于15%　　D. 大于16%

28. 下列各项中，各类项目投资都会发生的现金流出是(　　)。

A. 建设投资　　B. 固定资产投资

C. 无形资产投资　　D. 流动资金投资

29. 在财务管理中，将企业为使项目完全达到设计生产能力、开展正常经营而投入的全部现实资金称为(　　)。

A. 投资总额　　B. 现金流量　　C. 建设投资　　D. 原始总投资

30. 下列指标的计算中，没有直接利用净现金流量的是(　　)。

A. 内部收益率　　B. 投资利润率　　C. 净现值率　　D. 获利指数

三、多选题

1. 某项目需要在第一年年初投资76万元，寿命期为6年，每年年末产生现金净流量20万元。已知$(P/A,14\%,6)=3.888\ 7$，$(P/A,15\%,6)=3.784\ 5$。若公司根据内含报酬率法认定该项目具有可行性，则该项目的必要投资报酬率不可能为(　　)。

A. 16%　　B. 13%　　C. 14%　　D. 15%

2. 在考虑所有税影响的情况下，下列可用于计算营业现金净流量的算式中，正确的有(　　)。

A. 税后营业利润＋非付现成本

B. 营业收入－付现成本－所得税

C. (营业收入－付现成本)×(1－所得税税率)

D. 营业收入×(1－所得税税率)＋非付现成本×所得税税率

3. 在其他因素不变的情况下，下列财务评价指标中，指标数值越大表明项目可行性越强的有(　　)。

A. 净现值　　B. 现值指数　　C. 内含报酬率　　D. 动态回收期

4. 如果某投资项目完全具备财务可行性，且其净现值指标大于0，则可以断定该项目的相关评价指标同时满足以下关系：(　　)。

A. 获利指数大于1

B. 净现值率大于等于0

C. 内部收益率大于基准折现率

D. 包括建设期的静态投资回收期大于项目计算期的一半

5. 下列项目中，可导致投资风险产生的原因有(　　)。

A. 投资成本的不确定性　　B. 投资收益的不确定性

C. 投资决策的失误　　D. 自然灾害

6. 净现值法的优点有(　　)。

A. 考虑了资金时间价值　　B. 考虑了项目计算期的全部净现金流量

C. 考虑了投资风险　　D. 可从动态上反映项目的实际投资收益率

7. 某公司正在开会讨论是否投产一种新产品，对以下收支发生争论。你认为不应列入该项目评价的现金流量有(　　)。

A. 新产品投产需要占用营运资金80万元，它们可在公司现有周转资金中解决，不需要额外筹集

B. 该项目利用现有未充分利用的厂房和设备，如将该设备出租可获收益200万元，但公司规定不得将生产设备出租，以防止对本公司产品形成竞争

C. 新产品销售会使本公司同类产品减少收益100万元；如果本公司不经营此产品，竞争对手也会推出此新产品

D. 拟采用借债方式为本项目筹资，新债务的利息支出每年50万元

E. 动用为其他产品储存的原料约200万元

8. 在投资决策中，现金流量指标比利润指标更为重要，其原因有(　　)。

A. 从数量上看，投资有效年限内利润与现金流量相等

B. 现金流量的分布不受人为因素影响

C. 利润分布不可避免地受人为因素影响

D. 现金流动状况比盈利状况更重要

E. 利润是按权责发生制确定的，现金净流量是按收付实现制确定的

9. 对于风险调整贴现率法，下列说法正确的有(　　)。

A. 它把时间价值和风险价值区别开来，据此对现金流量进行贴现

B. 它把时间价值和风险价值混在一起，并据此对现金流量进行贴现

C. 它是用调整净现值公式分子的办法来考虑风险的

D. 它意味着风险随时间的推移而加大

E. 它是用调整净现值公式分母中的折现率的办法来考虑风险

10. 下列表述中正确的是(　　)。

A. 净现值是未来报酬的总现值与初始投资额现值之差

B. 当净现值等于0时,项目的折现率等于内含报酬率

C. 当净现值大于0时,现值指数小于1

D. 净现值大于0,说明投资方案可行

E. 如净现值为正数,表明投资项目本身的报酬率小于预定的折现率

四、判断题

1. 对单个投资项目进行财务可行性评价时,利用净现值法和现值指数法所得出的结论是一致的。　　(　　)

2. 净现值法不适宜于独立投资方案的比较决策,但能够对寿命期不同的互斥投资方案进行直接决策。　　(　　)

3. 如果项目的全部投资均于建设期一次投入,且建设期为零,运营期每年净现金流量相等,则计算内部收益率所使用的年金现值系数等于该项目投资回收期期数。　　(　　)

4. 在项目投资决策中,净现金流量是指经营期内每年现金流入量与同年现金流出量之间的差额所形成的序列指标。　　(　　)

5. 在应用差额投资内部收益率法对固定资产更新改造投资项目进行决策时,如果差额内部收益率小于行业基准折现率或资金成本率,就不应当进行更新改造。　　(　　)

6. 某企业正在讨论更新现有的生产线,有A、B两个备选方案:A方案的净现值为400万元,内含报酬率为10%;B方案的净现值为300万元,内含报酬率为15%。据此可以认定A方案较好。　　(　　)

7. 在评价投资项目的财务可行性时,如果静态投资回收期或投资利润率的评价结论与净现值指标的评价结论发生矛盾,应当以净现值指标的结论为准。　　(　　)

8. 在投资项目决策中,只要投资方案的投资利润大于零,该方案就是可行方案。(　　)

9. 某公司购入一批价值20万元的专用材料,因规格不符无法投入使用,拟以15万元变价处理,并已找到购买单位。此时,技术部门完成一项新产品开发,并准备支出50万元购入设备当年投产。经化验,上述专用材料完全符合新产品使用,故不再对外处理,可使企业避免损失5万元,并且不需要再为新项目垫支流动资金。因此,在评价新项目时第一年的现金流出量应按65万元计算。　　(　　)

10. 风险调整贴现率法与肯定当量法一样,均对远期现金流量予以较大的调整,二者的区别仅在于前者调整净现值公式的分母,后者调整净现值的分子。　　(　　)

五、计算分析题

1. 某企业投资15 500元购入一台设备。该设备预计残值为500元,可使用3年,折旧按直线法计算(会计政策与税法一致)。设备投产后,每年销售收入增加额分别为10 000元、20 000元、15 000元,除折旧以外的费用增加额分别为4 000元、12 000元、5 000元。企业适用的所得税率为25%,要求的最低投资报酬率为10%,目前年税后利润为20 000元。

要求:

(1) 假设企业经营无其他变化,预测未来3年每年的税后利润。

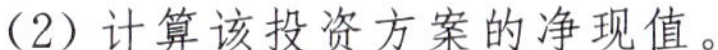

(2) 计算该投资方案的净现值。

2. 某投资项目需一次投入固定资产 200 万元，资金来源为银行借款。该项目建设期为 2 年，资本化利息为 42 万元，经营期为 5 年，固定资产期满残值收入 20 万元。项目完工时（第二年年末）还需投入流动资金 30 万元。预计该项目年营业收入 140 万元，年经营成本 50 万元。该企业采用直线法折旧，所得税率 25%，设定折现率 10%。

要求：根据以上资料计算

(1) 该项目年营业现金净流量。

(2) 该项目投资回收期、净现值、净现值率和现值指数，并评价该项目是否可行。

3. D公司正面临印刷设备的选择决策。一是购买10台甲型印刷机，每台价格8 000元，且预计每台设备每年年末支付的修理费为 2 000 元。甲型设备将于第 4 年年末更换，预计无残值收入。二是购买 11 台乙型设备来完成同样的工作，每台价格 5 000 元，每台每年年末支付的修理费用分别为2 000 元、2 500 元、3 000 元。乙型设备需于3年后更换，在第3年年末预计有 500 元 / 台的残值变现收入。

该公司此项投资的机会成本为 10%；所得税率为 25%（假设该公司将一直盈利），税法规定的该类设备折旧年限为 3 年，残值率为 10%；预计选定设备型号后，公司将长期使用该种设备，更新时不会随意改变设备型号，以便与其他作业环节协调。

要求：分别计算采用甲、乙设备的平均年成本，并据此判断应当购买哪一种设备。

4. 甲公司是一家制造企业，计划在 2022 年初新增一套设备，用于生产一种新产品。相关资料如下。

资料一：公司拟通过外部筹资购置新设备，根据目标资本结构设计的筹资组合方案如下。

银行借款筹资占 40%，资本成本为 7%；发行普通股筹资占 60%，资本成本为 12%。

资料二：设备投资额为 30 000 000 元，建设期为 0，运营期为 5 年，采用直线法计提折旧，预计净资产残值为 1 500 000 元。设备投入运营之初，需垫支营运资金 5 000 000 元，该营运资金在运营期满时全额收回。公司以筹资组合的资本成本率为项目折现率，适用的企业所得税税率为 25%。

资料三：设备营运期间，预计年产销量为 40 000 件，单价为 1 000 元 / 件，单位变动成本为 600 元 / 件，变动成本均为付现成本，固定成本仅包括设备折旧费。

要求：

(1) 根据资料一，计算筹资组合的平均资本成本率。

(2) 根据资料二和资料三，计算：① 边际贡献率；② 盈亏平衡点的产销量；③ 安全边际额；④ 盈亏平衡作业率。

(3) 根据资料二和资料三，不考虑利息费用及其影响，计算：① 年营业现金净流量；② 净现值；③ 年均净流量；④ 静态回收期。

5. 甲公司计划在 2022 年初构建一条新生产线，现有 A、B 两个互斥投资方案，有关资料如下。

资料一：A方案需要一次性投资30 000 000元，建设期为0，该生产线可用3年，按直线法计提折旧，净残值为 0，第一年可取得税后营业利润 10 000 000 元，以后每年递增 20%。

资料二：B方案需要一次性投资50 000 000元，建设期为0，该生产线可用5年，按直线法计提折旧，净残值为0，投产后每年可获得营业收入35 000 000元，付现成本为8 000 000元。在投产初期需垫支营运资金5 000 000元，并于营业期满时一次性收回。

资料三：甲公司适用的企业所得税税率为25%，项目折现率为8%。有关货币时间价值系数如下：$(P/A,8\%,3)=2.577\ 1$，$(P/A,8\%,4)=3.312\ 1$，$(P/A,8\%,5)=3.992\ 7$；$(P/F,8\%,1)=0.925\ 9$，$(P/F,8\%,2)=0.857\ 3$，$(P/F,8\%,3)=0.793\ 8$，$(P/F,8\%,5)=0.680\ 6$。

资料四：为筹集投资所需资金，甲公司在2022年1月1日按面值发行可转换债券，每张面值100元，票面利率为1%，按年计息，每年年末支付一次利息，一年后可以转换为公司股票，转换价格为每股20元。如果按面值发行相同期限、相同付息方式的普通债券，票面利率需要设定为5%。

要求：

(1) 根据资料一和资料三，计算A方案的下列指标：① 第一年的营业现金净流量；② 净现值；③ 现值指数。

(2) 根据资料二和资料三，不考虑利息费用及其影响，计算B方案的下列指标：① 投资时点的现金净流量；② 第1～4年的营业现金净流量；③ 第5年的现金净流量；④ 净现值。

(3) 根据资料一、资料二和资料三，计算A方案和B方案的年金净流量，据此进行投资方案选择，并给出理由。

(4) 根据资料四和要求(3)的计算选择结果，计算：① 可转换债券在发行当年比一般债券节约的利息支出；② 可转换债券的转换比率。

6. 企业计划进行某项投资活动，拟有甲、乙两个备选方案，有关资料如下。甲方案需原始投资150万元，其中固定资产投资100万元，流动资金投资50万元，全部资金于建设起点一次投入。该项目经营期5年，到期残值收入5万元。预计投产后年营业收入90万元，年总成本60万元。

乙方案需要原始投资210万元，其中固定资产投资120万元，无形资产投资25万元，流动资产投资65万元，全部资金于建设起点一次投入。该项目建设期为2年，经营期为5年，到期残值收入8万元，无形资产自投产年份起分5年摊销完毕。该项目投产后，预计年营业收入170万元，年经营成本80万元。该企业按直线法折旧，全部流动资金于终结点一次回收，所得税率为25%，折现率为10%。

要求：

(1) 用净现值法评价甲、乙两个方案是否可行。

(2) 用年等额净现值法确定该企业究竟应选哪一个方案。

7. 甲公司拟投资100万元购置一台新设备，年初购入时支付20%的款项，剩余80%的款项下年年初付清；新设备购入后可立即投入使用，使用年限为5年，预计净残值为5万元(与税法规定的净残值相同)，按直线法计提折旧。新设备投产时需垫支营运资金10万元，设备使用期满时全额收回。新设备投入使用后，该公司每年新增净利润11万元。该项投资要求的必要报酬率为12%。

要求：

(1) 计算新设备每年折旧额。

(2) 计算新设备投入使用后第 1～4 年营业现金净流量(NCF_{1-4})。

(3) 计算新设备投入使用后第 5 年现金净流量(NCF_5)。

(4) 计算原始投资额。

(5) 计算新设备购置项目的净现值(NPV)。

8. 某公司是一家上市公司，相关资料如下。

资料一：2021 年 12 月 31 日的资产负债表见表 6-12。

表 6-12　资产负债表

单位：万元

资产	金额	负债及所有者权益	金额
货币资金	10 000	短期借款	3 750
应收账款	6 250	应付账款	11 250
存货	15 000	预收账款	7 500
固定资产	20 000	应付债券	7 500
无形资产	250	股本	15 000
		留存收益	6 500
资产合计	51 500	负债及所有者权益合计	51 500

该公司 2021 年的营业收入为 62 500 万元，营业净利率为 8%，股利支付率为 50%。

资料二：经测算，2022 年该公司营业收入将达到 80 000 万元，营业净利率和股利支付率不变，无形资产也不相应增加。经分析，流动资产项目与流动负债(短期借款除外)随营业收入同比例增减。

资料三：该公司 2022 年有一项固定资产投资计划，投资额为 2 600 万元，各年预计净现金流量为 $NCF_0=-2\ 600$ 万元，$NCF_{1-4}=400$ 万元，$NCF_{5-9}-500$ 万元，$NCF_{10}=600$ 万元，该公司设定的折现率为 10%。

资料四：该公司决定于 2022 年 1 月 1 日公开发行债券，面值 1 000 万元，票面利率 10%，期限为 10 年，每年年末付息。公司确定的发行价为 1 200 万元，筹资费率为 2%。假设该公司适用的所得税率为 25%。

要求：

(1) 根据资料一、二、三计算：① 2021 年年末变动资产占营业收入的百分比；② 2021 年年末变动负债占营业收入的百分比；③ 2022 年需要增加的资金数额；④ 2022 年对外筹资数额。

(2) 根据资料三计算固定资产投资项目的净现值。

(3) 根据资料四计算 2022 年发行债券的资金成本。

9. 甲公司是一家制造业股份有限公司，计划投资建设一条新产品生产线。有关资料如下。

资料一：生产线需要于建设起点一次性投入建设资金 7 500 000 元，建设期为 0。生产线预计使用年限为 5 年，采用直线法计提折旧，预计净残值为 0。

资料二：生产线投入运营之初需要垫支营运资金 1 000 000 元，垫支营运资金于运行期满时全额收回。新产品预计年产销量为 100 000 件，单价为 50 元 / 件，单位变动成本（均为付现成本）为 20 元 / 件，每年付现固定成本为 700 000 元，非付现固定成本仅包括折旧费。不考虑相关利息费用及其影响。公司适用的企业所得税税率为 25%。

资料三：生产线项目折旧率为 10%。有关货币时间价值系数如下：$(P/F,10\%,5)=0.620\,9$，$(P/A,10\%,5)=3.790\,8$。

资料四：对于生产线投资所需资金，如果通过发行新股筹集，公司资产负债率将调整为 60%，负债资本成本为 5%，股东权益资本成本根据资本资产定价模型确定。公司股票的 β 系数为 1.5，市场平均收益率为 10%，无风险收益率为 4%。

要求：

（1）根据资料一和资料二，计算生产线投产后每年产生的息税前利润和净利润。

（2）根据资料一和资料二，计算：① 投资时点的现金净流量；② 第 1～4 年的营业现金净流量；③ 第 5 年的现金净流量。

（3）根据资料一、资料二和资料三，计算生产线项目的净现值，并判断是否具有财务可行性。

（4）根据资料四，计算：① 股东权益资本成本率；② 加权平均资本成本率。

10. 某矿山公司拟购置一新设备，成本为 6 500 元。工程师估计使用年限为 5 年，每年增加的现金流入见表 6-13。

表 6-13　增加现金流量分布表

增加的现金流入 / 元	概率
14 280	0.3
20 000	0.4
25 720	0.3

要求：

考虑风险因素，以 10% 为无风险贴现率，计算现金流量的标准差和风险程度，并以 0.5 为风险报酬斜率计算风险调整贴现率，并决定该方案是否可行。

六、案例分析题

1. 小家电投资决策案例

某合资公司进行正常经营的同时，现有闲置资金 40 万元，技术部根据近期收集的一些资料，提供了以下信息来最大效益地利用这 40 万元资金。资料如下。

目前国内市场中等水平的小家电紧缺，预计今后 15 年内总需求量为 600 万台，而国内现有的年生产能力仅为 200 万台，并且品种单一、功能不全。恰好该公司具有小家电生产技术，并且能充分保证质量、增加品种。

生产小家电需要新建车间一间，购置生产流水线一条。新建车间预计投资 155 000 元可使用 15 年，15 年后残值约为 5 000 元，构建生产线有两种方案可供选择：

(1) 从国内市场购置，投资额为 310 000 元，预计工期为 2 年，2 年后正式投产，年生产能力为 6 000 台，可使用期为 10 年，残值为 6 000 元。

(2) 从国外购置，售价折合人民币 150 000 元，另外还需支付进口关税运杂费、安装费等共 69 000 元，预计工期为 1 年，年生产能力为 5 000 台，该流水线可使用 6 年，残值为 6 000 元。

该两种方案均需预先支付投资费用。经市场调查提供的信息基本属实，小家电的生产能保证质量，年销售可达 15 000 台(350 元 / 台)。

财务科根据以上资料进行了成本预测：如果从国内购置流水线，年固定成本 120 000 元(包括厂房、流水线折旧费等，均采用直线折旧法)；如果从国外购置流水线，年固定成本增加 4 000 元。小家电的单位变动成本均为 252 元，所得税率 25%，折现率为 10%。车间使用 6 年后，若不再使用，可转让其他企业，预计收回 95 000 元；如使用 10 年后转让，可取得55 000 元。

试根据以上资料，分析该公司经理该如何决策。

2. A 公司的项目投资效果评价

1) 相关背景

A 公司是一家大型的非金属矿采选业企业，主要经营业务为金属矿石及非金属矿石采选、冶炼、加工、销售；主要经营产品有铜精矿、铅精矿、锌精矿、*Ag* 白银、*Sn* 锡、铁精粉、硫精矿、*Cu* 阴极铜、电解镍。公司目前的资金利用率较低，存在着一定的闲置资金，而且公司的产品相对单一，有的产品销售高峰期已过，一旦市场方面出现问题或是出现价格竞争，将严重影响企业的发展，最为严峻的问题是公司可开采的矿石储量逐年减少，大部分矿山进入中晚期，公司董事会觉得这样下去不是办法，必须寻求新的利润增长点，搞多元化经营，开发新项目。在公司总经理办公室牵头下，投资管理部会同财务部、销售部、工程部、生产部、采购部、技术部等部门，筛选出下列两个投资项目。作为公司董事长，该如何选择？

2) 主题内容

(1) 酒店投资项目介绍

① 项目背景。A 公司每年因业务往来招待客人的费用高达几百万元，既然存在一定的闲置资金，为了长远发展，改变经营单一的模式，公司拟组建一家全资子公司 —— 滨华大酒店，注册资本为 5 000 万元。

② 项目概述。

• 地理位置：江南大道与风情大道交会处往东 500 米的景江大厦。

• 建设规模与目标：滨华大酒店以 6 600 元 / 平方米的价格购买景江大厦 3 600 平方米，将其改建为集餐饮、住宿、商务、娱乐等为一体的三星级宾馆，投资建设期为 9 个月。

• 周边环境与设施：步行 5 分钟可达江南村等公交站；10 分钟可至地铁一号线江滨站；距华宁超市、联苏电器购物中心等商业场所均几步之遥；毗邻江滨高教园区。

• 人员配置见表 6-14。

表 6-14　滨华大酒店人员配置表

部门	人数 / 人	月平均工资 / 元	年平均工资 / 元
餐厅	52	1 200	748 800
理发	12	1 200	172 800

续表

部门	人数 / 人	月平均工资 / 元	年平均工资 / 元
洗浴中心	38	800	364 800
客房	48	1 300	748 800
前台	9	1 400	151 200
商务中心	8	1 500	144 000
舞厅	6	1 200	86 400
管理	9	4 000	432 000
厨房	18	3 600	777 600
保安	12	800	115 200
合计	212		3 741 600

• 项目的资金投入情况见表 6-15。

表 6-15　滨华大酒店投资预算表

项目	金额 / 万元
总资产支出（30 年直线法折旧，无残值）	2 851.2
购买者设备（30 年直线法折旧，无残值）	960
装修费（10 年平均摊销）	900
筹办费（5 年平均摊销）	40
合计	4 751.2

• 项目的效益情况见表 6-16。

表 6-16　滨华大酒店利润预算表

单位：万元

项目	未来年份				
	1	2	3	4	5
营业收入	7 010	7 010	7 010	7 010	7 010
付现成本	4 244.66	4 244.66	4 244.66	4 244.66	4 244.66
非付现成本	289.04	289.04	289.04	289.04	289.04
营业成本合计	4 533.7	4 533.7	4 533.7	4 533.7	4 533.7
利润总额	2 476.3	2 476.3	2 476.3	2 476.3	2 476.3
所得税	619.705	619.705	619.705	619.705	619.705
净利润	1 857.225	1 857.225	1 857.225	1 857.225	1 857.225

• 项目开发优势：A公司自身的往来客户会成为酒店固定的客源。

③ 项目财务指标要求。

• 年折现率为10%。

• 项目预计的回收期＜3年；会计报酬率＞20%；净现值＞0；现值指数＞1；内含报酬率＞20%。

3. 房地产开发项目介绍

(1) 项目背景。由于A公司存在着一定的闲置资金，为了长远发展，改变经营单一的模式，公司拟组建一家全资子公司滨华房地产开发有限公司，注册资本为8 000万元。A公司的最大股东省国有资产投资有限公司，是经省人民政府批准成立的，授权全面经营和管理全区国有资产。该大股东名下现有一块土地，面积8万平方米，如果A公司组建房地产开发公司，则将该块土地转让给A公司。

(2) 项目概述。

① 项目名称：滨华·海景城。

② 地块位置：经济开发区6号大街与沿江大道交会处往西500米左右。东邻之江，北邻省内最大的高教园区，西边和南边已有交付商业大楼盘，未来发展前景良好。

③ 建设规模与目标：土地面积8万平方米；容积率2.6；建筑面积20.8万平方米；开发周期5年；土地价格2 880万元，由大股东作为借款投入、年利率12%，借款期限5年，一次还本付息。

④ 周围环境与设施：快速路、沿江景观大道、地铁一号线、繁华市中心瞬间可达；地铁物业，商业规划齐全；社区的1 200平方米双层会所、近14 000平方米沿街商业街、与项目一路之隔的规划中的4万平方米大型购物商场，可以满足各类生活娱乐购物需求。毗邻的大学城有14所大学、18万师生，打造开放式、资源共享的“新型学院派生活”；省重点高中、市政府规划配套的市重点初中、小学咫尺之遥，已批准建设18所幼儿园，教育配套齐全，为孩子提供优良环境；高素质邻里、过百名大学教师、新型白领、青年精英成为业主主体。

该项目是该市目前唯一采用楼宇对讲联动IC卡系统的节能住宅小区。主体建筑是高层江景房，总体规划是利用现代的简约元素，营造建筑与自然的整体和谐。小区内不仅有碧水依绕，更有文脉演绎。文化设施的配套，从人文传统的角度为居住者提供了更为亲切的关怀。动静结合的小区景观，创作出以“音乐、休闲、健康”为主题的生活新模式，生活更加轻松，更加自然。

人性化的设计、柔美的曲线、多方面功能的结合，构成了海湾泳池的魅力之源。成人池、儿童池相映成趣，花果山瀑布、游泳池、温泉、儿童游玩戏水廊、儿童游玩滑水道……让家长和孩子在泳池区共享天伦。闲暇时在游泳池水吧感受度假风情，别有情趣。户型东南或正南朝向，大部分能拥有江景。5米超大面宽与5.6米挑高阳台，让生活空间变得大气从容。海湾会所区泳池景观延伸至碧水轩，优美私家园林，生趣盎然。

⑤ 项目财务情况见表6-17。

表 6-17　滨华·海景城投入、收入、现金净流量预算表

单位：万元

项目	未来年份					
	0	1	2	3	4	5
项目总收入	0	0	11 068.73	27 866.78	15 176.48	24 134.01
项目总投资	4 640.52	7 319.76	11 209.29	11 760.42	6 110.37	1 665.01
转让房产有关税金	0	0	608.78	3 032.67	2 334.71	13 668.06
现金净流量	−4 640.52	−7 319.76	−749.34	13 073.69	6 731.40	8 800.94

⑥ 项目开发优势：A公司的信誉；省国有资产投资公司的相关政策优势和充足的土地储备。

4. 项目市场分析

(1) 项目所在的城市位于中国东南沿海，中国东南重要交通枢纽，中国最大的经济圈——长江三角洲地区重要的第二大中心城市(省会城市，政治、经济、文化中心)。全市总面积1.66万平方公里，其中市区面积3 068平方公里。市区人口达409.5万人，总人口660.4万人，经济发达，经济总量居全国省会城市第二位，经济综合实力跻身全国大中城市前十位。

(2) 项目所在的区是1993年4月经国务院批准设立的国家级开发区，行政管辖面积约104.7平方公里，目前建成84平方公里，辖区人口50万人。该开发区确立了建设“国际先进制造业基地、新世纪大学城、花园式生态型城市副中心”的大目标，大力实施“工业兴区、科教强区、环境立区”战略，已成为该市乃至该省发展现代工业、外向型经济和高教科研的重要基地。综合发展水平名列全国49个国家级开发区前10位。

(3) 目标市场定位：外企、高新技术企业、金融证券信息业界白领人士；高校的教师以及工作者；政府及事业单位中层以上管理干部；外来经商者等。

5. 项目财务指标要求

(1) 年折现率为10%。

(2) 项目预计的回收期＜3年；会计报酬率＞7%；净现值＞0；现值指数＞1；内含报酬率＞20%。

要求：

(1) 如何判断和分析公司投资项目的国内外行业发展趋势？

(2) 公司投资项目可能有哪些风险？

(3) 计算投资项目的投资回收期、会计报酬率、净现值、现值指数和内含报酬率。

(4) 如果你是该公司的领导，你如何决策？

扫一扫，看答案

第七章 证券评价

1. 了解证券投资的相关概念。
2. 了解债券、股票的相关概念。
3. 理解债券、股票估价的基本原理。
4. 掌握债券、股票的估价模型及债券、股票收益率的计算。
5. 重点理解和掌握债券估价模型的一般模型、到期一次还本付息的债券估价模型、零票面利率债券估价模型，以及股票评价模型的股利固定模型、股利固定成长模型和股利非固定成长模型。

第一节　证券投资概述

一、证券及其种类

证券是指用以证明或设定权利所做成的书面凭证，它表明证券持有人或第三者有权取得该证券所拥有的特定权益。

证券按不同的分类标准可以分为以下不同种类。

（一）按照证券发行主体的不同，可分为政府证券、金融证券和公司证券

政府证券是指中央政府或地方政府为筹集资金而发行的证券；金融证券是指银行或其他金融机构为筹集资金而发行的证券；公司证券是指工商企业发行的证券。

（二）按照证券所体现的权益关系，可分为所有权证券和债权证券

所有权证券是指证券持有人便是证券的发行单位的所有者的证券，如股票；债权证券是指证券的持有人是证券发行单位的债权人的证券，如债券。

（三）按照证券收益的决定因素，可分为原生证券和衍生证券

原生证券的收益大小主要取决于发行者的财务状况；衍生证券包括期货合约和期权合

约两种基本类型，其收益取决于原生证券的价格。

（四）按照证券收益稳定性的不同，可分为固定收益证券和变动收益证券

固定收益证券在证券票面规定有固定收益率；变动收益证券的收益情况随企业经营状况而改变。

（五）按照证券到期日的长短，可分为短期证券和长期证券

短期证券是指到期日短于一年的证券；长期证券是到期日长于一年的证券。

（六）按照募集方式的不同，可分为公募证券和私募证券

公募证券，又称公开发行证券，是指发行人向不特定的社会公众广泛发售的证券；私募证券，又称内部发行证券，是指面向少数特定投资者发行的证券。

二、证券投资的特点

证券投资是指投资者把资金用于购买股票、债券等金融性资产，从而获取收益的一种投资行为。

相对于实物投资而言，证券投资具有如下特点。

（一）流动性强

证券资产的流动性明显高于实物资产。

（二）价格不稳定

证券相对于实物资产来说，受人为因素的影响较大，且没有相应的实物作保证，其价格受政治、经济环境等各种因素的影响较大，具有价格不稳定、投资风险较大的特点。

（三）交易成本低

证券交易过程快速、简捷、成本较低。

三、证券投资的对象与种类

金融市场上的证券种类很多，其中可供企业投资的证券主要有国债、短期融资券、可转让存单、企业股票与债券、投资基金以及期权、期货等衍生证券。具体可以分为以下几类。

（一）债券投资

债券投资是指投资者购买债券以取得资金收益的一种投资活动。

（二）股票投资

股票投资是指投资者将资金投向股票，通过股票的买卖和收取股利以获得收益的投资行为。

（三）基金投资

基金投资是指投资者通过购买投资基金股份或受益凭证来获取收益的投资方式。这种

方式可使投资者享受专家服务,有利于分散风险,获得较高的、较稳定的投资收益。

(四) 期货投资

期货投资是指投资者通过买卖期货合约躲避价格风险或赚取利润的一种投资方式。所谓期货合约,是指在将来一定时期以指定价格买卖一定数量和质量的商品而由商品交易所制定的统一标准合约,它是确定期货交易关系的一种契约,是期货市场的交易对象。

(五) 期权投资

期权投资是指为了实现盈利目的或者规避风险而进行期权买卖的一种投资方式。

(六) 证券组合投资

证券组合投资是指企业将资金同时投资于多种证券,是企业等法人单位进行证券投资时常用的投资方式。

第二节 债券评价

一、债券的基本要素

债券是债务人依照法定程序发行的,承诺按约定利率,在约定时间支付利息,并在到期时偿还本金的一种有价证券。一般而言,债券包括以下基本要素。

(一) 债券面值

债券面值是指债券的票面金额,它代表发行人借入并且承诺于未来某一特定日期偿付给债券持有人的金额。

(二) 债券票面利率

债券票面利率是指债券发行者预计一年内向投资者支付的利息占票面金额的比率。债券的票面利率是债券发行时就已经规定了的,债券发行人将按这个利率与面值的乘积计算应支付给债券持有人的利息。多数债券的票面利率在债券持有期间不会改变。

(三) 债券的到期日

债券的到期日是指规定的偿还本金的日期。债券的到期时间短则 3 个月,长的可能长达 30 年。往往到期时间越长,其风险也越大,因此债券的票面利率也越高。

(四) 债券价格

从理论上看,债券的面值就是其价格,但由于资金供求关系、市场利率等变化,债券的价格往往偏离其面值。正因为债券发行价格往往偏离面值,所以会出现溢价发行、折价发行等情况。

二、债券的分类

按照不同的划分标准,可以将债券分成以下不同的类别。

(一)按发行主体不同,分为政府债券、公司债券、金融债券

1.政府债券

政府债券是指由政府发行的债券。我国通常把政府债券称为国库券。由于有理由相信政府将很好地履行到期偿还本息的承诺,因此政府债券通常被认为没有任何风险。但是,如果在持有期间市场利率上升,这时政府债券的价格就会下跌,因此,从这个意义上说,政府债券也并非没有任何风险。

2.公司债券

公司债券是指公司为发展业务或补充资金,经股东大会或董事会审议决定向社会发行的债券,也叫企业债券。与政府债券不同,公司债券面临着各种风险。如果发行债券的公司遇到财务危机,则很有可能不能到期偿还本金和利息。当然,不同的公司发行的债券风险也不同,通常风险大的公司债券给的利息较高。

3.金融债券

金融债券是由银行或其他金融机构发行的债券。我国专业银行为了筹集资金会发行金融债券。由于金融债券具有一切公司债券的特点,因此有的地方不把金融债券单列为一类,直接把金融债券划归为公司债券的类别。

(二)按期限长短,分为短期债券和长期债券

1.短期债券

短期债券是指在一年以内就能到期或准备在一年之内变现的投资。

2.长期债券

长期债券是指在一年以上才能到期且不准备在一年以内变现的投资。

(三)按利率是否固定,分为固定利率债券和浮动利率债券

1.固定利率债券

固定利率债券是指将利率明确记载于债券上,依此固定利率向债权人计算利息的债券。是债券常见的形式。

2.浮动利率债券

浮动利率债券是指债券上不明确利率,计息利率的依据随其他利率(如公债利率、银行存款利率)的跌涨而变化的债券。

（四）按是否记名，分为记名债券和无记名债券

1. 记名债券

记名债券是指债券上记有持券人姓名的债券，这种债券的本息只能偿付给记名人，要凭印鉴取本支息。转让时必须向发行债券人登记、办理过户手续。记名债券对投资者来说比较安全，故售价较无记名债券高。

2. 无记名债券

无记名债券也称为不记名债券，是指债券上没有注明持有者姓名的债券。这种债券还本付息仅以债券为依据，付息采取剪票方式。这种债券可在证券市场上流通、转让而不必办理过户手续。

（五）按是否上市流通，分为上市债券和非上市债券

1. 上市债券

上市债券是指可以在证券交易所挂牌交易的债券，上市债券信用好、价值高，且其变现能力强，因此比较吸引投资者，不过上市条件比较严，且还需要承担上市费用。

2. 非上市债券

非上市债券是指不能在证券交易所挂牌交易的债券。

三、债券的估价模型

（一）债券的估价的含义

债券的估价是指对债券某一时间的价值量的估算，即债券价值的计算。债券价值是指债券未来现金流入（利息和本金）的现值，又称"债券的内在价值"。债券价值是债券投资决策时使用的主要指标之一，是债券评价的一项重要内容。

（二）债券的估价模型

公司进行债券投资，必须知道债券价值的计算方法。对于新发行的债券而言，估价模型计算结果反映了债券的发行价格。只有债券的价值大于购买价格时，才值得购买。

1. 债券估价的基本模型

债券估价的基本模型是指对典型债券所使用的估价模型。典型的债券是票面利率固定、每年末计算并支付利息、到期归还本金的债券。按照这种模式，债券价值计算的基本模型公式为：

$$P=\sum_{i=1}^{n}\frac{I_t}{(1+k)^t}+\frac{M}{(1+k)^n} \tag{7-1}$$

或 $$P=\sum_{i=1}^{n}\frac{M\cdot i}{(1+k)^t}+\frac{M}{(1+k)^n} \tag{7-2}$$

或 $$P=I\cdot(P/A,k,n)+M\cdot(P/F,k,n) \tag{7-3}$$

式中，P—— 债券价值；

I—— 每年利息；

k—— 折现率(可以用当时的市场利率或者投资者要求的必要报酬率替代)；

M—— 债券面值；

i—— 票面利率；

n—— 债券期限(偿还年数)。

债券发行时，若 $i > k$，则 $P > M$，债券溢价发行；若 $i < k$，则 $P < M$，债券折价发行；若 $i = k$，则 $P = M$，债券按面值发行。

【例 7-1】ABC 公司拟于 2021 年 2 月 1 日购买一张面额为 1 000 元的债券，其票面利率为 8%，每年 2 月 1 日计算并支付一次利息，并于 5 年后的 1 月 31 日到期。当时的市场利率为 10%，债券的市价是 920 元，问是否购买该债券？

$$P = I \times (P/A, k, n) + M \times (P/F, k, n)$$

$$P = 1\,000 \times 8\% \times (P/A, 10\%, 5) + 1\,000 \times (P/F, 10\%, 5)$$

$$= 80 \times 3.791 + 1\,000 \times 0.621 = 924.28$$

由于债券的价值大于市价，如不考虑风险问题，购买此债券是合算的。该公司可获得大于 10% 的收益。

【例 7-2】某种债券面值 1 000 元，票面利率为 10%，期限 5 年，每年年末付息一次。甲公司准备对这种债券进行投资，已知市场利率为 12%，问债券价格为多少时才能进行投资？

$$P = I \times (P/A, k, n) + M \times (P/F, k, n)$$

$$P = 1\,000 \times 10\% \times (P/A, 12\%, 5) + 1\,000 \times (P/F, 12\%, 5)$$

$$= 100 \times 3.605 + 1\,000 \times 0.567 = 927.5$$

即这种债券的价格必须低于 927.5 元，该公司才能购买，否则就得不到 12% 的报酬率。

2. 到期一次还本付息且不计复利的债券估价模型

到期一次还本付息且不计复利的债券估价模型是指用于估算到期一次还本付息债券价格的模型。我国很多债券属于此种。其计算的模型公式为：

$$P = \frac{M \times i \times n + M}{(1 + k)^n} \tag{7-4}$$

或 $$P = M(1 + i \times n)(P/F, k, n) \tag{7-5}$$

公式中符号的含义与基本估价模型相同。

【例 7-3】某公司拟购买另一家公司发行的利随本清的公司债券，该债券面值为 1 000 元，期限 5 年，票面利率为 10%，不计复利，当前市场利率为 8%，该债券发行价格为多少时，公司才能购买？

$$P = M(1 + i \times n)(P/F, k, n)$$

$$= 1\,000 \times (1 + 10\% \times 5)(P/F, 8\%, 5)$$

$$= 1\,000 \times 1.5 \times 0.681$$

$$= 1\,021.5(元)$$

即债券价格必须低于 1 021.5 元时，公司才能购买。

3. 零票面利率债券的估价模型

有些债券以贴现方式发行，没有票面利率，到期按面值偿还，所以也叫纯贴息债券。其债

券价格为：

$$P=\frac{M}{(1+k)^n}$$

即 $P=M(P/F,k,n)$ (7-6)

【例 7-4】某债券面值为 1 000 元，期限为 5 年，以贴现方式发行，期内不计利息，到期按面值偿还，当时市场利率为 8%，请问其价格为多少时，公司才能购买？

$$\begin{aligned}P&=M(P/F,k,n)\\&=1\,000\times(P/F,8\%,5)\\&=1\,000\times0.681=681(\text{元})\end{aligned}$$

该债券的价格只有低于 681 元时，公司才能购买。

【例 7-5】某债券面值为 1 000 元，期限为 3 年，期内不计利息，到期按面值偿还，当时市场利率为 10%。请问其价格为多少时，企业购买该债券较为合适？

$$\begin{aligned}P&=M(P/F,k,n)\\&=1\,000\times(P/F,10\%,3)\\&=1\,000\times0.751\,3=751.3(\text{元})\end{aligned}$$

该债券的价格只有低于 751.3 元时，公司才能购买。

四、债券收益率的计算

（一）债券收益的来源

债券的收益来源主要包括以下内容。

(1) 债券的利息收入。

(2) 资本损益，即债券卖出价与买入价（在持有至期满的情况下是到期偿还额）之间的差额，当卖出价大于买入价时为资本收益，反之为资本损失。

(3) 有的债券可能因参与公司盈余分配或者拥有转股权而获得其他收益。

（二）影响债券收益率的因素

债券收益率是指债券在特定期间带来的收益额与买入价（或者本金）的比率。决定债券收益率的因素主要有：票面利率、期限、面值、持有时间、购买价格和出售价格。

（三）债券收益的计算

1. 票面收益率

票面收益率又称名义收益率或息票率，是印制在债券票面上的固定利率，通常是年利息收入与债券票面面值的比率。其计算公式为

$$\text{票面收益率}=\frac{\text{债券年利息收入}}{\text{债券票面}}\times100\% \tag{7-7}$$

票面收益利率能反映债券按面值购入、持有到期满所获得的收益水平，不能反映债券的资本损益情况。

2. 本期收益率

本期收益率又称直接收益率或当期收益率，是指债券的年实际利息收入与买入债券的

实际价格之比率。其计算公式为：

$$本期收益率=\frac{债券年利息收入}{债券买入价}\times 100\% \quad (7-8)$$

本期收益率能反映购买债券的实际成本所带来的收益情况，但与票面收益率一样，不能反映债券的资本损益情况。

【例 7-6】某投资者购买面值为 1 000 元，票面利率为 8%，每年付息一次的人民币债券 10 张，偿还期 10 年，如果购买价格分别为 950 元、1 000 元、1 020 元，问其各自的认购者所获得的收益率是多少？

三种价格的债券收益率分别是：

$$债券收益率_{(1)}=\frac{1\,000\times 8\%}{950}\times 100\%=8.42\%$$

$$债券收益率_{(2)}=\frac{1\,000\times 8\%}{1\,000}\times 100\%=8\%$$

$$债券收益率_{(3)}=\frac{1\,000\times 8\%}{1\,020}\times 100\%=7.84\%$$

3. 持有期收益率

债券的持有期收益率是指债券持有人在持有期间得到的收益率，能综合反映债券持有期间的利息收入情况和资本损益水平。其中债券的持有期是指从购入债券至出售债券或者债券到期清偿之间的期间，通常以“年”为单位表示(实际持有天数除以 360)。由于债券持有期长短和计息方式不同，债券持有收益率的计算公式存在差异。由于利息率、收益率等指标多数以年利率的形式出现，债券持有期收益率可以根据具体情况换算为年均收益率。

(1) 持有时间较短(不超过一年)的，不考虑时间价值，直接按债券持有期间的收益额除以买入价计算持有期收益率：

$$持有期收益率=\frac{债券持有其间的利息收入+(卖出价-买入价)}{债券买入价}\times 100\% \quad (7-9)$$

$$持有期年均收益率=\frac{持有期收益率}{持有年限} \quad (7-10)$$

$$持有年限=\frac{实际持有天数}{360} \quad (7-11)$$

【例 7-7】某投资者于 2021 年 1 月 1 日以 980 元价格购买上市债券 10 张，该债券面值 1 000 元，票面利率 8%，半年付息一次，期限 3 年，当年 7 月 1 日收到上半年利息 400 元，9 月 30 日以 995 元卖出，要求计算该债券的收益率。

$$\begin{aligned}持有期收益率&=\frac{债券持有其间的利息收入+(卖出价-买入价)}{债券买入价}\times 100\%\\&=\frac{1\,000\times\frac{8\%}{2}+(995-980)}{980}\times 100\%\\&\approx 5.61\%\end{aligned}$$

$$持有期年均收益率=\frac{持有期收益率}{持有年限}$$
$$=\frac{5.61\%}{270}\times 360$$
$$\approx 7.48\%$$

(2) 持有时间较长(超过一年)的,应考虑时间价值,按买价等于现金流入现值时的折现率,相当于到期收益率(即计算使债券带来的现金流入量净现值为零的折现率)。具体包括以下两种情形。

① 到期一次还本付息债券。

$$持有期年均收益率=\sqrt[n]{\frac{M}{P}}-1 \tag{7-12}$$

式中,P—— 债券买入价;

M—— 债券到期兑付的金额或者提前出售时的卖出价;

n—— 债券实际持有期限(年),等于债券买入交割日至到期兑付日或卖出交割日之间的实际天数除以 360。

【例 7-8】某企业于 2021 年 1 月 1 日购入 B 公司同日发行的三年期、到期一次还本付息债券,面值 10 万元,票面利率 6%,买入价为 9 万元,要求计算该债券持有期年均收益率(利息采用单利计息)。

$$持有期年均收益率=\sqrt[3]{\frac{100\,000+100\,000\times 6\%\times 3}{90\,000}}-1$$
$$=\sqrt[3]{\frac{118\,000}{90\,000}}-1\approx 1.09-1=9\%$$

② 每年末付息,到期还本的债券。

持有期收益率为计算下式相等时的折现率。

$$P=\sum_{t=1}^{n}\frac{M\times i}{(1+k)^t}+\frac{M}{(1+k)^n} \tag{7-13}$$

或 $$P=I\times(P/A,k,n)+M\times(P/F,k,n) \tag{7-14}$$

【例 7-9】某种企业债券面值是 10 000 元,票面利率 12%,每年末付息,期限 8 年,投资者以债券面值 106% 价格购入并持有该种债券到期。要求计算该债券持有期年均收益率。

可采用逐次测试法、插值法进行计算。

根据长期债券的持有期收益率计算公式 $P=\sum_{t=1}^{n}\frac{M\times i}{(1+k)^t}+\frac{M}{(1+k)^n}$,有:

$$10\,600=10\,000\times 12\%\times(P/A,k,8)+10\,000(P/F,k,8)$$

$$即净现值=\sum_{t=1}^{8}\frac{10\,000\times 12\%}{(1+k)^t}+\frac{10\,000}{(1+k)^8}-10\,600=0$$

$$或净现值=10\,000\times 12\%\times(P/A,k,8)+10\,000\times(P/F,k,8)-10\,600=0$$

当 $k=10\%$ 时,

$$净现值=10\,000\times 12\%\times(P/A,10\%,8)+10\,000\times(P/F,10\%,8)-10\,600$$
$$=467(元)$$

当 $k=11\%$ 时,

$$净现值 = 10\,000 \times 12\% \times (P/A, 11\%, 8) + 10\,000 \times (P/F, 11\%, 8) - 10\,600$$
$$= -85(元)$$

$$\frac{k - 10\%}{11\% - 10\%} = \frac{0 - 467}{-85 - 4467}$$

$$k = 10\% + \frac{467 - 0}{467 + 85} \times (11\% - 10\%)$$
$$\approx 10.85\%$$

持有期收益率是指导选购债券的标准，可以反映债券投资的按复利计算的真实收益率。如果高于投资人要求的报酬率，则应买进该债券，否则就应放弃。

五、债券投资的风险

尽管债券的利率一般是固定的，债券投资仍然和其他投资一样是有风险的。债券投资的风险包括违约风险、利率风险、购买力风险、变现力风险和再投资风险。

（一）违约风险

违约风险是指借款人不能履行合约规定的义务，无法按时支付债券利息和偿还本金的风险。不同种类的债券违约风险是不同的。政府债券是以国家财政为担保，一般可以看作是没有违约风险的债券。而其他债券一般都存在违约风险，只不过违约风险的大小有所不同。评价一种债券的违约风险大小，经常要参考信用评级机构对债券所作的信用评级，高信用等级的债券违约风险要比低信用等级的债券小。但是，信用评级是以现有的企业资料为基础作出的，在未来较长的时期内，企业的经营状况可能会发生变化，其债券的信用等级也会有所改变，因此投资者还应当密切关注今后的债券信用等级变化情况。避免违约风险的最直接的方法是不买质量差的债券。

（二）利率风险

利率风险是指由于市场利率变动而引起的债券价格下跌，使投资者遭受损失的风险。利率风险是各种债券都会面临的风险。一般来说，市场利率与债券价格成反比变化，市场利率上升，会引起债券市场价格下跌；市场利率下降，会引起债券市场价格上升。因此，由于债券价格会随利率变动，即便债券的利息收入是固定不变的，但因市场利率的变化，其投资收益也是不确定的。即使没有违约风险的国库券，也会有利率风险。

【例 7 - 10】2021 年年初，ABC 公司按面值购进国库券 100 万元，年利率 14%，3 年期，单利计算，到期时还本付息。2022 年年初，市场利率上升到 24%，则这批国库券一年后的现值为多少万元？ABC 公司损失多少万元？

$$国库券到期值 = 100 \times (1 + 3 \times 14\%) = 142(万元)$$
$$一年后的现值 = 142 \div (1 + 24\%)^2 = 92.35(万元)$$
$$2022年初的本利和 = 100 \times 1.14 = 114(万元)$$
$$损失 = 114 - 92.35 = 21.65(万元)$$

同时，不同期限的债券，利率风险也不一样。期限越长，利率风险也越大。但长期债券的利率一般比短期债券高。减少利率风险的方法是分散债券的到期日。

（三）购买力风险

购买力风险也称通货膨胀风险，是指由于通货膨胀而使债券到期或出售时所获得的现金的购买力减少的风险。在通货膨胀较严重时期，通货膨胀风险对债券投资者的影响比较大，因为投资于债券只能得到一笔固定的利息收益，而由于货币贬值，这笔现金收入的购买力会下降。一般而言，在通货膨胀情况下，固定收益证券要比变动收益证券承受更大的通货膨胀风险。因此，预期报酬率会上升的资产，其购买力风险会低于报酬率固定的资产。例如，房地产、普通股等投资受影响较小，而收益长期固定的债券受到的影响较大，前者更适合作为减少通货膨胀损失的避险工具。

（四）变现力风险

变现力风险也称流动性风险，是指无法在短期内以合理的市场价格出售资产的风险。如果一种债券能在较短的时间内按市价大量出售，则说明这种债券的流动性强，变现能力强，投资于这种债券所承担的变现力风险较小；反之，如果一种债券按市价卖出很困难，则说明其流动性较弱，变现力较差，投资者会因此而遭受损失。债券流动性的强弱主要取决于市场的成熟与否和积极的市场参与者的数量。在一个组织不健全、不成熟的证券市场购买债券，投资者就会承担较大的流动性风险；如果积极的市场参与者较少，也同样会降低债券的流动性。一般来说，国库券以及一些著名的大公司债券有活跃的市场，变现力较好。而不为人们所了解的小公司的债券变现力较差。

（五）再投资风险

再投资风险是指债券持有者在持有期间收到的利息收入、到期时收到的本息、出售时得到的资本收益等用于再投资所能实现的报酬，可能会低于当初购买该债券时的收益率。如果投资者只购买短期债券，而没有购买长期债券，就会有再投资风险。例如，长期债券的利率为14%，短期债券的利率为13%，为了减少利率风险投资者买了短期债券，在短期债券到期收回现金时，如果利率降低到10%，投资者只能找到报酬率大约10%的投资机会，不如当初买长期债券，现在仍可获14%的收益。此外，再投资风险还是一个利率风险问题。对于再投资风险，应采取的防范措施是分散债券的期限，长、短期配合，假如利率上升，短期投资可迅速找到高收益投资机会；若利率下降，长期债券能保持高收益。也就是说，要分散投资，以分散风险，并使一些风险能够相互抵消。

第三节　股票评价

一、股票投资的有关概念

（一）股票

股票是指股份公司发给股东的所有权凭证，是股东借以取得股利的一种有价证券。

（二）股票的价值形式

股票的价值形式包括票面价值、账面价值、清算价值和市场价值。

1. 票面价值

票面价值又称面值，是指股份有限公司在其发行的股票上标明的票面金额。

2. 账面价值

账面价值是指股票包含的实际资产价值，也称净值。每股账面价值是以公司净资产除以发行在外的普通股票的股数求得的。

3. 清算价值

清算价值是指清算时的实际价值。

4. 市场价值

市场价值是指交易过程中具有的价值，是股票的真实价值，也称理论价值。通常所说的股票价值指的就是市场价值。投资股票通常是为了在未来能够获得一定的现金流入，股票的价值是指其预期的未来现金流入的现值。有时为了分股票价值与价格，把股票的价值也称作"股票的内在价值"。

（三）股票价格

股票价格有广义和狭义之分。狭义的股票价格是指股票的交易价格，分为开盘价、收盘价、最高价和最低价等；广义的股票价格则包括股票的发行价格和交易价格两种形式。股票市价由价值决定，而价值又由预期股利和当时利率决定。当然，股票价格还受整个经济环境变化和投资者心理等因素影响，如果市场有效，价值等同于价格。正因为股票的价格会受到各种因素的影响而出现波动，所以股票交易价格具有事先的不确定性和市场性等特点。投资者在进行股票评价时主要使用收盘价。

（四）股利

股利是股息和红利的总称，是公司对股东投资的回报，是公司税后利润的一部分，是股本所有权在分配上的体现。只有公司有利润并且公司管理层愿意将利润分给股东而不是将其进行再投资时，股东才有可能获得股利。

（五）股价指数

股价指数是指金融机构通过对股票市场上一些大型公司发行的股票价格进行平均计算和动态对比后得出的数值，它是用以表示多种股票平均价格水平及其变动，并权衡股市行情的指标。股价指数的计算方法有简单算术平均法、综合平均法、几何平均法和加权综合法等。

二、股票的估价方法

按照股东权利和义务的不同，可将股票分为普通股股票和优先股股票。因此股票投资主要有普通股投资和优先股投资两种。

普通股股票是股份有限公司发行的无特别权利的股份，也是最基本、标准的股份。优先

股股票有固定的股息，不随公司业绩好坏而波动，并且可以先于普通股股东领取股息，与债券相似。优先股的估价与债券基本一样，本节不再赘述。现主要介绍普通股投资的估价方法。

（一）普通股的价值的含义

普通股的价值（内在价值）是由普通股带来的未来现金流量的现值决定的，而股票给持有者带来的未来现金流入包括两部分：股利收入和出售时的售价，因此，股票的价值由一系列的股利和将来出售股票时的售价的贴现值构成。

（二）普通股的评价模型

由于股利发放每年可能不一样，很不稳定，也无法预测，所以只能采用简化方法（假设方法）。基本模型公式为：

$$P=\sum_{t=1}^{\infty}\frac{R_t}{(1+k)^t} \tag{7-15}$$

式中，P—— 股票价值；

R_t—— 股票第 t 年带来现金流入量（包括股利收入、卖出股票的收入）；

k—— 折现率（股票的必要报酬率）。

式（7－15）是股票估价的一般模型，无论 R_t 的具体形态如何（递增、递减、固定或随机变动），此模型均有效。

由于投资者持有股票的目的不同，所以会直接影响到持有股票的时间。持有股票的期限不同、未来现金流入不同、股票的价值不同，均会导致股票的估价模型也不同。因此普通股的股票估价模型主要有以下几种。

1. 有限期持有股票的股票估价模型

在一般情况下，投资者投资于股票，不仅希望得到股利收入，而且希望在未来出售股票时从股票价格上涨中获得好处。若投资者只是短期持有股票，未来准备出售，该情况类似于债券。此时的股票估价模型为：

$$P=\sum_{t=1}^{n}\frac{D_t}{(1+i)^t}+\frac{F}{(1+i)^n} \tag{7-16}$$

式中，P—— 股票价值；

i—— 折现率；

F—— 股票的售出价格；

D_t—— 各年分得的股利；

n—— 投资期限。

2. 无限期持有股票的股票估价模型

若投资者打算长期持有股票，则未来的现金流入只有股利。由于股利发放每年可能不一样，很不稳定，也无法预测，故股票估价模型又可以分为以下几种。

（1）股利固定模型（各年股利固定）。如果长期持有股票，且各年股利固定，零成长，其支付过程是永续年金的形式。股票价值计算公式为：

$$P=\sum_{t=1}^{\infty}\frac{D}{(1+k)^t} \tag{7-17}$$

当 $n\to\infty$ 时，则可看作是永续年金，由永续年金现值的计算公式可知：

$$P=\frac{D}{k} \tag{7-18}$$

式中，P—— 股票价值；

D—— 各年收到的固定股息；

k—— 折现率。

【例 7-11】某公司股票每年分配股利 2 元/股，若投资者要求的最低报酬率为 16%，要求计算该股票的价值。

$$P=\frac{D}{k}=\frac{2}{16\%}=12.5(\text{元/股})$$

如果当时的市价为 12 元，则可购买，因为按 12 元购买，预期报酬率为 $2/12=16.67\%>16\%$。

【例 7-12】某公司股票面值为 10 元/股，年股利率为 10%，必要报酬率为 12.5%，要求计算该股票的内在价值。

$$P=\frac{D}{k}=\frac{10\times10\%}{12.5\%}=8(\text{元/股})$$

(2) 股利固定成长模型(各年股利按照固定比例增长)。从理论上看，企业的股利不应当是固定不变的，而应当是不断增长的。各个公司的成长率不同，但应平均等于国民生产总值的成长率，或真实的国民生产总值增长率加通货膨胀率。

假定企业长期持有股票，且各年股利按照固定比例增长，则股票价值计算公式为：

$$P=\frac{D_0(1+g)}{(1+k)^1}+\frac{D_0(1+g)^2}{(1+k)^2}+\frac{D_0(1+g)^3}{(1+k)^3}+\cdots+\frac{D_0(1+g)^n}{(1+k)^n} \tag{7-19}$$

或 $$P=\sum_{t=1}^{\infty}\frac{D_0\times(1+g)^t}{(1+k)^t} \tag{7-20}$$

上列各项成等比数列，公比 q 为 $\frac{1+g}{1+k}$；如果 $k>g$；则公比 <1，为无穷递缩等比数列。等比数列求和公式为：

$$S_n=\frac{a_1}{1-q}$$

无穷递缩等比数列的和即为股票未来现金流量的现值，也就是股票价值：

$$P=\frac{D_0\times(1+g)}{k-g}=\frac{D_1}{k-g} \tag{7-21}$$

式中，D_0—— 评价时已经发放的股利；

D_1—— 预计第一年的股利；

g—— 股利每年增长率，$g<k$；

其他符号含义与基本模型相同。

该公式推导应用了两个假设：一是 $k>g$；二是期限必须是无穷大。

从理论上分析，股利增长率在短期内有可能高于资本成本，但从长期来看，如果股利增长率高于资本成本，必然出现支付清算性股利的情况，从而导致资本的减少。

【例 7-13】假设某公司本年每股将派发股利 0.2 元，以后每年的股利按 4% 递增，必要投资报酬率为 9%，要求计算该公司股票的内在价值。

$$P = \frac{0.2}{9\% - 4\%} = 4(\text{元} / \text{股})$$

如果目前该股的市场价格为 4 元，则：

$$\text{预期收益率} = \frac{0.2}{4} + 4\% = 9\%$$

【例 7-14】国安公司准备投资购买东方信托公司的股票，该股票上年每股股利为 2 元，预计以后每年以 4% 的增长率增长，国安公司经过分析后，认为必须得到 10% 的报酬率，才能购买该公司的股票。要求计算该种股票的内在价值。

$$P = \frac{2 \times (1 + 4\%)}{(10\% - 4\%)} = 34.67(\text{元} / \text{股})$$

如果当时的市价为 35 元，则不可购买，因为按 35 元购买，预期报酬率为 9.94%

(3) 股利非固定成长模型。在现实生活中，很多公司的股利可能既不是固定的，也不是按照固定比例增长的，而是出现不规则变化。比如预计未来一段时间内股利高速增长，接下来的时间正常固定增长或者固定不变，则可以分别计算高速增长、正常固定增长、固定不变等各阶段未来收益的现值，各阶段现值之和就是非固定增长股利情况下的股票价值。则股票价值计算公式为：

$$P = \text{股利高速增长阶段现值} + \text{正常固定增长阶段现值} + \text{固定不变阶段现值} \tag{7-22}$$

【例 7-15】某公司预期以 20% 的增长率发展 5 年，然后转为正常增长，年增长率为 4%，公司最近支付的股利为 1 元 / 股，股票的必要报酬率为 10%，要求计算该股票价值。

(1) 计算高速增长期间股利的现值(表 7-1)。

表 7-1 高速增长期间股利现值计算表

年次	股利	现值系数	股利现值
1	1.2	0.909	1.09
2	1.44	0.826	1.19
3	1.728	0.751	1.30
4	2.074	0.683	1.42
5	2.489	0.621	1.55
合计			6.55

(2) 计算正常增长期间股利的现值，即高速增长末期股票价值的现值。

① 计算高速增长期末即第 5 年年末股票的价值。

由 $P = \dfrac{D_0 \times (1 + g)}{k - g} = \dfrac{D_1}{k - g}$ 得：

$$P=\frac{D_6}{k-g}=\frac{D_5(1+g)}{k-g}=\frac{2.489\times(1+4\%)}{10\%-4\%}\approx 43.14(\text{元/股})$$

② 计算第 5 年年末股票的现值：

$$43.14\times(1+10\%)^{-5}\approx 26.79(\text{元/股})$$

③ 计算该股票的内在价值：

$$6.55+26.79=33.34(\text{元/股})$$

三、股票收益率

（一）股票的收益和股票收益率

股票的收益是指投资者从购入股票开始到出售股票为止整个持有期间的收入与成本的差额，由股利和资本利得两方面组成。

股票收益率是指股票收益额与购买成本的比值。为便于与其他年度收益指标比较，可折算为年均收益率。

（二）股票收益率计算公式

股票收益率主要有本期收益率、持有期收益率等。

1. 本期收益率

本期收益率是指股份公司上年派发的现金股利与本期股票价格的比率，反映了以现行价格购买股票的预期收益情况。

$$\text{本期收益率}=\frac{\text{年现金股利}}{\text{本期股票价格}}\times 100\% \tag{7-23}$$

式中，年现金股利 —— 发放的上年每股股利；

本期股票价格 —— 该股票当日证券市场收盘价。

2. 持有期收益率

持有期收益率是指投资者买入股票持有一定时期后又卖出该股票，在投资者持有该股票期间的收益率，反映了股东持有股票期间的实际收益情况。

(1) 有限期持有。

① 持有期不超过一年，不考虑复利计息问题。

如果投资者持有股票时间不超过一年，不考虑复利计息问题，其持有期收益率可按如下公式计算：

$$\text{持有期收益率}=\frac{(\text{售出价}-\text{买入价})+\text{持有期间分得的现金股利}}{\text{股票买入价}}\times 100\% \tag{7-24}$$

$$\text{持有期年均收益率}=\frac{\text{持有期收益率}}{\text{持有年限}} \tag{7-25}$$

$$\text{持有年限}=\frac{\text{实际持有天数}}{360} \tag{7-26}$$

或 $$\text{持有年限}=\frac{\text{持有月数}}{12} \tag{7-27}$$

② 持有时间超过一年，需要按每年复利一次考虑时间价值。

如果股票持有时间超过一年，需要按每年复利一次考虑资金时间价值，持有期年均收益率是买价等于现金流入现值时的折现率。

其持有期年均收益率可按如下公式计算：

$$P = \sum_{i=1}^{n} \frac{D_t}{(1+i)^t} + \frac{F}{(1+i)^t} \tag{7-28}$$

或

$$P = D_1 \times (P/F, i, 1) + D_2 \times (P/F, i, 2) + D_3 \times (P/F, i, 3) + \cdots + D_n \times (P/F, i, n) + F(P/F, i, n) \tag{7-29}$$

式中，i—— 股票的持有期年均收益率；

P—— 股票的购买价格；

F—— 股票的售出价格；

D_t—— 各年分得的股利；

n—— 投资期限。

【例 7-16】万通公司在 2018 年 4 月 1 日投资 510 万购买某种股票 100 万股，在 2019 年、2020 年和 2021 年的 3 月 31 日每股各分得现金股利 0.5 元、0.6 元、0.8 元，并于 2021 年 3 月 31 日以每股 6 元的价格将股票全部出售，试计算该项股票投资的投资收益率。

可采用逐次测试法、插值法进行计算：

$$510 = 50 \times (P/F, i, 1) + 60 \times (P/F, i, 2) + 680 \times (P/F, i, 3)$$

当 $i = 20\%$ 时，等式左边 $= 476.85$

当 $i = 18\%$ 时，等式左边 $= 499.32$

当 $i = 16\%$ 时，等式左边 $= 523.38$

$$\frac{16\% - x}{16\% - 18\%} = \frac{523.38 - 510.00}{523.38 - 499.32}$$

$$x = 16\% + 1.11\% = 17.11\%$$

说明该项投资的收益率为 17.11%。

(2) 无限期持有。若投资者打算永久地持有某股票，持有期年均收益率是未来现金流入现值等于现金流出时的折现率。由于是永久持有股票，未来现金流入只有股利，持有期年均收益率又可以按以下几个特殊情况进行简化计算。

① 零成长股票。若股票股利固定不变，其持有期收益率可按如下公式计算：

$$P = \frac{D}{K} \tag{7-30}$$

$$\text{持有期年均收益率 } K = \frac{D}{P} \tag{7-31}$$

② 股利固定成长股票。若股票股利按固定比例增长，其持有期收益率可按如下公式计算：

$$P = \frac{D_0(1+g)}{(K-g)} \tag{7-32}$$

$$\text{持有期年均收益率 } K = \frac{D_0(1+g)}{P} + g \tag{7-33}$$

$$K = \frac{D_1}{P} + g = \text{股利收益率} + \text{股利增长率} \tag{7-34}$$

③ 股利非固定成长股票。若股票股利不固定,其持有期收益率可按如下方式计算:

采用逐步测试内插法,计算出“P = 股利高速增长阶段现值 + 正常固定增长阶段现值 + 固定不变阶段现值”的折现率。

四、市盈率分析

前述股票价值的计算方法,在理论上比较健全,计算的结果使用也很方便,但未来股利的预计很复杂并且要求比较高,一般投资者往往很难办到。因此,有一种粗略衡量股票价值的方法能帮助投资者,就是市盈率分析法。利用市盈率可以估计股价高低和股票风险。该方法易于掌握,应用于许多投资者。

(一)用市盈率估计股价高低

市盈率又叫市价盈利率,即股票的市价与股票的每股税后收益(或称每股税后利润)的比率。市盈率反映股票投资者对每一元的利润所愿支付的代价。其计算公式如下:

$$\text{市盈率} = \frac{\text{股票市价}}{\text{每股盈利}} \tag{7-35}$$

$$\text{股票价格} = \text{该股票市盈率} \times \text{该股票每股盈利} \tag{7-36}$$

$$\text{股票价值} = \text{行业平均市盈率} \times \text{该股票每股盈利} \tag{7-37}$$

例如:某股票的股价是24元/股,每股年净收益为0.60元,则该股票的市盈率为24/0.6 = 40元。

很显然,股票的市盈率与股价成正比,与每股净收益成反比。股票的价格越高,则市盈率越高;而每股净收益越高,市盈率则越低。

市盈率可以粗略反映股价的高低,表明投资人愿意用盈利的多少倍的货币来购买该股票,是市场对该股票的评价。

而股票的价值等于根据证券机构或媒体提供的同类股票过去若干年的平均市盈率,再乘以当前的每股盈利。投资者进行投资决策时,用它和当前市价比较,可以看出所付价格是否合理。

【例7-17】ABC公司的股票每股盈利是3元,市盈率是10,行业类似股票的平均市盈率是11,则:

股票价值 = 3 × 11 = 33(元/股)

股票价格 = 3 × 10 = 30(元/股)

股票价格低于股票价值,值得投资。反之,不可投资。

(二)用市盈率估计股票风险

一般而言,市盈率越低越好。市盈率越低,表示公司股票的投资价值越高;反之,则投资价值越低。然而,从股市实际情况看,市盈率高的股票多为热门股,市盈率低的股票可能为冷门股,购入也未必一定有利。

因此，也有一种观点认为，市盈率越高，意味着公司未来成长的潜力越大，即投资者对该股票的评价越高，这种股票的风险较小；反之，若股票的市盈率比较低，表明投资者对公司的未来缺乏信心，即投资者对该股票评价越低，这种股票的风险较大。

总之，过高或过低的市盈率都有一定风险，平均的市盈率应在 10 ～ 11，一般市盈率在 5 ～ 20 是比较正常的。过小说明股价低，风险小，值得购买；过大则说明股价高，风险大，购买时应谨慎。

第四节　证券投资组合

投资者进行证券投资的主要目的就是获得投资收益，因此，证券投资决策的目标就是使投资收益最大化。然而，投资收益只有在未来才能实现，它受许多不确定性因素的影响，是个未知数。投资者在进行证券投资决策时，只能根据以往的经验和所掌握的资料对未来的收益情况进行预测，但是由于不确定性因素的存在，有可能使实际得到的投资收益偏离原来的预期，甚至可能发生亏损，因此，进行证券投资是存在风险的。投资者在进行证券投资时，总是希望尽可能减少风险、增加收益，这是长期以来人们一直在探索的一个问题。20 世纪 50 年代初期，由美国经济学家哈里 · 马科威茨（Harry Markowitz）等人创立的现代投资组合理论正试图解决这一问题。

现代投资组合理论是探索如何通过有效的方法降低投资风险和提高投资收益的理论。该理论首先利用数学工具对证券投资组合的收益和风险进行数量化分析，然后根据投资者厌恶风险和追求投资收益最大化的行为特征，阐述了如何进行最优投资组合的选择。

一、证券投资组合

投资者在进行投资时，一般并不把其所有的资金都投资于一种证券，而是同时持有多种证券。这种同时投资多种证券的方式称为证券的投资组合，简称证券组合或投资组合。绝大多数法人投资者如银行、共同基金、保险公司和其他金融机构都同时投资于多种有价证券。即使是个人投资者，一般也持有证券的组合而不是只投资于某一个公司的股票或债券。

二、证券投资组合的预期收益率

证券投资组合的预期收益率就是组成证券投资组合的各种证券的预期收益率的加权平均数，其权数等于各种证券在组合中所占的价值比例。即：

$$\text{证券投资组合的预期收益率 } E(R_P) = \sum_{i=1}^{n}[W_i \times E(R_i)] \tag{7-38}$$

式中，$E(R_P)$—— 证券投资组合的预期收益率；

$E(R_i)$—— 第 i 项证券的预期收益率；

W_i—— 第 i 项证券在整个组合中所占的价值比例。

三、证券组合风险的度量

（一）相关性

风险分散理论认为，若干种股票组成的投资组合，其收益是这些股票收益的加权平均数，但是其风险不是这些股票风险的加权平均风险。

证券组合的风险不仅取决于证券组合中各证券的风险，还取决于各证券之间的关系。证券之间的关联程度称为相关性。组合风险的大小与两项资产收益率之间的变动关系（相关性）有关。反映资产收益率之间相关性的指标是协方差或相关系数。

两种资产之间的关联程度可以通过复杂的计算得出。理论上，相关系数介于区间[－1，1]内。相关系数＝－1，表示一种资产收益率的增长总是与另一种资产收益率的减少成比例，两者完全负相关，此时组合风险可全部抵消；相关系数 ＝ 1，表示一种资产收益率的增长总是与另一种资产收益率的增长成比例，两者完全正相关，组合的风险不扩大也不减少；相关系数 ＝ 0，两者不相关，此时分散风险比相关系数 ＝ 1 要大，比相关系数 ＝－1 要小。

【例 7－18】某公司进行证券投资，是由 A 和 B 两种股票组成的证券组合。假设共投资 100 万元，A 和 B 各占 50%。

如果 A 和 B 完全负相关，组合的风险被全部抵消，详见表 7-2。

表 7-2　股票 A、B 及组合的报酬率

单位：万元

年度	方案					
	A		B		组合	
	报酬	报酬率 /%	报酬	报酬率 /%	报酬	报酬率 /%
2017	20	40	－5	－10	15	15
2018	－5	－10	20	40	15	15
2019	17.5	35	－2.5	－5	15	15
2020	－2.5	－5	17.5	35	15	15
2021	7.5	15	7.5	15	15	15
平均数	7.5	15	7.5	15	15	15
标准差		22.6		22.6		0

根据表 7-2 的资料，可以绘制出两种股票以及它们构成的证券组合收益率图，如图 7-1 所示。

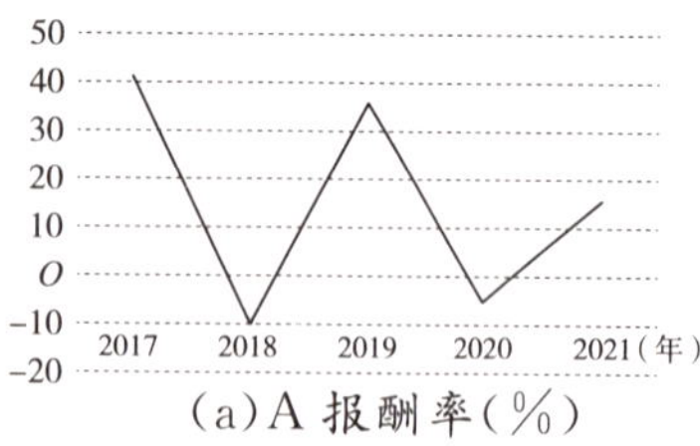

(a)A 报酬率(%)

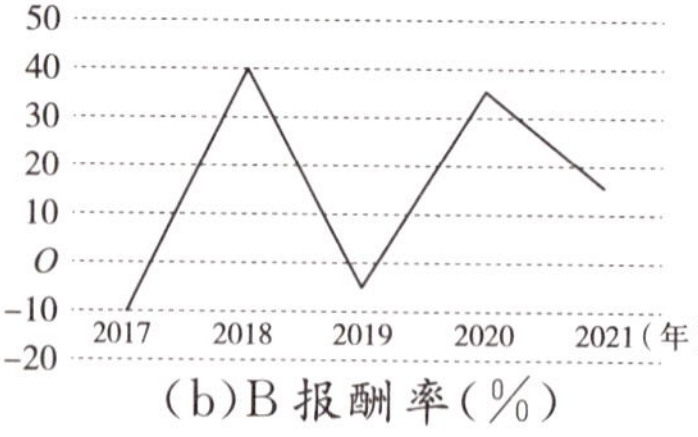

(b)B 报酬率(%)

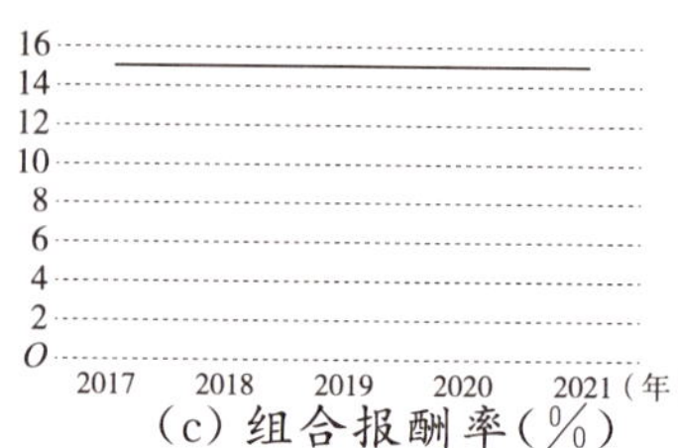

(c) 组合报酬率(%)

图 7-1　两种完全负相关股票的报酬图

从表 7-2 和图 7-1 可以看出，如果分别持有两种股票，都有很大风险，但如果把它们组合成一个证券组合，则没有风险。

如果 A 和 B 完全正相关，组合的风险不减少也不扩大，详见表 7-3。

表 7-3　股票 A、B 及组合的报酬率

单位：万元

年度	方案					
	A		B		组合	
	报酬	报酬率 /%	报酬	报酬率 /%	报酬	报酬率 /%
2017	20	40	20	40	40	40
2018	－5	－10	－5	－10	－10	－10
2019	17.5	35	17.5	35	35	35
2020	－2.5	－5	－2.5	－5	－5	－5
2021	7.5	15	7.5	15	15	15
平均数	7.5	15	7.5	15	15	15
标准差		22.6		22.6		22.6

根据表7-3的资料，可以绘制出两种股票以及由它们构成的证券组合收益率图，如图7-2所示。

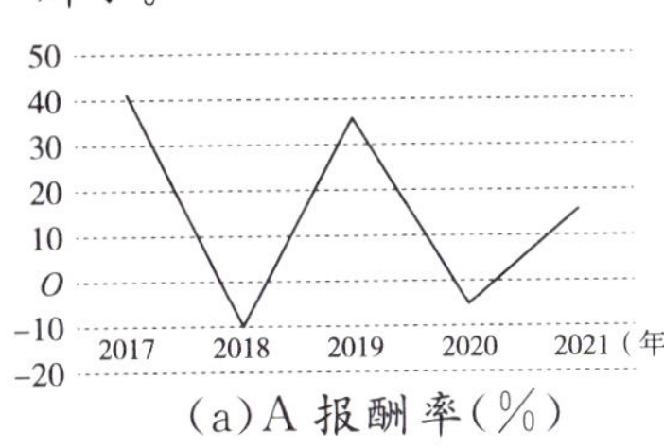

(a)A 报酬率(%)

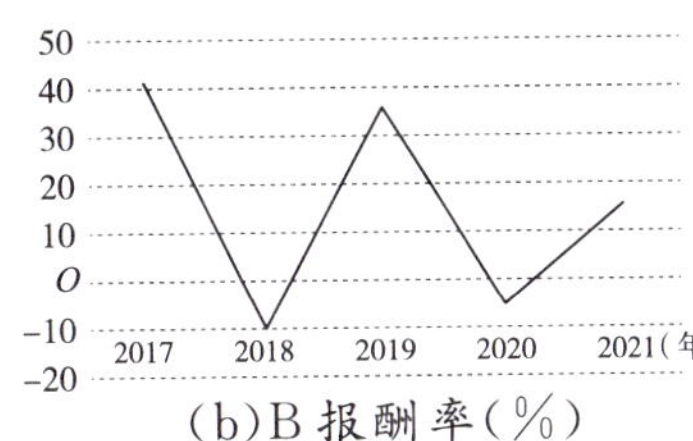

(b)B 报酬率(%)

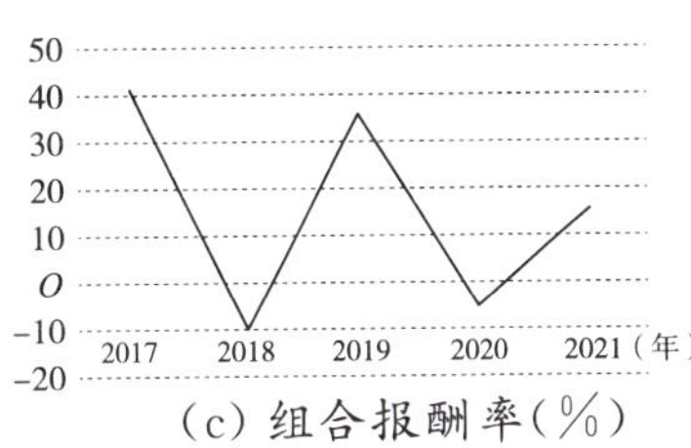

(c) 组合报酬率(%)

图 7-2　两种完全正相关股票的收益图

从表7-3和图7-2可以看出，如果分别持有两种股票，都有很大风险，即使把它们组合成一个证券组合，风险也并没有发生改变。

表7-2、表7-3和图7-1、图7-2说明，当股票报酬完全负相关时，所有的风险都能被分散掉；而当股票报酬完全正相关时，则风险无法分散。

实际上，各股之间不可能完全正相关，也不可能完全负相关，大部分股票间的相关程度在0.5～0.7，所以不同股票的投资组合可以降低风险，但又不能完全消除风险。一般而言，股票的种类越多，风险越小。在充分组合的情况下，若组合中包括全部股票则只承担市场风险，而不承担公司特别风险。

（二）两项证券组合的风险

两项证券组合的收益率的方差满足以下关系式：

$$\sigma_p^3 = W_1^2\sigma_2^2 + 2W_1W_2\rho_{1\,2}\sigma_1\sigma_2 \quad (7-39)$$

式中，σ_p——证券投资组合收益率的标准差，衡量组合的风险；

σ_1 和 σ_2——组合中两项证券收益率的标准差；

W_1 和 W_2——组合中两项证券所占的价值比例；

ρ_{12}—— 两项证券收益率的相关程度，即两项证券收益率之间相对运动的状态，称为相关系数。

（三）多项证券组合的风险

一般来讲，随着证券组合中证券个数的增加，证券组合的风险会逐渐降低，当证券的个数增加到一定程度时，证券组合的风险程度将趋于平稳，这时证券组合风险的降低将非常缓慢直到不再降低。其降低趋势图如图 7-3 所示。

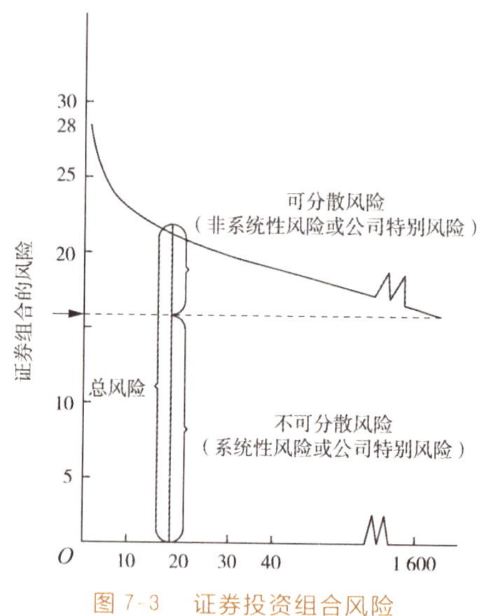

图 7-3 证券投资组合风险

1. 非系统风险

非系统风险是指每个公司特有的风险，它源于公司本身的商业活动和财务活动，表现为个股报酬率变动脱离整个股市平均报酬率的变动。这种风险可以通过多角化投资来分散，也称为公司特有风险或可分散风险。对于特定企业而言，非系统风险可进一步分为经营风险和财务风险。经营风险是指因生产经营方面给企业目标带来不利影响的可能性。财务风险又称筹资风险，是指由于举债而给企业目标带来不利影响的可能性。

2. 系统风险

系统风险是指由于某些因素给市场上所有的证券都带来经济损失的可能性，它们源于公司之外，如宏观经济状况的变化、国家税法的变化、国家财政政策和货币政策变化、世界能源状况的改变都会使股票报酬率发生变动，影响到所有的证券。系统风险不能通过证券组合分散掉，无论购买何种股票都无法避免，不能用多角化投资来回避，只能靠更高的报酬率来补偿。对投资者来说，这种风险是无法消除的，因此也称为不可分散风险。系统风险的程度通常用 β 系数来计量对企业的影响程度。

(1) 单项资产的系统风险系数(β 系数) 的计算。在整个股市变动时，个别股票的反应不一样。有的发生剧烈变动，有的只发生较小的变动。计量个别股票随市场移动趋势的指标为“β 系数”。

β 系数是反映个别股票相对于平均风险股票的变动程度的指标。它表示个别股票收益率的变动受股票市场平均收益率变动的影响程度，换句话说，就是相对于股票市场组合的平均风险而言，单个股票系统风险的大小。它可以衡量出个别股票的市场风险，而不是公司特有风险。

股票的 β 值的大小取决于：① 该股票与整个股票市场的相关性；② 股票自身的标准差；③ 整个市场的标准差。计算方法主要有以下两种。

① 直线回归方程法。

$$Y = \alpha + \beta x + \varepsilon \tag{7-40}$$

式中，Y—— 证券的收益率；

x—— 市场平均收益率；

α—— 与 Y 轴的交点；

β—— 回归线的斜率；

ε—— 随机因素产生的剩余收益。

根据 x 和 Y 的历史资料，可以求出 α 和 β 的数值。

② 定义法。

$$\beta_i = \frac{\mathrm{cov}(R_i, R_m)}{\sigma_m^2} = \frac{\rho_{i,m}\sigma_i\sigma_m}{\sigma_m^2} = \rho_{i,m} \times \frac{\sigma_i}{\sigma_m} \tag{7-41}$$

式中，β_i—— 第 i 项资产的 β 系数；

$\rho_{i,m}$—— 第 i 项资产的收益率与市场组合收益率的相关系数；

σ_i—— 该项资产收益率的标准差，表示该资产的风险大小；

σ_m—— 市场组合收益率的标准差，表示市场组合的风险；

$\mathrm{cov}(R_i, R_m)$—— 该项资产收益率与市场组合收益率的协方差。

计算出来的 β 值表示证券的收益随市场收益率变动而变动的程度，从而说明证券的风险度。证券的 β 值越大，它的系统风险越大。

作为整体的证券市场的 β 系数为 1。当 $\beta = 1$ 时，说明该资产的收益率与市场平均收益率呈同方向、同比例的变化，即如果市场平均收益率增加（或减少）1%，那么该资产的收益率也相应地增加（或减少）1%，也就是说，该资产所含的系统风险与市场组合的风险一致；当 $\beta <$ 1 时，说明该资产收益率的变动幅度小于市场组合收益率的变动幅度，因此其所含的系统风险小于市场组合的风险；当 $\beta > 1$ 时，说明该资产收益率的变动幅度大于市场组合收益率的变动幅度，因此其所含的系统风险大于市场组合的风险。绝大多数资产的 β 系数是大于零的。如果 β 系数是负数，表明这类资产与市场平均收益率的变化方向相反。

通常 β 系数不需要投资者自己计算，而由一些投资服务机构定期计算并公布。

(2) 证券组合的系统风险系数。对于证券组合来说，其所含的系统风险的大小可以用 β_p 来衡量。证券组合的 β_p 系数是单个证券 β 系数的加权平均，权数为各种股票在证券组合中所占比重。其计算公式为：

$$\beta_p = \sum_{i=1}^{n} W_i \beta_i \tag{7-42}$$

式中，β_p—— 证券组合的 β 系数；

W_i—— 证券组合中第 i 种股票所占的比重；

β_i—— 第 i 种股票的 β 系数；

n—— 证券组合中股票的数量。

四、证券投资组合的风险和报酬

由于投资组合能够分散风险，因此银行、共同基金、保险公司和其他金融机构一般都持有多种有价证券，即便是个人投资者，一般也持有证券组合，而不是投资于一家的股票或债券。所以，必须了解证券组合的风险报酬。

为了更好地理解证券组合的风险报酬，有必要先学习单项资产的风险报酬。

（一）单个证券的风险报酬

根据风险与收益的一般关系，某资产的必要收益率是由无风险收益和该资产的风险收益率决定的。即考虑风险的情况下，投资者要求的必要收益率 ＝ 无风险收益率 ＋ 风险收益率。

其中，无风险收益率（通常用 R_f 表示）是指纯粹利率与通货膨胀补贴之和，通常用短期国债的收益率来近似替代，而风险收益率是指因承担该项资产的风险而要求的额外补偿，其大小则视所承担风险的大小以及投资者对风险的偏好而定。

从风险报酬均衡原则中可以知道，风险越高，必要报酬率也就越高。那么多大的必要报酬率才足以抵补特定数量的风险呢?资本资产定价模型将风险与报酬率联系在一起，把报酬率表示成风险的函数。

资本资产定价模型是描述风险与报酬关系的理论模型，它认为证券期望风险报酬率等于该证券的 β 系数与市场风险报酬率的乘积。用公式表示如下：

某股票的必要收益率＝ 无风险收益率 ＋ 风险收益率

＝ 无风险收益率 ＋ β ×（市场组合的平均收益率 － 无风险收益率）

即 $$R = R_f + \beta \times (R_m - R_f) \quad (7-43)$$

式中，R—— 某股票的必要收益率；

β—— 该股票的系统风险系数；

R_f—— 无风险收益率（通常以短期国债的利率来近似替代）；

R_m—— 市场组合平均收益率（通常用股票价格指数的平均收益率来代替）；

$R_m - R_f$—— 市场风险溢酬。

某股票的风险收益率是市场风险溢酬与该资产 β 系数的乘积，即：

$$风险收益率 = \beta \times (R_m - R_f) \quad (7-44)$$

【例 7－19】现行国库券的收益率为 12%，平均风险股票的必要收益率为 16%，则市场风险报酬率为 4%。A 股票的 β 系数为 1.5，则该股票风险报酬率为 6%。则该股票的预期报酬率为：

$$R_{(A)} = 12\% + 1.5 \times (16\% - 12\%) = 18\%$$

计算出股票的预期报酬率，就不难确定股票的价值。假设该股票为固定成长股，成长率

$g=0.05$；预期一年后的股利是2元，则该股票的价值为：

$$P_{(A)}=D_1/(R-g)=2/(0.18-0.05)=15.38(\text{元})$$

【例7-20】南天公司股票的β系数为2.0，无风险利率为6%，市场上所有股票的平均报酬率为10%，问：南天公司股票的报酬率为多少时，投资方会进行投资？

南天公司股票的报酬率为：

$$\begin{aligned}R&=R_f+\beta\times(R_m-R_f)\\&=6\%+2.0\times(10\%-6\%)=14\%\end{aligned}$$

也就是说，南天公司股票的报酬率达到或超过14%时，投资方会进行投资。如果低于14%，则投资者不会购买南天公司的股票。

（二）证券组合的风险报酬

上面讨论的资本资产定价模型是针对单个证券而言的。实际上，由单个证券组成的证券组合，其期望报酬率与风险仍然满足资本资产定价模型所揭示的关系。用公式表示如下：

$$\text{资产组合的必要收益率}\ R_p=R_f+\beta_p\times(R_m-R_f)\tag{7-45}$$

式中，R_p—— 证券组合的必要收益率；

β_p—— 证券组合的β系数；

R_m—— 市场报酬率；

R_f—— 无风险报酬率，一般用国库券的利息率来衡量。

投资者进行证券组合投资与进行单项投资一样，都要求对承担的风险进行补偿，股票的风险越大，要求的报酬就越高。因此证券组合的风险报酬是投资者因承担不可分散风险而要求的、超过时间价值的那部分额外报酬。可用下列公式计算：

$$\text{风险报酬率}=\beta_p\times(R_m-R_f)\tag{7-46}$$

式中，β_p—— 证券组合的β系数；

R_m—— 市场报酬率；

R_f—— 无风险报酬率（通常用国库券的利息率来衡量）。

【例7-21】新华公司持有由甲、乙、丙三种股票构成的证券组合，它们的β系数分别为2.0、1.0和0.5，它们在证券组合中所占的比重分别为60%、30%和10%，股票的市场报酬率为14%，无风险报酬率为10%，要求：试确定这组证券组合的风险报酬率。

(1) 确定证券组合的β系数。

$$\begin{aligned}\beta_p&=\sum_{i=1}^{n}W_i\beta_i\\&=60\%\times2.0+30\%\times1.0+10\%\times0.5\\&=1.55\end{aligned}$$

(2) 计算该证券组合的风险报酬率。

$$\begin{aligned}\text{风险报酬率}&=\beta_p\times(R_m-R_f)\\&=1.55\times(14\%-10\%)=6.2\%\end{aligned}$$

计算出风险报酬率后，便可根据投资额和风险报酬率计算出风险报酬额。

从以上计算中可以看出，在其他因素不变的情况下，风险报酬率取决于证券组合的 β 系数，β 系数越大，风险报酬率就越大；反之亦然。或者说，β 系数反映了股票收益对系统性风险的反应程度。如果调整各种证券在证券组合中的比重则可以改变证券组合的风险，包括风险报酬率和风险报酬额。

五、证券投资组合管理的基本程序

证券投资组合的管理不同于单一证券投资的管理。单一证券投资管理只需要对所投资的证券收益与风险情况作出分析，无须了解该证券与其他证券之间的相互关系；而证券投资组合管理则既要分析组合中每个证券的收益与风险情况，还要分析组合中各个证券之间的相互关系。一般来说，进行证券投资组合管理应当遵循以下基本程序。

（一）确定投资目标

证券投资的总目标都是高收益、低风险，具体来说则有区别。有的投资者的目标是为了取得经常收入；有的投资者的目标是资本增长；还有的投资者的目标兼顾取得经常收入和资本增长。投资目标不同、选择的证券也不同。为了取得经常收入，要选择安全的投资对象，按照这种目标，债券比股票收入稳定，资信好的大公司和公用事业类股票股利支付也较稳定；若为了资本增长，则可以选择增长型的股票。

（二）选择证券

目标确定之后，就要选择若干证券，构成证券组合，以实现目标。

首先，要对证券按其风险大小、期限长短、是收入型还是增长型等特征进行分类。

其次，要确定证券组合的风险水平，即决定想要承担风险的大小。大致有三种类型：一是高风险组合，选择销路好、预期盈利超过平均收益的公司股票，如生物制药、信息技术、高科技公司等；二是中等风险组合，选择一些债券和一些公用事业或成熟工业的股票，如汽车、化工、钢铁公司的股票；三是低风险组合，选择政府债券和一些高质量的股票，收益不高但可靠。

最后，按分散化原则选定具体证券品种。分散化的方式包括：① 种类分散化，即使债券和股票搭配；② 到期日分散化，即使债券的到期日在不同年份，以分散利率风险；③ 部门或行业分散化，即使工业和金融、运输、旅游、公用事业搭配，使新兴工业和成熟工业搭配；④ 公司分散化，即使在整个股市涨落时大起大落的股票和变化不大的股票搭配。具体选择是一项复杂的工作，要根据投资目标反复比较，才能确定。一般来说，有 5 ～ 10 种证券就可以达到分散风险的目标，组合内的证券越多风险越小，但同时预期的报酬也会比较低。

（三）监视和调整

选择证券之后，就要监视证券组合实施后的情况，审查是否达到了原定目标。审查的依据是股市综合指数，也就是证券组合是否达到了市场平均收益水平。如果投资没有达到原定目标，或者预期收益低于市场平均收益水平，或者投资者本身的财务状况变化而要修改投资目标，或者某种证券有了异常情况，就应考虑改变原有组合。

拓展阅读

本章小结

本章主要讨论了证券评价方面的内容。

证券评价是财务管理中一个十分重要的基本理论问题，主要包括债券及其评价、股票及其评价和证券投资组合三个方面。

(1) 债券评价。债券评价主要从以下两方面进行。

① 债券估价模型。常见的债券估价模型有：一般情况下的债券估价模型，是指按复利方式计算的债券估价公式；一次还本付息且不计复利的债券估价模型；贴现发行时债券的估价模型。

② 债券收益率。债券收益率包括：票面收益率；本期收益率；持有收益率。

(2) 股票评价。股票评价是指普通股的评价问题，主要从以下两方面进行。

① 股票估价模型。常见的股票估价模型有：短期持有股票，未来准备出售的股票估价模型；长期持有股票，股利稳定不变的股票估价模型；长期持有股票，股利固定增长的股票估价模型；长期持有股票，三阶段模型。

② 股票收益率。股票收益率包括：本期收益率和持有收益率。

(3) 证券投资组合。证券投资组合包括以下四方面内容。

① 证券投资组合的收益：

证券组合的预期收益率 $E(R_P) = \sum_{i=1}^{n} [W_i \times E(R_i)]$。

② 证券投资组合的风险：

证券投资组合的系统风险，$\beta_p = \sum_{i=1}^{n} W_i \beta_i$。

③ 证券投资组合的风险报酬：

证券组合风险报酬率 $= \beta_p(R_m - R_f)$。

④ 证券投资组合管理。

复习思考题

一、简答题

1. 简述证券及其种类。
2. 股票、债券的种类各有哪些?
3. 什么是债券?债券价值和收益率如何计算?
4. 债券投资的风险包括哪些内容?
5. 什么是股票的价值?如何计算?
6. 什么是市盈率?如何用市盈率估计股票的价值和风险?
7. 简述股票投资的风险分析。
8. 如何计算证券组合的风险报酬?

二、单选题

1. 根据债券估价基本模型，不考虑其他因素的影响，当市场利率上升时，固定利率债券价值的变化方向是(　　)的。

A. 不变　　B. 不确定　　C. 下降　　D. 上升

2. 有甲、乙两种证券，甲证券的必要收益率为10%，乙证券要求的风险收益率是甲证券的1.5倍，如果无风险收益率为4%，则根据资本资产定价模型，乙证券的必要收益率为(　　)。

A. 12%　　B. 16%　　C. 15%　　D. 13%

3. 关于系统风险和非系统风险，下列表述错误的是(　　)。

A. 证券市场的系统风险不能通过证券组合予以消除

B. 若证券组合中各证券收益率之间负相关，则该组合能分散非系统风险。

C. 在资产定价模型中，β系数衡量的是投资组合的非系统风险

D. 某公司新产品开发失败的风险属于非系统风险

4. 债券内在价值计算公式中不包含的因素是(　　)。

A. 债券市场价格　　B. 债券面值　　C. 债券期限　　D. 债券票面利率

5. 某ST公司在2021年3月5日宣布其发行的公司债券本期利息总额8 980万元将无法于原定付息日2021年3月9日全额支付，仅能够支付500万元，则该公司债务的投资者面临的风险是(　　)。

A. 价格风险　　B. 购买力风险　　C. 变现风险　　D. 违约风险

6. 债券内含报酬率的计算公式中不包含的因素是(　　)。

A. 债券面值　　B. 债券期限　　C. 市场利率　　D. 票面利率

7. 市场利率和债券期限对债券价值都有较大的影响。下列相关表述中，不正确的是(　　)。

A. 市场利率上升会导致债券价值下降

B. 长期债券的价值对市场利率的敏感性小于短期债券

C. 债券期限越短，市场利率对债券价值的影响越小

D. 债券票面利率与市场利率不同时，债券面值与债券价值存在差异

8. 当某上市公司的β系数大于0时，下列关于该公司风险与收益表述中，正确的是(　　)。

A. 系统风险高于市场组合风险

B. 资产收益率与市场平均收益率呈同向变化

C. 资产收益率变动幅度小于市场平均收益率变动幅度

D. 资产收益率变动幅度大于市场平均收益率变动幅度

9. 某上市公司2021年的β系数为1.24，短期国债利率为3.5%。市场组合的收益率为8%，对投资者投资该公司股票的必要收益率是(　　)。

A. 5.58%　　B. 9.08%　　C. 13.52%　　D. 17.76%

10. 下列因素引起的风险中，投资者可以通过证券投资组合予以消减的是(　　)。

A. 宏观经济状况变化　　B. 世界能源状况变化

C. 发生经济危机　　D. 被投资企业出现经营失误

11. 某投资者购买A公司股票，并且准备长期持有，要求的最低收益率为11%，该公司本年的股利为0.6元/股，预计未来股利年增长率为5%，则该股票的内在价值是(　　)元/股。

A. 10.0　　B. 10.5　　C. 11.5　　D. 12.0

12. 若某股票的β系数等于1，则下列表述正确的是(　　)。

A. 该股票的市场风险大于整个市场股票的风险

B. 该股票的市场风险小于整个市场股票的风险

C. 该股票的市场风险等于整个市场股票的风险

D. 该股票的市场风险与整个市场股票的风险无关

13. 债券的年实际利息收入与买入该债券实际价格的比率是(　　)。

A. 票面收益率　　B. 必要收益率　　C. 直接收益率　　D. 持有期收益率

14. 某上市公司预计未来5年股利高速增长，然后转为正常增长，则下列各项普通股评价模型中，最适宜于计算该公司股票价值的是(　　)。

A. 股利固定模型　　B. 零成长股票模型

C. 三阶段模型　　D. 股利固定增长模型

15. 如果A、B两只股票的收益率变化方向和变化幅度完全相同，则由其组成的投资组合(　　)。

A. 不能降低任何风险　　B. 可以分散部分风险

C. 可以最大限度地抵消风险　　D. 风险等于两只股票风险之和

16. 相对于股票投资而言，下列项目中能够揭示债券投资特点的是(　　)。

A. 无法事先预知投资收益水平　　B. 投资收益率的稳定性较强

C. 投资收益率比较高　　D. 投资风险较大

17. 在证券投资组合中，为分散利率风险应选择(　　)。

A. 不同种类的证券搭配　　B. 不同到期日的债券搭配

C. 不同部门或行业的证券搭配　　D. 不同公司的证券搭配

18. 如果某单项资产的系统风险大于整个市场投资组合的风险，则可以判定该项资产的β值(　　)。

A. 等于1　　B. 小于1　　C. 大于1　　D. 等于0

19. 企业进行短期债券投资的主要目的是(　　)。

A. 调节现金余缺、获取适当收益　　B. 获得对被投资企业的控制权

C. 增加资产流动性　　D. 获得稳定收益

20. 下列各项中，不能衡量证券投资收益水平的是(　　)。

A. 持有期收益率　　B. 到期收益率

C. 息票收益率　　D. 标准离差率

21. 下列各项中，属于证券投资系统性风险(市场风险)的是(　　)。

A. 利息率风险　　B. 违约风险　　C. 破产风险　　D. 流动性风险

22. 下列各项中，不能通过证券组合分散的风险是(　　)。

A. 非系统性风险　B. 公司特别风险　C. 可分散风险　D. 市场风险

23. 在证券投资中，通过随机选择足够数量的证券进行组合可以分散掉的风险是(　　)

A. 所有风险　　B. 市场风险　　C. 系统性风险　　D. 非系统性风险

24. 某公司拟发行面值为 1 000 元，不计复利，5 年后一次还本付息，票面利率为 10% 的债券。已知发行时资金市场的年利率为 12%，$(P/F,10\%,5)=0.620\,9$，$(P/F,12\%,5)=0.567\,4$。则该公司债券的发行价格为(　　)元。

A. 851.10　　B. 907.84　　C. 931.35　　D. 993.44

三、多选题

1. 下列各项中影响债券内在价值的因素主要有(　　)。

A. 债券价格　　B. 债券计息方式　　C. 当前市场利率

D. 票面利率　　E. 债券的付息方式

2. 企业发行票面利率为 i 的债券时，市场利率为 k，下列说法中正确的有(　　)。

A. 若 $i<k$，债券溢价发行　　B. 若 $i>k$，债券折价发行

C. 若 $i>k$，债券溢价发行　　D. 若 $i<k$，债券折价发行

3. 进行债券投资应考虑的风险有(　　)。

A. 违约风险　　B. 利率风险　　C. 购买力风险

D. 变现力风险　　E. 再投资风险

4. 在计算不超过一年期债券的持有期年均收益率时，应考虑的因素包括(　　)。

A. 利息收入　　B. 持有时间　　C. 买入价　　D. 卖出价

5. 在下列各项中，影响债券收益率的有(　　)。

A. 债券的票面利率、期限和面值　　B. 债券的持有时间

C. 债券的买入价和卖出价　　D. 债券的流动性和违约风险

6. 在下列各项中，能够影响特定投资组合 β 系数的有(　　)。

A. 该组合中所有单项资产在组合中所占比重

B. 该组合中所有单项资产各自的 β 系数

C. 市场投资组合的无风险收益率

D. 该组合的无风险收益率

7. 根据资本资产定价模型，下列关于 β 系数的说法中，正确的有(　　)。

A. β 值恒大于 0　　B. 市场组合的 β 值恒等于 1

C. β 系数为零表示无系统风险　　D. β 系数既能衡量系统风险也能衡量非系统风险

8. 关于股票或股票组合的 β 系数，下列说法中正确的是(　　)。

A. 股票的 β 系数反映个别股票相对于平均风险股票的变异程度

B. 股票组合的 β 系数反映股票投资组合相对于平均风险股票的变异程度

C. 股票组合的 β 系数是构成组合的个股 β 系数的加权平均数

D. 股票的 β 系数衡量个别股票的系统风险

E. 股票的 β 系数衡量个别股票的非系统风险

9. 与股票投资相比，债券投资的优点有(　　)。

A. 本金安全性好　　B. 投资收益率高

C. 购买力风险低　　D. 收入稳定性强

10. 下列有关证券投资风险的表述中，正确的有(　　)。

A. 证券投资组合的风险有公司特别风险和市场风险两种

B. 公司特别风险是不可分散风险

C. 股票的市场风险不能通过证券投资组合加以消除

D. 当投资组合中股票的种类特别多时，非系统性风险几乎可全部分散掉

四、判断题

1. 证券组合的风险水平不仅与组合中各证券的收益率标准差有关，而且与各证券收益率的相关程度有关。　(　　)

2. 依据资本资产定价模型，资产的必要收益率不包括对公司特有风险的补偿。　(　　)

3. 假设其他条件不变，市场利率变动，债券价格反方向变动，即市场利率上升债券价格下降。　(　　)

4. 在债券持有期间，当市场利率上升时，债券价格一般会随之下跌。　(　　)

5. 市盈率是反映股票投资价值的重要指标，该指标数值越大，表明投资者越看好该股票的投资预期。　(　　)

6. 根据证券投资组合理论，在其他条件不变的情况下，如果两项贷款的收益率具有完全正相关关系，则该证券投资组合不能够分散风险。　(　　)

7. 在资产组合中，单项资产 β 系数不尽相同，通过替换资产组合中的资产或改变资产组合中不同资产的价值比例，可能改变该组合的风险大小。　(　　)

8. 如果企业在发行债券的契约中规定了允许提前偿还的条款，则当预测年利息率下降时，一般应提前赎回债券。　(　　)

9. 证券组合风险的大小，等于组合中各个证券风险的加权平均数。　(　　)

10. 根据财务管理理论，按照三阶段模型估算的普通股价值，等于股利高速增长阶段现值、股利固定增长阶段现值和股利固定不变阶段现值之和。　(　　)

11. 市盈率是评价上市公司盈利能力的指标，它反映投资者愿意对公司每股净利润支付的价格。　(　　)

12. 一般情况下，股票市场价格会随着市场利率的上升而下降，随着市场利率的下降而上升。　(　　)

13. 两种完全正相关的股票组成的证券组合，不能抵销任何风险。　(　　)

14. 系统性风险不能通过证券投资组合来消减。　(　　)

15. 当投资者要求的收益率高于债券(分期付息债券，下同)票面利率时，债券的市场价值会低于债券面值；当投资者要求的收益率低于债券票面利率时，债券市场价值会高于债券面值；当债券接近到期日时，债券市场价值向其面值回归。　(　　)

16. 假设市场利率保持不变，溢价发行的债券价值会随时间延续而逐渐下降。（　　）

17. 现有一种10年期的债券，票面利率10%，另一种5年期的债券，票面利率为10%。两种债券其他方面没有区别，在市场利率急剧上涨时，前一种债券价格下跌更多。（　　）

18. 到期风险附加率是指债权人因承担到期不能收回投出资金本息的风险而向债务人额外提出的补偿要求。（　　）

19. 股票的价值是指实际股利所得和资本利得所形成的现金流入量的现值。（　　）

20. 证券投资组合的β系数是个别证券的β系数的加权平均数；证券投资组合的预期报酬率也是个别证券报酬率的加权平均数。（　　）

五、计算分析题

1. A公司发行债券，债券面值为1 000元，5年期，票面利率8%，每年付息一次，到期还本，若发行时市场利率10%，则A公司债券价值为多少？如果按1 105元购入A公司债券，持有期年均收益率为多少？

2. B公司发行债券，债券面值1 000元，5年期，票面利率为8%，每半年付息一次，到期还本，若发行时债券市场利率为10%，则B公司债券价值为多少？

3. C公司发行债券，债券面值1 000元，3年期，票面利率为8%，单利计息，到期还本付息，若发行时债券市场利率为10%，则C公司债券价值为多少？

4. D公司发行债券，债券面值1 000元，5年期，以折价方式发行，期内不计息，若发行时债券市场利率为8%，则D公司债券价值为多少？价格为多少时企业可购买？

5. 某企业购买A股票100万股，买入价每股5元，持有3个月后卖出，卖出价为每股5.4元，在持有期间每股分得现金股利0.1元，则该企业持有期收益率和持有期年均收益率分别为多少？

6. 某公司在2021年1月1日以950元价格购入一张面值为1 000元的新发行债券，其票面利率为8%，5年后到期，每年12月31日付息一次，到期归还本金。

要求：

(1) 假定该债券拟持有至到期，计算2021年1月1日该债券持有期收益率是多少？

(2) 假设2025年1月1日的市场利率下降到6%，那么此时债券的价值是多少？

(3) 假定2025年1月1日该债券的市场价格为982元，此时购买该债券的收益率是多少？

(4) 假定2023年10月1日的市场利率为12%，债券市场价为900元，你认为是否应该购买该债券？

7. 某债券面值为1 000元，期限为3年，期内不计利息，到期按面值偿还，当时市场利率为10%。请问其价格为多少时，企业购买该债券较为合适？

8. 甲企业于2021年1月1日以1 100元的价格购入A公司新发行的面值为1 000元、票面年利息率为10%、每年1月1日支付一次利息的5年期债券。

要求：

(1) 计算该项债券投资的直接收益率。

(2) 计算该项债券投资的到期收益率。

(3) 假定市场利率为8%，根据债券投资的到期收益率，判断甲企业是否应当继续持有A

公司债券，并说明原因。

(4) 如果甲企业于2022年1月1日以1 150元的价格卖出A公司债券，计算该项投资的持有期收益率。

9. 已知：某公司发行票面金额为1 000元、票面利率为8%的3年期债券，该债券每年计息一次，到期归还本金，当时的市场利率为10%。

要求：

(1) 计算该债券的理论价值。

(2) 假定投资者甲以940元的市场价格购入该债券，准备一直持有至期满，若不考虑各种税费的影响，计算该债券的到期收益率。

(3) 假定该债券约定每季度付息一次，投资者乙以940元的市场价格购入该债券，持有9个月收到利息60元，然后以965元将该债券卖出。

计算：

① 持有期收益率。

② 持有期年均收益率。

10. 已知：现行国库券的利率为5%，证券市场组合平均收益率为15%，市场上A、B、C、D四种股票的β系数分别为0.91、1.17、1.8和0.52。

要求：

(1) 采用资本资产定价模型计算A、B、C、D股票的必要收益率。

(2) 假定B股票当前每股市价为15元，最近一期发放的每股股利为2.2元，预计年股利增长率为4%。计算B股票价值，为拟投资该股票的投资者做出是否投资的决策，并说明理由。

(3) 假定投资者购买A、B、C三种股票的比例为1∶3∶6。计算A、B、C投资组合的β系数和必要收益率。

(4) 已知按3∶5∶2的比例购买A、B、D三种股票，所形成的A、B、D投资组合的β系数为0.96，该组合的必要收益率为14.6%；如果不考虑风险大小，请在A、B、C和A、B、D两种投资组合中做出投资决策，并说明理由。

11. 某公司股票的β系数为2.5，目前无风险收益率为6%，市场上所有股票的平均报酬率为10%，若该股票为固定成长股，成长率为6%，预计一年后的股利为1.5元。

要求：

(1) 测算该股票的风险收益率。

(2) 测算该股票投资人要求的必要投资收益率。

(3) 该股票的价格为多少时可购买？

(4) 若股票目前的市价为14元，预期1年后的市价为15元，则投资人持有一年的持有期收益率为多少？

12. 甲公司有一笔闲置资金，拟投资于某证券组合，该组合由X、Y、Z三种股票构成，资金权重分别为40%、30%和30%，β系数分别为2.5、1.5和1，其中X股票投资收益率的概率分布见表7-4。

表 7-4　X 股票投资收益率概率分布表

状况	概率	投资收益率
行情较好	30%	20%
行情一般	50%	12%
行情较差	20%	5%

Y、Z 股票的预期收益率分别为 10% 和 8%，当前无风险利率为 4%，市场组合的必要利率为 9%。

要求：

(1) 计算 X 股票的预期收益率。

(2) 计算该证券组合的预期收益率。

(3) 计算该证券组合的 β 系数。

(4) 利用资本资产定价模型计算该证券组合的必要收益率，并据以判断该证券组合是否值得投资。

13. 万达公司是一家以证券投资为主的投资咨询公司。近年来，由于该公司能及时掌握证券市场的有关信息，并认真研究、谨慎决策，因此始终能取得比较好的投资收益，公司的实力逐渐壮大。近期，公司又进行了两项投资。一项是于 2017 年 7 月 1 日，公司以 51 000 元购入一张面值为 50 000 元的公司债券，其票面利率为 8%，并于每年 7 月 1 日和 1 月 5 日支付两次利息。该债券于 2020 年 7 月 1 日到期，到期按面值收回本金。另一项是于同日投资 140 400 元购买了 100 000 普通股股票，该股票于 2018 年、2019 年和 2020 年的 7 月 1 日分别发放现金股利，每股为 0.95 元、0.75 元和 1.4 元。并于 2020 年 7 月 1 日以 14.5 元的价格将该股票出售。

要求：

请通过计算说明万达公司哪项投资更有利。

14. 乙公司拟用 2 000 万元进行证券投资，并准备长期持有。其中，1 200 万元购买 A 公司股票，800 万元购买 B 公司债券，有关资料如下。

目前无风险收益率为 6%，市场平均收益率为 16%，A 公司股票的 β 系数为 1.2；A 公司当前每股市价为 12 元。预计未来每年的每股股利均为 2.7 元；B 公司债券的必要收益率为 7%。

要求：

(1) 利用资本资产定价模型计算 A 公司股票的必要收益率。

(2) 计算 A 公司股票的价值，并据以判断 A 公司股票是否值得购买。

(3) 计算乙公司证券投资组合的必要收益率。

15. 某上市公司本年度的净收益为 20 000 万元，每股支付股利 2 元。预计该公司未来三年进入成长期，净收益第 1 年增长 14%，第 2 年增长 14%，第 3 年增长 8%，第 4 年及以后将保持其净收益水平。该公司一直采用固定支付率的股利政策，并打算今后继续实行该政策。该公司没有增发普通股和发行优先股的计划。

要求：

(1) 假设投资人要求的报酬率为10%，计算该股票的价值。

(2) 如果股票的价格为24.89元，计算该股票的预期报酬率。

六、案例分析题

常胜公司股票投资决策案例

常胜公司是我国从事金融投资业务最早的企业之一。这里的经营者，个个都精明强干，使得公司经济效益直线上升，所以人们都称它为“常胜”公司。

最近，常胜公司又把投资目标转向股票市场。公司通过市场调查发现：有两家公司规模相当，都是从事稀土氧化物、稀土金属、稀土深加工产品经营及贸易业务的，公司认为这两家公司有可能成为其投资的对象，随后便收集了这两家公司的有关资料。具体资料见表7-5和表7-6。假设其他会计信息都已分析过。请问你能判断出常胜公司的最后选择吗？

表7-5　东方稀土公司现金流量表

单位：万元

项目	2021年	2020年
营业活动:		
营业利润	37 000	74 000
加（减）非现金项目:		
合计	14 000	－4 000
营业活动净现金流入	51 000	70 000
投资活动:		
购买固定资产	－13 000	－3 000
出售固定资产	86 000	79 000
出售长期投资	13 000	
投资活动净现金流入	86 000	76 000
筹资活动:		
签发短期应付票据	73 000	19 000
签发长期应付票据	31 000	42 000
偿还短期应付票据	－181 000	－148 000
偿还长期应付票据	－55 000	－32 000
筹资活动净现金流出	－132 000	－119 000
现金增加(减少)	5 000	27 000

续表

项目	2021 年	2020 年
资产负债表的现金余额:		
年初现金余额	31 000	4 000
年内增加(减少)现金	5 000	27 000
年末现金余额	36 000	31 000

表 7-6　南方稀土公司现金流量表

单位: 万元

项目	2021 年	2020 年
营业活动:		
营业利润	79 000	71 000
加(减)非现金项目:		
合计	19 000	
营业活动净现金流入	98 000	71 000
投资活动:		
购买固定资产	−121 000	−91 000
出售固定资产	13 000	18 000
投资活动净现金流出	−108 000	−73 000
筹资活动:		
签发长期应付票据	46 000	43 000
偿还短期应付票据	−15 000	−40 000
支付现金股利	−12 000	−9 000
筹资活动净现金流入(流出)	19 000	−6 000
现金增加(减少)	9 000	−8 000
资产负债表现金余额:		
年初现金余额	72 000	80 000
年内增加(减少)现金	9 000	−8 000
年末现金余额	81 000	72 000

要求:

(1) 根据常胜公司所掌握的现金流量表的有关数据资料,分析、计算每个公司的优势和

劣势。

(2) 比较计算结果,进行常胜公司的股票投资最后决策。

(3) 企业为什么要采取证券投资形式对外投资?

(4) 证券投资对筹、投资各方有何益处?

(5) 投资企业应如何选择证券投资对象及其投资时机?

(6) 债券投资和股票投资相比,哪种投资对企业有利?

(7) 一个企业在进行股票投资时,通常需要分析计算哪些财务指标?

扫一扫,看答案

第八章
流动资金管理

学习目标

1. 了解现金管理的有关规定、应收账款形成的原因、客户信用评估的方法、置留存货的原因、存货管理的其他常用方法的运用。

2. 理解现金管理、应收账款管理、存货管理的目标，掌握最佳货币资金持有量的确定方法。

3. 熟练掌握信用政策的制定方法和政策的选择、存货经济批量的确定。

第一节　现金和有价证券管理

现金是可以立即投入流动的交换媒介。它的首要特点是普遍的可接受性，即可以立即用来购买商品、货物、劳务，或偿还债务。因此，现金是企业中流动性最强的资产。属于现金内容的项目，包括企业的库存现金、各种形式的银行存款、银行本票和银行汇票。

有价证券是企业现金的一种转换形式。有价证券变现能力强，可以随时兑换成现金。企业有多余现金时，常常将现金兑换成有价证券；现金流出量大于流入量需要补充现金时，再出让有价证券换回现金。在这种情况下，有价证券就成了现金的替代品。获取收益是持有有价证券的原因。本节讨论有价证券是将其视为现金的替代品，是“现金”的一部分。

一、现金管理的有关规定

现金不仅流动性最强，而且安全性最差，因此国家有关部门为加强现金的管理制定了很多相关的法律法规来规范现金的使用。企业应当根据《现金管理暂行条例》《人民币银行结算账户管理办法实施细则》《支付结算办法》等规定来使用现金。

（一）规定现金的使用范围

这里的现金，是指人民币现钞，即企业用现钞从事交易，只能在一定范围内进行。该范围包括：

（1）职工工资、津贴。

（2）个人劳务报酬。

（3）根据国家规定颁发给个人的科学技术、文化艺术、体育等各种奖金。

（4）各种劳保、福利费用以及国家规定的对个人的其他支出。

（5）向个人收购农副产品和其他物资的价款。

（6）出差人员必须随身携带的差旅费。

（7）结算起点（1 000 元）以下的零星支出。

（8）中国人民银行确定需要支付现金的其他支出。

（二）规定库存现金限额

企业库存现金，由其开户银行根据企业的实际需要核定限额，一般以 3 ～ 5 天的零星开支额为限。

（三）不得坐支现金

企业不得从本单位的人民币现金收入中直接支付交易款（即坐支）。现金收入应于当日终了时送存开户银行。不得坐支现金主要包括：

（1）不得出租、出借银行账户。

（2）不得签发空头支票和远期支票。

（3）不得套用银行信用。

（4）不得保存账外公款，包括不得将公款以个人名义存入银行和保存账外现金等各种形式的账外公款。

二、现金管理的目标

拓展阅读

（一）企业持有现金的目的

1. 满足交易性需要

满足交易性需要是指满足日常业务的现金支付需要。企业从创立、生存、发展都将发生无数的日常业务的现金支出，具体业务如注册登记、购买材料、投入生产、发放工资、上缴税金、偿还债务、分配股利等无不需要支付现金。

2. 满足预防性需要

满足预防性需要是指置存现金以防发生意外的支付。企业有时会出现意想不到的开支，因此企业必须要有一定数额的预防性现金在账上，至于金额的大小取决于企业对意外性开支的估计和所运用的筹资策略。

3. 满足投机性需要

满足投机性需要是指置存现金用于不寻常的购买机会。比如遇有廉价原材料或其他资产供应的机会，便可用手头现金大量购入；再比如在适当时机购入价格有利的股票和其他有价证券，等等。当然，除了金融和投资公司外，一般来说，其他企业专为投机性需要而特殊置存现金的不多，遇到不寻常的购买机会，也常常设法临时筹集资金。但拥有相当数额的现金，确实能够为突然的大批采购提供方便。

（二）现金管理的目标

为了满足以上三方面的要求，企业是不是应该尽可能多地持有现金呢？如果企业置存过量的现金，势必造成现金的浪费并为此付出代价，但是如果企业缺乏必要的现金，可能会因为无法承担支付能力而丧失购买机会，造成停工损失、信用损失，甚至失去合作伙伴。可见，企业同时面临现金不足和现金过量两方面的威胁。企业现金管理的目标，就是要在资产的流动性和盈利能力之间做出抉择，在保证企业正常经营的前提下，将现金余额降低到足以维持企业运营的最低水平，并利用暂时闲置的现金获取最大收益，而这个最低水平的持有量通常可以理解为最佳现金持有量。

三、最佳现金持有量的确定

下面介绍三种确定最佳现金持有量的方法。

（一）成本分析模式

成本分析模式是指通过分析持有现金的成本，寻找持有成本最低的现金持有量。

企业持有的现金包括以下三种成本。

1. 机会成本

现金作为企业的一项资金占用，是有代价的，这种代价就是其机会成本，又称持有成本。现金资产的流动性极佳，但盈利性极差。持有现金则不能将其投入生产经营活动，失去本可获得的收益。企业为了经营业务，有必要持有一定的现金，以应对意外的现金需要。但现金拥有量过多，会使机会成本代价大幅度上升，就不合算了。

2. 管理成本

企业拥有现金，会产生管理费用，如管理人员工资、安全措施费等。这些费用是现金的管理成本。管理成本是一种固定成本，与现金持有量之间无明显的比例关系。

3. 短缺成本

现金的短缺成本，是指因缺乏必要的现金，不能应付业务开支所需，而使企业蒙受损失或为此付出的代价。现金的短缺成本随现金持有量的增加而下降，随现金持有量的减少而上升。

上述三项成本之和最小的现金持有量，即最佳现金持有量。如果把以上三种成本线放在一个图上（图 8-1），就能表现出持有现金的总成本（总代价），并能找出最佳现金持有量的点：机会成本线向右上方倾斜，短缺成本线向右下方倾斜，管理成本线为平行于横轴的平行线，总成本线便是一条抛物线，该抛物线的最低点即为持有现金的最低总成本。超过这一点，机会成本上升的代价又会大于短缺成本下降的好处；这一点之前，短缺成本上升的代价又会大于机会成本下降的好处。这一点的横坐标 Q，即最佳现金持有量。

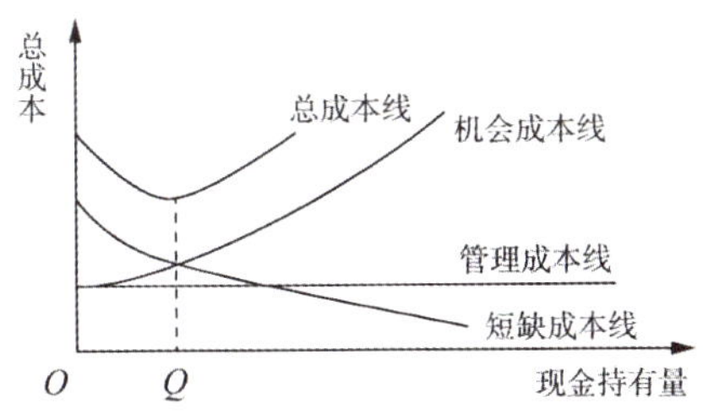

图 8-1 持有现金的总成本

最佳现金持有量的具体计算，可以先分别计算出各种方案的机会成本、管理成本、短缺成本之和，再从中选出总成本之和最低的现金持有量，即最佳现金持有量。

【例 8－1】某企业有四种现金持有方案，它们各自的机会成本、管理成本、短缺成本见表 8-1。

表 8-1 现金持有方案成本分类

单位：元

项目	方案			
	甲	乙	丙	丁
现金持有量	25 000	50 000	75 000	100 000
机会成本	3 000	6 000	9 000	12 000
管理成本	20 000	20 000	20 000	20 000
短缺成本	12 000	6 750	2 500	0

注：机会成本率即该企业的资本收益率为 12%。

这四种方案的总成本计算结果见表 8-2。

表 8-2 现金持有总成本

单位：元

项目	方案			
	甲	乙	丙	丁
机会成本	3 000	6 000	9 000	12 000
管理成本	20 000	20 000	20 000	20 000
短缺成本	12 000	6 750	2 500	0
总成本	35 000	32 750	31 500	32 000

将以上各方案的总成本加以比较可知，丙方案的总成本最低，也就是说当企业持有 75 000 元现金时，各方面的总代价最低，对企业最合算，故 75 000 元是该企业的最佳现金持有量。

（二）存货模式

存货模式是指如果企业平时只持有较少的现金（初始现金持有量），在有现金需要时（如手头的现金用尽），则通过出售有价证券换回现金（或从银行借入现金），便能满足现金需要的一种现金持有模式。

存货模式是通过分析初始现金持有量的成本及有价证券交易成本，寻找这两个成本之和最低时的现金持有量。

企业持有的现金，将会由以下两种成本构成。

1. 机会成本

一定时期内现金持有量的总机会成本为：

$$机会成本 = (C/2) \times K$$

式中，K—— 有价证券的利率；

C—— 初始现金持有量；

$C/2$—— 一定时期内现金平均持有量。

2. 交易成本

企业每次以有价证券转换回现金是要付出代价的（如支付经纪费用），称为现金的交易成本，用 F 表示（假定每次是固定的）；一定时期内出售有价证券的总交易成本为：

$$交易成本 = (T/C) \times F$$

式中，T—— 一定期间内的现金需求量；

T/C—— 现金转换次数。

$$\begin{aligned}总成本(TC) &= 机会成本 + 交易成本 \\ &= (C/2) \times K + (T/C) \times F \end{aligned} \tag{8-1}$$

现金的交易成本与现金转换次数、每次的转换量有关。在企业一定时期现金使用量确定的前提下，每次以有价证券转换回现金的金额越大，企业平时持有的现金量便越高，转换的次数便越少，现金的交易成本就越低，机会成本就越高；反之，每次转换回现金的金额越低，企业平时持有的现金量便越低，转换的次数会越多，现金的交易成本就越高，机会成本就越低。这样，现金的成本构成可表现为如图 8-2 所示。

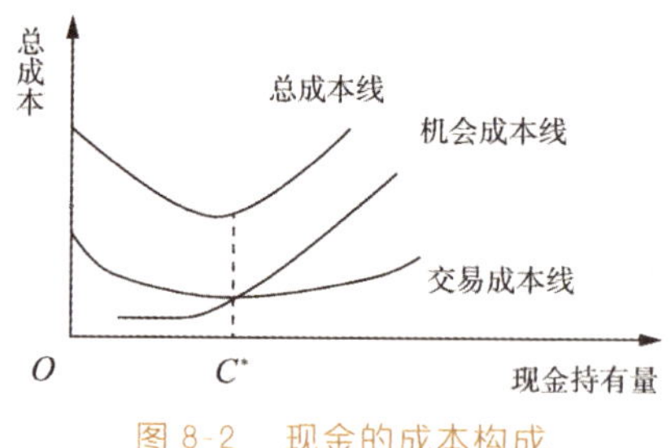

图 8-2 现金的成本构成

在图 8-2 中，现金的机会成本和交易成本是两条随现金持有量呈不同方向发展的曲线，两条曲线交叉点 C^* 相应的现金持有量即是总成本最低的现金持有量，这一现金持有量称为最佳现金持有量，以 C^* 表示。

根据以上公式求一阶导数，得出现金持有总成本最低时的最佳持有量公式：

$$目标现金持有量\ C^* = \sqrt{(2T \times F)/K} \tag{8-2}$$

$$最低现金持有成本\ TC = \sqrt{2TFK} \tag{8-3}$$

【例 8-2】某企业一年的现金需求量为 5 200 000 元，准备用短期有价证券变现取得，平均每次证券固定变现费用为 1 000 元，证券的市场利率为 10%。

本例中，$T=5\ 200\ 000$ 元，$F=1\ 000$ 元，$K=0.1$，利用上述公式即可计算出最佳现金持有量为：

$$\begin{aligned} C^* &= \sqrt{(2T\times F)/K} \\ &= \sqrt{(2\times 5\ 200\ 000\times 1\ 000)\div 0.1} \\ &\approx 322\ 490(\text{元}) \end{aligned}$$

最低现金持有成本为：

$$\begin{aligned} TC &= \sqrt{2TFK} \\ &= \sqrt{(2\times 5\ 200\ 000\times 1\ 000)\times 0.1} \\ &\approx 32\ 249(\text{元}) \end{aligned}$$

为了验证这一结果的正确性，可以计算出比 322 490 元略高和略低的几种现金持有量的成本，比较它们的高低，见表 8-3。

表 8-3　不同初始现金持有量下的现金持有成本表

单位：元

初始现金持有量	机会成本	交易成本	总成本
335 000	16 750	15 522	32 272
330 000	16 500	15 758	32 258
322 490	16 125	16 125	32 250
310 000	15 500	16 774	32 274
305 000	15 250	17 049	32 299

表 8-3 说明，不论初始现金持有量高于还是低于322 490 元，总成本都会升高，所以 322 490 元是最佳的现金持有量。

现金持有量的存货模式是一种简单、直观的确定最佳现金持有量的方法，但运用该模式时，是以下列四个假设为前提的：① 企业所需要的现金可以通过证券变现取得，且证券变现的不确定性很小；② 现金支出过程比较稳定、波动小，而且每当现金余额降至零时，均可通过证券变现得到补足；③ 企业预计期内现金总需要量可以预知；④ 证券的利率或报酬率以及每次固定性交易费用可以获悉。实际上要同时满足以上四个条件是很少有的，而且容易随意改变有价证券的持有目的。相比而言，那些适用于现金需求量不确定的控制最佳现金持有量的方法，就显得更具有普遍应用性。

（三）随机模式

随机模式是在现金需求量难以预知的情况下进行现金持有量控制的方法。对企业来讲，现金需求量往往波动大且难以预知，但企业可以根据历史经验和现实需要，测算出一个现金持有量的控制范围，即制定出现金持有量的上限和下限，将现金量控制在上下限之内。当现金量达到控制上限时，用现金购入有价证券，使现金持有量下降；当现金量降到控制下限时，则抛售有价证券换回现金，使现金持有量回升。若现金量在控制的上下限之内，便不必进行现金与有价证券的转换，保持它们各自的现有存量。这种对现金持有量的控制如图 8-3 所示。

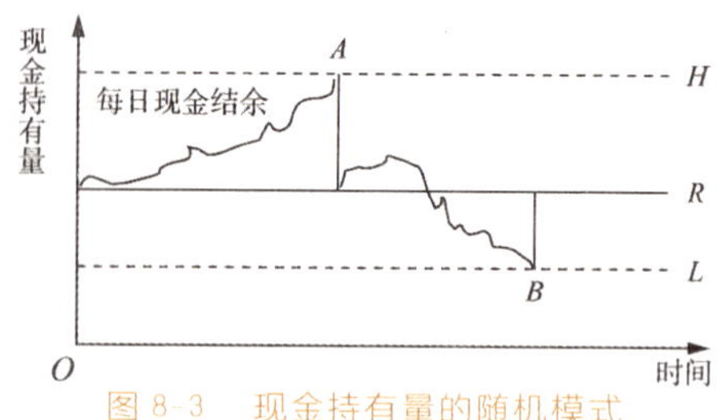

图 8-3　现金持有量的随机模式

图 8-3 中，虚线 H 为现金存量的上限，虚线 L 为现金存量的下限，实线 R 为最优现金返回线。从图中可以看到，企业的现金存量（表现为现金每日余额）是随机波动的，当其达到 A 点时，即达到了现金控制的上限，企业应用现金购买有价证券，使现金持有量回落到现金返回线（R 线）的水平；当现金存量降至 B 点时，即达到了现金控制的下限，企业则应转让有价证券换回现金，使其存量回升至现金返回线的水平。现金存量在上下限之间的波动属控制范围内的变化，是合理的。以上关系中的上限 H、现金返回线 R 可按下列公式计算：

$$R = \sqrt[3]{\frac{3b\delta^2}{4i}} + L \tag{8-4}$$

$$H = 3R - 2L \tag{8-5}$$

式中，b—— 每次有价证券的固定转换成本；

i—— 有价证券的日利息率；

δ—— 预期每日现金余额变化的标准差（可根据历史资料测算）。

而下限 L 的确定，则要受到企业每日的最低现金需要、管理人员的风险承受倾向等因素的影响。

【例 8-3】假定某公司有价证券的年利率为 9%，每次固定转换成本为 50 元，公司认为任何时候其银行活期存款及现金余额均不能低于 1 000 元，又根据以往经验测算出现金余额波动的标准差为 800 元。最优现金返回线 R、现金控制上限 H 的计算为：

$$有价证券日利率 = 9\% \div 360 = 0.025\%$$

$$R = \sqrt[3]{\frac{3b\delta^2}{4i}} + L = \sqrt[3]{\frac{3 \times 50 \times 800^2}{4 \times 0.025\%}} + 1\,000$$

$$\approx 5\,579(元)$$

$$H = 3R - 2L = 3 \times 5\,579 - 2 \times 1\,000 = 14\,737(元)$$

这样，当公司的现金余额达到 14 737 元时，即应以 9 158 元的现金去投资于有价证券，使现金持有量回落为 5 579 元；当公司的现金余额降至 1 000 元时，则应转让4 579 元的有价证券，使现金持有量回升为 5 579 元，如图 8-4 所示。

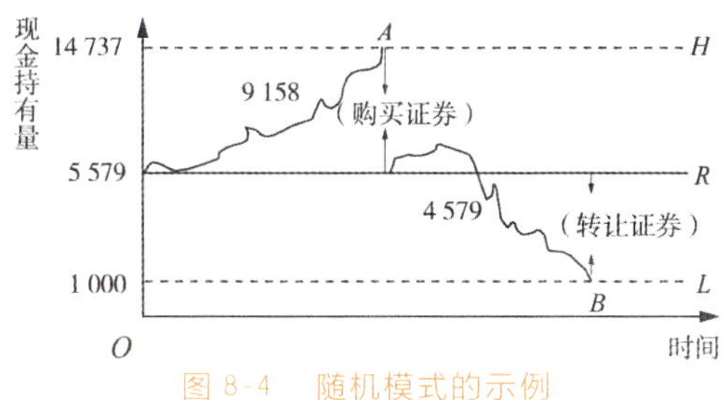

图 8-4 随机模式的示例

随机模式建立在企业的现金未来需求总量和收支不可预测的前提下，因此计算出来的现金持有量比较保守。

以上仅介绍了三种比较容易理解和接受的最佳现金持有量的确定方法，但是操作起来还是受多方面的条件约束，相比而言本书第三章关于全面预算中的现金预算方法显得比较现实可行。

总之，最佳现金持有量的确定也只是确定了现金管理的目标而已，要确保目标的实现，企业还必须加强现金的日常收支管理，力求使现金收支在数量和时间上达到动态协调平衡，实现资金链条环环相扣，以保证企业生产经营活动顺利进行。

第二节 应收账款管理

应收账款是指因对外销售产品、材料、供应劳务及其他原因，应向购货单位或接受劳务的单位及其他单位应收取但还未收取的款项，包括应收销售款、其他应收款、应收票据等。

一、应收账款形成原因

这里所讨论的应收账款的形成是指会计信息的提供，由会计信息得知发生应收账款的原因，主要有以下两种。

（一）商业信用

商业信用是发生应收账款的主要原因。在现有的市场经济的条件下，存在着激烈的商业竞争。竞争机制的作用迫使企业以各种手段扩大销售。除了依靠产品质量、价格、售后服务、广告等外，赊销也是扩大销售的手段之一。对于同等的产品价格、类似的质量水平、一样的售后服务，实行赊销的产品或商品的销售额将大于现金销售的产品或商品的销售额。这是因为顾客将从赊销中得到好处，至少也是其短期筹资的一种补充手段。出于扩大销售的竞争需要，企业不得不以赊销或其他优惠方式招揽顾客，于是就产生了应收账款。由竞争引起的应收账款，是一种商业信用。

（二）销售和收款的时间差距

商品成交的时间和收到货款的时间经常不一致，这也形成了应收账款。这主要是由于账务处理的及时性、各行业的经营特点，以及银行结算方式不同等原因所造成。这种由于销售和收款的时间差而造成的应收账款，不是真正意义上的应收账款，就其时间差距也是很短暂的，不属于商业信用，也不是应收账款的主要内容，在此不再对其进行深入讨论，而只论述属于商业信用的应收账款的管理。

二、应收账款的成本

信用销售能促销，但必须付出相应的代价。赊销的代价就是应收账款的成本，它包括以下三个方面。

（一）机会成本

应收账款体现为一种资金占用，企业如果不把资金占用在应收账款上，便可用于其他投资并获得收益，如用于购买有价证券便可获得利息或股息收入。这种因应收账款占用而放弃的其他收入，就是应收账款的机会成本，这种机会成本一般按应收账款资金占用额乘以一定利率计算。计算公式如下：

应收账款机会成本 = 应收账款占用资金 × 机会成本率　（8－6）

应收账款占用资金 = 应收账款平均余额 × 变动成本率　（8－7）

应收账款平均余额 = 日销售额 × 平均收现期　（8－8）

（二）管理成本

企业对应收账款进行管理所耗费的各种费用，即为应收账款的管理成本，主要包括：调查顾客信用情况的费用；收集各种信息的费用；账簿的记录费用；收账费用；其他费用。

（三）坏账成本

应收账款因故不能收回而发生的损失，即为坏账成本。此项成本一般与应收账款发生的数量成正比。坏账成本一般按下列公式计算：

坏账成本 = 赊销收入 × 估计坏账百分比　（8－9）

三、应收账款管理的目标

应收账款是赊销的产物，赊销的促销功能促使应收账款金额增大，即销售额的增大。同时由于销量的扩大，促使存货减少，也降低了存货的成本，但是又因为应收账款的增大而导致其成本也增大，这就需要在一定信用政策的前提下，在应收账款的增加而带来的收益的增加和这种政策下的成本的增加之间作出权衡。只有当应收账款所增加的收益超过所增加的成本时，才应当实施应收账款赊销。如果应收账款赊销有着良好的盈利前景，就应当放宽信用条件增加赊销量。因此，应收账款管理的目标始终本着成本效益最优原则，权衡由于赊销带来的收益和成本之间的关系，以求得企业最大利益。

本着实现这一目标的美好愿望，企业必须通过评估客户信用风险、制定信用政策、审核销售合同、落实收账责任等方面来加强应收账款的管理。

四、制定信用政策

所谓信用政策，是指企业为实现预期的销售目标和任务而规定的赊销行动准则。是应收账款管理的纲领性文件，应收账款赊销的效果好坏，依赖于企业的信用政策。它包括：信用期限、信用标准和现金折扣等三个方面。

（一）信用期限

信用期限是指企业要求客户付款的最长期限，只要客户在此期限内付款，便可认为该客户没有违约。延长信用期限客观上刺激了销售，但也相应增加了企业在应收账款上的机会成本、管理成本，并可能加剧企业的坏账风险。因而，最优的信用期限是根据销售增加为基础的边际收入与增加的边际成本而确定的。具体来说要根据以下四个方面来确定：① 要估计信用期限变动产生的增量销售；② 要估计与增量销售有关的增量成本，两者之差即估计的增量营业利润；③ 要扣除与增量销售相关的收账费用和坏账损失；④ 要扣除机会成本，即经营资金被应收款项占用而丧失的收益。这样，才可以确定信用政策是否能产生净利润。

【例 8－4】某公司现在采用 30 天按发票金额付款的信用政策，拟将信用期放宽至 60 天，仍按发票金额付款即不给折扣。假设等风险投资的最低报酬率为 15%，其他有关的数据见表 8-4。

表 8-4　两种信用期情况下的应收账款成本项目表

项目	信用期	
	30 天	60 天
销售量 / 件	100 000	120 000
赊销额（单价 5 元）/ 元	500 000	600 000
销售成本 / 元		
变动成本（每件 4 元）/ 元	400 000	480 000
固定成本 / 元	50 000	50 000
毛利 / 元	50 000	70 000
可能发生的收账费用 / 元	3 000	4 000
可能发生的坏账损失 / 元	5 000	9 000

在分析时，先计算放开宽信用期得到的收益，然后计算增加的成本，最后根据两者比较的结果作出判断。

1. 收益的增加

$$收益的增加 = 销售量的增加 \times 单位边际贡献$$
$$= (120\ 000 - 100\ 000) \times (5 - 4) = 20\ 000(元)$$

2. 应收账款占用资金的应计利息增加（机会成本）

$$应收账款应计利息 = 应收账款占用资金 \times 资本成本$$
$$应收账款占用资金 = 应收账款平均余额 \times 变动成本率$$
$$应收账款平均余额 = 日销售额 \times 平均收现期$$

$$30 天信用期应计利息 = \frac{500\ 000}{360} \times 30 \times \frac{400\ 000}{500\ 000} \times 15\% = 5\ 000(元)$$

$$60\text{ 天信用期应计利息} = \frac{600\ 000}{360} \times 60 \times \frac{400\ 000}{600\ 000} \times 15\% = 12\ 000(\text{元})$$

$$\text{应计利息增加} = 12\ 000 - 5\ 000 = 7\ 000(\text{元})$$

3. 收账费用和坏账损失增加

$$\text{收账费用增加} = 4\ 000 - 3\ 000 = 1\ 000(\text{元})$$

$$\text{坏账损失增加} = 9\ 000 - 5\ 000 = 4\ 000(\text{元})$$

4. 改变信用期的税前损益

$$\text{收益增加} - \text{成本费用增加} = 20\ 000 - (7\ 000 + 1\ 000 + 4\ 000) = 8\ 000(\text{元})$$

由于收益的增加大于成本增加，故应采用 60 天的信用期。

上述信用期分析的方法是比较简略的，可以满足一般制定信用政策的需要。如有必要，也可以进行更细致的分析，如进一步考虑销货增加引起存货增加而多占用的资金等。

【例 8－5】沿用【例 8－4】，现假定信用期由 30 天改为 60 天，由于销售量的增加，平均存货水平将从 9 000 件上升到 20 000 件，每件存货成本按变动成本 4 元计算，其他情况依旧。

由于增添了新的存货增加因素，需在原来分析的基础上，再考虑存货增加而多占用资金所带来的影响，重新计算放宽信用的损益。

$$\text{存货增加而多占用资金的利息} = (20\ 000 - 9\ 000) \times 4 \times 15\% = 6\ 600(\text{元})$$

$$\text{改变信用期的税前收益} = 8\ 000 - 6\ 600 = 1\ 400(\text{元})$$

因为仍然可以获得税前收益，所以尽管会增加平均存货，还是应该采用 60 天的信用期。

如果更进一步地细致分析，还应考虑存货增加引起的应付账款的增加。这种负债的增加会节约企业的营运资金，减少营运资金的“应计利息”。因此，信用期变动的分析，一方面要考虑对利润表的影响（包括收入、成本和费用）；另一方面要考虑对资产负债表的影响（包括应收账款、存货、应付账款），并且要将对资金占用的影响用“资本成本”转化为“应计利息”，以便进行统一的得失比较。

（二）信用标准

信用标准是指顾客获得企业的商业信用所应具备的条件。如果顾客达不到信用标准，便不能享受企业的信用（如付现款购货）或只能享受较低的信用优惠。信用标准的设置，直接影响到客户信用申请的审批，与销售部门的工作密切相关，它能帮助销售部门定义企业的信用销售对象，在很大程度上决定了企业客户群的规模。信用标准的宽严也在很大程度上决定了应收账款的规模和相关成本。这就要求企业权衡得失，较为准确地对不同客户规定相应的信用标准。要确定信用标准需要采用专门的方法对客户进行信用风险评估，根据评估结果确定客户的信用好坏程度，企业应先通过确定客户的信用标准，然后来确定各客户的信用期限及现金折扣。

（三）现金折扣

现金折扣是指企业对顾客在商品价格上所做的扣减，是促使客户尽快付款的一种手段。向顾客提供这种价格上的优惠，主要目的在于吸引顾客为享受优惠而提前付款，缩短企业的平均收款期。另外，现金折扣也能招揽一些视折扣为减价出售的顾客前来购货，借此扩大销

售量。折扣的表示常采用如5/10、3/20、$n/30$等符号形式。这三种符号的含义为：5/10表示10天内付款，可享受5%的价格优惠，即只需支付原价的95%，如原价为10 000元，只支付9 500元；3/20表示20天内付款，可享受3%的价格优惠，即只需支付原价的97%，若原价为10 000元，只支付9 700元；$n/30$表示付款的最后期限为30天，此时付款无优惠。其中的30天叫作信用期限，而20天、10天都被称为折扣期限。

企业采用什么程度的现金折扣，要与信用期限结合起来考虑。比如，要求顾客最迟不超过30天付款，若希望顾客20天、10天付款，能给予多大折扣？或者给予5%、3%的折扣，能吸引顾客在多少天内付款？不论是信用期限还是现金折扣，都可能给企业带来收益，但也会增加成本，即价格折扣损失。当企业给予顾客某种现金折扣时，应当考虑折扣所能带来的收益与成本孰高孰低，权衡利弊，抉择决断。

因为现金折扣是与信用期间结合使用的，所以确定折扣程度的方法与程序实际上与前述确定信用期间的方法与程序一致，只不过要把所提供的延期付款时间和折扣综合起来，看各方案的延期与折扣能取得多大的收益增量，再计算各方案带来的成本变化，最终确定最佳方案。

【例8-6】沿用【例8-4】，假定该公司在放宽信用期的同时，为了吸引顾客尽早付款，提出了0.8/30、$n/60$的现金折扣条件，估计会有一半的顾客（按60天信用期所能实现的销售量计算）将享受现金折扣优惠。

1. 收益的增加

$$\text{收益的增加} = \text{销售量的增加} \times \text{单位边际贡献} = (120\,000 - 100\,000) \times (5 - 4) = 20\,000(\text{元})$$

2. 应收账款占用资金的应计利息增加

$$30\text{天信用期应计利息} = \frac{500\,000}{360} \times 30 \times \frac{400\,000}{500\,000} \times 15\% = 5\,000(\text{元})$$

$$\begin{aligned}\text{提供现金折扣的应计利息} &= \left(\frac{600\,000 \times 50\%}{360} \times 60 \times \frac{480\,000 \times 50\%}{600\,000 \times 50\%} \times 15\%\right) + \\ &\quad \left(\frac{600\,000 \times 50\%}{360} \times 30 \times \frac{480\,000 \times 50\%}{600\,000 \times 50\%} \times 15\%\right) \\ &= 6\,000 + 3\,000 = 9\,000(\text{元})\end{aligned}$$

$$\text{应计利息增加} = 9\,000 - 5\,000 = 4\,000(\text{元})$$

3. 收账费用和坏账损失增加

$$\text{收账费用增加} = 4\,000 - 3\,000 = 1\,000(\text{元})$$

$$\text{坏账损失增加} = 9\,000 - 5\,000 = 4\,000(\text{元})$$

4. 估计现金折扣成本的变化

$$\begin{aligned}\text{现金折扣成本增加} &= \text{新的销售水平} \times \text{新的现金折扣率} \times \\ &\quad \text{享受现金折扣的顾客比例} - \text{旧的销售水平} \times \\ &\quad \text{旧的现金折扣率} \times \text{享受现金折扣的顾客比例} \\ &= 600\,000 \times 0.8\% \times 50\% - 500\,000 \times 0 \times 0 \\ &= 2\,400(\text{元})\end{aligned}$$

5. 提供现金折扣后的税前损益

$$\begin{aligned}收益增加-成本费用增加&=20\ 000-(4\ 000+1\ 000+4\ 000+2\ 400)\\&=8\ 600(元)\end{aligned}$$

由于可获得税前收益,故应当放宽信用期,提供现金折扣。

五、评估客户信用风险

(一) 信用风险的概念

信用是指在商业交易中,企业之间由于延期付款或者预收货款形成的信贷行为。对销售企业而言,给予对方的信用是允许其延期付款形成的应收账款;对采购企业而言,给予对方的信用是向其预付货款形成的预付账款等。信用风险是指在以信用关系为纽带的交易过程中,交易一方不能履行给付承诺而给另一方造成损失的可能性。在采用信用销售政策的企业,信用风险表现为客户到期不予付款或者到期没有能力付款。

(二) 信用风险评估方法

信用风险评估是企业对客户信用的整体评价,主要包括两方面,即研究客户的还款意愿和偿还能力。分析还款意愿主要是考察债务人的品格;分析偿还能力则是考察债务人的经济前景。信用风险评估方法很多,下面是常用的三种方法。

1. “五 C” 信用评级法

“五 C”信用评级法即评估客户信用品质的五个方面,分别为品质(Character)、能力(Capacity)、资本(Capital)、抵押(Collateral) 和条件(Conditions)。

(1) 品质。品质指顾客的信誉,即履行偿债义务的可能性。企业必须设法了解顾客过去的付款记录,看其是否有按期如数付款的一贯做法,以及与其他供货企业的关系是否良好。这一点经常被视为评价顾客信用的首要因素。

(2) 能力。能力指顾客的偿债能力,即其流动资产的数量和质量以及与流动负债的比例。顾客的流动资产越多,其转换为现金支付款项的能力越强。同时,还应注意顾客流动资产的质量,看是否有存货过多、过时或质量下降,影响其变现能力和支付能力的情况。

(3) 资本。资本指顾客的财务实力和财务状况,表明顾客可能偿还债务的背景。

(4) 抵押。抵押指顾客拒付款项或无力支付款项时能被用作抵押的资产。这对于不知底细或信用状况有争议的顾客尤为重要。一旦收不到这些顾客的款项便以抵押品抵补。如果这些顾客提供足够的抵押,就可以考虑向他们提供相应的信用。

(5) 条件。条件指可能影响顾客付款能力的经济环境。比如,万一出现经济不景气,会对顾客的付款产生什么影响,顾客会如何做等,这需要了解顾客在过去困难时期的付款历史。

2. 信用评分法

信用评分法是一种广泛运用的统计方法,在实际工作中,往往会根据需要增加或减少一些变量。

$$信用评价分数=3.5\times利息保障倍数+10\times速动比率-25\times资产负债率+1.3\times经营年限 \tag{8-10}$$

采用这一评估方法的标准：评估分数低于40分，表明信用风险大；40～50分之间为平均风险；高于50分说明风险较小。

3. 借助信用评级中介机构力量

客户信用等级可以通过信用机构取得。信用机构关注的主要因素有：行业风险、商业风险和财务风险，其中行业风险是评级决策中最为重要的指标。

通过借鉴以上的几种信用评估方法可以用来评估各客户的信用风险，将各客户的信用打分或分等级来形成信用标准，以便最终制定科学的信用政策。

六、审核销售合同

销售合同可分为一般销售合同和特殊销售合同。其中，特殊销售合同又可分为开口合同和合同金销额超过规定金额的重大合同。销售合同是企业内部据以确认收入、发出货物、催收账款等的重要文件，为了杜绝违法或者无效的销售合同，防止经济诈骗和经济纠纷案件的发生，降低或避免企业在销售货物或服务过程中承担的经营风险和经济损失，除了由法律部门对销售合同的合法性进行审核外，更重要的是建立财务审核制度，对销售合同将给企业带来的收入、成本、经营风险等问题，进行经济性审核。主要内容包括：① 明确合同审批的权限；② 明确合同审核的业务流程；③ 明确合同签订过程中财务审核的内容和关注重点；④ 加强合同履行过程中的财务审核，实行财务监控；⑤ 明确合同修改和解除、终止的审批权限和流程。

七、落实收账责任

应收账款发生后，企业应采取各种措施，尽量争取按期收回款项，否则会因拖欠时间过长而发生坏账，使企业蒙受损失。这就要求企业要设置专门的收账机构和人员，以履行收账义务。具体措施可以包括以下两个方面。

（一）建立应收款项催收责任制度

企业应当依法理财，对到期的应收款项，应当及时提醒客户依法付款；对逾期的应收款项，可以采取多种方式催收；对重大的逾期应收款项，可以通过诉讼方式解决。

企业应当落实内部催收款项的责任，将应收款项的回收与相关业务部门及专门的收账部门的绩效考核及其奖惩挂钩，同时对于专门的收账部门要提供收账经费，以确保收账工作正常进行。

（二）建立应收款项台账管理制度

企业应该由收账部门设立应收账款台账，详细反映内部各业务部门以及各客户应收款项的发生、增减变动、余额及其每笔账龄等财务信息。其中账龄分析法是常用的可行的一种收账分析方法，主要是通过设置账龄分析表来反映欠款的金额，时间的长短，当然拖欠时间越长的坏账的可能性就越大。企业因此可以采用相应的催款措施。

账龄分析表是一张能显示应收账款在外天数（账龄）长短的报告，其格式见表8-5。

表 8-5　2021 年 12 月 31 日账龄分析表

应收账款账龄	账户数量	金额 / 千元	百分率 /%
信用期内	200	80	40
超过信用期 1 ～ 20 天	100	40	20
超过信用期 21 ～ 40 天	50	20	10
超过信用期 41 ～ 60 天	30	20	10
超过信用朋 61 ～ 80 天	20	20	10
超过信用期 81 ～ 100 天	15	10	5
超过信用期 100 天以上	5	10	5
合计	420	200	100

利用账龄分析表，企业可以了解到以下情况。

（1）有多少欠款尚在信用期内。表 8-5 显示，有价值 80 000 元的应收账款处在信用期内，占全部应收账款的 40%。这些款项未到偿付期，欠款是正常的；但到期后能否收回，还要待时再定。故及时的监督仍是必要的。

（2）有多少欠款超过了信用期，超过时间长短的款项各占多少，有多少欠款会因拖欠时间太久而可能成为坏账。表 8-5 显示，有价值 120 000 元的应收账款已超过了信用期，占全部应收账款的 60%。其中拖欠时间较短的（20 天内）有 40 000 元，占全部应收账款的 20%，这部分欠款收回的可能性很大；拖欠时间较长的（21 ～ 100 天）有 70 000 元，占全部应收账款的 35%，这部分欠款的回收有一定难度；拖欠时间很长的（100 天以上）有 10 000 元，占全部应收账款的 5%，这部分欠款有可能成为坏账。对不同拖欠时间的欠款，企业应采取不同的收账方法，制定出经济、可行的收账政策；对可能发生的坏账损失，则应提前做好准备，充分估计这一因素对损益的影响。

通过以上内容的分析得出：要强化应收账款的管理，信用政策的制定是关键，客户信用风险的评估是保障，销售合同的审核是基础，收账责任的落实是结果。只有将这四方面有机结合才有助于应收账款管理目标的最终实现。

第三节　存货管理

存货是指企业在生产经营过程中为销售或耗用而储备的物质，它包括各种原材料、燃料、包装物、低值易耗品、委托加工材料、在产品、产成品和商品等。换句话说，存货包括企业持有可供出售的商品或产成品，处于生产过程中的在产品或半成品，可供生产经营用的各种材料等。一般而言，企业存货种类较多、在流动资产中占比重较大，且渗透到生产经营的各个环节，持续不断地被销售、重置或耗用，存货的管理水平直接关系到企业的资金占用以及资产营运效率，对企业的财务状况会产生很大影响，因此，企业应当加强存货的管理。

一、存货管理的目标

（一）置留存货的原因

1. 保证生产或销售的经营需要

实际上，企业很少能做到可随时购入生产或销售所需的各种物资，即使是市场供应量充足的物资也如此。这不仅因为不时会出现某种材料的市场断档，还因为企业距供货点较远而需要必要的途中运输及可能出现运输故障。一旦生产或销售所需物资短缺，生产经营将被迫停顿，造成损失。为了避免或减少出现停工待料、停业待货等事故，企业需要储存必要的存货。

2. 追求较低的存货购买价格

零购物资的价格往往较高，而整批购买在价格上常有优惠，卖家为了促销会给定一些优惠政策，商业折扣就是常用的方式。

企业经常保留一定数额的存货是保证企业正常运行、提高效益的重要经营手段。

（二）存货管理的目标要求

企业到底需要保留多少存货才合适呢?这就涉及存货管理的目标问题了。保留一定数量的存货对保障企业的运行，增加企业收益确实很有必要，但是存货也是有成本的，过多的存货会占用较多的资金，并且会增加包括仓储费、保险费、维护费、管理人员工资在内的各项开支。存货占用资金产生资金成本，各项开支的增加更直接使成本上升。因此，存货管理的目标应既能满足生产经营正常需要，又能使存货成本最低。

二、存货成本

储存一定量的存货，必定会有一定的成本支出。存货成本包括取得成本、储存成本、缺货成本三个组成部分。

（一）取得成本

取得成本是指为取得某种存货而支出的成本，通常用 TC_a 来表示。其又划分为订货成本和购置成本。

1. 订货成本

订货成本是指取得订单的成本，如办公费、差旅费、邮资、电报电话费等支出。订货成本中有一部分与订货次数无关，如常设采购机构的基本开支等，称为订货的固定成本，用 F_1 表示；另一部分与订货次数有关，如差旅费、邮资等，称为订货的变动成本。每次订货的变动成本用 K 表示；订货次数等于存货年需要量 D 与每次进货量 Q 之商。订货成本的计算公式为：

$$订货成本 = F_1 + \frac{D}{Q}K \tag{8-11}$$

2. 购置成本

购置成本是指存货本身的价值，经常用数量与单价的乘积来确定。年需要量用 D 表示，

单价用 U 表示，于是购置成本用 DU 表示。

订货成本加上购置成本，就等于存货的取得成本。其公式可表达为：

取得成本＝订货成本＋购置成本

＝订货固定成本＋订货变动成本＋购置成本

$$TC_a = F_1 + \frac{D}{Q}K + DU \tag{8-12}$$

（二）储存成本

储存成本是指为保持存货而发生的成本，包括存货占用资金所应计的利息（若企业用现有现金购买存货，便失去了现金存放银行或投资于证券本应取得的利息，是为“放弃利息”；若企业借款购买存货，便要支付利息费用，是为“付出利息”）、仓库费用、保险费用、存货破损和变质损失等，通常用 TC_c 来表示。

储存成本也分为固定成本和变动成本。固定成本与存货数量的多少无关，如仓库折旧、仓库职工的固定月工资等，常用 F_2 表示。变动成本与存货的数量有关，如存货资金的应计利息、存货的破损和变质损失、存货的保险费用等，单位成本用 K_c 来表示。用公式表达的储存成本为：

储存成本＝储存固定成本＋储存变动成本

$$TC_c = F_2 + K_c \frac{Q}{2} \tag{8-13}$$

（三）缺货成本

缺货成本是指由于存货供应中断而造成的损失，包括材料供应中断造成的停工损失、产成品库存缺货造成的拖欠发货损失和丧失销售机会的损失（还应包括需要主观估计的商誉损失）。如果生产企业以紧急采购代用材料解决库存材料中断之急，那么缺货成本表现为紧急额外购入成本（紧急额外购入的开支会大于正常采购的开支）。缺货成本用 TC_s 表示。

如果以 TC 来表示存货的总成本，它的计算公式为：

$$TC = TC_a + TC_c + TC_s = F_1 + \frac{D}{Q}K + DU + F_2 + K_c \frac{Q}{2} + TC_s \tag{8-14}$$

企业存货的最优化，即使上式 TC 值最小。

三、存货经济批量的基本模型

按照存货管理的目的，需要通过合理的进货批量和进货时间，使存货的总成本最低，这个批量叫作经济订货量或经济批量。有了经济订货量，可以很容易地找出最适宜的进货时间。

与存货总成本有关的变量（即影响总成本的因素）很多，为了解决比较复杂的问题，有必要简化或舍弃一些变量，这需要设立一些假设，在此基础上建立经济订货量的基本模型。

经济订货量基本模型需要设立的假设条件如下。

（1）企业能够及时补充存货，即需要订货时便可立即取得存货。

（2）能集中到货，而不是陆续入库。

（3）不允许缺货，即无缺货成本，TC_s 为零，这是因为良好的存货管理不会出现缺货成本。

(4) 需求量稳定，并且能预测，即 D 为已知常量。

(5) 存货单价不变，即 U 为已知常量。

(6) 企业现金充足，不会因现金短缺而影响进货。

(7) 所需存货市场供应充足，不会因买不到需要的存货而影响其他。

设立了上述假设后，存货总成本的公式可以简化为：

$$TC = F_1 + \frac{D}{Q}K + DU + F_2 + K_c \frac{Q}{2} \tag{8-15}$$

当 F_1、K、D、U、F_2、K_c 为常数量时，TC 的大小取决于 Q。为了求出 TC 的极小值，对其进行求导演算，可得出下列公式为：

$$Q^* = \sqrt{\frac{2KD}{k_c}} \tag{8-16}$$

这一公式称为经济订货量基本模型，求出的每次订货批量，可使 TC 达到最小值。

这个基本模型还可以演变为其他形式，每年最佳订货次数公式为：

$$N^* = \frac{D}{Q^*} = \frac{D}{\sqrt{\frac{2KD}{k_c}}} = \sqrt{\frac{DK_c}{2K}} \tag{8-17}$$

与批量有关的存货总成本公式为：

$$TC_{(Q^*)} = \frac{KD}{\sqrt{\frac{2KD}{k_c}}} + \frac{\sqrt{\frac{2KD}{k_c}}}{2} \cdot K_c = \sqrt{2KDK} \tag{8-18}$$

最佳订货周期公式为：

$$t^* = \frac{1}{N^*} = \frac{1}{\sqrt{\frac{DK_c}{2K}}} \tag{8-19}$$

经济订货量占用资金为：

$$I^* = \frac{Q^*}{2} \cdot U = \frac{\sqrt{\frac{2KD}{k_c}}}{2} \cdot U = \sqrt{\frac{KD}{2K_c}} \cdot U \tag{8-20}$$

【例 8-7】某企业每年耗用甲种材料 3 600 千克，单位存储成本为 2 元，一次订货成本 25 元，材料单价为 10 元 / 千克。则：

$$Q^* = \sqrt{\frac{2KD}{K_c}} = \sqrt{\frac{2 \times 3\ 600 \times 25}{2}} = 300(\text{千克})$$

$$N^* = \frac{D}{Q^*} = \frac{3\ 600}{300} = 12(\text{次})$$

$$TC_{(Q^*)} = \sqrt{2KDK_c} = \sqrt{2 \times 25 \times 3\ 600 \times 2} = 600(\text{元})$$

$$t^* = \frac{1}{N^*} = \frac{1}{12}(\text{年}) = 1(\text{个月})$$

$$I^* = \frac{Q^*}{2} \cdot U = \frac{300}{2} \times 10 = 1\ 500(\text{元})$$

经济订货量也可以用图解法求得：先计算出一系列不同批量的各有关成本，然后在坐标图上描出由各有关成本构成的订货成本线、储存成本线和总成本线，总成本线的最低点（或者是订货成本线和储存成本线的交接点）相应的批量，即经济订货量。

不同批量下的有关成本指标见表 8-6。

表 8-6　不同订货批量下的甲种材料成本计算表

	第一批	第二批	第三批	第四批	第五批	第六批
订货批量 / 千克	100	200	300	400	500	600
平均存量 / 千克	50	100	150	200	250	300
储存成本 / 元	100	200	300	400	500	600
订货次数 / 次	36	18	12	9	7.2	6
订货成本 / 元	900	450	300	225	180	150
总成本 / 元	1 000	650	600	625	680	750

不同批量的有关成本变动情况如图 8-5 所示。从以上成本指标的计算和图形中可以很清楚地看出，当订货批量为 300 千克时总成本最低，小于或大于这一批量都是不合算的。

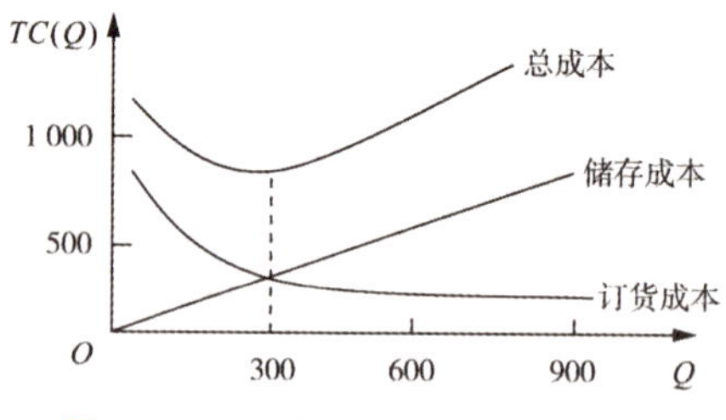

图 8-5　不同批量的成本变动情况

四、特殊情况下的存货经济批量模型

经济订货量的基本模型是在前述各假设条件下建立的，但现实生活中能够满足这些假设条件的情况罕见。为使模型更接近于实际情况，具有较高的可用性，需逐一放宽假设，同时改进模型。

（一）订货时间的确定

关于订货时间的确定分为瞬时订货和再订货点时订货两种情况，瞬时订货是指存货能随时补充，没有任何间隔时间，也就是说当存货为零时可以做到立即补充存货；但一般情况下，企业的存货不能做到随用随时补充，因此不能等存货用光再去订货，而要在存货处在再订货点时订货，即需要在存货没有用完时提前订货。在提前订货的情况下，企业再次发出订货单时，尚有存货的库存量，称为再订货点，用 R 来表示。它的数量等于交货时间(L) 和每日平均需用量(d) 的乘积：

$$R(\text{再订货点}) = \text{交货时间} \times \text{平均日需求量} = L \cdot d \quad (8-21)$$

续【例 8－7】，企业订货日至到货期的时间为 10 天，每日存货需要量为 10 千克，那么

$$
\begin{aligned}
R &= L \cdot d \\
&= 10 \times 10 \\
&= 100(\text{千克})
\end{aligned}
$$

即企业在尚存100千克存货时，就应当再次订货，等到下批订货到达时（再次发出订货单10天后），原有库存刚好用完。此时，有关存货的每次订货批量、订货次数、订货间隔时间等并无变化，与瞬时补充时相同。订货提前期的情形如图8-6所示。这就是说，订货提前期对经济订货量并无影响，可仍以原来瞬时补充情况下的300千克为订货批量，只不过在达到再订货点（库存100千克）时发出订货单即可。

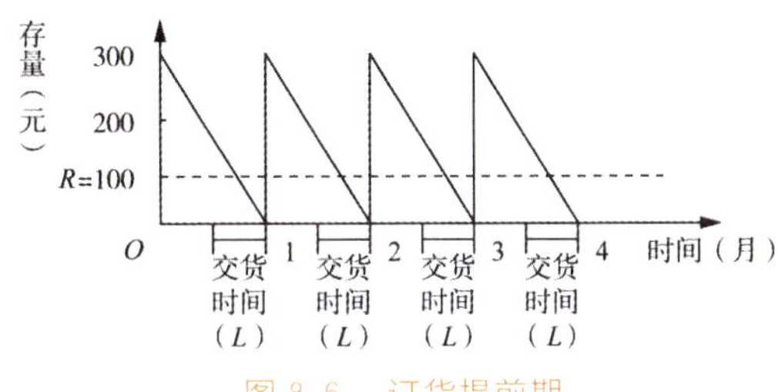

图8-6　订货提前期

（二）存货陆续供应和使用情况下的经济批量模型

在建立基本模型时，是假设存货一次全部入库，事实上，各批存货可能陆续入库，使存量陆续增加。尤其是产成品入库和在产品转移，几乎总是陆续供应和陆续耗用的。在此情况下，需要对图8-6基本模型做一些修改。

【例8-8】某零件年需用量(D)为3 600件，每日送货量(P)为30件，每日耗用量(d)为10件，单价(U)为10元，一次订货成本(K)为25元，单位储存变动成本(K_c)为2元。存货数量的变动如图8-7所示。

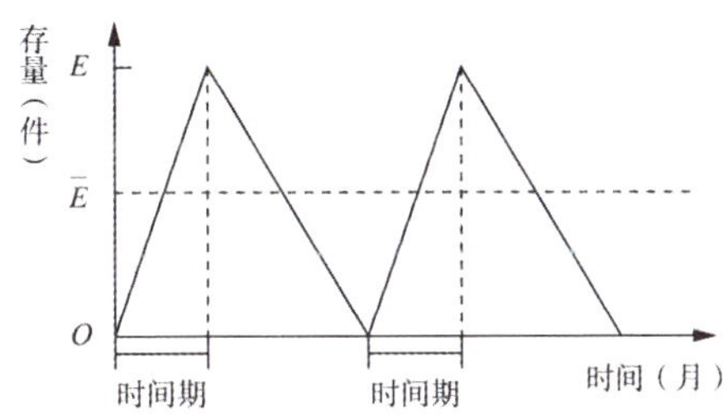

图8-7　陆续供货时存货数量的变动

注：图8-7中的E表示最高库存量，$\bar{E}$表示平均库存量。

假设每批订货批量为Q。由于每日送货量为P，故该批货全部送达所需日数为Q/P，称之为送货期。

因零件每日耗用量为d，故送货期内的全部耗用量为$\dfrac{Q}{P} \cdot d$

由于零件边送边用，所以每批送完时，最高库存量为$E = Q - \dfrac{Q}{P} \cdot d$

平均存量则为$\bar{E} = \dfrac{1}{2}\left(Q - \dfrac{Q}{P} \cdot d\right)$

这样，与批量有关的总成本为：

$$TC(Q)=\frac{D}{Q}\times K+\frac{1}{2}(Q-\frac{Q}{P}\times d)\times K_c=\frac{D}{Q}\times K+\frac{Q}{2}(1-\frac{d}{p})\times K_c \quad (8-22)$$

在订货变动成本与储存变动成本相等时，$TC(Q)$ 有最小值，故存货陆续供应和使用的经济订货量公式为：

$$\frac{D}{Q}\times K=\frac{Q}{2}(1-\frac{d}{p})\times K_c, Q^*=\sqrt{\frac{2KD}{K_c}\times\frac{p}{p-d}} \quad (8-23)$$

将这一公式代入上述 $TC(Q)$ 公式，可得出存货陆续供应和使用的经济订货量总成本公式为：

$$TC_{(Q^*)}=\sqrt{2KDK_c\times(1-\frac{d}{p})} \quad (8-24)$$

将上述【例 8－8】数据代入，则：

$$Q^*=\sqrt{\frac{2\times25\times3\ 600}{2}\times\frac{30}{30-10}}\approx367(\text{件})$$

$$TC_{(Q^*)}=\sqrt{2\times25\times3\ 600\times2\times(1-\frac{10}{30})}\approx490(\text{元})$$

存货陆续供应和使用的经济批量模型，还可用于自制和外购的选择决策。自制零件属于边送边用的情况，单位成本可能较低，但每批零件投产的生产准备成本比一次外购的订货成本可能高出许多。外购的单位成本可能较高，但订货成本可能较低。要在自制零件和外购零件之间做出选择，需要全面衡量它们各自的总成本，才能得出正确的结论。这时就可借用陆续供应或瞬时补充的模型。

【例 8－9】某企业使用 A 零件，自制或外购均可。如果外购单价 4 元，一次订货成本 10 元；如果自制，单位成本 3 元，每次生产准备成本 600 元，每日产量 50 件。零件的全年需求量为 3 600 件，储存变动成本为其价值的 20%，每日平均需求量为 10 件。

下面分别计算零件外购和自制的总成本，以选择较优的方案。

(1) 外购零件：

$$Q^*=\sqrt{\frac{2\times10\times3\ 600}{4\times0.2}}=300(\text{件})$$

$$TC\ (Q^*)=\sqrt{2\times10\times3\ 600\times4\times0.2}=240(\text{元})$$

$$TC=DU+TC(Q^*)=3\ 600\times4+240=14\ 640(\text{元})$$

(2) 自制零件：

$$Q^*=\sqrt{\frac{2\times600\times3\ 600}{3\times0.2}\times\frac{50}{50-10}}=3\ 000(\text{件})$$

$$TC\ (Q^*)=\sqrt{2\times600\times3\ 600\times3\times0.2\times(1-\frac{10}{50})}=1\ 440(\text{元})$$

$$TC=DU+TC(Q^*)=3\ 600\times3+1\ 440=12\ 240(\text{元})$$

由于自制的总成本(12 240 元)低于外购的总成本(14 640 元)，故以自制为宜。

(三) 保险储备量的确定

存货陆续供应和使用情况下的经济批量模型是假定存货的供需稳定且确知，即每日需

求量不变，交货时间也固定不变。实际上，每日需求量可能变化，交货时间也可能变化。按照某一订货批量（如经济订货批量）和再订货点发出订单后，如果需求增大或送货延迟，就会发生缺货或供货中断。为防止由此造成的损失，就需要多储备一些存货以备应急之需，称为保险储备（安全存量）。这些存货在正常情况下不动用，只有当存货过量使用或送货延迟时才动用。则：

$$\text{再订货点 } R = \text{交货时间} \times \text{平均日需求} + \text{保险储备量} = L \times d + B \tag{8-25}$$

建立保险储备，固然可以使企业避免缺货或供应中断造成的损失，但存货平均储备量加大却会使储备成本升高。研究保险储备的目的，就是要找出合理的保险储备量，使缺货或供应中断损失和储备成本之和最小。方法上可先计算出各不同保险储备量的总成本，然后再对总成本进行比较，选定其中最低的。

如果设与此有关的总成本为 $TC(S、B)$，缺货成本为 C_S，保险储备成本为 C_B，则：

$$TC(S、B) = C_S + C_B \tag{8-26}$$

假设单位缺货成本为 K_U，一次订货缺货量为 S，年订货次数为 N，保险储备量为 B，单位存货成本为 K_C，则：

$$C_S = K_U \times S \times N$$

$$C_B = B \times K_C$$

$$TC(S、B) = K_u \times S \times N + B \times K_C \tag{8-27}$$

现实中，缺货量 S 具有概率性，其概率可根据历史经验估计得出；保险储备量 B 可选择而定。

【例 8-10】假定某存货的年需要量 $D = 3\ 600$ 件，单位储存变动成本 $K_c = 2$ 元，单位缺货成本 $K_u = 4$ 元，交货时间 $L = 10$ 天；已经计算出经济订货量 $Q = 300$ 件，每年订货次数 $N = 12$ 次。交货期内的存货需要量及其概率分布见表 8-7。

要求：确定保险储备量及再订货点。

表 8-7 交货期内的存货需要量及其概率分布表

需要量 $(10 \times d)$ / 件	70	80	90	100	110	120	130
概率 (P_1)	0.01	0.04	0.20	0.50	0.20	0.04	0.01

先计算不同保险储备的总成本：

(1) 令保险储备量 $B = 0$，且以 100 件为再订货点。

当需求量 $\leqslant 100$ 件时，不会发生缺货，其概率 $= 0.01 + 0.04 + 0.2 + 0.5 = 0.75$；

当需求量等于 110 件时，缺货 10 件，其概率 $= 0.2$；

当需求量等于 120 件时，缺货 20 件，其概率 $= 0.04$；

当需求量等于 130 件时，缺货 30 件，其概率 $= 0.01$；

因此 $B = 0$ 时缺货的期望值 S_0、总成本 $TC(S,B)$ 可计算如下：

$$S_0 = (110 - 100) \times 0.2 + (120 - 100) \times 0.04 + (130 - 100) \times 0.01 = 3.1 \text{ 件}$$

$$TC(S,B) = K_U \times S_0 \times N + B \times K_C = 4 \times 3.1 \times 12 + 0 \times 2 = 148.8(\text{元})$$

(2) 令保险储备量 $B = 10$，且以 110 件为再订货点。

当需求量$\leqslant$110件时，不会发生缺货，其概率$=0.01+0.04+0.2+0.5+0.2=0.95$；

当需求量等于120件时，缺货10件，其概率$=0.04$；

当需求量等于130件时，缺货20件，其概率$=0.01$；

因此$B=10$时缺货的期望值S_{10}、总成本$TC(S,B)$可计算如下：

$$S_{10}=(120-110)\times 0.04+(130-110)\times 0.01=0.6\text{ 件}$$

$$TC(S,B)=K_U\times S_{10}\times N+B\times K_C=4\times 0.6\times 12+10\times 2=48.8(\text{元})$$

(3) 令保险储备量$B=20$，且以120件为再订货点。

当需求量$\leqslant$120件时，不会发生缺货，概率$=0.01+0.04+0.2+0.5+0.2+0.04=0.99$；

当需求量等于130件时，缺货10件，其概率$=0.01$；

因此$B=20$时缺货的期望值S_{20}、总成本$TC(S,B)$可计算如下：

$$S_{20}=(130-120)\times 0.01=0.1\text{ 件}$$

$$TC(S,B)=K_U\times S_{20}\times N+B\times K_C=4\times 0.1\times 12+20\times 2=44.8(\text{元})$$

(4) 令保险储备量$B=30$，且以130件为再订货点。

可满足最大需求量，不会发生缺货。

因此$B=30$时缺货的期望值S_{30}、总成本$TC(S,B)$可计算如下：

$$S_{30}=0\text{ 件}$$

$$TC(S,B)=K_U\times S_{30}\times N+B\times K_C=4\times 0\times 12+30\times 2=60(\text{元})$$

通过比较上述不同储备量的总成本，当$B=20$时，总成本最低。故应确定保险储备量为20件，120件为再订货点。

以上举例解决了由于需求量变化引起的缺货问题。至于由于延迟交货引起的缺货，也可以通过建立保险储备量的方法来解决。即将延迟的天数折算为增加的需求量。如3天交货的概率为0.01，则可认为缺货30件或者交货期内的需求量为$(10+3)\times 10=130$件的概率为0.01。这样就把延迟交货的问题换算成了需求过量问题。

五、存货管理的其他常用方法

前面所述的经济批量模型的存货管理办法科学严谨，但此法在运用过程中要求很多假设条件的存在，因此也不是任何时候任何种类的存货都一定能适用的方法，在存货管理中还有以下其他方法的运用。

（一）存货ABC分类管理

ABC分类法是对存货各项目按品种、规格分清主次，重点控制的方法。其操作步骤如下。

(1) 计算每一种存货在一定期间内（通常为1年）的资金占用额。

(2) 计算每一种存货资金占用额占全部资金占用额的百分比，并按大小顺序排列，编成表格。

(3) 将存货占用资金巨大，品种数量较少的确定为A类；将存货占用资金一般，品种数量相对较多的确定为B类；将存货品种数量繁多，但价值金额较小的确定为C类。

(4) 对A类存货进行重点规划和控制；对B类存货进行次重要管理；最后，对C类存货实

行一般管理。

通过对存货 A、B、C 分类，可使企业分清主次，并采取相应的措施进行有效的管理和控制。A 类存货种类虽然较少，但占用资金较多，应集中主要精力，对其经济批量进行确定；C 类存货因占用资金较少，不必去确定其经济批量，B 类存货介于 A 类和 C 类之间，也应引起重视。

（二）零库存管理

零库存管理是指平衡存货的进、存、销过程中形成的内部供应和需求关系，使得供需在任何时候都相等的一种存货管理方法。

零库存管理的基本思路是：企业采购、生产和销售形成连续同步运行过程；消除企业内部等待和准备的情况以及由此带来的所有浪费；制订一份高度协调、完整的存货供需计划；与供应商形成紧密关系，只有在使用之前才要求供应商送货；实行精细管理和控制。这样便可以免去存货储存带来的一系列问题，如仓库建设、管理费用、存货维护、保管、装卸、搬运等费用以及存货占用资金及库存物的老化、损失、变质等问题。在企业实践中，绝对的零存货是理想状态，基本难以实现，但这种存货管理理念仍应得到重视和应用。

（三）招标方式在存货采购中的运用

在存货采购中采用招标方式，本着公开、公平、公正的原则进行招投标，通过多个供应商（投标人）之间的竞价博弈，可以有效地消除买卖双方的信息不对称，有利于企业以较低的价格、较优的质量购进存货。相对于通过一般的询价或者“货比三家”确定供应商的方式，招标方式更为有效。但是，招标的成本及其法律风险与普通方式相比更高。因此，企业在招标时，应当充分考虑其成本效益问题，一般在进行选择长期合作供货商或者大宗采购等重大采购决策时，采取招标方式才更为合算。

拓展阅读

本章小结

本章主要介绍了现金管理的有关规定及目标、最佳现金持有量的确定；应收账款的成本及管理目标、信用政策制定、客户信用风险评估、销售合同审核等日常管理策略；存货管理的目标、成本、经济订货批量模型及存货管理其他常用方法。

流动资金是流动资产的货币表现形式，它有着流动性强的特点，贯穿企业创立、形成、发展的始终，在企业的生产经营中起了极其重要的作用。现金和有价证券、应收账款、存货是流动资金的重要组成部分，现金和有价证券不仅流动性强，更明显的特点是安全性差，对于它的管理有些特别的法律法规的规定；应收账款是竞争的产物，它的发生金额完全取决于商业信用的程度大小；置留存货也是保证生产经营正常运行的一个重要举措，但是这三个项目的一个共同点就是因为它们的发生必定产生相应的成本，因此本章仅就如何在既满足生产经营需要的前提下，又使成本最低时的持有量（置留量）进行探究。

复习思考题

一、简答题

1. 现金管理的目标是什么?最佳现金持有量如何确定?

2. 什么是信用政策?信用政策包括哪些内容?

3. 信用风险评估有哪些方法?

4. 企业置留存货的原因有哪些?

5. 什么是经济订货量?如何确定?

二、单选题

1. 某公司全年(计 360 天)材料采购量预计为 7 200 吨,假定材料日耗均衡,从订货到送达正常需要 3 天,鉴于延迟交货会产生较大损失,公司按照延误天数 2 天建立保险储备。不考成其他因素,材料再订货点为(　　)吨。

A. 80　　B. 40　　C. 60　　D. 100

2. 某公司采用随机模型计算得出目标现金余额为 200 万元,最低限额为 120 万元,则根据该模型计算的现金上限为(　　)万元。

A. 280　　B. 360　　C. 240　　D. 320

3. 某公司发现某股票的价格因突发事件而大幅度下降,预判有很大的反弹空间,但苦于没有现金购买。这说明该公司持有的现金未能满足(　　)。

A. 投机性需求　　B. 预防性需求　　C. 决策性需求　　D. 交易性需求

4. 下列各项因素中,不影响存货经济订货批量计算结果的是(　　)。

A. 存货年需要量　　B. 单位变动储存成本

C. 保险储备　　D. 每次订货变动成本

5. 某公司当年的资本成本率为 10%,现金平均持有量为 30 万元,现金管理费用为 2 万元,现金与有价证券之间的转换成本为 1.5 万元,则该公司当年持有现金的机会成本是(　　)万元。

A. 5　　B. 3.5　　C. 6.5　　D. 3

6. 企业将资金投放于应收账款而放弃其他投资项目,就会丧失这些投资项目可能带来的收益,则该收益是(　　)。

A. 应收账款的管理成本　　B. 应收账款的机会成本

C. 应收账款的坏账成本　　D. 应收账款的短缺成本

7. 采用随机模式控制现金持有量,计算现金返回线 R 的各项参数中不包括(　　)。

A. 每次现金与有价证券转换时发生的固定转换成本

B. 现金存量的上限

C. 有价证券的日利率

D. 预期每日现金余额的标准差

8. 某企业根据现金持有量随机模型进行现金管理。已知现金最低持有量为 15 万元,现金余额回归线为 80 万元。如果公司现有现金 220 万元,此时应当投资于有价证券的金额是

(　　)万元。

A. 65　　B. 95　　C. 140　　D. 205

9. 下列有关现金的成本中，属于固定成本性质的是(　　)。

A. 现金管理成本　　B. 占用现金的机会成本

C. 转换成本中的委托买卖佣金　　D. 现金短缺成本

10. 采用 ABC 控制法进行存货管理时，应该重点控制的存货类别是(　　)。

A. 品种较多的存货　　B. 数量较多的存货

C. 库存时间较长的存货　　D. 单位价值较大的存货

11. 某企业预计下年度销售净额为 1 800 万元，应收账款周转天数为 90 天(一年计 360 天)，变动成本率为 60%，资本成本为 10%，则应收账款的机会成本是(　　)。

A. 27　　B. 45　　C. 108　　D. 180

12. 下列各项中，不属于存货储存成本的是(　　)。

A. 存货仓储费用　　B. 存货破损和变质损失

C. 存货储备不足而造成的损失　　D. 存货占用资金的应计利息

13. 在交货期内，如果存货需求量增加或供应商交货时间延迟，就可能发生缺货。为此，企业应保持的最佳保险储备量是(　　)。

A. 使保险储备的订货成本与持有成本之和最低的存货量

B. 使缺货损失和保险储备的持有成本之和最低的存货量

C. 使保险储备的持有成本最低的存货量

D. 使缺货损失最低的存货量

14. 根据经济订货批量的基本模型，下列各项中，可能导致经济订货批量提高的是(　　)。

A. 每期对存货的总需求降低　　B. 每次订货费用降低

C. 每期单位存货存储费降低　　D. 存货的采购单价降低

15. 运用成本模型计算最佳现金持有量时，下列公式中，正确的是(　　)。

A. 最佳现金持有量 = min(管理成本 + 机会成本 + 转换成本)

B. 最佳现金持有量 = min(管理成本 + 机会成本 + 短缺成本)

C. 最佳现金持有量 = min(机会成本 + 经营成本 + 转换成本)

D. 最佳现金持有量 = min(机会成本 + 经营成本 + 短缺成本)

16. 下列各项中，不直接影响保险储备量计算的是(　　)。

A. 平均每天正常耗用量　　B. 预计最长订货提前期

C. 预计每天最小耗用量　　D. 正常订货提前期

17. 企业评价客户等级，决定给予或拒绝客户信用的依据是(　　)。

A. 信用标准　　B. 收账政策　　C. 信用条件　　D. 信用政策

18. 某期现金预算中假定出现了正值的现金收支差额，且超过额定的期末现金余额时，单纯从财务预算调剂现金余缺的角度看，该期不宜采用的措施是(　　)。

A. 偿还部分借款利息　　B. 偿还部分借款本金

C. 抛售短期有价证券　　D. 购入短期有价证券

19. 根据营运资金管理理论，下列各项中不属于企业应收账款成本内容的是(　　)。

A. 机会成本　　B. 管理成本　　C. 短缺成本　　D. 坏账成本

20. 基本经济进货批量模式所依据的假设不包括(　　)。

A. 一定时期的进货总量可以准确预测　　B. 存货进价稳定

C. 存货耗用或销售均衡　　D. 允许缺货

21. 以下各项与存货有关的成本费用中，不影响经济进货批量的是(　　)。

A. 专设采购机构的基本开支　　B. 采购员的差旅费

C. 存货资金占用费　　D. 存货的保险费

22. 在企业应收账款管理中，明确规定了信用期限、折扣期限和现金折扣率等内容的是(　　)。

A. 客户资信程度　　B. 收账政策

C. 信用等级　　D. 信用条件

23. 持有过量现金可能导致的不利后果是(　　)。

A. 财务风险加大　　B. 收益水平下降

C. 偿债能力下降　　D. 资产流动性下降

24. 采用 ABC 法对存货进行控制时，应当重点控制的是(　　)。

A. 数量较多的存货　　B. 占用资金较多的存货

C. 品种较多的存货　　D. 库存时间较长的存货

25. 下列各项中，属于应收账款机会成本的是(　　)。

A. 应收账款占用资金的应计利息　　B. 客户资信调查费用

C. 坏账损失　　D. 收账费用

26. 在确定最佳现金持有量时，成本分析模式和存货模式均需考虑的因素是(　　)。

A. 持有现金的机会成本　　B. 固定性转换成本

C. 现金短缺成本　　D. 现金保管费用

27. 在对存货实行 ABC 分类管理的情况下，ABC 三类存货的品种数量比重大致为(　　)。

A. 0.7∶0.2∶0.1　　B. 0.1∶0.2∶0.7

C. 0.5∶0.3∶0.2　　D. 0.2∶0.3∶0.5

28. 企业为满足交易动机而持有现金，所需考虑的主要因素是(　　)。

A. 企业销售水平的高低　　B. 企业临时举债能力的大小

C. 企业对待风险的态度　　D. 金额市场投机机会的多少

29. 利用成本分析模式确定最佳现金持有量时，不予考虑的因素是(　　)。

A. 持有现金的机会成本　　B. 现金短缺成本

C. 现金与有价证券的转换成本　　D. 现金管理费用

30. 企业在确定为应付紧急情况而持有的现金数额时，不需考虑的因素是(　　)。

A. 企业愿意承担风险的程度　　B. 企业临时举债能力的强弱

C. 金融市场投资机会的多少　　D. 企业对现金流量预测的可靠程度

三、多选题

1. 企业持有现金，主要出于交易性、预防性和投机性三大需求，下列各项中体现了交易性需求的有（　　）。

A. 为满足季节性库存的需求而持有现金

B. 为避免因客户违约导致的资金链意外断裂而持有现金

C. 为提供更长的商业信用期而持有现金

D. 为在证券价格下跌时买入证券而持有现金

2. 编制现金预算时，如果现金余缺大于最佳现金持有量，则企业可采取的措施有（　　）。

A. 销售短期有价证券　　B. 偿还部分借款利息

C. 购入短期有价证券　　D. 偿还部分借款本金

3. 下列管理措施中，可以缩短现金周转期的有（　　）。

A. 加快制造和销售产品　　B. 提前偿还短期融资券

C. 加大应收账款催收力度　　D. 利用商业信用延期付款

4. 用存货模式分析确定最佳现金持有量时，应该考虑的成本费用项目有（　　）。

A. 现金管理费用　　B. 现金与有价证券的转换成本

C. 持有现金的机会成本　　D. 现金短缺成本

5. 一般而言，存货周转次数增加，其所反映的信息有（　　）。

A. 盈利能力下降　　B. 存货周转期延长

C. 存货流动性增强　　D. 资产管理效率提高

6. 动用应收账款余额控制模式进行应收账款管理可以发挥的作用有（　　）。

A. 预测公司的现金流量　　B. 预计应收账款的水平

C. 反映应付账款的周转速度　　D. 评价应收账款的收账效率

7. 运用成本模型确定企业最佳现金持有量时，现金持有量与持有成本之间的关系表现为（　　）。

A. 现金持有量越小，总成本越大　　B. 现金持有量越大，机会成本越大

C. 现金持有量越小，短缺成本越大　　D. 现金持有量越大，管理总成本越大

8. 下列各项中，决定预防性现金需求数额的因素有（　　）。

A. 企业临时融资的能力　　B. 企业预测现金收支的可靠性

C. 金融市场上的投资机会　　D. 企业愿意承担短缺风险的程度

9. 企业如果延长信用期限，可能导致的结果有（　　）。

A. 扩大当期销售　　B. 延长平均收账期

C. 增加坏账损失　　D. 增加收账费用

10. 运用成本分析模式确定最佳现金持有量时，持有现金的相关成本包括（　　）。

A. 机会成本　　B. 转换成本　　C. 短缺成本　　D. 管理成本

11. 赊销在企业生产经营中所发挥的作用有（　　）。

A. 增加现金　　B. 减少存货　　C. 促进销售　　D. 减少借款

12. 下列各项中，属于建立存货经济进货批量基本模型假设前提的有（　　）。

A. 一定时期的进货总量可以较为准确地预测

B. 允许出现缺货

C. 仓储条件不受限制

D. 存货的价格稳定

13. 企业在确定为应付紧急情况而持有现金数额时，需考虑的因素有（　　）。

A. 企业销售水平的高低　　B. 企业临时举债能力的强弱

C. 金融市场投资机会的多少　　D. 企业现金流量预测的可靠程度

14. 下列有关信用期限的表述中，正确的有（　　）。

A. 缩短信用期限可能增加当期现金流量

B. 延长信用期限会扩大销售

C. 降低信用标准意味着将延长信用期限

D. 延长信用期限将增加应收账款的机会成本

15. 企业运用存货模式确定最佳现金持有量所依据的假设包括（　　）。

A. 所需现金只能通过银行借款取得　　B. 预算期内现金需要总量可以预测

C. 现金支出过程比较稳定　　D. 证券利率及转换成本可以知悉

四、判断题

1. 不考虑其他因素的影响，如果企业临时融资能力较强，则其预防性需求的现金持有量一般较低。（　　）

2. 企业持有现金的机会成本主要是指为了取得投资机会而发生的佣金，手续费等有关成本。（　　）

3. 存货管理的目标是在保证生产和销售需要的前提下，最大限度地降低存货成本。（　　）

4. 企业的存货总成本随着订货批量的增加而呈正方向变化。（　　）

5. 在随机模型下，当现金余额在最高控制线最低控制线之间波动时，表明企业现金持有量处于合理区域，无须调整。（　　）

6. 企业采用严格的信用标准，虽然会增加应收账款的机会成本，但能扩大商品销售额，从而给企业带来更多的收益。（　　）

7. 利用存货模式确定最佳现金持有量，必须考虑机会成本、转换成本和短缺成本。（　　）

8. 企业之所以持有一定数量的现金，主要是出于交易动机、预防动机和投机动机。（　　）

9. 一般而言，企业存货需要量与企业生产及销售的规模成正比，与存货周转一次所需天数成反比。（　　）

10. 企业现金持有量过多会降低企业的收益水平。（　　）

11. 能够使企业的进货费用、储存成本和缺货成本之和最低的进货批量，便是经济进货批量。（　　）

12. 企业的信用标准严格，给予客户的信用期很短，使得应收账款周转率很高，将有利于增加企业的利润。（　　）

13. 在现金持有量的随机模式控制中，现金余额波动越大的企业，越需关注有价证券投资的流动性。 （ ）

14. 研究存货保险储备量的目的，是为了寻求缺货成本的最小化。 （ ）

15. 在计算经济订货批量时，如果考虑订货提前期，则应在按经济订货量基本模型计算出订货批量的基础上，再加上订货提前天数与每日存货消耗量的乘积，才能求出符合实际的最佳订货批量。 （ ）

五、计算分析题

1. 乙公司使用存货模型确定最佳现金持有量。根据有关资料分析，2022 年该公司全年现金需求量为 8 100 万元，每次现金转换的成本为 0.2 万元，持有现金的机会成本率为 10%。

要求：

(1) 计算最佳现金持有量。

(2) 计算最佳现金持有量下的现金转换次数。

(3) 计算最佳现金持有量下的现金交易成本。

(4) 计算最佳现金持有量下持有现金的机会成本。

(5) 计算最佳现金持有量下的相关总成本。

2. C 公司生产和销售甲、乙两种产品。目前的信用政策为“2/15，*n*/30”，有占销售额 60% 的客户在折扣期内付款并享受公司提供的折扣；不享受折扣的应收账款中，有 80% 可以在信用期内收回，另外 20% 在信用期满后 10 天(平均数)收回。逾期账款的收回，需要支出占逾期账款额 10% 的收账费用。如果明年继续保持目前的信用政策，预计甲产品销售量为 4 万件，单价 100 元，单位变动成本 60 元；乙产品销售量为 2 万件，单价 300 元，单位变动成本 240 元。

如果明年将信用政策改为“5/10，*n*/20”，预计不会影响产品的单价、单位变动成本和销售的品种结构，而销售额将增加到 1 200 万元。与此同时，享受折扣的比例将上升至销售额的 70%；不享受折扣的应收账款中，有 50% 可以在信用期内收回，另外 50% 可以在信用期满后 20 天(平均数)收回。这些逾期账款的收回，需要支出占逾期账款额 10% 的收账费用。该公司应收账款的资金成本为 12%。

要求：

(1) 假设公司继续保持目前的信用政策，计算其平均收现期和应收账款应计利息(一年按 360 天计算，计算结果以万元为单位，保留小数点后四位，下同)。

(2) 假设公司采用新的信用政策，计算其平均收现期和应收账款应计利息。

(3) 计算改变信用政策引起的损益变动净额，并据此说明公司应否改变信用政策。

3. B 公司目前采用 30 天按发票金额付款的信用政策。为了扩大销售，公司拟改变现有的信用政策，有两个可供选择的方案，有关数据见表 8-8。

表 8-8 公司信用政策

	当前	方案一	方案二
信用期	*N*/30	*N*/60	2/10，1/20，*n*/30
年销售量	72 000	86 400	79 200

续表

	当前	方案一	方案二
销售单价	5	5	5
边际贡献率	0.2	0.2	0.2
可能发生的收账费用	3 000	5 000	2 850
可能发生的坏账损失	6 000	10 000	5 400
平均存货水平	10 000	15 000	11 000

如果采用方案二，估计会有20%的顾客(按销售量计算，下同)在10天内付款、30%的顾客在20天内付款，其余的顾客在30天内付款。

假设该项投资的资本成本为10%；一年按360天计算。

要求：

(1) 采用差额分析法评价方案一。需要单独列示“应收账款应计利息差额”“存货应计利息差额”“净损益差额”。

(2) 采用差额分析法评价方案二。需要单独列示“应收账款应计利息差额”“存货应计利息差额”“净损益差额”。

(3) 哪一个方案更好些?

4. A公司现销方式每年可销售产品800 000件，单价1元，变动成本率为70%，固定成本为120 000元，该公司尚有30%的剩余生产能力。为了扩大销售，该公司拟改用赊销政策，信用政策准备调整为“3/0，2/30，n/60”。有关部门预测，年销售量可增至1 000 000件，估计有50%的客户会利用3%的折扣，40%的客户会利用2%的折扣；平均库存量随之增加2 000件，每件存货成本按变动成本0.5元计算，应付账款也随之增加10 000元，管理费用增加10 000元，坏账损失为销售额的1.5%。A公司的资本成本为20%.

要求：

(1) 做出A公司的信用决策。

(2) B公司需向A公司购进产品10 000件，计算并确定对于B公司最有利的付款时间。

(3) 若B公司需向银行借款支付货款，且只能借入期限为3个月的生产周转借款，年利率为15%，银行要求按贴现法付息。按B公司最有利的条件计算，公司至少应向银行借多少款?

(4) 若B公司目前有足够的现金支付货款，但有一债券投资机会，预计投资收益率为28%，则企业最有利的付款时间又为哪一天?

5. 某企业2021年A产品销售收入为4 000万元，总成本为3 000万元，其中固定成本为600万元。2022年该企业有两种信用政策可供选用。

甲方案给予客户60天信用期限(n/60)，预计销售收入为5 000万元，货款将于第60天收到，其信用成本为140万元；

乙方案的信用政策为(2/10，1/20，n/90)，预计销售收入为5 400万元，将有30%的货款于第10天收到，20%的货款于第20天收到，其余50%的货款于第90天收到(前两部分货款不会产生坏账，后一部分货款的坏账损失率为该部分货款的4%)，收账费用为50万元。

该企业A产品销售额的相关范围为3 000～6 000万元，企业的资金成本率为8%（为简化计算，本题不考虑增值税因素）。

要求：

(1) 计算该企业2021年的下列指标：

① 变动成本总额；

② 以销售收入为基础计算的变动成本率。

(2) 计算乙方案的下列指标：

① 应收账款平均收账天数；

② 应收账款平均余额；

③ 维持应收账款所需资金；

④ 应收账款机会成本；

⑤ 坏账成本；

⑥ 采用乙方案的信用成本。

(3) 计算以下指标：

① 甲方案的现金折扣；

② 乙方案的现金折扣；

③ 甲乙两方案信用成本前收益之差；

④ 甲乙两方案信用成本后收益之差。

(4) 为该企业做出采取何种信用政策的决策，并说明理由。

6. E公司生产、销售一种产品，该产品的单位变动成本是60元，单位售价是80元。公司目前采用30天按发票金额付款的信用政策，80%的顾客（按销售量计算，下同）能在信用期内付款，另外20%的顾客平均在信用期满后20天付款，逾期应收账款的收回需要支出占逾期账款5%的收账费用，公司每年的销售量为36 000件，平均存货水平为2 000件。

为了扩大销售量、缩短平均收现期，公司拟推出“5/10，2/20，n/30”的现金折扣政策。采用该政策后，预计销售量会增加15%，40%的顾客会在10天内付款，30%的顾客会在20天内付款，20%的顾客会在30天内付款，另外10%的顾客平均在信用期满后20天付款，逾期应收账款的收回需要支出占逾期账款5%的收账费用。为了保证及时供货，平均存货水平需提高到2 400件，其他条件不变。

假设等风险投资的最低报酬率为12%，一年按360天计算。

要求：

(1) 计算改变信用政策后边际贡献、收账费用、应收账款应计利息、存货应计利息、现金折扣成本的变化。

(2) 计算改变信用政策的净损益，并回答E公司是否应推出该现金折扣政策。

7. 某公司的年赊销收入为720万元，平均收账期为60天，坏账损失为赊销额的10%，年收账费用为5万元。该公司认为通过增加收账人员等措施，可以使平均收账期降为50天，坏账损失降为赊销额的7%。假设公司的资金成本率为6%，变动成本率为50%。

要求：

计算为使上述变得更经济合理，新增收账费用的上限（一年按360天计算）。

8. 上海东方公司是一家亚洲地区的玻璃套装门分销商，套装门在香港生产然后运至上海。管理当局预计年度需求量为 10 000 套。套装门的购进单价为 395 元(包括运费,单位是人民币,下同)。定购和储存这些套装门相关资料如下。

(1) 去年的订单共 22 份,总处理成本为 13 400 元,其中固定成本为 10 760 元,预计未来成本性态不变。

(2) 虽然对于香港原产地商品进入大陆已经免除关税,但是对于每一张订单都要经双方海关的检查,其费用为 280 元。

(3) 套装门从生产商运抵上海后,接受部门要进行检查。为此雇佣一名检验人员,每月支付工资 3 000 元,每个订单的抽检工作需要 8 小时,发生的变动费用为每小时 2.5 元。

(4) 公司租借仓库来存储套装门,估计成本为每年 2 500 元,另外加上每套门 4 元。

(5) 在储存过程中会出现破损,估计破损成本平均每套门为 28.5 元。

(6) 占用资金利息等其他储存成本为每套门 20 元。

(7) 从发出订单到货物运到上海需要 6 个工作日。

(8) 为防止供货中断,东方公司设置了 100 套的保险储备。

(9) 东方公司每年经营 50 周,每周营业 6 天。

要求:

(1) 计算经济批量模型公式中"订货成本"。

(2) 计算经济批量模型公式中"储存成本"。

(3) 计算经济订货批量。

(4) 计算每年与批量相关的存货总成本。

(5) 计算再订货点。

(6) 计算每年与储备存货相关的总成本。

9. 某商店拟放弃现在经营的商品 A,改为经营商品 B,有关的数据资料如下。

(1)A 的年产量为 3 600 件,进货单价为 60 元,售价为 100 元,单位储存成本为 5 元,一次订货成本为 250 元。

(2)B 的预计年销售量为 4 000 件,进货单价为 500 元,售价为 540 元,单位储存成本为 10 元,一次订货成本为 288 元。

(3) 该商店按经济订货量进货,假设需求均匀、销售无季节性变化。

(4) 假设该商店投资所要求的报酬率为 18%,不考虑所得税的影响。

要求:

计算分析该商店应否调整经营的品种(提示:要考虑资金占用的变化)。

10. 假设某公司每年需外购零件 3 600 个,该零件单位储存变动成本为 20 元,一次订货成本为 25 元;单位缺货成本为 100 元。在订货间隔期内的需要量及其概率见表 8-9。

表 8-9 订货间隔期内的需要量及其概率

需要量 / 件	50	60	70	80	90
概率	0.10	0.20	0.40	0.20	0.10

要求:

计算含有保险储备量的再订货点。

11. C 公司生产中使用甲零件,全年共需耗用 3 600 件,该零件既可自行制造也可外购取得。

如果自制，单位制造成本为10元，每次生产准备成本为34.375元，每日生产量为32件。

如果外购，购入单价为9.8元，从发出订单到货物到达需要10天时间，一次订货成本为72元。外购零件时可能发生延迟交货，延迟的时间和概率见表8-10。

表8-10　延迟交货的时间和概率

到货延迟天数／天	0	1	2	3
概率	0.6	0.25	0.1	0.05

假设该零件的单位储存变动成本为4元，单位缺货成本为5元，一年按360天计算。建立保险储备时，最小增量为10件。

要求：计算并回答以下问题。

(1) 假设不考虑缺货的影响，C公司自制与外购方案哪个成本低？

(2) 假设考虑缺货的影响，C公司自制与外购方案哪个成本低？

12. 甲公司2021年度全年营业收入为4 500万元(全部为赊销收入)，应收账款平均收现期为60天。公司产品销售单价为500元／件，单位变动成本为250元／件，若将应收账款所占用的资金用于其他风险投资，可获得的收益率为10%。2022年公司调整信用政策，全年销售收入(全部为赊销收入) 预计增长40%. 应收账款平均余额预计为840万元。假定全年按照360天计算。

要求：

(1) 计算2021年应收账款平均余额。

(2) 计算2021年变动成本率。

(3) 计算2021年应收账款的机会成本

(4) 计算2022年预计的应收账款的周转率和应收账款的周转天数。

13. 丙公司是一家设备制造企业，每年需要外购某材料108 000千克，现有S和T两家符合要求的材料供应企业，他们所提供的材料质量和价格都相同。公司计划从两家企业中选择一家作为供应商。相关数据如下。

(1) 从S企业购买该材料，一次性入库。每次订货费用为5 000元，年单位材料变动储存成本为30元／千克。假设不存在缺货。

(2) 从T企业购买该材料，每次订货费用为6 050元，年单位材料变动储存成本为30元／千克。材料陆续到货并使用，每日送货量为400千克，每日耗用量为300千克。

要求：

(1) 利用经济订货基本模型。计算从S企业购买材料的经济订货批量和相关存货总成本。

(2) 利用经济订货扩展模型。计算从T企业购买材料的经济订货批量和相关存货总成本。

(3) 基于成本最优原则。判断丙公司应该选择哪家企业作为供应商。

六、案例分析题

星星钨业股份有限责任公司应收账款管理问题

2022年3月5日，李总坐在公司办公室内，看着财务总监刚送给他的去年即2021年的资产负债表，“前年2020年应收账款就够高的了，为20 637 946元，占流动资产的60%，去年

2021年的应收账款又增加了7 339 060元，已经高达27 977 006元，占流动资产的63%。”纵观公司从2013年盈利伊始至2018年，税后利润累计数为15 187 524元。2019、2020、2021年税后利润分别为3 052 961元、4 654 176元、4 748 265元。但这些利润却大都体现在资产负债表的应收账款栏里面，2021年该栏数字为2 800万。从应收账款数量来看，星星钨业公司真是“只赚到人气却没有赚到财气”。公司赚到的钱仍旧沉淀在客户手上，星星钨业公司不仅没有拿回这些实现的利润，而且，应收账款的另外一个指标——应收账款周转天数，同样不容乐观，随着应收账款数量的加大，应收账款结算时间也在变长。从当初的45天、60天，变成了90天，现在甚至达到120天或以上。上述情况使星星钨业公司经营周转上十分困难。看到报告中仍居高不下的应收账款和由此带来的超长结账期，他又一次陷入烦恼之中。公司刚刚修订了应收账款政策啊，难道一点改观也没有，怎么办呢？

一、公司背景

星星钨业股份有限公司是在上证交易所上市高新技术企业集团，前身为1988年成立的星星氧化铝厂，1992年转产钨制品，2007年整体改制为星星钨业股份有限公司，2015年在上海证券交易所上市。

星星钨业涉及钨、钼、稀土、能源新材料和房地产等五大领域，国家首批发展循环经济示范企业，是国家组建的大型稀土企业集团牵头企业之一。依靠持续的技术和管理创新，构建了钨矿山、钨钼冶炼及加工应用全产业链，多项技术国际领先。建立了包括稀土开采、冶炼、应用和研发的完整体系，树立了以深加工带动产业发展的稀土开发模式之典范；培育了包括三元材料、钴酸锂，磷酸铁锂，锰酸锂等主流锂离子正极材料的研发和大规模制造能力，成为锂电正极材料领域的一流供应商。

二、公司目前的应收款政策

星星钨业管理层对应收账款居高不下并拖累企业，并非不知情，也并不是不想解决，公司根据同业的习惯做法结合自身的特点，也在不断制订奖罚措施，并试图解决这一难题，下面资料为公司2021年最新修订执行的营销员奖罚手册。

（一）总则

1.为了充分激励业务人员的积极性、主动性、消除业务人员心理上的顾虑，以公司与员工同步成长和发展为基础，共创美好未来为目的，特制定此制度，并以书面的形式予以规范。

2.这里所说的业务人员指公司内部所有参与接单人员。

3.此制度包括业务人员薪水（底薪＋提成）制度、考核制度、货款回收规定、以及相关的细则说明。

4.毛利＝净销售额[减去杂务费（招待费及回扣）和送货运费（省外及香港加此项目费）]－成本[材料成本、客户要求销售发票需要开进项发票成本关税10%和进料运费（省外及香港加此项目费）]。

5.毛利润率＝毛利／净销售额×100%。

6.如果每笔贸易交易小于5 000元，无论毛利润率多高，最高提成率为2%。

7.业绩低于20万／月，业务员以固定薪金结算，公司只付工资3 000元／月。

（二）待遇与考核、业绩提成计算细则及说明

待遇与考核、业绩提成计算细则及说明见表8-11。

表 8-11 星星钨业公司营销人员业务提成方案

等级	月销售业绩量 / 万元	毛利润率 / %	提成率 / %	业务工资 / (元 / 月)
A	20 ~ 30	5 ~ 10	0.25	3 000
		10 ~ 15	0.50	
		15 ~ 20	1.30	
		20 ~ 25	1.70	3 100
		25 ~ 30	2.20	
		30 ~ 35	2.30	
		35 ~ 40	2.40	3 200
		40 ~ 50	2.50	
		50 ~ 75	3.20	
B	31 ~ 50	5 ~ 10	0.35	3 200
		10 ~ 15	0.60	
		15 ~ 20	1.40	
		20 ~ 25	1.80	3 400
		25 ~ 30	2.30	
		30 ~ 35	2.40	
		35 ~ 40	2.50	3 600
		40 ~ 50	2.60	
		50 ~ 75	3.40	
C	51 ~ 70	10 ~ 15	0.70	3 800
		15 ~ 20	1.50	
		20 ~ 25	1.90	
		25 ~ 30	2.40	4 000
		30 ~ 35	2.50	
		35 ~ 40	2.60	
		40 ~ 50	2.70	4 200
		50 ~ 75	3.60	
D	71 ~ 100	10 ~ 15	0.80	4 400
		15 ~ 20	1.60	
		20 ~ 25	2.00	
		25 ~ 30	2.50	4 600
		30 ~ 35	2.60	
		35 ~ 40	2.70	
		40 ~ 50	2.80	4 800
		50 ~ 75	3.80	

（三）考核、业绩计算细则及说明

1. 新进业务员前三个月为试用期，在试用期间仍享有业绩提成。新进的业务人员的底薪原则上按以上规定执行，但考虑到不同时期公司的需要，与对业务人员经验不同的认可，底薪最高可以做50%以内波动。如底薪往低调，待其业务做到上述的晋级标准后，底薪调至相应的级别；如底薪往高调，业务人员做到上述的晋级级别时，底薪与该级别对应，不再在其基础上涨。

2. 新进业务员前一个月不做业绩考核，从第二个月起考核业绩，公司按月核发提成奖励。

3. 业务的差旅费实报实销。

（四）货款回收的规定

1. 根据与客户确认的结算数如期收回货款（送货当月不计，例如：结款方式为30天的，1月份送货，在3月5日前收款，节假日顺延）。

2. 已交货但因公司产品质量问题导致收款期推迟，由业务人员书面申请经品管确认（要注明已解决质量问题的日期）、经部门经理和执行经理审批后，仍然享有同等提成。

3. 为了加强资金周转速度，提高业务人员对货款的高度重视，防止呆坏账的发生，亦必须严肃业务人员的财务责任，特制定以下操作规定。

（1）对于超过货款回收期1个月内予以收回的，按销售人员提成办法90%执行处理；超过1个月在2个月内收回的货款，按销售人员提成办法80%执行处理（相应提成延后至款收后累计在次月提成中发放）；超过2个月在3个月内收回的货款，按销售人员提成办法70%执行处理（相应提成延后至款收后累计在次月提成中发放）。

（2）对于超过货款回收3个月未收回的，按销售人员提成办法50%执行处理（相应提成延后至款收后累计在次月提成中发放）。

（3）对于超过回款期3个月还未收回的，相关主管、经理要拿出切实可行的办法加以解决，相关的主管、经理要为货款的回收管理附上连带的责任，相关的规定另行制定。

4. 货款回收和惩罚制度。

（1）每个业务人员必须如期收回每笔货款，财务通知每个客户款回收情况给业务人员。

（2）对于坏账与逾期2个月以上未收回的货款，业务人员必须承担责任，并处罚提成的20%，上缴给上级主管加以收此货款，如主管完成此项业务则将此提成的20%发放于主管。

（3）对于出现坏账时，业务员扣坏账金额（扣款按公司实际成本计算）的30%；主管扣坏账金额（扣款按公司实际成本计算）的10%，销售汇总扣坏账金额（扣款按公司实际成本计算）的5%；财务丁总扣坏账金额（扣款按公司实际成本计算）的5%，执行董事刘总扣坏账金额（扣款按公司实际成本计算）的5%，公司承担45%。

以上提成方案每年修订一次，或者管理层认为有必要时也可重新修订，此方案的最终解释权归星星钨业董事会所有。

（五）其他规定

1. 除以上情况外，业务人员享有与其他员工同样的福利待遇。

2. 提前转正。业务人员根据自身的成长情况，可以申请提前转正。有下列情形之一者可以提前转正：

(1) 业绩突出,在三个月中的任一月完成二倍于基本业绩目标。

(2) 对公司经营做出建设性的改进意见,且销售业绩卓著者。

(3) 特殊情况招聘的高素质人才,可以提前结束试用期。

3. 客户的认定。对于业务人员开发的客户,在首笔交易达成之后,业务人员可以申请客户认定,并提供以下资料:客户认定申请单,公司客户系统资料中两项。同时在客户认定申请时要把客户的详细信息包括地址、注册资本、法定代表人、经营范围、工场面积、和本公司的产品的关联度、每年预计的客户交易额均要说明,同时完善和修正公司客户资料系统中的客户信息。客户认定的审核程序为:市场部经理审批,执行经理批准,同时该客户进入到该业务人员管理的客户范围,业务人员享有管理客户的所有业绩的整体提成。

4. 每月 12 日前完成上月业务人员提成明细计算,每月 15 日准时发放两个月前的实际业务提成金额。(如 10 月 15 日发放 7 月份的提成),如果财务未及时发放,必须事先通知业务员及业务主管,否则将处罚相关工作人员及负责人各 300 元。

5. 业务人员适用于一般员工的奖励与处罚条例,对业绩特别突出者予以晋升或其他形式奖励;业绩不良的降级,尤其是不能收回货款、形成呆坏账、被诈骗造成公司损失的,应负连带赔偿责任。

三、销售员工现状及报酬满意度

看来新规则也并没有使得应收账款问题得到应有的改善,李总决定找几个得力的手下,到下面的销售部门去了解一下情况,调查一下销售员工的现状怎么样,对营销政策的执行情况如何。只有进行调查摸底,才能为下一步如何改进打下基础,几个得力手下经过走访做出了如下的反馈。

(一) 员工的营销态度

从调查了解到,该公司的营销队伍员工来源大致分为两类:一类是从相关联企业挖掘过来,这类员工因为已在相关公司做了若干年相关工作,甚至就是该公司的客户员工或主管,熟悉了解客户公司的内部运作并有适当的人脉关系,这类员工到公司后很快工作可以上手,并且容易取得成绩,如现在公司的某部门主管李××,就是从客户三兴公司挖过来的,现在反过来代表公司向客户推销自已的产品,这类员工多数由于受过大专以上的学习,并具有相应的专业知识和人脉关系,销售业绩较好,相应的销售提成也高,这类员工平均工资在 1 万元/月。

另一类的销售人员则是公司决策层从内部转型而来,如过去的专职司机、文员、秘书、仓库保管员等,这类员工的特征是,没有受过系统学习,大多数文化水平仅为高中毕业,而且专业知识不具备,又没有相关公司的人脉关系,所以表现出来工作业绩不是很好,相应的收入水平也不高。如公司的罗××,过去是董事长的专职司机,月薪在 4 500 ~ 6 000 元/月,在董事长的鼓励下,转型去做专职销售,由于上面所述自身的特点,销售很难找到客户,找到客户也很难签下单,更不用说大单了,结果工资水平比过去专职司机时少了一大截,每个月仅能拿到底薪 3 000 元,十分苦恼。

(二) 对报酬的满意度

从了解的情况看,销售人员的工资水平形成两极分化,高收入的员工与低收入员工相比最大差可达十倍,平均差在 5 ~ 7 倍。高收入类员工认为他们报酬是合理的,并有更高的期望值;而低收入类员工普遍沮丧,士气低落,看不到前途,对工作没有热情,认为高收入类的员工所获得的报酬有不合理的成分(大家都同样工作努力,只是他们带有自身的一些信息和人脉优势而已),因此,营销员工队伍形成两类明显差异的群体,并且带有较为典型的对立情绪。

四、尾声

听了手下的汇报,李总陷入了沉思,问题出在哪里呢?是奖罚政策制定存在疏漏,还是营销人员自身有问题?必须把病因找到,否则情况会愈演愈烈,一发不可收拾,搞不好企业都有崩盘的危险。

要求:

(1) 请根据你所学到的应收账款的基本理论或者财务分析的知识,说出应收账款居高不下以及应收账款周转天数过长的几种可能的原因。

(2) 请指出星星钨业公司目前的应收账款政策存在的问题。

(3) 针对星星钨业公司目前应收账款政策存在的问题,提出相应的对策或建议。

扫一扫,看答案

第九章
利润分配

学习目标

1. 了解股利分配的内容和政策、股利支付的程序和方式。

2. 理解股票股利、股票分割和股票回购的内涵及其意义。

3. 重点理解和掌握股利分配的剩余股利政策、固定或稳定增长的股利政策、固定股利支付率政策和低正常股利加额外股利政策。

第一节　利润分配概述

利润分配是指将企业实现的净利润，按照国家财务制度规定的分配形式和分配顺序，在国家、企业和投资者之间进行的分配。利润分配关系着国家、企业、职工及所有者各方面的利益，是一项政策性较强的工作，必须严格按照国家的法规和制度执行。利润分配的结果，形成了国家的所得税收入、投资者的投资报酬和企业的留用利润等不同的项目，其中企业的留用利润是指盈余公积和未分配利润。由于税法具有强制性和严肃性，交纳税款是企业必须履行的义务，从这个意义上看，财务管理的利润分配主要是指企业的净利润分配，而利润分配的实质就是确定给投资者分红与企业留用利润的比例。

一、利润分配的基本原则

（一）依法分配原则

为了规范企业的利润分配行为，国家制定和颁布了若干法规，这些法规规定了企业利润分配的基本要求、一般程序和重大比例。企业的利润分配必须依法进行，这是正确处理企业各项财务关系的关键。

（二）资本保全原则

资本保全是指企业在持续经营期间，对投资者投入的注册资本，除依法转让以外，不得抽回的约束，从而以投资者的出资额来承担风险和履行企业责任。这就表明，股利分配应是对投资者投入资本增值部分的分配。企业不能用资本金进行股利分配，在以前年度亏损未弥补之前，企业不得向投资者分配利润，但企业以前年度的未分配利润，应并入本年度可向投资者分配的利润进行分配。这种资本保全措施的效果在于：① 有利于企业承担风险和履行责任；② 有利于企业有稳定的资本来持续经营和发展。

（三）分配与积累并重原则

企业的利润分配，要正确处理长期利益和近期利益这两者的关系，坚持分配与积累并重。企业除按规定提取法定盈余公积金以外，可适当留存一部分利润作为积累，这部分未分配利润仍归企业所有者所有。这部分积累的净利润不仅可以为企业扩大生产筹措资金，增强企业发展能力和抵抗风险的能力，同时，还可以供未来年度进行分配，起到以丰补歉、平抑利润分配数额波动、稳定投资报酬率的作用。

（四）权益对等的原则

企业在利润分配中应遵守公平、公正、公开的原则。投资者在企业中只有以其股权比例享有合法权益，不得从中谋取私利。企业的获利情况应当向所有的投资人及时公开，利润的分配方案应交股东会讨论，并充分考虑小股东的意见，利润分配的方式应当在所有股东中一视同仁。

二、利润分配的项目

（一）盈余公积金

盈余公积金从净利润中提取形成。盈余公积金分为法定盈余公积金和任意盈余公积金。公司分配当年税后利润时，应当按照 10% 的比例提取法定盈余公积金。任意盈余公积金的提取由股东大会根据需要决定。

（二）股利

股利（向投资者分配的利润）的分配应以各股东（投资者）持有股份（投资额）的数额为依据，每一股东（投资者）取得的股利（分得的利润）与其持有的股份数（投资额）成正比。股份有限公司股利原则上应从累计盈利中分派，无盈利不得支付股利，即所谓“无利不分”原则。但若用盈余公积金抵补亏损后，为维护公司信誉，经股东大会特别决议可用盈余公积金支付股利，其目的是维护股票的信誉，防止股价大幅度波动。

三、利润分配的一般程序

利润分配的一般程序是指企业实现的经营所得应先用于哪些方面，后用于哪些方面的先后顺序问题。我国企业的利润分配程序一般为：企业的利润总额按照国家规定作出相应调整后，首先缴纳所得税，税后剩余部分的利润为可供分配的利润。按照《公司法》规定，企业发生的年度经营亏损，依照税法的规定弥补。税法规定年限内的税前利润不足弥补的，用以后年度的税后利润弥补，或者经投资者审议后用盈余公积弥补。企业年度净利润，除法律、行政法规另有规定外，按照以下顺序分配。

（一）弥补以前年度亏损

企业在提取法定公积金之前，应先用当年利润弥补亏损。企业年度亏损可以用下一年度的税前利润弥补，下一年度不足弥补，可以在五年之内用税前利润连续弥补，连续五年未弥

补的亏损则用税后利润弥补。其中，税后利润弥补亏损可以用当年实现的净利润，也可以用盈余公积转入。

（二）提取法定盈余公积金

根据《公司法》的规定，法定盈余公积金的提取比例为当年税后利润（弥补亏损后）的10%。法定公积金累计额达到注册资本50%以后，可以不再提取。法定盈余公积提取后，根据企业的需要，可用于弥补亏损或转增资本，但企业用盈余公积金转增资本后，法定盈余公积金的余额不得低于转增前公司注册资本的25%。提取法定盈余公积金的目的是增加企业内部积累，以利于企业扩大再生产。

（三）提取任意盈余公积金

根据《公司法》的规定，公司从税后利润中提取法定公积金后，经股东会或股东大会决议，还可以从税后利润中提取任意盈余公积。这是为了满足企业经营管理的需要，控制向投资者分配利润的水平，以及调整各年度利润分配的波动。

（四）向股东（投资者）分配股利（利润）

根据《公司法》的规定，公司弥补亏损和提取公积金后所余税后利润，可以向股东（投资者）分配股利（利润）。其中，有限责任公司股东按照实缴的出资比例分取红利，全体股东约定不按照出资比例分取红利的除外；股份有限公司按照股东持有的股份比例分配，但股份有限公司章程规定不按照持股比例分配的除外。

第二节 股利支付的程序和方式

一、股利支付的程序

我国股份公司的股利分配方案通常由公司董事会决定并宣布，必要时要经股东大会或股东代表大会批准后才能实施。股利发放有如下几个非常重要的日期。

1. 股利宣告日

股利宣告日即股东大会决议通过并由董事会将股利支付情况予以公告的日期。股份公司董事会根据定期发放股利的周期举行董事会会议，讨论并提出股利分配方案，由公司股东大会讨论通过后，正式宣布股利发放方案，宣布股利发放方案的那一天即为宣布日。在宣布股利分配方案时，应明确股利分配的年度、分配的范围、股利分配的形式、分配的现金股利金额或股票股利的数量，并公布股权登记日、除息日和股利发放日。

2. 股权登记日

股权登记日即有权领取本期股利的股东资格登记截止日期。由于工作和实施方面的原因，自公司宣布发放股利至公司实际将股利发出要有一定的时间间隔。由于上市公司的股票在此时间间隔内处在不停地交易之中，公司股东会随股票交易而不断易人。为了明确股利的归属，公司确定股权登记日，凡在股权登记日之前（含登记日当天）列于公司股东名单上的股东，都将获得此次发放的股利；而在这一天之后才列于公司股东名单上的股东，将得不到此次发放的股利，股利仍归原股东所有。在信息技术环境下，股权登记极其方便、快捷，一般在股权登记日交易结束的当天即可打印出股东名册。

3. 除息日

除息日即领取股利的权利与股票分离的日期。由于股票交易与过户之间需要一定的时间，因此，只有在登记日之前一段时间购买股票的投资者，才可能在登记日之前列于公司股东名单之上，并享有当期股利的分配权。在除息日之前（含除息日）购买的股票可以得到将要发放的股利，在除息日之后购买的股票则无权得到股利，也称之为除息股。除息日对股票的价格有明显的影响。在除息日之前进行的股票交易，股票价格中含有将要发放的股利的价值，在除息日之后进行的股票交易，股票价格中不再包含股利收入，因此其价格应低于除息日之前的交易价格。一般规定登记日之前的第四个工作日为除息日（逢节假日顺延），但是，目前先进的计算机结算登记系统为股票的交割过户提供了快捷的手段，股票买卖交易的当天即可办理完交割过户手续，在这种交易结算条件下，除息日即可确定为股权登记日的下一个工作日。

4. 股利发放日

股利发放日即公司按照公布的分红方案向股权登记日在册的股东实际支付股利的日期。在这一天，公司应通过邮寄等方式将股利支付给股东。目前公司可以通过中央结算登记系统将股利直接打入股东在证券公司开立的保证金账户。

股利支付程序现举例如下。

【例 9-1】2022 年 7 月 3 日中国神华能源股份有限公司董事会发布了 2021 年年度 A 股权益分派实施公告：

1. 通过分配方案的股东大会届次和日期

本次利润分配方案于 2022 年 6 月 24 日获中国神华能源股份有限公司（以下简称“本公司”）2021 年度股东周年大会审议通过。

2. 分配方案

(1) 发放年度：2021 年年度。

(2) 分派对象：截至股权登记日下午上海证券交易所收市后，在中国证券登记结算有限责任公司上海分公司（以下简称“中国结算上海分公司”）登记在册的本公司全体 A 股股东。

本公司 H 股股东的现金红利派发不适用本公告，H 股股东现金红利派发安排请查阅本公司《2021 年度报告》及本公司 2022 年 6 月 24 日的 H 股公告。

(3) 分配方案：

本次利润分配以方案实施前的公司总股本 19 868 519 955 股为基数，每股派发现金红利人民币 2.54 元（含税），共计派发现金红利人民币 50 466 040 685.70 元（含税）。其中，A 股股本 16 491 037 955 股，派发 A 股现金红利人民币 41 887 236 405.70 元（含税）。

3. 相关日期

(1) 股权登记日：2022 年 7 月 8 日。

(2) 除权（除息）日：2022 年 7 月 11 日。

(3) 现金红利发放日：2022 年 7 月 11 日。

4. 分配实施办法

(1) 实施办法。

① 除本公司自行发放的现金红利外，本公司 A 股无限售条件流通股的红利委托中国结

算上海分公司通过其资金清算系统向股权登记日上海证券交易所收市后登记在册并在上海证券交易所各会员办理了指定交易的股东派发。已办理指定交易的投资者可于红利发放日在其指定的证券营业部领取现金红利，未办理指定交易的股东红利暂由中国结算上海分公司保管，待办理指定交易后再进行派发。

② 对于通过“沪股通”持有本公司A股股票的香港市场投资者(包括企业和个人)(以下简称“沪股通股东”)，本公司委托中国结算上海分公司通过其资金清算系统以人民币向沪股通股东名义持有人香港中央结算有限公司派发。

(2) 自行发放对象。国家能源投资集团有限责任公司的现金红利由本公司直接发放。

(3) 扣税说明。

① 根据《中华人民共和国个人所得税法》、《中华人民共和国个人所得税法实施条例》、《财政部 国家税务总局 证监会关于实施上市公司股息红利差别化个人所得税政策有关问题的通知》(财税〔2012〕85号)(以下简称“财税〔2012〕85号《通知》”)及《关于上市公司股息红利差别化个人所得税政策有关问题的通知》(财税〔2015〕101号)的有关规定，A股自然人股东和证券投资基金暂不扣缴所得税，派发现金红利每股人民币2.54元。自然人股东和证券投资基金在股权登记日后转让股票时，将按照财税〔2012〕85号《通知》有关规定执行差别化个人所得税政策。中国结算上海分公司将根据其持股期限计算实际应纳税额，由证券公司等股份托管机构从个人资金账户中扣收并划付中国结算上海分公司，中国结算上海分公司于次月5个工作日内划付本公司，本公司在收到税款当月的法定申报期内向主管税务机关申报缴纳。具体实际税负为：持股期限在1个月以内(含1个月)的，其股息红利所得全额计入应纳税所得额，实际税负为股息红利所得的20%；持股期限在1个月以上至1年(含1年)的，暂减按50%计入应纳税所得额，实际税负为股息红利所得的10%；持股期限超过1年的，股息红利所得暂免征收个人所得税。

② 持有本公司无限售条件A股股份的合格境外机构投资者(QFII)的现金红利，由本公司根据《关于中国居民企业向QFII支付股息、红利、利息代扣代缴企业所得税有关问题的通知》(国税函〔2009〕47号)(以下简称“国税函〔2009〕47号《通知》”)的规定，按照10%的税率代扣代缴企业所得税，扣税后实际派发现金红利每股人民币2.286元。如相关股东认为其取得的股息红利收入可以享受任何税收协定待遇的，股东可按照国税函〔2009〕47号《通知》的规定在取得股息红利后向主管税务机关提出申请。人民币合格境外机构投资者(RQFII)股东，参照QFII股东执行。

③ 对于沪股通股东，根据《财政部 国家税务总局 证监会关于沪港股票市场交易互联互通机制试点有关税收政策的通知》(财税〔2014〕81号)(以下简称“财税〔2014〕81号《通知》”)，由本公司按照10%的税率代扣代缴所得税，扣税后实际派发现金红利每股人民币2.286元。如相关投资者认为其取得的股息红利收入可以享受任何税收协定(安排)待遇，可按照财税〔2014〕81号《通知》的规定在取得股息红利后向主管税务机关提出申请。

④ 除上述QFII、RQFII、沪股通股东之外的A股法人股东及机构投资者的现金红利所得税自行缴纳，实际派发现金红利每股人民币2.54元(含税)。

⑤ 本公司H股股东的现金红利派发及扣税安排请查阅本公司《2021年度报告》。

5. 有关咨询办法

联系部门：本公司董事会办公室

联系电话：(010)58131088

特此公告。

中国神华能源股份有限公司董事会

2022 年 7 月 3 日

例题中，2022 年 7 月 3 日为公司的股利宣告日；2022 年 7 月 8 日为其股权登记日；2022 年 7 月 11 日为其除息日；2022 年 7 月 11 日则为其股利支付日。

二、股利支付的方式

股息红利作为股东的投资收益，是以股份为单位计算的货币金额，如每股多少元。但在上市公司实施具体分派时，其形式可以划分为四种：现金股利、财产股利、负债股利和股票股利等。

1. 现金股利

现金股利是指上市公司以货币形式支付给股东的股息红利。它也是最普通、最常见的股利形式。如每股派息多少元，即现金股利。

2. 财产股利

财产股利是指上市公司用现金以外的其他资产向股东分派的股息和红利。它可以是上市公司持有的其他公司的有价证券，也可以是实物。

3. 负债股利

负债股利是指上市公司通过建立一种负债，用债券或应付票据作为股利分派给股东。这些债券或应付票据既是公司支付的股利，又确定了股东对上市公司享有的独立债权。

4. 股票股利

股票股利是指上市公司用股票的形式向股东分派的股利，也就是通常所说的送红股。在上市公司分红时，我国股民普遍偏好送红股。其实对上市公司来说，在给股东分红时采取送红股的方式，与完全不分红，将利润滚存至下一年度等方式并没有什么区别。这种方式，都是把应分给股东的利润留在企业作为下一年度发展生产所用的资金。它一方面增强了上市公司的经营实力，进一步扩大了公司的生产经营规模；另一方面不像现金分红那样需要拿出较大额度的现金来应付派息工作，因为公司一般留存的现金都是不太多的。所以，这种形式对上市公司来说是较为有利的。

5. 配股

与送红股相联系的另外一种形式是配股。配股是上市公司根据公司发展的需要，依据有关规定和相应程序，旨在向原股东进一步发行新股、筹集资金的行为。按照惯例，公司配股时新股的认购权按照原有股权比例在原股东之间分配，即原股东拥有优先认购权。上市公司向原股东配股的，除了要符合公开发行股票的一般规定外，还应当符合下列规定：

(1) 拟配售股份数量不超过本次配售股份前股本总额的 30%。

(2) 控股股东应当在股东大会召开前公开承诺认配股份的数量。

(3) 采用证券法规定的代销方式发行。

控股股东不履行认配股份的承诺，或者代销期限届满，原股东认购股票的数量未达到拟配售数量 70% 的，发行人应当按照发行价并加算银行同期存款利息返还已经认购的股东。

配股的一大特点，就是新股的价格是按照发行公告发布时的股票市价做一定的折价处理来确定的，所折价格是为了鼓励股东出价认购。当市场环境不稳定的时候，确定配股价是非常困难的。在正常情况下，新股发行的价格按发行配股公告时股票市场价格折价10%～25%。理论上的除权价格是增股发行公告前股票与新股的加权平均价格，它应该是新股配售后的股票。

值得注意的是，配股不同于送股。送股是上市公司将利润转化为股本，回报投资者，投资者不需要购买；而配股需要投资者按照一定比例以一定的价格购买股票，即投资者要得到更多的股票就要付出相应的代价。所以，配股后虽然股东持有的股票增多了，但它不是公司给股民投资的回报，而是追加投资后的一种凭证。

由于要在获得利润后才能向股东分派股息和红利，上市公司一般是在公司营业年度结算以后才从事这项工作。在实际中，有的上市公司在1年内进行两次决算：一次在营业年度中期，另一次是营业年度终结，相应地向股东分派两次股利，以便及时回报股东，吸引投资者。但年度中期分派股利不同于年终分派股利，它只能在中期以前的利润余额范围内分派，且必须是预期本年度终结时不可能亏损的前提下才能进行。

根据我国《公司法》的规定，上市公司分红的基本程序是：首先，由公司董事会根据公司盈利水平和股利政策，确定股利分派方案；然后，提交股东大会审议通过方能生效。董事会即可依股利分配方案向股东宣布，并在规定的付息日在约定的地点以约定的方式派发。

在我国沪、深股市，股票的分红派息都由证券交易所及登记公司协助进行。在分红时，深市的上市公司将会把分派的红股直接登录到股民的股票账户中，将现金红利通过股民开户的券商划拨到股民的资金账户。

第三节 股利分配的政策和内部筹资

股利分配政策是关于公司是否发放股利、发放多少股利以及何时发放股利等方面的方针和策略，它是现代公司财务活动的核心内容之一。一方面，股利分配政策是公司筹资、投资活动的逻辑延续，是其理财行为的必然结果；另一方面，恰当的股利分配政策，不仅可以树立起良好的公司形象，而且能激发广大投资者对公司持续投资的热情，从而使公司获得长期的、稳定的发展条件和机会。因此，股利政策关系到公司的当前利益与未来发展，也关系到投资者的利益以及整个证券市场的可持续发展。

一、股利政策相关理论

股利政策理论存在两大流派：股利无关论和股利相关论。财务学家从税负因素和信息不对称因素展开研究，各自形成了有一定影响力的理论，为企业股利支付模式的选取提供理论指导。

（一）股利无关论

股利无关论认为，企业的股利政策不会对公司的股票价格产生任何影响。这一理论是由美国财务学专家米勒(Miller)和莫迪格莱尼(Modigliani)提出来的，因此，这一理论也称为MM理论。MM理论的基本假设是完全市场理论，完全市场理论的假定条件包括以下几点。

(1) 市场具有强式效率性。所谓强式效率性是指股票的现行市价已经反映了所有已公开或未公开的信息，任何人甚至掌握内部信息的内线人也无法在股市上赚取超额报酬。

(2) 没有筹资费用(包括股票发行和交易费用)。

(3) 不存在个人和公司所得税。

(4) 公司的投资决策与股利决策是彼此独立的(即投资决策不受股利分配的影响)。

股利无关论的上述假定描述的是一种完美无缺的市场，因此股利无关论又被称为完全市场理论。

股利无关论的主要结论是：① 投资者并不关心公司股利的分配。如果公司留存较多的利润用于再投资，会导致公司股票价格上升；此时尽管股利较低，但需用现金的投资者可以出售股票换取现金。若公司发放较多的股利，投资者又可以用现金再买入一些股票以扩大投资。也就是说，投资者对股利和资本利得并无偏好。② 股利的支付比率并不影响公司的价值。既然投资者不关心股利的分配，公司的价值就完全由其投资的获利能力所决定，公司的盈余在股利和保留盈余之间的分配并不影响公司的价值(即使公司有理想的投资机会而又支付了高额股利，也可以募集新股，新投资者会认可公司的投资机会)。

（二）股利相关论

股利相关论认为，公司的股利分配对公司市场价值有影响。在现实生活中，不存在股利无关论提出的假定前提，公司的股利分配是在种种制约因素下进行的，公司不可能摆脱这些因素的影响。哈佛大学教授林特纳(Lintener) 通过研究发现，美国上市公司都遵循一定的股利分配模式，也就是说，在实践中股利分配同公司价值相关。德安杰罗(De Angelo) 等人的进一步研究表明，股利分配的变化只是说明了现在，并不能预见企业的未来发展情况。由于存在种种影响股利分配的限制，股利政策与股票价格就不是无关的，公司的价值或者说股票价格不会仅仅由其投资的获利能力来决定。

股利支付不是可有可无的，而是非常必要的，并且具有策略性。因为股利支付政策的选择对股票市价、公司的资本结构与公司价值以及股东财富的实现等都有重要影响，股利政策与公司价值是密切相关的。因此股利政策不是被动的，而是一种主动的理财计划与策略。

股利相关论有如下几种不同分支理论。

1. 不确定感消除论

不确定感消除论认为，在股利收入与股票价格上涨产生的资本收益之间，投资者更倾向于前者。因为股利是现实的有把握的收益，而股票价格的上升与宏观经济形势有关，具有较大的不确定性，与股利收入相比风险更大。因此，投资者更愿意购买能支付较高股利的公司股票，这样，股利政策必然会对股票价格产生影响。这一理论用一句谚语来形容就是“双鸟在林，不如一鸟在手”，所以，该理论也被称为“一鸟在手” 理论。

2. 信息传递理论

信息传递理论认为，股利实际上给投资者传播了关于企业收益情况的信息，这一信息自然会反映在股票的价格上，因此，股利政策与股票价格是相关的。如果某一公司改变了长期以来比较稳定的股利政策，这就等于给投资者传递了企业收益情况发生了变化的信息，从而会影响到股票的价格。股利提高可能会给投资者传递公司创造未来现金能力增强的信息，该公司的股票价格就会上涨；反之，股利下降可能给投资者传递公司经营状况变坏的信息，该公司股票价格就会下跌。

3. 所得税差异理论

在许多国家的税法中，长期资本利得所得税税率要低于普通所得税税率。因为股利税率比资本利得的税率高，投资者自然喜欢公司少支付股利而将较多的收益保存下来以作为再投资用，以期提高股票价格，把股利转化为资本利得，即使资本在股票出售时征收。因此对股东来说，资本利得也有推迟纳税的效果。同时，为了获得较高的预期资本利得，投资者将愿意接收较低的股票必要报酬率。根据这种理论，股利决策与企业价值也是相关的，而只是采取低股利和推迟股利支付的政策，才有可能使公司的价值达到最大。

4. 代理理论

代理理论认为，股利政策有利于减缓管理者与股东之间的代理冲突，即股利政策是协调股东与管理者之间代理关系的一种约束机制。该理论认为，股利的支付能够有效地降低代理成本。首先，股利的支付减少了管理者对自由现金流量的支配权，这在一定程度上可以抑制公司管理者的过度投资或在职消费行为，从而保护外部投资者的利益；其次，较多的现金股利发放，减少了内部融资，导致公司进入资本市场寻求外部融资，从而公司将接受资本市场上更多的、更严格的监督，这样使通过资本市场的监督减少了代理成本。因此，高水平的股利政策降低了企业的代理成本，但同时增加了外部融资成本，理想的股利政策应当使这两种成本之和最小。

二、股利政策的影响因素

由于市场的不完善和政府税收等，公司的股利分配政策是在多种制约因素下进行的。公司的股利分配政策受以下因素的影响。

（一）法律因素

为了保护债权人和股东的利益，有关法规对公司的股利分配经常做如下限制。

1. 资本保全约束

资本保全约束规定公司不能用资本（包括股本和资本公积）发放股利，目的在于维持企业资本的完整性，保护企业完整的产权基础，保障债权人的利益。

2. 资本积累约束

资本积累约束规定公司必须按照一定的比例和基数提取各种公积金，股利只能从企业的可供分配利润中支付。此处可供分配利润包含公司当期的净利润按照规定提取各种公积金后的余额和以前累积的未分配利润。另外，在进行利润分配时，一般应当贯彻“无利不分”的原则，即当企业出现年度亏损时，一般不进行利润分配。

3. 超额积累利润约束

超额积累利润约束由于资本利得与股利收入的税率不一致，如果公司为了避税而使得盈余的保留大大超过了公司目前及未来的投资需要时，将被加征额外的税款。

4. 偿债能力约束

偿债能力约束要求公司考虑现金股利分配对偿债能力的影响，确定在分配后仍能保持较强的偿债能力，以维持公司的信誉和借贷能力，从而保证公司的正常资本周转。

（二）经济因素

股东出于自身经济利益的需要，对公司的股利分配往往产生以下影响。

1. 获得稳定的收入和避税的需要

一些依靠股利维持生计的股东，往往要求公司支付稳定的股利，以满足生活的需要。若公司留存较多的利润，将受到这部分股东的反对。另外，一些股东又出于避税的需要，往往反对公司发放较多的股利。

2. 控制权的稀释

公司支付的股利越多，留存收益越少，内部融资的可能性降低，意味着将来发放新股融资的可能性变大。发行新股又意味着公司控制权的稀释，影响老股东对公司的控制权。对于老股东，如果他们拿不出更多的资金来购买新股，他们宁愿不分配股利而反对募集新股。

（三）财务限制

从财务管理的角度出发，也存在着以下限制股利分配的因素。

1. 现金流量

由于会计规范的要求和核算方法的选择，公司盈余与现金流量并非完全同步，净收益的增加不一定意味着可供分配的现金流量的增加。公司在进行利润分配时，要保证正常的经营活动对现金的需求，以维持资金的正常周转，使生产经营得以有序进行。

2. 盈余的稳定性

公司是否能获得长期稳定的盈余，将影响公司支付股利的水平高低。在成熟的市场中，由于股利的信号传递作用，稳定的股利政策会增加投资者的信心。盈余相对稳定的公司比盈余不稳定的公司有把握支付较多的股利给股东，因此盈余较稳定的公司一般采取高股利政策，盈余不稳定的公司一般采取低股利政策。

3. 资产的流动性

假如某公司的资产有较强的变现能力，现金的来源较充裕，其支付现金股利的能力就强。而高速成长中的、盈利性较好的公司，如果其将大部分资金投在固定资产和永久性营运资金上，它通常不愿意支付较多的现金股利，这样就会影响公司的长期发展战略，以及偿债和举债能力。因此，公司在确定股利分配数量时，一定要考虑到资产的流动性，保证在现金股利分配后，公司仍能保持较强的偿债能力，以维护公司的信誉和借贷能力。具有较强举债能力的公司因为较易筹措到所需的现金，因此会采取较宽松的股利政策；而举债能力弱的公司，则不得不多保留盈余，采取较紧的股利政策。

4. 投资机会

公司股利政策在较大程度上受到投资机会的制约。一般来说，若公司的投资机会多、对资金的需求量大，往往会采取低股利、高留存利润的政策；反之，若投资机会少、对资金需求量小，就可能采取高股利政策。另外，受公司投资项目加快或延缓的可能性大小影响，假如这种可能性较大，股利政策就有较大的灵活性。比如有的企业有意多派发股利来影响股价的上涨，使已经发行的可转换债券尽早实现转换，达到调整资本结构的目的。

5. 筹资因素

如果公司具有较强的筹资能力,随时能筹集到所需资金,那么它会具有较强的股利支付能力。另外,留存收益是企业内部筹资的一种重要方式,它同发行新股或举债相比,不需花费筹资费用,同时增加了公司权益资本的比重,降低了财务风险,便于低成本取得债务资本。

6. 其他因素

由于股利的信号传递作用,公司不宜经常改变其利润分配政策,应保持一定的连续性和稳定性。此外,利润分配政策还会受其他公司的影响,比如不同发展阶段、不同行业的公司股利支付比例会有差异,这就要求公司在进行政策选择时要考虑自身发展阶段以及所处行业状况。

(四) 其他限制

1. 契约限制, 又称债务合同约束

契约限制是指公司在借入长期债务时,债务合同对公司发放现金股利通常都有一定的限制。股利政策必须满足这类契约的限制。

2. 通货膨胀

当发生通货膨胀时,计提折旧储备的资金往往不能满足重置资产的需要。公司为了维持其原有生产能力,需要从留存利润中予以补足,这样可能会导致股利支付水平的下降。因此在通货膨胀时期,公司股利政策往往偏紧。

三、股利分配政策与内部筹资

支付给股东的盈余与留在企业的保留盈余存在此消彼长的关系。所以股利分配既决定给股东分配多少红利,也决定有多少净利留在企业。减少股利分配,会增加保留盈余,减少外部筹资需求。所以说股利决策也是内部筹资决策。

股利政策受多种因素的影响,并且不同的股利政策也会对公司的股票价格产生不同的影响。因此,对股份公司来说,制定一个正确的、合理的股利政策是非常重要的。在实践中,公司采用的股利政策有多种,各种股利政策各有所长。公司在制定分配股利政策时应借鉴其基本决策思想,根据自己的实际情况选择最合适的股利政策。公司经常采用的股利政策如下。

(一) 剩余股利政策

剩余股利政策是以首先满足公司资金需求为出发点的股利政策,即采用剩余股利政策,意味着公司只将剩余的盈余用于发放股利。股利分配与公司的资本结构相关,而资本结构又是由投资所需资金构成的,因此实际上股利政策要受到投资机会及其资金成本的双重影响。剩余股利政策就是在公司有着良好的投资机会时,根据一定的目标资本结构,测算出投资所需的权益资本,先从盈余当中留用,然后将剩余的盈余作为股利进行分配。可见,采取剩余股利政策的根本原因是为了保持加权平均资本成本最低,即保持最佳资本结构。根据这一政策,公司按如下步骤确定其股利分配额。

(1) 确定公司的最佳资本结构,即确定权益资本与债务资本的比率,在此资本结构下,加权平均资本成本将达到最低水平。

(2) 确定公司下一年度的资金需求量。

(3) 确定按照最佳资本结构、为满足投资方案所需增加的股东权益数额。

(4) 公司税后利润首先满足公司下一年度的增加投资的需求，剩余部分用来发放当年的现金股利。

【例 9-2】假定某公司某年的税后净利润为 600 万元，第二年的投资计划所需资金为 800 万元，公司的目标资本结构为权益资本占 60%、债务资本占 40%，那么，按照目标资本结构的要求，公司投资方案所需的权益资本数额为：

$$800 \times 60\% = 480(\text{万元})$$

公司当年全部可用于分配股利的盈余为 600 万元，可以满足上述投资方案所需的权益资本数额并有剩余，剩余部分再作为股利发放。当年发放的股利额即为：

$$600 - 480 = 120(\text{万元})$$

假定该公司当年流通在外的只有普通股 100 万股，那么每股股利即为：

$$120 \div 100 = 1.2(\text{元})$$

【例 9-2】中，如果公司不按剩余股利政策发放股利，将可向股东分配的 600 万元全部留用于投资，这样当年将不发放股利，或全部作为股利发放给股东，这样当年每股股利将达到 6 元，然后再去筹借债务，这两种做法都会破坏目标资本结构，导致加权平均资本成本的提高，不利于提高公司的价值(股票价格)。

剩余股利政策的优点是：充分利用留存利润筹资成本最低的资本来源，保持理想的资本结构，使综合资本成本最低，实现公司价值的长期最大化。其缺点是：如果完全遵照执行剩余股利政策，将使股利发放额每年随投资机会和盈利水平的波动而波动。即使在盈利水平不变的情况下，股利将与投资机会的多寡呈反方向变动，因为投资机会越多，股利越小；反之，投资机会越少，股利发放越多。另外，在投资机会不变的情况下，股利发放额将因公司每年盈利的波动而呈同方向波动。所以，剩余股利政策一般适用于公司初创阶段。

(二) 固定或稳定增长股利政策

固定或稳定增长的股利政策是指公司将每年派发的股利额固定在某一特定水平或者是在此基础上维持某一固定比率逐年稳定增长。公司只有在确信未来盈余不会发生逆转时才会宣布实施固定或稳定增长的股利政策。在这一政策下，应首先确定股利分配额，而且该分配额一般不随资金需求的波动而波动。

固定或稳定增长的股利政策的优点如下。

(1) 由于股利政策本身的信念含量，稳定的股利向市场传递着公司正常发展的信息，有利于树立公司的良好形象，增强投资者对公司的信心，稳定股票的价格。

(2) 稳定的股利额有助于投资者安排股利收入和支出，有利于吸引那些打算进行长期投资并对股利有很高依赖性的股东。而股利忽高忽低的股票则不会受到这些股东的欢迎，股票价格会因此而下降。

(3) 稳定的股利政策可能会不符合剩余股利理论，但考虑到股票市场会受多种因素影响(包括股东的心理状态和其他要求)，为了将股利维持在稳定的水平上，即使推迟某些投资方案或暂时偏离目标资本结构，也可能比降低股利或股利增长率更为有利。

固定或稳定增长的股利政策的缺点有：股利的支付与企业的盈利相脱节，即不论公司盈利多少，均要支付固定的股利，这可能会导致企业资金紧缺，财务状况恶化。此外，在企业无利可分的情况下，若依然实施固定或稳定增长的股利政策，也是违反《公司法》的行为。

因此,采用固定或稳定增长的鼓励政策,要求公司对未来的盈利和支付能力能做出准确的判断。一般来说,公司确定的固定股利额不宜太高,以免陷入无力支付的被动局面。固定或稳定增长的股利政策通常适用于经营比较稳定或正处于成长期的企业,且很难被长期采用。

(三)固定股利支付率政策

固定股利支付率政策是公司确定固定的股利支付率,并长期按此比率从净利润中支付股利的政策。主张实行固定股利支付率的人认为,这样做能使股利与公司盈余紧密地配合,以体现多盈多分、少盈少分、无盈不分的原则。从公司支付能力的角度看,这是一种真正稳定的股利政策。

固定股利支付率政策的优点如下。

(1)采用固定股利支付率政策,股利与公司盈余紧密地配合,体现了“多盈多分、少盈少分、无盈不分”的股利分配原则。

(2)由于公司的获利能力在年度间是经常变动的,因此,每年的股利也应当随着公司收益的变动而变动。采用固定股利支付率政策,公司每年按固定的比例从税后利润中支付现金股利,从企业的支付能力的角度看,这是一种稳定的股利政策。

固定股利支付率政策的缺点如下。

(1)公司财务压力较大。根据固定股利支付率政策,公司实现利润越多,派发股利也就应当越多,而公司实现利润多,只能说明公司盈利状况好,并不能表明公司的财务状况就一定好。在此政策下,采用现金分派股利是刚性的,这必然给公司带来相当的财务压力。

(2)缺乏财务弹性。在公司发展的不同阶段,公司应当根据自身的财务状况制定不同的股利政策。这样更有利于实现公司的财务目标。但在固定股利支付率政策下,公司丧失了利用股利政策的财务方法,缺乏财务弹性。

(3)确定合理的固定股利支付率难度较大。一家公司如果股利支付率定得低,则不能满足投资者对现实股利的要求;反之,公司股利支付率定得高,就会使大量资金因支付股利而流出,公司又会陷入资金缺乏从而制约其发展。可见,确定公司较优的股利支付率是具有相当难度的工作。所以,在现实中,固定股利支付政策只能适用于稳定发展的公司。

(四)低正常股利加额外股利政策

低正常股利加额外股利政策是指公司除每年按一固定股利额向股东发放成为正常股利的现金股利外,还在公司盈利较高、资金较为充裕的年度向股东发放高于一般年度的正常股利额的现金股利,其高出部分即为额外股利。但额外股利并不固定化,即公司并非永久地提高规定的股利率。可以用以下公式表示:

$$Y = a + bX \quad (9-1)$$

式中,Y—— 每股股利;

X—— 每股收益;

a—— 低正常股利;

b—— 股利支付比率。

低正常股利加额外股利政策的优点如下。

(1)赋予公司较大的灵活性,使公司在股利发放上留有余地,并具有较大的财务弹性。公司可根据每年的具体情况,选择不同的股利发放水平,以稳定和提高股价,进而实现公司价值的最大化。

(2) 使那些依靠股利度日的股东每年至少可以得到虽然较低但比较稳定的股利收入,从而吸引住这部分股东。

低正常股利加额外股利政策的缺点如下。

(1) 由于年份之间公司盈利的波动使得额外股利不断变化,造成分派的股利不同,容易给投资者收益不稳定的感觉。

(2) 当公司在较长时间持续发放额外股利后,可能会被股东误认为"正常股利",一旦取消,传递出的信号可能会使股东认为这是公司财务状况恶化的表现,进而导致股价下跌。

相对来说,对那些盈利随着经济周期而波动较大的公司或者盈利与现金流量很不稳定时,低正常股利加额外股利政策也许是一种不错的选择。

第四节　股票股利、股票分割和股票回购

一、股票股利

股票股利是指公司以发放的股票作为股利的支付方式。股票股利并不直接增加股东的财富,不导致公司资产的流出或负债的增加,因此不是公司资金的使用,同时也并不因此而增加公司的财产。但股票股利会增加流通在外的股票数量,同时降低股票的每股收益和每股价值,引起所有者权益各项目的结构发生变化。

【例 9-3】某公司在 2021 年发放股票股利前,股东权益情况见表 9-1。

表 9-1　发放股票股利前,公司股东权益情况

单位:万元

项目	数量
普通股(面额 1 元,已发行 2 000 股)	2 000
资本公积	3 000
盈余公积	2 000
未分配利润	3 000
股东权益合计	10 000

假定该公司宣布发放 10% 的股票股利,现有股东每持 10 股即可得 1 股普通票。若该股票当时市价 5 元,随着股票股利的发放,需从"未分配利润"项目划转出的资金为:

$$5\times 2\,000\times 10\% = 1\,000(\text{万元})$$

由于股票面额(1 元)不变,发放 200 万股,"普通股"项目只应增加 200 万元,其余的 800 万元应作为股票溢价转至"资本公积"项目,而公司股东权益总额保持不变。发放股票股利后,公司股东权益各项目见表 9-2。

表 9-2 发放股票股利后，公司股东权益情况

单位：万元

项目	数量
普通股（面额 1 元，已发行 2 200 万股）	2 200
资本公积	3 800
盈余公积	2 000
未分配利润	2 000
股东权益合计	10 000

假设某股东在公司派发股票股利之前持有公司的普通股 10 万股，那么，他所拥有的股权比例为：

10 万股 ÷ 2 000 万股 ＝ 0.5％

派发股利之后，他所拥有的股票数量和股份比例为：

10 ×（1 ＋ 10％）＝ 11（万股）

11 万股 ÷ 2 200 万股 ＝ 0.5％

可见，发放股票股利，不会对公司股东权益总额和股东的持股比例产生影响，但会发生资金在各股东权益项目间的再分配。除此之外，也有的按股票面值计算股票股利价格，如我国目前即采用这种做法。

股票股利以发放比例大小划分，可分为小比例股票股利和大比例股票股利。

（一）小比例股票股利

如果股票股利的发放比例低于原发行在外普通股的 20％，一般称之为小比例股票股利。我国《公司法》规定："公司一次配股发行股份总数，不得超过该公司前一次发行并募足股份后普通股股份总数的 30％。"因而我国上市公司较多采用小比例股票股利政策。小比例股票股利由于其发放比例比较小，一般不会造成股价的大幅度波动，发放小比例股票股利会造成以下影响：① 引起留存收益减少，普通股股本和资本公积增加，所有者权益总额不变；② 由于税后净利润不会因发放股票股利而增加，而发行在外的普通股数量却由于股票股利的发放而上升，从而导致普通股每股收益的降低。

（二）大比例股票股利

如果股票股利的发行比例大于或等于原发行在外普通股数量的 20％，就称为大比例股票股利。小比例股票股利发放不会对股价产生较大的波动，而大比例股票股利的发放却足以引起股价的变化。一般来说，大比例股票股利政策会产生以下影响：① 引起普通股股本的增加、留存收益减少以及每股收益的降低。② 资本公积和所有者权益总额保持不变。

发放股票股利后，如果盈利总额不变，会由于普通股股数增加而引起每股收益和每股股价的下降。但股东所持股票的市场价值总额不变。尽管股票股利并不直接增加股东的财富，也不因此而增加公司的财产，但对股东和公司都具有特殊意义。

1. 股票股利对股东的意义

（1）如果公司在发放股票股利后同时发放现金股利，股东会因所持股数的增加而得到更多的现金。

(2) 事实上,有时公司发放股票股利后其股价并不成比例下降;一般在发放少量股票股利(如 2% ~ 3%)后,不会引起股价的立即变化。这可使股东的股票价值得到相对上升。

(3) 发放股票股利通常由成长中的公司所为,因此投资者往往认为发放股票股利预示着公司将会有较大发展,利润将大幅度增长,足以抵消增发股票带来的消极影响。这种心理会稳定住股价甚至使其略有上升。

(4) 在股东需要现金时,还可以将分得的股票股利出售,有些国家税法规定出售股票所需交纳的资本利得(价值增值部分)税率比收到现金股利所需交纳的所得税率低,这使得股东可以从中获得纳税上的好处。

2. 股票股利对公司的意义

(1) 发放股票股利可使股东分享公司的盈余而无须分配现金,这使公司留存了大量现金,便于进行再投资,有利于公司长期发展。

(2) 在盈余和现金股利不变的情况下,发放股票股利可以降低每股价值,从而吸引更多的投资者。

(3) 发放股票股利往往会向社会传递公司将会继续发展的信息,从而提高投资者对公司的信心,在一定程度上稳定股票价格。但在某些情况下,发放股票股利也会被认为是公司资金周转不灵的征兆,从而降低投资者对公司的信心,加剧股价的下跌。

(4) 发放股票股利的费用比发放现金股利的费用大,会增加公司的负担。

二、股票分割

股票分割是指通过成比例地降低股票面值而增加普通股的数量,它是一种将面额较高的股票转换成面额较低股票的行为。股票分割不属于某种股利方式。在股票分割后,由于普通股数量的增加,普通股面值相应降低,其所产生的效果与发放股票股利近似,故而在此一并介绍。归纳起来主要有以下两点。

(1) 普通股股本、资本公积、留存收益都保持不变,股东权益总额因而也不变。

(2) 每股面值和每股收益由于普通股数量的增加而降低。

对于公司来讲,实行股票分割的主要目的在于通过增加股票股数降低每股市价,从而吸引更多的投资者。此外,股票分割往往是成长中公司的行为,所以宣布股票分割后容易给人一种“公司正处于发展之中”的印象,这种有利信息会对公司有所帮助。

对于股东来讲,股票分割后各股东持有的股数增加,但持股比例不变,持有股票的总价值不变。不过,只要股票分割后每股现金股利的下降幅度小于股票分割幅度,股东仍能多获现金股利。另外,股票分割向社会传递的有利信息和降低了的股价,可能导致购买该股票的人数增加,反而使其价格上升,进而增加股东财富。

相对于增加流通在外普通股数量的股票分割政策,公司在某个时期如希望减少流通在外普通股的数量,可通过股票合并来实现。股票合并作为股票分割的反向操作行为,又称为“反分割”。它造成的影响可以归纳为:

(1) 由于普通股数量的减少,导致普通股面值相应提高。

(2) 与股票分割一样,股票合并后,普通股股本总额、资本公积、留存收益都保持不变,股东权益总额也保持不变。

(3) 由于普通股数量减少，而本年税后净利润不变，导致普通股每股收益增加。

【例 9－4】某上市公司在 2021 年年末的股东权益账户情况见表 9-3。

表 9-3　2021 年年末公司股东权益情况

单位：万元

项目	数量
普通股（面额 10 元，已发行 1 000 万股）	10 000
资本公积	10 000
盈余公积	5 000
未分配利润	8 000
股东权益合计	33 000

(1) 假设股票市价为 20 元，该公司宣布发放 10% 的股票股利，即现有股东每持 10 股即可获赠 1 股普通股。发放股票股利后，股东权益有何变化？每股净资产是多少？

(2) 假设该公司按 1∶2 股的比例进行股票分割。股票分割后，股东权益有何变化？每股净资产是多少？

根据上述资料，分析计算如下：

(1) 发放股票股利后股东权益情况见表 9-4。

表 9-4　发放股票股利后，公司股东权益情况

单位：万元

项目	数量
普通股（面额 5 元，已发行 2 000 万股）	11 000
资本公积	11 000
盈余公积	5 000
未分配利润	6 000
股东权益合计	33 000

每股净资产为：

$$33\ 000 \div (1\ 000 + 100) = 30(\text{元}/\text{股})$$

(2) 股票分割后股东权益情况见表 9-5。

表 9-5　股票分割后公司股东权益情况

单位：万元

项目	数量
普通股（面额 5 元，已发行 2 000 万股）	10 000
资本公积	10 000
盈余公积	5 000

续表

项目	数量
未分配利润	8 000
股东权益合计	33 000

每股净资产为：

$$33\ 000 \div (1\ 000 \times 2) = 16.5(\text{元} / \text{股})$$

综上所述，股票股利和股票分割具有不少相似的特点，也具有某些相同的作用。第一，股票股利与股票分割使公司的股票处于一个价位更低的交易范围，从而可以吸收更多的购买者购买公司的股票，扩大个人投资者持有股票的数量，有利于扩大公司的影响。第二，在投资者看来，股票股利与股票分割是成长中公司的行为，因而能提高投资者对公司的信心，在一定程度上可稳定甚至提高公司股票的价格。第三，发放股票股利可使股东分享公司的盈余，便于公司扩大规模进行再投资，有利于公司的长期稳定发展。第四，股票股利与股票分割都能达到降低公司股价的目的。但一般来说，只有公司股价剧涨且预期难以下降时，才采用股票分割的办法；而在公司股价上涨幅度不大时，往往通过股票股利将其股价维持在一个理想的范围之内。

三、股票回购

股票回购是指上市公司从股票市场上购回本公司一定数额的发行在外的股票。公司在股票回购完成后可以将所回购的股票注销，但在绝大多数情况下，公司将回购的股份作为"库藏股"保留，仍属于发行在外的股份，但不参与每股收益的计算和收益分配。库藏股的目的是暂时购买公司股票以用于公司发行债券或者激励管理者等。如雇员福利计划、发行可转换债券等，也可在需要资金时将其出售。股票回购的主要目的如下。

(1) 反收购措施。股票回购在国外经常是作为一种重要的反收购措施而被运用。回购将提高本公司的股价，减少在外流通的股份。给收购方造成更大的收购难度。股票回购后，公司在外流通的股份变少，可以防止浮动股票落入进攻公司手中。

(2) 改善资本结构。股票回购是改善公司资本结构的一个较好途径。回购一部分股份后，公司的资本得到了充分利用，每股收益也提高了。过低的股价无疑将对公司经营造成严重影响，使人们对公司的信心下降，使消费者对公司产品产生怀疑，会削弱公司出售产品、开拓市场的能力。在这种情况下，公司回购本公司股票以支撑公司股价，有利于改善公司形象。股价在上升过程中，投资者又重新关注公司的运营情况，消费者对公司产品的信任度增加，公司也有了进一步配股融资的可能。因此，在股价过低时回购股票，是维护公司形象的有力途径。

(3) 建立企业职工持股制度的需要。公司以回购的股票作为储备，奖励优秀经营管理人员，或以优惠的价格转让给职工。

股票回购将对公司利润产生一定影响。当一个公司实行股票回购时，股价发生变化，这种变化是两方面的叠加：首先，股票回购后公司股票的每股净资产将发生变化。在假设净资产收益率不变的情况下，股票的净资产和股价存在一个不变的常数关系，也是净资产的倍数。因此，股价将随着每股净资产价值的变化而发生相应的变化，而股票回购中净资产值的变化可能是向上的，也可能是向下的。其次，由于公司回购行为的影响以及投资者对此的心

理预期，将促使市场看好该股而使股价上升。

公司进行股票回购主要可以通过以下四种方式进行。

(1) 公开市场回购。公开市场回购是指上市公司在证券市场上按照股票市场价格回购本公司的股票。通常公司回购股票时都会有一个最高限价，对回购股票的数量也有明确的规定。通过公开市场回购的方式回购股票，很容易导致股票价格上涨，从而增加回购成本。一般来说，在公司回购股票的目标已经达到的情况下，就可以停止回购。根据我国证监会 2005 年发布的《上市公司回购社会公众股份管理办法(试行)》的规定，上市公司可以采用证券交易所集中竞价交易方式回购股票，但须履行信息披露义务。如在回购股份期间，应当在每个月的前三个交易日内公告截至上月末的回购进展情况，并且当回购股份占公司总股本的比例每增加 1 个百分点时，应当在两个交易日进行公开。

(2) 要约回购。要约回购是指公司通过公开向股东发出回购股票的要约来实现股票回购计划。要约回购价格一般高于市场价格。在公司公告要约回购之后的限定期限内，股东可自愿决定是否按要约价格将持有的股票出售给公司。如果股东愿意出售的股数多于公司计划回购的股数，公司可以自行决定购买部分或全部股票。通常，在公司回购股票的数量较大时，可采用要约回购方式。根据《上市公司回购社会公众股份管理办法(试行)》的规定，上市公司采用要约回购方式回购股票，其要约价格不得低于回购报告书前 30 个交易日股票每日加权平均价的算术平均值，并且要约期限不得少于 30 日，不得超过 60 日。

(3) 协议回购。协议回购是指公司与特定的股东私下签订购买协议回购其持有的股票。协议回购方式通常作为公开市场回购方式的补充。采用这种方式，公司必须公开披露股票回购的目的、数量等信息，并保证回购价格公平，以避免公司向特定股东进行利益输送，侵害其他股东利益。协议回购方式回购股票的价格通常低于当前市场价格，并且一次回购股票的数量较大，通常作为大宗交易在场外进行。

(4) 转换回购。转换回购是指公司用债券或者优先股代替现金回购普通股的股票回购方式。转换回购方式使公司不必支付大量现金，对于现金流量并不充足的公司而言，这是一种不错的回购方式，而且采用这种回购方式还可以起到调整资本结构的作用。但是，由于债券或优先股的流动性比普通股要差，采用转换回购方式时，可能需要支付一定的溢价，因而提高了股票回购成本。

拓展阅读

本章小结

利润分配涉及最终有多少留存收益作为股利发放给股东，有多少留存收益保留在公司进行再投资，它是企业财务管理的一项重要措施。在股利分配对公司价值的影响这一问题上存在不同的观点，主要有股利无关论和股利相关论。由于市场的不完善和政府税收在现实中的存在，公司的股利分配政策是在多种制约因素下进行的，包括：法律因素、经济因素、财务限制和其他限制。在进行股利分配的实践中，公司经常采用的股利政策包括：剩余股利政策、固定或者稳定股利政策、固定股利支付率政策和低正常股利加额外股利政策等。上市公司实施具体分派股利时，其形式可以有四种：现金股利、财产股利、负债股利和股票股利等。股票股利是股份公司以增发的股票作为股利的支付方式。股票股利以发放比例大小划分，可分为小比例股票股利和大比例股票股利。股票分割是指通过成比例地降低股票面值而增加普通股的数量，它是一种将面额较高的股票转换成面额较低股票的行为。股票回购是指上市公司从股票市场上购回本公司一定数额的发行在外的股票。公司进行股票回购一般有四种方式：公开市场回购、要约回购、协议回购和转换回购。

复习思考题

一、简答题

1. 简述利润分配的一般程序。

2. 简述股利支付的程序和方式。

3. 什么是股利相关论?影响股利分配的因素有哪些?

4. 什么是股利政策?常用的股利政策包括哪些内容?

5. 华为作为一家民营企业，投入大量研发费用进行技术创新，对企业当前利润有何影响?对企业长远发展又有何影响?可结合美国政府最近两年对华为的制裁事件进行讨论。

二、单选题

1. 股票股利与股票分割都将增加股份数量，二者的主要差别在于是否会改变公司的(　　)。

A. 资产总额　　B. 股东权益总额

C. 股东权益的内部结构　　D. 股东持股比例

2. 有种观点认为，企业支付高现金股利可以减少管理者对于自由现金流量的支配，从而在一定程度上抑制管理者的在职消费，持这种观点的股利分配理论是(　　)。

A. 所得税差异理论　　B. 代理理论

C. 信号传递理论　　D. “一鸟在手”理论

3. 股票回购对上市公司的影响是(　　)。

A. 有利于保护债权人利益　　B. 分散控股股东的控制权

C. 有利于降低公司财务风险　　D. 降低资产流动性

4. 下列股利理论中，支持“低现金股利有助于实现股东利益最大化目标”观点的是(　　)。

A. 信号传递理论　　B. 所得税差异理论

C. “一鸟在手”理论　　D. 代理理论

5. 要获得收取股利的权利，投资者购买股票的最迟日期是(　　)。

A. 除息日　　B. 股权登记日

C. 股利宣告日　　D. 股利发放日

6. 下列各项中，属于固定股利支付率政策优点的是(　　)。

A. 股利分配有较大灵活性　　B. 有利于稳定公司的股价

C. 股利与公司盈余紧密配合　　D. 有利于树立公司的良好形象

7. 厌恶风险的投资者偏好确定的股利收益，而不愿将收益留存在公司内部去承担未来的投资风险，因此公司采用高现金股利政策有利于提升公司价值，这种观点的理论依据是(　　)。

A. 代理理论　　B. 信号传递理论

C. 所得税差异理论　　D. “一鸟在手”理论

8. 确定股东是否有权领取本期股利的截止日期是(　　)。

A. 除息日　　B. 股权登记日

C. 股利宣告日　　D. 股利发放日

9. 某股利分配理论认为,由于对资本利得收益征收的税率低于对股利收益征收的税率,企业应采用低股利政策。该股利分配理论是(　　)。

A. 代理理论　　B. 信号传递理论

C. "一鸟在手"理论　　D. 所得税差异理论

10. 下列各项中,受企业股票分割影响的是(　　)。

A. 每股股票价值　　B. 股东权益总额

C. 企业资本结构　　D. 股东持股比例

11. 下列各项股利支付形式中,不会改变企业资本结构的是(　　)。

A. 股票股利　　B. 财产股利　　C. 负债股利　　D. 现金股利

12. 下列股利政策中,根据股利无关理论制定的是(　　)。

A. 剩余股利政策　　B. 固定股利支付率政策

C. 稳定增长股利政策　　D. 低正常股利加额外股利政策

13. 下列净利润分配事项中,根据相关法律法规和制度,应当最后进行的是(　　)。

A. 向股东分配股利　　B. 提取任意公积金

C. 提取法定公积金　　D. 弥补以前年度亏损

14. 公司采用固定股利政策发放股利的好处主要表现为(　　)。

A. 降低资金成本　　B. 维持股价稳定

C. 提高支付能力　　D. 实现资本保全

15. 下列各项中,不影响股东权益总额变动的股利支付形式是(　　)。

A. 现金股利　　B. 股票股利　　C. 负债股利　　D. 财产股利

16. 如果某公司以所持有的其他公司的有价证券作为股利发放给本公司股东,则该股利支付方式属于(　　)。

A. 负债股利　　B. 现金股利　　C. 财产股利　　D. 股票股利

17. 企业采用剩余股利政策进行收益分配的主要优点是(　　)。

A. 有利于稳定股价　　B. 获得财务杠杆利益

C. 降低综合资金成本　　D. 增强公众投资信心

18. 下列关于股利分配政策的表述中,正确的是(　　)。

A. 公司盈余的稳定程度与股利支付水平负相关

B. 偿债能力弱的公司一般不应采用高现金股利政策

C. 基于控制权的考虑,股东会倾向于较高的股利支付水平

D. 债权人不会影响公司的股利分配政策

19. "为充分保护投资者的利益,企业必须在有可供分配留存收益的情况下才进行收益分配"所体现的分配原则是(　　)。

A. 资本保全原则　　B. 利益兼顾原则

C. 依法理财原则　　D. 投资与收益对等原则

20. 某公司近年来经营业务不断拓展，目前处于成长阶段，预计现有的生产经营能力能够满足未来10年稳定增长的需要，公司希望其股利与公司盈余紧密配合。基于以上条件，最为适宜该公司的股利政策是(　　)。

A. 剩余股利政策　　B. 固定股利政策

C. 固定股利支付率政策　　D. 低正常股利加额外股利政策

21. 如果上市公司以其应付票据作为股利支付给股东，则这种股利的方式称为(　　)。

A. 现金股利　　B. 股票股利　　C. 财产股利　　D. 负债股利

22. 在下列各项中，能够增加普通股股票发行在外股数，但不改变公司资本结构的行为是(　　)。

A. 支付现金股利　　B. 增发普通股　　C. 股票分割　　D. 股票回购

23. 公司以股票形式发放股利，可能带来的结果是(　　)。

A. 引起公司资产减少　　B. 引起公司负债减少

C. 引起股东权益内部结构变化　　D. 引起股东权益与负债同时变化

24. 某企业在选择股利政策时，以代理成本和外部融资成本之和最小化为标准。该企业所依据的股利理论是(　　)。

A. "一鸟在手"理论　　B. 信号传递理论

C. MM 理论　　D. 代理理论

25. 在下列各项中，计算结果等于股利支付率的是(　　)。

A. 每股收益除以每股股利　　B. 每股股利除以每股收益

C. 每股股利除以每股市价　　D. 每股收益除以每股市价

26. 相对于其他股利政策而言，既可以维持股利的稳定性，又有利于优化资本结构的股利政策是(　　)。

A. 剩余股利政策　　B. 固定股利政策

C. 固定股利支付率政策　　D. 低正常股利加额外股利政策

27. 主要依靠股利维持生活的股东和养老基金管理人最不赞成的公司股利政策是(　　)。

A. 剩余股利政策　　B. 固定或持续增长股利政策

C. 固定股利支付率政策　　D. 低股利加额外股利政策

28. 在下列公司中，通常适合采用固定股利政策的是(　　)。

A. 收益显著增长的公司　　B. 收益相对稳定的公司

C. 财务风险较高的公司　　D. 投资机会较多的公司

29. 能使公司在股利支付上具有较大灵活性的股利政策是(　　)。

A. 剩余股利政策　　B. 固定或持续增长股利政策

C. 固定股利支付率政策　　D. 低股利加额外股利政策

30. 我国上市公司不得用于支付股利的权益资金是(　　)。

A. 资本公积　　B. 任意盈余公积

C. 法定盈余公积　　D. 上年未分配利润

三、多选题

1. 下列各项中，属于固定或稳定增长的股利政策优点的有(　　)。

A. 稳定的股利有利于稳定股价

B. 稳定的股利有利于树立公司的良好形象
C. 稳定的股利使股利与公司盈余密切挂钩
D. 稳定的股利有利于优化公司资本结构
2. 下列各项中，属于剩余股利政策优点有(　　)。
A. 保持目标资本结构　　B. 降低再投资资本成本
C. 使股利与企业盈余紧密结合　　D. 实现企业价值的长期最大化
3. 下列各项中，属于盈余公积金用途的有(　　)。
A. 弥补亏损　　B. 转增股本　　C. 扩大经营　　D. 分配股利
4. 下列各项股利政策中，股利水平与当期盈利直接关联的有(　　)。
A. 固定股利政策　　B. 稳定增长股利政策
C. 固定股利支付率政策　　D. 低正常股利加额外股利政策
5. 根据股票回购对象和回购价格的不同，股票回购的主要方式有(　　)。
A. 要约回购　　B. 协议回购　　C. 杠杆回购　　D. 公开市场回购
6. 上市公司发放股票股利可能导致的结果有(　　)。
A. 公司股东权益内部结构发生变化　　B. 公司股东权益总额发生变化
C. 公司每股利润下降　　D. 公司股份总额发生变化
7. 股利发放率是上市公司财务分析的重要指标，下列关于股利发放率的表述中，正确的有(　　)。
A. 可以评价公司的股利分配政策　　B. 反映每股股利与每股收益之间的关系
C. 股利发放率越高，盈利能力越强　　D. 是每股股利与每股净资产之间的比率
8. 处于初创阶段的公司，一般不宜采用的股利分配政策有(　　)。
A. 固定股利政策　　B. 剩余股利政策
C. 固定股利支付率政策　　D. 稳定增长股利政策
9. 在下列各项中，属于企业进行收益分配应遵循的原则有(　　)。
A. 依法分配原则　　B. 资本保全原则
C. 分配与积累并重原则　　D. 投资与收益对等原则
10. 公司在制定利润分配政策时应考虑的因素有(　　)。
A. 通货膨胀因素　　B. 股东因素　　C. 法律因素　　D. 公司因素
11. 股东在决定公司收益分配政策时，通常考虑的主要因素有(　　)。
A. 规避风险　　B. 稳定股利收入
C. 防止公司控制权旁落　　D. 避税
12. 股利决策涉及的内容很多，主要包括(　　)。
A. 股利支付程序中各日期的确定　　B. 股利支付比率的确定
C. 股利支付方式的确定　　D. 支付现金股利所需现金的筹集
E. 公司利润分配顺序的确定
13. 企业在确定股利支付率水平时，应当考虑的因素有(　　)。
A. 投资机会　　B. 筹资成本　　C. 资本结构　　D. 股东偏好
14. 受以下(　　)因素影响，企业将采取低股利政策。
A. 企业的盈余一直很稳定

B. 长期负债合同中有限制公司现金支付程度的条款

C. 企业准备用经营积累偿还到期的债务

D. 社会通货膨胀率较高

E. 企业缺乏良好的投资机会

15. 公司采用剩余股利政策的理由是这个政策可以使公司(　　)。

A. 提高权益资本比重,减少财务风险　B. 防止股权稀释

C. 保持目标资本结构　D. 保证综合资本成本最低

E. 帮助股东合理避税

四、判断题

1. 当公司处于经营稳定或成长期,对未来的盈利和支付能力可做出准确判断并具有足够把握时,可以考虑采用稳定增长的股利政策,增强投资者信心。(　　)

2. 在股利支付程序中,除息日是指领取股利的权利与股票分离的日期,在除息日购买股票的股东有权参与当次股利的分配。(　　)

3. 股票分割会使股票的每股市价下降,可以提高股票的流动性。(　　)

4. 处于衰退期的企业在制定收益分配政策时,应当优先考虑企业积累。(　　)

5. 在其他条件不变的情况下,股票分割会使发行在外的股票总数增加,进而降低公司资产负债率。(　　)

6. 代理理论认为,高支付率的股利政策有助于降低企业的代理成本,但同时也会增加企业的外部融资成本。(　　)

7. 在除息日之前,股利权利从属于股票;从除息日开始,新购入股票的投资者不能分享本次已宣告发放的股利。(　　)

8. 与发放现金股利相比,股票回购可以提高每股收益,使股价上升或将股价维持在一个合理的水平上。(　　)

9. 在固定股利支付率政策下,各年的股利随着收益的波动而波动,容易给投资者带来公司经营状况不稳定的印象。(　　)

10. 企业发放股票股利会引起每股利润的下降,从而导致每股市价有可能下跌,因而每位股东所持股票的市场价值总额也将随之下降。(　　)

11. 从理论上讲,债权人不得干预企业的资金投向和股利分配方案。(　　)

12. 采用剩余股利分配政策的优点是有利于保持理想的资金结构,降低企业的综合资金成本。(　　)

13. 发放股票股利会因普通股股数的增加而引起每股利润的下降,进而引起每股市价下跌,但每位股东所持股票的市场价值总额不会因此减少。(　　)

14. 采用固定股利比例政策分配利润时,股利不受经营状况的影响,有利于公司股票的价格的稳定。(　　)

15. 固定股利比例分配政策的主要缺点在于公司股利支付与其盈利能力相脱节,当盈利较低时仍要支付较高的股利,容易引起公司资金短缺、财务状况恶化。(　　)

五、计算分析题

1. 某公司年终利润分配前的股东权益项目资料见表9-6。

表 9-6 公司股东权益状况表

单元：万元

项目	数量
股本——普通股（每股面值 2 元，200 万股）	400
资本公积	160
未分配利润	840
所有者权益合计	1 400

公司股票的每股现行市价为 35 元。

要求：计算回答下述三个互不关联的问题。

(1) 计划按每 10 股送 1 股的方案发放股票股利，并按发放股票股利后的股数派发每股现金股利 0.2 元，股票股利的金额按现行市价计算。计算完成这一分配方案后的股东权益各项目数额。

(2) 如若按 1 股换 2 股的比例进行股票分割，计算股东权益各项目数额、普通股股数。

(3) 假设利润分配不改变市净率，公司按每 10 股送 1 股的方案发放股票股利，股票股利按现行市价计算，并按新股数发放现金股利，且希望普通股市价达到每股 30 元，计算每股现金股利应是多少。

2. 某公司 2021 年年终利润分配前的股东权益项目资料见表 9-7。

表 9-7 公司股东权益状况表

单元：万元

项目	数量
股本——普通股（每股面值 2 元，200 万股）	400
资本公积	160
未分配利润	840
股东权益合计	1 400

目前股票价格为 42 元。

要求：计算下列互不相关的问题。

(1) 计划按每 1 股送 1 股的方案发放股票股利，股票股利的金额按面值计算。计算完成这一分配方案后的股东权益各项目的数额。

(2) 若按 1 股换 2 股的比例进行股票分割，计算股东权益各项目的数额与普通股股数。

(3) 假设利润分配不改变现行市盈率，要求计算现行市盈率。

3. F 公司为一家稳定成长的煤炭上市公司，2021 年度公司实现净利润 8 000 万元。公司上市三年来一直执行稳定增长的现金股利政策，年增长率为 5%，吸引了一批稳健的战略性机构投资者。公司投资者中个人投资者持股比例占 60%。2018 年度每股派发 0.2 元的现金股利。公司 2022 年计划新增一投资项目，需要资金 8 000 万元。公司目标资产负债率为 50%。由于公司良好的财务状况和成长能力，公司与多家银行保持着良好的合作关系。公司 2021 年 12 月 31 日资产负债表有关数据见表 9-8。

表 9-8　资产负债表

单位：万元

项目	数量
货币资金	12 000
负债	20 000
股本（面值 1 元，发行在外 10 000 万股普通股）	10 000
资本公积	8 000
盈余公积	3 000
未分配利润	9 000
股东权益总额	30 000

2022 年 3 月 15 日公司召开董事会会议，讨论了甲、乙、丙三位董事提出的 2021 年度股利分配方案：

(1) 甲董事认为考虑到公司的投资机会，应当停止执行稳定增长的现金股利政策，将净利润全部留存，不分配股利，以满足投资需要。

(2) 乙董事认为既然公司有好的投资项目，有较大的现金需求，应当改变之前的股利政策，采用每 10 股送 5 股的股票股利分配政策。

(3) 丙董事认为应当维持原来的股利分配政策，因为公司的战略性机构投资者主要是保险公司，他们要求固定的现金回报，且当前资本市场效率较高，不会由于发放股票股利使股价上涨。

要求：

(1) 计算维持稳定增长的股利分配政策下公司 2021 年度应当分配的现金股利总额。

(2) 分别计算甲、乙、丙三位董事提出的股利分配方案的个人所得税税额。

(3) 分别站在企业和投资者的角度，比较分析甲、乙、丙三位董事提出的股利分配方案的利弊，并指出最佳股利分配方案。

4. 某公司成立于 2020 年 1 月 1 日，2020 年度实现的净利润为 1 000 万元，分配现金股利 550 万元，提取盈余公积 450 万元（所提盈余公积均已指定用途）。2021 年实现的净利润为 900 万元（不考虑计提法定盈余公积的因素）。2022 年计划增加投资，所需资金为 700 万元。假定公司目标资本结构为自有资金占 60%，借入资金占 40%.

要求：

(1) 在保持目标资本结构的前提下，计算 2022 年投资方案所需的自有资金额和需要从外部借入的资金额。

(2) 在保持目标资本结构的前提下，如果公司执行剩余股利政策。计算 2021 年度应分配的现金股利。

(3) 在不考虑目标资本结构的前提下，如果公司执行固定股利政策，计算 2021 年度应分配的现金股利、可用于 2022 年投资的留存收益和需要额外筹集的资金额。

(4) 不考虑目标资本结构的前提下，如果公司执行固定股利支付政策，计算该公司的股利支付率和 2021 年度应分配的现金股利。

(5) 假定公司2022年面临着从外部筹资的困难，只能从内部筹资，不考虑目标资本结构，计算在此情况下2021年度应分配的现金股利。

5. 甲公司是一家上市公司，适用的所得税税率为25%，公司现阶段基于发展的需要，拟实施新的投资计划，有关资料如下。

资料一：公司项目投资的必要收益率是15%。

资料二：公司的资本支出预算为5 000万元，有A、B两种互斥投资方案可供选择，A方案的建设期为0年，需要于建设起点一次性投资5 000万元，运营期为三年，无残值，现金净流量每年均为2 800万元。B方案的建设期为0年，需要于建设起点一次性投资5 000万元，其中：固定资产投资4 200万元，采用直线法计提折旧，无残值；垫付营运资金800万元，第六年末收回垫支的营运资金。预计投产后1—6年每年营业收入2 700万元，每年付现成本700万元。

资料三：经测算，A方案的年金净流量为610.09万元。

资料四：针对上述5 000万元的资本支出预算所产生的融资需求，公司为保持合理的资本结构，决定调整股利分配政策，公司当前的净利润为4 500万元，过去长期以来一直采用固定股利支付率政策进行股利分配，股利支付率为20%，如果改用剩余股利政策，所需权益资本应占资本支出预算金额的70%。

要求：

(1) 根据资料一和资料二，计算A方案的静态回收期、动态回收期、净现值、现值系数。

(2) 根据资料一和资料二，计算B方案的净现值、年金净流量。

(3) 根据资料二，判断公司在选择A、B两种方案时，应采用净现值法还是年金净流量法。

(4) 根据要求(1)、要求(2)、要求(3)的结果和资料三，判断公司应选择A方案还是B方案。

(5) 根据资料四，如果继续执行固定股利支付率政策，计算公司的收益留存额。

(6) 根据资料四，如果改用剩余股利政策，计算公司的收益留存额与可发放股利额。

6. 甲公司发放股票股利前，投资者张某持有甲公司普通股20万股，甲公司的股东权益账户情况如下，股本为2 000万元(发行在外的普通股为2 000万股，面值1元)，资本公积为3 000万元，盈余公积2 000万元。未分配利润3 000万元。公司每10股发放2股股票股利。按市值确定的股票股利总额为2 000万元。

要求：

(1) 计算股票股利发放后的来分配利润项目余额。

(2) 计算股票股利发放后的股本项目余额。

(3) 计算股票股利发放后的资本公积项目余额。

(4) 计算股票股利发放后张某持有公司股份的比例。

六、案例分析题

中国神华能源股份有限公司股利分配案例

(一) 案例资料

1. 中国神华能源股份有限公司背景

中国神华能源股份有限公司(以下简称"中国神华")成立于2004年11月8日，是国家能源投资集团有限责任公司(以下简称“国家能源集团”)旗下A+H股上市公司,H股和A股股票分别于2005年6月15日、2007年10月9日在香港联交所、上海证交所上市。截至2021年底,公司资产规模6 071亿元,总市值662亿美元,职工总数7.8万人。

中国神华是全球领先的以煤炭为基础的综合能源上市公司,主要经营煤炭、电力、新能源、煤化工、铁路、港口、航运七大板块业务,以煤炭采掘业务为起点,利用自有运输和销售网络,以及下游电力、煤化工和新能源产业,实行跨行业、跨产业纵向一体化发展和运营模式。在普氏能源资讯公布的“全球能源公司2021年250强”榜单中,中国神华位居第2位、中国企业第1位。

截至2021年12月31日,中国神华的前十大股东持股情况见表9-9。

表9-9　截至2021年12月31日中国神华的前十大股东持股情况

编号	股东名称	持股数量/万股	占总股本/%	持股变动数/万股
1	国家能源投资集团有限责任公司	1 381 270.92	69.52	不变
2	*HKSCCNOMINEESLIMITED*	336 947.85	16.96	新进
3	中国证券金融股份有限公司	59 471.80	2.99	不变
4	香港中央结算有限公司	21 866.98	1.10	减持305.19
5	中央汇金资产管理有限责任公司	10 607.74	0.53	减持394.99
6	中国工商银行—上证50交易型开放式指数证券投	2 782.59	0.14	增持457.81
7	中国人寿保险股份有限公司—万能—国寿瑞安	2 770.35	0.14	新进
8	珠海市瑞丰汇邦资产管理有限公司—瑞丰汇邦三号	2 223.38	0.11	不变
9	易方达基金管理有限公司—社保基金1104组合	2 176.83	0.11	新进
10	招商银行股份有限公司—上证红利交易型开放式指	2 150.51	0.11	增持599.93

中国神华2019—2021年的重要财务指标见表9-10。

表9-10　中国神华2019—2021年的重要财务指标

	2019	2020	2021
营业收入/万元	24 187 100	23 326 300	33 521 600
营业利润/万元	6 662 900	6 349 000	7 824 200
利润总额/万元	6 672 400	6 266 200	7 737 500
净利润/万元	4 325 000	3 917 000	5 026 900
销售净利率/%	21.31	20.26	17.71
归属于母公司股东的净利润/万元	5 154 00	4 726 500	5 935 900
基本每股收益/(元/股)	2.17	1.97	2.53
稀释每股收益/(元/股)	2.17	1.97	2.53

续表

	2019	2020	2021
经营活动产生的现金流量净额／万元	6 310 600	8 128 900	9 457 500
投资活动现金流量净额／万元	－4 630 700	3 204 800	－684 400
现金及现金等价物的净增加额／万元	－2 003 600	7 112 700	4 382 600
每股经营活动现金流量／（元／股）	3.17	4.09	4.76

2. 股利分配方案

中国神华自2007—2021年十五年间，多次进行股利分配。2021年，中国神华实现营业收入3 352.16亿元，同比上升43.71%；净利润为522.69亿元，同比上升28.34%。以实施权益分派股权登记日登记的总股本为基数，派发2021年度末期现金红利人民币2.54元／股(含税)。按本公司2021年12月31日总股本19 868 519 955股计算，共计派发现金红利人民币50 466 040 685.70元(含税)。

中国神华2007－2021年股利分配情况见表9-11和图9-1。

表9-11 中国神华2007－2021年度股利分配

单位：元

公告日期	分红年度	分红方案			股权登记日	除权除息日
		送股	转增	派息		
2022－07－04	2021			25.4	2022－07－08	2022－07－11
2021－07－05	2020			18.1	2021－07－09	2021－07－12
2020－06－08	2019			12.6	2020－06－12	2020－06－15
2019－07－01	2018			8.8	2019－07－05	2019－07－08
2018－06－30	2017			9.1	2018－07－06	2018－07－09
2017－07－03	2016	0	0	29.7	2017－07－07	2017－07－10
2016－06－25	2015			3.2	2016－07－01	2016－07－04
2015－06－06	2014			7.4	2015－06－12	2015－06－15
2014－07－04	2013			9.1	2014－07－11	2014－07－14
2013－06－28	2012			9.6	2013－07－05	2013－07－08
2012－06－01	2011	0	0	9	2012－06－08	2012－06－11
2011－06－03	2010	0	0	7.5	2011－06－10	2011－06－13
2010－06－29	2009	0	0	5.3	2010－07－02	2010－07－05
2009－06－16	2008	0	0	4.6	2009－06－19	2009－06－22
2008－05－29	2007	0	0	1.8	2008－06－03	2008－06－04

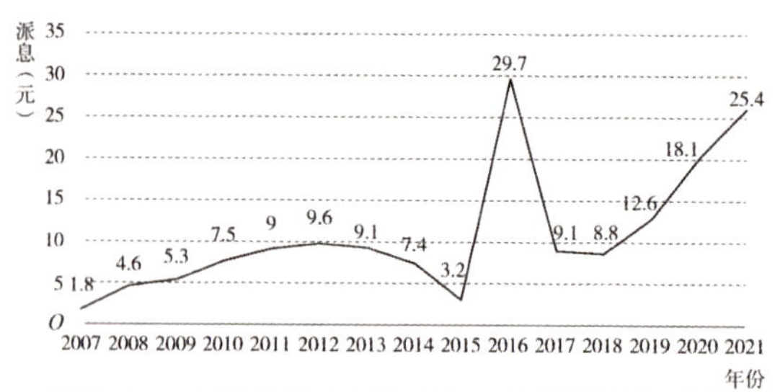

图 9-1　中国神华 2007—2021 年度股利分配图

从图 9-1 中可以看出，中国神华每年都有实施分红，整体呈现波动趋势。2007—2012 年度派发的现金股利持续增长，从 2007 年度的每 10 股派发 1.8 元增长到 2012 年度的每 10 股派发 9.6 元，然后逐步减少到 2015 年度的每 10 股派发 3.2 元。2016 年度股息大幅上升，主要在于中国神华除了每 10 股派发 4.6 元的股息外，还派发了 25.1 元的特别股息。2017 年度派发的股息回落到前几年的平均水平，之后再持续增长至 2021 年度的 25.4 元。

（二）案例分析

中国神华的股利分配一直采用的是现金股利。这反映了公司有稳定的盈利能力和充足的现金流。现主要从股利政策的基本分析框架、股利的信号理论和企业的生命周期三个角度，对公司近几年的股利政策进行分析。

1. 用股利政策的分析框架分析中国神华的股利政策

股利政策分析框架中的两个主要变量是公司创造现金流量的能力及投资项目的预期收益。充裕的现金流量和预期未来的投资机会是股利政策合理性的基础。

(1) 较稳定的盈利和充足的现金流量是中国神华股利政策的基础。盈利能力的强弱和稳定性、现金流获取的充足性和稳定性直接关系到公司的股利政策决策。拥有更强、更稳定的盈利能力和现金获取能力的公司，将更多地采取现金股利的形式。

从表 9-10 中可以看出，中国神华的营业收入从 2019 年的 2 418.71 亿元增长到了 2021 年的 3 352.16 亿元。受新冠肺炎疫情影响，2020 年的营业收入下降至 2 332.63 亿元，同比下降 3.60%；净利润下降 9.43%。该消极影响并未延续到 2021 年，中国神华无论是营业收入还是净利润，在 2021 年度都有较大提升。与 2019 年相比，营业收入增长了 38.59%，但净利润仅增长了 16.23%。

通过观察公司的现金流量，可以看出公司 2019—2021 年的现金流量有所波动。公司 2019—2021 年经营活动产生的现金流量持续增加，受新冠肺炎疫情因素影响，增幅有所降缓。经营活动产生的现金流量尽管有所波动，但较为充足，所以未影响到公司实施稳定增长的股利政策。

(2) 投资机会对股利政策的影响。股利政策的制定必然要考虑公司目前和未来的投资机会。投资机会越多，所需资金越多，公司将倾向于采取剩余股利政策，较少或者不进行股利分配。中国神华以煤炭产品为基础，形成的煤炭“生产 — 运输(铁路、港口、航运)— 转化(发电及煤化工)”一体化运营模式，具有链条完整、协同高效、安全稳定、低成本运营等优势。中国神华的煤炭开采、安全生产技术处于国际先进水平、清洁燃煤发电、重载铁路运输等技术处于国内领先水平。面对新冠肺炎疫情的严重冲击、能源供需阶段性失衡、行业政策密集调整、煤炭价格剧烈变化，中国神华坚决贯彻落实党中央“六稳”“六保”工作要求，坚持以“能源供应压舱石、能源革命排头兵”为使命，认真履行央企社会责任，实现能源供保和生产经营相容

互促、齐头并进。尽管形势复杂，但考虑到公司背景、行业地位等因素，因此进行适当的股利分配不会影响公司的投资决策。

2. 信号理论对中国神华股利政策的解释

根据信号传递原理，当公司宣布改变股利政策时，实际上是向市场传递了信息，或者向投资者发出了信号。这一信号可能有正反两方面的性质。股利政策稳定，一方面可以传递给投资者公司经营稳定的信息，消除投资者内心的不稳定性，有利于股票价格上升；另一方面，迎合了大部分股东愿意收到现金股利的心理。相反，股利政策不稳定，将会传递给投资者公司经营存在较大风险的信息，导致股票价格下跌。因此，公司的股利政策要保持一定的稳定性。

中国神华的股利政策较好地保持了一定的稳定性。从表 9-11 中可以看出，公司现金股利的发放整体呈现增长趋势，从 2011 年的每 10 股派发 9 元(含税)到 2021 年达到了每 10 股派息 25.4 元(含税)；股利持续增长且相对较高，在向投资者传递出公司未来发展看好的信号的同时，也为公司保存了适当的留存收益。

3. 企业的生命周期与股利政策的选择

企业的生命周期分为引入阶段、成长阶段、成熟阶段、衰退阶段，根据不同阶段对资金的需求情况应采取不同的股利政策。在引入阶段和成长阶段，企业需要大量资金，一般没有富裕的现金进行股利分配，因而发放现金股利较少，主要发放股票股利；在成熟阶段，企业获得的现金流量较为充足、稳定，这时会选择发放现金股利。

中国神华自 2004 年成立以来，经历了引入、成长、成熟阶段。公司自 2007 年在中国大陆上市后，一段时间内都处于成长阶段，采取的是较低但稳定的股利政策；自 2010 年以来，公司进入了成熟阶段，产品销量屡创新高，公司拥有大量的现金流量，所以采取的是稳定的、较高的现金股利政策(2015 年除外)。

要求：

(1) 企业在选择股利分配政策的时候需要考虑哪些因素？

(2) 中国神华的股利分配政策是否符合企业的发展阶段？为什么？

(3) 选择不同的股利分配政策会对企业产生什么影响？

扫一扫，看答案

第十章 财务报表分析

学习目标

1. 了解财务报表分析的含义、功能、目的、原则、常用的分析方法和一般的分析步骤，了解财务报表分析的局限性。

2. 理解各项财务比率的意义、作用。

3. 掌握各项财务比率的计算过程和重要影响因素的分析。

4. 理解和掌握杜邦财务分析体系。

5. 了解杜邦分析体系的缺陷以及改进后的杜邦分析体系。

第一节 财务报表分析

一、财务报表分析概述

（一）财务报表分析的含义

财务报表分析是指以财务报表及其他相关资料为起点，采用专门的方法，系统分析和评价企业的过去和现在的经营成果、财务状况及变动，目的是了解过去、评价现在、预测未来，帮助利益相关者改善决策。

（二）财务报表分析的基本功能

财务报表分析的基本功能就是通过将大量的报表数据转换成对特定决策有用的信息，以减少决策的不确定性。

财务报表分析的结果是对企业的偿债能力、盈利能力和抵抗风险能力做出评价，或找出存在的问题。财务报表分析是认识的过程，通常只能发现问题而不能提供解决问题的现成答案；只能做出评价而不能改善企业的状况。例如，某企业的资产收益率低，通过分析知道是资产周转率低，进一步分析，知道资产周转率低的原因是存货过高，存货过高的原因是产成品过高。至于如何处理积压产品，财务报表分析不能回答。

二、财务报表分析的目的

财务报表分析的目的是将财务报表数据转换成有用的信息，帮助报表使用人改善决策。

最早的财务报表分析主要是用于银行服务的信用分析。由于借贷资本在企业资本中的比重不断增加，银行家需要对贷款人进行信用调查和分析，逐步形成了偿债能力分析等相关内容。

资本市场出现以后，财务报表分析由为贷款银行服务扩展到为各种投资人服务。由于社会筹资范围扩大，非银行债权人和股权投资人增加，公众进入资本市场等条件的成熟，投资人要求的信息更为广泛，因此逐步形成了盈利能力分析、筹资结构分析和利润分配分析等新的内容，发展出比较完善的外部分析体系。

企业组织发展起来以后，经理人员为获得股东的好评和债权人的信任，需要改善企业的盈利能力和偿债能力，逐步形成了内部分析的相关内容，并使财务报表分析由外部分析扩大到内部分析。内部分析不仅可以使用公开报表的数据，而且可以利用内部的数据（预算、成本数据等）。内部分析的目的是找出管理行为和报表数据的关系，通过管理来改善未来的财务报表。

由于财务报表使用的概念越来越专业化，提供的信息越来越多，报表分析的技术日趋复杂。许多报表使用人感到从财务报表中提取有用的信息日益困难，于是开始求助于专业人士，并促使财务分析师发展成为专门职业。专业财务分析师的出现，对于报表分析技术的发展具有重要的推动作用。现代财务报表分析一般包括经营战略分析、会计分析、财务分析和前景分析等四个部分组成的更完善的体系。经营战略分析的目的是确定主要的利润动因和经营风险以及定性评估企业的盈利能力，包括宏观分析、行业分析和企业竞争战略分析等内容；会计分析的目的是评价企业会计反映基本经济现实的程度，包括评估企业会计的灵活性和恰当性，以及会计数据的修正等内容；财务分析的目的是运用财务数据评价企业当前和过去的业绩并评估其可持续性，包括比率分析和现金流量分析等内容；前景分析的目的是预测企业的未来，包括财务报表预测和企业估值等内容。

三、财务报表的使用人

对外发布的财务报表是根据全体使用人的一般要求设计的，不适合特定使用人的特定要求。报表使用人要从中选取自己的信息，重新加工，使之符合特定的决策需求。企业财务报表的主要使用人有投资人、债权人、经理人员、供应商、政府、雇员和工会以及中介机构七类。他们的分析目的不完全相同。

（1）投资人：股东投资于企业的目的是扩大自己的财富。他们主要关注企业的长期获利能力、成长能力和最终支付股利以及提升价值的能力。股东承担着企业的剩余风险，剩余风险是风险程度最高并且也是最多变的风险，因而所要求的分析是所有使用者中最全面的，包括了所有其他外部使用者所采用的分析技巧。

（2）债权人：短期债权人（如银行和商业往来的债权人）把重点更多地放在交易的当前偿债能力上，因为他们希望尽早收回投资。长期债券投资者（如保险企业和各种基金）主要关注长期资产状况和企业盈利能力，他们追求稳定支付利息和偿还本金的能力。

（3）经理人员：经理人员受企业业主或股东的委托，对企业业主或股东投入企业的资本的保值和增值负有责任。他们负责企业的日常经营活动，必须确保企业支付给股东与风险相适应的收益，及时偿还各种到期债务，并能使企业的各种经济资源得到有效利用。因此，一般来说，经理人员对企业财务状况的各个方面均感兴趣。

(4) 供应商:商品和劳务供应商有时与企业的债权人的情况类似。因为他们在向企业提供商品或劳务后往往会成为企业的债权人。此时,他们必须判断企业能否支付所需商品或劳务的价款。从这一点来说,大多数商品和劳务供应商对企业的短期偿债能力感兴趣。另一方面,某些供应商可能与企业存在着较为持久、稳固的经济联系。在这种情况下,他们又对上市企业的长期偿债能力感兴趣。

(5) 政府:政府机构也是企业财务报表的使用人,包括税务部门、国有资产的管理部门、证券管理机构、会计监管机构和社会保障部门等。他们使用财务报表分析技术是为了履行自己的监督管理职责。

(6) 雇员和工会:雇员和工会主要关心职工工资、保险、福利等是否符合劳务合同及政府法规的要求,与社会平均水平的差距,以及工资和福利是否与企业的盈利相适应。

(7) 中介机构:中介机构内包括审计人员、律师、经济师等在工作中都需要报表分析技术的支持。审计师可以通过财务报表分析可以确定审计的重点;专业的财务分析师往往通过财务报表分析寻找潜在的投资对象,评估企业的经济价值,给投资者提供建议;律师则可以通过财务分析深入追查财务案件;经济学家借助使用财务分析方法,研究经济问题。

四、财务报表分析的方法

财务报表分析的方法非常多样。不同的人出于不同的目的,使用不同的财务分析方法。一般而言,有比较分析法和因素分析法两种。

(一) 比较分析法

比较是认识事物的最基本方法,没有比较,分析就无法开始。报表分析的比较法,是对两个或几个有关的可比数据进行对比,揭示差异和矛盾的一种分析方法。

1. 按比较的对象分类

(1) 与本企业的历史比,即不同时期(2～10年)指标相比,也称为趋势分析。历史比较是分析期与前期或连续数期项目金额的对比。这种对财务报表项目纵向比较分析的方法,是一种动态的分析。

通过分析期与前期(上月、上季、上年同期)财务报表中有关项目金额的对比,可以从中及时发现问题、查找原因、改进工作。连续数期的财务报表项目的比较,能够反映出企业的发展动态,以揭示当期财务状况和营业情况增减变化,判断引起变动的主要项目是什么,这种变化的性质是有利还是不利,发现问题并评价企业财务管理水平,同时也可以预测企业未来的发展趋势。

(2) 与同类企业比,即与行业平均数或竞争对手比较,也称为横向比较。历史比较只能揭示变化的趋势,不能反映企业的竞争地位。为了全面评价经营业绩,还需要把该企业的主要财务指标与同行业的平均指标或同行业中先进企业指标对比。通过与行业平均指标的对比,可以分析判断该企业在同行业中所处的位置。和先进企业的指标对比,实际上是与先进管理方法、先进的科学技术成就的比较,找出与先进水平的差距,有利于吸收先进经验,克服本企业的缺点。

(3) 与计划预算比,即实际执行结果与计划指标比较,也称为差异分析。如果把分析期的实际数与预算比较,那么预算数额就是比较的标准,其差距反映完成预算的程度。这种比较

的主要作用是说明计划（预算）的完成情况，给进一步分析和挖掘企业潜力提供方向。

比较法的主要作用在于揭示客观存在的差距以及形成这种差距的原因，帮助人们发现问题，挖掘潜力，改进工作。比较法是各种分析方法的基础，不仅报表中的绝对数要通过比较才能说明问题，计算出来的财务比率和结构百分数也都要与有关资料（比较标准）进行对比，才能得出有意义的结论。

2. 按比较的内容分类

（1）比较会计要素的总量是指比较报表项目的总金额，例如，总资产、净资产、净利润等。总量比较主要用于时间序列分析，如研究利润的逐年变化趋势，看其增长潜力。有时也用于同业对比，看企业的相对规模和竞争地位的变化。

（2）比较结构百分比是指把资产负债表、利润表、现金流量表转换成结构百分比报表进行比较。例如，以收入为 100%，看利润表各项目的比重。结构百分比报表用于发现有显著问题的项目，揭示进一步分析的方向。

（3）比较财务比率是指比较各会计要素的相互关系，能够反映其内在联系。比率的比较是最重要的分析。它们是相对数，排除了规模的影响，使不同的比较对象建立起可比性。比率的计算是比较简单的，但对其加以说明和解释却相当复杂和困难。

（二）因素分析法

因素分析法是依据财务指标与其驱动因素之间的关系，从数量上确定各因素对指标影响程度的一种方法。该方法将分析指标分解为各个可以计量的因素，并根据各个因素之间的依存关系，顺次用各因素的比较值（通常为实际值）替代基准值（通常为标准值或计划值），据以测定各因素对分析指标的影响。由于在分析时，要逐次进行各因素的有序替代，因此又称为连环替代法。

因素分析法一般分为四个步骤。

（1）确定分析对象，即确定需要分析的财务指标，比较其实际数额和标准数额（如上年实际数额），并计算两者的差额。

（2）确定该财务指标的驱动因素，即根据该财务指标的形成过程，建立财务指标与各驱动因素之间的函数关系模型。

（3）确定驱动因素的替代顺序，即根据各驱动因素的重要性进行排序。

（4）按顺序计算各驱动因素脱离标准的差异对财务指标的影响。

【例 10－1】某企业 2021 年 3 月某种材料费用的实际数是 6 720 元，而其计划数是 5 400 元。实际比计划增加 1 320 元。由于材料费用由产品产量、单位产品材料耗用量和材料单价三个因素的乘积构成。因此，可以把材料费用这一总指标分解为三个因素，然后逐个分析它们对材料费用总额的影响程度。现假设这三个因素的数值见表 10-1。

表 10-1　三个因素的数值

差异	单位	计划数	实际数
产品产量 / 件	120	140	20
材料单耗 /（千克 / 件）	9	8	－1

续表

差异	单位	计划数	实际数
材料单价 /(元 / 千克)	5	6	1
材料费用 / 元	5 400	6 720	1 320

根据表中资料,材料费用总额实际数较计划数增加 1 320 元,这是分析对象。运用连环替代法,可以计算各因素变动对材料费用总额的影响程度,具体如下。

计划指标:120 × 9 × 5 = 5 400(元) ①

第一次替代:140 × 9 × 5 = 6 300(元) ②

第二次替代:140 × 8 × 5 = 5 600(元) ③

第三次替代:140 × 8 × 6 = 6 720(元)(实际数) ④

各因素变动的影响程度分析如下。

产量增加的影响:② − ① = 6 300 − 5 400 = 900(元)

材料节约的影响:③ − ② = 5 600 − 6 300 =− 700(元)

价格提高的影响:④ − ③ = 6 720 − 5 600 = 1 120(元)

全部因素的影响:900 − 700 + 1 120 = 1 320(元)

企业是一个有机整体,每个财务指标的高低都受其他因素的驱动。从数量上测定各因素的影响程度,可以帮助人们抓住主要矛盾,或更有说服力地评价经营状况。

财务报表分析是个研究过程,分析得越具体、越深入,则水平越高。财务分析的核心问题是不断追溯产生差异的原因。因素分析法提供了定量解释差异成因的工具。

五、财务报表分析的一般步骤

财务报表分析的内容非常广泛。不同的人,出于不同的目的,使用不同的财务分析方法。财务分析不是一种有固定程序的工作,不存在唯一的通用分析程序,而是一个研究和探索过程。分析的具体步骤和程序,是根据分析目的由分析人员个别设计的。财务报表分析一般包含的步骤如下。

1. 明确分析的目的

报表分析人必须事先明确分析目的。分析目的因人而异。前面已经讨论了不同报表分析人的分析目的,这里不再赘述。

2. 收集有关的信息

收集资料是指根据已经确定的范围收集分析所需要的资料。通常,财务报表是任何分析都需要的,除此之外,还可能需要非财务报表资料。反映企业整体的财务报表,并不适合特定目的的分析。分析人要根据自己的需要进行选择和修正,使之变得易于理解和使用。这项工作也叫“初步分析” 或“会计分析”,其内容包括阅读报表、比较会计报表、解释会计报表和修正会计报表。

3. 将整体分为各个部分

将整体分为各个部分,就是所谓“分析”。通过分析,把研究对象分解为各个组成部分、各个方面和各个因素,为以后分别研究提供基础。

4. 研究各部分的特殊本质

对分解后的各部分，需要分别研究其特殊本质，以达到深刻认识事物的目的。这种研究是通过比较来完成的，包括与本企业的历史比较、与同类企业比较，以及与计划预算比较等。

5. 研究各个部分之间的联系

研究各部分之间的联系，就是所谓的“综合”。通过综合，把研究对象的各个部分、各个方面和各种因素联系起来加以考虑，有利于从总体上把握事物的本质和规律。综合是在分析的基础上进行的，目的是找出各个方面的、各种属性之间的有机联系，并将它们看成一个概念和逻辑的系统，从而形成对事物的整体结论。例如，我们通过分析知道了一个企业的许多财务指标，最后要综合得出企业偿债能力如何、收益能力如何等总体评价。

6. 解释结果，提供对决策有帮助的信息

将上述分析和综合过程中得到的结果进行归纳整理，形成分析结论。例如，该企业是否具有投资价值；应否为该企业提供贷款；收益率下降的原因是什么；等等。

对于专业分析人员来说，自己不是决策人，他们在分析完成后，还需要给委托人或上级主管出具一份论据充分、叙述清楚、分析透彻的分析报告，以表达分析的结论，供决策者使用。分析报告不仅要表达最终结论，还应该包括分析的过程。分析过程的中间信息，对于决策人是至关重要的，它可以使决策人获得对该企业整体或某一方面具体的认识。

六、财务报表分析的原则

财务报表分析的原则是指各类报表使用人在进行财务分析时应遵循的一般规范。

财务报表分析的原则可以概括为：目的明确原则、实事求是原则、全面分析原则、系统分析原则、动态分析原则、定量分析与定性分析结合原则等六个原则。

1. 目的明确原则

目的明确原则是指报表使用人在分析和计算之前，必须清楚地理解分析目的，即要解决的问题。否则，即使由于计算机和数据库技术的发展而使分析的工作量大为减少，也会使整个分析过程变成毫无用处的数字游戏。

财务报表分析的过程，可以说是“为有意义的问题寻找有意义的答案”的过程。要解决的“问题”必须是有意义的，并且是明确的。分析目的决定了分析过程所需要的资料、分析的步骤、程序和技术方法，以及需要的结果。分析的深度和质量在很大程度上依赖对所需解决问题的认识、问题的相对重要性、所掌握的与特定问题有关的信息类别及其可靠性。

2. 实事求是原则

实事求是原则是指在分析时应从实际出发，坚持实事求是，反对主观臆断和“结论先行”，不能搞数字游戏。报表分析人，尤其是专业分析人员，不能为达到既定目的而利用数据拼凑理由。一切结论均产生于分析之后，而不是在此之前。为了粉饰业绩或操纵股价而利用财务数据，有违财务道德。

3. 全面分析原则

全面分析原则，是指分析人要全面看问题，坚持一分为二，反对片面地看问题。报表分析人要同时注意财务问题与非财务问题、有利因素与不利因素、主观因素与客观因素、经济问

题与技术问题、外部问题与内部问题。

4. 系统分析原则

系统分析原则是指分析人应注重事物的联系，坚持相互联系地看问题，反对孤立地看问题。分析人要注意局部与全局的关系、报酬与风险的关系、偿债能力与收益能力的关系等，从总体上把握企业的状况。分析时要有层次地展开，逐步深入，不能仅仅根据一个指标高低就作出结论。

5. 动态分析原则

动态分析原则是指应当发展地看问题，反对静止地看问题。两个企业的收益率一致，并不表明他们的收益能力一样。动态分析原则要求对事物进行"活着的观察"，在运动中看局部和全局的关系，寻找过去和未来的联系。分析人要注意过去、现在和将来的关系。财务报表本身是"过去"经济业务的综合反映，而人们的决策是关于未来的。未来不会是历史的简单重复，而是历史的延续，过去可以告诉未来许多有用的东西。

6. 定量分析与定性分析结合原则

定量分析与定性分析结合原则是指定性的判断和定量的计算同样重要，都要给予充分注意。分析人应认识到，定性分析是基础和前提，没有定性分析就弄不清本质、趋势和与其他事物的联系。定量是工具和手段，没有定量分析就弄不清数量界限、阶段性和特殊性。财务分析要透过数字看本质，无法定性的数字必然得不出结论。

七、财务报表分析的局限性

（一）财务报表本身的局限性

财务报表是企业会计系统的产物。每个企业的会计系统，受会计环境和企业会计战略的影响，使得财务报表会扭曲企业的实际情况。

会计的环境因素包括会计规范和会计的管理、税务与会计的关系、外部审计、会计争端处理的法律系统、资本市场结构、企业治理结构等。这些因素是决定企业会计系统质量的外部因素。

会计环境的缺陷会导致会计系统的缺陷，使之不能完全反映企业的实际状况；会计环境的重要变化会导致会计系统的变化，影响财务数据的可比性。例如，会计规范要求以历史成本报告资产，使财务数据不代表其现行成本或变现价值；会计规范要求假设币值不变，使财务数据不按通货膨胀率或物价水平调整；会计规范要求遵循谨慎原则，使会计预计损失而不预计收益，有可能少计收益和资产；会计规范要求按年度分期报告，使得会计报表只报告短期信息，不提供反映长期潜力的信息等。

会计战略是企业根据环境和经营目标做出的主观选择，各企业会计有不同的会计战略。企业会计战略包括决定会计政策的选择、会计估计的选择、补充披露的选择以及报告具体格式的选择。不同的会计战略会导致不同企业财务报告的差异，并影响其可比性。例如，对同一会计事项的账务处理，会计准则允许使用几种不同的规则和程序，企业可以自行选择，包括存货计价方法、折旧方法、投资收益的确认方法等。虽然财务报表附注对会计政策的选择有一定的表述，但报表使用人未必能完成可比性的调整工作。

以上两方面的原因导致财务报表存在以下三个方面的局限性：① 财务报表没有披露企

业的全部信息，管理层拥有更多的信息，披露的只是其中的一部分；② 已经披露的财务信息存在会计估计误差，不一定是真实情况的准确计量；③ 管理层的各项会计政策选择，使财务报表会扭曲企业的实际情况。

（二）财务报表的可靠性问题

只有根据符合规范的、可靠的财务报表，才能得出正确的分析结论。所谓“符合规范”，是指除了以上三点局限性以外，没有更进一步的虚假陈述。外部分析人员很难认定是否存在虚假陈述，财务报表的可靠性问题主要依靠注册会计师鉴证、把关。但是，注册会计师不能保证财务报表没有任何错报和漏报，而且并非所有注册会计师都是尽职尽责的。因此，分析人员必须自己关注财务报表的可靠性，对于可能存在的问题保持足够的警惕。

外部的分析人员虽然不能认定是否存在虚假陈述，但是可以发现一些“危险信号”。对于存有危险信号的报表，分析人员要进行更细致的考察或获取有关的其他信息，对报表的可靠性作出判断。

常见的危险信号包括以下几种。

1. 财务报告的形式不规范

不规范的报告其可靠性也应受到怀疑。分析人员要注意财务报告是否有遗漏，遗漏违背充分披露原则，很可能是不想讲真话引起的；要注意注册会计师是否及时提供财务报告，不能及时提供报告可能暗示企业当局与注册会计师存在分歧。

2. 数据反常

若数据反常且无合理原因，应考虑数据的真实性和一贯性是否存在问题。例如，原因不明的会计调整，可能是利用会计政策的灵活性“修饰”报表；与销售相比应收账款异常增加，可能存在提前确认收入问题；报告净利润与经营活动产生的现金流量净额的缺口增加，报告的利润总额与应税所得之间的缺口增加，可能存在盈余管理；大额的资产冲销和第四季度的大额调整，可能是中期报告有问题，年底受到注册会计师的压力被迫调整。

3. 大额关联方交易

关联方交易的价格缺乏客观性，会计估计有较大主观性，可能存在转移利润的动机。

4. 大额资本利得

在经营业绩不佳时，企业可能通过出售长期资产、债转股等交易实现资本利得。

5. 异常审计报告

无正常理由更换注册会计师，或审计报告附有保留意见，暗示企业的财务报告可能粉饰过度。

（三）比较基础问题

拓展阅读

在比较分析时必然要选择比较的参照标准，包括同类企业数据、本企业历史数据和计划预算数据。

横向比较时需要使用同类企业标准。同类企业的平均数只有一般性的指导作用，不一定有代表性，不是合理性的标志。选一组有代表性的企业求其平均数，作为同类企业标准，可能比整个行业的平均数更有意义。近年来，更重视以竞争对手的数据作为分析基础。不少企业实行多种经营，没有明确的行业归属，同类企业比较更加困难。

趋势分析以本企业历史数据做比较基础。历史数据代表过去，并不代表合理性。经营环境是变化的，今年比上年利润提高了，不一定说明已经达到应该达到的水平，甚至不一定说明管理有了改进。会计规范的改变会使财务数据失去直接可比性，要恢复其可比性成本很大，甚至缺乏必要的信息。

实际与计划的差异分析，以预算做比较基础。实际和预算出现差异，可能是执行中有问题，也可能是预算不合理，两者的区分并非易事。

总之，对比较基础本身要准确理解，并且要在限定意义上使用分析结论，避免简单化和绝对化。

第二节　基本的财务比率

财务报表中有大量数据，可以组成涉及企业活动各个方面的许多财务比率。为便于说明财务比率的计算和分析方法，本章将以 ABC 股份有限公司（以下简称“ABC 公司”）的财务报表数据为例。该公司资产负债表、利润表、现金流量表和股东权益变动表，见表 10-2、表 10-3、表 10-4 和表 10-5。为简化计算，这些数据都是假设的。

表 10-2　ABC 公司 2021 年 12 月 31 日资产负债表

单位：万元

资产	年末余额	年初余额	负债和股东权益	年末余额	年初余额
流动资产：			流动负债：		
货币资金	44	25	短期借款	60	45
交易性金融资产	0	0	交易性金融负债	28	10
应收票据	20	23	应付票据	5	4
应收账款	398	199	应付账款	100	109
预付款项	22	4	预收款项	10	4
其他应收款	12	22	合同负债	0	0
其中：应收利息	0	0	应付职工薪酬	2	1
应收股利	0	0	应交税费	5	4
存货	119	326	其他应付款	37	38
合同资产	0	0	其中：应付利息	12	16
一年内到期的非流动资产	77	11	应付股利	0	0
其他流动资产	8	0	一年内到期的非流动负债	0	0
流动资产合计	700	610	其他流动负债	53	5
非流动资产：			流动负债合计	300	220

续表

资产	年末余额	年初余额	负债和股东权益	年末余额	年初余额
债权投资	0	0	非流动负债：		
其他债权投资	0	0	长期借款	450	245
长期应收款	0	0	应付债券	240	260
长期股权投资	30	0	长期应付款	50	60
其他权益工具投资	0	0	预计负债	0	0
投资性房地产	0	0	递延收益	0	0
固定资产	1 238	1 012	递延所得税负债	0	0
在建工程	18	35	其他非流动负债	0	15
无形资产	6	8	非流动负债合计	740	580
开发支出	0	0	负债合计	1 040	800
长期待摊费用	5	15	股东权益：		
递延所得税资产	0	0	股本	100	100
其他非流动资产	3	0	资本公积	10	10
			减：库存股	0	0
			盈余公积	60	40
			未分配利润	790	730
非流动资产合计	1 300	1 070	股东权益合计	960	880
资产总计	2 000	1 680	负债和股东权益总计	2 000	1 680

表 10-3 ABC 公司 2021 年利润表

单位：万元

项目	本年金额	上年金额
营业收入	3 000	2 850
减：营业成本	2 644	2 503
税金及附加	28	28
销售费用	22	20
管理费用	46	40
研发费用	0	0

续表

项目	本年金额	上年金额
财务费用	110	96
其中：利息费用	110	96
利息收入	0	0
加：其他收益	0	0
投资收益	6	0
公允价值变动收益	0	0
信用减值损失	0	0
资产减值损失	0	0
资产处置收益	0	0
营业利润	156	163
加：营业外收入	45	72
减：营业外支出	1	0
利润总额	200	235
减：所得税费用	64	75
净利润	136	160

表 10-4　ABC 公司 2021 年现金流量表

单位：万元

项目	本期金额	上期金额(略)
经营活动产生的现金流量：		
销售商品、提供劳务收到的现金	2 810	
收到的税费返还	0	
收到其他与经营活动有关的现金	10	
经营活动现金流入小计	2 820	
购买商品、接受劳务支付的现金	2 363	
支付给职工以及为职工支付的现金	29	
支付的各项税费	91	
支付其他与经营活动有关的现金支出	14	
经营活动现金流出小计	2 497	

续表

项目	本期金额	上期金额(略)
经营活动产生的现金流量净额	323	
投资活动产生的现金流量:		
收回投资收到的现金	4	
取得投资收益收到的现金	6	
处置固定资产、无形资产和其他长期资产收回的现金净额	12	
处置子企业及其他营业单位收到的现金净额	0	
收到其他与投资活动有关的现金	0	
投资活动现金流入小计	22	
购置固定资产、无形资产和其他长期资产支付的现金	369	
投资支付的现金	30	
支付其他与投资活动有关的现金	0	
投资活动现金流出小计	399	
投资活动产生的现金流量净额	−377	
筹资活动产生的现金流量:		
吸收投资收到的现金	0	
取得借款收到的现金	270	
收到其他与筹资活动有关的现金	0	
筹资活动现金流入小计	270	
偿还债务支付的现金	20	
分配股利、利润或偿付利息支付的现金	152	
支付其他与筹资活动有关的现金	25	
筹资活动现金流出小计	197	
筹资活动产生的现金流量净额	73	
汇率变动对现金及现金等价物的影响	0	
现金及现金等价物净增加额	19	
加:期初现金及现金等价物余额	25	
期末现金及现金等价物余额	44	
补充资料		
将净利润调节为经营活动现金流量:		

续表

项目	本期金额	上期金额(略)
净利润	136	
加：资产减值准备	0	
固定资产折旧、油气资产折耗、生产性生物资产折旧	100	
无形资产摊销	2	
长期待摊费用摊销	10	
处置固定资产、无形资产和其他长期资产的损失（收益以“—”号填列）	−15	
固定资产报废损失（收益以“—”号填列）	0	
公允价值变动损失（收益以“—”号填列）	0	
财务费用（收益以“—”号填列）	110	
投资损失（收益以“—”号填列）	−6	
递延所得税资产减少（增加以“—”号填列）	0	
递延所得税负债增加（减少以“—”号填列）	0	
存货的减少（增加以“—”号填列）	207	
经营性应收项目的减少（增加以“—”号填列）	−210	
经营性应付项目的增加（减少以“—”号填列）	−11	
经营活动产生的现金流量净额	323	
不涉及现金收支的重大投资和筹资活动：		
债务转为资本	0	
一年内到期的可转换企业债券	0	
融资租入固定资产	0	
现金及现金等价物净变动情况：		
现金的期末余额	44	
减：现金的期初余额	25	
加：现金等价物的期末余额	0	
减：现金等价物的期初余额	0	
现金及现金等价物净增加额	19	
其他	0	

表 10-5 2021 年股东权益变动表

ABC 公司 单位：万元

项目	本年金额						上年金额
	股本	资本公积	减：库存股	盈余公积	未分配利润	股东权益合计	（略）
上年年末余额	100	10		40	730	880	
加：会计政策变更							
前期差错更正							
本年年初余额	100	10		40	730	880	
本年增减变动金额							
净利润					136	136	
其他综合收益							
上述净利润和其他综合收益小计					136	136	
股东投入和减少资本							
股东投入资本							
股份支付计入股东权益的金额							
其他							
利润分配							
提取盈余公积				20	—20	0	
对股东的分配					—56	—56	
其他							
股东权益内部结构							
资本公积转增股本							
盈余公积转增股本							
盈余公积弥补亏损							
其他							
本年年末余额	100	10	0	60	790	960	

一、短期偿债能力比率

由于债务按到期时间分为短期债务和长期债务，所以偿债能力分析也分为短期偿债能力分析和长期偿债能力分析两部分。

偿债能力的衡量方法有两种：一种是比较可供偿债资产与债务的存量，资产存量超过债务存量较多，则认为偿债能力强；另一种是比较经营活动现金流量和偿债所需现金，如果产生的现金超过需要的现金较多，则认为偿债能力强。

（一）可偿债资产与短期债务的存量比较

可偿债资产的存量是指资产负债表中列示的流动资产年末余额；短期债务的存量是指资产负债表中列示的流动负债年末余额。流动资产将在 1 年或 1 个营业周期内消耗或转变为现金，流动负债将在 1 年或 1 个营业周期内偿还，因此两者的比较可以反映短期偿债能力。

流动资产与流动负债的存量比较有两种方法：一种是差额比较、两者相减的差额称为净营运资本；另一种是比率比较，两者相除的比率称为短期债务的存量比率。

1. 营运资本

营运资本是指流动资产超过流动负债的部分。其计算公式如下：

$$营运资本 = 流动资产 - 流动负债 \tag{10-1}$$

根据 ABC 公司的财务报表数据：

本年营运资本 = 700 − 300 = 400（万元）

上年营运资本 = 610 − 220 = 390（万元）

计算营运资本使用的“流动资产”和“流动负债”，通常可以直接取自资产负债表。正是为了便于计算营运资本和分析流动性，资产负债表项目才区分为流动项目和非流动项目，并且按流动性强弱排序。

如果流动资产与流动负债相等，并不足以保证短期偿债能力没有问题。因为债务的到期与流动资产的现金生成，不可能同步同量；为维持经营，企业不可能清算全部流动资产来偿还流动负债，而是必须维持最低水平的现金、存货、应收账款等；流动资产中有些项目的消耗并不一定会带来可用来偿还流动负债的现金，如预付账款等。

因此，企业必须保持流动资产大于流动负债，即保有一定数额的营运资本作为安全边际，以防止流动负债“穿透”流动资产。ABC 公司现存 300 万元流动负债的具体到期时间不易判断，现存 700 万元流动资产生成现金的金额和时间也不好预测。营运资本 400 万元是流动负债“穿透”流动资产的“缓冲垫”。因此，营运资本越多，流动负债的偿还越有保障，短期偿债能力越强。

营运资本之所以能够成为流动负债的“缓冲垫”，是因为它是长期资本用于流动资产的部分，不需要在 1 年内偿还。

$$\begin{aligned}营运资本 &= 流动资产 - 流动负债\\&=（总资产 - 非流动资产）-（总资产 - 股东权益 - 非流动负债）\\&=（股东权益 + 非流动负债）- 非流动资产\\&= 长期资本 - 长期资产\end{aligned} \tag{10-2}$$

根据 ABC 公司的财务报表数据：

本年营运资本 =（960 + 740）− 1 300 = 1 700 − 1 300 = 400（万元）

上年营运资本 =（880 + 580）− 1 070 = 1 460 − 1 070 = 390（万元）

当流动资产大于流动负债时，营运资本为正数，表明长期资本的数额大于长期资产，超出部分被用于流动资产。营运资本的数额越大，财务状况越稳定。简而言之，当全部流动资产没有由任何流动负债提供资金来源，而是全部由长期资本提供时，企业没有任何短期偿债压力。

当流动资产小于流动负债时，营运资本为负数，表明长期资本小于长期资产，有部分长期资产由流动负债提供资金来源。由于流动负债在1年内需要偿还，而长期资产在1年内不能变现，偿债所需现金不足，必须设法另外筹资，这意味着财务状况不稳定。

营运资本的比较分析，主要是与本企业上年数据比较。ABC公司本年和上年营运资本的比较数据，见表10-6。

表10-6　ABC公司本年和上年营运资本的比较数据

项目	本年		上年		增长		
	金额/万元	结构/%	金额/万元	结构/%	金额/万元	增长/%	结构/%
流动资产	700	100	610	100	90	15	100
流动负债	300	43	220	36	80	36	89
营运资本	400	57	390	64	10	2.6	11
长期资产	1 300		1 070		230		
长期资本	1 700		1 460		240		

从表10-6的数据可知：

(1)ABC公司上年流动资产为610万元，流动负债为220万元，营运资本为390万元。从相对数看，营运资本配置比率为64%，流动负债提供流动资产所需资金的36%，即1元流动资产需要偿还0.36元的流动负债。

(2)ABC公司本年流动资产700万元，流动负债300万元，营运资本400万元。从相对数看，营运资本配置比率为57%，流动负债提供流动资产所需资金的43%，即1元流动资产需要偿还0.43元的流动负债。偿债能力比上年下降了。

(3)本年与上年相比，ABC公司流动资产增加90万元，流动负债增加80万元，营运资本增加10万元。营运资本的绝对数增加，似乎"缓冲垫增厚了"，但由于流动负债的增长速度超过流动资产的增长速度，使得债务的"穿透力"增加，即偿债能力降低。新增流动资产90万元没有保持上年配置64%营运资本的比例，只配置了11%，其余的89%都靠增加流动负债解决。可见，由于营运资本政策的改变使本年的短期偿债能力下降。

营运资本是绝对数，不便于不同企业之间比较。例如，A企业的营运资本为200万元，B企业的营运资本与A相同，也是200万元。但是，它们的偿债能力显然不同。因此，在实务中很少直接使用营运资本作为偿债能力指标。营运资本的合理性主要通过短期债务的存量比率评价。

2. 短期债务的存量比率

短期债务的存量比率包括流动比率、速动比率和现金比率。

(1)流动比率。流动比率是流动资产与流动负债的比值，其计算公式如下：

$$流动比率 = 流动资产 \div 流动负债 \quad (10-3)$$

根据ABC公司的财务报表数据：

$$本年流动比率 = 700 \div 300 \approx 2.33$$

$$上年流动比率 = 610 \div 220 \approx 2.77$$

流动比率假设全部流动资产都可用于偿还流动负债，表明每1元流动负债有多少流动资产作为偿债保障。ABC公司的流动比率降低了0.44，即每1元流动负债提供的流动资产保障减少了0.44元。

流动比率和营运资本配置比率反映的偿债能力相同，它们可以互相换算：

$$流动比率 = 1 \div (1 - 营运资本 \div 流动资产) \tag{10-4}$$

根据ABC公司的财务报表数据：

$$本年流动比率 = 1 \div (1 - 57\%) \approx 2.33$$

$$上年流动比率 = 1 \div (1 - 64\%) \approx 2.78$$

流动比率是相对数，排除了企业规模的影响，更适合同业比较以及本企业不同历史时期的比较。流动比率计算简单，因而被广泛应用。

但是，需要提醒注意的是，不存在统一、标准的流动比率数值，不同行业的流动比率，通常有明显差别。营业周期越短的行业，合理的流动比率越低。在过去很长一段时期里，人们认为生产型企业合理的最低流动比率是2。这是因为流动资产中变现能力最差的存货金额约占流动资产总额的一半，剩下的流动性较好的流动资产至少要等于流动负债，才能保证企业最低的短期偿债能力。这种认识一直未能从理论上证明。最近几十年，企业的经营方式和金融环境发生了很大变化，流动比率有下降的趋势，许多成功企业的流动比率都低于2。

如果流动比率相对上年发生较大变动，或与行业平均值出现重大偏离，就应对构成流动比率的流动资产和流动负债各项目逐一分析，寻找形成差异的原因。为了考察流动资产的变现能力，有时还需要分析其周转率。

流动比率有某些局限，在使用时应注意：流动比率是假设全部流动资产都可以变为现金并用于偿债，全部流动负债都需要还清。实际上，有些流动资产的账面金额与变现金额有较大差异，如产成品等；经营性流动资产是企业持续经营所必需的，不能全部用于偿债；经营性应付项目可以滚动存续，无须动用现金全部结清。因此，流动比率是对短期偿债能力的粗略估计。

（2）速动比率。构成流动资产的各项目，流动性差别很大。其中，货币资金、交易性金融资产和各种应收、预付款项等，可以在较短时间内变现，称为速动资产；另外的流动资产，包括存货、1年内到期的非流动资产及其他流动资产等，称为非速动资产。

非速动资产的变现金额和时间具有较大的不确定性，是因为：① 存货的变现速度比应收款项要慢得多；② 部分存货可能已损失报废、尚未处理，或者已抵押给某债权人，不能用于偿债；③ 存货估价有多种方法，可能与变现金额相距甚远；④1年内到期的非流动资产和其他流动资产的金额有偶然性，不代表正常的变现能力。因此，将可偿债资产定义为速动资产，用其计算短期债务的存量比率更可信。

速动资产与流动负债的比值，称为速动比率，其计算公式如下：

$$速动比率 = 速动资产 \div 流动负债 \tag{10-5}$$

根据ABC公司的财务报表数据：

$$本年速动比率 = (44 + 6 + 14 + 398 + 22 + 12) \div 300 \approx 1.65$$

$$上年速动比率 = (25 + 12 + 11 + 199 + 4 + 22) \div 220 \approx 1.24$$

速动比率假设速动资产是可偿债资产，表明每1元流动负债有多少速动资产作为偿债保障。ABC公司的速动比率比上年提高了0.41，说明为每1元流动负债提供的速动资产保障增加了 0.41 元。

与流动比率一样，不同行业的速动比率差别很大。例如，采用大量现金销售的商店，几乎没有应收款项，速动比率大大低于 1 很正常。相反，一些应收款项较多的企业，速动比率可能要大于 1。

影响速动比率可信性的重要因素是应收款项的变现能力。账面上的应收款项不一定都能变成现金，实际坏账可能比计提的准备要多；季节性的变化可能使报表上的应收款项金额不能反映平均水平。这些情况，外部分析人员不易了解，而内部人员却有可能做出估计。

(3) 现金比率。速动资产中，流动性最强、可直接用于偿债的资产称为现金资产。现金资产包括货币资金、交易性金融资产等。与其他速动资产不同，它们本身就是可以直接偿债的资产，而其他速动资产需要等待不确定的时间，才能转换为不确定金额的现金。

现金资产与流动负债的比值称为现金比率，其计算公式如下：

现金比率 = (货币资金 + 交易性金融资产) ÷ 流动负债　　(10-6)

根据 ABC 公司的财务报表数据：

本年现金比率 = (44 + 6) ÷ 300 ≈ 0.167

上年现金比率 = (25 + 12) ÷ 220 ≈ 0.168

现金比率假设现金资产是可偿债资产，表明 1 元流动负债有多少现金资产作为偿债保障。ABC 公司的现金比率比上年略微下降 0.001，说明企业为每 1 元流动负债提供的现金资产保障降低了 0.001 元。

(二) 经营活动现金流量净额与短期债务的比较

经营活动现金流量净额与流动负债的比值，称为现金流量比率。其计算公式如下：

现金流量比率 = 经营活动现金流量净额 ÷ 流动负债　　(10-7)

根据 ABC 公司的财务报表数据：

现金流量比率 = 323 ÷ 300 ≈ 1.08

公式中的“经营活动现金流量净额”，通常使用现金流量表中的“经营活动产生的现金流量净额”。它代表企业创造现金的能力，已经扣除了经营活动自身所需的现金流出，是可以用来偿债的现金流量。

一般来讲，该比率中的流动负债采用期末数而非平均数，因为实际需要偿还的是期末金额，而非平均金额。

拓展阅读

现金流量比率表明每 1 元流动负债的经营活动现金流量保障程度。该比率越高，偿债能力越强。

用经营活动现金净额流量代替可偿债资产存量，与短期债务进行比较以反映偿债能力，更具说服力。因为一方面它克服了可偿债资产未考虑未来变化及变现能力等问题；另一方面，实际用以支付债务的通常是现金，而不是其他可偿债资产。

(三) 影响短期偿债能力的其他因素

上述短期偿债能力比率，都是根据财务报表数据计算而得。还有一些表外因素也会影响企业的短期偿债能力，甚至影响相当大。财务报表使用人应尽可能了解这方面信息，以做出正确判断。

1. 增强短期偿债能力的表外因素

(1) 可动用的银行贷款指标。银行已同意、企业尚未动用的银行贷款限额，可以随时增加企业的现金，提高支付能力。这一数据不反映在财务报表中，但会在董事会决议中披露。

(2) 准备很快变现的非流动资产。企业可能有一些长期资产可以随时出售变现，而不出现在"一年内到期的非流动资产"项目中。例如，储备的土地、未开采的采矿权、目前出租的房产等，在企业发生周转困难时，将其出售并不影响企业的持续经营。

(3) 偿债能力的声誉。如果企业的信用很好，在短期偿债方面出现暂时困难，比较容易筹集到短缺现金。

2. 降低短期偿债能力的表外因素

(1) 与担保有关的或有负债。如果该金额较大且很可能发生，应在评价偿债能力时予以关注。

(2) 经营租赁合同中的承诺付款。很可能是需要偿付的义务。

(3) 建造合同、长期资产购置合同中的分期付款。也是一种承诺付款，应视同需要偿还的债务。

二、长期偿债能力比率

衡量长期偿债能力的财务比率，也分为存量比率和流量比率两类。

(一) 总债务存量比率

长期来看，所有债务都要偿还。因此，反映长期偿债能力的存量比率是总资产、总债务和股东权益之间的比例关系。常用比率包括：资产负债率、产权比率、权益乘数和长期资本负债率。

1. 资产负债率

资产负债率是总负债占总资产的百分比，其计算公式如下：

$$资产负债率 = (总负债 \div 总资产) \times 100\% \tag{10-8}$$

根据 ABC 公司的财务报表数据：

$$本年资产负债率 = (1\ 040 \div 2\ 000) \times 100\% \approx 52\%$$

$$上年资产负债率 = (800 \div 1\ 680) \times 100\% \approx 48\%$$

资产负债率反映总资产中有多大比例是通过负债取得的。它可以衡量企业清算时对债权人利益的保护程度，资产负债率越低，企业偿债越有保证，贷款越安全。资产负债率还代表企业的举债能力。一个企业的资产负债率越低，举债越容易。如果资产负债率高到一定程度，没有人愿意提供贷款了，则表明企业的举债能力已经用尽。

通常，资产在破产拍卖时的售价不到账面价值的 50%，因此如果资产负债率高于 50%，则债权人的利益就缺乏保障。各类资产变现能力有显著区别，房地产变现的价值损失小，专用设备则难以变现。不同企业的资产负债率不同，与其持有的资产类别有关。

2. 产权比率和权益乘数

产权比率和权益乘数是资产负债率的另外两种表现形式，它和资产负债率的性质一样，其计算公式如下：

产权比率 = 总负债 ÷ 股东权益 (10－9)

权益乘数 = 总资产 ÷ 股东权益 (10－10)

根据 ABC 公司的财务报表数据：

本年产权比率 = 1 040 ÷ 960 ≈ 1.08

本年权益乘数 = 2 000 ÷ 960 ≈ 2.08

产权比率表明每 1 元股东权益借入的债务额；权益乘数表明每 1 元股东权益拥有的资产额，它们是两种常用的财务杠杆比率。财务杠杆既表明债务多少，与偿债能力有关；财务杠杆影响总资产净利率和权益净利率之间的关系，还表明权益净利率的风险高低，与盈利能力有关。

3. 长期资本负债率

长期资本负债率是指非流动负债占长期资本的百分比，其计算公式如下：

长期资本负债率 = [非流动负债 ÷（非流动负债 + 股东权益）] × 100% (10－11)

根据 ABC 公司的财务报表数据：

本年长期资本负债率 = [740 ÷（740 + 960）] × 100% ≈ 44%

上年长期资本负债率 = [580 ÷（580 + 880）] × 100% ≈ 40%

长期资本负债率反映企业长期资本结构。由于流动负债的金额经常变化，资本结构管理大多使用长期资本结构。

（二）总债务流量比率

1. 利息保障倍数

利息保障倍数是指息税前利润对利息费用的倍数。其计算公式如下：

利息保障倍数 = 息税前利润 ÷ 利息费用

= （净利润 + 利息费用 + 所得税费用）÷ 利息费用 (10－12)

这里分母的“利息费用”指本期的全部应付利息，不仅包括计入利润表财务费用的利息费用，还包括计入资产负债表固定资产等成本的资本化利息；相应地，分子息税前利润中的“利息费用”则是指本期的全部费用化利息，不仅包括计入利润表财务费用的利息费用，还包括计入资产负债表固定资产等成本的资本化利息的本期费用化部分（其中，也包括以前期间资本化利息的本期费用化部分）。实务中，如果本期资本化利息金额较小，可将利息费用金额作为分母中的利息费用；如果资本化利息的本期费用化金额较小，则分子中此部分可忽略不计，不做调整。现金流量利息保障倍数的分母“利息费用”与利息保障倍数的分母“利息费用”相同，按此原则处理，不再赘述。

根据 ABC 公司的财务报表数据：

本年利息保障倍数 = （136 + 110 + 64）÷ 110 ≈ 2.82

上年利息保障倍数 = （160 + 96 + 75）÷ 96 ≈ 3.45

长期债务不需要每年还本，却需要每年付息。利息保障倍数表明每 1 元利息支付有多少倍的息税前利润作保障，它可以反映债务政策的风险大小。如果企业一直保持按时付息的信誉，则长期负债可以延续，举借新债也比较容易。利息保障倍数越大，利息支付越有保障。如果利息支付尚且缺乏保障，归还本金就更难指望。因此，利息保障倍数可以反映长期偿债能力。

如果利息保障倍数小于1,表明自身产生的经营收益不能支持现有的债务规模。利息保障倍数等于1也很危险,因为息税前利润受经营风险的影响,很不稳定,而利息支付却是固定的。利息保障倍数越大,企业拥有的偿还利息的缓冲资金越多。

2. 现金流量利息保障倍数

现金流量利息保障倍数,是指经营现金流量对利息费用的倍数。其计算公式如下:

$$现金流量利息保障倍数 = 经营现金流量 \div 利息费用 \tag{10-13}$$

根据ABC公司的财务报表数据:

$$本年现金流量利息保障倍数 = 323 \div 110 \approx 2.94$$

现金流量利息保障倍数是现金基础的利息保障倍数,表明每1元利息费用有多少倍的经营现金流量作保障。它比利润基础的利息保障倍数更可靠,因为实际用以支付利息的是现金,而不是利润。

3. 现金流量债务比

现金流量债务比,是指经营活动现金流量净额与债务总额的比率。其计算公式如下:

$$经营活动现金流量净额债务比 = (经营活动现金流量净额 \div 债务总额) \times 100\% \tag{10-14}$$

根据ABC公司的财务报表数据:

$$本年经营活动现金流量净额债务比 = (323 \div 1\ 040) \times 100\% \approx 31\%$$

一般来讲,该比率中的债务总额采用期末数而非平均数,因为实际需要偿还的是期末金额,而非平均金额。

该比率表明企业用经营现金流量偿付全部债务的能力。比率越高,偿还债务总额的能力越强。

(三)影响长期偿债能力的其他因素

上述长期偿债能力比率,都是根据财务报表数据计算而得。还有一些表外因素影响企业长期偿债能力,必须引起足够重视。

1. 长期租赁

当企业急需某种设备或厂房而又缺乏足够资金时,可以通过租赁的方式解决。财产租赁的形式包括融资租赁和经营租赁。融资租赁形成的负债会反映在资产负债表中,而经营租赁的负债则未反映在资产负债表中。当企业的经营租赁额比较大、期限比较长或具有经常性时,就形成了一种长期性融资,因此,经营租赁也是一种表外融资。这种长期融资,到期时必须支付租金,会对企业偿债能力产生影响。因此,如果企业经常发生经营租赁业务,应考虑租赁费用对偿债能力的影响。

2. 债务担保

担保项目的时间长短不一,有的涉及企业的长期负债,有的涉及企业的流动负债。在分析企业长期偿债能力时,应根据有关资料判断担保责任带来的潜在长期负债问题。

3. 未决诉讼

未决诉讼一旦判决败诉,便会影响企业的偿债能力,因此在评价企业长期偿债能力时要考虑其潜在影响。

三、营运能力比率

营运能力比率是衡量企业资产管理效率的财务比率。常见的有：应收账款周转率、存货周转率、流动资产周转率、营运资本周转率、非流动资产周转率和总资产周转率等。

（一）应收账款周转率

1. 公式

应收账款周转率是销售收入与应收账款的比率。它有三种表示形式：应收账款周转次数、应收账款周转天数和应收账款与收入比。其计算公式如下：

$$\text{应收账款周转次数} = \text{销售收入} \div \text{应收账款} \tag{10-15}$$

$$\text{应收账款周转天数} = 365 \div (\text{销售收入} \div \text{应收账款}) \tag{10-16}$$

$$\text{应收账款与收入比} = \text{应收账款} \div \text{销售收入} \tag{10-17}$$

根据 ABC 公司的财务报表数据：

$$\text{本年应收账款周转次数} = 3\ 000 \div 398 \approx 7.5(\text{次}/\text{年})$$

$$\text{本年应收账款周转天数} = 365 \div (3\ 000 \div 398) \approx 48.4(\text{天}/\text{次})$$

$$\text{本年应收账款与收入比} = 398 \div 3\ 000 \approx 13.3\%$$

应收账款周转次数，表明 1 年中应收账款周转的次数，或者说明每 1 元应收账款投资支持的销售收入。应收账款周转天数，也称为应收账款收现期，表明从销售开始到收回现金平均需要的天数。应收账款与收入比，则表明每 1 元销售收入需要的应收账款投资。

2. 在计算和使用应收账款周转率时应注意的问题

（1）销售收入的赊销比例问题。从理论上讲，应收账款是赊销引起的，其对应的流量是赊销额，而非全部销售收入。因此，计算时应使用赊销额而非销售收入。但是，外部分析人员无法取得赊销数据，只好直接使用销售收入计算，这相当于假设现销是收现时间等于零的应收账款。实际上只要现销与赊销的比例保持稳定，不妨碍与上期数据的可比性，只是会高估周转次数。但问题是与其他企业比较时，不知道可比企业的赊销比例，也就无从知道应收账款周转率是否可比。

（2）应收账款年末余额的可靠性问题。应收账款是特定时点的存量，容易受季节性、偶然性和人为因素影响。在用应收账款周转率进行业绩评价时，可以使用年初和年末的平均数，或者使用多个时点的平均数，以减少这些因素的影响。

（3）应收账款的减值准备问题。财务报表上列示的应收账款是已经计提坏账准备后的净额，而销售收入并未相应减少。其结果是，计提的坏账准备越多，应收账款周转次数越多、天数越少。这种周转次数的增加、天数的减少不是业绩改善的结果，反而说明应收账款管理欠佳。如果坏账准备的金额较大，就应进行调整，使用未计提坏账准备的应收账款进行计算。报表附注中披露的应收账款坏账准备信息，可作为调整的依据。

（4）应收票据是否计入应收账款周转率。大部分应收票据是销售形成的，是应收账款的另一种形式，应将其纳入应收账款周转率的计算，称为“应收账款及应收票据周转率”。

（5）应收账款周转天数是否越少越好。应收账款是赊销引起的，如果赊销有可能比现销更有利，周转天数就不是越少越好。收现时间的长短与企业的信用政策有关。例如，甲企业的应收账款周转天数是 18 天，信用期是 20 天；乙企业的应收账款周转天数是 15 天，信用期是 10 天。前者的收款业绩优于后者，尽管其周转天数较多。改变信用政策，通常会引起企业应收账款周转天数的变化。信用政策的评价涉及多种因素，不能仅仅考虑周转天数的缩短。

(6) 应收账款分析应与销售额分析、现金分析相联系。应收账款的起点是销售，终点是现金。正常情况是销售增加引起应收账款增加，现金存量和经营活动现金流量也会随之增加。如果一个企业应收账款日益增加，而销售和现金日益减少，则可能是销售出了比较严重的问题，以致放宽信用政策，甚至随意发货，但现金却收不回来。

总之，应当深入应收账款内部进行分析，并且要注意应收账款与其他问题的联系，才能正确评价应收账款周转率。

（二）存货周转率

1. 公式

存货周转率是销售收入与存货的比率，也有三种计量方式。其计算方式如下：

$$存货周转次数 = 销售收入 \div 存货 \tag{10-18}$$

$$存货周转天数 = 365 \div (销售收入 \div 存货) \tag{10-19}$$

$$存货与收入比 = 存货 \div 销售收入 \tag{10-20}$$

根据 ABC 公司的财务报表数据：

$$本年存货周转次数 = 3000 \div 119 \approx 25.2(次/年)$$

$$本年存货周转天数 = 365 \div (3\ 000 \div 119) \approx 14.5(天/次)$$

$$本年应收账款与收入比 = 119 \div 3\ 000 \approx 4\%$$

存货周转次数，表明 1 年中存货周转的次数，或者说明每 1 元存货支持的销售收入。存货周转天数表明存货周转一次需要的时间，也就是存货转换成现金平均需要的时间。存货与收入比，表明每 1 元销售收入需要的存货投资。

2. 在计算和使用存货周转率时应注意的问题

(1) 计算存货周转率时，使用“销售收入”还是“销售成本”作为周转额，要看分析的目的。在短期偿债能力分析中，为了评估资产的变现能力需要计量存货转换为现金的金额和时间，应采用“销售收入”；在分解总资产周转率时，为系统分析各项资产的周转情况并识别主要的影响因素，应统一使用“销售收入”计算周转率。如果是为了评估存货管理的业绩，应当使用“销售成本”计算存货周转率，使其分子和分母保持口径一致。实际上，两种周转率的差额是毛利引起的，用哪一个计算都能达到分析目的。

根据 ABC 公司的数据，两种计算方法可以进行如下转换：

$$本年存货(成本)周转次数 = 销售成本 \div 存货 = 2\ 644 \div 119 \approx 22.2(次)$$

$$\begin{aligned}本年存货(收入)周转次数 \times 成本率 &= (销售收入 \div 存货) \times (销售成本 \div 销售收入) \\ &= (3\ 000 \div 119) \times (2\ 644 \div 3\ 000) \\ &\approx 22.2(次)\end{aligned}$$

(2) 存货周转天数不是越少越好。存货过多会浪费资金，存货过少不能满足流转需要，在特定的生产经营条件下存在一个最佳的存货水平，所以存货不是越少越好。

(3) 应注意应付账款、存货和应收账款(或销售收入)之间的关系。一般来说，销售增加会拉动应收账款、存货、应付账款增加，不会引起周转率的明显变化。但是，当企业接受一个

大订单时,通常要先增加存货,然后推动应付账款增加,最后才引起应收账款(销售收入)增加。因此,在该订单没有实现销售以前,先表现为存货等周转天数增加。这种周转天数增加,没有什么不好,相反,预见到销售会萎缩时,通常会先减少存货,进而引起存货周转天数等下降。这种周转天数下降,并非资产管理改善导致。因此,任何财务分析都以认识经营活动本质为目的,不可根据数据高低做简单结论。

(4) 应关注构成存货的原材料、在产品、自制半成品、产成品和低值易耗品之间的比例关系。各类存货的明细资料以及存货重大变动的解释,应在报表附注中披露。正常情况下,它们之间存在某种比例关系。如果产成品大量增加,其他项目减少,很可能是销售不畅,放慢了生产节奏。此时,总的存货金额可能并没有显著变动,甚至尚未引起存货周转率的显著变化。因此,在财务分析时既要重点关注变化大的项目,也不能完全忽视变化不大的项目,其内部可能隐藏着重要问题。

(三) 流动资产周转率

流动资产周转率是销售收入与流动资产的比率,也有三种计量方式。其计算公式如下:

$$流动资产周转次数 = 销售收入 \div 流动资产 \tag{10-21}$$

$$流动资产周转天数 = 365 \div (销售收入 \div 流动资产) \tag{10-22}$$

$$流动资产与收入比 = 流动资产 \div 销售收入 \tag{10-23}$$

根据 ABC 公司的财务报表数据:

$$本年流动资产周转次数 = 3\ 000 \div 700 \approx 4.3(次/年)$$

$$本年流动资产周转天数 = 365 \div (3\ 000 \div 700) \approx 85.2(天/次)$$

$$本年流动资产与收入比 = 700 \div 3\ 000 \approx 23.3\%$$

流动资产周转次数,表明 1 年中流动资产周转的次数,或者说明每 1 元流动资产支持的销售收入。流动资产周转天数表明流动资产周转一次需要的时间,也就是流动资产转换成现金平均需要的时间。流动资产与收入比,表明每 1 元销售收入需要的流动资产投资。

通常,流动资产中应收账款和存货占绝大部分,因此它们的周转状况对流动资产周转具有决定性影响。

(四) 营运资本周转率

营运资本周转率是销售收入与营运资本的比率,也有三种计量方式。其计算公式如下:

$$营运资本周转次数 = 销售收入 \div 营运资本 \tag{10-24}$$

$$营运资本周转天数 = 365 \div (销售收入 \div 营运资本) \tag{10-25}$$

$$营运资本与收入比 = 营运资本 \div 销售收入 \tag{10-26}$$

根据 ABC 公司的财务报表数据:

$$本年营运资本周转次数 = 3\ 000 \div 400 \approx 7.5(次/年)$$

$$本年营运资本周转天数 = 365 \div (3\ 000 \div 400) \approx 48.7(天/次)$$

$$本年营运资本与收入比 = 400 \div 3\ 000 \approx 13.3\%$$

营运资本周转次数,表明 1 年中营运资本周转的次数,或者说明每 1 元营运资本支持的销售收入。营运资本周转天数表明营运资本周转一次需要的时间,也就是营运资本转换成现金平均需要的时间。营运资本与收入比,表明每 1 元销售收入需要的营运资本投资。

营运资本周转率是一个综合性的比率。严格意义上,应仅有经营性资产和负债被用于计算这一指标，即短期借款、交易性金融资产和超额现金等因不是经营活动必需的资本应被排除在外。

（五）非流动资产周转率

非流动资产周转率是销售收入与非流动资产的比率，也有三种计量方式。其计算公式如下：

非流动资产周转次数 = 销售收入 ÷ 非流动资产　　(10-27)

非流动资产周转天数 = 365 ÷（销售收入 ÷ 非流动资产）　　(10-28)

非流动资产与收入比 = 非流动资产 ÷ 销售收入　　(10-29)

根据 ABC 公司的财务报表数据：

本年非流动资产周转次数 = 3000 ÷ 1 300 ≈ 2.3(次/年)

本年非流动资产周转天数 = 365 ÷ (3 000 ÷ 1 300) ≈ 158.2(天/次)

本年非流动资产与收入比 = 1 300 ÷ 3 000 ≈ 43.3%

非流动资产周转次数，表明 1 年中非流动资产周转的次数，或者说明每 1 元非流动资产支持的销售收入。非流动资产周转天数表明非流动资产周转一次需要的时间，也就是非流动资产转换成现金平均需要的时间。非流动资产与收入比，表明每 1 元销售收入需要的非流动资产投资。

非流动资产周转率反映非流动资产的管理效率，主要用于投资预算和项目管理进行分析，以确定投资与竞争战略是否一致，收购和剥离政策是否合理等。

（六）总资产周转率

1. 公式

总资产周转率是销售收入与总资产的比率，也有三种计量方式。其计算公如下：

总资产周转次数 = 销售收入 ÷ 总资产　　(10-30)

总资产周转天数 = 365 ÷（销售收入 ÷ 总资产）　　(10-31)

总资产与收入比 = 总资产 ÷ 销售收入　　(10-32)

根据 ABC 公司的财务报表数据：

本年总资产周转次数 = 3 000 ÷ 2 000 = 1.5(次/年)

本年总资产周转天数 = 365 ÷ (3 000 ÷ 2 000) ≈ 243.3(天/次)

本年总资产与收入比 = 2 000 ÷ 3 000 ≈ 66.7%

总资产周转次数，表明 1 年中总资产周转的次数，或者说明每 1 元总资产支持的销售收入。总资产周转天数表明总资产周转一次需要的时间，也就是总资产转换成现金平均需要的时间。总资产与收入比，表明每 1 元销售收入需要的总资产投资。

2. 驱动因素

总资产由各项资产组成，在销售收入既定的情况下，总资产周转率的驱动因素是各项资产。通过驱动因素分析，可以了解总资产周转率变动是由哪些资产项目引起的，以及什么是影响较大的因素，从而为进一步分析指出方向。

ABC 公司总资产及各项资产的周转率变动见表 10-7。

表 10-7　ABC 公司总资产及各项资产的周转率变动

资产	资产周转次数 /(次 / 年)			资产周转天数 /(元 / 次)			资产与收入比		
	本年	上年	变动	本年	上年	变动	本年	上年	变动
货币资金	68.2	114	−45.8	5.4	3.2	2.2	0.015	0.009	0.006
交易性金融资产									
应收票据	214.3	259.1	−44.8	1.7	1.4	0.3	0.005	0.004	0.001
应收账款	7.5	14.3	−6.8	48.4	25.5	22.9	0.133	0.070	0.063
预付款项	136.4	712.5	−576.1	2.7	0.5	2.2	0.007	0.001	0.006
合同资产									
其他应收款	250	129.5	120.5	1.5	2.8	−1.3	0.004	0.008	−0.004
其中：应收利息									
应收股利									
存货	25.2	8.7	16.5	14.5	41.8	−27.3	0.040	0.114	−0.074
一年内到期的非流动资产	39	259.1	−220.1	9.4	1.4	8	0.026	0.004	0.022
其他流动资产	375			1.0			0.003	0	0.003
流动资产合计	4.3	4.7	−0.4	85.2	78.1	7.1	0.233	0.214	0.019
债权投资									
其他债权投资									
长期应收款									
长期股权投资	100			3.7			0.010	0	0.010
其他权益工具投资									
固定资产	2.4	2.82	−0.42	150.6	129.61	20.99	0.413	0.335	0.058
在建工程	166.7	81.4	85.3	2.2	4.5	−2.3	0.006	0.012	−0.006
无形资产	500	356.2	143.8	0.7	1.0	−0.3	0.002	0.003	−0.001
开发支出									
长期待摊费用	600	190	410	0.6	1.9	−1.3	0.002	0.005	−0.003
递延所得税资产									
其他非流动资产	1 000			0.4			0.001	0	0.001
非流动资产合计	2.5	2.7	−0.4	158.2	137	21.2	0.433	0.375	0.058
资产总计	1.5	1.7	−0.2	243.3	215.2	28.1	0.667	0.590	0.077

总资产周转率的驱动因素分析，通常可以使用“资产周转天数”或“资产与收入比”指标，不使用“资产周转次数”。因为各项资产周转次数之和不等于总资产周转次数，不便于分析各项目变动对总资产周转率的影响。

根据周转天数分析，本年总资产周转天数是 243.3 天，比上年增加 28.1 天。各项目对总资产周转天数变动的影响，见表 10-7。影响较大的项目是应收账款增加 22.9 天、存货减少 27.3 天、固定资产增加 28.3 天。

根据资产与收入比分析，本年每 1 元收入需要资产 0.667 元，比上年增加 0.077 元。增加的原因，见表 10-7。其中，影响较大的项目是应收账款增加 0.063 元、存货减少 0.074 元、固定资产增加 0.078 元。

四、盈利能力比率

（一）销售净利率

1. 公式

销售净利率是指净利润与销售收入的比率，通常用百分数表示。其计算公式如下：

$$销售净利率 = (净利润 \div 销售收入) \times 100\% \tag{10-33}$$

根据 ABC 公司的财务报表数据：

$$本年销售净利率 = (136 \div 3\ 000) \times 100\% \approx 4.53\%$$

$$上年销售净利率 = (160 \div 2\ 850) \times 100\% \approx 5.61\%$$

$$变动 = 4.53\% - 5.61\% \approx -1.08\%$$

“销售收入”是利润表的第一行数字，“净利润”是利润表的最后一行数字，两者相除可以概括企业的全部经营成果。它表明每 1 元销售收入与其成本费用之间可以“挤”出来的净利润。该比率越大，企业的盈利能力越强。

销售净利率又简称“净利率”，某个利润率如果前面没有指明计算比率使用的分母，则是指以销售收入为分母。

2. 驱动因素

销售净利率的变动，是由利润表各个项目变动引起的。ABC 公司利润表各项目的金额变动和结构变动数据见表 10-8。其中“本年结构”和“上年结构”，是各项目除以当年销售收入得出的百分比，“百分比变动”是指“本年结构”百分比与“上年结构”百分比的差额。该表被称为利润表的同型报表，它排除了规模的影响，提高了数据的可比性。

表 10-8　ABC 公司利润表各项目的金额变动和结构变动资料

项目	本年金额/万元	上年金额/万元	变动金额/万元	本年结构/%	上年结构/%	百分比变动/%
一、营业收入	3 000	2 850	150	100.00	100.00	0.00
减：营业成本	2 644	2 503	141	88.13	87.82	0.31
税金及附加	28	28	0	0.93	0.98	−0.05

续表

项目	本年金额/万元	上年金额/万元	变动金额/万元	本年结构/%	上年结构/%	百分比变动/%
销售费用	22	20	2	0.73	0.70	0.03
管理费用	46	40	6	1.53	1.40	0.13
研发费用	0	0	0	0.00	0.00	0.00
财务费用	110	96	14	3.67	3.37	0.30
其中：利息费用	110	96	14	3.67	3.37	0.30
利息收入	0	0	0	0.00	0.00	0.00
加：其他收益	0	0	0	0.00	0.00	0.00
投资收益	6	0	6	0.20	0.00	0.20
公允价值变动收益	0	0	0	0.00	0.00	0.00
信用减值损失	0	0	0	0.00	0.00	0.00
资产减值损失	0	0	0	0.00	0.00	0.00
资产处置收益	0	0	0	0.00	0.00	0.00
二、营业利润	156	163	−7	5.20	5.72	−0.52
加：营业外收入	45	72	−27	1.50	2.53	−1.03
减：营业外支出	1	0	1	0.03	0.00	0.03
三、利润总额	200	235	−35	6.67	.825	−1.58
减：所得税费用	64	75	−11	2.13	2.63	−0.50
四、净利润	136	160	−24	4.53	5.61	−1.08

(1) 金额变动分析：本年净利润减少 24 万元。影响较大的不利因素是销售成本增加 141 万元和营业外收入减少 27 万元。影响较大的有利因素是销售收入增加 150 万元。

(2) 结构变动分析：销售净利率减少 1.08%。影响较大的不利因素是销售成本率增加 0.31%、财务费用比率增加 0.30% 和营业外收入比率减少 1.03%。

进一步分析应重点关注金额变动和结构变动较大的项目，如 ABC 公司的销售成本和营业外收入。

3. 利润表各项目分析

确定分析的重点项目后，需要深入到各项目内部进一步分析。此时，需要依靠报表附注提供的资料以及其他可以收集到的信息。

毛利率变动原因可以分部门、产品、顾客群、销售区域或推销员等进行分析，视分析的目的以及可以取得的资料而定。

ABC 公司报表附注显示的产品的毛利资料见表 10-9。

表 10-9 ABC 公司报表附注显示的产品的毛利资料

产品类别	营业收入 / 万元		营业成本 / 万元		营业毛利 / 万元		毛利率 / %	
	本期数	上期数	本期数	上期数	本期数	上期数	本期数	上期数
音响类产品	1 589	1 881	1 882	1 964	−293	−83	−18.44	−4.41
软件类产品	508	475	312	295	196	180	38.58	37.89
数码类产品	903	494	450	244	453	250	50.17	50.61
合计	3 000	2 850	2 644	2 503	356	347	11.87	12.18

通过表 10-9 和其他背景资料可知：音响类产品是该企业的传统产品，目前仍占销售收入的较大部分，其毛利率是负值，已失去继续产销的价值。软件类产品毛利率基本持平，销售额略有增长，其毛利约占企业的一半。数码类产品销售迅速增长，毛利率很高，其毛利占企业的大部分。因此，应结合市场竞争和企业资源情况，分析是否可以扩大数码产品和软件产品的产销规模，以及音响产品能否更新换代。如果均无可能，音响产品的亏损可能继续增加，而数码产品和软件产品的高毛利可能引来竞争者，预期盈利能力还可能进一步下降。

通常，销售费用和管理费用的公开披露信息十分有限，外部分析人员很难对其深入分析。财务费用、公允价值变动收益、资产减值损失、投资收益和营业外收支的明细资料，在报表附注中均有较详细披露，为进一步分析提供了可能。

（二）总资产净利率

1. 公式

总资产净利率是指净利润与总资产的比率，它反映每 1 元总资产创造的净利润。其计算公式如下：

$$资产净利率 = (净利润 \div 总资产) \times 100\% \tag{10-34}$$

根据 ABC 公司的财务报表数据：

$$本年总资产净利率 = (136 \div 2\ 000) \times 100\% = 6.8\%$$

$$上年总资产净利率 = (160 \div 1\ 680) \times 100\% \approx 9.52\%$$

$$变动 = 6.8\% - 9.52\% = -2.72\%$$

总资产净利率是企业盈利能力的关键。虽然股东报酬由总资产净利率和财务杠杆共同决定，但提高财务杠杆会同时增加企业风险，往往并不增加企业价值。此外，财务杠杆的提高有诸多限制，企业经常处于财务杠杆不可能再提高的临界状态。因此，提高权益净利率的基本动力是总资产净利率。

2. 驱动因素

影响总资产净利率的驱动因素是销售净利率和总资产周转次数。

$$\begin{aligned}总资产净利率 &= \frac{净利率}{总资产} = \frac{净利率}{销售收入} \times \frac{销售收入}{总资产} \\ &= 销售净利率 \times 总资产周转次数\end{aligned} \tag{10-35}$$

总资产周转次数是每 1 元总资产创造的销售收入，销售净利率是每 1 元销售收入创造的

净利润，两者共同决定了总资产净利率，即每 1 元总资产创造的净利润。

ABC 公司有关总资产净利率因素的分解见表 10-10。

表 10-10 ABC 公司有关总资产净利率因素的分解

	本年	上年	变动
销售收入 / 万元	3 000	2 850	150
净利润 / 万元	136	160	−24
总资产 / 万元	2 000	1 680	320
总资产净利率 /%	6.80	9.52	−2.72
销售净利率 /%	4.53	5.61	−1.08
总资产周转次数 / 次	1.50	1.70	−0.20

ABC 公司的资产净利率比上年降低 2.72%。其原因是销售净利率和总资产周转次数都降低了。哪一个原因更重要呢？可以使用差额分析法进行定量分析。

销售净利率变动影响 = 销售净利率变动 × 上年总资产周转次数

= (−1.08%) × 1.70 ≈ −1.84%

总资产周转次数变动影响 = 本年销售净利率 × 总资产周转次数变动

= 4.53% × (−0.20) ≈ −0.91%

合计 = −1.84% − 0.91% = −2.75%

由于销售净利率下降，使资产净利率下降 1.84%；由于总资产周转次数下降，使总资产净利率下降 0.91%。两者共同作用使总资产净利率下降 2.75%，其中销售净利率下降是主要原因。

（三）权益净利率

权益净利率是净利润与股东权益的比率，它反映每 1 元股东权益赚取的净利润，可以衡量企业的总体盈利能力。

权益净利率 = (净利润 ÷ 股东权益) × 100% (10-36)

根据 ABC 公司的财务报表数据：

本年权益净利率 = (136 ÷ 960) × 100% ≈ 14.17%

上年权益净利率 = (160 ÷ 880) × 100% ≈ 18.18%

权益净利率的分母是股东的投入，分子是股东的所得。对于股权投资者来说，具有非常好的综合性，概括了企业的全部经营业绩和财务业绩。ABC 公司本年股东的报酬率减少了，总体来讲不如上一年。

五、市价比率

（一）市盈率

市盈率是指普通股每股市价与每股收益的比率，它反映普通股股东愿意为每 1 元净利润支付的价格。其中，每股收益是指可分配给普通股股东的净利润与流通在外普通股加权平均股数的比率，它反映每只普通股当年创造的净利润。其计算公式如下：

市盈率 = 每股市价 ÷ 每股收益　　(10 - 37)

每股收益 = 普通股股东净利润 ÷ 流通在外普通股加权平均股数　　(10 - 38)

假设ABC公司无优先股，2021年12月31日普通股每股市价36元，2021年流通在外普通股加权平均股数100万股。根据ABC公司的财务报表数据：

本年每股收益 = 136 ÷ 100 = 1.36(元/股)

本年市盈率 = 36 ÷ 1.36 ≈ 26.47

在计算和使用市盈率和每股收益时，应注意以下问题：

(1) 每股市价实际上反映了投资者对未来收益的预期。然而，市盈率是基于过去年度的收益。因此，如果投资者预期收益从当前水平大幅增长，市盈率将会相当高，也许是20倍、30倍或更多。但是，如果投资者预期收益将从当前水平下降，市盈率将会相当低，如10倍或更少。成熟市场上的成熟企业有非常稳定的收益，通常其每股市价为每股收益的10～12倍。因此，市盈率反映了投资者对企业未来前景的预期，相当于每股收益的资本化。

(2) 对仅有普通股的企业而言，每股收益的计算相对简单。在这种情况下，计算公式如上所示。

如果企业还有优先股，则计算公式如下：

每股收益 = (净利润 - 优先股股利) ÷ 流通在外普通股加权平均股数　　(10 - 39)

由于每股收益的概念仅适用于普通股，优先股股东除规定的优先股股利外，对收益没有要求权。所以用于计算每股收益的分子必须等于可分配给普通股股东的净利润，即从净利润中扣除当年宣告或累积的优先股股利。

(二) 市净率

市净率是指普通股每股市价与每股净资产的比率，它反映普通股股东愿意为每1元净资产支付的价格，说明市场对企业资产质量的评价。其中，每股净资产也称为每股账面价值，是指普通股股东权益与流通在外普通股股数的比率，它反映每只普通股享有的净资产。代表理论上的每股最低价值。其计算公式如下：

市净率 = 每股市价 ÷ 每股净资产　　(10 - 40)

每股净资产 = 普通股股东权益 ÷ 流通在外普通股股数　　(10 - 41)

既有优先股又有普通股的企业，通常只为普通股计算净资产。在这种情况下，普通股每股净资产的计算需要分两步完成。首先，从股东权益总额中减去优先股权益，包括优先股的清算价值及全部拖欠的股利，得出普通股权益。其次，用普通股权益除以流通在外普通股股数，确定普通股每股净资产。该过程反映了普通股股东是企业剩余所有者的事实。

假设ABC公司有优先股10万股，清算价值为每股15元，拖欠股利为每股5元；2019年12月31日普通股每股市价36元，流通在外普通股股数100万股。根据ABC公司的财务报表数据：

本年市净率 = 36 ÷ 7.6 ≈ 4.74

本年每股净资产 = [960 - (15 + 5) × 10)] ÷ 100 = 7.6(元/股)

在计算市净率和每股净资产时，应注意所使用的是资产负债表日流通在外普通股股数，而不是当期流通在外普通股加权平均股数，因为每股净资产的分子为时点数，分母应与其口径一致，因此应选取同一时点数。

（三）市销率

市销率也称为收入乘数，是指普通股每股市价与每股销售收入的比率，它反映普通股股东愿意为每1元销售收入支付的价格。其中，每股销售收入是指销售收入与流通在外普通股加权平均股数的比率，它反映每只普通股创造的销售收入。其计算公式如下：

$$市销率 = 每股市价 \div 每股销售收入 \tag{10-42}$$

$$每股销售收入 = 销售收入 \div 流通在外普通股加权平均股数 \tag{10-43}$$

假设2021年12月31日普通股每股市价36元，2021年流通在外普通股加权平均股数100万股。根据ABC公司的财务报表数据：

$$本年市销率 = 36 \div 30 = 1.2$$

$$本年每股销售收入 = 3\,000 \div 100 = 30（元/股）$$

市盈率、市净率和市销率主要用于企业价值评估。

第三节　杜邦分析体系

财务管理是公司管理的核心之一，而如何实现公司股东财富最大化或公司价值最大化是财务管理的中心目标。任何一个公司生存与发展的关键都在于该公司能否创造价值。公司的经理们负有实现企业价值最大化的责任，出于向投资者解释经营成果和提高经营管理水平的需要，他们需要一套实用、有效的财务分析体系，以便据此评价和判断企业的经营绩效、经营风险、财务状况、获利能力和经营成果。杜邦分析体系就是一种比较实用的财务分析体系。

杜邦分析体系，又称杜邦财务分析体系，简称杜邦体系，是利用各主要财务比率之间的内在联系，对企业财务状况和经营成果进行综合系统评价的方法。该体系是以权益净利率为龙头，以资产净利率和权益乘数为分支，重点揭示企业获利能力及杠杆水平对权益净利率的影响，以及各相关指标间的相互作用关系。因其最初由美国杜邦公司成功应用而得名。

一、传统杜邦分析体系的核心比率

权益净利率是分析体系的核心比率，具有很好的可比性，可用于不同企业之间的比较。由于资本具有逐利性，其总是流向投资报酬率高的行业和企业，因此各企业的权益净利率会比较接近。如果一个企业的权益净利率经常高于其他企业，就会引来竞争者，迫使该企业的权益净利率回到平均水平。如果一个企业的权益净利率经常低于其他企业，就得不到资金，会被市场驱逐，从而使幸存企业的权益净利率提升到平均水平。

权益净利率不仅有很好的可比性，而且有很强的综合性。为了提高权益净利率，管理者可从如下三个分解指标入手。

$$权益净利率=\frac{净利率}{销售收入}\times\frac{销售收入}{总资产}\times\frac{总资产}{股东权益}$$

$$=销售净利率\times总资产周转次数\times权益乘数 \quad (10-44)$$

无论提高其中的哪个比率，权益净利率都会提高。其中，“销售净利率”是利润表的概括，“销售收入”在利润表的第一行，“净利润”在利润表的最后一行，两者相除可以概括全部经营成果；“权益乘数”是资产负债表的概括，表明资产、负债和股东权益的比例关系，可以反映最基本的财务状况；“总资产周转次数”把利润表和资产负债表联系起来，使权益净利率可以综合整个企业经营成果和财务状况。

二、传统杜邦分析体系的基本框架

传统杜邦分析体系的基本框架如图 10-1 所示。

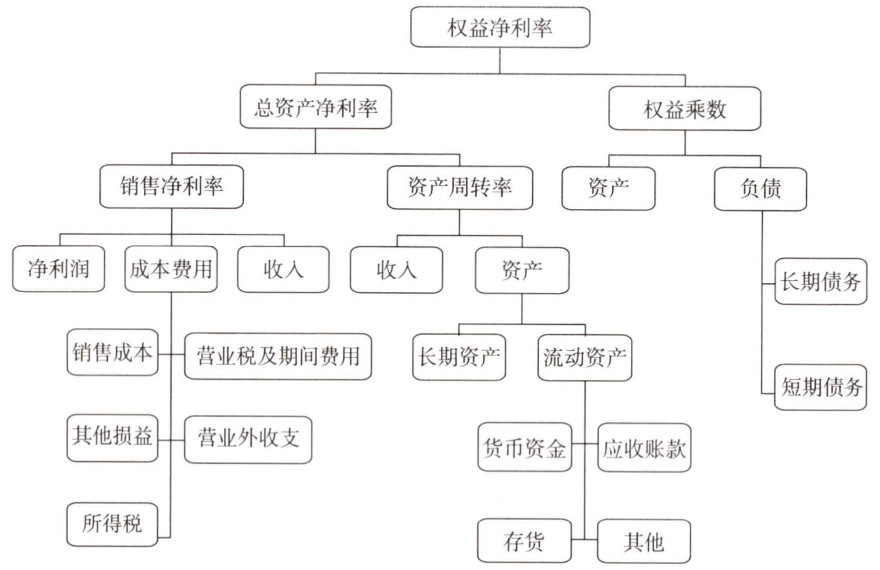

图 10-1　传统杜邦分析体系的基本框架

该体系是一个多层次的财务比率分解体系。各项财务比率，可在每个层次上与本企业历史或同业财务比率比较，比较之后向下一级分解。逐级向下分解，逐步覆盖企业经营活动的每个环节，以实现系统、全面评价企业经营成果和财务状况的目的。

第一层次的分解，是把权益净利率分解为销售净利率、总资产周转次数和权益乘数。这三个比率在各企业之间可能存在显著差异。通过对差异的比较，可以观察本企业与其他企业的经营战略和财务政策的不同。

分解出来的销售净利率和总资产周转次数，可以反映企业的经营战略。一些企业销售净利率较高，而总资产周转次数较低；另一些企业与之相反，总资产周转次数较高而销售净利率较低。两者经常呈反方向变化。这种现象不是偶然的，企业为了提高销售净利率，就要增加产品附加值，往往需要增加投资，引起周转率的下降；相反，为了加快周转，就要降低价格，引起销售净利率下降。通常，销售净利率较高的制造业，其周转率都较低；周转率很高的零售业，销售净利率很低。采取“高盈利、低周转”还是“低盈利、高周转”的方针，是企业根据外部

环境和自身资源做出的战略选择。正因如此，仅从销售净利率的高低并不能看出业绩好坏，应把它与总资产周转次数联系起来考察企业经营战略。真正重要的是两者共同作用得到的总资产净利率。总资产净利率可以反映管理者运用受托资产赚取盈利的业绩，是最重要的盈利能力。

分解出来的财务杠杆可以反映企业的财务政策。在总资产净利率不变的情况下，提高财务杠杆可以提高权益净利率，但同时也会增加财务风险。一般说来，总资产净利率较高的企业，财务杠杆较低，反之亦然。这种现象也不是偶然的。可以设想，为了提高权益净利率，企业倾向于尽可能提高财务杠杆。但是，贷款提供者不一定会同意这种做法。贷款提供者不分享超过利息的收益，更倾向于为预期未来经营活动现金流量净额比较稳定的企业提供贷款。为了稳定现金流量，企业的一种选择是降低价格以减少竞争，另一种选择是增加净营运资本以防止现金流中断，这都会导致总资产净利率下降。这就是说，为了提高流动性，只能降低盈利性。因此，实际看到的是，经营风险低的企业可以得到较多的贷款，其财务杠杆较高；经营风险高的企业，只能得到较少的贷款，其财务杠杆较低。总资产净利率与财务杠杆负相关，共同决定了企业的权益净利率。因此，企业必须使其经营战略和财务政策相匹配。

三、权益净利率的驱动因素分解

杜邦分析体系要求，在每一个层次上进行财务比率的比较和分解。通过与上年比较可以识别变动的趋势，通过与同业比较可以识别存在的差距。分解的目的是识别引起变动的原因，并衡量其重要性，为后续分析指明方向。

下面以 ABC 公司权益净利率的比较和分解为例，说明其一般方法。

权益净利率的比较对象，可以是其他企业的同期数据，也可以是本企业的历史数据，这里仅以本企业的本年与上年的比较为例。

$$权益净利率 = 销售净利率 \times 总资产周转次数 \times 权益乘数$$

即：

$$本年权益净利率\ 14.17\% \approx 4.533\% \times 1.5 \times 2.0833$$

$$上年权益净利率\ 18.18\% \approx 5.614\% \times 1.6964 \times 1.9091$$

$$权益净利率变动 = -4.01\%$$

与上年相比，股东的报酬率下降了，企业整体业绩不如上年。影响权益净利率变动的不利因素是销售净利率和总资产周转次数下降；有利因素是财务杠杆提高。

利用连环替代法可以定量分析它们对权益净利率变动的影响程度。

1. 销售净利率变动的影响

$$按本年销售净利率计算的上年权益净利率 = 4.533\% \times 1.6964 \times 1.9091 \approx 14.68\%$$

$$销售净利率变动的影响 = 14.68\% - 18.18\% = -3.5\%$$

2. 总资产周转次数变动的影响

$$按本年销售净利率、总资产周转次数计算的上年权益净利率 = 4.533\% \times 1.5 \times 1.9091 \approx 12.98\%$$

$$总资产周转次数变动的影响 = 12.98\% - 14.68\% = -1.7\%$$

3. 财务杠杆变动的影响

财务杠杆变动的影响 = 14.17% − 12.98% = 1.19%

通过分析可知，最重要的不利因素是销售净利率降低，使权益净利率减少 3.5%；其次是总资产周转次数降低，使权益净利率减少 1.7%。有利的因素是权益乘数提高，使权益净利率增加 1.19%。不利因素超过有利因素，所以权益净利率减少 4.01%。由此应重点关注销售净利率降低的原因。

在分解之后进入下一层次的分析，分别考察销售净利率、总资产周转次数和财务杠杆的变动原因。前面已经对此做过说明，此处不再赘述。

四、传统杜邦分析体系的局限性

传统杜邦分析体系虽然被广泛使用，但也存在某些局限性。

1. 计算总资产净利率的“总资产”与“净利润”不匹配

总资产为全部资产提供者享有，而净利润则专属于股东，两者不匹配。由于总资产利润率的“投入与产出”不匹配，该指标不能反映实际的报酬率。为了改善该比率，要重新调整分子和分母。

为企业提供资产的人包括无息负债的债权人、有息负债的债权人和股东。无息负债的债权人不要求分享收益，要求分享收益的是股东和有息负债的债权人。因此，需要计量股东和有息负债债权人投入的资本，并且计量这些资本产生的收益，两者相除才是合乎逻辑的总资产净利率，才能准确反映企业的基本盈利能力。

2. 没有区分经营活动损益和金融活动损益

传统杜邦分析体系没有区分经营活动和金融活动。对于大多数企业来说金融活动是净筹资，它们在金融市场上主要是筹资，而不是投资。筹资活动不产生净利润，而是支出净费用。这种筹资费用是否属于经营活动费用，在会计准则制定过程中始终存在很大争议，各国会计准则对此的处理不尽相同。从财务管理角度看，企业的金融资产是尚未投入实际经营活动的资产，应将其与经营资产相区别。与此相应，金融损益也应与经营损益相区别，才能使经营资产和经营损益匹配。因此，正确计量基本盈利能力的前提是区分经营资产和金融资产，区分经营损益和金融损益。

3. 没有区分金融负债与经营负债

既然要把金融活动分离出来单独考察，就需要单独计量筹资活动成本。负债的成本（利息支出）仅仅是金融负债的成本，经营负债是无息负债。因此，必须区分金融负债与经营负债，利息与金融负债相除，才是真正的平均利息率。此外，区分金融负债与经营负债后，金融负债与股东权益相除，可以得到更符合实际的财务杠杆。经营负债没有固定成本，本来就没有杠杆作用，将其计入财务杠杆，会歪曲杠杆的实际效应。

针对上述问题，人们对传统的杜邦财务报表和杜邦财务分析体系做了一系列的改进，逐步形成了新的财务报表和财务分析体系。

拓展阅读

五、改进的杜邦分析体系

（一）相关概念

1. 改进的资产负债表

企业活动分为经营活动和金融活动两个方面（图 10-2）。经营活动包括销售商品或提供劳务等营业活动以及与此有关的生产性资产投资活动，企业在产品和要素市场上进行这些经营活动。金融活动包括筹资活动以及多余资金的利用，企业在资本市场上进行这些金融活动。公司总是先从股东那里得到现金，然后利用这些现金购置经营性资产，进行经营活动，为股东创造财富。如果股东投入的现金不能满足经营活动需要，公司可以发行债务筹集资金。现金在投入生产经营前，公司将其投资于资本市场，形成金融资产。通常情况下，公司不是“投资”于金融资产，而是临时持有金融资产。这种“投资”是闲置资金的一种处置方式。所谓“金融资产”是指企业自资本市场购入的各种证券，包括政府、银行或其他企业发行的金融工具。

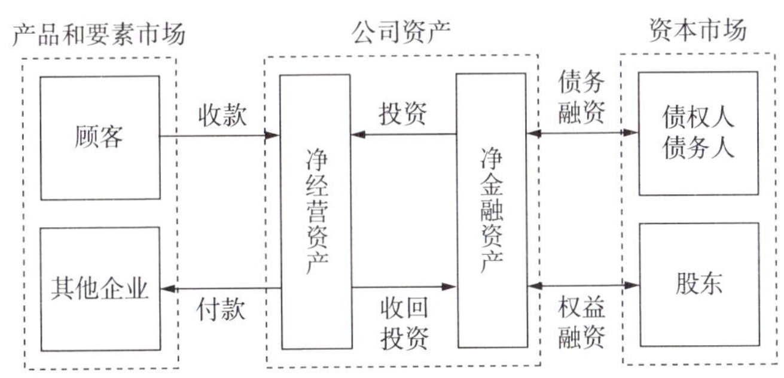

图 10-2 公司的经营活动和金融活动

公司与资本市场有两种交易：一种是现金多余时购买金融工具，从而持有金融资产；另一种是现金短缺时发行金融工具，从而形成股东权益或持有金融负债。公司通常同时持有金融负债和金融资产。如果金融资产大于金融负债，两者的差额称为“净金融资产”。如果金融负债大于金融资产，两者的差额称为“净金融负债”。用公式表示为：

$$净金融负债 = 金融负债 - 金融资产 \tag{10-45}$$

绝大多数企业持有净金融负债。净金融负债是企业用金融资产（闲置资金）偿还金融负债后的实际负债，是公司真正背负的偿债压力，也被称为“净负债”。由于金融资产是超过实际生产经营需要的负债，它可以抵消金融负债，故被看成“负的金融负债”。除了金融负债，公司还有一些在生产经营中自发形成的负债，如应付职工薪酬、应交税费等。这些负债虽然需要偿还，但是又不断出现新的负债，实际上企业可以长期占用，除非停止营业，否则不需要全部清偿。这些自发性的经营负债与金融负债的性质有根本区别。

企业持有净金融负债，表明企业利用债务资金购置了经营资产，企业是债务市场的净筹资人，大多数企业属于这种情况。如果企业持有净金融资产，表明有一部分权益资金被公司用于购买金融工具，企业成为资本市场的净投资人，只有少数企业属于这种情况。财务管理要求将可以增加股东财富的经营资产和利用闲置资金的金融资产分开考察，需要在资产负债表中区分经营资产和金融资产。与此相关联，在利润表中要区分经营损益和金融损益，在现金流量表中要区分经营现金流量和金融现金流量。

改进后的资产负债表要求对资产和负债进行重新分类，分为经营性和金融性两类。经营性资产和负债，是指在销售商品或提供劳务的过程中涉及的资产和负债。金融性资产和负债，是指在筹资过程中或利用经营活动多余资金进行投资的过程中涉及的资产和负债。

在调整资产负债表前，要明确两个问题：首先，要明确企业从事的是什么业务，这是定义经营性资产和负债的关键。企业经营的业务内容，决定了经营性资产和负债的范围。例如，对于非金融企业来说，存款和贷款是金融性资产和负债，因为它们经营的主要业务是销售商品或提供劳务，而不是金融业务；对于银行等金融企业来说，贷给别人或吸收别人的款项是经营性资产和负债，因为这是它们经营的主要业务。其次，经营性资产和负债形成的损益，属于经营损益；金融性资产和负债形成的损益，属于金融损益。划分经营资产（负债）和金融资产（负债）的界限，应与划分经营损益和金融损益的界限一致。不可以把经营资产形成的收益归为金融损益，也不可以把金融负债形成的费用归为经营损益。

值得注意的是，这里使用的“经营”概念与依据会计准则编制的“现金流量表”中的“经营活动产生的现金流量”“经营性应收项目”“经营性应付项目”的“经营”一词含义不同。前者是指金融活动以外的活动，包括生产性长期资产的投资活动，是广义的经营；后者是指营业活动和流动资产投资活动，不包括生产性长期资产的投资活动。

由于全部资产和负债被划分为经营性和金融性两类，流动资产分为经营性流动资产和金融性流动资产，流动负债分为经营性流动负债和金融性流动负债。与此相关联，经营性流动资产减去经营性流动负债被称为“经营营运资本”，它是利用投资者提供的资本取得的经营性流动资产。经营性长期资产减去经营性长期负债称为净经营性长期资产，它是利用投资者提供的资本取得的经营性长期资产。经营营运资本加上净经营性长期资产称为净经营资产，它等于投资者提供的净投资资本。

综上所述，改进后的资产负债表的基本公式如下：

资产＝经营资产＋金融资产
＝(经营性流动资产＋经营性长期资产)＋(短期金融资产＋长期金融资产)　(10-46)

负债＝经营负债＋金融负债
＝(经营性流动负债＋经营性长期负债)＋(短期金融负债＋长期金融负债)　(10-47)

净经营资产＝经营资产－经营负债
＝(经营性流动资产＋经营性长期资产)
－(经营性流动负债＋经营性长期负债)
＝(经营性流动资产－经营性流动负债)
＋(经营性长期资产－经营性长期负债)
＝经营营运资本＋净经营性长期资产　(10-48)

净金融负债＝金融负债－金融资产＝净负债　(10-49)

净经营资产＝净负债＋股东权益＝净投资资本　(10-50)

以ABC公司财务报表为例，改进后的资产负债表见表10-11。

表 10-11 2021 年 12 月 31 日改进后的资产负债表

ABC 公司 单位：万元

净经营资产	年末余额	年初余额	净负债及股东权益	年末余额	年初余额
经营性流动资产：			金融负债：		
货币资金（经营）	44	25	短期借款	60	45
应收票据（经营）	20	23	交易性金融负债	28	10
应收账款	398	199	其他应付款（应付利息）	12	16
预付款项	22	4	其他应付款（应付股利）	0	0
合同资产	0	0	一年内到期的非流动负债	0	0
其他应收款（应收股利）	0	0	长期借款	450	245
其他应收款（扣除应收利息、应收股利）	12	22	应付债券	240	260
存货	119	326	金融负债合计	790	576
一年内到期的非流动资产	77	11	金融资产：		
其他流动资产	8	0	交易性金融资产	0	0
经营性流动资产合计	700	610	其他应收款（应收利息）	0	0
经营性流动负债：			债权投资	0	0
应付票据（经营）	5	4	其他债权投资	0	0
应付账款	100	109	其他权益工具投资	0	0
预收款项	10	4	投资性房地产	0	0
合同负债	0	0	金融资产合计	0	0
应付职工薪酬	2	1	净负债	790	576
应交税费	5	4			
其他应付款（扣除应付利息、应付股利）	25	22			
其他流动负债	53	5			
经营性流动负债合计	200	149			

续表

净经营资产	年末余额	年初余额	净负债及股东权益	年末余额	年初余额
经营营运资本	500	461			
经营性长期资产:					
长期应收款	0	0			
长期股权投资	30	0			
固定资产	1 238	1 012			
在建工程	18	35			
无形资产	6	8			
开发支出	0	0			
长期待摊费用	5	15			
递延所得税资产	0	0			
其他非流动资产	3	0			
经营性长期资产合计	1 300	1 070			
经营性长期负债:					
长期应付款(经营)	50	60	股东权益:		
递延收益	0	0	股本	100	100
预计负债	0	0	资本公积	10	10
递延所得税负债	0	0	减:库存股	0	0
其他非流动负债	0	15	盈余公积	60	40
经营性长期负债合计	50	75	未分配利润	790	730
净经营性长期资产	1 250	995	股东权益合计	960	880
净经营资产总计	1 750	1 456	净负债及股东权益总计	1 750	1 456

2. 改进的利润表

区分经营活动和金融活动,不仅涉及资产负债表,还涉及利润表。经营活动的利润反映管理者的经营业绩。通过经营活动取得盈利是企业的目的,也是增加股东财富的基本途径。金融活动的目的是筹集资金,筹集资金的目的是投资生产经营,而不是投资金融市场获利。利用投资的剩余部分返回到资本市场上取得金融收益,不是企业的经营目标。因此,要区分经营损益和金融损益。

(1) 区分经营损益和金融损益。经营损益和金融损益的划分,应与资产负债表上经营资产和金融资产的划分相对应。金融损益是指金融负债利息与金融资产收益的差额,即扣除利息收入、金融资产公允价值变动收益等以后的利息费用。由于存在所得税，应计算该利息费用的税后结果(即税后利息费用)也称为净金融损益。经营损益是指除金融损益以外的当期损益。

金融损益涉及以下项目的调整。

① 财务费用。财务费用包括利息支出(减利息收入)、汇兑损益以及相关的手续费、企业发生的现金折扣或收到的现金折扣。从管理角度分析，现金折扣属于经营损益，但实际被计入财务费用的数额很少，所以可以把“财务费用”全部作为金融损益处理。

② 公允价值变动损益。公允价值变动损益包括交易性金融资产、交易性金融负债和指定为以公允价值计量且其变动计入当期损益的金融资产和金融负债，以及采用公允价值计量的投资性房地产、衍生工具、套期保值业务等公允价值变动形成的应计入当期损益的利得或损失。该项目属于金融资产价值变动形成的损益，应计入金融损益，其数据来自报表附注。

③ 投资收益。投资收益既有经营资产的投资收益，也有金融资产的投资收益，只有后者属于金融损益。其数据可从财务报表附注“产生投资收益的来源”中获得。

④ 资产减值损失。资产减值损失既有经营资产的减值损失，也有金融资产的减值损失，只有后者属于金融损益。其数据可从报表附注“资产减值损失”中获得。

此外，有一部分利息费用已经被资本化计入相关固定资产成本，甚至已经计入折旧费用，作为经营费用抵减收入。对其进行追溯调整十分困难，通常忽略不计。

(2) 分摊所得税。既然已经区分了经营损益和金融损益，与之相关的所得税也应分开。分摊的简便方法是根据企业实际负担的平均所得税税率计算各自应分摊的所得税；严格方法是分别根据适用税率计算应负担的所得税(各种债权和债务的适用税率不一定相同，例如国债收益免税等)。本书采用简便方法处理。

综上所述，改进的利润表的基本公式如下：

净利润＝经营损益＋金融损益

＝税后经营净利润－税后利息费用

＝税前经营利润×(1－所得税税率)－利息费用×(1－所得税税率)　(10－51)

以 ABC 公司财务报表为例，调整后的管理用利润表见表 10-12。

表 10-12　ABC 公司 2021 年度改进后的利润表

单位：万元

项目	本年金额	上年金额
经营损益：		
一、营业收入	3 000	2 850
减：营业成本	2 644	2 503
二、毛利	356	347
减：税金及附加	28	28
销售费用	22	20

续表

项目	本年金额	上年金额
管理费用	46	40
研发费用	0	0
信用减值损失	0	0
资产减值损失	0	0
三、税前业务利润	260	259
加：营业外收入	45	72
减：营业外支出	1	0
四、税前经营利润	304	331
减：经营利润所得税	97.28	105.62
五、税后经营净利润	206.72	225.38
金融损益：		
六、利息费用	104	96
减：利息费用抵税	33.28	30.63
七、税后利息费用	70.72	65.37
八、净利润	136	160
附注：平均所得税税率	32.00%	31.91%

注：利息费用金额为财务费用与公允价值变动收益及投资收益抵销后的结果。

3. 改进的现金流量表

如前所述，通过经营活动取得盈利是企业的目的，也是增加股东财富的基本途径。因此，企业的价值取决于企业经营活动产生的现金流量。而传统现金流量表中的经营活动并未包括为了经营而进行的经营性固定资产等长期资产的投资，是不完整的经营活动。

改进的现金流量表应区分经营现金流量和金融现金流量。其中，经营现金流量是指企业因销售商品或提供劳务等营业活动以及与此有关的生产性资产投资活动产生的现金流量；金融活动现金流量是指企业因筹资活动和金融市场投资活动而产生的现金流量。

拓展阅读

经营现金流量，代表了企业经营活动的全部成果，是"企业生产的现金"。因此又称为实体经营现金流量，简称实体现金流量。企业的价值决定于未来预期的实体现金流量。管理者要使企业更有价值，就应当增加企业的实体现金流量。

营业现金毛流量 ＝ 税后经营净利润 ＋ 折旧与摊销

营业现金毛流量，也经常简称为"营业现金流量"。

营业现金净流量 ＝ 营业现金毛流量 － 经营营运资本净增加　　(10－52)

$$实体现金流量 = 营业现金净流量 - 净经营长期资产总投资$$
$$= 营业现金净流量 - (净经营长期资产增加 + 折旧与摊销) \quad (10-53)$$

由于

$$净经营资产总投资 = 经营营运资本增加 + 净经营长期资产增加 + 折旧与摊销$$
$$= 净经营资产净增加 + 折旧与摊销$$
$$= 净经营资产净投资 + 折旧与摊销 \quad (10-54)$$

其中，净经营资产总投资也被称为资本支出，净经营资产净投资也被称为资本净支出。

所以实体现金流量也可以按下述方法计算：

$$实体现金流量 = 营业现金毛流量 - 净经营资产总投资$$
$$= (税后经营净利润 + 折旧与摊销) - (净经营资产净投资 + 折旧与摊销)$$
$$= 税后经营净利润 - 净经营资产净投资 \quad (10-55)$$

从实体现金流量的来源分析，它是营业现金毛流量超出净经营资产总投资的部分，即来自经营活动；从实体现金流量的去向分析，它被用于债务融资活动和权益融资活动，即被用于金融活动。因此

$$营业现金毛流量 - 净经营资产总投资 = 债务现金流量 + 股权现金流量 \quad (10-56)$$

$$实体现金流量 = 融资现金流量 \quad (10-57)$$

上述就是改进后的现金流量表的基本等式。

以 ABC 公司财务报表为例，调整后的管理用现金流量表见表 10-13。

表 10-13　2021 年改进后的现金流量表

ABC 公司　　单位：万元

项目	本年金额	上年金额（略）
经营活动现金流量.		
税后经营净利润	206.72	
加：折旧与摊销	112.00	
＝营业现金毛流量	318.72	
减：经营营运资本增加	45.00	
＝营业现金净流量	273.72	
减：净经营性长期资产增加	300.00	
折旧与摊销	112.00	
＝实体现金流量	－138.28	
金融活动现金流量：		
税后利息费用	70.72	
减：净负债增加	265.00	

续表

项目	本年金额	上年金额（略）
＝债务现金流量	－194.28	
股利分配	56.00	
减：股权资本净增加	0	
＝股权现金流量	56.00	
融资现金流量	－138.28	

（二）改进的杜邦分析体系

鉴于传统杜邦分析体系存在“总资产”与“净利润”不匹配、未区分经营损益和金融损益、未区分有息负债和无息负债等诸多局限，故基于改进的管理用财务报表重新设计财务分析体系。

1. 改进的财务分析体系的核心公式

该体系的核心公式如下：

$$\begin{aligned}
\text{权益净利率} &= \frac{\text{税后经营净利润}}{\text{股东权益}} - \frac{\text{税后利息费用}}{\text{股东权益}} \\
&= \frac{\text{税后经营净利润}}{\text{净经营资产}} \times \frac{\text{净经营资产}}{\text{股东权益}} - \frac{\text{税后利息费用}}{\text{净负债}} \times \frac{\text{净负债}}{\text{股东权益}} \\
&= \frac{\text{税后经营净利润}}{\text{净经营资产}} \times \left(1 + \frac{\text{净负债}}{\text{股东权益}}\right) - \frac{\text{税后利息费用}}{\text{净负债}} \times \frac{\text{净负债}}{\text{股东权益}} \\
&= \text{净经营资产净利率} + (\text{净经营资产净利率} - \text{税后利息率}) \times \text{净财务杠杆}
\end{aligned} \tag{10-58}$$

根据该公式，权益净利率的高低取决于三个驱动因素：净经营资产净利率（可进一步分解为税后经营净利率和净经营资产周转次数）、税后利息率和净财务杠杆。ABC公司根据改进的财务报表计算的有关财务比率及其变动见表10-14。

表10-14　ABC公司根据改进的财务报表计算的有关财务比率及其变动

主要财务比率	本年	上年	变动
①税后经营净利率（税后经营净利润/销售收入）/%	6.890 7	7.908 1	－1.017 4
②净经营资产周转次数（销售收入/净经营资产）/%	1.714 3	1.957 4	－0.243 1
③＝（①×②）净经营资产净利率（税后经营净利润/净经营资产）/%	11.812 7	15.479 3	－3.666 6
④税后利息率（税后利息费用/净负债）/%	8.951 9	11.349 0	－2.379 1
⑤＝（③－④）经营差异率（净经营资产净利率－税后利息率）/%	2.860 8	4.130 3	－1.269 5

续表

主要财务比率	本年	上年	变动
⑥ 净财务杠杆（净负债 / 股东权益）	0.822 9	0.654 5	0.168 4
⑦＝（⑤×⑥）杠杆贡献率（经营差异率×净财务杠杆）/%	2.354 2	2.703 3	－0.349 1
⑧＝（③＋⑦）权益净利率（净经营资产净利率＋杠杆贡献率）/%	14.166 9	18.182 6	－4.015 7

注：表中权益净利率的计算因小数点尾差所致，与实际结果略有差异。

2. 改进的杜邦分析体系基本框架

根据改进的财务报表，改进的杜邦分析体系基本框架如图 10-3 所示。

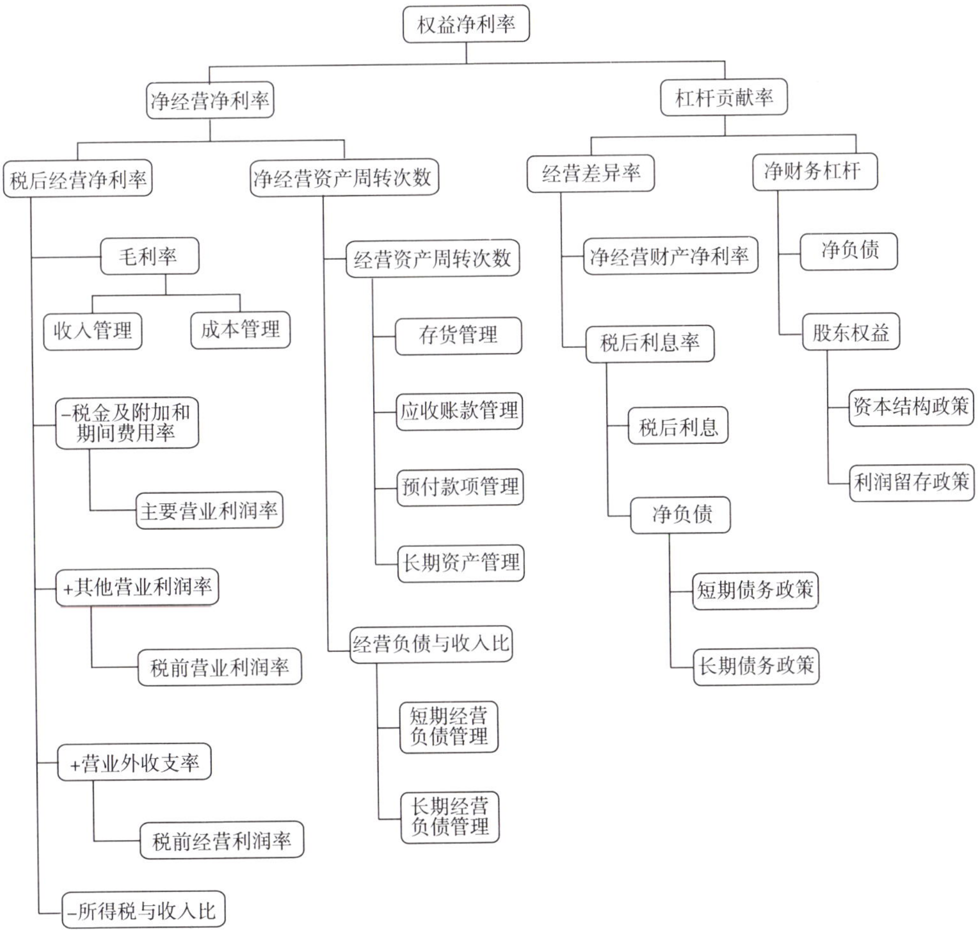

图 10-3　改进的杜邦财务分析体系的基本框架

3. 权益净利率的驱动因素分解

各影响因素对权益净利率变动的影响程度，可使用连环代替法测定，其计算过程见表 10-15。

表 10-15　连环替代法的计算过程

影响因素	净经营资产净利率/%	税后利息率/%	经营差异率/%	净财务杠杆	杠杆贡献率/%	权益净利率/%	变动影响/%
上年权益净利率	15.479 3	11.349 0	4.130 3	0.654 5	2.073 3	18.182 6	
净经营资产净利率变动	11.812 7	11.349 0	0.463 7	0.654 5	0.303 5	12.116 4	−6.066 2
税后利息率变动	11.812 7	8.951 9	2.860 8	0.654 5	1.872 4	13.685 1	1.568 4
净财务杠杆变动	11.812 7	8.951 9	2.860 8	0.822 9	2.354 2	14.166 9	0.481 8

根据上述计算结果可知，权益净利率比上年下降 4.015 7%，其主要影响因素是：① 净经营资产净利率下降，使权益净利率减少 6.066 2%；② 税后利息率下降，使权益净利率增加 1.568 4%；③ 净财务杠杆上升，使权益净利率增加 0.481 8%。因此，可以判断是企业的基础盈利能力出现问题。

将净经营资产净利率分解为税后经营净利率和净经营资产周转次数的分析，与传统杜邦分析体系类似，只是数据更合理，得出的结论更准确。

4. 杠杆贡献率的分析

权益净利率被分解为净经营资产净利率和杠杆贡献率两部分，为分析财务杠杆提供了方便。影响杠杆贡献率的因素是净经营资产净利率、税后利息率和净财务杠杆。其计算公式为：

$$杠杆贡献率 = (净经营资产净利率 - 税后利息率) \times 净财务杠杆 \qquad (10-59)$$

(1) 税后利息率的分析。税后利息率的分析，需要使用报表附注的明细资料。本年税后利息率为 8.951 9%，比上年下降 2.379 1%。从报表附注可知，下降原因是市场贷款利率普遍下调。企业利用这个机会，以新债还旧债，提前归还了一些过去借入的利息较高的借款，同时借入了更多的利息率较低的借款，使平均利息率下降。不过，进一步降低的可能性已经不大，负债从高息到低息的转换已经基本完成。

(2) 经营差异率的分析。经营差异率是净经营资产净利率和税后利息率的差额，它表示每借入 1 元债务资本投资于经营资产所产生的净收益偿还税后利息后的剩余部分，且该剩余归股东享有。净经营资产净利率越高，税后利息率越低，剩余的部分越多。

经营差异率是衡量借款是否合理的重要依据之一。如果经营差异率为正，借款可以增加股东报酬；如果为负，借款会减少股东报酬。从增加股东报酬来看，净资产经营净利率是企业可以承担的借款税后利息率的上限。

本年的经营差异率是 2.860 8%，比上年减少 1.269 5%。原因是净经营资产净利率下降 3.666 6%，税后利息率下降 2.379 1%，前者大于后者。由于税后利息率高低主要由资本市场决定，提高经营差异率的根本途径是提高净经营资产净利率。

(3) 杠杆贡献率的分析。杠杆贡献率是经营差异率和净财务杠杆的乘积。如果经营差异率不能提高，是否可以进一步提高净财务杠杆呢？

拓展阅读

以“净负债/股东权益”衡量的净财务杠杆，表示每1元权益资本配置的净负债。该公司本年的净财务杠杆为0.822 9，说明每 1 元权益资本配置0.822 9 元净负债。与行业平均水平相比，已经是比较高的杠杆比率。如果公司进一步增加借款，会增加财务风险，推动利息率上升，使经营差异率进一步缩小。因此，进一步提高净财务杠杆可能是不明智之举。依靠提高财务杠杆来增加杠杆贡献率是有限度的。

本章小结

财务报表分析是在应用各种财务分析方法进行分析的基础上，将定量分析结构、定性分析判断及实际调查情况结合得出财务分析结论的过程。报表分析经常需要计算的基本财务比率包括：偿债能力比率、营运能力比率、盈利能力比率和市价比率。杜邦财务分析体系是最具影响力的财务综合分析方法。传统的杜邦分析体系以权益净利率为起点，分析其驱动因素，揭示企业经营效率和财务政策的绩效，具有广泛的影响，但也存在某些局限；改进后的杜邦分析体系区分经营资产和金融资产，经营负债和金融负债，更全面和真实地反映了企业的经营绩效和财务绩效。

复习思考题

一、简答题

1. 企业不同的利益相关者进行财务报表分析的目的有何不同？

2. 财务报表分析的原则、方法及局限性有哪些？

3. 本企业历史分析和同类企业分析是分析企业财务比率的两种基本方法，它们能体现哪些关于企业健康财务状况的信息？

4. 资产净利率和权益净利率都衡量盈利性，在对比两家企业时，哪个指标更有用？为什么？

5. 企业债权人用于衡量企业财务负担的承受能力的指标有哪些？列举并说明各指标功能。

二、单选题

1. 关于产权比率指标和权益乘数指标之间的数量关系，下列表达式中正确的是（　　）。

A. 权益乘数 × 产权比率 = 1　　B. 权益乘数 − 产权比率 = 1

C. 权益乘数 + 产权比率 = 1　　D. 权益乘数 / 产权比率 = 1

2. 下列财务指标中，最能反映企业即时偿付短期债务能力的是（　　）。

A. 资产负债率　　B. 流动比率　　C. 权益乘数　　D. 现金比率

3. 下列财务分析指标中能够反映收益质量的是（　　）。

A. 营业毛利率　　B. 每股收益　　C. 现金营运指数　　D. 净资产收益率

4. 产权比率越高，通常反映的信息是（　　）。

A. 财务结构越稳健　　B. 长期偿债能力越强

C. 财务杠杆效应越强　　D. 股东权益的保障程度越高

5. 某公司存货周转期为 160 天，应收账款周转期为 90 天，应付款周转期为 100 天，则该公司现金周转期为（　　）天。

A. 30　　B. 60　　C. 150　　D. 260

6. 下列比率指标的不同类型中，流动比率属于(　　)。

A. 构成比率　　B. 动态比率　　C. 相关比率　　D. 效率比率

7. 下列各项中，不属于速动资产的是(　　)。

A. 现金　　B. 产成品　　C. 应收账款　　D. 交易性金融资产

8. 某公司2020年初所有者权益为1.25亿元，2020年末所有者权益为1.50亿元。该公司2020年的资本积累率是(　　)。

A. 16.67%　　B. 20.00%　　C. 25.00%　　D. 120.00%

9. 假定其他条件不变，下列各项经济业务中，会导致公司总资产净利率上升的是(　　)。

A. 收回应收账款　　B. 用资本公积转增股本

C. 用银行存款购入生产设备　　D. 用银行存款归还银行借款

10. 下列各项财务指标中，能够提示公司每股股利与每股受益之间关系的是(　　)。

A. 市净率　　B. 股利支付率　　C. 每股市价　　D. 每股净资产

11. 下列各项财务指标中，能够综合反映企业成长性和投资风险的是(　　)。

A. 市盈率　　B. 每股收益　　C. 销售净利率　　D. 每股净资产

12. 企业在进行商业信用定量分析时，应当重点关注的指标是(　　)。

A. 发展创新评价指标　　B. 企业社会责任指标

C. 流动性和债务管理指标　　D. 战略计划分析指标

13. 下列指标中，其数值大小与偿债能力大小同方向变动的是(　　)。

A. 产权比率　　B. 资产负债率　　C. 已获利息倍数　　D. 带息负债比率

14. 某企业2020年和2021年的营业净利润分别为7%和8%，资产周转率分别为2和1.5，两年的资产负债率相同，与2020年相比，2021年的净资产收益率变动趋势为(　　)。

A. 上升　　B. 下降　　C. 不变　　D. 无法确定

15. 下列各项中，不属于速动资产的是(　　)。

A. 应收账款　　B. 预付账款　　C. 应收票据　　D. 货币资金

16. 某上市公司股票市价为20元，普通股数量100万股，净利润400万元，净资产500万元，则市净率为(　　)。

A. 4　　B. 5　　C. 10　　D. 20

17. 已知利润总额为700万元，利润表中的财务费用为50万元，资本化利息为30万元，则利息保障倍数为(　　)。

A. 9.375　　B. 15　　C. 8.75　　D. 9.75

18. 在下列财务业绩评价指标中，属于企业获利能力基本指标的是(　　)。

A. 营业利润增长率　　B. 总资产报酬率

C. 总资产周转率　　D. 资本保值增值率

19. 在下列各项指标中，能够从动态角度反映企业偿债能力的是(　　)。

A. 现金流动负债比　　B. 资产负债率

C. 流动比率　　D. 速动比率

20. 在下列关于资产负债率、权益乘数和产权比率之间关系的表达式中，正确的是(　　)。

A. 资产负债率＋权益乘数＝产权比率

B. 资产负债率－权益乘数＝产权比率

C. 资产负债率×权益乘数＝产权比率

D. 资产负债率÷权益乘数＝产权比率

21. 如果流动负债小于流动资产，则期末以现金偿付一笔短期借款所导致的结果是(　　)。

A. 营运资金减少　　B. 营运资金增加

C. 流动比率降低　　D. 流动比率提高

22. 下列各项展开式中不等于每股收益的是(　　)。

A. 总资产收益率×平均每股净资产

B. 股东权益收益率×平均每股净资产

C. 总资产收益率×权益乘数×平均每股净资产

D. 营业净利率×总资产周转率×权益乘数×平均每股净资产

23. 某企业 2021 年营业收入为 36 000 万元，流动资产平均余额为 4 000 万元，固定资产平均余额为 8 000 万元。假定没有其他资产，则该企业 2021 年的总资产周转率为(　　)次。

A. 3.0　　B. 3.4　　C. 2.9　　D. 3.2

24. 在杜邦财务分析体系中，综合性最强的财务比率是(　　)。

A. 净资产收益率　　B. 总资产净利率

C. 总资产周转率　　D. 营业净利率

25. 在下列各项中，能够反映上市公司价值最大化目标实现程度的最佳指标是(　　)。

A. 总资产报酬率　　B. 净资产收益率

C. 每股市价　　D. 每股利润

26. 下列各项中，可能导致企业资产负债率变化的经济业务是(　　)。

A. 收回应收账款　　B. 用现金购买债券

C. 接受所有者投资转入的固定资产　　D. 以固定资产对外投资(按账面价值作价)

27. 下列指标中，属于效率比率的是(　　)。

A. 流动比率　　B. 资本利润率

C. 资产负债率　　D. 流动资产占全部资产的比重

28. 其他条件不变的情况下，如果企业过度提高现金比率，可能导致的结果是(　　)。

A. 财务风险加大　　B. 获得能力提高

C. 营运效率提高　　D. 机会成本增加

29. ABC 公司无优先股，去年每股盈余为 4 元，每股发放股利 2 元，保留盈余在过去一年中增加了 500 万元。年底每股账面价值为 30 元，负债总额为 5 000 万元，则该公司的资产负债率为(　　)。

A. 30%　　B. 33%　　C. 40%　　D. 44%

30. 如果企业速动比率很小，下列结论成立的是(　　)。

A. 企业流动资产占用过多　　B. 企业短期偿债能力很强

C. 企业短期偿债风险很大　　D. 企业资产流动性很强

三、多选题

1. 下列各项中，属于速动资产的有(　　)。

A. 货币资金　　B. 预收账款　　C. 应收账款　　D. 存货

2. 下列管理措施中，可以缩短现金周转期的有(　　)。

A. 加快制造和销售产品　　B. 提前偿还短期融资券

C. 加大应收账款催收力度　　D. 利用商业信用延期付款

3. 下列各项中，影响应收账款周转率指标的有(　　)。

A. 应收票据　　B. 应收账款

C. 预付账款　　D. 销售折扣与折让

4. 下列各项中，可能直接影响企业净资产收益率指标的措施有(　　)。

A. 提高营业净利率　　B. 提高资产负债率

C. 提高总资产周转率　　D. 提高流动比率

5. 某公司当年的经营利润很多，却不能偿还到期债务。为查清其原因，应检查的财务比率包括(　　)。

A. 资产负债率　　B. 流动比率

C. 存货周转率　　D. 应收账款周转率

E. 已获利息倍数

6. 一般而言，存货周转次数增加，其所反映的信息有(　　)。

A. 盈利能力下降　　B. 存货周转期延长

C. 存货流动性增强　　D. 资产管理效率提高

7. 如果流动比率过高，意味着企业存在以下几种可能(　　)。

A. 存在闲置现金　　B. 存在存货积压

C. 应收账款周转缓慢　　D. 偿债能力很差

8. 计算下列各项指标时，其分母需要采用平均数的有(　　)。

A. 净资产收益率　　B. 应收账款周转次数

C. 总资产报酬率　　D. 应收账款周转天数

9. 下列各项中，与净资产收益率密切相关的有(　　)。

A. 营业净利率　　B. 总资产周转率

C. 总资产增长率　　D. 权益乘数

10. 下列各项中，可用于企业营运能力分析的财务指标有(　　)。

A. 速动比率　　B. 应收账款周转天数

C. 存货周转次数　　D. 流动比率

四、判断题

1. 一般而言，存货周转速度越快，存货占用水平越低，企业的营运能力就越强。(　　)

2. 净资产收益率是一个综合性比较强的财务分析指标，是杜邦财务分析体系的起点。 （ ）

3. 在计算应收账款周转次数指标时，不应将应收票据考虑在内。 （ ）

4. 净收益营运指数是收益质量分析的重要指标，一般而言，净收益营运指数越小，表明企业收益质量越好。 （ ）

5. 在财务分析中，企业经营者应对企业财务状况进行全面的综合分析，并关注企业财务风险和经营风险。 （ ）

6. 通过横向和纵向对比，每股净资产指标可以作为衡量上市公司股票投资价值的依据之一。 （ ）

7. 上市公司盈利能力的成长性和稳定性是影响其市盈率的重要因素。 （ ）

8. 财务分析中的效率指标，是某项财务活动中所费与所得之间的比率，反映投入与产出的关系。 （ ）

9. 负债比率越高，则权益乘数越低，财务风险越大。 （ ）

10. 在财务分析中，将通过对比两期或连续数期财务报告中的相同指标，以说明企业财务状况或经营成果变动趋势的方法称为水平分析法。 （ ）

11. 权益乘数的高低取决于企业的资金结构：资产负债率越高，权益乘数越高，财务风险越大。 （ ）

12. 每股收益越高，意味着股东可以从公司分得越高的股利。 （ ）

13. 对于一个健康的、正在成长的公司来说，经营活动现金净流量应当是正数，筹资活动现金净流量正、负相间。 （ ）

14. 在进行已获利息倍数指标的同行业比较分析时，应选择本企业该项指标连续几年的数据，并从稳健的角度出发，以其中指标最高的年度数据作为分析依据。 （ ）

15. 存货周转率高，说明企业存货管理得好。 （ ）

五、计算分析题

1. B 企业 2021 年简化的资产负债表见表 10-16。

表 10-16 2021 年 12 月 31 日资产负债表

单位：万元

资产		负债及所有者权益	
货币资金	50	应付账款	100
应收账款		长期负债	
存货		实收资本	100
固定资产		留存收益	100
资产合计		负债及所有者权益	

其他有关资料如下。

(1) 长期负债和所有者权益之比：0.5。

(2) 销售毛利率：10%。

(3) 存货周转率(存货按年末数计算,周转额按销货成本计算):9 次。

(4) 平均收现期(应收账款按年末数计算,一年按 360 天计算):18 天。

(5) 总资产周转率(总资产按年末数计算):2.5 次。

要求:

利用上述资料,填充该企业资产负债表的空白部分(要求在表外保留计算过程)。

2. 甲公司为控制杠杆水平,降低财务风险,争取在 2021 年末将资产负债率控制在 65% 以内。公司 2021 年末的资产总额为 4 000 万元,其中流动资产为 1 800 万元;公司 2021 年末的负债总额为 3 000 万元,其中流动负债为 1 200 万元。

要求:

(1) 计算 2021 年末的流动比率和营运资金。

(2) 计算 2021 年末的产权比率和权益乘数。

(3) 计算 2021 年末的资产负债率,并据此判断公司是否实现了控制杠杆水平的目标。

3. 已知某企业资产总额 450 万元,流动资产占 30%,其中货币资金有 25 万元,其余为应收账款和存货。所有者权益项目共计 280 万元,本年实现毛利 90 万元。年末流动比率 1.5,产权比率 0.6,收入基础的存货周转率 10 次,成本基础的存货周转率 8 次。

要求:

计算应收账款、存货、长期负债、流动负债、流动资产的数额。

4. 已知某公司 2021 年会计报表的相关数据见表 10-17。

表 10-17　会计报表相关数据

单位:万元

资产负债表项目	年初数	年末数
资产	8 000	10 000
负债	4 500	6 000
所有者权益	3 500	4 000
利润表项目	上年数	本年数
营业收入	(略)	20 000
净利润	(略)	500

要求:

(1) 计算杜邦财务分析体系中的下列指标(凡计算指标涉及资产负债表项目数据的,均按平均数计算):

① 净资产收益率;

② 总资产净利率(保留三位小数);

③ 销售净利率;

④ 总资产周转率(保留三位小数);

⑤ 权益乘数。

(2) 用文字列出净资产收益率与上述其他各项指标之间的关系式,并用本题数据加以验证。

5. 资料：已知 A 企业 2020 年、2021 年有关财务资料见表 10-18。

表 10-18 A 企业相关财务数据

单位：万元

项目	2020 年	2021 年
销售收入	280	350
其中：赊销收入	76	80
全部成本	235	288
其中：销售成本	108	120
管理费用	87	98
财务费用	29	55
销售费用	11	15
利润总额	45	62
所得税	15	21
税后净利	30	41
资产总额	128	198
其中：固定资产	59	78
现金	21	39
应收账款（平均）	8	14
存货	40	67
负债总额	55	88

要求：

运用杜邦分析法对该企业的净资产收益率及其增减变动原因进行分析。

6. 已知 C 企业 2020 和 2021 年末的比较资产负债表有关数据见表 10-19。

表 10-19 C 企业比较资产负债表

单位：元

项目	2020 年	2021 年	差额	百分比
流动资产：				
速动资产	30 000	28 000		
存货	50 000	62 000		
流动资产合计	80 000	90 000		
固定资产净额	140 000	160 000		
资产总计	220 000	250 000		
负债：				

续表

项目	2020 年	2021 年	差额	百分比
流动负债	40 000	46 000		
长期负债	20 000	25 000		
所有者权益:				
实收资本	130 000	130 000		
盈余公积	18 000	27 000		
未分配利润	12 000	2 000		
所有者权益合计	160 000	179 000		
负债及权益合计	220 000	250 000		

要求:

(1) 将以上比较资产负债表填写完整。

(2) 分析总资产项目变化的原因。

(3) 分析负债项目变化的原因。

(4) 分析所有者权益项目变化的原因。

(5) 指出该企业应该采取的改进措施。

7. D 公司为一家上市公司,已公布的公司 2021 年财务报告显示,该公司 2021 年净资产收益率为 4.8%,较 2020 年大幅降低,引起了市场各方的广泛关注,为此,某财务分析师详细搜集了 D 公司 2020 和 2021 年的有关财务指标,见表 10-20。

表 10-20　D 公司相关财务指标

项目	2020 年	2021 年
销售净利率 / %	12	8
总资产周转率 / 次数	0.6	0.3
权益乘数	1.8	2

要求:

(1) 计算 D 公司 2020 年净资产收益率。

(2) 计算 D 公司 2021 年与 2020 年净资产收益率的差异。

(3) 利用因素分析法依次测算销售利率、总资产周转率和权益乘数的变动对 D 公司 2021 年净资产收益率下降的影响。

8. ABC 公司近三年的主要财务数据和财务比率见表 10-21。

表 10-21　ABC 公司近三年的主要财务数据和财务比率

单位:万元

项目	2019 年	2020 年	2021 年
销售额	4 000	4 300	3 800
总资产	1 430	1 560	1 695

续表

项目	2019 年	2020 年	2021 年
普通股	100	100	100
保留盈余	500	550	550
所有者权益合计	600	650	650
流动比率	1.19	1.25	1.20
平均收现期 / 天	18	22	27
存货周转率	8.0	7.5	5.5
债务 / 所有者权益	1.38	1.40	1.61
长期债务 / 所有者权益	0.5	0.46	0.46
销售毛利率 /%	20.0	16.3	13.2
销售净利率 /%	7.5	4.7	2.6
总资产周转率	2.80	2.76	2.24
总资产净利率 /%	21	13	6

假设该公司没有营业外收支和投资收益，所得税率不变。

要求：

(1) 分析说明该公司运用资产获利能力的变化及其原因。

(2) 分析说明该公司资产、负债和所有者权益的变化及其原因。

(3) 假如你是该公司的财务经理，在 2021 年应从哪些方面改善公司的财务状况和经营业绩。

9. 甲公司近年来受宏观经济形势的影响，努力加强资产负债管理，不断降低杠杆水平，争取在 2021 年末将资产负债率控制在 55% 以内。为考察降杠杆对公司财务绩效的影响，现基于杜邦分析体系，将净资产收益率指标依次分解为营业净利率、总资产周转率和权益乘数三个因素，采用连环替代法予以分析。近几年有关财务指标见表 10-22。

表 10-22 甲公司近几年有关财务指标

单位：万元

项目	2019 年末	2020 年末	2021 年末	2020 年度	2021 年度
资本总额	6 480	6 520	6 980		
负债总额	4 080	3 720	3 780		
所有者权益总额	2 400	2 800	3 200		
营业收入				9 750	16 200
净利润				1 170	1 458

要求：

(1) 计算2021年末的资产负债率，并据以判断公司是否实现了降杠杆目标。

(2) 计算2020年和2021年的净资产收益率(涉及的资产、负债、所有者权益均采用平均值计算)。

(3) 计算2020年和2021年的权益乘数(涉及的资产、负债、所有者权益均采用平均值计算)。

(4) 计算2021年与2020年净资产收益率之间的差额，动用连环替代法，计算权益乘数变化对净资产收益率变化的影响(涉及的资产、负债、所有者权益均采用平均值计算)。

六、案例分析题

江西铜业股份有限公司报表分析案例

1. 公司概况

江西铜业集团的主要业务涵盖了铜和黄金的采选、冶炼与加工；稀散金属的提取与加工；硫化工以及金融、贸易等领域，并且在铜以及相关有色金属领域建立了集勘探、采矿、选矿、冶炼、加工于一体的完整产业链，是中国重要的铜、金、银和硫化工生产基地。产品包括：阴极铜、黄金、白银、硫酸、铜杆、铜管、铜箔、硒、碲、铼、铋等50多个品种，其中，“贵冶牌”、“江铜牌”以及恒邦股份的“*HUMON－D*牌”阴极铜为伦敦金属交易所注册产品，“江铜牌”黄金、白银为伦敦金银市场协会注册产品。

本集团拥有和控股的主要资产主要包括以下几种。

(1) 一家上市公司：山东恒邦冶炼股份有限公司(股票代码：002237)是一家在深圳证券交易所挂牌上市的公司，本公司持有恒邦股份总股本的44.48%，为恒邦股份控股股东。恒邦股份主要从事黄金的探、采、选、冶炼及化工生产，是国家重点黄金冶炼企业。具备年产黄金50吨、白银1 000吨，附产电解铜25万吨、硫酸130万吨的能力。

(2) 四家在产冶炼厂：贵溪冶炼厂、江西铜业(清远)有限公司、江铜宏源铜业有限公司及浙江江铜富冶和鼎铜业有限公司。其中贵溪冶炼厂为国内规模最大、技术领先的粗炼及精炼铜冶炼厂。

(3) 五座100%所有权的在产矿山：德兴铜矿(包括铜厂矿区、富家坞矿区、朱砂红矿区)、永平铜矿、城门山铜矿(含金鸡窝银铜矿)、武山铜矿和银山矿业公司。

(4) 八家现代化铜材加工厂：江西铜业铜材有限公司、广州江铜铜材有限公司、江西省江铜耶兹铜箔有限公司、江铜－台意特种电工材料有限公司、江铜龙昌精密铜管有限公司、江西铜业集团铜材有限公司、江铜华北(天津)铜业有限公司和江铜华东(浙江铜材)有限公司。

2. 公司2021年度财务报表

江西铜业股份有限公司2021年的资产负债表和利润表见表10-23、表10-24。

表 10-23 江西铜业股份有限公司 2021 年 12 月 31 日资产负债表

单位：万元

资产	年末余额	年初余额	负债和股东权益	年末余额	年初余额
流动资产：			流动负债：		
货币资金	3 483 098	2 502 587	短期借款	3 347 578	3 377 156
交易性金融资产	401 999	445 393	衍生金融负债	29 097	103 140
衍生金融资产	37 910	45 151	应付票据	333 816	383 136
应收票据	20 162	3 345	应付账款	782 977	628 373
应收账款	495 873	437 290	合同负债	219 250	148 450
应收款项融资	253 515	259 505	应付职工薪酬	170 439	128 387
预付账款	173 703	120 153	应交税费	262 877	122 378
其他应收款	355 874	293 171	其他应付款	413 815	344 304
存货	3 697 680	3 268 752	一年内到期的非流动负债	597 285	69 730
持有待售资产	2 984	3 204	其他流动负债	565 761	322 282
其他流动资产	345 235	360 380	流动负债合计	6 722 894	5 627 335
流动资产合计	9 324 181	7 810 590			
非流动资产：			非流动负债：		
长期股权投资	506 247	460 814	长期借款	1 185 604	1 407 672
其他权益工具投资	1 926 062	1 486 440	应付债券	150 000	50 000
其他非流动金融资产	126 671	165 274	租赁负债	19 915	36 956
投资性房地产	60 342	47 051	预计非流动负债	27 576	26 429
固定资产	2 244 657	2 214 802	长期应付款	124 635	153 296
在建工程	286 263	341 216	长期应付职工薪酬	1 608	1 965
使用权资产	43 837	60 408	预计负债	27 576	26 429
无形资产	766 786	802 691	递延收益	45 865	52 544
勘探成本	60 823	63 611	递延所得税负债	34 007	37 228
商誉	129 567	126 604	其他非流动负债	10 368	8 800
递延所得税资产	70 739	48 571	非流动负债合计	1 599 578	1 774 890
其他非流动资产	557 289	460 083	负债合计	8 322 472	7 402 225

续表

资产	年末余额	年初余额	负债和股东权益	年末余额	年初余额
非流动资产合计	6 779 283	6 277 565	股东权益：		
			股本	346 273	346 273
			资本公积	1 124 157	1 112 578
			其他综合收益	1 151 791	717 149
			专项储备	40 401	26 705
			盈余公积	1 561 822	1 530 948
			未分配利润	2 755 441	2 257 386
			归属于母公司股东权益合计	6 979 885	5 991 039
			少数股东权益	801 107	694 891
			股东权益合计	7 780 992	6 685 930
资产总计	16 103 464	14 088 155	负债和股东权益合计	16 103 464	14 088 155

表 10-24　江西铜业股份有限公司 2021 年度利润表

单位：万元

项目	本年金额	上年金额
营业收入	44 276 767	31 856 317
减：营业成本	42 522 260	30 726 562
税金及附加	115 323	80 669
销售费用	36 746	26 943
管理费用	279 579	203 167
研发费用	87 411	66 124
财务费用	124 502	122 029
其中：利息费用	200 072	194 346
利息收入	81 472	88 783
加：其他收益	15 898	14 290
投资损失	（176 418）	（30 428）
其中：对联营企业和合营企业发投资（损失）/ 收益	（15 783）	9 941
公允价值变动损失	（20 959）	（63 210）
信用减值损失	（48 002）	（126 406）

续表

项目	本年金额	上年金额
资产减值损失	(142 490)	(85 531)
资产处置收益/(损失)	4 006	(7 674)
营业利润	742 981	331 865
加:营业外收入	6 655	6 826
减:营业外支出	19 498	5 050
利润总额	730 138	333 641
减:所得税费用	138 745	89 259
净利润	591 393	244 381
每股收益		
基本每股收益/元	1.63	0.67
稀释每股收益/元	不适用	不适用

其他资料:

(1) 该公司2021年度报告详情可登录上海证券交易所网址查询。

(2) 该公司所处行业的财务比率平均值见表10-25。

表10-25 财务比率行业平均值

财务比率	行业平均值	财务比率	行业平均值
流动比率/%	1.87	总资产周转率/次	1.15
速动比率/%	1.27	资产净利率/%	5.76
资产负债率/%	45.22	销售净利率/%	7.15
应收账款周转率/次	109.21	净资产收益率/%	8.92
存货周转率/次	7.04		

要求:

(1) 计算该公司2021年年初与年末的流动比率、速动比率和资产负债率,并分析该公司的偿债能力。

(2) 计算该公司2021年应收账款周转率、存货周转率和总资产周转率,并分析该公司的营运能力。

(3) 计算该公司2021年资产净利率、销售净利率和净资产收益率,并分析该公司的盈利能力。

(4) 通过以上的计算分析,评价该公司财务状况存在的主要问题,并提出改进意见。

扫一扫,看答案

附录

附表一　复利终值系数表

期数	1%	2%	3%	4%	5%	6%	7%	8%	9%	10%
1	1.0100	1.0200	1.0300	1.0400	1.0500	1.0600	1.0700	1.0800	1.0900	1.1000
2	1.0201	1.0404	1.0609	1.0816	1.1025	1.1236	1.1449	1.1664	1.1881	1.2100
3	1.0303	1.0612	1.0927	1.1249	1.1576	1.1910	1.2250	1.2597	1.2950	1.3310
4	1.0406	1.0824	1.1255	1.1699	1.2155	1.2625	1.3108	1.3605	1.4116	1.4641
5	1.0510	1.1041	1.1593	1.2167	1.2763	1.3382	1.4026	1.4693	1.5386	1.6105
6	1.0615	1.1262	1.1941	1.2653	1.3401	1.4185	1.5007	1.5869	1.6771	1.7716
7	1.0721	1.1487	1.2299	1.3159	1.4071	1.5036	1.6058	1.7138	1.8280	1.9487
8	1.0829	1.1717	1.2668	1.3686	1.4775	1.5938	1.7182	1.8509	1.9926	2.1436
9	1.0937	1.1951	1.3048	1.4233	1.5513	1.6895	1.8385	1.9990	2.1719	2.3579
10	1.1046	1.2190	1.3439	1.4802	1.6289	1.7908	1.9672	2.1589	2.3674	2.5937
11	1.1157	1.2434	1.3842	1.5395	1.7103	1.8983	2.1049	2.3316	2.5804	2.8531
12	1.1268	1.2682	1.4258	1.6010	1.7959	2.0122	2.2522	2.5182	2.8127	3.1384
13	1.1381	1.2936	1.4685	1.6651	1.8856	2.1329	2.4098	2.7196	3.0658	3.4523
14	1.1495	1.3195	1.5126	1.7317	1.9799	2.2609	2.5785	2.9372	3.3417	3.7975
15	1.1610	1.3459	1.5580	1.8009	2.0789	2.3966	2.7590	3.1722	3.6425	4.1772
16	1.1726	1.3728	1.6047	1.8730	2.1829	2.5404	2.9522	3.4259	3.9703	4.5950
17	1.1843	1.4002	1.6528	1.9479	2.2920	2.6928	3.1588	3.7000	4.3276	5.0545
18	1.1961	1.4282	1.7024	2.0258	2.4066	2.8543	3.3799	3.9960	4.7171	5.5599
19	1.2081	1.4568	1.7535	2.1068	2.5270	3.0256	3.6165	4.3157	5.1417	6.1159
20	1.2202	1.4859	1.8061	2.1911	2.6533	3.2071	3.8697	4.6610	5.6044	6.7275
21	1.2324	1.5157	1.8603	2.2788	2.7860	3.3996	4.1406	5.0338	6.1088	7.4002
22	1.2447	1.5460	1.9161	2.3699	2.9253	3.6035	4.4304	5.4365	6.6586	8.1403
23	1.2572	1.5769	1.9736	2.4647	3.0715	3.8197	4.7405	5.8715	7.2579	8.9543
24	1.2697	1.6084	2.0328	2.5633	3.2251	4.0489	5.0724	6.3412	7.9111	9.8497
25	1.2824	1.6406	2.0938	2.6658	3.3864	4.2919	5.4274	6.8485	8.6231	10.835
26	1.2953	1.6734	2.1566	2.7725	3.5557	4.5494	5.8074	7.3964	9.3992	11.918
27	1.3082	1.7069	2.2213	2.8834	3.7335	4.8223	6.2139	7.9881	10.245	13.110
28	1.3213	1.7410	2.2879	2.9987	3.9201	5.1117	6.6488	8.6271	11.167	14.421
29	1.3345	1.7758	2.3566	3.1187	4.1161	5.4184	7.1143	9.3173	12.172	15.863
30	1.3478	1.8114	2.4273	3.2434	4.3219	5.7435	7.6123	10.063	13.268	17.449
40	1.4889	2.2080	3.2620	4.8010	7.0400	10.286	14.975	21.725	31.409	45.259
50	1.6446	2.6916	4.3839	7.1067	11.467	18.420	29.457	46.902	74.358	117.39
60	1.8167	3.2810	5.8916	10.520	18.679	32.988	57.946	101.26	176.03	304.48

续表

期数	12%	14%	15%	16%	18%	20%	24%	28%	32%	36%
1	1.1200	1.1400	1.1500	1.1600	1.1800	1.2000	1.2400	1.2800	1.3200	1.3600
2	1.2544	1.2996	1.3225	1.3456	1.3924	1.4400	1.5376	1.6384	1.7424	1.8496
3	1.4049	1.4815	1.5209	1.5609	1.6430	1.7280	1.9066	2.0972	2.3000	2.5155
4	1.5735	1.6890	1.7490	1.8106	1.9388	2.0736	2.3642	2.6844	3.0360	3.4210
5	1.7623	1.9254	2.0114	2.1003	2.2878	2.4883	2.9316	3.4360	4.0075	4.6526
6	1.9738	2.1950	2.3131	2.4364	2.6996	2.9860	3.6352	4.3980	5.2899	6.3275
7	2.2107	2.5023	2.6600	2.8262	3.1855	3.5832	4.5077	5.6295	6.9826	8.6054
8	2.4760	2.8526	3.0590	3.2784	3.7589	4.2998	5.5895	7.2058	9.2170	11.703
9	2.7731	3.2519	3.5179	3.8030	4.4355	5.1598	6.9310	9.2234	12.167	15.917
10	3.1058	3.7072	4.0456	4.4114	5.2338	6.1917	8.5944	11.806	16.060	21.647
11	3.4785	4.2262	4.6524	5.1173	6.1759	7.4301	10.657	15.112	21.199	29.439
12	3.8960	4.8179	5.3503	5.9360	7.2876	8.9161	13.215	19.343	27.983	40.038
13	4.3635	5.4924	6.1528	6.8858	8.5994	10.699	16.386	24.759	36.937	54.451
14	4.8871	6.2613	7.0757	7.9875	10.147	12.839	20.319	31.691	48.757	74.053
15	5.4736	7.1379	8.1371	9.2655	11.974	15.407	25.196	40.565	64.359	100.71
16	6.1304	8.1372	9.3576	10.748	14.129	18.488	31.243	51.923	84.954	136.97
17	6.8660	9.2765	10.761	12.468	16.672	22.186	38.741	66.461	112.14	186.28
18	7.6900	10.575	12.376	14.463	19.673	26.623	48.039	85.071	148.02	253.34
19	8.6128	12.056	14.232	16.777	23.214	31.948	59.568	108.89	195.39	344.54
20	9.6463	13.744	16.367	19.461	27.393	38.338	73.864	139.38	257.92	468.57
21	10.804	15.668	18.822	22.575	32.324	46.005	91.592	178.41	340.45	637.26
22	12.100	17.861	21.645	26.186	38.142	55.206	113.57	228.36	449.39	866.67
23	13.552	20.362	24.892	30.376	45.008	66.247	140.83	292.30	593.20	1178.7
24	15.179	23.212	28.625	35.236	53.109	79.497	174.63	374.14	783.02	1603.0
25	17.000	26.462	32.919	40.874	62.669	95.396	216.54	478.90	1033.6	2180.1
26	19.040	30.167	37.857	47.414	73.949	114.48	268.51	613.00	1364.3	2964.9
27	21.325	34.390	43.535	55.000	87.260	137.37	332.96	784.64	1800.9	4032.3
28	23.884	39.205	50.066	63.800	102.97	164.84	412.86	1004.3	2377.2	5483.9
29	26.750	44.693	57.576	74.009	121.50	197.81	511.95	1285.6	3137.9	7458.1
30	29.960	50.950	66.212	85.850	143.37	237.38	634.82	1645.5	4142.1	10143
40	93.051	188.88	267.86	378.72	750.38	1469.8	5455.9	19427	66521	*
50	289.00	700.23	1083.7	1670.7	3927.4	9100.4	46890	*	*	*
60	897.60	2595.9	4384.0	7370.2	20555	56348	*	*	*	*

附表二　复利现值系数表

期数	1%	2%	3%	4%	5%	6%	7%	8%	9%	10%
1	0.9901	0.9804	0.9709	0.9615	0.9524	0.9434	0.9346	0.9259	0.9174	0.9091
2	0.9803	0.9612	0.9426	0.9246	0.9070	0.8900	0.8734	0.8573	0.8417	0.8264
3	0.9706	0.9423	0.9151	0.8890	0.8638	0.8396	0.8163	0.7938	0.7722	0.7513
4	0.9610	0.9238	0.8885	0.8548	0.8227	0.7921	0.7629	0.7350	0.7084	0.6830
5	0.9515	0.9057	0.8626	0.8219	0.7835	0.7473	0.7130	0.6806	0.6499	0.6209
6	0.9420	0.8880	0.8375	0.7903	0.7462	0.7050	0.6663	0.6302	0.5963	0.5645
7	0.9327	0.8706	0.8131	0.7599	0.7107	0.6651	0.6227	0.5835	0.5470	0.5132
8	0.9235	0.8535	0.7894	0.7307	0.6768	0.6274	0.5820	0.5403	0.5019	0.4665
9	0.9143	0.8368	0.7664	0.7026	0.6446	0.5919	0.5439	0.5002	0.4604	0.4241
10	0.9053	0.8203	0.7441	0.6756	0.6139	0.5584	0.5083	0.4632	0.4224	0.3855
11	0.8963	0.8043	0.7224	0.6496	0.5847	0.5268	0.4751	0.4289	0.3875	0.3505
12	0.8874	0.7885	0.7014	0.6246	0.5568	0.4970	0.4440	0.3971	0.3555	0.3186
13	0.8787	0.7730	0.6810	0.6006	0.5303	0.4688	0.4150	0.3677	0.3262	0.2897
14	0.8700	0.7579	0.6611	0.5775	0.5051	0.4423	0.3878	0.3405	0.2992	0.2633
15	0.8613	0.7430	0.6419	0.5553	0.4810	0.4173	0.3624	0.3152	0.2745	0.2394
16	0.8528	0.7284	0.6232	0.5339	0.4581	0.3936	0.3387	0.2919	0.2519	0.2176
17	0.8444	0.7142	0.6050	0.5134	0.4363	0.3714	0.3166	0.2703	0.2311	0.1978
18	0.8360	0.7002	0.5874	0.4936	0.4155	0.3503	0.2959	0.2502	0.2120	0.1799
19	0.8277	0.6864	0.5703	0.4746	0.3957	0.3305	0.2765	0.2317	0.1945	0.1635
20	0.8195	0.6730	0.5537	0.4564	0.3769	0.3118	0.2584	0.2145	0.1784	0.1486
21	0.8114	0.6598	0.5375	0.4388	0.3589	0.2942	0.2415	0.1987	0.1637	0.1351
22	0.8034	0.6468	0.5219	0.4220	0.3418	0.2775	0.2257	0.1839	0.1502	0.1228
23	0.7954	0.6342	0.5067	0.4057	0.3256	0.2618	0.2109	0.1703	0.1378	0.1117
24	0.7876	0.6217	0.4919	0.3901	0.3101	0.2470	0.1971	0.1577	0.1264	0.1015
25	0.7798	0.6095	0.4776	0.3751	0.2953	0.2330	0.1842	0.1460	0.1160	0.0923
26	0.7720	0.5976	0.4637	0.3607	0.2812	0.2198	0.1722	0.1352	0.1064	0.0839
27	0.7644	0.5859	0.4502	0.3468	0.2678	0.2074	0.1609	0.1252	0.0976	0.0763
28	0.7568	0.5744	0.4371	0.3335	0.2551	0.1956	0.1504	0.1159	0.0895	0.0693
29	0.7493	0.5631	0.4243	0.3207	0.2429	0.1846	0.1406	0.1073	0.0822	0.0630
30	0.7419	0.5521	0.4120	0.3083	0.2314	0.1741	0.1314	0.0994	0.0754	0.0573
35	0.7059	0.5000	0.3554	0.2534	0.1813	0.1301	0.0937	0.0676	0.0490	0.0356
40	0.6717	0.4529	0.3066	0.2083	0.1420	0.0972	0.0668	0.0460	0.0318	0.0221
45	0.6391	0.4102	0.2644	0.1712	0.1113	0.0727	0.0476	0.0313	0.0207	0.0137
50	0.6080	0.3715	0.2281	0.1407	0.0872	0.0543	0.0339	0.0213	0.0134	0.0085
55	0.5785	0.3365	0.1968	0.1157	0.0683	0.0406	0.0242	0.0145	0.0087	0.0053

续表

期数	12%	14%	15%	16%	18%	20%	24%	28%	32%	36%
1	0.8929	0.8772	0.8696	0.8621	0.8475	0.8333	0.8065	0.7813	0.7576	0.7353
2	0.7972	0.7695	0.7561	0.7432	0.7182	0.6944	0.6504	0.6104	0.5739	0.5407
3	0.7118	0.6750	0.6575	0.6407	0.6086	0.5787	0.5245	0.4768	0.4348	0.3975
4	0.6355	0.5921	0.5718	0.5523	0.5158	0.4823	0.4230	0.3725	0.3294	0.2923
5	0.5674	0.5194	0.4972	0.4761	0.4371	0.4019	0.3411	0.2910	0.2495	0.2149
6	0.5066	0.4556	0.4323	0.4104	0.3704	0.3349	0.2751	0.2274	0.1890	0.1580
7	0.4523	0.3996	0.3759	0.3538	0.3139	0.2791	0.2218	0.1776	0.1432	0.1162
8	0.4039	0.3506	0.3269	0.3050	0.2660	0.2326	0.1789	0.1388	0.1085	0.0854
9	0.3606	0.3075	0.2843	0.2630	0.2255	0.1938	0.1443	0.1084	0.0822	0.0628
10	0.3220	0.2697	0.2472	0.2267	0.1911	0.1615	0.1164	0.0847	0.0623	0.0462
11	0.2875	0.2366	0.2149	0.1954	0.1619	0.1346	0.0938	0.0662	0.0472	0.0340
12	0.2567	0.2076	0.1869	0.1685	0.1372	0.1122	0.0757	0.0517	0.0357	0.0250
13	0.2292	0.1821	0.1625	0.1452	0.1163	0.0935	0.0610	0.0404	0.0271	0.0184
14	0.2046	0.1597	0.1413	0.1252	0.0985	0.0779	0.0492	0.0316	0.0205	0.0135
15	0.1827	0.1401	0.1229	0.1079	0.0835	0.0649	0.0397	0.0247	0.0155	0.0099
16	0.1631	0.1229	0.1069	0.0930	0.0708	0.0541	0.0320	0.0193	0.0118	0.0073
17	0.1456	0.1078	0.0929	0.0802	0.0600	0.0451	0.0258	0.0150	0.0089	0.0054
18	0.1300	0.0946	0.0808	0.0691	0.0508	0.0376	0.0208	0.0118	0.0068	0.0039
19	0.1161	0.0829	0.0703	0.0596	0.0431	0.0313	0.0168	0.0092	0.0051	0.0029
20	0.1037	0.0728	0.0611	0.0514	0.0365	0.0261	0.0135	0.0072	0.0039	0.0021
21	0.0926	0.0638	0.0531	0.0443	0.0309	0.0217	0.0109	0.0056	0.0029	0.0016
22	0.0826	0.0560	0.0462	0.0382	0.0262	0.0181	0.0088	0.0044	0.0022	0.0012
23	0.0738	0.0491	0.0402	0.0329	0.0222	0.0151	0.0071	0.0034	0.0017	0.0008
24	0.0659	0.0431	0.0349	0.0284	0.0188	0.0126	0.0057	0.0027	0.0013	0.0006
25	0.0588	0.0378	0.0304	0.0245	0.0160	0.0105	0.0046	0.0021	0.0010	0.0005
26	0.0525	0.0331	0.0264	0.0211	0.0135	0.0087	0.0037	0.0016	0.0007	0.0003
27	0.0469	0.0291	0.0230	0.0182	0.0115	0.0073	0.0030	0.0013	0.0006	0.0002
28	0.0419	0.0255	0.0200	0.0157	0.0097	0.0061	0.0024	0.0010	0.0004	0.0002
29	0.0374	0.0224	0.0174	0.0135	0.0082	0.0051	0.0020	0.0008	0.0003	0.0001
30	0.0334	0.0196	0.0151	0.0116	0.0070	0.0042	0.0016	0.0006	0.0002	0.0001
35	0.0189	0.0102	0.0075	0.0055	0.0030	0.0017	0.0005	0.0002	0.0001	*
40	0.0107	0.0053	0.0037	0.0026	0.0013	0.0007	0.0002	0.0001	*	*
45	0.0061	0.0027	0.0019	0.0013	0.0006	0.0003	0.0001	*	*	*
50	0.0035	0.0014	0.0009	0.0006	0.0003	0.0001	*	*	*	*
55	0.0020	0.0007	0.0005	0.0003	0.0001	*	*	*	*	*

附表三　年金终值系数表

期数	1%	2%	3%	4%	5%	6%	7%	8%	9%	10%
1	1.0000	1.0000	1.0000	1.0000	1.0000	1.0000	1.0000	1.0000	1.0000	1.0000
2	2.0100	2.0200	2.0300	2.0400	2.0500	2.0600	2.0700	2.0800	2.0900	2.1000
3	3.0301	3.0604	3.0909	3.1216	3.1525	3.1836	3.2149	3.2464	3.2781	3.3100
4	4.0604	4.1216	4.1836	4.2465	4.3101	4.3746	4.4399	4.5061	4.5731	4.6410
5	5.1010	5.2040	5.3091	5.4163	5.5256	5.6371	5.7507	5.8666	5.9847	6.1051
6	6.1520	6.3081	6.4684	6.6330	6.8019	6.9753	7.1533	7.3359	7.5233	7.7156
7	7.2135	7.4343	7.6625	7.8983	8.1420	8.3938	8.6540	8.9228	9.2004	9.4872
8	8.2857	8.5830	8.8923	9.2142	9.5491	9.8975	10.260	10.637	11.029	11.436
9	9.3685	9.7546	10.159	10.583	11.027	11.491	11.978	12.488	13.021	13.580
10	10.462	10.950	11.464	12.006	12.578	13.181	13.816	14.487	15.193	15.937
11	11.567	12.169	12.808	13.486	14.207	14.972	15.784	16.646	17.560	18.531
12	12.683	13.412	14.192	15.026	15.917	16.870	17.889	18.977	20.141	21.384
13	13.809	14.680	15.618	16.627	17.713	18.882	20.141	21.495	22.953	24.523
14	14.947	15.974	17.086	18.292	19.599	21.015	22.551	24.215	26.019	27.975
15	16.097	17.293	18.599	20.024	21.579	23.276	25.129	27.152	29.361	31.773
16	17.258	18.639	20.157	21.825	23.658	25.673	27.888	30.324	33.003	35.950
17	18.430	20.012	21.762	23.698	25.840	28.213	30.840	33.750	36.974	40.545
18	19.615	21.412	23.414	25.645	28.132	30.906	33.999	37.450	41.301	45.599
19	20.811	22.841	25.117	27.671	30.539	33.760	37.379	41.446	46.019	51.159
20	22.019	24.297	26.870	29.778	33.066	36.786	40.996	45.762	51.160	57.275
21	23.239	25.783	28.677	31.969	35.719	39.993	44.865	50.423	56.765	64.003
22	24.472	27.299	30.537	34.248	38.505	43.392	49.006	55.457	62.873	71.403
23	25.716	28.845	32.453	36.618	41.431	46.996	53.436	60.893	69.532	79.543
24	26.974	30.422	34.427	39.083	44.502	50.816	58.177	66.765	76.790	88.497
25	28.243	32.030	36.459	41.646	47.727	54.865	63.249	73.106	84.701	98.347
26	29.526	33.671	38.553	44.312	51.114	59.156	68.677	79.954	93.324	109.18
27	30.821	35.344	40.710	47.084	54.669	63.706	74.484	87.351	102.72	121.10
28	32.129	37.051	42.931	49.968	58.403	68.528	80.698	95.339	112.97	134.21
29	33.450	38.792	45.219	52.966	62.323	73.640	87.347	103.97	124.14	148.63
30	34.785	40.568	47.575	56.085	66.439	79.058	94.461	113.28	136.31	164.49
40	48.886	60.402	75.401	95.026	120.80	154.76	199.64	259.06	337.88	442.59
50	64.463	84.579	112.80	152.67	209.35	290.34	406.53	573.77	815.08	1163.9
60	81.670	114.05	163.05	237.99	353.58	533.13	813.52	1253.2	1944.8	3034.8

续表

期数	12%	14%	15%	16%	18%	20%	24%	28%	32%	36%
1	1.0000	1.0000	1.0000	1.0000	1.0000	1.0000	1.0000	1.0000	1.0000	1.0000
2	2.1200	2.1400	2.1500	2.1600	2.1800	2.2000	2.2400	2.2800	2.3200	2.3600
3	3.3744	3.4396	3.4725	3.5056	3.5724	3.6400	3.7776	3.9184	4.0624	4.2096
4	4.7793	4.9211	4.9934	5.0665	5.2154	5.3680	5.6842	6.0156	6.3624	6.7251
5	6.3528	6.6101	6.7424	6.8771	7.1542	7.4416	8.0484	8.6999	9.3983	10.146
6	8.1152	8.5355	8.7537	8.9775	9.4420	9.9299	10.980	12.136	13.406	14.799
7	10.089	10.731	11.067	11.414	12.142	12.916	14.615	16.534	18.696	21.126
8	12.300	13.233	13.727	14.240	15.327	16.499	19.123	22.163	25.678	29.732
9	14.776	16.085	16.786	17.519	19.086	20.799	24.713	29.369	34.895	41.435
10	17.549	19.337	20.304	21.322	23.521	25.959	31.643	38.593	47.062	57.352
11	20.655	23.045	24.349	25.733	28.755	32.150	40.238	50.399	63.122	78.998
12	24.133	27.271	29.002	30.850	34.931	39.581	50.895	65.510	84.320	108.44
13	28.029	32.089	34.352	36.786	42.219	48.497	64.110	84.853	112.30	148.48
14	32.393	37.581	40.505	43.672	50.818	59.196	80.496	109.61	149.24	202.93
15	37.280	43.842	47.580	51.660	60.965	72.035	100.82	141.30	198.00	276.98
16	42.753	50.980	55.718	60.925	72.939	87.442	126.01	181.87	262.36	377.69
17	48.884	59.118	65.075	71.673	87.068	105.93	157.25	233.79	347.31	514.66
18	55.750	68.394	75.836	84.141	103.74	128.12	195.99	300.25	459.45	700.94
19	63.440	78.969	88.212	98.603	123.41	154.74	244.03	385.32	607.47	954.28
20	72.052	91.025	102.44	115.38	146.63	186.69	303.60	494.21	802.86	1298.8
21	81.699	104.77	118.81	134.84	174.02	225.03	377.46	633.59	1060.8	1767.4
22	92.503	120.44	137.63	157.42	206.34	271.03	469.06	812.00	1401.2	2404.7
23	104.60	138.30	159.28	183.60	244.49	326.24	582.63	1040.4	1850.6	3271.3
24	118.16	158.66	184.17	213.98	289.49	392.48	723.46	1332.7	2443.8	4450.0
25	133.33	181.87	212.79	249.21	342.60	471.98	898.09	1706.8	3226.8	6053.0
26	150.33	208.33	245.71	290.09	405.27	567.38	1114.6	2185.7	4260.4	8233.1
27	169.37	238.50	283.57	337.50	479.22	681.85	1383.1	2798.7	5624.8	11198
28	190.70	272.89	327.10	392.50	566.48	819.22	1716.1	3583.3	7425.7	15230
29	214.58	312.09	377.17	456.30	669.45	984.07	2129.0	4587.7	9802.9	20714
30	241.33	356.79	434.75	530.31	790.95	1181.9	2640.9	5873.2	12941	28172
40	767.09	1342.0	1779.1	2360.8	4163.2	7343.9	22729	69377	207874	609890
50	2400.0	4994.5	7217.7	10436	21813	45497	195373	819103	*	*
60	7471.6	18535	29220	46058	114190	281733	*	*	*	*

附表四　年金现值系数表

期数	1%	2%	3%	4%	5%	6%	7%	8%	9%	10%
1	0.9901	0.9804	0.9709	0.9615	0.9524	0.9434	0.9346	0.9259	0.9174	0.9091
2	1.9704	1.9416	1.9135	1.8861	1.8594	1.8334	1.8080	1.7833	1.7591	1.7355
3	2.9410	2.8839	2.8286	2.7751	2.7232	2.6730	2.6243	2.5771	2.5313	2.4869
4	3.9020	3.8077	3.7171	3.6299	3.5460	3.4651	3.3872	3.3121	3.2397	3.1699
5	4.8534	4.7135	4.5797	4.4518	4.3295	4.2124	4.1002	3.9927	3.8897	3.7908
6	5.7955	5.6014	5.4172	5.2421	5.0757	4.9173	4.7665	4.6229	4.4859	4.3553
7	6.7282	6.4720	6.2303	6.0021	5.7864	5.5824	5.3893	5.2064	5.0330	4.8684
8	7.6517	7.3255	7.0197	6.7327	6.4632	6.2098	5.9713	5.7466	5.5348	5.3349
9	8.5660	8.1622	7.7861	7.4353	7.1078	6.8017	6.5152	6.2469	5.9952	5.7590
10	9.4713	8.9826	8.5302	8.1109	7.7217	7.3601	7.0236	6.7101	6.4177	6.1446
11	10.3676	9.7868	9.2526	8.7605	8.3064	7.8869	7.4987	7.1390	6.8052	6.4951
12	11.2551	10.5753	9.9540	9.3851	8.8633	8.3838	7.9427	7.5361	7.1607	6.8137
13	12.1337	11.3484	10.6350	9.9856	9.3936	8.8527	8.3577	7.9038	7.4869	7.1034
14	13.0037	12.1062	11.2961	10.5631	9.8986	9.2950	8.7455	8.2442	7.7862	7.3667
15	13.8651	12.8493	11.9379	11.1184	10.3797	9.7122	9.1079	8.5595	8.0607	7.6061
16	14.7179	13.5777	12.5611	11.6523	10.8378	10.1059	9.4466	8.8514	8.3126	7.8237
17	15.5623	14.2919	13.1661	12.1657	11.2741	10.4773	9.7632	9.1216	8.5436	8.0216
18	16.3983	14.9920	13.7535	12.6593	11.6896	10.8276	10.0591	9.3719	8.7556	8.2014
19	17.2260	15.6785	14.3238	13.1339	12.0853	11.1581	10.3356	9.6036	8.9501	8.3649
20	18.0456	16.3514	14.8775	13.5903	12.4622	11.4699	10.5940	9.8181	9.1285	8.5136
21	18.8570	17.0112	15.4150	14.0292	12.8212	11.7641	10.8355	10.0168	9.2922	8.6487
22	19.6604	17.6580	15.9369	14.4511	13.1630	12.0416	11.0612	10.2007	9.4424	8.7715
23	20.4558	18.2922	16.4436	14.8568	13.4886	12.3034	11.2722	10.3711	9.5802	8.8832
24	21.2434	18.9139	16.9355	15.2470	13.7986	12.5504	11.4693	10.5288	9.7066	8.9847
25	22.0232	19.5235	17.4131	15.6221	14.0939	12.7834	11.6536	10.6748	9.8226	9.0770
26	22.7952	20.1210	17.8768	15.9828	14.3752	13.0032	11.8258	10.8100	9.9290	9.1609
27	23.5596	20.7069	18.3270	16.3296	14.6430	13.2105	11.9867	10.9352	10.0266	9.2372
28	24.3164	21.2813	18.7641	16.6631	14.8981	13.4062	12.1371	11.0511	10.1161	9.3066
29	25.0658	21.8444	19.1885	16.9837	15.1411	13.5907	12.2777	11.1584	10.1983	9.3696
30	25.8077	22.3965	19.6004	17.2920	15.3725	13.7648	12.4090	11.2578	10.2737	9.4269
35	29.4086	24.9986	21.4872	18.6646	16.3742	14.4982	12.9477	11.6546	10.5668	9.6442
40	32.8347	27.3555	23.1148	19.7928	17.1591	15.0463	13.3317	11.9246	10.7574	9.7791
45	36.0945	29.4902	24.5187	20.7200	17.7741	15.4558	13.6055	12.1084	10.8812	9.8628
50	39.1961	31.4236	25.7298	21.4822	18.2559	15.7619	13.8007	12.2335	10.9617	9.9148
55	42.1472	33.1748	26.7744	22.1086	18.6335	15.9905	13.9399	12.3186	11.0140	9.9471

续表

期数	12%	14%	15%	16%	18%	20%	24%	28%	32%	36%
1	0.8929	0.8772	0.8696	0.8621	0.8475	0.8333	0.8065	0.7813	0.7576	0.7353
2	1.6901	1.6467	1.6257	1.6052	1.5656	1.5278	1.4568	1.3916	1.3315	1.2760
3	2.4018	2.3216	2.2832	2.2459	2.1743	2.1065	1.9813	1.8684	1.7663	1.6735
4	3.0373	2.9137	2.8550	2.7982	2.6901	2.5887	2.4043	2.2410	2.0957	1.9658
5	3.6048	3.4331	3.3522	3.2743	3.1272	2.9906	2.7454	2.5320	2.3452	2.1807
6	4.1114	3.8887	3.7845	3.6847	3.4976	3.3255	3.0205	2.7594	2.5342	2.3388
7	4.5638	4.2883	4.1604	4.0386	3.8115	3.6046	3.2423	2.9370	2.6775	2.4550
8	4.9676	4.6389	4.4873	4.3436	4.0776	3.8372	3.4212	3.0758	2.7860	2.5404
9	5.3282	4.9464	4.7716	4.6065	4.3030	4.0310	3.5655	3.1842	2.8681	2.6033
10	5.6502	5.2161	5.0188	4.8332	4.4941	4.1925	3.6819	3.2689	2.9304	2.6495
11	5.9377	5.4527	5.2337	5.0286	4.6560	4.3271	3.7757	3.3351	2.9776	2.6834
12	6.1944	5.6603	5.4206	5.1971	4.7932	4.4392	3.8514	3.3868	3.0133	2.7084
13	6.4235	5.8424	5.5831	5.3423	4.9095	4.5327	3.9124	3.4272	3.0404	2.7268
14	6.6282	6.0021	5.7245	5.4675	5.0081	4.6106	3.9616	3.4587	3.0609	2.7403
15	6.8109	6.1422	5.8474	5.5755	5.0916	4.6755	4.0013	3.4834	3.0764	2.7502
16	6.9740	6.2651	5.9542	5.6685	5.1624	4.7296	4.0333	3.5026	3.0882	2.7575
17	7.1196	6.3729	6.0472	5.7487	5.2223	4.7746	4.0591	3.5177	3.0971	2.7629
18	7.2497	6.4674	6.1280	5.8178	5.2732	4.8122	4.0799	3.5294	3.1039	2.7668
19	7.3658	6.5504	6.1982	5.8775	5.3162	4.8435	4.0967	3.5386	3.1090	2.7697
20	7.4694	6.6231	6.2593	5.9288	5.3527	4.8696	4.1103	3.5458	3.1129	2.7718
21	7.5620	6.6870	6.3125	5.9731	5.3837	4.8913	4.1212	3.5514	3.1158	2.7734
22	7.6446	6.7429	6.3587	6.0113	5.4099	4.9094	4.1300	3.5558	3.1180	2.7746
23	7.7184	6.7921	6.3988	6.0442	5.4321	4.9245	4.1371	3.5592	3.1197	2.7754
24	7.7843	6.8351	6.4338	6.0726	5.4509	4.9371	4.1428	3.5619	3.1210	2.7760
25	7.8431	6.8729	6.4641	6.0971	5.4669	4.9476	4.1474	3.5640	3.1220	2.7765
26	7.8957	6.9061	6.4906	6.1182	5.4804	4.9563	4.1511	3.5656	3.1227	2.7768
27	7.9426	6.9352	6.5135	6.1364	5.4919	4.9636	4.1542	3.5669	3.1233	2.7771
28	7.9844	6.9607	6.5335	6.1520	5.5016	4.9697	4.1566	3.5679	3.1237	2.7773
29	8.0218	6.9830	6.5509	6.1656	5.5098	4.9747	4.1585	3.5687	3.1240	2.7774
30	8.0552	7.0027	6.5660	6.1772	5.5168	4.9789	4.1601	3.5693	3.1242	2.7775
35	8.1755	7.0700	6.6166	6.2153	5.5386	4.9915	4.1644	3.5708	3.1248	2.7777
40	8.2438	7.1050	6.6418	6.2335	5.5482	4.9966	4.1659	3.5712	3.1250	2.7778
45	8.2825	7.1232	6.6543	6.2421	5.5523	4.9986	4.1664	3.5714	3.1250	2.7778
50	8.3045	7.1327	6.6605	6.2463	5.5541	4.9995	4.1666	3.5714	3.1250	2.7778
55	8.3170	7.1376	6.6636	6.2482	5.5549	4.9998	4.1666	3.5714	3.1250	2.7778

参考文献

[1] 中国注册会计师协会. 财务成本管理[M]. 北京:中国财政经济出版社,2022.

[2] 中国注册会计师协会. 财务成本管理[M]. 北京:中国财政经济出版社,2015.

[3] 财政部会计资格评价中心. 财务管理[M]. 北京:中国财政经济出版社,2022.

[4] 财政部会计资格评价中心. 财务管理[M]. 北京:中国财政经济出版社,2015.

[5] 刘淑莲. 财务管理学[M]. 5 版. 大连:东北财经大学出版社,2019.

[6] 王化成,刘俊彦,荆新. 财务管理学[M]. 9 版. 北京:中国人民大学出版社,2021.

[7] 苑泽明,李海英. 财务管理[M]. 北京:经济科学出版社,2020.

[8] 李斌. 中级财务管理经典题解[M]. 北京:高等教育出版社,2020.

[9] 王化成. 财务管理[M]. 5 版. 北京:中国人民大学出版社,2017.

[10] 荆新,王化成,刘俊彦. 财务管理学[M]. 6 版. 北京:中国人民大学出版社,2012.

[11] 财政部注册会计师考试委员会办公室. 财务成本管理[M]. 北京:经济科学出版社,2002.

[12] 郑小平,许凤群,张俊. 财务管理[M]. 青岛:中国海洋大学出版社,2017.

[13] 吴大军. 管理会计[M]. 5 版. 大连:东北财经大学出版社,2018.

[14] 裘益政,竺素娥. 财务管理案例[M]. 2 版. 大连:东北财经大学出版社,2014.

[15] 马忠. 公司财务管理[M]. 北京:机械工业出版社,2015.

[16] 汤谷良,韩慧博,祝继高. 财务管理案例[M]. 3 版. 北京:北京大学出版社,2017.

[17] 郑小平,申凯,蒋军. 财务管理学习指导[M]. 南昌:江西人民出版社,2005.

[18] 张新民,陈宏桥. 财务报表分析[M]. 5 版. 北京:中国人民大学出版社,2019.

[19] 乔宏. 财务管理[M]. 成都:西南财经大学出版社,2008.

[20] 徐璟,付春,郑小平. 财务管理实务[M]. 北京:北京理工大学出版社,2010.

[21] 罗昌宏,陈宏桥. 财务管理教程[M]. 武汉:武汉大学出版社,2008.